版 2011年3月第1次印刷

成都地图出版社印制

ལྷ་སའི་ལོ་རིམ་མེ་ལོང་།

拉萨年鉴

2017

（总第6卷）

拉　萨　市　人　民　政　府　主办
拉萨市地方志编纂委员会办公室　编

图书在版编目（CIP）数据

拉萨年鉴. 2017 / 拉萨市地方志编纂委员会办公室编. -- 北京：方志出版社，2017.12

ISBN 978-7-5144-2911-4

Ⅰ. ①拉… Ⅱ. ①拉… Ⅲ. ①拉萨 - 2017 - 年鉴
Ⅳ. ①Z527.51

中国版本图书馆CIP数据核字(2017)第323365号

拉萨年鉴（2017）

编　　者：拉萨市地方志编纂委员会办公室
责任编辑：刘方圆

出 版 人：冀祥德
出 版 者：方志出版社
地址　北京市朝阳区潘家园东里9号（国家方志馆 4 层）
邮编　100021
网址　http://www.fzph.org
发　　行：方志出版社图书经销中心
（010）67710500
经　　销：各地新华书店
印　　刷：河南匠心印刷有限公司

开　　本：889×1194　　1/16
印　　张：31.5
字　　数：914千字
版　　次：2017年12月第1版　　2017年12月第1次印刷
印　　数：0001～1000册

ISBN 978-7-5144-2911-4　　定价：480.00元

拉萨市地方志编纂委员会

《拉萨年鉴》编辑部

编 辑 说 明

一、《拉萨年鉴》以马克思列宁主义、毛泽东思想、邓小平理论、“三个代表”重要思想、科学发展观、习近平新时代中国特色社会主义思想为指导，坚持辩证唯物主义和历史唯物主义的立场、观点和方法，始终坚持“实事求是、质量第一、存史资政、服务大众”的办鉴宗旨，全面、系统、翔实地记述拉萨上一年度政治、经济、文化、社会、生态等各项事业的基本情况。

二、《拉萨年鉴》采用文章和条目两种体裁，以条目体为主。

三、《拉萨年鉴》采用规范的语体文、记述体，记述内容力求客观真实，文字力求言简意赅。

四、《拉萨年鉴(2017)》的文字内容，设有特载、专文、拉萨概况、大事记、政治、经济、文化、社会各行业情况、区情县情、人物、附录等8个基本栏目，其中“政治、经济、文化和社会各行业情况”基本栏目采用分类编纂法，分为：中国共产党拉萨市委员会、拉萨市人民代表大会常务委员会、拉萨市人民政府、中国人民政治协商会议拉萨市委员会、中国共产党拉萨市纪律检查委员会、武装、法治、群众团体、对口援藏、经济综合管理、农业·水利、工业、开发区·工业园区、商业、旅游业、国土资源管理、城市建设与管理、环境保护、交通·运输·邮电、信息化、金融业、科技·气象、教育·体育、文化·广电·新闻出版、档案·党史·地方志、医疗·卫生、民政、人力资源与社会保障、民族·宗教、外事·侨务、区情县情共31个类目。

五、彩页内容无论图片所涉及领导的职务、所涉及活动的重要性，均按时间顺序排列。

六、《拉萨年鉴》收录的文章和条目，均通过各级行政系统确定专人(部门)负责撰写和提供，并经主要负责人审核。拉萨市社会经济统计资料统一由市统计局提供，业务部门的统计数据由各主管部门提供。使用时应以统计部门提供的统计数据为准。

七、《拉萨年鉴(2017)》反映2016年1月1日至12月31日期间情况(部分内容依据实际情况时限略有前后延伸)，凡2016年事项，均直书月、日，不再写年份。本书中农田土地面积的计量单位使用“亩”。

目 录

特 载

专 文

拉萨概况

大 事 记

中国共产党拉萨市委员会

中国人民政治协商会议拉萨市委员会

中国共产党拉萨市纪律检查委员会

武 装

法　　治

群众团体

农业·水利

开发区·工业园区

国土资源管理

城市建设与管理

环境保护

交通·运输·邮政

信息化

金 融 业

科技·气象

教育·体育

文化·广电·新闻出版

人力资源与社会保障

民族·宗教

外事·侨务

区情县情

人　　物

附　　录

在中国共产党拉萨市第九次代表大会上的报告

区党委常委、市委书记　齐扎拉

（2016年10月26日）

中国共产党拉萨市第九次代表大会，是在我市进入全面建成小康社会决战决胜时期召开的一次十分重要的会议。大会的主要任务是：高举中国特色社会主义伟大旗帜，以邓小平理论、“三个代表”重要思想、科学发展观为指导，深入贯彻落实习近平总书记系列重要讲话精神，牢记使命、坚定信心，团结一致、奋发有为，为建设团结美丽健康幸福新拉萨、率先在全区全面建成小康社会而努力奋斗。

一、过去五年的工作总结

拉萨市第八次党代会以来的五年，是我市经济快速发展、社会全面进步的五年，是我市社会和谐稳定、民族团结进步的五年，是我市民生显著改善、人民生活水平显著提高的五年。五年来，面对艰巨繁重的发展稳定任务，面对各族群众的殷切期盼，我们拉萨市第八届委员会，团结带领全市各族人民，在以习近平同志为总书记的党中央亲切关怀下，在区党委的坚强领导下，在北京、江苏两省市的大力援助下，深入贯彻落实党的十八大、十八届三中、四中、五中全会和中央第六次西藏工作座谈会精神，贯彻落实习近平总书记系列重要讲话精神、特别是“治国必治边、治边先稳藏”的重要战略思想和“加强民族团结、建设美丽西藏”的重要指示，充分结合拉萨经济社会发展阶段特征，实施了新战略（党建统市、环境立市、文化兴市、产业强市、民生安市、依法治市“六大战略”），布局了新产业（净土健康、文化旅游两大主导产业），强化了新举措（树上山、河变湖、暖入户等措施），经济建设、政治建设、文化建设、社会建设、生态文明建设和党的建设取得了新的重大成就，推动拉萨经济社会站在了新的历史起点上。

过去五年社会大局持续稳定。我们牢记维护稳定第一责任，主动作为、多措并举，构筑了维护稳定的长效机制，全市治安案件和刑事案件发案率连续三年大幅度下降，经济社会实现了持续稳定全面稳定，公共安全感连续多年位居全国主要城市前列。反分裂斗争持续深入。持续开展专项整治行动，2012年以来，先后打掉非法地下组织48个、梳理涉案人员6800余人，破获四省藏区来拉企图自焚案件23起、抓获涉案人员106人，坚决粉碎了达赖集团企图再次将破坏活动引向拉萨、以达到“核心突破、影响全局”再造“3·14”轰动效应的险恶用心。社会矛盾有效化解。高度重视、全面加强信访工作，实行领导干部包案负责制，一个问题、一位领导、一套班子、一个措施、一抓到底，147件信访积案和20世纪80年代以来久拖不决的“钉子案”“骨头案”全部妥善化解，2015年信访案件办结率、矛盾调处率均达100%，实现了信访案件零搁置，有效消除了影响社会稳定的潜在因素。社会治理全面加强。探索形成了具有拉萨特色的城镇、寺庙和农牧区三大服务管理模式，在市区和所有县城建成189个便民警务站，全面实行网格化管理、社会化服务。创新开展“联户平安、联户增收”工作，全市16万户居民共划分联户单位1.7万个，实现常住人口全覆盖。依法治藏成效显著。全面落实中央治藏方略，连续2年牵头组织召开全面推进“依法治藏”方略座谈会，与四省藏区签订共保稳定合作协议，形成了五省藏区11州市高效联动、整体作战，全力拱卫西藏和谐稳定的工作格局。

过去五年经济实力极大提升。我们认识新常态，适应新常态，实现了经济社会平稳较快发展。综合经济实力极大提升。2015年地区生产总值达到376.73亿元，是2010年的2.1倍；财政收入达到110.75亿元，是2010年的6.3倍；全社会固定资产投资达到546.04亿元，是2010年的3.1倍；工业增加值达到43.82亿元，是2010年的2.2倍。经济发展活力极大激发。2015年全市各类市场主体达到46351户，注册资本达到915亿元；非公有制经济组织达到45408户，占市场主体的97.97%；社会消费品零售总额达到205.8亿元，是2010年的2.3倍。经济发展布局更加优化。国有企业蓬勃发展，从2010年的5家发展到目前的19家，资产总额达到469.88亿元、是2010年的46.2倍；新兴产业茁壮成长，净土健康产业和文化旅游产业阔步前进，2015年产值分别达到60亿元、154.93亿元；园区经济健康发展，拉萨经开区、柳梧新区、西藏文化旅游创意园区、老城区、空港新区“五大功能区”齐头并进。

过去五年人民生活显著改善。我们始终把改善民生、凝聚人心作为经济社会发展的出发点和落脚点，确保了人民生活有质量有保障。居民收入极大提高。2015年城镇居民人均可支配收入达到26908元、是2010年的1.62倍，农牧区居民人均可支配收入达到10378元、是2010年的2.07倍。惠民措施全面落实。落实利民惠民政策44项，投入186.54亿元实施民生项目400余项，就业、教育、医疗、文化、住房、社会保障等民生工作全面加强，劳有丰酬、学有优教、病有良医、住有宜居、老有颐养的民生保障系统进一步健全。扶贫工作持续推进。投资16.39亿元实施扶贫农发项目897个，7.9万人实现脱贫，贫困发生率由2010年的29.6%下降到2015年的14.2%。城乡面貌深刻变化。全面推进城市高品质建设，城市建成区面积从2010年的62平方公里增加到目前的72平方公里，城市规划区范围从2010年的1480平方公里增加到目前的4700平方公里，“东延西扩南跨北连，一城两岸三区”城市发展格局初步形成，城市品位不断提升；统筹推进县城、特色小城镇建设，社会主义新农村建设取得良好成效。

过去五年改革开放不断深化。我们勇于改革、善于创新，形成了改革开放新局面新态势。深化改革持续发力。率先在全区开展教育综合改革，形成了“市办职中和高中、县办初中、乡办完小、村办幼儿园”的教育新布局；率先在全区开展深化农村改革，进行了农村土地、宅基地“两权”确权及抵押贷款工作的新探索；率先在全区开展公立医院改革，建立了家庭账户“一卡通”、城乡医疗救助“一站式”等现代医疗新机制；率先在全区开展国有企业改革，理直气壮做大做强国有企业，在市场经济条件下促进了国有企业新发展；全面深化行政体制改革，市县乡三级政务服务体系不断完善，简政放权和政府职能转变工作不断深化，精简审批事项，简化审批程序，释放了经济社会发展新活力。“三位一体”开放格局统筹推进。区内，充分发挥首府城市首位度作用，加快推进拉萨山南一体化发展，积极参与打造藏中南经济核心区；区外，加强与北京江苏等省市合作交流，在京津冀、长三角、珠三角发展产业飞地、建设产业交流中心，主动融入发达地区发展格局；国外，面向南亚，积极发展与尼泊尔、印度等国的贸易合作，着手建设中尼工业园区，全力推进综合保税区建设，拉萨面向南亚开放的中心城市地位不断凸显。

过去五年生态环境更加优化。我们坚持保护优先、综合治理，有力维护了拉萨的绿水青山。建制度，架起高压线。制定实施《拉萨市城市绿化条例》《拉萨市湿地保护管理办法》等生态保护法规，建立完善建设项目准入制度，实行环境保护领导干部考核“一票否决”。强措施，探索新路径。“树上山”造林绿化3323亩，植树75万余株，创造3900米高海拔人工造林奇迹；“河变湖”形成180公顷水面，空气湿度增加8%，树立了高原海绵城市建设典范；“暖入户”实现了建成区供暖全覆盖，推动了高原供暖能源革命。重治理，找准发力点。新能源公交汽车持续普及，节能减排不断加强，完成植树造林、退耕还林、退牧还草、防沙治沙332万亩，27个自然保护区和生态功能区得到全面保护，空气质量持续领跑全国内陆城市。

过去五年文化事业繁荣发展。我们以高度的文化自觉和文化自信，大力加强文化建设，极大提升了经济社会发展软实力。社会主义核心价值体系建设深入开展。推动社会主义核心价值观进机关、进校园、进军营、进企业、进社区、进农牧区、进寺庙，深入开展“八看一算账一揭批四增强”感党恩主题教育活动，进一步打牢各族群众共同团结奋斗、共同繁荣发展的思想基础。公共文化服务体系建设成效显著。实现广播电视和报刊“村村通”“户户通”“寺寺通”，建设群众文体中心、群艺馆、歌舞团等文化服务新平台，开辟拉萨广播电视台藏语综合频道、文化旅游频道等文化传播新渠道，县综合文化活动中心和乡镇文化活动站实现全覆盖，公共文化服务体系不断健全，国家公共文化服务体系示范区创建稳步推进。特色民族文化得到保护和传承。20项国家级、31项自治区级非物质文化遗产代表作得到有效传承；出台老城区保护条例、古村落保护条例等地方性法规，保护性修复56座古建大院，拉萨古城申遗工作有序推进；组织推动拉萨象雄文化研究；雪顿、色拉崩坚等传统民俗宗教活动得到有效保护。文化产业健康发展。规划并建设西藏文化旅游创意园区，成立拉萨净土文化传媒有限公司，成功打造大型藏文化史诗剧《文成公主》，文化产业经济效益、社会影响不断扩大。

过去五年民族宗教团结和睦。我们全面贯彻落实党的民族宗教政策，有力维护了民族团结、宗教和睦。民族团结进步事业健康发展。建法规，率先在全国首府城市颁布实施《民族团结进步条例》，设立“民族团结进步月”“民族团结进步节”，民族团结进步事业步入法制轨道；创品牌，深入开展共产党员先锋活动、共青团员闪光行动、少先队员牵手行动、巾帼添彩行动，品牌效应不断凸显；抓宣传，在新闻媒体开辟民族团结专栏，编写藏汉语民族团结教育读本，修缮建立民族团结教育基地，大力宣传民族团结典型事迹，民族团结的社会氛围更加浓厚。宗教工作深入推进。寺庙管理组织全面覆盖，优秀干部进驻寺庙常态化开展工作；“六个一”持续推进，驻寺干部与4679名僧尼结对交友，每年为僧尼办好事实事1000余件；全面实施“9+5”“一覆盖”“一教育”“一服务”“一创建”和免费健康体检、僧舍维修、文物保护等利寺惠僧措施，僧尼爱国爱教热情得到充分激发。

过去五年人才队伍发展壮大。我们着力补齐人才短板，大力培养和引进优秀人才，为拉萨经济社会发展汇聚了强大力量。落实政策吸引人才。出台《关于加强新时期人才工作的意见（试行）》，制定引进人才优惠政策实施细则、享受政府特殊津贴专家评选、拉萨英才评选和园区企业人才管理服务等管理办法，着力构建更具竞争力的人才比较优势。搭建平台引进人才。在拉萨经开区、西藏文化旅游创意园区、柳梧新区设立人才管理改革试验区，建立人才和智力援助资金、人才开发资金和社会化投入三大人才保障体系，设立院士工作室和特殊津贴专家工作室，先后引进620名紧缺高层次人才；充分发挥对口援藏平台优势，首创“组团式”教育、卫生援藏，北京、江苏两地首批181名骨干教师、16名医疗专家进藏工作。创办学校培养人才。组建拉萨市第一、第二中等职业技术学校，开展职业技能培训1100余期，培训14.5万人次，实现技能人才和农村实用人才培训全覆盖。

过去五年党的建设深入推进。我们坚持全面从严治党，有力夯实了党的执政基础。思想基础不断夯实。深入开展党的群众路线教育实践活动、“三严三实”和“忠诚干净担当”专题教育、“两学一做”学习教育，提出“说办就办、马上就办”工作要求，市委理论学习中心组坚持每月两次集中学习，五年来市委理论学习中心组共开展21个单元72个晚上144个学时的学习，全市各级各部门共开展各类集中学习活动7828场次，开展讲党课活动1769

场次，党员干部自觉学习蔚然成风，政治意识、大局意识、核心意识、看齐意识显著增强。基层基础不断强化。在全区率先实现村（居）党支部第一书记全覆盖。率先开展“强党、固基、扶村”工作，1378名乡镇干部下沉到村居开展工作。率先启动村居干部文化素质提升工程，对村居“两委”班子成员进行系统培训。深入推进基层组织建设，2015年基层党组织达到1753个，比2010年增加56.9%；全市党员达到45886名，比2010年增加93.4%，其中，农牧民党员21608名，占47.1%，比2010年增加135.9%，基层党组织战斗堡垒作用显著增强。干部队伍不断优化。坚持好干部标准和民族地区好干部“三个特别”要求，推荐提任和交流厅级干部105人次，交流选拔县级干部1893人次，从维稳一线、基层一线和驻村驻寺一线提拔使用的干部达到80%以上，干部队伍结构不断优化、能力水平不断提高。党风建设不断深入。坚持把党的纪律和规矩挺在前面，严格落实中央“八项规定”精神，驰而不息纠正“四风”，全面落实“两个责任”，在全国率先推行“双述”工作，扎实开展巡察监督，党风廉政建设和反腐败斗争深入推进。

五年来，查处违反政治纪律案件16起16人，处理不如实申报个人重大事项干部52人。

五年来，各级人大及其常委会充分发挥职能作用，人民代表大会制度和民族区域自治制度全面落实；各级政协积极履行政治协商、民主监督、参政议政职能，不断推进社会主义协商民主广泛多层制度化发展；各级法院和检察院坚持司法为民、公正司法，为我市经济社会发展创造了和谐稳定的社会环境、公平正义的法治环境和优质高效的服务环境；工会、共青团、妇联、文联、工商联、残联、科协、佛协、红十字会等群团组织围绕中心、服务大局，充分发挥桥梁纽带作用，为我市经济社会发展注入了强大动力；驻拉部队和武警官兵与各族群众同呼吸、共命运、心连心，为拉萨经济社会发展做出了重要贡献。

中国社科院2015年《中国公共服务蓝皮书》显示，拉萨市基本公共服务满意度连续4年位列全国38个主要城市之首。五年来，拉萨市先后荣获全国文明城市、国家环保模范城市、国家卫生城市、国家园林城市、全国“双拥”模范城市、中国全面小康突出贡献城市、全国民生典范城市、中国十大活力休闲城市、中国特色魅力城市、全国社会管理创新城市、全国安全感最高城市、全国小微企业“双创”基地示范城市、2016年世界旅游奖“最受欢迎城市”、全国循环经济示范城市等几十个荣誉称号。

过去的五年，是我们继往开来、砥砺前行的五年，是我们披荆斩棘、开拓创新的五年，是我们不辱使命、引以为豪的五年。此时此刻，我们想起了五年前的初心和愿景，那就是，使拉萨各项事业蒸蒸日上，让拉萨人民幸福安康。经过五年的艰苦奋斗，现在，我们可以自信地讲，我们做到了。这五年，我们没有让时光虚度；这五年，我们没有让群众失望；这五年，我们没有让自己遗憾。此时此刻，我们也更加强烈地认识到，拉萨五年来所取得的每一点进步，每一丝成就，都离不开党中央治藏方略的正确指导，离不开以习近平同志为总书记的党中央的亲切关怀，离不开以陈全国、吴英杰同志为班长的区党委的坚强领导，离不开全市广大党员干部和各族群众的奋力拼搏。在此，我代表八届市委向全市广大党员干部群众，向所有积极参与、关心支持拉萨发展的同志们、朋友们，表示最衷心的感谢！

总结五年来的成功实践，我们深刻体会到：做好拉萨的工作，必须始终高举中国特色社会主义伟大旗帜，五年来我们始终坚定不移地以邓小平理论、“三个代表”重要思想、科学发展观为指导，始终坚定不移地贯彻落实习近平总书记系列重要讲话精神，以高度的政治自觉推动拉萨各项事业沿着中国特色社会主义道路胜利前进。必须始终坚持党的领导，五年来我们始终把坚持党的领导作为一切工作的根本点和出发点，在思想上政治上行动上与以习近平同志为总书记的党中央保持高度一致，与区党委保持高度一致，确保了我们各项决策部署的正确性和科学性。必须始终坚持稳定压倒一切，五年来我们始终牢牢把准拉萨作为藏区稳定“要城”这一市情，紧紧抓住反分裂斗争这个核心，下好先手棋，打好主动仗，占领制高点，开创性实施了“网格化”“双联户”等一系列维稳举措，为经济社会发展创造了和谐稳定的良好环境。必须始终坚持科学发展理念，五年来我们坚决贯彻中央创新、协调、绿色、开放、共享“五大发展理念”，创造性提出了党建统市、环境立市、文化兴市、产业强市、民生安市、依法治市“六大战略”，着力开展打基础、利长远、惠民生的工作，有力推动了各项事业统筹协调发展，经济社会自身“造血”能力、发展动力不断增强。必须始终坚持实事求是开拓创新，五年来我们坚持一切从实际出发，根据拉萨经济社会发展需要，开创性发展了净土健康等新兴产业，开创性实施了“树上山”“河变湖”“暖入户”等一系列重大新举措，为我市经济社会发展注入了持续活力和强大动力。必须始终坚持改善民生，五年来我们始终把改善民生作为经济社会发展的出发点和落脚点，坚持发展为了人民、发展依靠人民、发展成果由人民共享，大力发展民生事业，使各族群众在共建共享中充分享有参与感、获得感和幸福感。必须始终加强民族团结，五年来我们坚持把维护祖国统一、加强民族团结作为工作的着眼点和着力点，全面正确地贯彻执行党的民族政策，稳慎正确地处理民族问题，进一步巩固和发展了平等团结互助和谐的社会主义民族关系。必须始终坚持发挥人民主体作用，五年来我们坚持相信群众、依靠群众，把中央关心、全国支援同我市各族干部群众艰苦奋斗紧密结合起来，充分调动社会各方面的积极性和创造性，为我市经济社会发展汇聚起强大力量。

二、坚定不移贯彻习近平总书记治边稳藏战略思想，建设团结美丽健康幸福新拉萨

（一）认清新形势。党的十八大以来，以习近平同志为总书记的党中央，作出了“现阶段我们正在进行具有新的历史特点的伟大斗争”的重大判断。当前，拉萨经济社会发展站在了一个新的历史起点上，同样也面临着具有很多新的特点的形势和任务。从发展方面看，我们正处于全面建成小康社会的决战决胜阶段，这一阶段是从产业培育向产业规模化、标准化、集约化过渡的重要阶段，是企业开拓市场、做大做强的重要阶段，是彻底打赢脱贫攻坚战、群众生活从温饱迈向全面小康的重要阶段。从稳定方面看，我们正处于实现拉萨社会长治久安的重要阶段，这一阶段，随着进入“后达赖时期”，反分裂斗争形势更加复杂多变，拉萨作为藏区稳定“要城”的地位将更加突出，维护拉萨社会和谐稳定的任务将更加艰巨繁重。

（二）把握新机遇。习近平总书记指出，“十三五”时期是我国重大的战略机遇期。我们要牢牢抓住中央实施治藏方略的战略机遇，以中央第六次西藏工作座谈会精神为指导，进一步发展和创新各项工作措施；以中央的一系列特殊优惠政策为依托，进一步发展壮大产业、社会、民生等各项事业。我们要牢牢抓住“一带一路”的战略机遇，进一步扩大拉萨对外开放格局，加强与南亚国家的互联互通，不断强化拉萨作为国家面向南亚开放中心城市作用，不断强化拉萨作为实施“一带一路”战略的区域中心地位。我们要牢牢抓住互联网带来的重大机遇，加快建设互联网中心和大数据中心，把我市建成面向南亚内引外联的互联网和大数据交汇中心；鼓励和支持企业开展技术创新、服务创新、商业模式创新，利用互联网实现产业转型升级；推动互联网与生产生活等各方面融合发展，大力建设新型智慧城市。我们要牢牢抓住精准扶贫的重大机遇，充分利用国家一系列重大政策红利，打好融资“组合拳”，为我们精准扶贫精准脱贫“多输血”“输好血”。

（三）明确新目标。全面建成小康社会，我们的目标是建设团结美丽健康幸福新拉萨。团结美丽健康幸福新拉萨是对美丽家园幸福拉萨的丰富和发展，充分体现了新形势下拉萨经济社会发展的新要求，充分体现了拉萨各族群众面向未来的良好愿望。根本上讲，建设团结美丽健康幸福新拉萨就是中华民族伟大复兴中国梦的拉萨篇章，就是拉萨全面建成小康社会的具体体现，就是我们拉萨各级党组织持之以恒的奋斗目标。我们要建设团结拉萨。习近平总书记指出，要“加强民族团结，建设美丽西藏”。拉萨作为民族地区，民族团结始终是各族人民的生命线，是经济社会发展的内在要求。建设团结拉萨的目标是，把拉萨建设成为国家民族团结示范市，全市38个民族同呼吸、共命运、心连心，和睦相处、和衷共济、和谐发展，各族群众相亲相爱、情同手足、守望相助。到2020年，把拉萨建设

成为各族群众共同居住的幸福家园。我们要建设美丽拉萨。习近平总书记指出，“建设美丽中国是中国梦重要内容”。同样，建设美丽拉萨也是我们全面建成小康的重要内容。拉萨作为青藏高原“净城”，具备“美丽”的先天品质。建设美丽拉萨的目标是，着力创建循环经济示范城市，维护好、发展好拉萨的生态美，保持好拉萨的蓝天白云、青山绿水，到2020年，城市绿化覆盖率、森林覆盖率分别达到45%和20%以上，空气质量继续保持国家一级标准。我们要建设健康拉萨。习近平总书记指出，“没有全民健康就没有全民小康”。随着生活水平的不断提高，各族群众的健康意识更加强烈，健康需求更加迫切。民之所期，政之所为。这种情况下，建设健康拉萨必然成为我们的执政目标和战略选择。建设健康拉萨的目标是，各族群众身心健康得到全方位全周期保障，群众享有优质完善的健康服务，到2020年，公共卫生和医疗服务体系全面覆盖，公共卫生服务和医疗服务水平显著提高，人均预期寿命超过70岁；群众生活和居住环境健康得到全方位全周期保障，群众充分享有美丽如画的健康宜居环境、和平安宁的健康社会环境、安全放心的健康食品环境。我们要建设幸福拉萨。习近平总书记指出，“中国梦就是人民的幸福梦”。人民的幸福源于对美好生活的追求。建设幸福拉萨的目标是，让各族群众充分享有改革发展的成果，享有更好的教育、更稳定的工作、更满意的收入、更可靠的社会保障、更高水平的医疗卫生服务、更舒适的居住条件、更优美的环境。到2020年，社会事业长足发展，教育质量显著提升，公共文化服务体系全面建成，城乡公共服务主要指标达到全国平均水平，基本社会保险实现全覆盖，各族群众充分就业，城乡居民人均可支配收入年均增长10%和15%以上，城镇登记失业率控制在2.2%以内，现行标准下的贫困人口全部实现稳定脱贫。

（四）突破新瓶颈。拉萨经济社会发展虽然取得了长足进步，但经济社会发展的初级性和依赖性依然明显，特别是制约发展的一些瓶颈不断变化、愈加突出。基础设施的瓶颈。交通、能源、通讯等基础设施建设仍然滞后，特别是航空、铁路、公路等交通运输体系和电力等能源体系运营能力不能满足经济社会发展需要。社会治理的瓶颈。互联网、大数据等社会治理现代信息手段仍然滞后，向科技要警力、向科技要治理、向科技要稳定的能力和水平亟待提高，对新媒体管控，对网络、金融等新型犯罪防控能力不足。人才的瓶颈。各领域高层次人才极为匮乏，人才总量不足、结构不合理的问题没有得到根本解决，吸引人才的政策亟待改善，优秀人才脱颖而出的体制机制尚不畅通，一些单位和部门感情留人、事业留人、待遇留人的措施落实不到位。医疗卫生的瓶颈。医疗卫生事业发展水平与建设“健康拉萨”的要求不适应，缺医少药问题没有得到根本改变，特别是农牧区、社区等基层医疗卫生服务能力和水平仍然较低。教育的瓶颈。经过五年努力，我们的教育事业虽然取得了长足进步，但整体师资水平、教育水平仍然亟须提高，特别是高等教育和职业教育培养高素质人才的能力仍然欠缺。金融资本的瓶颈。资本市场不完善，现代金融体系不健全，市场主体金融意识差，金融杠杆作用发挥不充分，企业融资渠道狭窄、融资困难问题尚未得到解决，严重影响和制约了经济的发展。市场竞争的瓶颈。产业发展缺乏对国际国内市场现状、趋势的系统研究，产业竞争力不强。同时，我们在党的建设、干部作风、工作效率、体制机制等方面还存在着不少问题。我们必须要高度重视、认真解决。

三、坚定不移贯彻习近平总书记治边稳藏战略思想，不断坚持和完善“六大战略”

党建统市、环境立市、文化兴市、产业强市、民生安市、依法治市“六大战略”是中央治藏方略在拉萨的具体体现，是中央“五位一体”总体布局和“四个全面”战略布局在拉萨的具体实施，是区党委的决策部署在拉萨的生动实践，是建设团结美丽健康幸福新拉萨、全面建成小康社会的必由之路，充分体现了拉萨经济社会发展的整体性、协调性和科学性，必须长期坚持、持续推进、不断完善。

（一）坚持和完善“党建统市”战略，让党的领导始终成为拉萨经济社会发展的坚强核心。习近平总书记指出，“做好西藏的工作，必须坚持党的领导，全面加强党的建设”。我们实施“党建统市”战略，就是要始终坚持党的统一领导，始终坚持以党的建设统领经济、政治、社会、文化、生态各领域工作，统领环境立市、文化兴市、产业强市、民生安市、依法治市五大战略。坚持党建统市，我们要时刻把党建工作放在心上、抓在手上、考虑在前头，以经济社会发展成就体现党建成果，始终做到党建工作一丝不马虎、一刻不放松、一点不耽误。

（二）坚持和完善“环境立市”战略，让生态美好始终成为拉萨经济社会发展的重要标志。习近平总书记指出，“保护好青藏高原生态就是对中华民族生存和发展的最大贡献”。我们实施“环境立市”战略，就是要将生态保护始终立于经济社会发展首位。坚持和完善“环境立市”战略，一要强化环境治理。要落实主体功能区规划，健全完善自然保护区、水源涵养区、生态脆弱保护区等重要生态功能区的生态综合补偿机制。加强生态环境监察队伍建设。建立健全环境治理法治体系，将生态环境建设和管理纳入法治轨道。坚持生态环境保护党政同责、一岗双责，完善领导干部任期生态环境监管制度和政绩考核制度，实行环境保护“一票否决”制、生态环境损害终身追究制。二要强化绿色发展。要以净土健康产业和文化旅游产业为引领，大力发展科技含量高、资源能源消耗低、环境污染少的绿色产业。开展绿色生活行动，引导城乡居民形成勤俭节约、绿色低碳、文明健康的生活方式。积极推进节能、节水、节地，提高社会资源产出率，努力建设国家循环经济示范城市。坚持完善产业发展准入负面清单，严禁“三高”项目进入拉萨。三要强化生态保护。坚持在发展中保护，在保护中发展，实施“六大工程”，努力创建国家生态城市。实施“绿地工程”，持续推进南北山和拉萨河流域造林绿化，全力打造“15分钟绿地便民服务圈”，持续推进退耕还林、退牧还草、土地沙化综合防治，不断提升拉萨绿化美化水平。实施“碧水工程”，推进以拉萨河为基础的流域系统整治，实行最严格的水资源保护管理制度，确保拉萨水生态安全。实施“蓝天工程”，推进清洁能源使用，大力发展绿色交通，完善空气质量监测体系，积极创建近零碳排放示范区。实施“生物保护工程”，推进生物多样性保护行动，打造城市湿地公园。实施“宁静工程”，推进建筑、交通等噪音治理，打造安宁的生产生活环境。实施“净土工程”，推进土壤生态治理和修复，确保土壤资源永续利用。

（三）坚持和完善“文化兴市”战略，让文化繁荣始终成为拉萨经济社会发展的强大力量。习近平总书记指出，“文化是立国之本，是民族血脉，是国家软实力的重要标尺，也是实现中国梦的精神支柱”。我们实施“文化兴市”战略，就是要使文化始终成为经济社会繁荣兴盛的重要标尺。坚持和完善“文化兴市”战略，一要弘扬核心价值，夯实文化基石。我们要以强化社会主义意识形态为目标，继续深入开展社会主义核心价值观教育，唱响共产党好、社会主义好、改革开放好、伟大祖国好、各族群众好、人民军队好的主旋律，进一步增强各族群众坚持中国特色社会主义的道路自信、理论自信、制度自信、文化自信。大力弘扬以爱国主义为核心的民族精神、以改革创新为核心的时代精神、以艰苦奋斗为核心的“长征”“老西藏”“两路”精神。二要繁荣文化事业，丰富文化生活。我们要以激发文化发展活力为目标，不断深化文化体制改革。充分激发群众文化参与活力，大力实施文化惠民工程，进一步完善公共文化服务体系，努力建成国家公共文化服务体系示范区。深入开展“五下乡”“四进社区”等活动，建设县级广播电视中心，创办《拉萨日报》，推进传统媒体和新媒体深度融合。三要彰显民族特色，展现文化魅力。我们要以建设中华民族特色文化保护地为目标，大力传承弘扬民族文化。建设藏学研究中心，筹建象雄文化研究中心，把拉萨打造成具有重要影响力的藏文化研究和交流基地；保护发展民族特色文化，深入开展文物普查保护工作，扎实做好古城申遗工作，加强名城、名镇、名村文物保护管理，加强非物质文化遗产保护。四要发展文化产业，增强文化实力。我们要以推动文化资源优势向文化产业强市转变为目标，大力扶持培育一批龙头文化产业。全力推进西藏文化旅游创意园区建设，加快推进国家藏羌彝文化产业长廊、西藏非遗博物馆建设；大力发展影视文化产业，创作更多藏文化题材作品，着力打造《金城公主》电视剧和室内历史舞台剧；大力倡导“文化+”理念，推动文化旅游产业融合发展；创新文化服务形式，依托数字、网络等新载体，大力发展文化创意、文博会展、动漫游戏等新业态。

（四）坚持和完善“产业强市”战略，让特色产业始终成为拉萨经济社会发展的重要支撑。习近平总书记指出，要着力“构建现代产业发展新体系”。我们实施“产业强市”战略，就是要使特色优势产业始终成为我市经济社会发展的强大支撑。坚持和完善“产业强市”战略，一是净土健康产业要有新作为。要尽快构建起产、学、研“三大摇篮”，在“产”方面，着力打造曲水秀色才纳、城关净土智昭、堆龙香雄美朵、达孜金色池塘、净土大佛岛等重点产业发展基地，以此为核心，形成强大的辐射带动，最终覆盖全市各县区；在“学”方面，建立拉萨净土健康职业技术学院和净土健康产业发展实训基地，立足拉萨、放眼全区，为净土健康产业发展培育更多多层次实用型人才；在“研”方面，加强科研技术力量支撑，建设净土健康产业研究院，设立院士工作站、博士工作站、博士后工作站，抢占产业研究制高点。要尽快创建“五大根据地”，在京津冀、长三角、珠三角、西南地区、南亚建立我们产业长远发展的战略基地，然后再以根据地为依托，不断拓展产业发展新空间，抢占健康产业市场制高点。二是文化旅游产业要有新提升。要围绕建设国际文化旅游城市，以“健康、特色、精品”为导向，着力打造以高原纯净品质为特色的健康旅游，使健康成为拉萨旅游的新招牌新亮点；着力打造以青藏高原独特山川地貌和藏民族独特历史文化为特色的精品旅游，使精品成为拉萨旅游上档次上水平的重要支撑。三是现代服务业要有新进展。要着眼于拉萨区位优势，加快农牧区流通网络建设，优化商业网点结构和布局，打造全区商贸服务中心。着眼于交通中心优势，加快培育一批物流园区和配送中心，建设覆盖全区、辐射南亚的国家物流枢纽城市。四是金融产业培育要有新局面。要着眼于金融市场快速发展，加快顿珠金融产业园建设，不断优化金融生态环境，促进金融机构、金融资本、金融人才向拉萨集聚，打造全区金融服务业聚集地。五是互联网发展要成为新引擎。着眼于中央网络强国战略的实施，大力实施“互联网+”行动计划，推进互联网与实体经济深度融合发展，打造“数字拉萨”“智慧拉萨”，打造全新信息产业，构筑西部一流、面向南亚的信息服务业高地。六是园区经济要有新突破。要着眼于产业发展新要求，按照各具特色、错位发展的思路，加快推进园区转型升级、创新发展。[拉萨经开区，要加快与堆龙德庆区融合发展，带动各县区工业园实现“一区多园”协同发展，努力建成全区实体经济高地、净土健康产业引领区、扩大对外开放主战场、大众创业万众创新示范区和经济转型升级的新引擎。柳梧新区，要加快创建国家级高新区，建成高原生物技术、互联网和金融产业创新中心，西藏产学研示范基地和产城融合发展的现代化城市典型示范区。西藏文化旅游创意园区，要建成国家5A级标准的国际文化旅游城市核心景区和西藏文化旅游集散中心。老城区，要进一步升级改造，完善管理体系、提升服务水平，实现千年古城的永续发展。空港新区，要建成安全稳定示范区、重要国际航空枢纽和现代物流服务区。各县区，要按照“一县一业”“一乡一品”战略，因地制宜建设产业园区。

（五）坚持和完善“民生安市”战略，让人民幸福始终成为拉萨经济社会发展的根本目标。习近平总书记指出，“民生连着民心，民心关系国运”。我们实施“民生安市”战略，就是要让民生成为安民心、暖民心、聚民心的民心工程。坚持和完善“民生安市”战略，一要紧抓健康不断加力。要全力建设健康拉萨，让群众有全方位的健康保障。要形成大健康格局，就是要普及健康生活、优化健康服务、完善健康保障、建设健康环境、发展健康产业，体育、教育、环保等相关部门积极参与、相互协作，形成大健康、大卫生工作格局。要发展大健康产业，就是以净土健康产业为支撑，积极建设与健康相关的系列产业体系。当前，要以完善公共医疗服务体系为重点，尽快实现社区卫生服务中心和乡村卫生所全覆盖；以供氧服务和抗高原缺氧药物研发为重点，建设高原病研究中心，大力发展生物医药产业；以医疗与互联网融合创新发展为重点，大力建设互联网医院；以推广足球、篮球、游泳、登山等群众性体育活动为重点，大力发展体育事业。二要紧抓脱贫精准发力。要坚决打赢脱贫攻坚战。以全市建档立卡的11237户44162名贫困人口为重点，坚持因地施策、因人施策，实施以业脱贫、以迁脱贫、以教脱贫、以补脱贫、以保脱贫、以助脱贫，努力实现贫困人口人均可支配收入年均增长17%以上，确保“两年脱贫、三年巩固”工作目标实现，确保各族群众小康路上“不掉队”。三要紧抓就业持续用力。要让群众有稳定的工作。深入实施以业育人、以业安人、以业管人、以业富人“四业工程”，探索“四业工程”与职业教育相结合的就业模式。要全力推进小微企业创业创新基地示范城市建设工作，搭建创业平台，完善创业政策，设立创业基金，形成政府激励、社会支持、劳动者积极参与的创新创业新机制。健全劳动关系协调机制，依法维护劳动者合法权益，使劳动者就业更有保障、更加体面。四要紧抓教育深处着力。要让群众享有更好的教育。巩固深化教育改革成果，全面提升高中、初中、完小和幼儿园的办学水平。推进教育城二期建设，着力打造拉萨集中规模办学高地。加快发展高等教育，推动拉萨师范高等专科学校迁址扩建，打造民族特色鲜明的师范本科院校。重点发展职业教育，探索建立“产业园区+职业教育+企业联动”的发展模式，推动职业教育走在西部地区前列。五要紧抓保障全面给力。要让群众享有可靠的社会保障。健全完善城乡社会保险体系和社会救助体系，推动全民参保，各险种参保率保持在95%以上。健全和完善未成年人保护、临时救助保障实施体系。完善物价稳控体系，保障市场和群众生活稳定。完善住房保障体系，加大保障性住房建设力度。完善防灾减灾体系，保障人民生命财产安全。深化户籍管理制度改革，推行居住证制度，确保农牧民工在医疗保障、社会保障和子女教育等基本公共服务方面与城镇居民享受同等权益，有序推进农牧业转移人口市民化，实现城市规模和城市管理水平同步提高。

（六）坚持和完善“依法治市”战略，让法律法制始终成为拉萨经济社会发展的重要保障。习近平总书记指出，“要落实依法治藏要求，依法打击分裂祖国、破坏社会稳定的行为”。我们实施“依法治市”战略，就是落实“依法治藏”的要求，高举法律的旗帜，维护拉萨稳定、促进拉萨长治久安。坚持和完善“依法治市”战略，一要坚定不移开展反分裂斗争。始终坚持中央对达赖集团的定性、斗争方针和工作策略，全面落实自治区十项维稳措施，坚决抵制和打击达赖集团分裂渗透破坏活动。教育引导各族群众自觉与达赖集团划清界限，不断增强反分裂斗争的思想自觉和行动自觉。二要坚定不移推进法制建设。要坚持科学立法，健全完善符合拉萨实际的地方性法规规章。坚持依法行政，不断提高领导干部依法治市能力，努力建设法治政府。坚持公正文明司法，完善司法职权运行机制，强化司法活动监督。三要坚定不移创新社会治理。统筹推进“网格化”和“双联户”工作，不断完善社会治安防控体系和城乡维稳防控网络。健全完善重大决策社会稳定风险评估机制。以大数据平台建设为重点，加强社会治理信息化建设。加强互联网管理，做好网上舆情应急管控和舆论引导。完善安全生产责任和管理制度，强化“党政同责、一岗双责、失职追责”。四要坚定不移加强民族团结。认真贯彻民族区域自治制度和民族区域自治法，全面实施《拉萨市民族团结进步条例》，依法管理民族事务，始终在法律规范内处理涉及民族因素的问题。深入推进民族团结进步创建活动，推动民族团结宣传教育“七进”，有效开展民族团结进步月、进步节和民族团结表彰活动，深入开展共产党员先锋活动、共青团员闪光行动、少先队员牵手行动和巾帼添彩行动，促进各族群众和睦相处、和衷共济、和谐发展。加强城市民族工作，增进民族交往交流交融，把拉萨建成全国民族团结进步示范市。五要坚定不移创新寺庙管理。全面贯彻党的宗教工作基本方针，坚持依法管理、民主管理、社会化管理相结合，巩固深化创新寺庙管理成果，提升寺庙“六建”水平。完善寺庙公共服务，深入落实寺庙“9+5”“六个一”“一覆盖”“一教育”“一工程”等利寺惠僧措施。广泛开展以“爱国爱教、遵规守法、弃恶扬善、崇尚和谐、祈求和平”为主题的法制宣传教育，大力表彰和谐模范寺庙和爱国守法先进僧尼。加强宗教界代表人士队伍建设，努力培养一批政治上靠得住、宗教上有造旨、品德上能服众、关键时起作用的宗教界代表人士。六要坚定不移发展壮大爱国统一战线。扎实做好新形势下统一战线工作，充分发挥统一战线在实施“六大战略”、建设团结美丽健康幸福新拉萨、谱写中国梦拉萨篇中的重要法宝作用。坚持团结服务引导教育方针、促进非公有制经济人士健康成长，扎实做好党外知识分子、“两新”组织和新媒体从业人员、留学人员的统战工作。同时，按照中央和区党委的统一部署，切实做好境外藏胞工作。

“六大战略”是一项六位一体的完整系统工程，是一项长期艰巨繁重的事业。五年来的实践告诉我们，我们坚持和完善“六大战略”，我们做大事、干成事，必须有两股劲。一是需要久久为功、驰而不息、百折不挠的韧劲，一届接着一届干，一张蓝图绘到底。二是需要敢于担当、敢为人先、勇攀高峰的闯劲，坚定推进深化改革。只有改革才能解放和发展社会生产力，只有改革才能解放和增强社会活力，只有改革才能使“六大战略”与时俱进、永葆生命力。10月20日，吴英杰书记对拉萨工作作出重要批示，要求“通过深化改革补齐短板，在扶贫搬迁、产业培育、生态保护、社会稳定、民族团结、宗教和顺、党的建设等方面创新探索出可复制、可持续的好经验、好办法，为全区工作做出更大贡献。”我们一定要深刻领会、坚决贯彻吴英杰书记的重要批示精神，把改革精神融于血液，坚定改革信心，增强改革定力，积极主动研究和推进改革。只要符合国家利益，只要符合最广大人民群众的愿望，只要有利于推动拉萨发展，就坚决地破、坚决地改。要把改革抓在手上，一步一步往前推，一层一层往下落。对党中央、区党委的改革方案，不论有多大困难，都要坚定不移抓好落实。各级各部门要正确处理权力和利益问题，服从改革大局，善于算大账、总账、长远账，不能算部门账、地方账、眼前账。要深入调查研究，广泛听取意见，使提出的改革方案最大限度符合实际、符合改革要求。对改革推进中出现的矛盾和问题，要以钉钉子的精神及时研究、认真解决。

四、坚定不移贯彻习近平总书记治边稳藏战略思想，始终坚持全面从严治党

习近平总书记指出，“加强和改进党的建设，是做好西藏工作的根本保证”。我们建设团结美丽健康幸福新拉萨、全面建成小康社会，最根本的是要靠党的坚强领导。我们要坚持以思想建党为根本、从严治吏为重点、改进作风为突破口、反腐肃贪为要务、制度建党为保障，全面深入推进从严治党，打牢党在拉萨的执政根基。

（一）始终强化思想政治建设。习近平总书记指出，“马克思主义是我们立党立国的根本指导思想，背离或放弃马克思主义，我们党就会失去灵魂、迷失方向”。我们要始终坚持马克思主义的指导地位，深入学习马列主义、毛泽东思想、邓小平理论、“三个代表”重要思想、科学发展观，特别是要结合“两学一做”学习教育，深入学习习近平总书记系列重要讲话精神，使总书记重要讲话精神在拉萨广泛传播、落地生根。今后工作中，我们要继续坚持好每月两晚以上的学习机制，推动党员领导干部学习制度化、常态化。

（二）始终强化看齐意识。习近平总书记指出，“只有经常喊看齐，只有各级党组织都经常喊看齐，才能时刻警醒、及时纠偏，使全党始终保持整齐昂扬的奋进状态”。我们要始终把政治纪律和政治规矩视为生命、挺在前面，始终牢固树立政治意识、大局意识、核心意识、看齐意识，经常向以习近平同志为总书记的党中央看齐，向党的理论和路线方针政策看齐，坚决做到拉萨距离首都北京虽远，但拉萨市委、全市各级党组织和广大党员干部的心始终与以习近平同志为总书记的党中央紧紧地贴在一起、紧紧地连在一起，任何时候、任何情况下都在思想上政治上行动上与以习近平同志为总书记的党中央保持高度一致。特别是在维护祖国统一、反分裂斗争这个重大原则问题上，要始终与党中央、区党委保持高度一致，始终做到旗帜鲜明、立场坚定、认识统一、表里如一、态度坚决、步调一致。

（三）始终强化干部队伍建设。习近平总书记指出，“伟大的斗争、宏伟的事业需要高素质的干部”。我们要严格按照总书记提出的“信念坚定、为民服务、勤政务实、敢于担当、清正廉洁”的好干部标准和心中有党、心中有民、心中有责、心中有戒的“四有”指示，认真执行干部任用条例，推进干部能上能下，注重在维稳一线、驻村驻寺、县

乡基层、艰苦边远地区、急难险重岗位培养干部，大力选拔任用优秀少数民族干部、长期在藏工作的汉族干部和年轻干部，重视使用党外干部，不断改进干部队伍工作作风，让“马上就办”成为广大干部的自觉行动和行为规范，努力建设一支忠诚干净担当的高素质干部队伍。要着力加强人才队伍建设，以改革的精神突破体制机制制约，努力营造人才辈出、人尽其才、才尽其用的氛围，引进和培养一批门类齐全、素质优良、结构合理的专业技术人才、高技能人才、经营管理人才，把拉萨建设成全区人才发展高地。

（四）始终强化基层组织建设。习近平总书记指出，“党的基层组织是党的全部工作和战斗力的基础”“基础不牢、地动山摇”。我们要着力充实乡镇工作力量，推进机构编制、基础设施、人员经费向基层倾斜；着力推进村级标准化阵地建设全覆盖，继续选好用好第一书记和大学生村干部，选优配强村（居）“两委”班子；着力扩大党的工作覆盖，不断巩固党在国有企业、两新组织、产业园区、寺管会等重点领域的组织建设；着力在农牧区和反分裂斗争第一线发展党员，充分发挥广大党员的先锋模范作用；着力推进基层干部教育培训全覆盖，不断提高基层党员干部整体素质；着力深化“强党、固基、扶村”工作，继续推进乡（镇、街道）干部下沉村（居）工作，切实夯实基层基础；着力抓好新形势下党管武装工作。

（五）始终强化党风廉政建设。习近平总书记指出，“党的作风是党的形象，是观察党群干群关系、人心向背的晴雨表”。我们拉萨虽然地处高原，但在党风廉政建设和反腐败问题上没有任何特殊性。我们要以强烈的历史责任感、深沉的使命忧患感、顽强的意志品质，推进党风廉政建设，大力弘扬“老西藏精神”和“两路精神”，大力践行“忠诚干净担当”要求，严格落实中央“八项规定”精神和自治区“约法十章”“九项要求”，持之以恒纠正“四风”，使好的作风成为新气象、新常态。要深入持久地推进反腐败斗争，坚持反腐无禁区、全覆盖、零容忍，着力营造不敢腐、不能腐、不想腐的政治氛围。要着力强化党内政治生活，严格执行民主集中制，健全完善常委会议事规则和决策程序，提高科学决策、民主决策、依法决策水平。要认真落实党委（党组）主体责任和纪委（纪检组）监督责任，严格履行“一岗双责”，严格执行党政主要领导“三谈两述”、个人重大事项报告等制度，以“不抓党风廉政建设就是失职、抓不好党风廉政建设就是渎职”的态度和决心，严肃党风廉政建设责任追究，切实营造风清气正的政治生态。

同志们，经过五年的艰苦努力，拉萨经济社会已经站在了一个新的历史起点上。回顾过去，我们无比自豪，展望未来，我们充满信心。让我们更加紧密地团结在以习近平同志为总书记的党中央周围，在区党委的坚强领导下，不忘初心、继续前进，为建设团结美丽健康幸福新拉萨、在全区率先全面建成小康社会而努力奋斗！

政府工作报告

——在拉萨市第十一届人民代表大会第一次会议上审议通过

市长 果 果

（2016年11月1日）

一、过去五年的工作回顾

过去五年，在党中央、国务院的亲切关怀下，在自治区党委、政府的有力领导下，在以齐扎拉同志为书记的市委坚强领导下，在北京、江苏两省市的无私援助下，第十届市人民政府团结带领全市各族人民，深入贯彻落实党的十八大、十八届三中四中五中全会和中央第五次第六次西藏工作座谈会精神，贯彻落实习近平总书记系列重要讲话精神，特别是“治国必治边、治边先稳藏”的重要战略思想和“加强民族团结、建设美丽西藏”的重要指示，贯彻落实区市党委八届六次七次八次全委会精神，始终坚持依法治藏、富民兴藏、长期建藏、凝聚人心、夯实基础的重要原则，统筹推进“五位一体”总体布局，协调推进“四个全面”战略布局，始终坚守“三条底线”，全力实施党建统市、环境立市、文化兴市、产业强市、民生安市、依法治市“六大战略”，全市经济、政治、文化、社会、生态文明建设和党的建设取得重大成就，圆满完成市十届人大一次会议确定的目标任务。

这五年，经济持续领跑全区。我们始终把稳增长、调结构、转方式作为主攻方向，及时研究对策、攻坚克难，全市经济持续高速增长，主要指标占全区比重不断提高。2015年，实现地区生产总值376.73亿元，是2010年的2.1倍，年均增长12.3%，占全区36.6%；全社会固定资产投资达546.04亿元，是2010年的3.1倍，年均增长25.3%，占全区40.7%；社会消费品零售总额达205.8亿元，是2010年的2.3倍，年均增长18.4%，占全区50.4%；财政收入达110.75亿元，是2010年的6.3倍，年均增长44.3%，其中公共财政预算收入82.42亿元，是2010年的5.5倍，年均增长40.6%；72.58亿元债务全部偿清，实现政府“零负债”。

这五年，城市品质有力提升。我们始终把打基础、谋长远作为统筹城乡建设的基本要求，投资15亿元全面改造老城区，新城区建设有序推进，乡村环境连片整治，重点项目强力推进。“东延西扩南跨北联、一城两岸三区”城市发展格局基本形成，城市建成区面积由2010年的62平方公里增加到目前的72平方公里，城市规划区面积由2010年的1480平方公里增加到4700平方公里。城市公共基础设施建设全面加快，城市供暖全覆盖，拉萨河道综合治理迅速推进，迎亲大桥、会展中心等一批地标性建筑建成投用。拉萨被评为国际最佳魅力旅游名城、2015中国十大活力休闲城市、2016东亚及东南亚最受欢迎城市，成功创建全国文明城市、全国双拥模范城市、国家环保模范城市、国家园林城市、国家卫生城市。

这五年，民生福祉持续改善。我们始终把改善民生、凝聚人心作为经济社会发展的出发点和落脚点，持续加大民生投入，严格落实惠民政策，每年投入的民生资金占全年支出总额70%以上，实现了发展为了人民、发展成果人人共享。2015年城乡居民人均可支配收入分别达26908元、10378元，是2010年的1.6倍、2.1倍，年均增长10.2%和15.7%。荣获全国首批民生改善典范城市、中国全面小康突出贡献城市、全国安全感最高城市、百姓幸福感最强城市等殊荣。中国社科院发布的《中国公共服务蓝皮书》显示，拉萨市基本公共服务满意度连续4年位列全国38个主要城市之首，公共安全连续5年排名第一，公共交通、社保就业、城市环境、GDP杠杆指数4项指标连续4年排名第一。

过去的五年，是拉萨有史以来发展速度最快、发展质量最高、发展效益最好的五年，是民生显著改善、人民生活水平明显提高的五年，是各族人民参与感、获得感、安全感、幸福感最强的五年。我们主要抓了以下重点工作：

——大力实施“党建统市”战略，自身建设全面加强

坚定理想信念。以思想建设为核心，深入贯彻《关于进一步加强干部队伍建设的决定》，深入开展“忠心对党、真心为民、清心律己、公心用权、用心干事”党性教育，引导广大党员干部把严守政治纪律和政治规矩放在首位，坚决做到“西藏离首都北京虽远，但我们的心始终要与以习近平同志为核心的党中央紧紧地贴在一起、紧紧地连在一起”，特别是在反分裂斗争这个重大原则问题上，严格按照中央提出的斗争方针和策略办事。进一步坚定道路自信、理论自信、制度自信、文化自信，始终与区市党委保持高度一致，市政府领导经济社会发展的能力和水平不断提高，各项决策部署得到不折不扣贯彻执行。

夯实基层基础。深入开展党的群众路线教育实践活动、“三严三实”和“忠诚干净担当”专题教育、“两学一做”学习教育，大力推进“强党、固基、扶村”工作，结成帮扶对子17853对，为群众办实事、解难事38858件。整合9亿元新建、改扩建226个村居组织活动场所，有效盘活集体资产，全市273个村居均有稳固的集体经济收入。村支书、村主任年工资达到4万元，高出自治区19192元。开通运行12345政府服务热线，累计接听群众来电26118个，限时办结率100%，群众满意率99.4%，党群干群关系更加密切、更加融洽。

持续正风肃纪。积极推进党风廉政建设和反腐败斗争，认真落实中央“八项规定”、区党委约法十章、市委八项要求，坚决反对“四风”。投入1170多万元建成廉政警示教育基地。查处违纪问题191件，给予党纪政纪处分236人，移送司法机关3人。“三公”经费年均下降21%，党风政风明显好转。

——大力实施“环境立市”战略，城乡面貌日新月异

生态环境显著改善。以构建国家生态安全屏障为核心，投入3.54亿元实施“树上山”工程，造林绿化3323亩，植树75万余株，成活率80%以上，创造了海拔3900米以上人工造林奇迹；规划投入35.32亿元实施“河变湖”工程，建设6座拦河闸，2#、3#闸建成蓄水，形成湖面2700多亩，空气湿度增加8%，打造了高原海绵城市建设典范，拉萨河成为国家级水利风景区；投入93.1亿元实施“暖入户”工程，建成燃气主干管网63公里、次干管网256公里，实现城市建成区供暖全覆盖，完成西藏历史上具有里程碑意义的“供暖革命”，2013—2015年兑现居民用气补贴3.2亿元。投入3.15亿元保护拉鲁湿地，湿地水域面积扩大1/3，湿地自我修复能力明显提高；投入1.93亿元打造机场高速绿色廊道和绿色水系，投入1.34亿元建成首个滨河公园；完成植树造林、退耕还林、退牧还草、防沙治沙332万亩，建立首个国家级生态科学观测站，区市两级自然保护区、生态功能区达27个，森林覆盖率19.5%，空气质量优良率常年保持在95%以上，持续领跑全国内陆城市。

城乡环境持续提升。城市空间不断拓展，编制完成土地利用总规、中心城区控制性详规，加快建设高新区、空港新区、顿珠金融产业园，堆龙德庆撤县设区，曲水县成为国家新型城镇化综合试点县，吞巴成为全国首批特色小镇，甲玛、羊八井等成为全区特色小城镇示范点，农牧区转移人口市民化有序推进，常住人口城镇化率达46%。城乡建设加快推进，拉日铁路、旁多水利枢纽等一大批重点项目建成投用；投资21.6亿元新建改建农村公路1527.3公里，建成农村道路2942.57公里，乡镇柏油路通畅率达100%、行政村柏油路通达率达98.85%，公路通车总里程4685公里；建成农牧民安居房1.63万套、保障房1.03万套，改造棚户区6273户92.3万平方米，城乡居民人均居住面积达到33平方米；完成227个村居环境综合整治，创建自治区级生态乡镇14个、生态村140个，垃圾焚烧发电厂一期正式点火、日处理垃圾300吨，城市垃圾无害化处理率97.5%以上、城镇污水集中处理率90%以上。城市面貌明显改观，嘎玛贡桑等6条市政道路改造投用，十大专业市场建设搬迁进展顺利，农贸综合市场、铁器电焊市场搬迁基本完成；投入4.6亿元补贴公共交通，开通公交线路34条607.22公里，年客运量1016万人次；持续整治发展环境，严厉打击欺行霸市、强买强卖、敲诈勒索等违法行为，市场秩序不断规范。

*政务环境更加优化。*全面推进“放管服”改革，取消行政审批事项14项，4项行政审批事项转为政府内部管理，取消、停征、免征19项行政事业性收费项目。不断完善市县乡三级政务服务体系，市民服务中心通过国家级政务服务标准化考核验收，169项行政审批、12项便民服务集中进驻，累计办理行政审批事项93万余件，按时办结率99.9%以上。公共资源交易中心建成投用，工程建设、政府采购、土地出让全部纳入统一集中监管。稳步推进政府信息公开，建成触摸查询平台271个，主动公开政务信息2万余条、依法申请公开94条，服务水平持续提高。

*推进重点领域改革。*深化客运体制改革，完成旅游客运企业兼并重组和中巴车、出租车、旅游车改制，实现公车公营，班线客运改革全面启动、迅速推进。深化农村改革，完成 4.35万户62.9万亩农村土地承包经营权确权登记颁证，依法稳慎推进农村集体经营性建设用地入市、农民住房财产权抵押，整合推进不动产权统一登记，颁发西藏首批不动产统一登记证书。深化国企改革，加强国资监管，组建净土产业、旅游投资等16家国企，总资产469.88亿元，是2010年的46.2倍，年均翻一番，国有经济活力、影响力、抗风险能力显著增强。深化开放性经济体制改革，简化整合投资项目报建手续，规范管理投融资平台，推行政府投资项目代建制，成功举办“全国民营企业家拉萨行”“中国光彩事业西藏行”拉萨专场活动，引进项目1324个，落地资金752.88亿元，是“十一五”的4.5倍，年均增长35.2%。

——大力实施“文化兴市”战略，特色文化繁荣发展

*精神文明建设取得新成就。*大力弘扬社会主义核心价值观，持续开展中国梦、“3·28”百万农奴解放纪念日、新旧西藏对比、民族团结进步宣传，深入开展“八看、一算账、一揭批、四增强”感党恩主题教育，城乡居民科学文化素养和健康文明素质普遍提高。全国文明城市创建成果不断巩固，拉萨成功蝉联全国文明城市，曲水县获得全国县级文明城市提名资格，全国文明村镇（单位）达到21个、自治区文明村镇达到71个，进一步打牢了各族人民共同团结奋斗、共同繁荣发展的思想基础。

*文化产业发展实现新跨越。*编制《文化产业发展规划（2013—2020）》，投入300亿元建设西藏文化旅游创意园区，成为国家级文化产业示范（试验）园。成功推出《文成公主》藏文化大型史诗实景剧，累计接待观众110.5万人次，实现票房、衍生品及配套服务收入4.74亿元，成为西藏文化旅游融合发展新名片。文化产业大厦竣工投用，娘热民俗风情园、藏民族礼仪文化（哈达）产业、藏汉融合陶瓷艺术入选文化部藏羌彝文化产业走廊重点项目库，文化产业竞争力明显提升。健全扶持文化产业发展配套政策，拨付文化产业扶持资金9514万元，积极推进尼木三绝技艺展示区等建设，城关区古艺建筑美术公司等被命名为国家级文化产业示范基地，新华书店等11个单位被命名为自治区级文化产业示范基地，文化产业辐射力明显增强。

*公共文化服务迈上新台阶。*不断健全公共文化服务体系，初步形成市县乡村公共文化服务网络，农家书屋、寺庙书屋、广播电视、电影放映、信息共享等惠民工程实现全覆盖，公共文化设施全部免费开放，广播、电视综合人口覆盖率98.02%和98.3%。开辟拉萨广播电视台藏语综合频道、文化旅游频道等文化传播新渠道，藏语综合频道上星播出，国家公共文化服务体系示范区创建工作稳步推进。加强文化遗产保护，出台老城区保护条例、古村落保护条例等法规，完成大昭寺周边环境整治、清政府驻藏大臣衙门旧址陈列馆修复等重大项目，对7条街区、56座古建大院进行特色风貌保护和保

护性修复，20项国家级、31项自治区级非物质文化遗产代表作得到有效传承。大力推广全民健身，组建全区首支职业男子篮球队、足球队，深入开展“幸福拉萨”规范舞等健身活动，群众文体生活丰富多彩。

——大力实施“产业强市”战略，发展动力持续增强

净土健康产业全面发展。围绕绿色健康目标，开创性发展净土健康产业，天然饮用水、奶业等九大主导产业逐步壮大，饮品、食品、药品、饰品四大拳头产品脱颖而出，城关净土智昭、堆龙香雄美朵、当雄“羊八井—格达”新能源等一批净土健康产业示范园建设强势推进，“拉萨净土”区域公用品牌影响力日渐彰显，2015年总产值达60亿元，企业达89家，其中规模以上企业26家，汇源、蒙牛等知名企业入驻拉萨，30多种产品走进内地高端市场。

农牧业稳定发展。严守53万亩耕地红线，发放支农资金9482万元，落实标准化生产及高产创建示范田88万亩、测土配方施肥示范田61万亩，主要农作物良种覆盖率95.3%。2015年完成农林牧渔总产值23.3亿元，牲畜存栏133.37万头（只、匹）；农牧民专业合作社746家，带动2.63万户6.73万人增收；投资6.48亿元实施农开项目90个，直接带动2.15万户农牧民增收。

特色工业持续发展。壮大特色工业规模，培育产值超亿元企业20家，2015年完成工业总产值115.78亿元、增加值43.82亿元、税收9.21亿元，是2010年的2.8倍、2.2倍、3.7倍，年均增长23.4%、15%、29.9%。发展园区经济，推动产业向园区集聚、企业向园区集中，2015年实现园区工业总产值45.29亿元、增加值18.63亿元、税收4.52亿元，是2010年的4.5倍、4.2倍、6.3倍，年均增长35.2%、33.1%、40.4%。

现代服务业加快发展。大力培育新业态和新商业模式，依托雪顿节、藏博会等节庆活动精心打造会展经济，西藏会展中心、八廓商城建成投用，东嘎片区物流、城关亨通物流建成运营，空港新区现代物流服务区加快建设，区域性服务能力显著增强。精心打造国际文化旅游城市，大力实施景点景区提档升级工程，香格里拉大酒店、圣地天堂洲际大饭店建成开业，星级宾馆达到139家、A级景区达到16个，接待游客由2010年的413.42万人次增至2015年的1179.03万人次，旅游收入由42.11亿元增至154.93亿元，年均增长23.32%、29.76%。大力发展网络信息服务，登记注册电子商务市场主体261家，注册资金26.9亿元，2015年电子商务交易额达到3441万元。

“双创”活力不断增强。实施创新驱动发展战略，出台《关于加强新时期人才工作的意见》，引进634名急需紧缺人才、45名拥有国家发明专利人才，设立全区首个院士工作室、人才管理改革试验区，实现国家“千人计划”专家零突破。用足用活非公经济发展优惠政策，非公经济组织6.09万户，注册资金1428.1亿元，商标总量4230件、驰名商标13件、著名商标62件、地理证明商标1件。大力支持小微企业发展，出台“双创”支持政策92项，减免税收1.13亿元，成立全区首个众创空间、大学生创业孵化园，成功入围全国小微企业创业创新基地示范城市。市级投入科技经费1.53亿元，知识产权拥有量超过600件，14家企业被认定为国家级高新技术企业，科技对经济社会发展贡献率达42%，对农牧业贡献率达48%，万元GDP能耗下降12%，成为国家循环经济示范城市建设试点。

——大力实施“民生安市”战略，保障能力明显提高

扩大劳动就业。创新开展“四业工程”，累计培训17.6万人次，开发就业岗位6.2万个，新增城镇就业5.5万人，农牧区劳动力转移就业85.2万人次，连续五年保持城镇零就业家庭动态清零，城镇登记失业率控制在2.2%以内，有就业意愿的应届高校毕业生就业率达98%以上，困难家庭高校毕业生就业率达100%。

完善社会保障。统筹城乡的社会保障制度实现全覆盖，社保参保46.71万人，城乡低保标准达到年人均8280元、2650元，分别高出自治区600元和100元；农村五保户供养标准年人均5710元，高出自治区970元。建立社会救助信息直报系统、医疗救助“一站式”即时结算服务平台，个人医疗救助年封顶线25万元，高出全区平均水平4万元。大力关爱弱势群体，未成年人救助保护中心运行良好，五保老人意愿集中供养率和孤残儿童集中收养率均达100%，领先全区。

打造优质教育。颁布实施《关于加快教育改革和发展的意见》《振兴教育教学质量三年行动计划》，致力推进优质教育均衡化、均等化发展，5县区通过国家义务教育均衡发展验收，城镇学前三年毛入园率96%，农牧区学前两年入园率88%，小学学龄儿童纯入学率99.93%、巩固率99.04%，初中毛入学率102.59%、巩固率98.07%，高中毛入学率89.5%，三类残疾儿童少年入学率76%，青壮年文盲率降至1%以内。推进教育体制综合改革，优化调整中小学布局，教育城一期建成投用，新建161所中小学校，一职校、二职校全面运行，高等教育办学水平稳步提升。“三包”政策从幼儿园到高中全覆盖，贫困学生资助体系普惠推进，五年下拨“三包”经费11.52亿元、营养改善经费1.07亿元、资助金3000万元。教育受援形成“组团式”新格局，北京江苏择优选派21名校长、195名教师进藏支教，中小学生不出拉萨就能同等享受内地优质教育资源，2016年北京实验中学、江苏实验中学高考上线率达89.2%和84.4%，较2015年分别提高8.8个和4.7个百分点。每年投入1000万元，重奖优秀教师、先进教育工作者，尊师重教的氛围更加浓厚。

优化卫生服务。率先在全区启动县级公立医院改革，建立分级诊疗制度、农牧区“先诊疗、后结算”医疗制度和县乡一体化管理机制，全面实现市县乡村国家基本药物“零差率”销售，年人均医疗补助提高至420元，地方病救治率100%，城乡卫生监督覆盖率98%以上，城乡居民、寺庙僧尼免费健康体检率99.9%和100%，人均预期寿命达到68.2岁。建立婴幼儿住院救治、孕产妇住院分娩绿色通道，费用全额报销，孕产妇、婴儿死亡率降至45.9/十万和7.5‰，免费治疗先心病患者434人。开启医疗卫生人才组团式受援新模式，北京江苏择优选派196名医护人员进藏工作，市医院“三乙”顺利挂牌，建成东城医院，城乡居民医疗卫生健康服务能力逐步提高。食药监管体制改革统筹推进，机构不断健全，群众饮食用药安全得到有效保障。

推进扶贫脱贫。采取整乡推进、连片开发、定点扶贫、金融扶贫、产业扶贫等模式，投入资金16.39亿元，发放贴息贷款10.3亿元，实施扶贫开发项目897项，7.9万人实现脱贫，贫困发生率由2010年的29.6%下降到2015年的14.2%。全市建档立卡的44162名贫困人员，在“十三五”开局之年已有28699人脱贫，334户1289名贫困群众搬进新居，城关区率先在全区稳定实现脱贫摘帽。

保障物价平稳。针对性出台稳控物价重点措施，完善社保标准与物价上涨挂钩联动机制，每年安排1000万元基金平抑物价，异地调运牛羊肉、酥油等物资，设立13个惠民直销点，投放160辆蔬菜直销车，每天配备10万余斤新鲜蔬菜惠民销售，市场供应充足，有效平抑物价，居民消费价格指数控制在3.5%以内。

——大力实施“依法治市”战略，社会局势和谐稳定

法治建设平稳推进。坚决执行市委决策，依法主动接受市人大及其常委会的法律监督和市政协的民主监督，五年办理人大建议议案637件、政协提案615件，办结率100%，满意率95%以上。加快建设法治政府，制定法治政府实施意见、年度行动计划、考核指标体系，颁布重大行政决策程序规定，政府决策的科学化、民主化、规范化水平得到提升。加强政府立法，提请市人大常委会审议地方性法规5件，政府规章备案审查24件，颁布政府规章、规范性文件40件。探索综合执法，整合国土规划、水利环保、安全生产、城市管理、食药监管等执法职能，组建城市综合联动执法机构，推行跨部门、跨领域综合执法，推动执法重心下移和执法事项属地化管理。推进普法宣传，以法律“七进”为载体，圆满完成“六五”普法，连续9年成为全国法治宣传教育先进城市，初步形成了办事依法、遇事找法、解决问题用法、化解矛盾靠法的良好氛围。

维稳措施有效得力。坚定不移反对分裂，坚决落实自治区十项维稳措施，强化依法维稳顶层设计和制度安排，在全国藏区率先出台《关于严密防范自焚行为的意见》《关于加强区外学经返回僧尼和人员教育管理工作的意见》。以防自焚反自焚为重点，打掉非法地下组织48个、梳理涉案人员6800余人，破获四省藏区来拉企图自焚案件23起、抓获涉案人员106人，坚决粉碎了达赖集团企图再次将破坏活动引向拉萨、以达到“核心突破、影响全局”再造“3·14”轰动效应的险恶用心。坚定不移联保联控，圆满完成自治区50大庆、纳木错羊年转湖等重大维稳安保任务；牵头组织召开两次全面推进“依法治藏”方略座谈会，与四省藏区建立深化合作、共保稳定机制，社会局势持续稳定、长期稳定、全面稳定。

社会治理不断创新。深入贯彻《关于创新社会治理体制的意见》，探索形成了具有拉萨特色的城镇、寺庙和农牧区三大服务管理模式。在市区和所有县城建成189个便民警务站，打造“核心区1分钟、其他区域3分钟”便民警务圈，全面实行网格化管理、“双联户”模式，全市16万户居民共划分联户单位1.7万个，实现常住人口全覆盖，群众参与社会治理的主动性、积极性明显增强。深化户籍制度改革，全面推行居住证制度，常住人口均等享受基本公共服务。有效发挥环拉萨“护城河”治安检查站过滤网防控作用，刑事、治安案件连年大幅下降，群众安全感持续提升。

宗教和睦佛事和顺。全面贯彻党的宗教工作基本方针，积极加强和创新寺庙管理，围绕“法、心、权、责”四字原则，在寺庙“六建”基础上，常态开展“六个一”活动，率先开展并顺利完成在编僧尼自然减员补充学经新僧尼试点工作，干部驻寺实现全覆盖。在落实自治区“九有”基础上，增加了修建一个食堂、一个澡堂、一个垃圾池、一栋温室、培养培训一名卫生员五项内容，建成全区首家寺庙僧尼养老院，有效缓解了全市在编僧尼中60岁以上老年僧尼养老问题。常态开展和谐模范寺庙暨爱国守法先进僧尼创建评选活动，评选市级和谐模范寺庙179座次，表彰爱国守法先进僧尼18071人次，群众宗教信仰自由得到充分保障，宗教工作法治化水平全面提升。

民族团结更加紧密。以创建民族团结示范市为契机，在全国首府城市中率先制定《拉萨市民族团结进步条例》，以法律形式规定每年9月为民族团结进步月、9月17日为民族团结进步节。从2012年开始，深入开展共产党员民族团结先锋活动、共青团员闪光行动、少先队员牵手行动、巾帼添彩行动，在全国率先深入推进民族团结教育“七进”活动，编发中小学生民族团结教育三个读本30余万册，使“三个离不开”思想牢牢植根于各族人民心头。修缮建设关帝格萨拉康、民族团结陈列馆等，使之成为重要的爱国主义教育基地。

矛盾纠纷妥善化解。深化信访制度改革，强化源头排查，遵循依法办事，推进诉访分离，推行领导包案化解和分级受理办结制度，推动信访案件在法治轨道内化解。五年接待群众信访7564件2.52万人次，全部及时办结，20世纪80年代以来的147件“钉子案”“骨头案”“棘手案”等历史积案全部妥善化解，实现两个月以内信访事项“零搁置”目标。

安全生产形势稳定。深入开展安全生产大检查大排查大整治专项行动，对非煤矿山等13个重点领域进行拉网式排查治理，严格执行客运车辆“两限一警”政策，安全生产形势持续稳定好转。2015年安全事故、死亡人数、受伤人数、直接经济损失较上年分别下降5%、31%、12%、78%，连续两年实现重特大安全生产事故“零发生”。

其他事业全面进步。强化防灾减灾，投入1.4亿多元建成“西南一流、全国领先”、集“民兵训练、人才培训、兵力预置、国防教育、物资储备、灾害救助”六大功能于一体的民兵综合训练基地，拉萨中央级救灾物资储备库投入使用，救灾物资储备保障能力极大提升。健全救援体系，提升救援能力，有力有序有效处置“3·29”山体滑坡自然灾害、“8·9”道路交通安全事故。审计、外事、编译、档案、地震、保密、工青妇、气象、人防、人民武装、消防和金融、电力、通信等取得新成绩。

五年来，北京、江苏两省市大力实施经济援藏、教育援藏、就业援藏、科技援藏、干部人才援藏，从人力、物力、技术等方面全面深化对口支援，到位受援投资30.44亿元（北京12.08亿元、江苏18.36亿元），建成城市规划建设展览馆、师专大学生活动中心、群众文体中心、牦牛博物馆、德吉罗布儿童乐园等项目426个（北京191个、江苏235个），选派602名干部和专技人员援藏建藏，形成了全方位、多层次、宽领域的对口支援格局，为拉萨经济社会发展提供了有力支撑、注入了强劲动力。

各位代表！

五年攻坚克难，成绩来之不易。过去五年取得的成绩，是以习近平同志为核心的党中央英明领导的结果，是自治区党委政府正确领导的结果，是新时期党的治藏方略成功实践的结果，是北京江苏两省市无私援助的结果，更是以齐扎拉书记为班长的八届市委团结带领全市各族人民奋力拼搏的结果。五年来，八届市委以对党的绝对忠诚、对拉萨的无限热爱、对人民的赤子深情、对事业的责任担当，以无比坚定的政治定力和改革魄力，实施新战略、布局新产业、强化新举措，团结带领全市各族人民，开创了拉萨各项事业百舸竞发的生动局面，为率先在全区全面建成小康社会奠定了厚重坚实的工作基础，实践证明，八届市委是一个敢于担当、坚强有力的班子，是一个团结奋进、勇于创新的班子。五年来，市政府坚决贯彻八届市委的决策部署，苦干实干、稳扎稳打，推动经济社会发展站在了新的历史起点上，吹响了全面建成小康社会的决战决胜号角，开启了建设团结美丽健康幸福新拉萨的崭新征程。在此，我代表市人民政府，向所有为拉萨改革发展稳定做出贡献的社会各界人士，表示衷心的感谢并致以崇高的敬意！

*五年披荆斩棘，经验弥足珍贵。*总结五年的工作，我们深刻体会到：一是党中央系列治藏方略是做好拉萨工作的根本遵循。中央治藏方略是党60多年来治藏、建藏、稳藏、兴藏思想方针政策战略的全面总结和高度概括，凝聚着历代中央领导集体治藏的智慧和心血。拉萨的实践充分证明，党中央系列治藏方略是无比英明和正确的，是完全符合拉萨实际的，是深得拉萨各族人民拥护的。我们必须始终深入贯彻中央系列治藏方略，自觉与以习近平同志为核心的党中央保持高度一致，推进拉萨经济社会长足发展和长治久安，与全国一道全面建成小康社会，奋力谱写中华民族伟大复兴中国梦拉萨篇章。二是区市党委的坚强领导是做好拉萨工作的根本保障。我们始终把坚持党的领导作为一切工作的基础和前提，毫不动摇地坚持党的基本理论、基本路线、基本纲领、基本经验，不折不扣地贯彻执行区市党委的决策部署，筑牢发展稳定的组织基础、思想基础，确保了政府各项工作始终与市委决策部署同调同向同行，以高度的政治自觉推动拉萨各项事业迅猛发展。三是“六大战略”是做好拉萨工作的根本保证。我们始终在市委“六大战略”的科学引领下，集中精力谋大事、抓要事、解难事，实施建成了一大批事关战略全局的重大项目，谋划办成了一大批打基础、增后劲、惠民生、利长远的大事要事，为经济社会发展增强了造血能力，注入了持续活力。事实证明，“六大战略”是中央治藏方略在拉萨的具体体现，是区党委政府决策部署在拉萨的成功实践，必须长期坚持、持续推进。四是深化改革是做好拉萨工作的活力源泉。我们始终把深化改革、推动发展作为解决拉萨一切问题的关键，在维护祖国统一、加强民族团结、保障改善民生、凝聚人心方面大胆改革、行稳致远，开创性打造净土健康和文化旅游两大支撑产业，不仅用发展的办法解决了前进过程中遇到的生态保护、安全生产、社会治理、民生改善难题，而且开创了蹄疾步稳推改革、全面有序促开放的良好局面，为经济社会发展汇聚起磅礴力量。

*成绩已属过去，未来任重道远。*在肯定成绩的同时，我们也清醒地认识到面临的困难和不足。一是反分裂斗争形势依然严峻，创新社会治理任务艰巨。达赖集团破坏拉萨、祸害西藏、分裂祖国的本质没有根本改变，其利用宗教所产生的负面影响长期存在，利用互联网、大数据等现代信息手段创新社会治理的方式仍然滞后，向科技要警力、向科技要治理、向科技要稳定的能力和水平亟待提高。二是基础设施瓶颈制约依然突出，综合保障能力还需加强。交通、能源、通讯等基础设施建设仍然滞后，航空、铁路、公路等交通运输体系、电力等能源体系、水利支撑、信息保障能力不能有效满足经济社会发展需要，特别是不能有效满足净土健康、文化旅游产业跑步前进的需要，经济发展的初级性和依赖性特征明显。三是要素资源瓶颈制约依然存在，激发内生动力任重道远。由于特殊的自然环境和历史原因，人才总量不足、高层次人才匮乏，缺名医名师、少好药好校的问题没有根本改变，金融资本市场不完善，杠杆作用发挥不充分，加上创新研发能力不足，产业竞争力不强，导致经济社会长足发展的内生动力不足。四是政府服务环境有待优化，亟须练好内功提高效率。由于思想观念、

能力水平、责任担当、开拓创新等方面存在的差距，我们的政务环境还不够优化，服务意识还不够主动，行政行为还不够快捷，支撑依法行政的知识储备、能力水平还不能很好适应形势发展的需要和人民群众的期待。对于这些问题，我们必须全力加以解决。

二、未来五年的工作安排

未来五年，拉萨面临的机遇与挑战并存，机遇大于挑战，仍处于可以大有作为、也必须大有作为的重要战略机遇期。一是政策措施坚实可靠，为经济社会发展提供了新支撑。以习近平同志为核心的党中央进一步丰富和发展了党的治藏方略，为我们提供了根本遵循。第六次西藏工作座谈会明确了一系列政策措施，为我们提供了坚强的政治保障。对口援助省市的援藏力度进一步加大、援藏形式进一步创新、援藏内容进一步丰富，为我们提供了强大的发展动力。精准扶贫持续释放重大政策红利，为我们补齐了全面小康最突出的短板。二是区位优势全面凸显，为经济社会发展提供了新空间。拉萨作为自治区首府城市、面向南亚开放的中心城市、“一带一路”的重要节点城市、区域性交通枢纽城市，在吸引集聚人才、资本、技术、信息等高端要素，创建内贸外贸融合发展平台，加强对内对外开放，促进国内国外市场互联互通，引领和服务全区等方面潜力巨大、前景广阔。三是造血功能持续增强，为经济社会发展提供了新动能。随着“六大战略”的深入实施，经济建设显著加强，发展速度保持全国前列、综合实力全面提升，净土健康产业蓬勃发展、文化旅游产业突飞猛进，特色产业成功创出品牌、初步形成规模，这些成果的取得，积累了丰富的发展经验，奠定了坚实的物质基础，有利于进一步激发强大的发展动能。四是软硬环境不断改善，为经济社会发展提供了新潜力。政府效能建设不断加强、“放管服”改革纵深推进，政府服务发展的水平和能力不断提升。基础设施逐步完善，城市承载能力显著增强，城市品位全面提升。“双创”工作积聚崭新动能，“互联网+”促进转型升级，五大经济功能区长足发展，园区经济提质增效，成为新的经济发展引擎。五是社会局势和谐稳定，为经济社会发展提供了新保障。反分裂斗争和社会治理成效卓著，社会局势安定有序，民生保障显著加强，发展成果全民共享，社会活力全面激发，形成了政通人和求奋进、增收致富奔小康的浓厚氛围。

乘风破浪潮头立，扬帆起航正当时。新一届政府肩负着党和人民的殷殷重托，肩负着实现第一个百年奋斗目标的历史重任，我们必须不忘初心、不辱使命，同心同德、群策群力，不折腾、不反复，一张蓝图绘到底、一个目标干到底，努力创造无愧于党、无愧于人民、无愧于时代的优异成绩。

指导思想：高举中国特色社会主义伟大旗帜，以邓小平理论、“三个代表”重要思想、科学发展观为指导，全面贯彻党的十八大、十八届三中四中五中六中全会、中央第六次西藏工作座谈会和市九次党代会精神，深入贯彻习近平总书记系列重要讲话精神特别是“治国必治边、治边先稳藏”的重要战略思想和“加强民族团结、建设美丽西藏”的重要指示，按照“五位一体”总体布局和“四个全面”战略布局，坚持依法治藏、富民兴藏、长期建藏、凝聚人心、夯实基础，坚持稳中求快总基调，践行“五大发展理念”，深入实施“六大战略”，始终坚守“三条底线”，努力建设团结美丽健康幸福新拉萨。

奋斗目标：建设团结美丽健康幸福新拉萨，率先在全区全面建成小康社会。

建设团结拉萨。就是推动全市38个民族同呼吸、共命运、心连心，和睦相处、和衷共济、和谐发展，各族人民相亲相爱、守望相助，把拉萨建设成为全国民族团结进步示范市。

建设美丽拉萨。就是保持好拉萨的蓝天白云、青山绿水、良好生态，到2020年，城市绿化覆盖率、森林覆盖率分别达到45%和20%以上，空气质量继续保持国家一级标准，成功创建循环经济示范城市。

建设健康拉萨。就是全方位全周期保障各族群众身心健康、生活和居住环境健康，到2020年，公共卫生和医疗服务体系全面覆盖，公共卫生服务和医疗服务水平显著提高，人均预期寿命超过70岁，

群众享有优质完善的健康服务环境、安全放心的健康食品环境、美丽如画的健康宜居环境、和平安宁的健康社会环境。

*建设幸福拉萨。*就是到2020年，地区生产总值突破600亿元、年均增长10%以上，全社会固定资产投资、公共财政预算收入、社会消费品零售总额年均增长15%以上，城乡居民人均可支配收入年均增长10%、15%以上，城镇登记失业率控制在2.2%以内，现行标准下的贫困人口全部稳定脱贫，城乡公共服务主要指标达到全国平均水平，让各族群众充分共享改革发展成果。

围绕上述目标，我们将重点抓好六个方面的工作。

一是坚持“六大战略”，推动创新发展，积极壮大经济增长新引擎

把创新作为第一动力、把人才作为第一资源，各类要素同步发力，形成理论创新、制度创新、科技创新、文化创新相互促进、共同进步的创新系统。

*创新转化双驱动，释放发展新动能。*加大特色农畜产品、藏医药、清洁能源等领域创新力度，加快建设高新技术产业园区，积极构筑产学研用紧密结合的区域创新体系。抓住入围小微企业创业创新基地示范城市机遇，促进小微企业“专精特新”发展，引导产业产品向价值链中高端跃升，力争把拉萨建成青藏高原和周边区域重要的创新中心、互联网中心、云计算服务中心、高技术成果转化基地，科技对经济增长的贡献率达到50%以上，创新成果转化率达到30%以上。

*投资融资双推动，打造发展新平台。*发展资本市场，高标准规划建设顿珠金融产业园，加快组建拉萨地方法人金融机构，扶持小额贷款公司、信用担保机构、保险市场主体多元化发展，新增5家上市企业，促进资本市场健康发展，把拉萨建成面向南亚服务的资本“高地”和区域金融中心。重视投资拉动，谋划储备一批重大项目，做深做实项目前期工作，做好土地、资金等要素保障，严格项目路线图管理，强化项目跟踪服务，迅速推进慈觉林文化旅游产业园、香雄美朵产业园、秀色才纳产业园等十大重点工程建设，既注重投速投量，更注重投向投效，切实提高项目资金到位率和建成投用率，努力保持投资增长后劲。强化招商引资，创新招商项目生成机制、推介机制和跟踪服务机制，借助会展、网络、经贸洽谈等平台，开展招大引强对接服务行动，强力吸引境内外资金、技术、信息和项目，重点引进信誉好、实力强的国内外知名大企业、大集团，力争完成招商引资项目到位资金1500亿元。

*放权服务双促进，创优发展新环境。*深化行政体制改革，推进政府职能转变和管理创新，协同推进简政放权、放管结合、优化服务，全面建立权责清单制度。让企业和群众办事更加方便快捷。深化农村改革，出台土地所有权、承包权、经营权分置办法，依法推进土地经营权有序流转入市，稳妥处置土地遗留问题，坚决打击违法违规用地建设行为。深化国企改革，整合优化市属国企，加强国资监管，充分发挥国企在创业创新、支撑发展、保障民生中的中流砥柱作用，切实提高国企的综合竞争力、市场引领力和社会支撑力，力争到2020年市属国企总资产超过1000亿元，资产500亿元企业1家、100亿元企业3家、50亿元企业4家。

*引进培养双发力，强化人才新支撑。*认真落实市委《关于加强新时期人才工作的意见》，完善人才发展政策体系、配套激励机制，推进人才管理改革试验区和众创空间建设，充分发挥博士服务团作用，统筹实施“领导干部素质提升工程”“企业名家培育工程”，着力引进、培养重点产业紧缺创新人才100名，设立院士工作站、博士后工作站，抢占净土健康产业研究制高点。依托京、苏教育资源，优选5—10所高校作为拉萨党政干部在职教育基地，加大干部人才培养培训力度，把拉萨建成全区人才发展高地。

二是坚持“六大战略”，推动协调发展，奋力谱写共建共进新篇章

坚持“区域协同、城乡一体、产城融合”原则，着力打造引领全区的核心城市、青藏高原的标杆城市、面向南亚的中心城市。

*推进城镇化。*围绕“东延西扩南跨北联、一城两岸三区”这一布局，推进城市组团式发展，全面实行居住证制度，稳妥推进农业转移人口市民化，常住人口达到110万，城镇化率达到60%以上，打

造3—5个宜居宜业的城市副中心。围绕“特色引领、优势互补、错位发展”这一思路，把经开区建成全区实体经济高地、净土健康产业引领区、扩大对外开放主战场、大众创业万众创新示范区、经济转型升级的新引擎；把柳梧高新区建成高原生物技术、互联网和金融产业创新中心，西藏产学研示范基地、产城融合发展的现代化城市典型示范区；把西藏文化旅游创意园区建成国家5A级标准的国际文化旅游城市核心景区、西藏文化旅游集散中心；把老城区建成世界文化遗产和历史文化名城保护核心区、优秀民族文化展示区、各族群众交往交流交融示范区；把空港新区建成安全稳定示范区、重要国际航空枢纽、现代物流服务区。围绕“规划一张图、建设一盘棋、管理一张网”这一目标，修编执行新的城市总体规划，编制完善特色村镇规划，推进多规合一，加快完善东城组团、林周组团、教育城组团、东嘎组团、柳梧组团、空港组团、堆龙新城组团医院、学校、商业网点、社区服务、公共交通等功能配套，实现城市交通流由“中心集聚”向“环网分担”转变。围绕“保护老城区、疏解老城区、建设新城区”这一目标，达孜撤县设区，推进经开区与堆龙德庆区产城融合发展，精心打造吞巴、甲玛、羊八井、纳木错等一批特色小城镇，建成5平方公里的堆龙新城、4.49平方公里的墨竹嘎则新区，引导老城区人口、功能逐步向周边城区疏散。围绕“系统化指挥、属地化管理、网格化模式”这一目标，编制执行城市管理工作细则和操作手册，向城关、经开、堆龙、柳梧下移管理重心，下沉监管力量，大力提升城市精细化管理水平，形成合理分工、相互协调、高效管理的工作格局。

壮大产业。大力发展净土健康产业，做大做强做优天然饮用水、高原奶业、藏鸡、特色种植、经济林木等拳头产品，延伸产业链条，重点建设高原奶都，加快建设净土健康产业研究院、净土健康职业技术学院、净土健康产业发展实训基地，完善净土健康产业标准化体系、产品质量安全检测体系，尽快构建起产、学、研“三大摇篮”，力争2020年世界好水年产400万吨、世界好奶年产50万吨，净土健康产业产值突破1000亿元。大力发展文化旅游产业，坚持“健康、特色、精品”导向，深入开发打造纳木错、热振景区、大思金拉错景区、香雄花寨等旅游精品，把吞巴藏香打造成世界上最醇香、最纯正的藏香，把吞巴小镇打造成世界上最美丽、最生态的旅游小镇，纳木错成功创建国家5A级旅游景区、接待游客突破150万人次、旅游收入突破3亿元。着眼建设全域旅游，重点打造以高原纯净品质为特色的健康旅游、以青藏高原独特山川地貌和藏民族独特历史文化为特色的精品旅游，确保接待游客和旅游收入翻一番，把拉萨建设成为国内领先、世界知名的国际文化旅游城市。大力发展现代农牧业，推进高原特色种植基地、现代畜禽养殖基地建设，建成牦牛良种繁育基地，实施“万户百场十中心”工程，到2020年，藏鸡存栏规模达到100万只、高产奶牛10万头，农林牧渔总产值达到37.98亿元、年均增长10%。大力发展第三产业，改造提升饮食、旅店等传统服务业，加快发展金融、物流、会展等新兴服务业，打造全区商贸服务中心，建设国家物流枢纽城市，到2020年三产增加值突破450亿元，年均增长12%。大力发展特色工业，以经开区、高新区、工业园为依托，以建筑建材、优势矿产、新型能源为重点，加快建设高原特色工业基地，到2020年工业增加值突破181亿元、年均增长20%，工业税收突破25亿元、年均增长25%。

完善设施。完善市政设施，加快推进纳金水厂、城市地下综合管廊、滨河公园二期等建设，开工建设城市轨道交通、滨河大道（纳金大桥至柳东大桥段），不断提升城市承载能力。完善农村设施，加快推进城镇基础设施向农村延伸，继续实施“八到农家”工程，健全村文化活动场所、体育健身场所、卫生室、幼儿园、农牧区流通网络等设施，构建新型农村社区综合服务体系。完善交通路网，加速建设拉萨至山南快速通道，配合拉萨至日喀则、那曲高等级公路项目建设和贡嘎机场航站区改扩建，建成城市环线并及早通车，加紧推进林周机场项目前期工作、力争早日开工，开工建设城关至林周隧道，构建航空、铁路、公路综合交通运输体系。完善水利设施，加快帕古水库、堆曲灌区、城市防洪体系建设，提升综合防洪能力；实施城乡饮用水安全巩固提升工程，确保集中式饮用水水源地水质达标率保持100%。完善信息设施，顺应互联网急速发展浪潮，建设“数字拉萨”“智慧城市”，整合投入300亿元把拉萨打造成为西部一流、面向南亚的大数据中心。实施“互联网+”行动计划，推进互联网与净土健康、文化旅游等实体经济深入融合发展，打造全新信息产业。

繁荣文化。提升文明素质，弘扬以爱国主义为核心的民族精神、以改革创新为核心的时代精神、以艰苦奋斗为核心的“长征”“老西藏”“两路”精神，开展“培育社会主义核心价值观从娃娃抓起”活动，建设学习型城市，巩固文明城市创建成果，到2020年，文明县区创建率达到80%以上，文明村镇、文明单位创建率达到60%以上。繁荣文化事业，推进文化体制改革，实施文化惠民工程，深化“五下乡”“四进社区”活动，建设县区广播电视中心，创办《拉萨日报》。挖掘保护红色文化资源，推进古城申遗，加强名城名镇名村文物保护管理，传承非物质文化遗产，建成投用非物质文化遗产博物馆。推进传统媒体与新兴媒体深度融合，讲好拉萨故事，努力建成国家公共文化服务体系示范区。壮大文化产业，建设国家藏羌彝文化产业长廊项目，创作完成《金城公主》电视剧和室内舞台剧、《阿古顿巴》动画片，建设藏学研究中心，筹建象雄文化研究中心，把我市打造成为具有重要影响力的藏文化研究和交流基地；打造更多文艺精品，推动西藏文化旅游创意园区加快发展，大力发展文化创意、文博会展、动漫游戏等新业态，到2020年文化产业占GDP的比重超过3.5%，让文化繁荣始终成为拉萨经济社会发展的强大力量。

打造品牌。深入实施“质量兴市”战略和品牌战略，以培育“拉萨净土”区域公用品牌为重点，大力开展质量强市、质量强业、质量强企建设，建立产品品牌认证工作保障体系，突出培育产业名牌，鼓励引导申请“三品一标”，着力打造“名声响”“质量强”“牌子亮”的一支奶和一支水，到2020年，培育中国驰名商标2个以上、西藏名牌产品10个以上，著名商标保有量年均增长15%。

三是坚持“六大战略”，推动绿色发展，努力构建生态文明新家园

牢记习总书记“最大的价值在生态、最大的责任在生态、最大的潜力也在生态”的谆谆教诲，严守生态红线、底线、高压线，努力建设生态拉萨。

建设生态家园。坚持保护与发展并重、污染防治与生态修复并举，实施“绿地工程”“碧水工程”“蓝天工程”“生物保护工程”“宁静工程”“净土工程”，完善领导干部任期生态环境监管制度和政绩考核制度，开展领导干部自然资源保护离任审计，实行环境保护“一票否决”制、生态环境损害终身追究制。落实“气十条”“水十条”“土十条”，治理空气污染源、土地荒漠化、噪音污染，修复土壤生态，加大植树造林和草地、湿地、天然林保护力度，实施拉鲁湿地生态保护三期工程，推进南北山和拉萨河流域造林绿化，建设城市湿地公园，打造“15分钟绿地便民服务圈”，确保大气环境质量优良率保持在95%以上、生活污水处理率95%以上、城市人均公共绿地12.12平方米以上，县城污水处理实现全覆盖，成功创建国家生态城市，50%的行政村达到美丽乡村国家标准。

强化资源节约。坚持完善产业发展准入负面清单，严禁“三高”项目进驻拉萨，鼓励发展节能降耗产品产业，广泛运用新技术新产品新材料，对新建建筑强制运用节能设计标准，使用品质优良、绿色环保的节能型装配式建材，对既有建筑开展节能改造。实施最严格的水资源保护、耕地保护制度，节约集约利用土地，推行阶梯水、电、气价，推进生活垃圾分类、可再生资源回收利用，利用价格杠杆促进资源节约，引导城乡居民形成勤俭节约、节能环保、绿色低碳、文明健康的生活方式。

发展循环经济。实施近零碳排放区示范工程，大力发展科技含量高、资源消耗低、环境污染少的绿色产业，鼓励支持企业技改，到2020年创建100家清洁生产示范企业，实现企业循环生产、产业循环组合、园区循环改造、生态循环服务。巩固环保模范城市创建成果，建设生态气象保障综合体系，落实生态补偿机制，构建绿色考核体系，优化生态功能区，让生态美好始终成为拉萨经济社会发展的重要标志。

四是坚持“六大战略”，推动开放发展，不断开创互利共赢新局面

立足面向南亚开放中心城市的定位，尽快创建“五大根据地”，形成更高水平的开放格局，实现合作共赢。

有序扩大开放。主动对接“一带一路”战略，营造开放环境，争取开放政策，加速融入环喜马拉雅经济合作带，踊跃参与“孟中印缅经济走廊”建设。深化与南亚各国在农牧业、净土健康、矿产能源、文化旅游、金融商贸等领域的交流合作，加快建设拉萨综合保税区和保税物流园区，设立免税商场，在尼泊尔建设生产贸易基地、开办中尼工业园，到2020年进出口总额达到100亿美元。

加强区域合作。积极推进跨地区合作交流，充分发挥北京、上海、深圳、南京、成都等地6个产业交流中心作用，加快融入成渝、陕甘青宁经济圈和长三角、珠三角、京津冀经济区，深化四省藏区12州县产业互补、经济互融、人文互通。加快推进拉萨山南一体化建设，加强与区内兄弟地市在交通、旅游、水利、环保、物流等领域的合作，建立更加紧密的经贸关系、共享体系、共赢机制，打造以拉萨为核心的西藏3小时经济圈。

深化受援工作。完善社会治理领域对口受援机制，巩固教育、医疗组团式援藏机制，拓展社会治理领域交流合作机制，关心支持鼓励援藏干部和技术人员干事创业、建功立业。完善产业培育领域对口受援机制，加快实施尼木藏鸡原种保护基地、曲水才纳产业园区等受援项目，大力发展“飞地经济”，共同建设产业合作示范区，携手打造“高原经济改革创新示范区”，推动受援工作重点由项目、资金向人才、产业、市场转变，实现优势互补、共同发展，力争“十三五”期间落实受援资金40亿元以上。

五是坚持“六大战略”，推动共享发展，全面开启健康幸福新生活

坚持以人民为中心，以保障改善民生为重点，大力发展各项社会事业，使改革发展稳定成果更多更公平惠及全体人民。

建设健康拉萨。优化健康环境，巩固创卫成果，健全食品药品安全监管体系，创建国家食品安全城市，建立环境与健康监测、调查、风险评估制度，让群众享有全方位全周期的健康保障；广泛开展全民健身运动，办好残疾人运动会、半程马拉松、纳木错徒步、净土足球篮球等赛事，推动高原体育事业蓬勃发展。提升健康服务，加强以市县医院能力提升、乡镇卫生院标准化建设、村（社区）卫生服务全覆盖为重点的三级医疗卫生服务网络建设，成立高原病研究中心，加大抗高原缺氧药物研发推广力度，加强地方病、高原病、传染病、慢性病防治，到2020年人均基本公共卫生服务经费达到100元，孕产妇死亡率、婴幼儿死亡率、5岁以下儿童死亡率分别控制在38/十万、5.3‰和6‰以下。强化健康保障，建成投用白定医院，依托东城医院实施健康拉萨智慧医疗项目，打造西部最大的网上诊断医院；加快公立医院改革，破除以药养医体制，加强住院医师、全科医师规范化培训，强化待遇与医术挂钩的薪酬分配机制，鼓励医护人员钻研技艺，提升专业水平；支持藏医药继承创新，依托科学技术推进藏医药生产现代化，建成市、县藏医院，力争“十三五”期间，市人民医院成功创建“三甲”、白定医院达到“三甲”水平、各县综合医院全部达到“二甲”标准，每千人口卫生技术人员达到6.9人，实现“小病不出乡、中病不出县、大病不出市”目标。

全面精准脱贫。围绕“两年脱贫、三年巩固”目标，全面落实“六项措施”，因村因户因人精准施策，扎实推进易地扶贫搬迁，着力培育富民多元产业，努力实现贫困人口人均可支配收入年均增长17%以上，确保2017年底11237户44162名建档立卡贫困人口全部脱贫，实现不愁吃、不愁穿、不愁住，有技能、有就业、有钱花，义务教育有保障、基本医疗有保障、社会保障有保障，确保各族群众小康路上“不掉队”。

扩大就业创业。深入实施“四业工程”，完善培训服务体系，提高劳动者就业能力，对城镇就业困难人员提供托底帮扶，新增城镇就业4万人，转移农村剩余劳动力82.15万人次，动态消除城镇“零就业”家庭。持续推进创业型城市建设，完善创业政策，设立创业基金，鼓励高校毕业生、复转军人、失地群众、农村能人自主创业，城镇登记失业率控制在2.2%以内。构建和谐劳动关系，健全劳动关系协调机制，完善劳动争议调处机制，依法保障劳动双方合法权益。

优先发展教育。巩固深化教育改革成果，优化教育资源配置，促进城乡教育均衡发展，大力推进“盟校共同体建设”和“名校办分校”计划，加大各类学校标准化、信息化建设力度，建成投用教育城二期工程，着力打造西藏集中规模办学高地，满足适龄儿童进名校、上好学的需求。全面推进素质教育，加快发展学前教育，不断加强特殊教育，努力普及高中教育，探索建立“产业园区+标准厂房+职业教育”的发展模式，推动职业教育走在西部地区前列；切实抓好双语教育，加快拉萨师专迁址扩建，打造民族特色鲜明的师范本科院校；构建城乡教育对口帮扶机制，每年选派200名教师进藏开展组团式支教，组织100名教师到内地成建制培训，促进信息技术与学科教学深度融合，全面提升教育教学质量。落实教育惠民政策，提高“三包”标准，全面推进农牧区义务教育学生营养改善计划，实现家庭经济困难学生资助、学生营养餐全城配送、农民工子女公平接受义务教育全覆盖。

健全保障体系。完善覆盖城乡的社会保险体系和社会救助体系，推进机关事业单位和国有企业养老保险制度改革，城乡居民大病保险制度实现全覆盖，到2020年五险参保突破50万人。健全未成年人保护、残疾人五保老人孤儿关爱服务体系，扩大临时救助覆盖面，逐年提高城乡居民低保标准，确保在全区始终领先。

加强住房保障。全力推进保障性住房建设，大力推进棚户区改造、危旧房改造和新型农村社区建设，有序推进老旧住宅小区综合整治，完善改造安置政策，提高货币化安置率，加快推进加荣、加措、洛堆棚户区改造和老城区危房改造、雄嘎小区基础设施改造，加快小康安居工程建设进度，完善干部职工住房租赁、购买机制，全面改善低收入群体和干部职工住房条件。“十三五”期间，完成47016户棚户区、城中村和危房改造，建成保障性住房256万平方米，公租房16392套、周转房28703套，海拔4500米以上、居住环境差且有意愿搬迁的农牧民全部搬迁。

有效稳控物价。把调控物价作为各级政府的重要担当，在源头上做增量、流通中降成本、市场里严监管、补贴时抓精准，加强各类物资调运储备和市场投放，保障粮油肉蛋等生活必需品平价供应，提高城市快速消费品等民生物资配送和冷链物流能力，保障物价平稳。

六是坚持“六大战略”，推动和谐发展，奋力建设团结稳定新拉萨

充分发挥法治的引领、规范和保障作用，促进拉萨长治久安。

加强法治建设。深入贯彻依法治市重大战略部署，全面落实《民族区域自治法》，加强改进政府立法，健全地方性法规规章体系，加强综合行政执法队伍建设，全面落实行政执法责任制，深入开展“七五”普法，推进法律“七进”，营造尊法、学法、守法、用法的良好氛围和公平、公正、透明、稳定的法治环境。

坚决打击分裂。坚持对达赖集团斗争方针不动摇，发挥五省区藏区“依法治藏”联防联控联处机制作用，以“防暴恐、防自焚、防聚集、防极端、防软对抗”为重点，深化细化自治区十项维稳措施，完善细化突发事件处置预案，严密防范和严厉打击各类分裂破坏活动，依法严厉打击暴力恐怖犯罪。牢牢掌握反分裂斗争主动权，把握正确舆论导向，掌握网络主流舆论，维护主导话语权，教育引导各族群众自觉与达赖集团划清界限，不断增强反分裂斗争的思想自觉、行动自觉。

创新社会治理。深化“网格化”“双联户”服务管理模式，完善立体化社会治安防控体系，构建全民共建共享的社会治理格局。大力开展阳光信访、责任信访、法治信访，健全完善民意诉求表达机制、领导包案化解机制、社会稳定风险评估机制、信访矛盾联席督办机制，推进诉访分离，坚决把矛盾纠纷化解在萌芽状态，把信访问题解决在基层属地。按照安全生产“954”工作思路，严格落实党政同责、一岗双责、失职追责，强化道路交通、特种设备等重点领域的监督检查，加快数字交通建设步伐，率先在全区建成道路运输安全生产指挥平台，坚决遏制重特大安全事故发生，确保人民群众生命财产安全。加强防灾减灾和公共安全，加快建设重点防灾设施和灾害监测预警系统，完善人防设施，提高应急救援能力。

巩固民族团结。全面贯彻党的民族政策，推动建立相互嵌入式的社会结构和社区环境，不断增进各族群众对伟大祖国、中华民族、中华文化、中国共产党、中国特色社会主义的认同。深入推进民族团结宣传教育“七进”，有效开展民族团结进步月、进步节和民族团结表彰活动，深化军政军民团结，促进各民族交往交流交融。

依法管理宗教。全面贯彻党的宗教工作基本方针，充分尊重和保障各族群众宗教信仰自由，积极引导藏传佛教与社会主义社会相适应。巩固寺庙管理长效机制，完善依法管理、社会管理、民主管理相结合的寺庙管理体系，提升寺庙“六建”水平。完善寺庙公共服务，深入落实“9+5”“六个一”“一覆盖”“一教育”“一工程”等利寺惠僧政策，持续创建和谐模范寺庙，评选爱国守法先进僧尼，加强宗教界代表人士队伍建设，办好西藏佛学分院拉萨寺庙分院，以社会主义核心价值观引领教规教义阐释工作，确保宗教和睦、佛事和顺、寺庙和谐。

三、全面加强政府自身建设

站在新的历史起点上，面对新形势、新任务、新要求，新一届政府班子将继续苦干实干科学干、说办就办马上办，努力建设勤政廉政、务实高效、敢于担当、人民满意的政府。

强化看齐意识。进一步增强政治意识、大局意识、核心意识、看齐意识，始终在思想上政治上行动上与以习近平同志为核心的党中央保持高度一致，坚定不移贯彻落实自治区党委政府和市委决策部署，全力维护工作大局，永葆共产党人的奋斗精神，永葆对人民的赤子之心，不断把对党绝对忠诚推向前进。

强化依法行政。牢固树立宪法法律权威，全面贯彻《法治政府建设实施纲要》，依法主动接受人大法律监督和工作监督、政协民主监督、社会舆论监督。建立政府学法制度，健全政府法律顾问制度，加强城市管理、公共服务、生态环保、网络信息等重点领域立法。严格执行工作规则和重大事项请示报告制度，完善公众参与、专家论证、风险评估、合法性审查等重大决策程序。开通政务服务APP和政府微信平台，大力推进政务公开，让行政权力在法治轨道和阳光下运行，不断把法治政府建设推向前进。

强化工作效能。大力倡导“说办就办、马上就办”的工作作风，多做少说、真抓实干、注重实效。持续推进“放管服”改革，探索政务服务新模式，组建政务服务中心，规范公共资源交易，减少行政审批事项，建立权责清单。积极推进“互联网+政务服务”，推动政务服务跨区域、跨层级、跨部门协同，确保80%以上公共服务事项网上办理，让数据多跑路、群众少跑腿，以实际行动为群众谋利益、办实事、解难事，不断把效能政府建设推向前进。

强化责任担当。始终铭记“有多大担当才能干多大事业，尽多大责任才会有多大成就”，增强忧患意识，加快知识更新，加强实践锻炼，敢于较真碰硬、敢于严督实查、敢于担当担责，努力成为履职尽责的行家里手。建立容错纠错机制，完善鼓励激励机制，落实能上能下机制，重用实干者、支持改革者、鼓励创业者、批评空谈者、调整平庸者、追究失职者，努力建设一支忠诚干净担当的高素质公务员队伍，不断把责任政府建设推向前进。

强化廉政建设。持之以恒纠正“四风”，自觉践行“三严三实”要求，深入开展“两学一做”学习教育，坚决落实中央“八项规定”、区党委约法十章、市委八项要求。认真履行党风廉政、信访稳定和安全生产“一岗双责”，强化行政监察、审计监督、责任追究，完善惩治和预防腐败体系，以反腐倡廉的新成效保障发展、取信于民，不断把廉洁政府建设推向前进。

各位代表！责任入心唯倾力，重任在肩当笃行！让我们更加紧密地团结在以习近平同志为核心的党中央周围，在自治区党委政府和市委的坚强领导下，紧紧依靠全市干部群众，履职尽责践忠诚、务实干净干事业、创新提升勇担当，不忘初心、继续前进，干在实处、走在前列，走好我们新的长征路，为建设团结美丽健康幸福新拉萨、率先在全区全面建成小康社会而努力奋斗！

拉萨市第十届人民代表大会常务委员会工作报告

——在拉萨市第十一届人民代表大会第一次会议上

市人大常委会主任 达 娃

（2016年11月2日）

一、五年来的主要工作

过去五年，是我市经济快速发展、社会全面进步的五年，是我市社会和谐稳定、民族团结进步的五年，是我市民生显著改善、人民生活水平显著提高的五年。五年来，拉萨市人大常委会在中共拉萨市委的坚强领导下，在自治区人大常委会的有力指导下，深入贯彻落实党的十八大和十八届三中、四中、五中全会、中央第六次西藏工作座谈会精神，深入学习习近平总书记系列重要讲话，特别是关于人大工作的重要指示精神，紧紧围绕市委中心工作和重大决策部署依法行使职权，充分发挥地方国家权力机关职能作用，主动作为，积极工作，为推进市委“六大战略”，建设美丽家园幸福拉萨做出了积极贡献。五年来，常委会制定地方性法规5件、立法制度4件，审查备案政府规章和规范性文件24件；办理全国人大常委会法规草案征求意见9件，自治区人大常委会法规草案征求意见25件；听取工作报告15个、专项报告60余个，对26部法律法规的实施情况开展执法检查，参与各类执法检查、调研80余次，参加全国地方立法研讨会4次；任免国家机关工作人员288人（次）；依法罢免涉案人大代表4名；成功举办全国五民族自治区首府市人大工作经验交流会，获得各民族自治区首府城市人大高度赞誉。拉萨市第十届人民代表大会确定的常委会各项任务全部圆满完成，常委会各方面工作都取得了新进展、新成效。

（一）坚持党的领导，确保党委重大决策的贯彻落实

——*始终把坚持党的领导作为人大工作的灵魂，紧紧围绕市委中心工作依法履职。*一是做到“四个确保”。在市委的坚强领导下，常委会始终坚持人大工作正确的政治方向，坚持发挥党组领导核心作用与依法履行职责相统一，确保党的主张经过法定程序转化为国家意志和人民意愿，确保党组织推荐的人选经过法定程序成为地方国家政权机关的领导人员，确保人民通过人民代表大会行使国家权力，确保把人大履职尽责自觉置于党的领导之下。二是强化制度建设。认真贯彻落实自治区党委人大工作会议精神，健全和完善常委会党组关于重大问题向市委请示报告制度、常委会党组会议制度，坚持立法、监督、决定、任免等重大事项及重要会议召开、重要工作安排，五年立法规划和年度立法计划、法规案的审议、重大决议和调研等向市委请示报告，紧紧围绕市委决策和全市工作大局，确定常委会工作思路和工作重点。

——*坚持主动服从服务于市委全局工作，推动党委决策部署的贯彻落实。*常委会及其班子成员始终讲政治顾大局，坚决服从市委安排。五年来，先后承担了维护社会稳定、加强民族团结、宗教管理、信访化解、强基惠民、四业工程、精准扶贫、工会工作、党校工作、支铁建铁等重要工作的领导、统筹和实施，参与了旅游车、中巴车、出租车改制清理整顿、“3·29”山体滑坡自然灾害善后等具体工作，担任了群众教育工作和各类教育实践活动、强基惠民工作、供暖工程项目建设和精准扶贫工作督导组的组长、常务副组长、副组长，为推进全市民主政治建设、推动改革发展大局、履行维护稳定政治责任、助推社会和谐发展等做出了应有的贡献。

（二）充分发挥立法主导作用，推进科学立法、民主立法，立法的质量和数量有了新的突破

五年来常委会紧紧围绕依法治国、依法治藏和市委依法治市战略，适应改革开放的步伐，进一步加快和提高地方立法的速度和质量，强化执法监督检查力度，在推进科学立法、民主立法、严格执法、公正司法、全民守法中发挥了重要作用。

——*按照立法需求和有效管用原则，强化立法基础*。一是科学编制立法规划和年度立法计划。通过广泛征集立法规划项目建议，在汇总分类、认真筛选、充分论证的基础上，编制了《拉萨市十届人大常委会2013—2017年五年立法规划》，规划项目7件，储备项目10件，涵盖城市建设与管理、社会治理、历史文化保护、生态环境保护、民生保障等方面，确定了五年立法规划的总体格局，按年度推进，为十届人大立法工作打下了坚实基础。今年根据新修订的《立法法》对设区的市的立法权限规定，报请自治区人大法制委员会批准，适时对五年立法规划进行调整，将《拉萨市城市民族工作条例》《拉萨市医疗纠纷预防和处置条例》2件立法项目调减出五年立法规划和年度立法计划，确保立法项目与上位法不相抵触。二是认真清理、适时调整。常委会注重对现行地方性法规的清理工作，适时提出了下一步立法修改建议，做到修立并重。2012年根据全国人大法制工作委员会的要求和自治区人大〔2011〕49号文件精神，对我市22件地方性法规进行了清理。

——*紧扣党委决策和人民意志，完善地方法规体系*。一是紧紧围绕市委重大决策，加强重点领域立法。常委会按照市委“依法治市”战略，立足顺应改革发展和民生稳定的要求，结合我市重大改革举措和重点任务，在重点领域制定了6部具有地方特色的法规条例。特别是《拉萨市民族团结进步条例》的制定，为我市维护祖国统一、加强民族团结、创建民族团结进步示范市，发挥了重要作用，“9·17”民族团结进步节深入人心，全市各族人民像爱护自己的眼睛一样爱护民族团结，像珍视自己的生命一样珍惜民族团结，开创了拉萨市民族团结进步事业的新局面；《拉萨市老城区保护条例》将八廓古城保护、管理、利用上升到法律的高度，有力回击了十四世达赖集团对老城区修缮保护的污蔑和攻击，以法治的正义赢得了反分裂斗争的主动权；《拉萨市古村落保护条例》的制定历时两年，对条例的必要性、可行性、社会反响及法规实施的成本效益进行了充分的立法前评估，条例的颁布实施标志着我市承载和蕴含悠久历史文化信息的古村落保护进入了法制轨道；《拉萨市城市绿化条例》《拉萨市城镇供水用水管理条例》的修订，体现了新的发展理念和发展要求，有力推动了“环境立市”战略的实施。二是结合拉萨实际，认真开展规范性文件备案审查。依照《监督法》《立法法》和《西藏自治区各级人民代表大会常务委员会规范性文件备案审查条例》，对拉萨市人民政府报备的《拉萨市野生鱼类保护办法》《拉萨市旅游管理办法》《拉萨市出租汽车管理办法》《拉萨市供热管理办法》等21件政府规章和3件规范性文件，认真登记、依法备案审查，切实做到既适应新形势，实际操作中又有章可循，有力推动了法治政府建设。

——*着力完善立法机制，提升立法质量*。一是充分发挥人大立法主导作用。认真学习贯彻十八届四中全会和全国人大立法工作会议精神，注重发挥人大及其常委会在立法规划环节、法规草案起草环节和法规草案审议环节的主导作用，强化立法适应性和引领性，建立立法评估制度，从总体设计、选题的科学合理上不断提高立法的针对性、操作性和有效性。二是建立完善立法机制。进一步完善立法调研、起草、论证、协调、审议机制，建立了由政治、经济、文化、社会、教育、科技、法律等领域的专家学者26人组成的法律专家咨询库，制定了《拉萨市地方立法专家库管理办法》《拉萨市人大立法联席会议制度》《拉萨市地方立法评估办法》《拉萨市地方性法规实施情况报告办法》等，明确立法工作流程和责任，创新立法组织协调机制，保障各项立法活动顺利进行，切实提升立法质量。三是努力推动民主立法。坚持在立法过程中充分发扬民主，注重与法规案起草相关部门协调联动，注重征求法规草案所调整的社会关系内容和相关领域的意见，对每项法规案的调研、座谈、论证都邀请各级党代表、人大代表、政协委员、群众代表及专家学者参与，并充分征求和吸纳他们的意见，实行立法公开全面化、征求意见常态化、参与形式多样化，切实履行宪法和法律规定的各种民主程序，力求使每一项立法都符合最广大人民的根本利益，立法质量有了新的突破。

（三）依法行使监督职权，着力增强监督实效

——按照宪法和法律规定，加强行政司法监督。一是强化行政监督，促进依法行政。每年依法听取和审议"一府两院"工作报告，充分吸纳人大代表的意见建议，对报告进行修改完善，根据审议情况作出决议决定；每年依法审查和批准计划报告、预算报告、财政审计报告，切实保证计划、预算编制的合法性、科学性和有效性。依法听取和审议年度计划、预算执行情况报告、财政决算报告、预算变更报告、审计报告，特别是新修订的《预算法》实施以来，更加注重预算约束和绩效评估，有针对性地提出全市经济社会发展存在的问题及意见建议，增强了计划、预算执行的完整性和严肃性；对重点建设项目进行审查，对部分重大项目资金的拨付和使用情况进行跟踪检查，强化了预算约束，规范了财政管理，促进了计划、预决算审查由程序性为主向程序性和实效性并重转变；批准执行《拉萨市"十三五"时期国民经济和社会发展纲要》。二是强化司法监督，促进公平正义。每年听取和审议"两院"上半年工作总结和下半年工作安排报告，派员旁听重点案件的开庭审理工作；结合司法体制改革先后开展对市中级人民法院审判工作的专项监督检查，减刑、假释案件的执法检查，对市人民检察院民事行政诉讼案件、惩治和预防职务犯罪等方面的专项监督检查，要求"两院"在审判、执行工作和检察监督案件中，提高审判质量和效率；在反腐倡廉、立案登记制改革、刑事执行、法律监督等方面，针对存在的问题提出意见建议，督促"两院"认真整改，狠抓规范办案，监督"两院"不断规范司法行为，有力推动了司法改革，共同维护公平正义。市人民代表大会闭会期间，常委会坚持有计划地听取和审议市人民政府及其有关职能部门和市中级人民法院、市人民检察院专项报告60余个，充分履行工作监督职责。

——围绕法律法规实施，加大执法检查力度。一是坚持完善执法检查程序和形式，每年有针对性地对部分法律法规组织执法检查组，采取常委会牵头、专委会执行、三级人大联动、人大代表参与的方式，按照听取法律实施主管机关汇报，深入实际、深入基层、深入群众了解和掌握法律实施的真实情况，发现问题、提出建议，常委会审议，移交整改的程序，对法律法规实施情况进行动态监督。二是全面开展执法检查。五年来，常委会对《中华人民共和国职业教育法》《中华人民共和国食品安全法》《中华人民共和国老年人权益保障法》《中华人民共和国妇女权益保障法》《中华人民共和国土地管理法》《中华人民共和国道路交通管理法》《中华人民共和国城乡规划法》《拉萨市市容环境卫生管理条例》《拉萨市民族团结进步条例》《拉萨市老城区保护条例》等26部法律法规在我市的贯彻实施情况开展了全面检查，参与全国人大和自治区人大各类执法检查50余次，有效促进了法律法规在我市的贯彻实施。

——突出重点，强化工作监督。一是围绕经济发展开展工作监督。五年来，听取和审议了《国家级拉萨经济技术开发区经济运行情况报告》《拉萨市"十二五"重点项目进展情况检查报告》《拉萨市"十二五"时期国民经济和社会发展规划纲要实施中期情况评估报告》《拉萨市近三年住房和城乡建设工作专题报告》《拉萨市"十二五"以来人力资源和社会保障工作专题报告》《拉萨市"十二五"期间旅游工作专题报告》《拉萨市审计局关于年度财政预算执行情况的审计报告》《拉萨市文化产业发展情况报告》《拉萨市科技重大项目和产业推进情况报告》等经济发展报告，推动了市委重大决策部署的贯彻落实。二是围绕生态保护开展工作监督。五年来，听取和审议了《关于全市绿化和植树造林建设情况专项工作报告》《拉萨市"十二五"以来环保工作专题报告》，就拉鲁湿地保护、污水处理、垃圾填埋项目、水利设施建设等适时开展检查和询问，对整改落实情况跟踪问效，支持政府及相关部门依法行政、履行职责，推动解决了一批突出问题。三是围绕民生保障开展工作监督。五年来，听取和审议了《关于中小学校幼儿园“三包”经费使用情况》《职业教育发展情况》《广播电视“村村通”“户户通”“舍舍通”工程建设情况》《农牧区基本医疗制度实施情况》《公共文化建设与服务保障工作情况》等专项工作报告，就全市流动人口服务管理、民生政策落实、高校毕业生就业、“四业工程”、学校校舍安全等开展执法检查和专项调研，就全市水资源管理、保障性住房、农村户用沼气建设、农牧业特色产业发展等群众关心的热点、难点问题，开展了专题询问，在审议环节加大了监督力度，增强了人大监督工作的针对性和实效性。

——*结合年度监督工作计划，广泛开展专题调研*。一是开展立法调研，夯实立法基础。五年来常委会安排立法调研5次，首次开展了立法前、立法后评估调研，注重异地立法调研与市内立法调研相结合，广泛开展立法准备调研，有效提升了立法质量和效率，保证了法制的统一。其中，《拉萨市物业管理条例》的制定，在认真调研、反复论证、多方征求意见、不断修改完善的基础上，确保了该条例法规体例科学严谨、内容准确完整，实现了利益双方权利、义务对等的法律原则，被誉为拉萨市历年来最为规范、质量最好、操作性强的一部地方性法规。二是开展重点调研，为党委决策提供重要依据。常委会按照市委要求，有针对性地组织开展调研活动，向市委呈报了多个有分量的专项调研报告，切实做到了“抓稳定、不推卸，知民意、知民生、善作为，调处矛盾敢于担当、基层困难及时反映、市委决策不打折扣”。其中关于八县（区）维稳工作调研报告和强党固基扶村调研报告，得到市委高度肯定和重视，提出了与市委重大决策有机衔接、科学安排、统筹推进的合理建议，市委予以采纳，并安排相关部门进行了落实；关于《拉萨市城乡规划条例》的执法检查和精准扶贫推进情况的专项调研，均深入到了八个县（区）及部分乡镇、村居，向市委呈报了全面翔实的报告。三是开展专题调研，推动改进工作。围绕全市战略大局、中心工作，抓住具有普遍性、倾向性和人民群众关注的问题，五年来针对城市供暖工程项目进展情况、民生项目建设情况、工业经济发展情况、非公经济发展政策法律法规落实情况、工业园区发展情况、农牧区基本医疗制度落实情况、村级医疗队伍建设情况、中小学民族团结教育开展情况等开展了专题调研30余次，形成了一批专题调研报告移交政府及有关部门研究参考、改进工作。

（四）不断完善代表工作，切实发挥代表主体作用

——*认真执行代表法，切实支持和保障代表依法履职*。一是保证代表执行代表职务。确保代表出席人民代表大会，审议和表决各项议案、报告。保证代表知情知政权，组织代表250多人次参加执法检查和专门委员会活动，组织代表100多人次开展专题调研和专项视察，举办代表培训班64期，培训代表1425人次，为代表审议好议案和报告创造了条件。二是扩大代表对常委会工作的参与。制定完善了《拉萨市人大代表列席常委会制度》《拉萨市人大常委会组成人员联系人大代表制度》，规定列席常委会会议的市级人大代表不得少于2–3名，常委会组成人员至少与3名本级人大代表保持经常联系、到基层调研必访人大代表。三是增强代表议案建议办理实效。常委会从交办、办理、督办三个环节采取措施，综合运用代表参与督办、经常性督办、专项督办询问等方式，保证代表议案建议件件有回音、有落实、见成效。五年来共办理人大代表议案14件，建议、批评和意见623件，办复率达100%，代表对建议办理工作的满意率达95%。今年常委会组织区、市两级人大代表就办理工作开展专题调研和询问，取得了良好效果，代表普遍反响很好。

——*改进代表工作方式，拓展代表履职平台*。一是创建“人大代表之家”。按照自治区人大关于在全区创建推广“人大代表之家”的工作要求，常委会下发了《关于在全市创建“人大代表之家”的实施方案》，与各县（区）人大共同推进，把各级人大代表以代表小组为基本单位全部编入相应的“人大代表之家”开展活动，按照有牌子、有房子、有专人、有经费、有设备、有制度的“六有”要求，共创建“人大代表之家”69个，覆盖率达95%，年底将实现市、县（区）、乡镇（街道）全覆盖。二是组织代表开展活动。常委会每年组织安

排市人大代表和部分全国人大代表、自治区人大代表开展视察，先后围绕达孜县、曲水县、堆龙德庆区三个工业园区，老城区建设，柳梧新区建设，教育城建设，“河变湖”“树上山”工程，慈觉林文化创意园区建设，科技法庭、诉讼服务中心、监狱、看守所等开展集中视察，使代表更加深入地了解我市经济社会发展的新成就。坚持邀请不同阶层、不同行业的市人大代表列席常委会会议，听取他们对审议议题和相关工作的意见。坚持邀请代表参与常委会、专门委员会的专题座谈、立法调研、执法检查等活动，让代表了解、参与和监督常委会工作。

（五）加强基层人大建设，圆满完成换届选举工作

*——按照新形势的要求，努力推动县、乡人大建设。*一是学习领会精神，争取工作主动。常委会认真学习中共中央转发的《中共全国人大常委会党组关于加强县乡人大工作和建设的若干意见》和自治区党委人大工作会议精神，深入县（区）、乡（镇）了解情况、调查研究、收集意见，结合拉萨实际，围绕县（区）、乡镇（街道）人大健全组织机构、规范履职内容、提升履职能力、加强履职保障等方面，提出建设性意见，主动向市委报告，提出工作建议，指导县、乡人大争取工作主动，力促长期困扰基层人大工作的困难和问题能够逐步得到有效解决。二是明确包县责任，加强实际指导。常委会安排各位副主任联系1至2个县（区），负责对联系县（区）人大工作情况进行调研、指导和督导，明确规定联系方式、内容和要求，定期听取工作，了解履职情况，适时就代表工作、监督工作和自身建设进行具体指导，着力提升县乡人大工作质量和水平。

*——履行人大主体责任，加强对换届工作的督导。*一是全面领会精神、把握要求。常委会认真组织学习新修订的地方组织法、选举法和代表法，按照中央精神和区市党委的部署，认真领会人大换届选举工作的政策要求和政治标准，深入了解换届工作的法律规定和程序步骤，准确把握换届选举工作要求，制定了《中共拉萨市人大常委会党组关于做好全市县、乡人民代表大会换届选举有关工作的实施意见》，由市委转发，指导县乡人大换届工作。二是开展组织协调和教育培训。按照市委换届工作领导小组的要求，成立市人大换届工作领导小组及工作机构，召开专题会议研究部署，及时就我市代表名额分配及新设立区、新划转的乡（镇）人大换届工作请示自治区人大，编制发放了《换届选举工作流程》，并签订《换届选举工作责任书》，确保组织领导到位。换届过程中，全市人大系统共举办培训班30余场次，培训领导干部、人大代表和工作人员1500余人次，切实提高了广大干部群众对换届选举工作的思想认识和工作人员的业务能力。三是明确督导责任统筹指导。常委会下发了《关于加强县乡人大换届选举督导工作的方案》，安排常委会各位副主任牵头成立5个督导组分片进行督导。围绕换届选举工作的组织领导、代表资格、学习培训、选区划分、名额分配、程序的依法合规、登记参选、资料台账等，20余次深入八县（区）、空港新区及部分乡镇，持续开展检查指导，督促县乡换届工作顺利推进。按照市委要求，制定了《拉萨市第十一届人民代表大会第一次会议筹备工作方案》，从组织领导、政治要求、学习培训、严肃纪律、代表分配、资格审查、选举程序、会议文件、会议流程等方面提前谋划、统筹安排，确保了本次会议的依法有序、如期顺利召开。四是严肃换届选举工作纪律。及时将“一片一书”发放到“七必看”对象手中，组织人大机关干部职工集中传达学习《中共中央关于辽宁拉票贿选案查处情况及其教训警示的通报》，观看警示教育片《镜鉴》，将“五个责任主体”“九严禁”“十不准”等藏汉双语制作的换届纪律明白卡广泛发放，公布举报电话和信访通讯地址，与市人大代表、市人大办公厅全体工作人员签订了《换届纪律承诺书》，坚决防止和纠正换届选举工作中的不正之风和违法违纪行为，确保换届选举风清气正，没有发生一起违纪案件。五是依法选举产生新一届三级人大代表。在各级党委的坚强领导下，全市各级人大及其常委会，加强统筹协调，坚持组织领导、思想发动、教育培训、督导检查、舆论宣传“五到位”，在规定时间内按照法律要求和程序规定完成了三级人大代表的换届选举，共选举产生新一届三级人大代表3524名。

（六）持续推进自身建设，提高依法履职能力

——落实从严治党要求，加强思想政治建设。一是坚定正确政治方向。常委会始终把思想政治建设放在自身建设的首位，坚定正确政治方向，严守政治纪律和政治规矩，始终在思想上政治上行动上同以习近平同志为总书记的党中央保持高度一致，坚决维护党委的集中统一领导，确保把人大履职尽责自觉置于党的领导之下，使人大各项工作都有利于巩固党在西藏的执政地位。二是强化理论武装。按照中央和区、市党委统一部署，常委会党组切实履行政治责任，健全党组理论中心组学习制度，设立机构、安排专人、覆盖全面，聚焦反“四风”，扎实开展践行党的群众路线教育实践活动，着眼“忠诚干净担当”深入开展“三严三实”专题教育，坚持以学促做、知行合一，有序推进“两学一做”学习教育，提升了常委会组成人员的党性修养和政治觉悟。三是全面落实主体责任。严格落实从严治党要求和党风廉政建设主体责任，严格执行中央“八项规定”和区党委“约法十章”“九项要求”、市委“八项要求”，常委会党组按年度制定落实党风廉政建设主体责任工作方案，明确各级党组及党组成员的责任和义务，层层签订责任书、实施督促和问责，不断筑牢拒腐防变制度防线和思想防线。

——增强依法履职保障，加强组织队伍建设。一是常委会组成人员结构更加科学合理。既有一定数量实践经验丰富的老同志，又有适当比例年富力强的优秀中青年同志；既有在党政领导机关和部门担任过领导职务的同志，又有经济、法律、民宗、教育等方面的专业人才，增强了常委会的整体效能，推动了常委会职能作用的进一步发挥。二是充分发挥专门委员会的作用。常委会重视发挥人大3个专门委员会的作用，坚持依托专门委员会的人才、专业优势，广泛开展调研和执法检查、起草和审查法规草案、研究和审议议案，为人大立法、监督、决定重大事项的顺利推进奠定了扎实的基础。三是开启了市人大组织史建设。2015年为配合西藏自治区成立50周年大庆活动，展现市人大50年的光辉历程，常委会安排专门力量，搜集整理出大量珍贵的历史资料，设立了具有800余幅图片和上万文字说明的“拉萨人大发展历程”展厅，填补了我市人民代表大会历史陈列的空白，全方位、多视角地展示了50年来在党的领导下，人民代表大会制度在拉萨发展的光辉历程，进一步增强了道路自信、理论自信、制度自信和文化自信。

——紧紧围绕人大工作规范性、程序性的特点，加强制度作风建设。一是推动常委会工作制度化。常委会从完善职能、适应发展出发，依据相关法律规定，相继制定完善了常委会议事规则、常委会调查研究制度、常委会监督工作制度、常委会审议意见督查制度、常委会会议和常委会主任会议制度等，就地方性法规建设、建立健全立法程序机制、规范法规草案审议程序、加大法治监督力度等方面进一步进行了完善，为加强和改进常委会工作提供了制度保证。二是推动常委会工作规范化。针对人大工作依法、按程序的特点，常委会认真贯彻民主集中制原则，严格依照法定职权和程序办事，尊重组成人员的民主权利，重大事项都经集体讨论决定，形成民主团结、求真务实、和谐奋进的良好工作氛围。围绕提升工作质量和效率，常委会注重狠抓作风建设，狠抓规范和流程，进一步强化责任、作为、担当意识，力促各项工作严肃、严格、严谨。三是推动驻村工作见实效。五年来，按照市委统一部署，常委会派出5批10个工作队，选派地级、县级、科级40余名干部驻村开展强基惠民工作。截至年底，实施民生项目39个，投入1000余万元，结对帮扶贫困户33户，资助钱物约合80余万元，慰问、捐赠困难群众、学生投入200余万元，设立大学生扶持基金、资助应届大学生90名，得到了当地党委政府的充分肯定，受到了农牧民群众的一致好评。人大机关干部也得到了深刻的基层锻炼和教育。

各位代表！拉萨市第十届人大常委会所取得的成绩，得益于市委的正确领导和全市各族人民的高度信任，得益于自治区人大常委会的有力指导，得益于“一府两院”协同配合和各县（区）人大及其常委会的大力支持，得益于全市人大代表、常委会组成人员、各专门委员会组成人员和全体机关工作人员履职尽责、辛勤工作。在此，我谨代表拉萨市十届人大常委会向大家表示崇高的敬意和衷心的感谢！

通过五年的实践，我们深刻体会到，做好人大工作：一是必须坚持党的领导。常委会在行使职权的过程中，必须牢固树立党的观念和政治观念，坚持围绕党委决策部署，确定工作思路和工作重点，保证人大工作沿着正确的政治方向前进。二是必须具有法治思维。常委会在行使职权的过程中，要牢固树立宪法和法律意识，坚持民族区域自治制度，坚持法定程序，严格按程序办事，切实履行起在民主法治建设一线的职责。三是必须保障人民当家作主。常委会在行使职权的过程中，必须把实现人民愿望、满足人民需求、维护人民利益作为出发点和落脚点，把行使职权、开展工作建立在倾听群众呼声、反映群众意愿、集中群众智慧的基础之上，把人大及其常委会作为人民当家作主权力机关的作用发挥好。四是必须立足党委战略全局和中心工作。常委会在履职行权过程中，必须契合拉萨市的目标定位、发展战略、大政方针、总体要求，充分发挥人大职能作用，为率先在全区全面建成小康社会作出应有的贡献。五是必须与时俱进推动创新。常委会必须紧跟时代前进步伐，认真分析研究人大工作面临的新情况、新要求，积极探索人大依法履职行权的新方法、新途径，不断推动人民代表大会制度与时俱进。

各位代表！过去的五年，是我市民主政治建设有序推进的五年，是人大依法履职能力不断提升的五年，是人大充分发挥作用取得重要成效的五年。回顾五年的工作，我们也清醒地认识到，与新形势、新常态对人大工作提出的新要求相比、与人民代表大会制度与时俱进的创新实践和人民对人大工作的期待相比，我们的工作还存在着差距和不足。一是我市的立法质量还需进一步提高，立法步伐还需进一步加快；二是人大在监督力度和监督实效上，与法律的规定、党委的要求、人民的期盼和人大应有的地位与作用相比，还存在一定的差距；三是人大常委会组成人员发挥作用不够，主观能动性还有待提高，需进一步解放思想；四是人大工作在各个层面，对外交流、学习借鉴的方式不够宽、渠道不够广，亟须进一步加强。我们必须高度重视这些问题，虚心听取代表和各方面的意见，自觉接受监督，不断加强和改进各项工作。

二、今后五年的重点工作

未来五年，是全力实施“十三五”规划、建设团结美丽健康幸福新拉萨努力奋斗的五年，是为实现中华民族伟大复兴第一个百年目标不懈奋斗的五年。十八大以来，党中央对做好新形势下人大工作提出了新要求、作出了新部署，人大地位更加彰显、作用更加突出，人大工作正处于历史的大好时期，面临难得的发展机遇。拉萨市第九次党代会从战略全局高度对今后工作作出了决策部署，按照九次党代会提出的建设团结美丽健康幸福新拉萨的宏伟目标，新一届拉萨市人大及其常委会必须不辱使命、展现作为、推动创新、发挥作用，进一步把人民代表大会制度的优势和人大工作的作用转化为实际的成果和成效，切实担当和履行地方国家权力机关的神圣使命和职责。新一届人大及常委会重点应抓好以下几个方面工作：

（一）始终坚持党的领导，确保人大工作的政治方向

人大工作是党的工作的重要组成部分，坚持和依靠党的领导，是人大行使职权、开展工作的根本保证。常委会在依法行使职权过程中，要深入贯彻“党建统市”战略，牢固树立党的观念和政治观念，始终确保人大及其常委会坚定正确的政治方向、政治立场、政治原则。一是持续系统学习习近平总书记系列重要讲话精神，特别是“治国必治边、治边先稳藏”重要战略思想和“加强民族团结、建设美丽西藏”的重要指示，武装头脑、指导实践、推动工作。二是严守政治纪律和政治规矩，切实增强政治意识、大局意识、核心意识、看齐意识，抓好全市各级人大代表的反分裂斗争和民族团结两种教育，充分发挥人大的平台和阵地作用，采取理论揭批、政策宣讲、现身说法、历史对比教育和警示教育等形式，深入揭批十四世达赖集团的反动本质，把民族团结进步条例融入依法履职的工作实际中，筑牢全体人大代表坚定的政治思想基础，任何时候、任何情况下都在思想上政治上行动上对党绝对忠诚，同以习近平同志为核心的党中央保持高度一致。三是坚持党委统揽全局，紧扣党代会报告和市委决策部署，围绕“六大战略”的实施，确

定工作思路和工作重点，统筹立法、监督、决定、任免等各项工作体现党委的意图，服从党委的安排，适时将市委重大事项通过法定程序转化为地方性法规或决议决定，推动市委重大决策部署的贯彻落实。四是严格贯彻执行《中国共产党党组工作条例（试行）》，认真落实《拉萨市人大常委会党组会议制度》，决定重大问题、重要工作、重要报告等重大事项，先党组研究讨论再依法定程序办理。认真落实党组主体责任，严格履行“一岗双责”，严肃党风廉政建设责任追究，切实增强常委会党组的政治领导责任。

（二）立足地方国家权力机关的职能作用，依法行使好“四权”

充分发挥人民代表大会制度的优越性，着眼建设团结美丽健康幸福新拉萨，按照党对人大工作的要求，把握人大工作定位，根据宪法和法律赋予人大的立法权、监督权、重大事项决定权和任免权，切实发挥好人大的职能作用。一是按照党委领导、人大主导和注重实效的原则，加强和改进立法工作。坚持科学立法，建立完善符合拉萨实际的地方性法律法规体系。常委会制定五年立法规划、年度立法项目和立法工作计划，要报请市委研究讨论，根据市委的建议和工作指示，认真谋划和制定。注重提高立法质量，增强重点领域立法和自主立法，使立法更加符合实施“六大战略”的要求。推动创新发展，围绕人才引进、品牌保护、技术专利方面制定符合拉萨实际的相关条例，为打造新产业业态高地提供法律法规的支撑；推动协调发展，围绕推进城镇化建设、产城融合方面，梳理相关法律法规条款内容的延伸内涵，强化法制保障；推动绿色发展，强化生态保护、资源节约方面的法律执行力，深入开展《拉萨河环境治理办法》前期立法调研；推动开放发展，探索投融资、金融、园区扩张方面的地方性法规制定，为打造面向南亚的中心城市提供地方性的基本法规基础；推动共享发展，先行先试部分关于健康拉萨建设的政府规章；推动和谐发展，进一步推进创新社会治理和完善社会管理体制机制的地方立法工作。二是围绕中心、突出重点、增强实效，加强和改进监督工作。综合运用法定监督形式，进一步发挥监督发现问题、解决问题、改进工作的效能。围绕“环境立市”战略，每年组织对我市实施的“绿地工程”“碧水工程”“蓝天工程”开展代表集中视察监督；围绕“文化兴市”战略，强化对《拉萨市老城区保护条例》和《拉萨市古村落保护条例》的执法检查；围绕“产业强市”战略，对“十三五”规划实施、净土健康产业推进、文化旅游产业发展规划、国有企业发展规模等，每年各听取1次工作报告并审议；围绕“民生安市”战略，按照“两年脱贫、三年巩固”目标，每年组织调研，并适时开展询问；围绕“依法治市”战略，强化对法律实施、司法公正、司法体制改革、规范司法行为开展特定事项调查。通过重点监督，形成监督合力，跟踪监督效果，扎实推动各项政策措施和目标任务的落实。三是建立完善制度，有效行使决定权。通过调研和征求意见，制定《拉萨市各级人大常委会讨论决定重大事项的规定》，确定重大事项的具体范围，规范讨论决定重大事项的程序，编制年度讨论决定重大事项计划，按照党委决策权、人大决定权和政府行政权的有机联系，抓住经济发展中的重大问题行使决定权，抓住维护国家安全、维护社会稳定的重大问题行使决定权，抓住涉及人民群众切身利益的热点问题行使决定权，确保重大事项决策依法有序、有效实施。四是坚持党管干部原则与人大依法行使选举任免权的有机统一，进一步完善选举任免工作程序和表决方式，保证党组推荐人选通过法定程序成为国家权力机关的领导人员。通过履职评议、工作评议加强对任命干部的监督，增强被任命人员的法律意识和公仆意识。

（三）充分发挥代表和县乡人大作用，夯实人大工作的基层基础

代表工作是人大工作的基础，县、乡人大在我国政权建设中具有独特的基础性作用。必须坚持和尊重代表的主体地位，不断创新代表工作机制。切实增强代表履职能力，使代表工作更富生机与活力。要以落实宪法和法律赋予地方各级人大及其常委会的职权为根本，不断强化县乡人大的组织建设、制度建设和能力建设。一是提升代表履职水平。按照代表法的规定，采取各种培训方式，完成新一届人大代表任职期内的轮训。逐步开展代表述职、约见、视察等活动，健全代表履职档案，推动代表调研成果转化，激励和保障代表依法履职的积极性和主动性。二是丰富代表履职平台。依托“人大代表之家”密切代表与群众的联系，推进代表联络、履职网络平台建设，推进代表活动和建议向社会公开，丰富代表闭会期间的履职活动，促进代表工作常态化。三是强化代表建议工作。推行常委会领导领衔重点督办代表建议的机制，进一步总结代表建议办理的成功经验，推广行之有效的办理方式，建立代表建议办理激励机制，推动代表建议办理工作由“重答复”向“重落实”转变。四是推进基层人大建设。认真贯彻落实中央转发《中共全国人大常委会党组关于加强县乡人大工作和建设的若干意见》和区党委《关于加强县乡人大工作和建设的实施意见》精神，从规范机构设置、加强工作力量、增强履职能力等方面，协调指导县乡人大的规范化、标准化建设。指导县乡人大进一步明确和规范代表选举、人大会议、重大事项、监督工作、人事任免、代表工作等的履职内容和工作职责，促进履职行为规范化、代表活动经常化。

（四）准确把握人大工作定位，深入推进常委会自身建设

党的十八大以来，以习近平同志为核心的党中央从党和国家工作全局出发，对人大工作提出许多新要求、作出了新部署。中央精神、领导讲话、党委决策、人民期待，是做好人大工作的重要遵循。我们必须要深刻领会习近平总书记系列重要讲话精神，系统把握人民代表大会制度的本质特征，不断改进和创新工作内容、机制、载体、方法、手段，努力推动人大工作与时俱进。一是全面落实从严治党要求。抓好党章党规和习近平总书记系列重要讲话精神的学习，坚定中国特色社会主义道路自信、理论自信、制度自信、文化自信。深入学习贯彻十八届六中全会精神，严格落实党风廉政建设责任制，大力践行“忠诚干净担当”要求，抓好廉洁自律准则和纪律处分条例、问责条例等党内法规的贯彻执行，严格落实中央“八项规定”和自治区“约法十章”“九项要求”、市委“八项要求”，持之以恒纠正“四风”，守好道德“底线”、不碰党纪“红线”、远离法律“高压线”。进一步严肃党内政治生活，营造良好的党内政治生态和风清气正的机关氛围。二是持续提升依法履职能力。按照宪法和法律规定，结合拉萨市实际，不断健全和完善人大履职和各项工作的相关制度、规则，确保人大工作的严肃性和严谨性。着力打造学习型、专业型人大机关，善于运用法治精神、法治思维和法治方式推动工作，持续提升依法履职能力。三是着力加强机构队伍建设。坚持思想建党和制度治党紧密结合，突出理想信念教育和党性培养锻炼，引导人大系统党员干部补足精神上的“钙”。坚持从严管理与激发活力相得益彰，把高标准、严要求落实到干部教育培养、考核评价、选拔任用、监督管理的各个环节，努力建设高素质的人大工作队伍。按照中央精神和区市党委的要求，主动作为，积极协调，着眼补齐短板、发挥职能的需求，切实加强机构队伍建设，探索新型智库建设，在提供决策调研、加强自主立法、咨询评估各个工作环节上，推动人大工作制度和履职能力的不断发展完善。四是不断加强制度和作风建设。讲规矩、定制度是人大工作的重要职能，必须认真制定和修订完善科学管用的立法、监督、代表和会议等方面的制度，不断完善制度运行机制，确保人大工作的规范性、严谨性和严肃性。结合“两学一做”，在落实责任上下功夫，在担当作为上下功夫，在严格纪律上下功夫，持之以恒抓好作风建设，务求作风建设常态化、长效化。

各位代表！中华民族伟大复兴的光明前景召唤着我们，全面建成小康社会的重大使命激励着我们。历史的脚步永不停息，时光向前，岁月留踪，回望拉萨市十届人大五年来的工作历程，这些岁月的痕迹镌刻在我们的记忆里，难以磨灭，新的目标开启新的希望，新的征程承载新的使命。让我们更加紧密地团结在以习近平同志为核心的党中央周围，在市委的坚强领导下，团结和依靠广大人民群众，坚定信心、锐意进取，奋发有为、扎实工作，为建设团结美丽健康幸福新拉萨，率先在全区全面建成小康社会而努力奋斗！

政协第十届拉萨市委员会常务委员会工作报告

——在政协第十一届拉萨市委员会第一次会议上

市政协主席　诸伟敏

（2016年10月31日）

过去五年工作回顾

过去的五年，是我市经济快速发展，社会全面进步的五年，是我市社会和谐稳定、民族团结进步的五年，是我市民生改善、人民生活水平显著提高的五年，也是我市人民政协工作与时俱进，开拓创新，取得新进展、新突破的五年。五年来，市政协常委会在市委的坚强领导下，在自治区政协的有力指导下，坚持以邓小平理论和“三个代表”重要思想、科学发展观为指导，高举爱国主义和社会主义旗帜，牢牢把握团结和民主两大主题，认真履行政治协商、民主监督、参政议政职能，动员组织各族各界人士，团结带领广大政协委员，竭智尽力谋发展，同心同德促和谐，创新举措增活力，扎实履职树形象，各项工作有声有色、有力有效地不断拓展，充分发挥协商民主重要渠道和专门协商机构的作用，为拉萨经济社会长足发展和长治久安作出了积极贡献。

一、坚持党的领导，凝聚共识，打牢共同思想政治基础

做好人民政协工作，坚持党的领导是前提，更是政治纪律和政治规矩。五年来，政协党组在市委的坚强领导下，主动接受市委领导，坚持每年向市委常委会报告工作，主动接受市委对政协工作的要求和部署，坚决贯彻执行党的路线方针政策和市委的重大决策部署，确保政协工作正确的政治方向。常委会充分发挥政协工作中的领导作用，始终牢固树立在党的领导下开展政协工作的政治理念，不断增强政治意识、大局意识、核心意识、看齐意识，坚决维护市委核心领导地位。凡是政协的主要工作、重大活动、重要人事安排和重大问题都主动向市委请示汇报，邀请市委领导参加政协的各种重要会议和重大活动。在制定工作思路、安排重点工作时主动请示市委，把市委的要求，全面贯彻落实到工作中，做到党委工作推进到哪里，政协工作就跟进到哪里，力量就汇聚到哪里。在开展协商议政、民主监督、调研视察活动之前，主动及时报市委审批；并将开展情况、调研成果上报市委，使成果得以及时转化。先后向市委报送的《政协第十届委员会第五次会议委员提出的建议意见报告》《关于巩固“禁白”成果工作情况的报告》等20余份报告，得到市委高度重视和支持，区党委常委、市委书记齐扎拉同志专门作出批示，有力地促进了相关问题的解决。

常委会始终把坚持加强理论学习，打牢共同思想政治基础摆在突出位置，强化对广大委员的理论学习和业务培训，通过党组理论中心组“引领学”、常委会“专题学”、委员集中“研讨学”、走出去“借鉴学”等方式，引导和教育委员毫不动摇坚持党的领导，严守政治纪律和政治规矩，坚决贯彻执行市委的决策部署，把市委的决策部署转化为政治协商、民主监督、参政议政的共识，转化为助推“六大战略”深入实施 的具体成果，转化为全面建成小康社会的生动实践。对党内委员加强坚定理想信念、保持对党忠诚、树立风清正气、勇于担当的各类学习教育，对党外委员开展增强“四个自信”，树立理想信念等学习教育，凝聚合作共事的政治氛围。先后扎实开展党的群众路线教育实践、“三严三实”和“忠诚、干净、担当”等专题教育活动和“两学一做”学习教育工作。五年来，共举办政协理论中心组学习会43次、委员培训讲座12次、委员专题学习会7次。

二、坚持围绕中心，服务大局，履行三大职能取得新成效

五年来，十届市政协常委会始终遵循围绕中心、服务大局、主动作为的原则通过精准选题、深入调查研究、广泛协商议政、强化民主监督，履职成效明显。

*一是政治协商取得新成效。*会议协商扎实开展。五年来，共召开全委会5次，常委会19次，主席会议20次，界别协商会50余次，通过大会发言、小组讨论、提案等形式，围绕我市经济、政治、社会、文化、生态文明建设和社会生活中的热点、难点问题协商建言，提出有针对性和可操作性的意见建议200余条，这些意见建议经归纳整理后，上报市委、市政府，普遍受到高度重视，绝大部分得到了采纳，协商成效明显。专题协商深入进行。委员通过专题座谈、面对面协商，围绕全市儿童福利及孤儿救助情况，出租车、公交车运行管理情况，国有及国有改制企业运行情况，拉萨“一区三园”建设情况，“十三五”规划等主题，提出意见建议。仅协商《拉萨市八廓古城保护条例》就提出21条意见建议，得到市委、市政府的高度肯定。五年来组织召开市政协专题协商会20余次，有力推动了相关工作深入开展。对口协商紧密协作。共组织对口协商活动20余次，召开提案办理座谈会10余次，就我市文化旅游、节能环保新型建筑材料推广应用、建立和完善社会救助体系、物流业发展、高中德育工作开展情况等内容与有关部门面对面沟通，对审查立案的12件重点提案进行协商督促，与对口协商部门紧密配合、通力合作，极大地推动了相关工作的有效落实。季度协商成效显著。2014年9月以来，市政协每季度召开一次季度协商座谈会。先后围绕我市巩固“禁白”成果工作开展情况、环境立市、依法治市、净土产业发展等专题协商讨论，以季度协商报告的形式向市委、市政府提出意见建议，为深入推进我市经济社会发展产生了重要影响。共召开季度协商座谈会8次。其中《关于全面贯彻落实拉萨市民族团结进步条例，不断推进拉萨市创建全国民族团结进步示范市的报告》《关于解决净土健康产品销售渠道的报告》《关于促进行业作风转变的报告》，市委高度重视，区党委常委、市委书记齐扎拉同志专门批示。极大地调动了广大政协委员参与全市经济社会发展的积极性，激发了委员参政议政的热情，增强了委员共谋长足发展的责任感和使命感。

*二是民主监督取得新进展。*民主监督有广度。树立“监督就是服务、监督就是支持”的理念，力求在监督中加强交流、沟通认识、促进工作。向市直相关部门协商推荐40多名政协委员担任特邀监督员，推荐120多名委员参加各类会议，广泛开展监督。向市公安局交警支队车管所、市住建局、市市民服务中心、市人民医院、市教育（体育）局、市工信局、市旅游局7家单位委派民主监督员41名。委员通过参加受派单位的有关会议和活动进行专题调研、专项检查评议，以口头或书面意见建议等形式开展民主监督，有效促进了受派单位及其工作人员转变作风、履职尽责。同时，还组织委员每半年听取“一府两院”工作情况通报及部分市直单位工作情况报告，为委员知情明政拓展了渠道。民主监督有力度。充分发挥社情民意“绿色通道”作用，及时反映群众诉求，促进相关问题解决。在市直部分单位、县（区）设立社情民意征集点21个，特邀信息员37名，共收到社情民意信息12件，其中《关于解决公德林街道办事处拉鲁社区2组卓堆巷线路混乱问题的建议》《关于解决拉萨市人民医院干部职工周转房问题的建议》《关于加强我市基层医护人员培训的建议》等涉及民生的社情民意信息，均引起了市委、市政府及相关部门的高度重视并采纳，进一步畅通了党委、政府与人民群众沟通的渠道。

*三是参政议政取得新作为。*调研视察助发展。紧盯我市经济社会发展领域重大问题开展调研。五年来，先后就“供暖供气工程建设、澎波河流域治理、拉鲁湿地保护、老城区保护、大学毕业生全就业、农村低保、非公经济发展政策落实、非物质文化遗产保护与传承、我市空气质量状况、‘城市病’治理、生态水利工程实施过程中的环境保护”

等问题开展专题调研，并组织委员就慈觉林旅游文化开发项目、甲玛沟开发项目、教育城建设项目、拉萨河景观工程项目、迎亲大桥建设项目、拉萨污水处理厂项目、拉萨市生活垃圾填埋场项目、3号闸等进行视察，形成调研视察报告40余篇，为市委、市政府科学决策提供参考。服务大局保稳定。市政协始终把维护稳定作为履行职能的第一政治责任。五年来，根据市委安排，主席会成员积极参与维稳一线指挥部带班及面上巡查工作，在重大节日、重要节点包县包寺，扎实做好驻村驻寺巡查督导工作。党外副主席、非党政协委员还充分发挥自身优势，积极作为，通过走访慰问等活动，加强与民族宗教界人士、归国藏胞和爱国统战人士的沟通与联系，全力推进我市民族团结、宗教和睦和社会稳定。抽调干部职工参加墨竹工卡县3.29山体滑坡自然灾害善后安抚工作、出租车运营秩序整治工作、供暖供气工程建设工作、阿里“塔尔钦”维稳工作及“萨嘎达瓦”“羊年转湖”等大型宗教活动维稳督导工作，为确保我市社会持续和谐稳定做出了积极贡献。情系民生有作为。十届市政协坚持深入基层、深入群众、体察民情、扶贫济困、为民解忧。五年来，按照市委的统一部署，扎实做好驻村各项工作，认真落实驻村“七项任务”，累计投入项目资金和落实为民办实事经费1300余万元，为驻地群众办实事好事200余件，受到驻地群众的一致好评和赞扬。工商界、经济界等界别委员还热心社会公益事业，牵头奉献社会，爱心捐资七万余元，产生了积极的社会影响，树立了政协的良好形象。

三、坚持联动履职，合力助推，专委会基础性作用凸显

专委会工作是政协工作的重要组成部分，是政协工作的重要基础，在政协履行职能中发挥着重要作用。常委会逐步配齐配强了专委会力量，让专委会充分发挥“专”的优势，突出自身特点，建立健全了专委会联系界别工作机制，指导好界别和委员开展工作。五年来，3个专委会共组织委员活动60余次，委员参与率达95%以上。

提案委员会始终坚持“围绕中心，服务大局，提高质量，讲求实效”的方针，以提案提出全员化、提案办理规范化、提案督查经常化、提案服务高效化为目标，以创新机制、提升质量、强化督办，务求实效为主线，充分调动广大委员和政协各参加单位的积极性，认真撰写提案，提案质量明显提高。及时做好提案的征集、审查、立案、翻译、分类、交办等工作，采取主席跟踪督办、上门督办、限期催办等多种形式，不断增强提案办理实效，在协助市委、市政府实现决策科学化、民主化等方面，发挥了重要作用。通过各承办单位的共同努力，提案反映的大部分问题得到解决或基本解决，许多建议被采纳。五年来，我们共收到委员提案681件，经审查立案的413件，立案率达60.65%。提案均得到了相关职能部门的办理和答复，提案办复率为99%，委员满意和基本满意率为95%。

经济资源环境社教科文卫委员会始终坚持围绕我市经济发展的重头工作，充分发挥自身优势和特点，积极组织委员开展各项调研活动。同时，按照八届市委第87次常委会的决定，自2014年9月起，由市政协牵头，经济资源环境社教科文卫委员会具体负责，在全市范围内全面开展巩固“禁白”成果工作，两年来，共召开各类“禁白”专题会议15次，开展“禁白”宣传活动138次，开展专项整治活动236次，成功解决了市场上一次性塑料袋替代品的问题，巩固“禁白”成果工作取得了阶段性成果，得到市委充分肯定。

文史民族宗教法制委员会充分发挥“存史、资政、团结、育人”的社会功能，着眼史料价值、求真存实、广征博引，编辑了《政协委员“三亲”资料》一书，完成了《回忆西部大开发史料（西藏卷）》“拉萨篇”征编报送工作，完成了重点古籍翻印保护工作，反映拉萨人文历史的《老城史话》（藏汉合订本）出版面世，受到社会各界的欢迎，产生了良好的社会影响。还联合西藏大学举办了西藏传统筹算技艺“迪孜”培训班，抢救性地保护了西藏这一传统筹算技艺，“迪孜”的传承和申遗工作正在有序推进中。

四、坚持凝聚人心，汇聚力量，扎实开展交流合作

五年来，常委会始终发挥政协团结面广、包容性强的优势，多渠道、多领域开展工作，努力增进团结，凝聚力量。

一是深化统战人士的团结合作。每年市政协领导坚持走访联系宗教界人士、爱国统战人士、归国藏胞等，通过开展丰富多彩的联谊交友等具有政协特色的凝心聚力活动，切实加强同各族各界的联系，积极协调各方利益关系，进一步促进政党关系、民族关系、宗教关系、阶层关系的和谐，不断壮大爱国统一战线，努力为拉萨发展稳定凝聚人心、汇聚力量。积极引导统战人士把思路统一到我市经济发展、社会稳定、民族团结、宗教和睦上来，在政协各种会议和活动中营造民主协商、合作共事的氛围，鼓励和支持各族各界人士发表政见，提交提案，建言献策，在谱写拉萨改革发展新篇章中彰显了人民政协的独特优势。五年来，共举办党外人士各类联谊活动22次，为促进各民族交往、交流、交融发挥了重要作用。

二是对外交流合作进一步扩大。先后协助自治区政协及区内其他地市政协开展推动现代农牧业发展、政协文史工作、加强和创新寺庙管理、拉萨市城市管理长效机制建设、生态安全屏障保护与建设、拉萨市“生态移民工程”等调研视察62次。加强与县（区）政协的工作联系与指导，每年召开一次县（区）政协工作交流会，经常性邀请县（区）政协负责人参加市政协有关会议，联合开展调研视察活动，有效提升了全市政协工作整体水平。参加河北省承德市举办的世界遗产地政协主席联谊会和广西南宁市举办的西南五市政协工作协作会，接待合肥市、成都市等地政协来访330余人次，组织委员赴区内阿里地区及区外杭州、深圳、成都、重庆、甘肃、青海、云南、贵州、湖南等地学习考察5批次、75余人次，通过联络交往，既学习了各地政协的好经验，又有力地宣传推介了拉萨，生动讲述了拉萨故事。

五、坚持继承创新，严实担当，自身建设得到新加强

常委会按照“懂政协、会协商、善议政”的要求，以提高履职能力和素质为目标，不断适应新形势的发展和要求，坚持用科学的方法推进政协工作，完善政协工作运行机制，强化措施，狠抓制度建设和队伍建设。

一是制度建设更加完善。结合实际制定出台了《拉萨市政府工作部门与市政协工作部门对口联系制度》《“一府两院”领导向政协委员定期进行工作通报制度》《市政协领导和专委会联系界别方案》《关于进一步加强和改进提案办理工作的实施意见》《政协拉萨市委员会领导和专委会联系界别制度》《政协第十届拉萨市委员会委员培训制度》《机关后勤服务工作制度》《拉萨市政协季度协商座谈会工作办法》《拉萨市政协主席、副主席、秘书长对口联系县（区）政协制度》《市政协办公厅、各专委会联系县（区）政协工作制度》《各专委会工作办法》等规章制度，“三化”建设得到不断完善和规范。

二是委员主体作用发挥更加明显。高度重视委员主体作用的发挥，出台《委员考核办法》，进一步明晰委员主体作用发挥的路径和方法，建立委员参加政协会议、活动考勤制度和缺席情况通报制度。积极为委员发挥主体作用创造条件，加强对委员的学习培训、联系服务和日常管理工作，积极组织委员开展学习讨论、参观视察、调研考察、评议监督等活动，不断拓宽委员履职平台，引导委员发挥好委员主体作用。五年来，共举办政协委员和各县（区）政协主席学习培训班6期，举办提案撰写培训班5期，参与各类视察、调研、民主监督等活动的委员达600余人次。委员在参与专委会活动中主体作用得到充分展现。有效落实了主席会成员、专委会联系界别工作机制，完善了《界别活动管理办法》，对界别的指导进一步加强，不断提升界别组织化水平，完善界别活动组织管理机制，彰显政协工作的界别特色和优势，界别工作更加活跃，活动更加多样。13个界别共组织委员活动达200余场，委员在界别活动中主体作用得到充分发挥。

三是机关建设更加务实。市政协党组充分发挥领导核心和示范带头作用。严格执行中央“八项规定”、区党委“约法十章”“九项要求”和市委“八项要求”，带头学习贯彻《中国共产党章程》、“两条例一准则”，严格落实“两个责任”，严肃执纪问责，不断完善财务、用车、接待、考勤、领导带班值班等各项制度，坚持制度约束、规范管理、照章办事；从推动政协工作的

要求出发，总揽全局、协调各方，为做好新形势下政协工作提供了坚强保障；切实加强“学习型、创新型、和谐型、服务型”机关建设；始终高度重视干部的培养工作，定期组织集中学习、业务培训和工作交流，努力提高机关干部的综合素养，积极选拔任用优秀干部，加大干部交流力度，推荐年轻干部挂职锻炼。五年来，共选派37名机关干部赴内地培训学习，通过交流学习，进一步提升了机关干部的服务能力和工作水平；创新在政协机关开展“挂牌亮证”工作，工作作风呈现新气象，组织开展形式多样的文体活动，积极营造团结向上、和谐融洽的工作氛围。

回顾过去五年的工作，我们深切体会到：

一是必须坚持正确政治方向。政协工作的开展必须坚持党的领导，必须用马列主义毛泽东思想、邓小平理论、“三个代表”重要思想、科学发展观和习近平总书记系列重要讲话精神武装头脑、指导实践，才能保持正确的政治方向。必须坚持党的统一领导，将自己的工作纳入党委的统筹部署，与党委在思想上、行动上保持同心、同向、同行，为党委决策当好参谋，为政府工作当好助手，坚持建真言、谋良策、出实招。

二是必须坚持围绕中心履好职。政协工作要有所作为、有所贡献，就必须紧紧围绕党委统一部署和政府中心工作展开，服从大局，勇于担当，坚持把促进改革发展稳定作为自身履行职能的第一要务，真正做到补好台、帮好忙、鼓好劲。

三是必须坚持团结民主。政协工作要在促进团结稳定、构建和谐社会中发挥应有作用，就必须体现民主求实、团结合作、协商办事的原则，切实把民主和团结两大主题贯穿于政协工作的方方面面、贯穿于人民政协事业发展的全过程。

四是必须坚持履职为民。政协工作要更加活跃扎实、富有成效，就必须坚持人民政协来自人民、一切工作为了人民的原则，始终把人民群众的利益放在第一位，不断强化政协委员敬民爱民亲民的人格魅力，深入实际、深入基层、深入群众，倾听人民的呼声，体察人民的意愿，反映人民的诉求。

五是必须坚持开拓创新。政协工作要与时俱进，永葆生机和活力，就必须主动适应新形势新任务新常态的要求，坚持用创新的精神开展工作，在创新中完善，在创新中提高，在创新中发展，不断开创工作新局面。

各位委员、同志们：市政协十届常委会工作取得的成绩，是市委坚强领导和自治区政协有力指导的结果，是市人大、市政府及有关部门和社会各界大力支持的结果，是市政协历届领导班子持续努力、奠定良好基础的结果，是市政协各参加单位和全体政协委员、政协干部职工不辱使命、团结奋进的结果，是政协老领导、老同志关心帮助的结果。在此，我代表十届市政协常委会，向所有支持和关心政协工作的领导和同志们、朋友们，致以崇高的敬意和衷心的感谢！

在肯定成绩的同时，我们必须清醒地认识到工作中还存在的一些不足和薄弱环节。主要表现在：协商民主机制需进一步健全；机构建设需进一步完善；履行职能的制度化、规范化、程序化建设需进一步加强；服务委员的能力和水平需进一步提高。这些问题，将在今后的工作中加以改进。

今后五年工作建议

各位委员、同志们：

今后五年，是我市进入全面建成小康社会的决战决胜期，也是拉萨政协事业大有作为的重要时期。市政协十一届常委会承担的责任重大，肩负的使命光荣，履职的前景广阔。要继续高举中国特色社会主义伟大旗帜，坚定不移贯彻习近平总书记治边稳藏战略思想，按照市九次党代会确定的目标任务，以干在实处、走在前列的要求，坚决维护核心、紧紧围绕中心、倾力服务大局、真情服务群众，通过广泛开展协商民主实践，认真履行政治协商、民主监督、参政议政职能，充分发挥协调关系、汇聚力量、建言献策、服务大局的作用，为建设团结美丽健康幸福新拉萨、在全区率先全面建成小康社会中贡献智慧和力量。为此，向政协第十一届拉萨市委员会常务委员会建议重点抓好以下五个方面的工作。

一、坚持党的领导，强化思想政治建设

要把坚持党的领导作为履行职能的根本原

则，贯穿于履职的全过程。常委会要在党组的领导下始终不渝地坚持在市委领导下开展工作，紧紧围绕市委的重大决策和部署来研究谋划政协工作，把严守政治纪律和政治规矩挺在前面，时刻维护市委权威，自觉贯彻党的方针政策和决策部署，确保坚定正确政治方向，做到与市委在思想上同心同德、目标上同心同向、行动上同心同行。全体委员要自觉用中国特色社会主义理论体系武装头脑，通过多种形式准确把握习近平总书记系列重要讲话精神实质，坚定不移贯彻习近平总书记治边稳藏战略思想，使习近平总书记治边稳藏战略思想成为各族各界人士的广泛共识、共同意志和自觉行动。党内委员要时刻牢记自己的第一身份是共产党员，必须始终坚持党的领导，遵守宪法法律、党规党纪、政协章程，带头坚定理想信念，践行根本宗旨，认真贯彻落实好党的路线方针政策和市委决策部署要求，自觉维护市委权威和政协的良好形象，影响和带动党外委员，自觉做建设团结美丽健康幸福新拉萨的组织者、推动者、实践者。党外委员要主动接受党的领导，坚定政治立场，与党中央和区市党委保持高度一致，围绕市委决策部署，不断增强使命感和责任感，自觉发挥委员模范带头作用，积极参政履职，做好本职工作，不辜负时代赋予我们光荣而艰巨的历史使命，为建设团结美丽健康幸福新拉萨、在全区率先全面建成小康社会贡献力量！

二、发挥政协独特优势，为建设团结美丽健康幸福新拉萨献计出力

建设团结美丽健康幸福新拉萨符合全市各族人民的根本利益，代表全市各族人民的共同心声，是中华民族伟大复兴中国梦在拉萨的具体体现。要实现这一目标任务，需要全市人民的共同努力，需要人民政协发挥其独特优势。要充分发挥政协人才荟萃、智力密集的优势，把紧紧围绕建设团结美丽健康幸福新拉萨作为献计出力的主攻方向，精心选择具有全局性、前瞻性、战略性的重大课题，运用调研、视察、提案、信息等形式，积极协商议政、建言献策、咨政立论，为建设团结美丽健康幸福新拉萨发挥重要智库作用。要坚定不移加强民族团结，围绕实施《拉萨市民族团结进步条例》，创建国家民族团结示范市开展调研视察；要把维护好、发展好拉萨的生态美，保护好拉萨的蓝天白云、青山绿水，创建循环经济示范城市作为重点专题视察内容；针对美丽如画的健康宜居环境、和平安宁的健康社会环境、安全放心健康食品环境开展民主监督；紧扣医疗卫生水平、教育质量提升、公共文化服务体系、城乡公共服务水平、社会保险覆盖、城乡居民收入等开展专题调研。农牧界委员要把工作重点放到改变农牧民生产经营观念、调整种养产业结构、普及实用技术上；工商界、经济界委员要把工作重点放在动员社会组织、民营企业、回乡创业成功人士参与精准扶贫、民生改善、招商引资、推进产业发展上；教育体育界、科技界委员要把工作重点放到教育均衡、推广科技、环境美化、技能培训的智力脱贫上；医卫界委员要把工作重点放在为困难群众诊病送药、医疗救助、热心服务社会上，文化旅游界委员要把工作重点放在促进我市文化旅游产业发展上；群团界委员要发挥联系广泛的优势，利用界别资源，强化搭台、架桥、引线的功能，多渠道、多形式、多层次地宣传拉萨，提升我市对外影响力。

三、坚持履职为民，助推“六大战略”深入实施

“六大战略”是中央治藏方略在拉萨的具体体现，是区党委的决策部署在拉萨的生动实践，是建设团结美丽健康幸福新拉萨、全面建成小康社会的必由之路。在“党建统市”战略上，要发挥好政协党组在政协工作中把方向管大局保落实的领导核心作用，围绕市委中心工作，立足大局，抓大事、议大事，结合政协实际，自觉地把党的理论路线方针政策和区市党委决策部署贯穿于政协工作全过程，坚持履职为民的工作理念，始终坚持党的群众路线，助推 “六大战略”的深入实施。在“环境立市”战略上，围绕环境保护、绿色发展、生态建设等工作开展深入调研，进行协商议政。在“文化兴市”战略上，围绕弘扬核心价值，夯实文化基石、繁荣文化事业，丰富文化生活、彰显民族特色，展现文化魅力、发展文化产业、增强文化实力等问题，进一步加强激发文化发展活力的研究，着重就推动文化旅游产业融合发展，增强文化产业实力和竞争力等问题议政建言；在“产业强市”战略上，围绕净土产业、文化旅游产业、现代服务业、园区经济发展产业问题进行调研视察，就做大做强特色产业体系提出建议对策。在“民生安市”战略上，重点就大健康产业、精准脱贫、群众就业等直接关系民富、民安、民乐的重大社会问题，开展形式多样的民主监督活动，及时准确地反映群众的意见建议。在“依法治市”战略上，让委员通过提案、社情民意信息等方式，关注法制进程、反映法制问题、传递法制呼声、表达法制意见、提出法制建议；同时要突出委员界别特色 ，引导委员发声出力。积极动员、组织各界别委员自觉与达赖集团划清界限，深入揭批达赖政治上的反动性、宗教上的虚伪性和手法上的欺骗性，使广大群众积极投入反分裂斗争中，自觉做好维护社会稳定工作。

四、坚持民主和团结两大主题，巩固和发展最广泛的统一战线

民主和团结是人民政协永恒的主题，要高举爱国主义、社会主义旗帜，认真贯彻“长期共存、互相监督、肝胆相照、荣辱与共”十六字方针，坚持把发扬民主、增进团结、协调关系、化解矛盾作为履行职能的着力点，发挥好政协组织联系面广、包容性强的优势，最大限度地团结一切可以团结的力量，调动一切可以调动的因素，不断加强与我市各族各界、各团体、各阶层包括社会新阶层的团结与合作，畅通他们履行政协职能的渠道，促进各族各界人士的大团结大联合，积极营造良好的民主和谐氛围。特别是民族、爱国统战和归国藏胞界以及宗教界委员要把工作重点放在加强与民族、宗教界代表人士联系上，协助党委、政府多做理顺情绪、协调关系、化解矛盾、促进和谐的工作，努力维护我市团结稳定的良好政治局面，切实巩固和发展最广泛的爱国统一战线。

五、加强自身建设，着力推进政协工作制度化、规范化、程序化

人民政协要更好地履行职能，发挥作用，扩大影响，必须加强自身建设，提高工作水平。要着力加强委员队伍建设，按照懂政协、会协商、善议政的要求，依据政协章程，加强委员管理和培训，着力提高政协委员参政议政水平，强化政协委员的组织意识和纪律观念，进一步完善委员履职考核办法，要在增强委员主体意识、创新履职载体、激发履职活力、提高履职水平上进行新探索，要进一步规范政治协商程序，创新民主监督形式，在强化成果的转化、反馈和落实上做文章；在着力搭建协商参政平台、拓展界别活动渠道、强化委员知情环节、延伸团结联谊空间、整合调查研究力量等方面下功夫；加强与自治区政协的协同配合，指导县（区）政协工作的开展。要加强专委会建设，促使专委会机构更趋合理，探索发挥界别作用的新方法和新途径，进一步健全规范界别活动机制，畅通社情民意信息渠道，提高调查研究的水平，增强意见建议的针对性、前瞻性和可操作性，充分调动各界参政议政的积极性。进一步加强服务型机关建设，不断深化“政治强、业务精、纪律严、活力足”和说办就办、马上就办的作风建设，加强政协干部的教育、管理和培训，加大干部的选拔与培养，倡导务实求效、干事创业的工作作风，营造心齐气顺实干、民主和谐融洽的工作氛围，努力培养造就一支政治坚定、作风优良、业务熟练的高素质干部队伍，为人民政协有效履行职能、顺利开展工作提供有力保障。

各位委员、同志们：宏伟蓝图引领我们开拓进取，目标催人奋进，前景令人鼓舞。新一届政协使命光荣，责任重大。站在新的历史起点，拉萨政协必将迎来更加广阔的履职空间，让我们更加紧密地团结在以习近平同志为核心的党中央周围，在市委的坚强领导下，同心同德，扎实工作，为建设团结美丽健康幸福新拉萨、在全区率先全面建成小康社会而努力奋斗！

拉萨市“两学一做”学习教育综述

年内，按照中央、自治区开展“两学一做”学习教育的安排部署和习近平总书记关于“两学一做”学习教育的重要批示指示精神，拉萨市委始终把“两学一做”学习教育作为落实全面从严治党要求的重要举措，摆在党建工作的突出位置，高度重视、精心组织、统筹安排、合力推进，取得一定成效。

成立市委“两学一做”学习教育领导小组。年内，成立以市委副书记、组织部部长陈军为组长，相关部门主要领导为成员的“两学一做”学习教育协调小组，抽调优秀干部成立办公室和督导组，确保学习教育有人管、有人抓。另外，全市各单位各部门也分别成立相应的工作机构，形成一级抓一级、层层抓落实的工作格局。

拉萨市“两学一做”学习教育实施方案。年内，制定印发《关于在全市党员中开展“学党章党规、学系列讲话，做合格党员”学习教育实施方案》，将学习计划、学习研讨等内容细化到月、细化到周，明确时间表和任务清单，为全市各级各部门提供根本遵循。另外，协调小组还出台《月报制度》《工作例会制度》等工作制度，坚持一季度一部署、一月一安排、一周一报告，确保学习教育按进度有序开展。

“两学一做”学习教育实现全覆盖。2016年4月，“两学一做”学习教育在全市迅速启动，强力推进，聚焦“学”这个基础、强化“做”这个关键，坚持以上率下、层层带动，注重灵活形式、讲求实效，突出知行合一、争先实干，全市上演一幕幕“学起来、做出来”的生动实践。市“四大班子”、8个县（区）、65个市（区）直单位、65个乡镇（街道）、227个行政村、40个社区、267个驻村（居）工作队、50个非公经济组织和社会组织、168个驻寺庙点、186个便民警务站参加活动，覆盖到全市121个党委、59个党总支、1533个党支部及所有党员、真正实现全市党组织和党员干部的全覆盖。

摸清查实党员情况。年内，以巩固“强党、固基、扶村”成果、着力推进“三个全覆盖”工作为契机，组织各级党组织深入农牧区、国有企业和“两新”组织等领域开展党员组织关系集中排查工作，摸清失联党员情况，理顺党组织隶属关系，使每名党员都纳入党组织有效管理，参加学习教育。共摸排出失联党员124名，流动党员804名。

发挥党支部主体作用。年内，坚持以党支部为基本单位，以“三会一课”等党的组织生活为基本形式，以落实党员教育管理制度为基本依托，特别注重分类指导，区分不同类型党员提出不同学习要求，作出具体化、精细化和差异化的要求。

发挥常委班子示范引领作用。年内，在“两学一做”学习教育中，区党委常委、市委书记齐扎拉为班长的市委常委会班子以身作则，主动为党员干部讲党课，以普通党员身份参加所在党支部的学习研讨，有效调动全市各级各单位各部门的学习教育，深化“两学一做”学习教育成果。截至年底，市委常委班子成员先后深入联系点50次，讲党课33次，以普通党员身份参加所在党支部学习52次。

学原文读原著悟原理。年内，印发《论忠诚与老实》《党委会的工作方法》《党员对党要忠诚》《习近平总书记在庆祝中国共产党成立95周年大会上的讲话》以及自治区领导在“两学一做”学习教育推进会上的讲话等各类会议精神，全市各级各部门广泛运用自学、集中学等形式学原文、读原著、悟原理。全市各级党员领导干部开展自学21.4万余次，自学时间累计约28.5万学时，形成心得体会4.1万余篇。

集中学习研讨会。年内，市委坚持每月至少利用2个晚上时间，通过“三会一课”、专家授课等形式，带动全市各单位、各行业、各领域党员开展“不忘初心跟党走，恪尽职守报党恩”“听党话、跟党走、尽责任、显忠诚、报党恩”“如何严守党的政治纪律政治规矩”等专题的常态化研讨学习活动，提升党员党性修养。截至年底，全市开展集中研讨8.05万次，累计学习研讨时间14.9万学时，参与人数约9.48万人次，交流发言人数约2.69万人次，形成心得体会3.57万余篇。

党员干部教育培训。年内，充分利用“每月一课”讲台、干部在线学习网等载体，面向基层党组织书记、组织委员、党建专干等党务骨干举办各类培训班37期，培训各级各类党员干部3万余人次，提升党员干部的党性修养和能力素质。另外，组织开展内容丰富、形式多样主题活动，寓教于乐的学习形式，提升党员干部参学的主动性和积极性。市（直）各单位开展组织开展“佩党徽、亮身份、树形象”“提升服务、优化管理”及“七一”建党95周年文艺会演等活动，促使党员干部时刻牢记身份，立足岗位、履职尽责。

学习教育。年内，市（直）各单位建立行业系统党员微信群，定期发送学习资料，使党员的党员意识和维护党章意识普遍增强。同时，利用市委、市政府官方网站、“拉萨廉政警示教育基地”微信公众号、拉萨晚报、拉萨电视台等媒体平台，及时编辑上传党章党规、习近平总书记系列重要讲话等学习资料及文件精神，通过新媒体展示学习心得、学习成果，加强信息互动，实现党组织、党员之间的即时接触，促进工作学习“两不误”。

服务发展。年内，紧密结合市委“六大战略”，把“两学一做”学习教育与推进实施净土健康产业、文化旅游产业、“四业工程”、精准扶贫精准脱贫、维护社会稳定等全市重点工作相结合，创新开展了以“树标杆，抓难点、抓亮点，比作风、比技能、比贡献，提高党建工作能力、提高维护稳定能力、提高促进发展能力、提高服务群众能力”为内容的“一树两抓三比四提高”活动、地级以上领导干部“进社区、察民情、找问题、办实事”活动、共产党员民族团结先锋活动、“党员干部进村入户、结对认亲交朋友”、藏汉“双语”学习教育等系列主题实践活动，引导党员干部在做合格党员、干事创业中服务发展稳定大局。截至年底，全市各级各部门深入开展“在职党员到社区报到服务”活动1.91万余人次，开展调研1694次，帮助社区解决问题506件，涉及资金5302万元；深入开展“党员干部进村入户，结对认亲交朋友”活动2.1万余人次，联系村（居）、企业9270次，结对帮扶群众1.78万余户、4万余人，走访慰问群众1.9万余户、4.5万余人，联系群众1.73万户、3.8万余人，办实事好事5678件，投入资金631万元；深入开展藏汉“双语”学习4.2万余人次。

工作重点。年内，坚持把建强基层党组织作为推进和深化“两学一做”学习教育的根本目标，紧扣全市精准扶贫精准脱贫以及市县乡三级换届工作，坚持把“学习党章党规、学习系列讲话，做合格党员”贯穿重点工作的全过程，全市各级各部门牢牢把握精神实质真学真懂，并通过加大民生投入、持续提升农牧民群众自我发展能力、推进“三个全覆盖”等措施在真信、真用上下功夫，实现学习成果向行动的转化，各级党组织始终以党章党规为准绳，始终以合格党员为标杆，严格执行换届程序，通过深入学习“一片一书”、分批次组织党员开展廉政警示教育、开展换届千人承诺签名活动等，使全市各级党员干部切实受到教育并在换届过程中严守纪律和规矩，选优配强领导班子。

边查边改立行立改。年内，坚持问题导向，认真开展自查自纠，并对照中央巡视组、自治区督导组，以及市委各督导组的督导反馈情况，对个别乡镇将主要领导派驻为第一书记、因身兼数职而对驻村工

作关心不够，部分改制企业对“两学一做”学习教育重视不够、造成学习教育与企业经营“两张皮”，部分参学单位工学矛盾处理不好等突出问题，进行深查实改。全市各级领导班子查摆党员理想信念模糊动摇、党员党的意识淡化的问题、党员宗旨观念淡薄等各类问题1254条，整改突出问题1073条；各级党员干部查摆各类问题1088条，整改突出问题1016条。

督导工作。年内，市委各督导组以全区“两学一做”学习教育精神为指导，严格遵守政治纪律和政治规矩，找准工作定位，以严和实的作风认真履行职责，开展督导做到了两个结合。与督查对象的实际结合，全市各级督导组采取随机调研、明察暗访、现场指导、定点监测等方式，及时了解党员和领导干部学习情况与实际效果，总结推广新经验，发现和解决苗头性、倾向性问题。带着问题严格督导，及时发现和解决苗头性、倾向性问题，对开展学习教育等待观望、工作不力的单位及时约谈，确保不让一个党支部落趟、不让一名党员掉队。

营造“两学一做”学习教育氛围。年内，宣传推广全市基层党建工作的典型做法，与中组部“两学一做”学习教育督导调研组李孝国一行，新疆维吾尔自治区党委常委李学军，新疆维吾尔自治区党委组织部副部长石岗等调研组进行深入座谈、交流经验。另外，组织市县党校教师、市委讲师团成员、先进模范到基层一线党支部开展巡回宣讲、专题报告，注重运用新旧对比、身边事例、现身说法，强化互动交流、答疑释惑。主动邀请中央驻藏新闻媒体和自治区新闻媒体，充分利用市属新闻媒体，积极利用拉萨党建手机报、微博、微信以及移动客户端，通过开设评论员文章、专题、专网，推出访谈录、开展征文活动等多种形式，形成了全方位、多媒体、立体化宣传格局，以贴近农牧民群众的日常生活，聚焦党建工作中的热点和难点以及群众生产生活中的突出问题，用通俗易懂的群众语言和视角与群众互动，宣传学习教育的重大意义、进展情况、成功做法、先进经验、实际成效，宣传群众身边党组织和党员的新变化、新面貌。截至年底，开展“习近平总书记系列重要讲话精神进万家”宣讲活动4108次，参加人数6.38万余人次。开展习近平总书记“在高原上工作最稀缺的是氧气，最宝贵的是精神”宣传活动3419次，参加人数3.97万余人次。

广泛征求意见。年内，拉萨市委把征求意见建议作为开好2016年民主生活会的基础，把征求意见建议作为推进全市2017年各项工作的有力抓手，严格落实中央、自治区要求，精心部署征求意见建议各个环节的工作。共征求到市委班子存在6个方面、14项问题以及29条意见建议，班子成员存在10个方面174条意见建议。

整改责任。年内，结合市委常委班子2016年度民主生活会开展批评与自我批评情况、查摆出的问题及征求到的意见建议梳理出的常委班子存在6个方面、14项问题以及29条意见建议，班子成员存在10个方面174条意见建议，制定印发《拉萨市委常委班子民主生活会查摆问题整改方案》至各县（区）委，市委各部委，市直各局、委、办党组（党委），各人民团体党组，要求市委各常委做到立说立行、立说立改、以上率下，按照整改工作责任分工切实抓好落实，做到牵头单位抓总，及时向责任领导请示报告，会同责任单位对每一项整改任务制定详细的整改方案，提出明确的任务书、时间表，细化步骤方法，按照时间进度有序推进落实，同时市委常委会定期召开会议听取整改工作汇报，了解掌握每项整改任务具体进展情况，确保整改任务按工作节点和时间节点有序有效推进。另外，要求及时反馈和公示整改任务信息，自觉接受群众监督。

（仁青次仁）

创先争优强基础惠民生活动

年内，由区（中）直单位派驻的21个工作队和市、县派驻的252个工作队，按照区市创先争优强基础惠民生活动领导小组的具体安排，围绕“建强基层组织、维护社会稳定、促进增收致富、深化感党恩教育、办好实事好事、落实惠民政策、服务精准脱贫”七项重点任务，强党、固基、扶村，筑牢社会稳定基石、探索经济发展之路、播种民族团结之籽、铺就干部成长之路，取得可喜的成绩。

第五批驻村工作。年内，市委把强基惠民活动作为“一号工程”，区党委常委、市委书记齐扎拉在常委会上先后10余次询问、了解强基惠民活动进展情况，提出明确要求。各级派驻单位经常前往驻村点看望工作队员、听取工作汇报、协调解决问题。市县两级强基办及时调整充实办公室和督导组工作力量，认真做好组织、协调、指导、督促各项工作。充分利用各级媒体报刊、简报信息等宣传干部驻村工作的好经验、好典型、好做法。开通微信公众号、微信群、QQ群等及时发布区市党委有关要求，基层群众“微心愿”、驻村工作开展情况等，使强基惠民活动更加贴近群众、贴近生活、贴近实际。

基层组织。年内，各驻村工作队积极实施“两委”班子素质提升工程，为村（居）“两委”班子成员上文化课、政策理论课、党课10万多学时。实施“三个培养”工程，帮助培养入党积极分子2013名，发展党员1069名，把200名致富能手培养成党员，把207名党员培养成致富带头人，把192名党员致富能手培养成村组干部。帮助村（居）建立健全“三会一课”、党风廉政建设、民主监督等各项规章制度1986条，帮助解决村级组织工作经费、办公设备经费127.62万元，协助召开“三会一课”1481场次。同时，市强基办创新开展“一树两抓三比四提高”（树标杆，抓难点、抓亮点，比作风、比技能、比贡献，提高基层党建能力、提高维护稳定能力、提高促进发展能力、提高服务群众能力）活动，得到区市两级党委的充分肯定和高度评价。

维护社会稳定。年内，深化“双联户”创建、延伸“网格化”管理，建立健全维稳信息互通机制、安全防范机制、纠纷调处机制964条，在重大节日、维稳重要时段及时传达学习区市党委关于维稳工作的部署和要求，突出维稳防控从点到面，实现全覆盖、无缝隙、无盲点。加大社会矛盾纠纷排查调解力度，积极化解和妥善处理草场、水源、矿产等矛盾纠纷724件，妥善解决群众上访234人次，实现矛盾纠纷“零搁置”。各驻村工作队召开抵制十四世达赖集团的分裂渗透破坏活动、与十四世达赖集团划清界限等专题会议546场次，召开维稳宣讲大会1385场次，开展“八看、一算账、一揭批、四增强”感恩主题教育700多场次、新旧西藏对比展800多场次、法律讲座500多场次，积极引导基层党员干部群众自觉地感党恩、听党话、跟党走。

发展经济。年内，各驻村工作队引导基层干部群众主动摒弃“等靠要”思想，帮助村（居）“两委”班子理清发展思路595条，找准发展路子461个，制定、完善、实施经济发展规划380项。围绕中央“六个精准”“五个一批”、自治区“八个到位”要求以及拉萨市“以业脱贫、以迁脱贫、以教脱贫、以补脱贫、以保脱贫、以助脱贫”6项精准扶贫措施，发放藏汉“双语”优惠政策资料和明白卡18万多份，宣传扶贫开发政策1223场次，协助35520名贫困人口实现脱贫。注重项目在发展经济中的带动作用，整合为民办实事经费、“短平快”项目资金2500多万元，谋划一大批带动能力强、见效快的基础设施项目和产业项目。

感恩教育。年内，各驻村工作队采取集中宣讲、入户讲解、召开座谈会等方法，开展爱国主义和社会主义核心价值体系教育，强化“三个离不开”和“五个认同”教育，宣传党中央的特殊关

怀、全国人民的无私援助和党的各项强农惠民政策。共组织群众宣讲中共十八大、十八届三中、四中、五中、六中全会和中央第六次西藏工作座谈会以及习近平总书记系列重要讲话精神1254场次，入户宣传18341次，入户率89.83%；开辟专题宣传栏760期。向群众宣传区党委八届七次、八次全会精神、自治区成立50年来的发展变化和巨大成就830场次，参与群众112474人次，入户宣传111092人，入户率达78.26%；召开“算富账、感党恩、要稳定、求发展”等感恩主题教育大会785场次，政策宣传1003场次，群众教育面达86.46%，举办专题讲座965场次，发放宣传材料90881份，组织群众开展“中国梦”、社会主义价值观和新旧西藏对比教育等活动659场次，参加活动的群众93863人次，开展法律宣讲活动522场次，参加活动的群众80003人次。

解决群众困难。年内，各驻村工作队深化结对认亲，各级党员干部与贫困户“结对子”4338户14033人，工作队年轻队员与所驻村青年“结对认亲”361户861人，建立民情档案8478个，撰写民情日记9500多篇，切实密切了党群干群关系。为群众办实事、办好事、解难事2500多件，实现就业、再就业1027人。投入100多万元开展送科技、送技术、送卫生、送信息、送服务活动，投入900多万元慰问“三老”人员、“五保”户和困难群众，切实把党和政府的温暖送到了群众心坎上。帮助落实农村最低生活保障资金250万元，发放各项惠民补偿（补贴）资金80多万元，宣传孕产妇住院分娩补助奖励政策和孕产期保健等知识800多场次，登记孕产妇2500多名，切实让广大人民群众明政策、得实惠。

扶贫开发。年内，各驻村工作队把“脱贫攻坚”作为“一号民生工程”，围绕中央“六个精准”“五个一批”和自治区“八个到位”要求，大力协助县乡村搞好扶贫调研，把扶贫开发“四查”（自查、队查、县查、市查）工作做深做细，先后协助开展3轮普查核查工作，全面摸清全市11237户44162名贫困人口的基本情况、致贫原因，逐户建档立卡，做到人有名、户有卡、村有册，底数清、问题明。组织基层党员干部群众学习中央和区、市精准扶贫精准脱贫相关精神，不断提高掌握扶贫政策、找好扶贫路子、实施精准扶贫、落实扶贫项目的能力。利用全市净土健康产业和文化旅游产业发展势头强劲、职业培训资源充足和“四业工程”机制完善等优势，帮助贫困人口就地就业脱贫。自第五批驻村工作开展以来，共向驻在村（居）群众宣传扶贫开发政策1223场次，参与群众192408人次，印发扶贫宣传资料68760份，开辟宣传栏427期。全市28699人已达到脱贫标准，占全年目标任务的93.9%，占总任务的65%，精准脱贫工作走在全区前列，得到国务院扶贫办和区党委政府的充分肯定。

（贾慧婷）

拉萨市2016年脱贫攻坚工作情况

自中央扶贫开发工作会议召开以来，拉萨市委、市政府紧紧围绕中央精准扶贫精准脱贫部署要求，认真学习贯彻习近平总书记系列重要讲话精神特别是扶贫开发重要战略思想，认真贯彻落实自治区党委、政府各项决策部署，把脱贫攻坚工作作为重大政治任务来抓，充分发挥首府城市首位度作用，统一思想、振奋精神，攻坚克难、开拓进取，全市建档立卡贫困户共11237户44162人，贫困发生率14.2%，全年17115人越过贫困线，占全市总任务的38.76%，脱贫攻坚成效显著，顺利实现“首战告捷”。特别是城关区通过自查自验、市级初审、第三方评估、自治区考核验收等，率先在全区实现脱贫摘帽，退出准确率达到100%，为后续脱贫摘帽工作提供了可复制的先进经验。

理清工作思路，全面确保“六个精准”

扶贫开发贵在精准，重在精准。拉萨市通过建立健全精准脱贫工作机制，着力解决扶持谁、谁来扶、怎么扶的问题，做到扶真贫、真扶贫、真脱贫。

扶贫对象精准。自2015年9月至2016年1月，全市上下通过村“两委”自查、驻村工作队复查、县（区）扶贫办核查、市扶贫办全面检查的方式，严格按照国家和自治区扶贫标准，做到逐户逐人，一一核实，严格核实建档立卡数据信息。先后开展3轮普查核查工作，全面摸清了全市11237户44162名贫困人口的基本情况、致贫原因，识别准确率达到了100%，建成全区首个精准扶贫大数据平台，基础数据信息涉及9个模块119项内容，为开展精准扶贫提供事先预警、事中监控、事后评估等监管考核功能，实现精准扶贫、精准管理。

项目安排精准。因户因人制宜，根据贫困户和贫困村实际精准安排产业项目，坚持“造血式”扶贫与“输血式”救济相结合，实施短期、中期、长期项目配套措施，以短养长，长短结合，使近期脱贫与长远致富一脉相承。2016年，共实施项目112个，其中，养殖业项目29个、加工业项目14个、种植业项目25个、民族手工业11个、旅游业项目9个、其他产业项目24个；建设易地扶贫搬迁安置点19个（市区搬迁安置点1个、县城安置点4个、乡镇安置点12个）。

资金使用精准。按照“项目跟着规划走，资金跟着项目走，监督跟着资金走”的原则，建立完善了扶贫项目立项、审批、实施、验收、评估等管理制度，严把资金分配、使用、监管环节，确保每一分钱都用在了刀刃上。2016年，扶贫产业项目共到位资金14.62亿元，已投入9.46亿元；整合投入建档立卡贫困群众技能培训资金2237.77万元；易地扶贫搬迁项目建设共到位资金15.58亿元，完成投资5.21亿元；生态补偿到位补助资金0.9314亿元，兑现岗位资金0.6748亿元。

措施到户精准。将中央、自治区关于精准脱贫工作思路和方法措施与拉萨实际紧密结合，针对不同对象和致贫原因，科学制定以业脱贫、以迁脱贫、以教脱贫、以补脱贫、以保脱贫、以助脱贫“六脱措施”，帮扶到户、产业到户、资金到户和建台账到户，为扶贫对象“量身定做”个性化扶持措施，做到“一户一策”，通过第三方评估，贫困群众的满意度达97%。

因村派人精准。结合贫困村实际情况，按照“一人驻村、单位全员帮扶”的原则，选派269名优秀干部选派到贫困村担任第一书记，建立起干部驻村帮扶工作制度。为切实加强村（居）力量，选派1378名乡镇干部下沉到村（居）工作，平均每个村（居）下沉干部达到5名以上。

脱贫成效精准。建立反映客观实际的贫困人口、贫困村、贫困县退出机制，强化对脱贫效果的科学考核与评估，建立起脱贫致富长效机制以及贫困户动态管理机制，确保脱贫成果真实可靠，脱贫工作具有可持续性。

聚焦目标任务，大力实施“六项措施”

紧紧围绕“三年脱贫、两年巩固”，力争“两年脱贫、三年巩固”工作目标，按照年初部署、年中推进、年底验收的要求，扎实推进各项工作。

扎实推进以业脱贫，换穷业、促增收。深入实施“产业强市”战略，立足资源禀赋和区位优势，着力在净土健康产业和文化旅游产业上做文章，为贫困群众增收致富开辟新路。依托项目促发展。2016年，投入9.46亿元，开工建设产业项目63个，其中已投产项目36个，带动6780名建档立卡贫困群众通过参与产业项目脱贫，共计增收1780.07万元。整合培训促就业。依托“四业工程”，加大培训力度，不断提升贫困群众就业能力。2016年共开展培训项目284期，培训15700名建档立卡贫困群众。其中：实用技术培训58期，培训6055人；转移就业培训203期，培训8019人，培训后实现就业6330人；创业培训20期，培训496人；开展其他培训4期1130人。举办各类招聘会18场，对接就业岗位6000余个，实现6330名建档立卡贫困群众通过非以补岗位转移就业脱贫，人均增收2000元。整合资源促增收。2016年产业项目中以土地、草场流转方式让贫困户取得租金的项目共有8个，已带动建档立卡贫困户群众983人，人均增收3300元；以资料变原料，在经营中获取酬金的7个项目已带动建档立卡贫困户702人，人均增收2100元；以国有投入折资入股，让资金变股权的方式的项目共有114个，带动建档立卡贫困群众4850人，人均增收1800元以上；以产业项目吸纳农牧民务工的方式的项目共有68个，带动建档立卡贫困群众1751人，人均增收4800元。

强势推进以迁脱贫，挪穷窝、拔穷根。针对“一方水土养不活一方人”的贫困问题和居住在海拔4500米以上的群众，大力实施易地扶贫搬迁和小康安居工程，不断加快脱贫攻坚步伐。2016年，全市启动19个安置点及相关配套基础设施建设，产业项目实现全覆盖，完成投资5.21亿元，占年度计划的86.83%；建成安置房2083套，占年度计划的98.58%，实现2083户8064人入住。坚持安居与乐业并重、搬迁与脱贫同步，着力在完善配套产业、实施技能培训、培育龙头企业等方面做文章，有效解决搬迁群众后续发展难题，确保贫困群众“搬得出、留得住、能致富”。对贫困户原房屋按照人均0.8万元的标准给予补偿，收回原房屋进行复垦和生态恢复。截至年底，曲水县达嘎安置点试点工作正在进行。

持续推进以教脱贫，育人才、断穷脉。制定《拉萨市非义务教育阶段贫困生资助金分配方案》，认真实施《西藏自治区特殊教育提升计划实施方案（2014—2016年）》，全面落实三包政策从幼儿园到高中15年全覆盖。大力推进全纳教育，积极鼓励随班就读，认真做好孤、弃儿童接受义务教育相关工作。建立健全农牧民子女大学生资助体系，严格落实贫困户子女生活费资助政策，生活补助提高到区内每人每月500元，区外每人每月600元，实现贫困大学生学杂费、住宿费、交通费实报制和生活补贴全覆盖。2016年，全市投入资金18677万元，新建及改扩建31所城乡幼儿园投入37176万元，新建、改扩建义务教育学校36所，共落实“三包”及助学金2.844亿元，受助学生96984人；累计向5468名贫困学生发放资助金2669万元，通过培训实现257名“两后生”转移就业。

积极推进以补脱贫，重生态、利长远。围绕建设国家生态安全屏障，加大生态功能区保护力度，继续实施退牧还草、天然林保护工程，全面落实草原生态保护补助奖励政策、公益林补偿和湿地生态效益补偿机制，鼓励有劳动能力的贫困群众就地转为护林员、自然保护区管护员、环境保护监督员和草场监督员，让贫困群众充分享受到生态保护带来的红利。2016年，共落实生态补偿岗位24732个，兑现岗位资金6747.91万元。

稳步推进以保脱贫，补短板、兜底线。扎实推进脱贫攻坚和社会保障制度的有效衔接，进一步完善农牧区基本生活保障、五保供养、医疗救助等社会保障体系，逐步使享受低保的群众收入水平不低于国家贫困标准，全面实现“两线合一”。2016年，共清退城乡低保2405户7840人，确定了3988名社会兜底对象，发放最低生活保障金及“两线合一”补助资金共计1.243亿元。

全力推进以助脱贫，保健康、奔小康。制定出台了《拉萨市大病救助相关办法》，实现合作医疗、大病保险、民政救助“一站式”服务全覆盖，建立覆盖全市的大病保险制度，支持商业保险机构发挥专业优势，承办大病保险、建立精准扶贫补充医疗保险，超大额补充医疗商业保险等，有效解决1239名因病致贫、因病返贫患者家庭的脱贫问题。2016年，通过实施“农牧区医疗制度+农牧民大病商业保险+民政医疗救助+政府兜底”的医疗保障套餐，为1100名建档立卡贫困人口报销住院及门诊费用591.17万元。

围绕中心工作，着力做好“六个结合”

着眼工作全局，统筹兼顾，切实以脱贫攻坚统揽经济社会发展大局，认真打好脱贫攻坚“组合拳”。

*精准脱贫与基层组织建设相结合。*将“党建统市”战略与脱贫攻坚工作相结合，积极发挥基层党组织在脱贫攻坚中的战斗堡垒作用，深入开展“强党、固基、扶村”工作，选派1378名乡（镇）干部下沉到村（居）工作。2016年，共投入1000万元专项资金，重点对121个村集体经济收入累积10万元以下的村（居）和22个空白村进行精准施策，对124个有一定积累的村（居）引导其不断扩大规模，实现了全市所有村（居）有稳定的集体经济收入来源。

*精准脱贫与新型城镇化建设相结合。*以县城为支撑、重点镇为节点，坚持规划先行，合理制定搬迁群众社会保障标准，将养老、医疗、教育等社会保障与城镇居民社会保障无缝对接，促进贫困群众向市区、中心镇、小集镇集聚，推动“就地就近”为核心的城镇化进程，全力打造特色小城镇。2016年，全市向市区搬迁331户1251人，向县城、乡（镇）、小集镇搬迁1717户6749人。

*精准脱贫与产业发展相结合。*立足县（区）资源优势、产业基础、区域政策，坚持全面推进、突出重点的原则，积极依托产业园区建设，大力发展多元富民产业，积极培育新型产业经营主体，大力发展休闲农牧业，推动农牧业和旅游供给侧结构性改革，促进农牧区一、二、三产融合发展。2016年，19个搬迁安置点都有配套产业、每个搬迁户有1人以上就近实现就业，带动搬迁贫困群众脱贫致富。

*精准脱贫与小微企业“双创”相结合。*大力推动小微企业“双创”工作，通过创业带动贫困群众就业，以稳定就业实现脱贫致富。发展村镇小微企业集群，出台扶持小微企业加速发展的政策，大力推广“平台+企业+农户”的组织模式，形成“大众创业、万众创新”的生动局面。培育“高原体验”小微企业，西藏文化旅游创意园区充分发挥文化创意平台作用，成功打造出了一批具有高原特色的休闲养生馆、禅修静心馆、净土健康餐饮馆、特色甜茶馆等小微企业，带动贫困群众就业增收。

*精准脱贫与生态保护相结合。*对居住在海拔4500米以上、生态环境脆弱、自然灾害频发等地区的贫困人口，实施易地扶贫搬迁和小康安居工程，对迁出区结合实施宅基地复垦、退耕还林、天然林、草场保护等生态工程，有效改善迁出区生态环境，实现脱贫致富与生态建设的“双赢”。

*精准脱贫与维护稳定相结合。*结合“网格化”和“双联户”管理模式，以亲情、地域相联的要求，全面发动、组织、教育、引导人民群众参与支持精准扶贫精准脱贫工作，以网格化管理、社会化服务，拓展脱贫攻坚阵地，将“双联户”统筹纳入脱贫攻坚范畴，对农牧区 9824个联户单元内的贫困群众开展有针对性的帮扶，引导扶贫项目资金向基层倾斜，营造联户平安、联户小康的良好氛围，极大地夯实了维护稳定的群众基础。

（王少明）

民生项目概述

2016年，拉萨市委、市政府始终把保障和概算民生作为工作的首要任务，按照“民生安市”的战略部署和市委、市政府的总体要求，抢抓“十三五”开局的大好机遇，把改善民生、凝聚人心作为工作的出发点和落脚点，在“学有所教、病有所医、老有所养、住有所居”等方面进一步加大项目和投资工作力度，2016年，全市年累计建设民生类项目84个，总投资19.92亿元，为建设美丽家园、幸福拉萨奠定了良好基础。

一是教育基础进一步夯实。以教育优先发展不动摇的原则为目标，实施教改项目61个，完成投资1.53亿元，主要建设了第二高级中学、城关区第二小学改扩建等项目，教育教学条件稳步改善。

二是医疗体系进一步健全。以完善农牧民基本医疗保障体系为目标，实施卫生项目11个，主要建设了拉萨市中心医院、市医院专家楼、市疾控中心、墨竹工卡县、尼木县藏医院，以及当雄县、林周县等乡镇卫生院建设等项目，这些项目的实施有效改善了我市医疗卫生服务环境，完善了医疗卫生服务功能，提升医疗卫生服务能力，为我市实现“大病不出市、中病不出县、小病不出乡和社区”的目标提供了强有力的宝座，不断满足人民群众就近就医和高层次、多元化的健康服务需求，人民群众对卫生服务满意度不断提高。

三是社保体系进一步完善。以促进基本公共服务均等化为目标，实施拉萨市老年日间照料中心、残疾人服务体系建设等项目，实现了社会保障由制度覆盖向人员覆盖转变，统筹城乡的社会保障制度实现全覆盖。

四是易地扶贫搬迁步伐进一步加快。2016年全市范围内开工建设19个易地扶贫搬迁安置点，建设搬迁住房2118套，总投资8.8亿元，截至年底，工程全部完工，已搬迁入住建档立卡贫困户2018户7874人。实施易地扶贫搬迁工程，贫困户生活住宿条件进一步改善，根本上解决了生存在“一方水土养不了一方人”等区域的贫困户脱贫问题，是拉萨市实施精准扶贫精准脱贫工作的一项重要举措。

五是防汛抗旱能力进一步提升。重点实施茶巴朗、东嘎大桥至堆龙河口、峻巴、聂当等4段堤防及护岸工程，总投资7825万元，治理河道1.39公里，堤防4.004公里，护岸8.78公里，防洪标准10年一遇；拉萨市城关区段部分堤防工程，总投资8333万元，治理河道2.783公里，新建堤防8.732公里，改造堤防0.308公里，防洪标准50年一遇，通过项目的实施，大幅提升了区域内防洪能力，改善拉萨河水体流域环境，保障沿岸群众的生命财产安全。

与此同时，在城镇建设、住房保障等民生方面，我们也加大了项目建设力度，为加快推进易地扶贫搬迁，帮助群众脱贫致富发挥了十分重要的作用。这些项目的实施投入使用，体现了立党为公、执政为民及社会主义政治建设的本质要求，进一步妥善处理了各方面的利益关系，化解了社会矛盾，倾听群众呼声，了解了群众愿望，关心群众疾苦，解决好涉及人民群众切身利益。

维稳综治工作概述

2016年，在区市党委、政府的坚强领导下，全市政法机关深入贯彻落实习近平总书记系列重要讲话精神特别是“治边稳藏”重要战略思想，忠诚履行维护社会大局稳定、促进社会公平正义、保障人民安居乐业的职责使命，坚决确保全市社会局势持续稳定。在2016年中国最安全城市排行榜中，拉萨位列内地城市第一。严密防范和依法打击各类分裂渗透破坏活动，狠抓案件侦查和重点管控，破获一批企图在我市实施自焚的案事件和危安案件，成功预警预防多起涉稳事件，打掉一批地下非法组织，确保全市无一起自焚事件，无一起暴恐活动，无一人出境参加达赖集团“法会”，有力维护国家安全。公安机关以社会面发案下降、治安秩序明显好转、人民群众安全感普遍增强为目标，大力加强案件侦破，破案率上升14%；检察机关加大职务犯罪侦办力度，有力推动反腐败工作，先后荣获“全国先进基层检察院”等殊荣；法院系统结案率94.15%，在全国首府城市法院中排名第一，特别是执结案件数量和标的额再创新高，先后荣获“全国法院先进集体”等荣誉称号；司法行政部门有效将人民调解、安置帮教和普法宣传网络延伸到最基层，2016年度，司法部授予拉萨市“全国法制宣传教育先进城市”荣誉称号。深化矛盾纠纷排查化解，全部按照“五个一”的要求，落实领导包案、专人负责、限期解决，实现信访案件“零搁置”。进一步深化“网格化”“双联户”工作，社会治理合力有效形成。2016年全区综治工作考评验收中，拉萨市再次荣登榜首，“双联户”工作继续名列前茅。深入开展“两学一做”学习教育，确保全市政法干警始终在思想上政治上行动上同以习近平同志为核心的党中央保持高度一致，不折不扣落实区市党委各项决策部署；强化政法队伍职业能力建设，全市政法队伍的专业化、职业化、正规化水平不断提升；司法体制改革试点工作有序推进，法官、检察官遴选工作进展顺利。结合拉萨政法维稳综治工作阶段性特点，不断健全完善政法维稳综治工作长效机制，有力推动各项工作更加规范开展；全面落实第二次全面推进“依法治藏”方略座谈会精神，不断加强与四省藏区11个藏族自治州、县的沟通联系，巩固和发展藏区维稳工作协作良好局面。

（周　杰）

拉萨概况

自然人文概况

【自然地理】 拉萨地处西藏中部稍偏东南，位于雅鲁藏布江支流拉萨河北岸，地势总体由东向西倾斜。平均海拔3650多米，是世界上海拔最高的城市之一。

【拉萨气候】 拉萨气候属高原温带半干旱季风气候。气候特点为：辐射强，日照时间长，年日照时数在3000小时以上，有“日光城”之称；干湿季明显，冬春降雨少，天气干燥多大风；雨季降水集中，年降水量为200—510毫米，主要集中在6—9月，多夜雨；年无霜期100—120天；平均气温低，日温差大，6月平均气温为15.7℃，平均最高气温为22.9℃，是一年中温度最高的月份，1月平均气温为-2℃，平均最低气温-9.7℃，是一年中最低的月份，多年极端最高温度为29.6℃，极端最低气温-16.5℃，分别出现在6月和1月，夏秋季无高温，是夏季的避暑胜地。

【历史文化】 拉萨作为西藏自治区首府，是一座具有1300年历史的古城。拉萨古称“惹萨”，藏语“山羊”称“惹”，“土”称“萨”，相传公元7世纪唐朝文成公主嫁到吐蕃时，这里还是一片荒草沙滩，后为建造大昭寺和小昭寺用山羊背土填卧塘，寺庙建好后，传教僧人和前来朝佛的人增多，围绕大昭寺周围便先后建起了不少旅店和居民房屋，形成了以大昭寺为中心的旧城区雏形。同时松赞干布又在红山扩建宫室（今布达拉宫），于是，拉萨河谷平原上宫殿陆续兴建，显赫中外的高原名城从此形成。早在公元7世纪，松赞干布兼并邻近部落、统一西藏后，就从雅隆迁都逻些（今拉萨），建立吐蕃王朝。“惹萨”也逐渐变成了人们心中的“圣地”，成为当时西藏宗教、政治、经济、文化的中心，金碧辉煌、雄伟壮丽的布达拉宫，是至高无上政教合一政权的象征。1951年5月23日，西藏和平解放，拉萨城进入了新的时代。1960年，国务院正式批准拉萨为地级市。1982年又将其定为国家首批公布的24座历史文化名城之一。拉萨在漫长的历史进程中，经历了文明的洗礼和文化的鼎盛与延续，积累和沉淀了丰厚的文明成果和文化遗产，素以风光秀丽、历史悠久、文化灿烂、风俗民情独特、名胜古迹众多、宗教色彩浓厚而闻名于世。

【行政区划】 拉萨作为西藏自治区首府，是历史文化“名城”、藏区稳定“要城”、雪域高原“净城”、改革开放“新城”，也是国家历史文化名城、中国优秀旅游城市、全国文明城市、国家园林城市、全国双拥模范城市、国家环境保护模范城市、国家卫生城市。拉萨现辖城关区、堆龙德庆、曲水、尼木、当雄、达孜、墨竹工卡、林周七县一区，有65个乡（镇、街道）、267个村（居、社区），东西跨距277公里，南北跨距202公里，总面积3万平方公里。全市常住人口83万人，有藏、汉、回等38个民族，其中藏族及其他少数民族人口占90%以上。

【自然资源】 土地资源。拉萨市现有耕地58万亩，还有宜农土地101.78万亩、宜牧土地3109.69万亩、宜林土地252.9万亩。

能源。境内江河年均流量340亿立方米，湖泊储水200亿立方米，地下水丰厚，念青唐古拉主峰及附近约578平方公里的冰川和永久积雪带储存大量固体水。人均水量和每亩地占水量均高于全国水平。全市河流（不含雅鲁藏布江过境段）水能资源理论蕴藏量254.78万千瓦，地热田年热流量发电潜力15万千瓦，地热地区天然热流量发电潜力26.8万千瓦，年太阳总辐射值达202千卡/平方厘米。

农作物资源。粮食作物以青稞为主，次为小麦、豌豆、蚕豆、荞麦、玉米；经济作物主要有油菜，兼有少量的大麻；蔬菜作物中马铃薯、大蒜、藏葱、藏萝卜、曼青等种植历史悠久，大白菜、小白菜、萝卜、甘蓝、芹菜、菠菜、空心菜、花菜、韭菜、莴笋、胡萝卜等在城镇郊区也广泛种植；随着高效日光温室、塑料大棚、地膜覆盖栽培技术的应用，西红柿、辣椒、黄瓜、南瓜、葫芦、扁豆、茄子、西瓜、油桃、草莓等蔬菜水果品种达90余种。

树种资源。拉萨共有木本植物（含变种）105种，其中乔木41种、隶属20个科。树种主要有高山松、乔松、西藏云杉、大果圆柏、侧柏、藏川杨、清溪杨、缘毛杨、银白杨、北京杨、新疆杨、小香杨、箭杆杨、山杨、优胜杨、钻天杨、加杨、长蕊杨、红柳、左旋柳、唐定柳、龙爪柳、垂柳、自榆、国槐、刺槐、复叶椿、臭椿、自腊、泡桐。干果油料树种有核桃和文冠果，果树有苹果、桃、李、梨、杏，可用造林的灌木有紫穗槐、沙生槐、沙棘、水柏胶、小叶杞子等。

动物资源。家畜主要有牦牛、黄牛、犏牛、马、骡、驴、绵羊、山羊和猪等。先后从区外引进28个家畜优良品种，包括黄牛有西门达尔、北京黑白花、滨州牛、三河牛、瘤牛，绵羊有新疆细毛羊、高加索细毛羊、茨盖羊和罗姆尼羊，山羊有陕西奶山羊、中卫山羊、绒山羊，猪有荣昌猪、内江猪、长白猪等。家禽主要有鸡、鸭、鹅等。野生动物主要有野牦牛、野驴、黄羊、藏羚羊、野马、鹿、黑颈鹤、天鹅、藏雪鸡等。

药材资源。主要有虫草、贝母、红景天、雪莲花、大黄、羌活、独活、高山党参、臭党参、藏沙参、黄花、刺参、麻黄、藏荆芥、曼陀罗、麝香、鹿茸、牛黄、牛鞭等。

矿产资源。现已发现50多种矿产、矿（化）点170多处，主要有铁、铜、铅、锡、铝、银、金、地热、煤、泥炭、刚玉、石膏、自然硫、高岭土、石灰石、火山石、重晶玉、汉白石、花岗石、大理石等。其中，刚玉、地热居全国第一位，自然硫居全国第三位，高岭土居全国第五位；探明铜铅锌储量43万多吨，勘探工作尚在深入进行。

【拉萨物产】 拉萨北部当雄全县和尼木、堆龙德庆、林周、墨竹工卡部分区乡属藏北草原南沿，水草丰美，牧业兴旺，盛产牛羊肉类、酥油和牛绒、羊毛；中部是著名的拉萨河谷，南部属雅鲁藏布江中游，为西藏较好的农业区之一，盛产青稞、小麦、油菜籽和豆类，“拉萨一号”蚕豆更是饮誉中外的良种。拉萨周围具有经济价值和医疗作用的地热温泉遍地，堆龙德庆县的曲桑温泉、墨竹工卡县的德中温泉享誉整个藏区。

【旅游资源】 拉萨名胜古迹众多，景点星罗棋布。有气势恢宏的地质景观、磅礴玉洁的雪峰冰川、美丽恬静的草原风光、波光万顷的高原湖泊、气象万千的地热云雾和郁郁湿润的湿地林卡，全市有大小寺庙200余座，仅市区内已被列为重点保护的文物古迹就有40多处；有风雨千秋的历史胜迹，有美妙绝伦的壁画、唐卡、造像和塑像艺术，有几十万件库存文物；有独具神韵的民族歌舞、服饰和异彩纷呈的民俗风情。布达拉宫及以大昭寺为中心方圆1.3平方公里的古建筑群，被联合国教科文组织列入“世界文化遗产名录”，受到全人类的尊重和保护。以布达拉宫和八角街为中心的拉萨新城，北至色拉寺，西至堆龙德庆县。纵目眺望拉萨城，邮电大楼、新闻大楼、拉萨饭店、西藏宾馆及各色建筑物星罗棋布，互为参错，连连绵绵，一片新辉。站在布达拉宫顶上俯瞰拉萨全城，整个拉萨市区到处是一片片掩映在绿树中的新式楼房，唯八角街一带飘扬着经幡，荡漾着桑烟。在这里，密布着颇具民族风格的房屋和街道，聚集着来自藏区各地的人们，他们中许多人仍然穿着本民族的传统服装，那仿佛从不离手的转经筒和念珠显然表明佛教实际上已成为一种生活方式。

（朱文俊）

经济社会概况

【主要经济指标】 2016年，全市完成地区生产总值422亿元，比上年增长12%；全社会固定资产投资636亿元，增长18%；社会消费品零售总额233亿元，增长13%；全市财政收入107.53亿元，增长18.5%，其中公共财政预算收入70.79亿元，增长13.4%；城镇居民人均可支配收入29968元，增长11.4%；农村居民人均可支配收入12038元，增长16%；居民消费品价格涨幅控制在2.6%以内；城镇登记失业率控制在2.2%以内。

【基础设施】 强化投资拉动。落实中央、自治区投资超过100亿元，争取北京、江苏援藏投资5.71亿元，纳金水厂等6个项目获得国家专项建设基金支持，落实资金6.12亿元。环城路、污水处理厂二期、拉萨高新区市政配套等基础设施项目建成投用，教育城二期、柳东大桥等重大项目加快建设，林周隧道、拉萨新机场、东环路、滨河路等项目前期工作有序推进。

工业发展态势良好。实现工业企业增加值55.43亿元。同比增长27%。其中，五大功能区实现工业总产值44.05亿元，工业销售产值42.35亿元，工业税收5.65亿元，分别增长16.6%、15.3%和25.6%。

特色产业发展壮大。净土健康产业提质增效，设立首个“净土健康产业院士工作站”，北京、南京等6个产品交流中心建成投用。“拉萨净土”区域公用品牌17类商标成功注册，形成藏鸡标准139项，藏香标准37项。全市天然饮用水产能达373万吨，产量55.7万吨，销售45.9万吨，实现产值11.6亿元；全市奶牛存栏8.5万头，藏鸡存栏43.1万只，人工饲草种植面积14.13万亩。2016年全市净土健康产业总产值达100亿元。

文化旅游业发展强劲。拉萨市成功入选首批国家全域旅游示范区创建单位。全年接待旅游人数1366.63万人次、增长15.91%，实现旅游收入186.49亿元、增长20.37%。

【重点领域改革】 深化“放管服”改革。完成涉改13家部门“三定”工作。编制形成市级权责清单事项3984项。取消行政审批事项42项，承接自治区下放行政审批事项5项，向县（区）下放行政审批事项3项。开展“五证合一、一照一码”和“两证整合”工作，新增市场主体17252户。政务标准化试点工作顺利通过国家标准委验收，三级政务服务体系建设有序推进，乡镇（街道）政务服务中心挂牌，运行率达87.9%。

深化重点领域改革。深化农村产权制度改革，完成全市4.35万户、62.9万亩农村土地确权登记颁证工作，发放农村宅基地使用权证40804宗（户）。开展农村“两权”抵押贷款试点工作。深化国资国企改革，整合国有资产，加强国资监管，国有企业资产总额达到556.8亿元，2016年实现营业收入30.4亿元、上缴税金4.3亿元，同比分别增长44.8%、34.4%。深化道路运输体制改革，旅游客运行业治理和市际班线客运改革顺利推进，23家违规挂靠的旅游、班线客运企业被依法清出市场，道路运输实现规范化经营。

全面加强交流合作。加强招商引资，成功举办雪顿节招商引资项目推介会暨集中签约仪式，组织参加“藏博会”“京交会”“昆交会”等区内外大型博览会，在北京、江苏等地举办招商引资项目推介会、特色产品展销会。全年招商引资项目达到326个，实际到位资金268.5亿元，同比增长10%。大力促进对外贸易，完成进出口贸易总额41.2亿元。

开展“两创”示范工作。拉萨市成功入围全国第二批小微企业创业创新基地城市示范名录，获得3年示范期奖励资金9亿元。出台“双创”支持政策92项，减免税收1.13亿元。建成全区首个众创空间、大学生创业孵化园、科技服务超市。加大科技创新投入，全年科技专项投入3546万元，知识产权授权量178件，拥有高新技术企业17家，自治区级科技型中小企业37家。科技对经济增长的贡献率达到43.6%，对农牧业发展的贡献率达到49.6%。

【优化生态环境】 持续改善生态环境。实施“树上山”工程，完成植树造林13.37万亩、封山育林3.72万亩。完成退耕还林和防沙治沙任务2282.7亩、92505亩，在全区实现半干旱区域山体整体造林新突破。实施“河变湖”工程，持续推进拉萨河流域系统治理，2#、3#闸建成蓄水，形成湖面近200公顷，城市空气湿度增加8%，创造高原河流治理的典范。建成南山鹏矗生态园，着力打造城市宜居生态环境，荣获“中国循环经济十佳绿色发展城市”称号，拉萨河跻身国家级水利风景区。

加强城市综合环境治理。依法淘汰燃煤锅炉64台、黄标车916辆、老旧车辆596辆，垃圾焚烧发电厂一期试点火，城市垃圾无害化处理率达到97.5%。推广使用清洁能源和新能源，投放新能源汽车192辆。全市空气质量持续优良，排名全国内陆城市前列。严格落实“土十条”，积极开展土壤环境监测，扎实推进土壤生态治理和修复，确保土壤资源永续利用。巩固“禁白”成果取得新成效。

城乡发展环境不断改善。投资1800万元，解决2228户、9007人饮水安全问题。村村通电“金太阳”示范工程顺利完成，行政村通电率达到100%。新建、改建农村公路567.5公里，农村公路通车总里程达到3148.3公里，通达、通畅率均居全区第一位。

【保障民生】 脱贫攻坚扎实有力。建设搬迁安置点19个，开工2113套，已竣工的2083套，并全部完成入住。投入14.62亿元，开工建设产业项目63个，带动6780名建档立卡贫困群众实现脱贫。落实“三包”及助学金3亿余元，兑现生态补偿岗位资金6760.86万元，发放农牧区最低生活保障、“五保”供养、医疗救助等各类社会保障补助资金1.23亿元，不断完善综合保障和政策兜底。2016年，全市35520人脱贫，占全市总任务的80.4%。

民生事业持续改善。新增就业16251人，农牧区劳动力转移就业17.9万人次，城镇零就业家庭保持动态清零，困难家庭高校毕业生就业率100%；投入6.4亿元，新建幼儿园41所、改扩建中小学31所，教育“组团式”援藏新格局基本形成，全市高考上线率达到88.08%，比2015年提高13%。入选全国首批健康城市试点市，制定出台《健康拉萨建设指导意见》。医疗人才组团式援藏成效良好，投资14亿元的拉萨中心医院破土动工。新（续）建保障性住房9802套，社保参保人数达48万人，城镇、农村最低生活保障标准分别达到月人均704元和年人均2650元。生活必需品市场供应充足，投放平价新鲜肉近300吨、酥油近100吨，有效平抑了物价。

基层基础不断夯实。深入开展“强党、固基、扶村”工作，选派1378名优秀乡镇机关干部下沉到村（居），构建村（居）“两委一中心”服务体系，实现乡镇服务前置，管理重心下移。全面实施“三个全覆盖”，全市273个村（居）中，有64个活动场所已建成，全部达标并投入使用，其余已全部完成规划设计，实现全市所有村（居）集体经济全覆盖。

【社会治理】 筑牢维稳防线。维护宪法和法律权威，始终高举法律旗帜，严厉打击十四世达赖集团各种渗透干扰破坏活动，圆满完成雪顿节、藏博会、区市第九次党代会等重大活动、重要节点维稳安保任务，切实维护国家安全和政治稳定。牵头召开第二次全面推进“依法治藏”方略座谈会，深化区域维稳协作联动体系。

创新社会治理。建成投用信息化实名加油登记系统，实现全市重点道路区间测速全覆盖，社会治安防控立体化、信息化水平不断提升。全面实施网格化管理和“先进双联户”创建活动。加强民族团结，深入开展民族团结进步“七进”活动，搭建各民族交往交流交融平台，荣获“全国民族团结进步创建活动示范市”称号。加强和创新寺庙管理，完善寺庙基本公共服务，依法加强宗教活动管理，引导宗教与社会主义社会相适应。妥善化解矛盾纠纷，受理并化解群众来信来访1137件2649人次，化解历史遗留“骨头案”“钉子案”130件，实现信访事项两个月“零搁置”。

强化安全生产。开展安全生产大检查大排查大整治专项行动，对道路交通、非煤矿山、危险化学品、食品药品等13个重点领域开展拉网式排查治理，消除安全隐患15000余处，实现全年重大安全事故“零发生”，较大安全事故减少50%。

【党政工作】 2016年，办理人大代表建议议案259件，政协提案329件。向市人大常委会提请审议法规草案1件，颁布政府规章1件、规范性文件3件，全部实行合法性审查前置程序。坚持廉洁从政，严格落实党风廉政建设责任制，查处违反中央“八项规定”精神和“四风”问题15起22人，给予党纪政纪处分7人，组织处理15人，坚决防止“四风”现象反弹。坚持政务公开，市县两级预决算全部向社会公开，重大事项及时向社会发布。

（朱文俊）

1月

1月4日 全市党风廉政建设责任制检查考核工作部署会议召开，安排责任制考核组分组情况及各组检查考核范围。市委副书记马新明出席并讲话，要求检查考核组要正确把握检查考核标准，客观公正地评价班子和干部。市领导袁训旺、周普国、占堆出席。

同日 拉萨市与阿里地区签订旅游战略合作协议，联合打造旅游精品路线，促进两地市旅游经济快速发展。

1月5日 市委副书记、北京援藏指挥部总指挥马新明检查拉萨市群众文化体育中心管理使用情况和2015年北京援建项目建设和管理运营情况。市委常委、常务副市长、北京援藏指挥部副指挥洪家志陪同检查。

同日 全市农村和社会组织基层党建工作座谈会召开，传达全区农村基层党建工作座谈会和社会组织党的建设工作座谈会精神，堆龙德庆等4个县（区）和西藏传统手工艺技能培训学校代表作交流发言。市委常委、组织部部长陈军出席并讲话。

拉萨河河变湖综合整治3#闸项目

1月6日 区党委常委、市委书记齐扎拉主持召开八届市委第116次常委会，传达学习《中国共产党地方委员会工作条例》精神，听取拉萨市环路项目工作进展情况汇报及拉萨市道路运输体制改革工作进展情况汇报，研究并原则同意市委、市政府《关于深入推进精准扶贫精准脱贫工作的决定（讨论稿）》及《拉萨市“十三五”易地扶贫搬迁实施方案（2016—2018）》。拉萨市领导张延清、马新明、达娃、斯朗尼玛、袁训旺、周普国、次仁旺堆、陈军、洪家志、果果出席会议。

1月7日 自治区党委副书记、自治区主席洛桑江村到墨竹工卡县看望慰问结对户、寺庙僧人、驻村驻寺干部、困难群众和基层干部群众，考察墨竹工卡县经济社会发展情况，特别是脱贫攻坚工作。

1月8日 全市非公经济代表人士座谈会召开，通报全市第一、二次非公经济发展大会精神贯彻落实情况，听取市县非公企业代表对全市非公经济发展的意见和建议。市委副书记、市人大常委会党组书记、统战部部长达娃主持并讲话。

1月9日 2016年全市安全生产工作会议召开，贯彻落实全国和全区安全生产电视电话会议精神，传达中央主要领导关于加强安全生产工作的重要指示及齐扎拉关于进一步做好安全生产工作指示精神，通报2015年全市安全生产形势，安排部署2016年重点工作。市委副书记、市长张延清出席并讲话，要求2016年安全生产形势要持续稳定好转，确保重大安全事故“零发生”。

1月10日 区党委常委、市委书记齐扎拉主持召开专题会议，听取拉萨非物质文化遗产博览园规划情况汇报，研究部署有关工作。市领导张延清、马新明、胡洪、袁训旺、占堆、吴亚松参加。

1月14日 市委印发《关于成立中国共产党堆龙德庆区委员会的通知》。根据《国务院关于同意西藏自治区调整拉萨市部分行政区划的批复》和自治区党委组织部《关于同意成立中共堆龙德庆区委员会的批复》精神，决定成立中国共产党堆龙德庆区委员会。同时，撤销中国共产党堆龙德庆县委员会。

1月15日 全市扶贫开发工作会议召开，贯彻落实中央扶贫开发工作会议精神，通报“十二五”期间全市扶贫工作开展情况，安排部署全市“十三五”期间精准扶贫工作。

同日 市委副书记、市长张延清主持召开市政府第34次常务会议，研究并原则通过《2016年政府工作报告》《2016年经济发展主要指标体系》《拉萨市“十三五”时期国民经济和社会发展规划纲要》《关于鼓励引导企业发展净土健康产业的意见》。各副市长出席会议。

1月16日 全市国资国企改革发展座谈会召开，总结2015年全市国资国企改革与发展工作，安排部署下一步工作。区党委常委、市委书记齐扎拉出席并就切实做好全市国资国企改革发展工作作出要求。

1月18日 自治区党委常务副书记吴英杰实地调研拉萨环城路工程规划建设情况，听取拉萨环城路南段、北段工程规划设计、建设进展情况汇报。区党委常委、市委书记齐扎拉陪同。

1月19日 自治区党委常委、常务副主席丁业现到拉萨至泽当快速通道建设工程止点，就工程当期工作开展情况进行实地调研。

同日 全市2015年党风廉政建设责任制落实情况检查考核第一组召开被检查考核单位“第一责任人”集体谈话会。区党委常委、市委书记齐扎拉出席并讲话，要求各级党委（党组）要以检查考核为契机，推动党风廉政建设主体责任落实。市领导达娃、彭祎涛出席。

1月20日 全市经济工作会议召开，通报2015年经济工作开展情况，安排部署2016年经济发展任务和指标。区党委常委、市委书记齐扎拉主持并讲话。拉萨市领导张延清、达娃、肖光富、斯朗尼玛、袁训旺、占堆、严应骏出席。

1月22—23日 拉萨市委八届八次全委会召开，会议明确2016年全市工作的总体要求。19名市委委员、2名候补委员，市纪委委员及党的十八大代表、拉萨市十二届全国人大代表和区党委候补委员中的部分基层干部列席会议。

1月22日 墨竹工卡县党风廉政建设和预防职务犯罪警示教育基地揭牌。

1月25日 自治区党委常委、纪委书记王拥军到拉萨市堆龙德庆县调研基层党风廉政建设情况，听取县委工作汇报，考察县国土局廉政风险防控机制建设情况。市委常委、纪委书记彭祎涛陪同。

同日 区党委常委、市委书记齐扎拉到达孜工业园区调研西藏春光食品有限公司、西藏宏发盛桃食品股份有限公司生产运行情况，调研达孜县旅游开发工作。市委常委、秘书长袁训旺陪同。

同日 全市维稳工作电视电话会议召开，市委副书记、市长、市委政法委书记张延清出席并讲话，强调全市各级各部门、各方面维稳力量务必要高度重视，以坚决的态度、果敢的措施、细致的工作做好自治区“两会”、春节藏历期间安全维稳各项工作。市领导次仁旺堆出席会议。

1月25日 中共堆龙德庆区第一次代表大会召开，会议通报了《国务院关于同意西藏自治区调整拉萨市部分行政区划的批复》《中共拉萨市委员会关于成立中国共产党堆龙德庆区委员会的通知》《中国共产党堆龙德庆区第一届委员会、纪律检查委员会领导班子成员名单》《中共拉萨市委员会关于〈中共堆龙德庆县委员会关于召开中国共产党拉萨市堆龙德庆区第一次代表大会有关问题的请示〉的批复》，县委书记陈献森代表第一届区委向大会作《站在新起点开启新征程实现新跨越为建设小康和谐美丽幸福的新堆龙而努力奋斗》的工作报告。

1月27日 自治区人大代表、自治区党委副书记、区人大常委会主任白玛赤林参加自治区十届人大四次会议拉萨代表团分组审议，与拉萨代表团共同审议政府工作报告、“十三五”规划纲要草案和计划草案报告、财政预算草案报告，听取代表们的发言。自治区人大代表、区党委常委、市委书记齐扎拉主持拉萨代表团审议并发言。市领导张延清、陈军、彭祎涛出席。

2 月

2月4日 拉萨市委、人大、政府、政协和拉萨警备区举行2016年春节、藏历新年团拜会。区党委常委、市委书记齐扎拉出席并致辞，市领导达娃、陈军，斯朗尼玛、袁训旺、彭祎涛，市政协主席诸伟敏，拉萨警备区司令员韩志安出席。

同日 区党委常委、市委书记齐扎拉到色拉寺检查“色拉崩坚”宗教活动安保工作，就扎实做好“色拉崩坚”宗教活动期间维稳安保服务工作提出明确要求。

同日 全市维稳工作电视电话会议召开，传达自治区维稳视频会议精神，传达区党委常委、市委书记齐扎拉全力做好“色拉崩坚”宗教活动以及春节、藏历新年期间各项维稳安保工作的指示精神，安排部署近期全市维稳工作。市委副书记、市长张延清出席并讲话。

同日 拉萨市堆龙德庆区成立暨揭牌仪式举行，标志着拉萨市堆龙德庆区正式成立。市委副书记、组织部部长陈军与堆龙德庆区委书记陈献森为中共拉萨市堆龙德庆区委员会、中共拉萨市堆龙德庆区纪律检查委员会揭幕。

2月5日 拉萨市环城路（西段）项目举行开工仪式。区党委常委、市委书记齐扎拉宣布项目正式开工并为工程奠基培土。市领导张延清、斯朗尼玛、袁训旺出席。

2月14日 区党委常委、市委书记齐扎拉代表区市党委、政府到拉萨环城路（南段）项目施工点、城关区两岛街道甲玛林卡社区、拉萨市公交运营公司柳梧分公司看望慰问节日期间坚守岗位的工作人员，并考察拉萨环城路（南段）项目建设进展情况和社区社会综合治理工作开展情况。市领导斯朗尼玛陪同。

2月19日 驻藏部队举行第二届“荣誉战士”颁奖典礼暨春节联欢晚会。区党委常委、市委书记齐扎拉，西藏军区副政委刘旭，市委常委、秘书长袁训旺等军地领导出席，并为8名“荣誉战士”颁奖。

2月22日 自治区党委常委、常务副主席丁业现到拉萨市环城路西绕城隧道施工现场实地调研工程建设进展情况，并听取工程规划设计、建设进展情况汇报。

2月23日 八届拉萨市纪委第七次全体会议召开，传达贯彻十八届中纪委六次全会精神，贯彻落实八届自治区纪委七次全会精神，听取市纪委常委会关于《从严管党治党监督执纪问责持续深入推进党风廉政建设和反腐败斗争》的工作报告，安排部署2016年全市纪检监察工作。区党委常委、市委书记齐扎拉出席并讲话。拉萨市领导张延清、达娃、陈军、斯朗尼玛、袁训旺、果果、占堆、彭祎涛、马军出席。

同日 区党委常委、市委书记齐扎拉主持召开拉萨市各县（区）、市直各单位党委（党组）书记向纪委全会述责述廉并接受评议质询大会。自治区纪委党风政风监督室主任党万军出席会议，市领导张延清、达娃、陈军、斯朗尼玛、袁训旺、果果、占堆、彭祎涛、马军出席。

2月24日 自治区党委常务副书记吴英杰前往拉萨河综合整治工程二号闸、四号闸建设工地，调研工程建设进展情况，听取规划设计汇报。区党委常委、市委书记齐扎拉陪同。

同日 自治区党委常委、常务副主席丁业现到拉萨市城关区易地搬迁安置点、智昭净土健康产业园区，调研安置点建设情况、搬迁群众生产生活情况及园区产业发展、基础设施建设、脱贫帮扶等工作开展情况。

2月24—27日 政协第十届拉萨市委员会第五次会议在市政协礼堂召开，审议通过《政协第十届拉萨市委员会常务委员会工作报告》《政协第十届拉萨市委员会常务委员会关于政协十届四次会议以来提案工作情况报告》。区党委常委、市委书记齐扎拉出席会议，区政协副主席金世洵出席会议，市领导张延清、达娃、陈军、斯朗尼玛、袁训旺、果果、占堆、彭祎涛、严应骏、马军，市政协主席诸伟敏及各副主席出席会议。

2月25—28日 拉萨市第十届人民代表大会第六次会议在市政府会议中心召开，会议表决通过了关于市政府工作报告的决议、关于拉萨市“十三五”时期国民经济和社会发展规划纲要的决议、关于拉萨市2015年国民经济和社会发展计划执行情况与2016年国民经济和社会发展计划的决议、关于拉萨市2015年财政预算执行情况与2016年财政预算的决议、关于拉萨市人民代表大会常务委员会工作报告的决议、关于拉萨市中级人民法院和人民检察院工作报告的决议。区党委常委、市委书记齐扎拉出席会议，区人大常委会副主任赵正修出席会议，市人大常委会主任洛桑旦巴主持会议，市领导张延清、陈军、肖光富、斯朗尼玛、袁训旺、果果、占堆、彭祎涛、严应骏、马军出席。

2月28—29日 区党委常委、市委书记齐扎拉主持召开市委“三严三实”和“忠诚干净担当”专题教育第十二次集中学习研讨会。传达学习习近平总书记在十八届中央纪委六次全会上的重要讲话及习近平总书记在省部级主要领导干部学习贯彻中共十八届五中全会精神专题研讨班上的重要讲话。市领导张延清、达娃、陈军、斯朗尼玛、袁训旺、果果、占堆、彭祎涛、马军出席。

2月29日 平安拉萨建设暨2016年度社会治安综合治理工作会议召开，总结“十二”期间全市综治工作，安排部署2016年全市社会治安综合治理工作，表彰2015年度综治工作先进县（区）、先进集体和先进个人，对第六批市级“平安单位”授牌，与县（区）、驻市单位代表签订2016年度工作目标责任书。区党委常委、市委书记齐扎拉出席并对全市综治工作提出要求。市领导张延清、陈军、斯朗尼玛、袁训旺、占堆、彭祎涛、严应骏、马军出席会议。

同日 市委印发《关于开展“强党、固基、扶村”工作的决定》。该决定针对全市农牧区基层社会治理面临的新情况新问题，就在全市范围内开展“强党、固基、扶村”工作的重要意义、目标要求、机构设置作出安排部署。

3　月

3月4日 全市维稳工作电视电话会议召开，传达贯彻区党委政法会议精神和自治区主要领导讲话精神，安排部署“三月份维稳月”、全国“两会”期间全市维稳安保工作。市委副书记、市长张延清出席并讲话。市领导达娃、马军出席。

同日 全市信访工作电视电话会议召开，贯彻全国和全区信访局长会议精神，总结2015年信访工作，安排部署2016年信访工作，表彰先进。市委副书记、市长、信访联席会议第一召集人张延清出席并与各县（区）、市直各单门签订2016年信访工作目标责任书。市领导袁训旺出席会议。

3月7日 区党委常委、市委书记齐扎拉与巴吾活佛、夏仲活佛、努巴活佛等藏传佛教活佛和各寺庙高僧大德代表座谈，向宗教界代表人士介绍全市“十二五”时期各项事业取得的成绩和“十三五”时期规划蓝图。市委副书记、市人大常委会党组书记、统战部部长达娃主持座谈会。

同日　全市财政工作会议召开，传达全国、全区财政工作会议精神和市两会精神，总结“十二五”时期财政工作，安排部署2016年重点工作。市委副书记、市长张延清出席并就扎实推进“十三五”时期财政工作提出要求。市领导胡洪出席。

同日　全市组织部长会议召开，传达全国、全区组织部长会议精神，总结2015年组织编制老干部工作，安排部署2016年各项工作，表彰全市优秀正县级领导干部。市委副书记、组织部部长陈军出席并讲话，明确2016年党建工作的重点任务是安排好“两学一做”学习教育。

同日　全市市县乡领导班子换届工作座谈会召开，传达全国、全区市县乡领导班子换届工作会议精神，研究拉萨市县乡领导班子换届工作。市委副书记、组织部部长陈军出席并讲话，要求各级党委要切实落实换届工作主体责任，确保换届各项工作圆满完成。

3月8日　自治区党委副书记、常务副主席、政法委书记邓小刚前往拉萨市公安局特警支队女子大队、交警支队女子大队、城关区阿坝林卡社区，看望慰问政法女干警和妇女干部群众，向她们并通过她们向全区各族各界妇女致以节日的祝贺。

同日　市委2016年度议军会议召开，听取国防后备力量建设工作报告、党管武装履行职责情况汇报，审议议军会提案，城关区和墨竹工卡县就本县党管武装工作进行述职。自治区党委常委、市委书记、拉萨警备区党委第一书记齐扎拉主持并讲话。市领导马新明、胡洪、肖光富、斯朗尼玛、袁训旺、洪家志、果果、严应骏及市政协主席诸伟敏、拉萨警备区司令员韩志宏出席。

3月9日　区党委常委、市委书记齐扎拉主持召开专题会，研究拉萨河迎亲大桥周边夜景亮化设计方案和嘎玛贡桑城市规划设计方案，并实地检查指导嘎玛贡桑城市规划设计功能布局。市领导斯朗尼玛、果果出席。

同日　全市宣传部长会议召开，传达习近平总书记在党的新闻舆论工作座谈会上的重要讲话精神，贯彻全国、全区宣传部长会议和区市党委八届七次、八次会议精神，总结2015年全市宣传工作，安排部署2016年重点工作。市委副书记马新明出席并讲话。市委常委、宣传部部长占堆作工作部署。

3月10日　自治区党委常委、组织部部长曾万明到拉萨市人民医院调研医疗人才“组团式”援藏工作进展情况，听取相关工作汇报。市领导龙志刚、马新明、陈军陪同。

3月11日　自治区党委副书记、常务副主席邓小刚前往柳梧新区和高新技术产业开发区，调研非公有制企业发展与高新区建设进展情况。区党委常委、市委书记齐扎拉陪同。

同日　2016年北京援藏项目启动会召开，听取市受援办，市委组织部，北京援藏指挥部规划部、项目部分别就2015年北京援藏固定资产投资类项目执行情况、智力援藏项目执行情况、交往交流交融活动开展情况以及2016年北京支援拉萨市项目安排情况工作汇报，市发改委、市财政局、市审计局等受援项目单位就2015年项目进展情况进行工作汇报。市委副书记、北京援藏指挥部总指挥马新明出席并讲话。

同日　全市发展改革工作会议召开，总结2015年全市发展改革工作，安排部署2016年工作，听取市发改委发展改革工作报告。市委副书记、常务副市长胡洪出席并就进一步做好全市发展改革工作提出要求。

3月12日　区党委常委、市委书记齐扎拉到曲水县调研易地扶贫搬迁工作和生态公益林建设情况。他指出，曲水县作为全市易地扶贫搬迁试点县，要以人为本，科学决策，打造全市易地扶贫搬迁样板。市领导胡洪、陈军、斯朗尼玛陪同。

3月13日　自治区党委副书记、常务副主席邓小刚到小昭寺，督导检查维稳安保措施落实情况，就加强和创新寺庙管理及各项利寺惠僧政策落实情况进行视察调研。区党委常委、市委书记齐扎拉陪同。

3月15日　区党委常委、市委书记齐扎拉主持召开市委统一战线工作领导小组第一次会议，传达学习全国统战部长、自治区党委统一战线工作领导小组第一次会议和全区统战民族宗教工作会议精神，听取全市2015年统战民族宗教工作总结和2016年工作要点汇报。市领导达娃出席会议。

同日　市委副书记、市长张延清到林周县东孜山检查“猴年转山”民俗活动维稳安保服务工作，了解服务区、群众临时安置点等各方情况。

同日　市委常务副书记、市深化农村改革工作领导小组组长龙志刚主持召开全市深化农村改革工作领导小组第一次全体会议，听取农村宅基地确权登记颁证进展情况，研究部署下一步工作。中国人民银行拉萨中心支行负责人、市领导周普国出席会议。

同日　全市小微企业创业创新基地城市示范申报工作会议召开，传达市长张延清关于小微企业创业创新基地城市示范申报工作的指示精神，部署申报工作任务分解安排，听取相关责任单位对任务分解安排提出的意见建议。市委副书记、常务副市长胡洪出席并讲话。市领导洪家志主持并就落实会议精神提出明确要求。

同日　市委常委、常务副市长斯朗尼玛到市林业绿化局调研指导工作并召开座谈会。安排2016年全市造林任务、近期植树造林工作开展情况，听取2016年林业重点项目，环城路沿线绿化、南山“树上山”工程、拉林高等级公路绿化、西藏雅鲁藏布江中游河谷黑颈鹤国家级自然保护区管理三期项目建设情况等工作汇报。

同日　市委政法工作会议召开，传达贯彻中共十八大，十八届三中、四中、五中全会精神和中央第六次西藏工作座谈会精神，贯彻中央政法工作会议和区党委政法工作会议精神，安排部署2016年重点工作。市委副书记、市长张延清出席并讲话。市领导马军主持会议。

同日　第十届拉萨市人民政府第七次全体（扩大）会议召开，贯彻落实市委八届七次、八次全委会，全市经济工作会议及全市“两会”精神，安排2016年重点工作。市委副书记、市长张延清出席并讲话。市领导胡洪、斯朗尼玛，各副市长出席。

同日　市委副书记、北京援藏指挥部总指挥马新明一行到尼木县考察“十二五”时期援藏项目建设运行情况，并听取部分工程建设情况汇报。市领导洪家志陪同。

同日　全市统战民族宗教工作会议召开，传达全国统战部部长、城市民族工作及全区统战民宗工作会议主要精神，安排部署2016年工作。市委副书记、统战部部长达娃出席会议并讲话。

3月20日　区党委常委、市委书记齐扎拉到拉萨市南山调研恰加山核心区水系景观工程项目建设，听取项目设计理念、规划等情况汇报。市领导张延清、龙志刚、马新明、斯朗尼玛、果果陪同。

同日　拉萨白定医院项目建设工程开工建设。区党委常委、市委书记齐扎拉宣布项目开工，并为工程培土奠基。市领导龙志刚、马新明、果果出席。

3月21日　2016年全市人力资源和社会保障工作会议召开，总结2015年工作，安排部署2016年工作。市委常委、常务副市长洪家志出席并讲话。

3月23日　拉萨市落实党风廉政建设责任制述职述责暨测评大会召开。区党委常委、市委书记齐扎拉主持并先后作中共拉萨市委常委班子和个人落实党风廉政建设主体责任的述职述责报告。自治区党委落实党风廉政建设责任制检查考核工作组第一组全体成员出席会议，市领导张延清、龙志刚、马新明、达娃、胡洪、陈军、斯朗尼玛、洪家志、果果、严应骏、马军出席。

同日　“组团式”教育人才援藏工作座谈会在拉萨市北京实验中学召开。市委副书记、北京援藏指挥部总指挥马新明出席并讲话。市委常委、常务副市长、北京援藏指挥部副总指挥部洪家志对相关工作作出具体要求。

同日　拉萨市被纳入首批国家全域旅游示范区创建规划。

3月24日　区党委常委、市委书记齐扎拉到山南地区，考察扎囊县桑耶镇聂果村至达孜县德庆镇新仓村公路选址工作。市领导陈军、斯朗尼玛，山南地区行署副专员格桑陪同考察。

同日　拉萨市在线学习平台开通仪式举行。市委副书记马新明出席。

同日　北京援藏指挥部召开2016年北京援藏干部全体会暨工作部署会。学习《中国共产党章程》摘选内容，总结“十二五”期间北京援藏各项工作，安排部署2016年工作及“十三五”规划落实。市委副书记、北京援藏指挥部总指挥马新明出席并讲话。市领导洪家志出席。

3月28日 拉萨举行“升国旗·唱国歌”仪式，纪念西藏百万农奴解放57周年。区党委常委、市委书记齐扎拉致辞。自治区党政军领导与拉萨市3000多名各族干部群众一同参加“升国旗·唱国歌”仪式。

同日 全市招商引资工作会议召开，总结2015年全市招商引资工作，安排部署2016年重点工作。市委副书记、常务副市长胡洪出席并讲话。

3月30日 区党委常委、市委书记齐扎拉会见北京碧水源科技股份有限公司执行总裁程发彬一行。双方就环境保护、水环境污染治理、水资源短缺、饮水安全等问题进行了交流，并达成框架性协议。市领导马新明、胡洪陪同。

同日 市委副书记、市长张延清考察拉萨市环线项目工程建设情况，并召开现场办公会，听取相关部门负责人就工程进度、征地拆迁等工作开展情况汇报，并就进一步推进项目有序开展提出要求。

同日 2016年市委党的建设（基层组织建设）工作领导小组第一次会议召开，围绕贯彻落实市委八届七次、八次全委会精神和全市组织部部长会议精神，对做好2016年全市基层党建工作和党的建设制度改革工作进行了安排部署。市委常委副书记、市委党的建设（基层组织建设）工作领导小组组长龙志刚主持并讲话。

同日 拉萨市医疗人才“组团式”援藏工作领导小组第一次会议暨市人民医院创三甲工作推进会召开，听取市人民医院创三甲工作进展情况汇报，研究实施方案和落实方案。市领导龙志刚、马新明、陈军出席并分别从加强人才队伍建设、强化责任落实、创新体制机制等方面对医疗人才“组团式”援藏工作和市人民医院创三甲工作提出具体要求。

4 月

4月1—2日 市委理论学习中心组“两学一做”（学党章、党规，学系列讲话；做合格党员）学习教育集中学习（扩大）会议召开。传达学习中共中央办公厅关于在全体党员中开展“两学一做”学习教育方案、毛泽东关于党委会的工作方法的著作、中共中央关于郭伯雄严重违纪违法案及其教训的通报。区党委常委、市委书记齐扎拉主持并讲话。市领导张延清、龙志刚、马新明、达娃、胡洪、陈军，肖光富、斯朗尼玛、洪家志、果果、严应骏出席。

4月4日 自治区党委常委、常务副主席丁业现到拉萨贡嘎机场调研机场运行、航站区改扩建情况。并主持召开座谈会，听取航站区规划概念性方案设计情况汇报。

同日 拉萨市人民政府与山南地区行署举行拉萨至山南泽当快速通道项目建设推进座谈会，贯彻落实自治区党委、政府的安排部署和区党委常委、市委书记齐扎拉，自治区党委常委、副主席、宣传部部长姜杰关于确保工程在5月30日开工建设的指示精神，就项目前期工作达成共识。拉萨市委副书记、市长张延清，山南地委副书记、行署专员普布顿珠出席座谈会。

同日 拉萨市赴林芝市开展公共文化服务体系示范区创建区域联运活动暨老年艺术团巡演活动。旨在开展区域间文化交流，活动为期5天。

4月7日 拉萨市委人才工作会议召开。区党委常委、市委书记齐扎拉就《加强新时期人才工作的意见（试行）》作简要说明，并强调拉萨要实现与全国同步全面建成小康社会，要把人才工作置于更加突出的位置，在人才制度创新、人才资源开发、人才结构调整、紧缺人才引进上实现新突破，切实做到因才而异、科学合理使用人才、努力实现全市人才工作新突破。市领导张延清、达娃、胡洪、陈军、斯朗尼玛、果果、彭祎涛、严应骏、马军出席。

4月8日 区党委常委、市委书记齐扎拉主持召开城乡规划建设委员会第十七次会议。传达国家住房城乡建设部副部长倪虹信函内容，听取全市中心城区范围内违法建设摸底调查工作情况汇报，研究并原则同意《拉萨市违法建设集中整治工作方案》及西藏堆龙德庆“香雄梅朵”生态旅游文化产业园规划、现代农业示范中心高效温室等项目建设事宜。区住建厅党组书记卓嘎及水利厅、林业厅、环保厅、国土资源厅负责人到会指导，市领导张延清、斯朗尼玛、果果出席。

4月9日 区党委常委、市委书记齐扎拉主持召开八届市委第122次常委会。传达学习习近平总书记重要批示精神，听取2016年第一季度信访工作开展情况汇报，研究并原则同意《拉鲁湿地国家级自然保护区管理体制改革推进方案》，决定将拉鲁湿地管理权限下放至城关区人民政府。市领导张延清、龙志刚、达娃、胡洪、陈军、斯朗尼玛、果果、彭祎涛、严应骏、马军出席。

4月11日 自治区党委常委、常务副主席丁业现调研拉萨市金融业发展情况，了解拉萨市金融业发展存在的困难和问题，研究制定拉萨市金融业发展的战略定位以及进一步推动拉萨市金融业发展的政策措施。

4月13日 国家开发银行西藏分行、中国农业发展银行西藏分行支持拉萨易地扶贫搬迁座谈会暨贷款合同签订仪式在拉萨举行。自治区党委常委、常务副主席丁业现出席仪式并讲话。此次签约，标志着金融助推西藏脱贫攻坚迈出坚实的一步。

同日 由市委组织部、市脱贫攻坚指挥部、市扶贫办、市委党校共同举办的拉萨市第一期精准扶贫专题培训班开班，为期8天，采取集中授课、现场教学、交流研讨等方式进行专业理论、扶贫政策、工作流程等知识培训。市委常务副书记龙志刚出席并讲话。

4月14日 全市农村工作会议召开。会议贯彻落实中央、自治区农村工作会议精神，传达齐扎拉书记关于全市“三农”工作的批示精神，总结“十二五”时期拉萨市“三农”工作，分析当前“三农”工作形势，安排部署2016年和“十三五”时期全市“三农”工作。市委常务副书记、市委农村工作领导小组组长龙志刚出席并讲话。市领导洪家志主持会议。

4月15日 全市学习贯彻落实自治区党委书记陈全国关于扶贫开发工作重要讲话精神大会召开。市委副书记、市长张延清出席并讲话，要求全市上下要深刻领会陈全国书记指示精神的丰富内涵，自觉把思想和行动统一到陈全国书记的重要讲话精神上来，加快推进精准脱贫各项工作。副市长计明南加主持大会。

同日 2016年拉萨市“春风行动”专场招聘会暨精准扶贫转移就业促进会在拉萨市第二中等职业技术学校举行。此次招聘会共为求职者提供7000多个用工岗位。市委常委、常务副市长洪家志出席启动仪式并讲话。

同日 全市扶贫农发工作会议召开。传达中央及自治区有关文件及会议精神，传达陈全国书记在墨竹工卡调研扶贫开发工作时的重要讲话精神，总结全市“十二五”时期扶贫农发工作，安排部署“十三五”时期和2016年全市扶贫农发工作。副市长次仁央宗出席并讲话。

4月16日 拉萨产业交流（亦庄）中心正式成立并揭牌，标志着拉萨产业交流中心体系中的首个示范项目全面启动。区党委常委、市委书记齐扎拉出席并讲话，为拉萨产业交流（亦庄）中心正式成立揭牌。北京经济技术开发区管委会副主任绳立成主持。北京市对口支援和经济合作工作领导小组办公室主任张立兵，北京经济技术投资开发总公司总经理白文，北京经济技术开发区工委副书记高言杰，拉萨市委副书记、常务副市长胡洪，市委副书记、组织部部长陈军，拉萨经开区管委会主任刘汝鹏出席。

同日 市政府召开2016年廉政工作电视电话会议。贯彻十八届中央纪委六次会议、国务院第四次廉政工作会议、自治区纪委八届七次全会、自治区政府第四次廉政工作会议和市纪委八届七次全会精神，总结2015年全市政府廉政工作，研究部署2016年各项工作任务。市委副书记、市长张延清出席主会场并讲话。市委常委、市纪委书记彭祎涛出席会议。

4月16日 市委副书记、市长张延清到南环线香嘎大桥、柳梧顺河大桥钢筋加工厂等地，考察拉萨环线项目建设工作开展情况，现场研究解决环线建设存在的问题。

4月16—17日 自治区政府和北京大学新结构经济学研究中心联合课题组一行赴拉萨市开展“政府、市场与西藏发展理念创新研究”课题调研，课题组一行先后到拉萨市各产业园区、各企业调研高新技术产业、新能源产业的运营情况和援藏项目建设、特色优势产业、人才队伍、企业生产等情况。副市长、柳梧新区党工委书记陈文强陪同。

4月18日 全市农牧业工作会议召开，总结

“十二五”时期农牧业工作，听取《落实发展新理念加快推进现代化认真谱写全市农牧业发展新篇章》的主题报告，对“十三五”时期“一稳两增三转四提升”和“三个全覆盖”任务目标进行部署，明确2016年全市农牧业指标。副市长次仁央宗出席并讲话。

4月19—24日 自治区人大代表、区党委常委、市委书记齐扎拉率全国人大西藏代表团一行到美国、墨西哥访问。28日，齐扎拉会见美国国会众议院少数党领袖佩洛西，并就中美关系、中国政府的西藏政策等问题交换了意见。

4月20日 2016年第一季度全区经济运行情况通报电视电话会议召开。市委副书记、市长张延清出席拉萨分会场会议并就贯彻落实会议精神提出具体要求。市领导洪家志出席分会场会议。

同日 市委全面深化改革领导小组办公室召开2016年第一次会议，学习自治区相关文件精神，研究讨论《市委全面深化改革领导小组2016年工作要点（讨论稿）》《拉萨市委党的建设制度改革专项小组2016年工作要点（讨论稿）》《拉萨经济技术开发区管委会机关公务用车制度改革实施方案》，研究部署近期全面深化改革工作。市委常务副书记龙志刚出席并讲话。市领导彭祎涛出席。

4月21日 曲水县委党校、拉萨市委党校曲水县分校正式揭牌，并举行第一期年轻干部培训班。

4月22日 全市公安机关严打专项整治阶段性工作总结会召开。通报近期以来全市严打专项整治工作开展情况，并对先进个人和先进集体进行了表彰。 市委常委、市委政法委第一副书记、市公安局党委书记马军出席并讲话。

同日 第47个世界地球日，由市委宣传部、市文明办主办的“关爱自然·热爱地球”主题是“节约集约利用资源倡导绿色简约生活”网络文明传播活动在拉萨师专举行。

4月25日 自治区新闻出版广电局联合拉萨市新闻出版局为拉萨市新建的40个社区书屋和65个网吧读书角正式挂牌，标志着拉萨城区实现免费阅读全覆盖。此次共投放各类出版物20万册（包括少儿类、文学类、科技类等），并在洛堆社区等条件较好的社区安装了15套恒生数字阅读接收设备，建立了卫星数字书屋。

同日 全市工业和信息化工作会议召开，传达全区工业和信息化工作会议精神，总结2015年工作，研究“十三五”工业和信息化工作思路和主要任务，部署2016年工作重点，拉萨经开区和墨竹工卡县政府作交流发言。

4月26日 全市水利工作会议召开，总结“十二五”期间水利工作，安排部署2016年重点工作。“十二五”期间，全市开展六县两（区）农村、学校及寺庙饮水安全项目，累计解决11.2万人饮水安全问题；新建了澎波、普松、琼普、桑珠林4个灌区，配套完善了曲水色达灌区工程，完成了洛普、其奴水库加固改造工程，加强了防洪抗旱减灾体系的监测和预警能力建设，建立了拉萨市防汛抗旱会商中心。实施达孜、曲水、尼木等县城防洪堤工程，新建和加固堤防约241公里，重点城镇和中小河流重点河段的防洪标准得到提高。

4月27日 北京市、江苏省三级医院对口帮扶拉萨市县级医院工作部署会议召开，传达自治区主要领导在《关于印发加强三级医院对口帮扶贫困县县级医院工作方案的通知》上的批示精神，市卫生局就相关工作作安排部署。副市长次仁央宗出席并讲话。

4月28日 市委副书记、市长张延清主持召开全市建设发展环境集中整治专题会，听取前一阶段建设发展环境集中整治工作开展情况汇报，安排部署下一阶段工作。

4月29日 全市维稳定工作视频会议召开，传达贯彻全区维稳工作电视电话会议精神，安排部署“五一”期间全市维护稳定各项工作。市委副书记、市长张延清出席并讲话。

同日 全市2016年政务服务工作会议召开，总结近年来全市政务服务工作成绩和存在的不足，安排部署2016年政务服务工作。市委常委、常务副市长洪家志出席并讲话，要求全市各相关部门要不断提升政务服务质量和水平，着力打造依法行政、规范运行、勤政廉洁、优服高效的服务平台。

同日 全区铁路护路联防工作业务会召开。其间，拉萨、日喀则、那曲和铁路沿线10个县（区）政法委（综治办）相关人员参观了堆龙德庆区古荣护路大队护路队规范化建设情况，听取堆龙德庆区关于专职护路队伍发展作用的经验介绍。

5 月

5月1日 自治区党委副书记、主席洛桑江村到拉萨市国税局西城分局办税服务大厅实地了解全区全面推进营改增试点工作推进情况。

同日 自治区党委常委、常务副主席丁业现到堆龙德庆区东嘎新区桑木村，调研拉萨市易地扶贫搬迁集中安置房建设项目进展情况，并召开座谈会，就深入贯彻落实中央、自治区关于脱贫攻坚的新部署、新要求进行再动员、再部署。强调，要加快项目建设，确保2016年年底实现2.5万搬迁群众全部入住。市委副书记、市长张延清陪同。

同日 墨竹工卡县唐卡作品赴南京参展。国家级非物质文化遗产直孔刺绣唐卡传承人米玛次仁、直孔堆绣唐卡传承人次拉卓玛、直孔藏香传承人贡觉伟色、市级非物质文化遗产直孔勉唐传承人多吉扎西、直孔金刚传承人丹增旺扎携作品参展。

同日 墨竹工卡县国家税务局开出第一张营改增发票。

5月4日 全市2016年“萨嘎达瓦”期间维稳防控工作动员部署电视电话会议召开，总结3月以来全市维稳工作，分析研判当前形势，安排部署“萨嘎达瓦”宗教活动期间全市维稳安保工作。市委副书记、市长张延清出席并讲话。市领导达娃、彭祎涛出席。

同日 “市级巾帼创业园区”挂牌仪式在曲水县聂当乡宗巴山巾帼民族手工艺合作社举行。创业园区总占地面积18亩，包括培训基地、加工车间、展览室、职工宿舍等，定位是集培训、生产、销售等为一体的基地。园区可解决就业50余人，人均年增收7000元以上。创业园区将对曲水县现有的11个手工编织点（合作社）进行统一管理，统筹技术培训、产品收购、销售、政策落实等事宜。

5月5日 兰州市政府考察团到拉萨市参观考察并召开座谈会，就双方进一步深化交流合作磋商。拉萨市委副书记、市长张延清出席座谈会并讲话，指出拉萨市将充分发挥自身优势，全方位紧密配合兰州市的“南亚贸易通道”和开通“兰州号”南亚国际货运班列建设。

5月6日 全市维稳工作视频会议召开，传达贯彻全区维稳工作视频会议精神，对2016年“萨嘎达瓦”宗教活动期间全市维稳安保工作进行再动员、再部署。区党委常委、市委书记齐扎拉出席并讲话。市领导张延清、果果、彭祎涛出席。

5月7日 “国培计划（2016）”送教下乡项目暨拉萨市中小学理科老师培训班开班仪式在拉萨师范高等专科学校举行，由江苏省特级教研员张所滨、李淑静及拉萨师专、拉萨市优秀一线老师授课。副市长计明南加出席并讲话。

同日 拉萨市第一家社区义务消防队在拉鲁社区成立。消防队成员由社区群众组成，定期在社区进行义务消防巡查、宣传，参与防火、灭火等工作。

5月8日 全区2016年职业教育活动周在拉萨市第二职业技术学校启动。区党委常委、市委书记齐扎拉宣布2016年西藏自治区职业教育活动周正式启动。自治区副主席房灵敏、教育厅厅长马升昌出席活动。

同日 拉萨市与山南地区召开拉萨至山南快速通道项目推进会。听取自治区交通运输厅交通设计院关于拉萨至山南快速通道项目设计工作进展情况汇报，并就做好项目的前期各项工作进行安排部署。

5月9日 受自治区党委副书记、自治区主席洛桑江村委托，自治区副主席房灵敏率由自治区交通、住建、财政等部门组成的调研组，到拉萨市柳梧东大桥、拉萨市环路北环线、拉萨市纳金水厂和城关区节能建材厂等实地调研项目进展情况和企业运行情况。市领导张延清、果果陪同。

5月11日 全市2016年旅游市场秩序整治行动动员部署大会召开。传达贯彻落实全区迎接旅游旺季专题会议精神，安排部署拉萨市旅游旺季的接待服务工作。市委副书记、市长张延清出席并讲话。

同日 自治区副主席边巴扎西率调研组到墨竹工卡县甲玛乡调研甲玛乡总体规划、发展现状、基础设施、产业发展、生态环境以及功能定位等特色小城镇示范点建设情况。市委常委、常务副市长洪家志陪同。

同日 自治区副主席房灵敏率自治区发改委、财政、住建、水利、交通、扶贫等部门组成的调研组，到林周县、达孜县，就“五保”集中供养、旁多水利枢纽工程、民间传统手工艺农民合作社等重点项目建设和民生保障项目推进情况进行督导调研。

同日 “兰州号”（兰州—日喀则—加德满都）南亚公铁联运国际货运列车首发。拉萨作为面向南亚大通道的重要节点城市，也是“兰州号”货运班列的重要站点。“兰州号”货运班列的开通，加快拉萨、兰州的经贸往来，促进两地经济结构调整升级，提升了两地产品竞争力，为特色优势产品输出、工业消费品输入及再输出等带来了新机遇。

5月12日 全市“净土·质量”强市工作推进大会召开，传达学习区党委常委、市委书记齐扎拉关于净土健康产业质量品牌建设工作的批示精神，通报全市创建“全国质量强市示范城市”工作进展情况，对2016年通过国家验收进行再动员、再部署。市委常委、副市长周普国，市委常委、常务副市长洪家志出席。

5月13日 区党委常委、市委书记齐扎拉会见江苏省委组织部对口支援干部处副处长郁苍率领的江苏省委第七批援藏期满干部人才考察组一行，希望考察组扎实做好援藏干部考察工作，并如实反馈给江苏省委、省政府。市领导陈军、严应骏陪同。

同日 全市“最美家庭”表彰大会召开，旨在进一步深化家庭文明建设工作，弘扬中华民族优良传统美德，传承良好家风，传递社会正能量。市委副书记、统战部部长达娃出席并讲话。

同日 区党委常委、市委书记齐扎拉到城关区智昭净土健康产业园区调研西藏汇泉实业有限公司建设进展、奶牛产品加工厂选址情况和曲水县才纳乡调研易地扶贫搬迁安置点选址情况。市领导周普国、果果陪同。

5月14日 拉萨市纳金水厂项目开工奠基。区党委常委、市委书记齐扎拉宣布纳金水厂项目开工，并为工程培土奠基。市领导洪家志、果果出席。

5月15日 区党委常委、市委书记齐扎拉到尼木县调研尼木县非物质文化遗产示范区、乌米农业综合开发区和尼木县一万亩土地整治等项目推进情况，强调要立足长远，培育好产业，做活、做大尼木藏香品牌。市领导陈军、袁训旺、周普国陪同。

同日 “感知中国——中国西部文化行”走进欧洲活动拉开帷幕，活动旨在拓展和深化中意、中德文化交流，增进中意、中德两国人民相互了解，特别是向欧洲各界人士介绍中国西部少数民族文化得到传承保护及各民族团结平等发展的真实情况，促进其他国家人民理解中国的“一带一路”倡议。此次活动历时半个月，拉萨市歌舞团将分别在意大利米兰、德国法兰克和斯图加特展现具有中国西部少数民族灿烂文化的歌舞演出。

5月17日 区党委常委、市委书记齐扎拉到堆龙德庆区调研香雄美朵旅游文化产业园区规划建设情况，听取工作进展情况。市领导陈军、袁训旺、周普国一同调研。

同日 拉萨市县乡领导班子换届工作培训会举行，市委组织部相关人员讲解乡镇党委换届工作流程和相关政策，确保乡镇领导班子换届工作有序推进。全市8县（区）58个乡镇领导班子将在6月底以前完成换届任务。各县（区）分管换届工作的人大常委会副主任、组织部副部长、换届领导小组办公室成员及各乡镇党委书记参加培训。

同日 由市政府主办，市科技局、市委宣传部、市教育（体育）局、市司法局、市环保局、市卫生局和城关区相关单位协办的拉萨市2016年科技活动周科技进社区活动在纳金乡塔玛社区村民委员会举行，旨在普及科学知识、弘扬科学精神、提高全民科学素养。活动当天共发放科普资料1万余册，价值5000余元的常用药品和5000余个环保袋。随后，南京市疾控中心健康教育所所长胡鸿宝、藏医院肝胆科主任尼玛次仁为社区群众作健康生活方式讲座。

5月18日 拉萨市第三批全国民族团结进步创建活动示范单位揭（授）牌仪式在城关区委大院进行。区党委常委、市委书记齐扎拉，自治区副主席、区民宗委党组书记格桑次仁出席，并为大昭寺、达孜县德庆镇德庆村授牌，为城关区揭牌。市领导达娃、果果出席。

5月19日 自治区党委副书记、自治区主席洛桑江村到拉萨高新技术产业园区、西藏文化旅游创意园及拉萨环路项目建设沿线、拉萨市异地搬迁集中安置房建设点，调研“五园一环”建设及异地扶贫搬迁工作进展情况；随后到拉萨南山生态园、拉萨净土健康产业园、顿珠金融产业园考察了解园区推进情况。区党委常委、市委书记齐扎拉陪同。

同日　市政协提案委组织各界委员到市人社局听取关于取消“零就业”家庭方面的工作情况汇报。市人社局相关负责人就“零就业”家庭就业援助实施背景、实施情况、存在的问题及下一步打算四个方面介绍取消“零就业”家庭所做工作的情况。

同日　墨竹工卡县人民医院—南京市暨鼓楼医院远程医疗平台正式开通，现场为2名患者进行远程会诊。

5月20日　位于墨竹工卡县的拉萨市慈善超市暨慈善捐助中心开业。慈善超市总投资240万元，面积150平方米，内设商品区、活动保障区和爱心捐赠区，上架货物达500多个品种。主要服务对象为全县低收入群众，以特惠低价销售米、油等基本生活品。

5月23日　区党委常委、市委书记齐扎拉会见美国驻成都总领事馆总领事谷立言一行，双方就进一步增进友谊，加强商务、文化、农业、科技、生态保护等领域合作进行广泛交流。自治区外侨办党组书记格桑，市领导张延清、果果、陈文强会见时在座。

5月23—26日　区党委常委、市委书记齐扎拉会见斯里兰卡总理新闻秘书萨曼·阿萨达希提一行，对斯里兰卡在涉藏问题上一直与中方保持一致表示感谢，并简要介绍了近年来西藏自治区及拉萨市的发展情况。区处侨办党组书记格桑，市领导达娃、陈文强会见时在座。

5月25日　区党委常委、市委书记齐扎拉到小昭寺调研寺庙基础设施建设和壁画维修等文物保护工作进展情况，对小昭寺的文物保护工作给予充分肯定并作出要求。自治区副主席甲热·洛桑丹增，市领导达娃、果果陪同调研。

同日　市委副书记、市长张延清主持召开拉萨市推进环线项目建设专题会议，听取各县（区）、相关单位在征地拆迁、项目建设等工作情况汇报，安排部署下一步工作。指出，要按照自治区提出的“绿色围城”要求，在确保质量安全的前提下，确保项目如期建成通车。

同日　曲水县召开农村改革试验区农业现代化体制创新改革到期试验任务总结验收工作安排部署会，听取曲水县农村改革试验区批复设立、启动开展、大力推进、圆满完成工作情况，安排部署试验区到期试验任务总结验收工作需要协助配合的工作情况，确保顺利通过国家农业部对农村改革试验区的评估验收。

5月26日　区党委常委、市委书记齐扎拉主持召开八届市委第123次常委会议，传达学习区党委主要领导对拉萨市近期在维护国家安全和维稳安保工作等方面上的批示精神，传达《关于2015年督导七地市党委落实党风廉政建设主体责任发现问题整改情况的通报》，听取全市县乡领导班子换届工作进展情况汇报、关于做好迎接国家民委对拉萨市创建全国民族团结进步示范市考核验收工作的汇报和拍摄电视连续剧《金城公主》工作推进情况汇报。市领导张延清、达娃、胡洪、陈军、洪家志、果果、严应骏、陈文强、马军出席。

同日　区党委常委、市委书记齐扎拉主持召开专题会议，研究《拉鲁湿地自然保护区第三期项目景观建筑规划设计方案》，听取《拉鲁湿地自然保护区第三期项目景观建筑规划设计方案》汇报。市领导果果，国家林业局昆明勘察设计院院长唐芳林，国家林业局昆明勘察设计院西藏分院主要负责人出席。

同日　全市违法建设集中整治工作动员会召开，动员全市上下进一步统一思想，齐心协力抓好违法建设集中整治工作，切实提升城市规划建设管理水平，为城市健康有序发展提供良好环境和坚实保障并宣读《拉萨市违法建设集中整治工作方案》。市委副书记、市长张延清出席并讲话。自治区住建厅副厅长李健康到会指导，市领导陈文强出席会议。

同日　自治区妇儿工委终期评估组在拉萨市部分成员单位中开展《2011—2015年妇女发展规划》和《2011—2015年儿童发展规划》终期评估工作，期间先后前往木如社区、市民服务中心妇女之家、市人民医院等成员单位进行“两规”终期评估调研，并对拉萨市开展“两规”工作给予了肯定。副市长次仁央宗陪同。

同日 “大地之爱·母亲水窖”项目落户林周县旁多乡日布村。“大地之爱·母亲水窖”是一项集中供水工程，是中国妇女发展基金会2001年开始实施的慈善项目，重点帮助西部地区老百姓特别是妇女摆脱因严重缺水带来的贫困和落后。此次项目总投资47万余元，项目第一批资金29万元已到位，项目预计在5月底正式开工，拟新建13口大口井，3口压水井，设计井深12米。项目建成后，将解决日布村1039人和11485头牲畜的饮水困难问题。

5月28日 拉萨市首届“向上向善好少年”表彰暨“庆六一”主题系列活动启动，旨在教育引导广大少先队员牢记习近平总书记“从小学习做人，从小学习立志，从小学习创造”的重要指示和要求。市领导达娃、陈文强出席活动。

5月29日 2016年全国男子篮球联赛（NBL）拉萨净土男篮揭幕战在拉萨市群众文化体育中心篮球馆拉开战幕。区市领导白玛赤林、齐扎拉，马新明、洪家志、严应骏、陈文强及2000余名各族各界群众代表、驻地官兵、青少年学生观看了比赛。

5月31日 墨竹工卡县全县8个乡（镇）领导班子换届工作全部完成。

6 月

6月1日 区党委常委、市委书记齐扎拉主持召开八届市委第140次专题会议，听取并研究堆龙德庆区核心区城市建设工作进展情况和拉萨顿珠金融产业园规划建设工作开展情况汇报，指出堆龙德庆区自2016年3月以来，启动核心区城市设计工作，将5平方公里核心区规划思路定位为拉萨市“东延西扩”战略部署的重要落脚点，着眼于充分发挥堆龙德庆区城市化后发优势，突出堆龙河对城市可持续发展的重要作用，实现核心区与香雄梅朵生态文化旅游园区相互呼应、差异发展。市领导张延清、胡洪、袁训旺、果果、陈文强及柳梧新区、堆龙德庆区相关负责人出席会议。

同日 拉萨市净土健康产品进北京市场对接会在北京西藏大厦举行，90余家知名企业约120人参加对接会，共达成签约项目5个，总投资1.65亿元。其中正式签约项目1个，总投资0.5亿元；意向签约项目4个，总投资1.15亿元。

同日 市委副书记、市长张延清主持召开全市特色小城镇示范点建设工作专题会议，听取工作进展情况汇报，安排部署下一步工作。市领导陈文强出席。

6月4日 拉萨市召开虫草采挖期间社会稳定工作动员部署视频会议，传达贯彻中央和区市党委、政府相关文件精神，并就全市做好虫草采挖期间维护社会稳定和安全管理工作进行安排部署。市委常委、市公安局党委书记马军主持会议并讲话。

6月5日 第45个世界环境日，2016年环境日的主题是“改善环境质量、推动绿色发展”，旨在动员引导社会各界共同履行环保责任，共建美丽家园。22家自治区单位和37家拉萨市单位在宇拓路联合举行“世界环境日宣传一条街”活动，市委副书记马新明前往检查指导工作。

同日 全市县（区）领导班子换届工作培训会召开，通报全市乡（镇）领导班子换届工作整体情况及存在的问题，交流换届工作经验，结合乡（镇）换届工作中存在的问题进行详细讲解。截至6月8日，全市58个乡（镇）已全部完成党委换届、47乡（镇）已完成人大、政府换届。

6月8日 市委副书记、市长张延清主持召开加快推进环线项目建设专题会议，听取城关区、堆龙德庆区、市住建局、市交通局、市发改委、市城投公司等单位就资金使用、前置手续办理、征地拆迁工作等情况和项目建设工作开展情况及前置手续办理情况工作汇报，研究解决环线建设中存在的困难和问题。市领导陈文强出席会议。

同日 市委副书记马新明主持召开“2016·中国西藏发展论坛”筹备工作协调对接会议，传达区党委领导批示精神，听取相关单位工作汇报，研究部署有关工作。

同日 财政部预算评审中心委托的工作组到曲水县，检查指导自2013年来农机购置补贴专项资金落实情况。曲水县2013年380万元、2014年520万元的补贴资金全部落实到位，2015年500万元补贴资金由于农机购置补贴机具范围缩小等原因，尚未完成。

6月9日 自治区专项督查组召开座谈会，听取拉萨市落实全区经济工作会议主要任务情况汇报。市委副书记、常务副市长胡洪出席并代表市委、市政府就拉萨市在用好优惠政策、推动项目实施等方面的工作情况向督查组作汇报。市领导袁训旺出席。

同日 位于蔡公堂乡白定村的城关区亨通物流中心农副产品批发市场举行开业仪式，市委常委、城关区委书记果果出席并揭牌。

6月10日 区党委常委、市委书记齐扎拉会见蒙牛集团总裁孙伊萍一行，双方就企业管理模式、产品的开发、市场运作等问题深入交换意见，并达成共识。市领导张延清、果果陪同会见。

6月12日 区党委常委、市委书记齐扎拉主持召开八届市委第124次常委会议，传达学习《中共中央办公厅关于印发习近平总书记重要批示的通知》、北京市主要负责人在2016年北京市对口支援和经济合作工作领导小组会议上的讲话精神、全区地（市）纪委书记座谈会精神等，研究并同意《关于加快推进拉萨河水环境综合治理工作的意见》《拉萨河水环境综合治理工作行动方案》。市领导张延清、龙志刚、马新明、达娃、胡洪、陈军、袁训旺、果果、严应骏、陈文强、马军出席。

6月13—16日 江苏省人大常委会副主任史和平率江苏省党政代表团一行到拉萨市考察对口援藏工作，看望援藏干部。考察期间，史和平一行到曲水县、林周县、墨竹工卡县、达孜县考察江苏援建项目建设运营情况，并与援藏干部座谈，听取援藏工作情况汇报。拉萨市领导张延清、达娃、胡洪、陈军、果果、严应骏陪同。

6月14日 江苏省对口支援拉萨市工作座谈会在拉萨召开，听取江苏省对口支援拉萨工作开展情况。区党委常委、市委书记齐扎拉主持并讲话。江苏省人大常委会副主任、省对口支援工作领导协调小组副组长史和平出席并讲话。江苏省政府、组织部、宣传部、统战部、发改委、经济和信息化委、教育厅、人社厅等部门相关负责人出席，拉萨市领导张延清、达娃、胡洪、陈军、袁训旺、果果、占堆、严应骏、陈文强、马军出席。

6月15日 拉萨经济技术开发区与江苏鱼跃科技集团举行签约仪式。区党委常委、市委书记齐扎拉，江苏省人大常委会副主任史和平出席签约仪式；拉萨市领导张延清、达娃、胡洪、袁训旺，江苏省代表团其他成员，江苏鱼跃科技集团相关负责人出席签约仪式。

同日 拉萨经开区尼木产业园正式揭牌并举行签订园区共建合作协议。市委常委、秘书长、经开区党工委书记袁训旺出席仪式并揭牌。

6月15—16日 国务院妇儿工委两纲中期评估督导组赴拉萨市开展评估工作，督导组先后到达孜县、宗角禄康便民警务站、拉萨市儿童福利院等地，了解妇女儿童健康、维权、孤儿集中收养等情况。

6月16—17日 国家发展改革委副主任、国家能源局党组书记、局长努尔·白克力在西藏考察调研清洁能源发展情况。自治区党委副书记、常务副主席、政法委书记邓小刚，区党委常委、市委书记齐扎拉陪同。

6月19日 自治区党委副书记、常务副主席、政法委书记邓小刚到拉林高等级公路二期工程娘盖村隧道、米拉山隧道、米墨段等施工现场视察工程进度，协调解决项目建设过程中遇到的困难问题。

同日 拉萨市政银企对接工作会议召开，听取拉萨市当前和“十三五”时期经济社会发展总体情况和融资需求情况汇报和顿珠金融产业园区建设基本情况汇报。区党委常委、市委书记齐扎拉主持并讲话。市领导张延清、达娃、胡洪、陈军、洪家志、果果、彭祎涛、陈文强出席。

6月19日 拉萨国家经济技术开发区与南京秦淮区签署战略合作框架协议。拉萨市委常委、秘书长、经工开党工委书记袁训旺，秦淮区委书记、南部新城管委会主任、党组书记曹路宝出席签约仪式，并分别代表秦淮区和拉萨经济技术开发区签订合作协议。

同日 全市乡镇领导班子换届选举圆满完成，共选举产生608名新一届乡镇领导班子成员。在此次换届选举中，拉萨成立了以市委书记为组长的市县乡领导班子换届工作领导小组，各县（区）成立以县（区）委书记为组长的县乡领导班子换届工作领导小组，全程指导各乡镇选举大会。并建立县级领导干部包挂制度，安排116名县级领导干部联系乡镇，指导换届选举。同时，共举办换届工作业务知识培训会2期，培训换届工作人员330余人，成立换届风气督查组9个，督查换届选举大会63次。

6月20日 区党委常委、市委书记齐扎拉主持召开拉萨市城乡规划建设委员会第十八次会议，审议并原则同意四省藏区驻拉萨办事处项目规划指标调整，京藏交流中心项目调整、墨竹工卡发展投资有限公司用地规划指标调整等事宜。市领导张延清，自治区住建厅、水利厅、林业厅、国土资源厅、环保厅等相关负责人出席。

同日 深圳市对口支援工作领导小组副组长吕锐锋率领的深圳考察团在拉萨市参观考察并就两地深化援藏工作内涵、拓展援藏工作领域、提升援藏工作水平、加快非物质文化遗产博物馆建设，进一步深化交往交流交融进行座谈，听取西藏文化旅游创意园区总体规划建设情况及西藏非物质文化遗产博物馆项目建设筹备情况。拉萨市委副书记、市长张延清主持并讲话。市领导领导胡洪、占堆出席座谈会。

6月21日 国务院侨务办公室主任裘援平率工作组到西藏考察调研。其间，到鲁固社区调研先进双联户模式开展情况和了解网格化管理工作，看望社区居民。区党委常委、市委书记齐扎拉陪同在拉萨的调研。

同日 北京市妇联对口支援拉萨市妇联交流合作框架协议签字暨捐助仪式举行，北京市妇联党组书记、主席马兰霞，拉萨市委副书记、北京援藏指挥部总指挥马新明出席签约仪式。随后，北京妇女代表团赴城关区吉崩岗街道木如社区考察信访代理员示范点和妇女手工纺织工作。22日，马兰霞一行与北京援藏干部座谈，听取北京援藏工作开展情况。

6月22日 区党委常委、市委书记齐扎拉会见国家开发银行党委委员、副行长张旭光一行。双方就金融服务、援藏工作等方面进行了交流并达成共识。市领导张延清、胡洪、陈军、袁训旺、陈文强会见时在座。

6月22—23日 区党委常委、市委书记齐扎拉主持召开市委“两学一做”学习教育第四次集中学习暨市委理论中心组学习会。在22日的学习会上，传达学习了习近平总书记在中央财经领导小组第十三次会议、在哲学社会科学工作座谈会上的讲话和在全国科技创新大会、两院院士大会、中国科协第九次全国代表大会上的讲话。市领导张延清、龙志刚、马新明、达娃、胡洪、陈军、袁训旺、果果、占堆、彭祎涛、陈文强、马军出席。

同日 由北京市文联和拉萨市委、市政府主办，市委宣传部、市文联、市教体局协办的2016年“共话京藏情，同筑中国梦”首都艺术家文化援藏代表团赴西藏慰问演出在拉萨北京实验中学举行。北京市文联主席张和平，拉萨市委副书记、北京援藏指挥部总指挥马新明观看演出。

同日 北京市三级医院对口帮扶拉萨市县级医院责任书签订暨对口帮扶启动仪式举行。拉萨市卫生局，北京市海淀区、房山区、朝阳区卫计委和首批对口帮扶医院专家，受援方堆龙德庆区、当雄县、尼木县相关负责人参加启动仪式。

同日 那曲、阿里地区村（居）干部赴拉萨培训第五期培训班结业仪式在市委党校举行。此次培训共25天，共培训那曲、阿里地区260名村（居）干部，培训内容主要为党的十八大和党的十八届三中、四中、五中全会以及中央第六次西藏工作座谈会精神和习近平总书记系列重要讲话精神，党的强农富民惠民政策、农牧区经济建设、加强和创新社会管理、基层党组织建设和群众工作方法等。

6月23日 区党委常委、市委书记齐扎拉会见东南亚驻华使节团，指出中国政府和西藏自治区希望以此次访问为契机，进一步推进和加强中方与东南亚各国之间的战略互信，拓展各领域合作，深化人文交流，促进共同发展，将中国与东南亚各国的关系提高到新的历史水平。自治区外侨办党组书记格桑，外交部亚洲司东南亚处处长沈敏娟，拉萨市领导龙志刚、果果会见时在座。

6月24日 拉萨市举行“两学一做”学习教育书记讲党课活动。区党委常委、市委书记齐扎拉为全市党员干部讲党课，通过发生在拉萨的历史事件，向全体党员干部深刻阐述习近平总书记治边稳藏系列重要战略思想和重大意义，强调全体党员干部必须牢记“党”字，突出“亲”字，崇尚“实”字，不断提升执政能力，夯实执政基础。

同日 拉萨市2016年上半年和谐模范寺庙暨爱国守法先进僧尼表彰大会召开，表彰先进集体、先进个人。市委副书记、统战部部长达娃出席，区党委统战部、自治区民宗委相关负责人出席会议。

同日 H型高血压比较效果学研究项目在堆龙德庆区人民医院揭牌。该项目是一项重大惠民项目，已在全国陆续启动，市人民医院于2016年5月正式成为该项目在西藏的首家合作中心。

6月25日 自治区党委巡视一组巡视拉萨市动员会召开，安排部署巡视工作，动员全市各级各部门和各级领导干部，全力配合巡视组开展好各项工作，并就巡视工作总体要求、目标任务、基本步骤和方式方法作出要求。自治区党委常委、市领导齐扎拉主持并作动员讲话。自治区党委巡视一组组长李迎春及全体成员，市领导张延清、龙志刚、达娃、陈军、袁训旺、果果、占堆、彭祎涛、陈文强、马军出席动员会。

6月27日 《中国全面小康发展报告·拉萨样本》举行首发仪式及研讨会，区党委常委、市委书记齐扎拉出席并向中央党校、拉萨市委党校赠书。自治区党委常委、副主席、宣传部部长姜杰出席并致辞，指出拉萨样本作为西部地区第一本市（县）域样本。

6月28日 2016年科技援藏暨京藏技术转移大会在拉萨召开，听取北京市科委、北京技术市场、西藏企业代表、首都众创联盟、柳梧新区管委会相关负责人交流发言，拉萨和北京两地企业、机构合作项目进行签约。北京市科委协作中心主任季小兵、自治区科技厅厅长赤列旺杰出席会议，市委常务副书记龙志刚出席会议并讲话。市委常委、常务副市长洪家志主持会议。

6月29日 区党委常委、市委书记齐扎拉主持召开八届市委第127次常委会，传达学习中央政治局会议关于审议《中国共产党问责条例》精神，研究表彰第七批优秀援藏干部事宜。市领导张延清、龙志刚、达娃、陈军、袁训旺、洪家志、果果、占堆、彭祎涛、陈文强、马军出席。

同日 拉萨市顺利通过国家级政务服务标准化试点考核评估，为全区首个通过考核评估的单位。市市民服务中心国家级政务服务标准化试点项目自启动以来，先后开展2次标准编写培训、4次标准实施培训和2次业务测试。建立了以服务通用基础标准体系为基础、以服务提供标准体系为核心、以服务保障标准体系为支撑的三大标准体系，共计285项标准。

6月30日 拉萨经开区管委会与西藏银行签订政银战略合作协议。自治区原政协副主席、西藏银行党委书记、董事长白玛才旺出席。区商务厅巡视员，市委常委、秘书长，拉萨经开区党工委书记袁训旺出席并致辞。西藏银行党委副书记、行长肖军与拉萨经开区管委会主任、市发改委主任刘汝鹏签署了《拉萨经济技术开发区管委会与西藏银行股份有限公司全面战略合作协议》。

7 月

7月1日 拉萨市集中收看庆祝中国共产党成立95周年大会电视直播实况，回顾党的奋斗历程和丰功伟绩，激励全市广大党员进一步增强“三个自信”，更加紧密地团结在以习近平为总书记的党中央周围，协调推进“四个全面”战略布局，为决胜全面小康、让拉萨更加出彩而努力奋斗。市领导龙志刚、达娃、果果、陈军、诸伟敏、洪家志、马军，与广大干部一同集中收看中央电视台直播的庆祝中国共产党成立95周年大会盛况。

同日 北京援藏指挥部召开全体援藏干部大会，传达习近平总书记在庆祝中国共产党成立95周年大会上的重要讲话，总结第七批援藏工作，表彰49名优秀共产党员、先进工作者。市委副书记、北京援藏指挥部党委书记、总指挥马新明出席并讲话，市委常委、常务副市长、北京援藏指挥部副总指挥洪家志主持会议。

同日 拉萨经济技术开发区管委会与中信银行拉萨分行全面战略合作协议签约仪式举行。市委常委、秘书长、拉萨经开区党工委书记袁训旺出席并致辞。根据合作协议，中信银行拉萨分行在“十三五”期间，将提供50亿元人民币的融资额度和“一揽子”“一站式”的综合化金融服务，全面支持经开区经济社会发展。

同日　自治区人大常委会副主任嘎玛率调研组与拉萨市开展精准扶贫精准脱贫专题调研座谈会，听取拉萨市脱贫攻坚工作进展情况汇报。并对拉萨市脱贫攻坚工作表示肯定。市委常委、常务副市长陈文强出席。

7月2日　拉萨市举行庆祝中国共产党成立95周年表彰大会，热烈庆祝中国共产党成立95周年，对全市近年来涌现出的优秀共产党员、优秀党务工作者、优秀村（居）党组织第一书记和先进基层党组织进行表彰。区党委常委、市委书记齐扎拉出席并讲话。自治区党委书记陈全国在自治区庆祝中国共产党成立95周年大会上作重要讲话，深刻总结了和平解放65周年来西藏取得的伟大成就。全市上下要认真学好、领会好习近平总书记和自治区党委书记陈全国的重要讲话精神，不忘初心、继续前进。自治区党委巡视一组副组长庄永福应邀出席，市领导马新明、达娃、龙志刚、果果、陈军、韩志宏、袁训旺、洪家志、占堆、严应骏、陈文强、马军出席表彰大会。

7月3—4日　区党委常委、市委书记齐扎拉主持召开学习习近平总书记在庆祝中国共产党成立95周年大会上的重要讲话精神专题会，传达习近平总书记在庆祝中国共产党成立95周年大会上的讲话及《人民日报》社论，自治区讲师团成员、区党委党校教授李宏应围绕习近平总书记重要讲话作专题讲座，与会部分领导围绕“紧密团结在以习近平为总书记的党中央周围，为实现中华民族伟大复兴的中国梦、建设美丽家园幸福拉萨做出更大的贡献”主题，结合学习内容和工作实际作交流发言。自治区党委巡视一组组长李迎春应邀出席，市领导马新明、达娃、果果、胡洪、陈军、诸伟敏、袁训旺、洪家志、彭涛、陈文强出席。

7月4日　政协第十届拉萨市委员会第19次常委会召开，传达学习《中共中央纪委机关中共中央组织部关于加强换届风气监督的通知》，听取各县（区）政协换届工作情况汇报和市政协换届工作进展情况，研究审议市政协相关调研、视察报告及相关工作制度。会议应到常委45名，实到31名，符合政协章程。市政协党组书记、主席诸伟敏出席并讲话。市政协副主席次仁平措主持会议，政协副主席亚古、刘惠兴、张勤出席会议。

7月5日　拉萨市召开严肃换届纪律集体谈心谈话会，传达《中共中央纪委机关中央组织部关于加强换届风气监督的通知》，观看警示教育片《镜鉴》。区党委常委、市委书记齐扎拉出席并讲话。市领导达娃、果果、陈军、袁训旺、彭涛出席。

7月6日　2016年市委第二轮巡察业务培训班开班仪式在市教师继续教育学校举行，传达陈全国在自治区党委“七人小组”会议上听取七轮巡视时的讲话精神、齐扎拉在听取市委第一轮巡察情况时的讲话精神和八届自治区党委第八轮巡视工作动员部署会精神，并就做好巡察工作的准备环节、如何撰写巡视巡察报告材料等内容进行系统学习。

7月7日　由云南省旅游发展委员会举办的“七彩云南·旅游天堂”大香格里拉生态旅游区自驾旅游推介会在拉萨举行，活动旨在进一步加强云南与西藏两省区旅游交流与合作，共同宣传推广中国大香格里拉精品旅游线路，促进中国大香格里拉生态旅游区共赢发展。区党委常委、市委书记齐扎拉，自治区副主席汪海洲，云南省原副省长、省旅游文化产业发展督导组组长刘平，拉萨市委副书记马新明出席会议。会上，云南省普洱、大理、丽江等州市旅发委通过旅游宣传片做现场推介，普洱市与拉萨市签署旅游合作协议，相关旅游企业代表签订战略合作协议书。

同日　2016年拉萨市委第二轮巡察工作动员部署会在拉萨市教师继续教育学校召开。市委副书记、组织部长陈军主持会议，并宣读《2016年拉萨市委第二轮巡察组组长授权及任务分工决定》。市委常委、市纪委书记彭涛作动员部署。

7月8日　区党委常委、市委书记齐扎拉到曲水县调研净土健康动物保护园的规划建设，以及精准扶贫精准脱贫等情况。市领导龙志刚、果果一同调研。

7月12日　区党委常委、市委书记齐扎拉会见玻利维亚和美国商务考察团，双方就进一步增进友谊及合作，引进Sorojchi药片（抗高原反应药品）生产线等事宜进行广泛交流。市领导果果、袁训旺会见时在座。

同日　区党委常委、市委书记齐扎拉会见南京市人大常委会主任、党组书记陈绍泽率队的南京市人大常委会代表团一行，希望南京市一如既往关心支持拉萨、墨竹工卡县，不断加大交往交流交融力度，切实为推进拉萨经济社会长足发展和长治久安增强自身“造血”能力。市领导达娃、果果、陈军、袁训旺、严应骏会见时在座。

7月13日 拉萨市污水处理PPP项目、生态环保领域框架协议、拉萨经济技术开发区战略合作框架协议签约仪式举行，拉萨市人民政府与北京碧水源科技股份有限公司签订《污水处理PPP项目整体打包特许权协议》，与北京碧水源科技股份有限公司、云南水务投资股份有限公司签订《全面推进拉萨生态环保领域发展战略合作框架协议》，拉萨经开区与北京碧水源科技股份有限公司签订《战略合作框架协议》，随后，北京碧水源科技股份有限公司向拉萨经开区、尼木县捐赠价值2000万元的净水设备。区党委常委、市委书记齐扎拉致辞并见证签约仪式。市领导果果、袁训旺、陈文强出席。

同日 拉萨市举行欢迎欢送江苏省援藏干部人才大会。区党委常委、市委书记齐扎拉出席并讲话。江苏省委组织部副部长、陪送团团长郑跃奇出席并讲话。市领导马新明、达娃、果果、胡洪、陈军、周普国、洪家志、彭涛、严应骏、陈文强出席。

同日 江苏省第八批援藏干部人才见面会在拉萨召开。江苏省委组织部副部长、陪送团团长郑跃奇率陪送团与江苏省第八批援藏干部见面，并对江苏省第八批援藏干部援藏期间各项工作提出要求和希望。拉萨市委副书记、常务副市长、江苏省第八批援藏干部领队胡洪出席会议并讲话。江苏省78名第八批援藏干部参会。

7月14日 拉萨市召开以迁脱贫专题会议，听取以迁脱贫专项推进小组贯彻落实7月3日、7月10日齐扎拉书记赴曲水县才纳乡易地扶贫搬迁点调研指示精神情况和全市易地扶贫搬迁工作开展情况，研究和解决易地扶贫搬迁工作中存在的问题。

7月15日 区党委常委、市委书记齐扎拉主持召开专题会议，听取拉鲁湿地自然保护区保护与建设项目概念性规划方案汇报，研究部署有关工作。会议原则同意该方案。市领导果果出席。

7月16—17日 拉萨市举行推进党风廉政建设“两个责任”落实专题培训，培训旨在进一步提高市直各单位抓党风廉政建设的责任意识，督促各单位主要领导增强“四个意识”，按照党要管党、从严治党的要求，严格落实“两个责任”，运用把握好“四种形态”，把纪律和规矩挺在前面，推动党风廉政建设和反腐败工作取得新成效。市直各部委，市直各委、办、局党委（党组）领导班子成员，以及所属内设机构负责人和下属单位负责人，各人民团体党组成员等900余人参加培训。

7月17日 区党委常委、市委书记齐扎拉到拉萨市第二中等职业技术学校、城关区智昭净土健康产业园区、白定村调研。他强调，要加快职业教育发展步伐和新型城镇化建设，努力实现产业转型升级，确保拉萨同全国一道全面建成小康社会。市领导果果陪同调研。

7月18日 区党委常委、市委书记齐扎拉到曲水县和柳梧新区调研才纳乡易地扶贫搬迁选址规划建设和达东村村容村貌整治暨扶贫综合（旅游）开发项目。市领导袁训旺，拉萨经开区管委会主要负责人陪同调研。

7月19日 市委常委、宣传部部长占堆到拉萨民族文化艺术宫，检查指导2016年舞蹈专业艺术表演类人才整班委培学员招生录取工作，听取招生录取工作相关情况。

7月20日 区党委常委、市委书记齐扎拉主持召开八届市委第145次专题会议，听取《拉鲁湿地国家级自然保护区、城市规划概念设计方案》汇报，并原则同意拉鲁湿地国家级自然保护区、城市规划概念设计方案。市领导果果，国家林业局昆明勘察设计院党委书记周红斌出席。

7月21日 区党委常委、市委书记齐扎拉会见中国农业发展银行副董事长、行长祝树民率队的中国农业发展银行调研组一行，双方就进一步深化合作、共谋发展达成共识。自治区党委常委、常务副主席丁业现一同会见，市领导胡洪、陈文强参加会见。

7月22日 区党委常委、市委书记齐扎拉会见美国会参院“美中工作小组”助手团。自治区副主席房灵敏，市委副书记、统战部部长达娃会见时在座。

同日 拉萨市净土健康产业发展2016年第一次推进大会召开，市领导达娃、果果、胡洪、陈军、袁训旺、周普国出席。

7月23日 区党委常委、市委书记齐扎拉主持召开市委理论学习中心组“两学一做”学习教育习近平总书记系列重要讲话专题学习研讨会，传达学习习近平总书记在中共中央政治局第三十三次集体学习时的重要讲话精神和《中国共产党问责条例》。自治区党委巡视一组组长李迎春应邀出席，市领导达娃、果果、占堆、彭涛、陈文强、马军出席。

同日 拉萨市举行欢迎欢送北京市援藏干部人才大会，拉萨市委副书记、常务副市长胡洪，北京市第八批援藏干部人才领队肖志刚出席。

同日 拉萨市人民政府与正大制药集团战略合作框架协议签约仪式举行。区党委常委、市委书记齐扎拉出席并见证签约仪式，正大集团资深副董事长、正大制药集团董事长谢炳，市领导果果、袁训旺出席。

7月27日 拉萨市基层公共文化建设现场推进会暨县（区）文化联动活动启动仪式在曲水县才纳乡文化站举行，曲水县、尼木县现场展示协荣仲孜、俊巴皮具、白面具、木雕、藏香等非物质文化遗产。

同日 市双拥办联合拉萨警备区、武警拉萨市支队组织驻市部队官兵举行庆祝建军89周年军民联欢晚会，共叙军民鱼水情深，共话军地和谐发展。西藏军区、武警西藏总队、自治区民政厅相关负责人，市委副书记、统战部部长达娃，市委常委、常务副市长陈文强部队官兵一同观看晚会。

7月30日 十届全国人大常委会副委员长热地到拉萨市夺底沟与回族同胞一起欢度穆斯林传统佳节—抓饭节。自治区人大、民宗委相关负责人，市领导达娃在陪同，市政协副主席、清真大寺教长亚古代表拉萨市穆斯林发言。

同日 由市政府主办、团市委承办的以“青创助扶贫梦想赢未来”为主题的拉萨市第二届青年创新创业大赛启动仪式举行。

同日 区党委常委、市委书记齐扎拉赴南山调研拉萨鹏矗生态园项目建设进展情况。市领导果果、袁训旺陪同。

7月31日 国家卫生计生委主任李斌一行赴墨竹工卡县人民医院、达孜县塔杰乡卫生院、农牧民患者家中、拉萨市中心医院等地调研拉萨市“组团式”医疗援藏和基层医疗卫生发展以及医疗卫生惠民政策落实等情况。区党委常委、市委书记齐扎拉，自治区副主席德吉陪同调研。

8 月

8月1日 西藏自治区资源税改革申报工作启动仪式在拉萨市国税局东城税务分局举行，当日开出首张矿泉水资源税税票，票额22286.61元，标志着拉萨市国税局资源税首日申报工作正式启动。市委副书记、常务副市长胡洪，自治区财政厅副厅长姜国杰，自治区国家税务局党组成员、总审计师雷纪选等出席。

8月2日 区党委常委、市委书记齐扎拉主持召开八届市委第128次常委会议，传达学习北京市委副书记、市长王安顺在藏调研期间的讲话精神、自治区主要领导批示精神，听取全市小康安居工程进展、拉萨市第一中等职业技术学校迁址工作开展等工作汇报，研究并同意《拉萨市开展第26个“民族团结宣传月”暨第五个“民族团结进步节”活动实施方案》等事宜。市领导达娃、果果、胡洪、陈军、袁训旺、占堆、彭祎涛、陈文强、马军出席。

同日 拉萨经济技术开发区与上海浦东发展银行股份有限公司拉萨分行举行《全面战略合作协议》签约仪式。

8月4日 拉萨市2016年精准扶贫精准脱贫工作推进大会召开，总结上半年以来全市精准扶贫精准脱贫工作，安排部署下一步工作。区党委常委、市委书记齐扎拉出席并讲话。市领导胡洪、果果、肖志刚、陈军、占堆、彭祎涛出席会议。会上，城关区、曲水县、市脱贫攻坚指挥部以业脱贫专项推进小组、林周县分别作交流发言。

同日 拉萨市精准扶贫精准脱贫工作推进现场会在堆龙德庆区东嘎镇桑木村易地扶贫搬迁安置点召开，自治区精准扶贫精准脱贫相关单位及拉萨市脱贫攻坚指挥部、六个专项推进小组、各县区脱贫攻坚指挥部相关人员160余人参加会议。截至8月初，堆龙德庆区通过以业脱贫、以迁脱贫、以教脱贫、以补脱贫、以保脱贫、以助脱贫六项措施的大力实施，除社保兜底贫困户外，已实现609户1912名贫困户建档立卡脱贫。

8月5日 住房城乡建设部部长陈政高一行调研拉萨市城乡建设发展情况。区党委常委、市委书记齐扎拉陪同考察。

同日 北京市检察院检察长敬大力率北京市检察机关调研团到拉萨市检察院调研检察系统援藏工作，并召开座谈会，听取拉萨检察系统受援工作开展情况，为拉萨市检察院捐赠100万元援藏资金。自治区检察院检察长张培中，市委常委、公安局党委书记马军，拉萨市检察院检察长田建设出席座谈会。

8月6日 区党委常委、市委书记齐扎拉到拉萨环线项目点视察项目建设情况，并召开座谈会。市领导果果陪同。

8月8日 区党委常委、市委书记齐扎拉到曲水县才纳村调研第一中等职业技术学校搬迁选址工作进展情况。市领导果果、陈文强陪同。

同日 中央党校赴藏调研组与中央党校西藏班学员在拉萨市召开座谈会，听取拉萨市近年来干部教育培训工作开展情况，交流讨论如何进一步办好西藏民族干部培训班。

8月9日 区党委常委、市委书记齐扎拉到墨竹工卡县检查督导维稳工作，并对墨竹工卡县各项维稳措施给予充分肯定，指出墨竹工卡县要进一步强化措施，严防漏洞，确保社会大局持续和谐稳定。市领导达娃、韩志宏陪同。

8月10日 国家开发银行团委调研组到林周县开展脱贫攻坚“垄上行”调研活动，了解林周县集中搬迁点工作开展及饲草种植情况。通过实地调研，对林周县精准扶贫工作给予肯定，并表示，将为贫困地区扶贫开发工作提供更多的支持。

同日 区党委常委、市委书记齐扎拉到柳梧新区调研拉萨小微企业创业创新基地众创空间建设情况，详细了解场地建设、资金投入、企业进驻和预期效益等方面的情况。指出，要加快基地建设，全力支持小微企业发展。市领导果果、陈文强陪同调研。

8月10日 拉萨市2016年深化全国文明城市创建工作部署会议召开，传达《中共中央文明办关于全国文明城市和提名城市深化创建工作、保持创建经常化的通知》精神和《拉萨市深化全国文明城市创建工作方案》。市委常委、宣传部部长占堆出席并讲话。

8月11日 国务院扶贫开发领导小组副组长、国务院扶贫办党组书记、主任刘永富率工作组到拉萨实地调研指导精准扶贫精准脱贫工作。区党委常委、市委书记齐扎拉表示，拉萨市将按照中央“六个精准”“五个一批”和自治区“八个到位”的要求，用好中央的各项惠民政策，融合援藏资金和项目，结合拉萨实际，创造性地部署精准扶贫工作。

同日 区党委常委、市委书记齐扎拉主持召开“两学一做”学习教育第八次集中学习会暨市委理论中心组学习会，传达《中共中央纪委机关 中共中央组织部关于加强换届风气监督的通知》和西藏自治区市县乡领导班子换届风气监督工作实施方案，自治区党委讲师团成员万金鹏应邀作《共产党员的标准、时代要求及实践》专题讲座。市领导达娃、果果、肖志刚、陈军、占堆、陈文强、马军出席。

同日 市委办公厅印发《〈中共拉萨市委巡察机构主要职责内设机构和人员编制规定〉的通知》。该通知指出，根据《关于拉萨市设立市委巡察机构的批复》精神，设立中共拉萨市委巡察工作办公室，为市委工作部门，正县级建制，机构设在市纪委。根据巡察工作需要，设立中共拉萨市委巡察一组、二组、三组，均为正县级建制。

8月12日 全市商标战略推进暨驰著名商标企业表彰大会召开，传达贯彻《西藏自治区人民政府关于大力实施商标战略的意见》及《拉萨市商标品牌战略实施意见》，表彰拉萨地区获得中国驰名商标、西藏著名商标认定的16家企业。副市长方桂林出席并讲话。

8月13日 北京援藏指挥部召开第八批援藏干部人才全体会议，传达北京代表团来藏学习考察情况，通报北京援藏指挥部领导班子分工和指挥部党委组成人员及支部建设情况。北京援藏指挥部党委书记、指挥、北京第八批援藏干部人才领队肖志刚出席并讲话，指出94名援藏干部要服从大局，迅速转换和进入角色，不断开创北京援藏工作新局面。

8月16日　拉萨市脱贫攻坚专题会议召开，传达贯彻全市精准扶贫精准脱贫工作推进大会精神，听取全市各县区以迁脱贫工作和以业脱贫工作汇报，研究《拉萨市精准扶贫精准脱贫考核办法（试行）》，安排部署下一步主要工作。市委副书记、常务副市长胡洪出席并讲话。

8月18日　拉萨市2016年旅游产业发展推进大会召开，总结2015年全市旅游发展大会召开以来旅游产业发展情况。区党委常委、市委书记齐扎拉出席并讲话。市领导胡洪、达娃、果果、陈军、袁训旺、占堆、彭祎涛出席。

同日　拉萨市第二届青年创新创业大赛众创空间选拔赛暨拉萨创客首届路演决赛举行，其中西藏萨巴嘎藏画艺术传播有限公司、日喀则贡潘民族传统手工业公司、西藏大田网络有限公司分别荣获正式创业组一、二、三等奖；菜鸟驿站项目、藏族动漫与益智类游戏应用开发项目、纯藏味项目荣获意向创业组一、二、三等奖。

8月21日　区党委常委、市委书记齐扎拉到南山调研拉萨鹏矗生态园项目建设进展情况，要求各相关部门和责任单位要加强合作，将其打造成精品生态工程。区住建厅、林业厅、环保厅负责人及市领导果果、袁训旺陪同调研。

同日　自治区党委常委、市委书记主持召开拉萨市城乡规划建设委员会第十九次会议，审议并同意《拉萨历史文化名城保护规划》，拉萨市东城区（百淀片区）控制性详细规划方案、八廓街历史文化街区协调区域城市设计方案、顿珠金融城市设计方案、滨河公园二期方案、纳木错生态旅游景区规划方案等事宜。区住建厅、国土资源厅、林业厅、环保厅、水利厅主要负责人及市领导果果、胡洪、袁训旺、陈文强出席。

8月23日　全市推进金融精准扶贫工作会召开，通报2016年上半年金融扶贫工作情况，达孜县和西藏金融精准扶贫办就精准扶贫工作的做法及政策进行讲解。副市长崔晓峰出席并讲话。

8月24日　电影《驻藏大臣》在八廓街清政府驻藏大臣衙门旧址举行开机新闻发布会，北京市委宣传部常务副部长王海平，西藏自治区党委宣传部副部长、文联党组书记张晓峰出席并致辞，拉萨市委副书记、统战部部长达娃，市委常委、宣传部部长占堆出席。

同日　全市包虫病流行情况调查启动会召开。此次包虫病流行情况调查涉及全市8县区及柳梧新区25个村。副市长次仁央宗出席并讲话。

8月25日　国家粮食局调研组到拉萨市就粮食企业生产经营状况、保障粮食供应等情况进行调研。通过调研对拉萨粮食企业的发展予以充分肯定，并希望企业在满足本地粮食供应的基础上，充分履行社会责任。

同日　全市换届工作座谈会召开，传达全区市县乡换届风气监督工作座谈会精神，听取市委各督导组督查情况汇报和林周县、曲水县、达孜县、尼木县县级领导换届筹备情况，安排部署全市县级领导班子换届及换届风气监督工作。市委副书记、组织部部长陈军出席会议并讲话。

8月25—27日　国务委员王勇调研全区民政和残疾人工作，强调要认真贯彻落实各项社会救助、社会福利制度和残疾人服务保障政策，切实做到补短板扫盲区，坚决把民生底兜住兜牢。其间，先后到拉萨市街道、乡镇和社区，走访“五保”集中供养中心、儿童福利院、残疾人服务中心和康复中心，考察社会救助、社会福利和残疾人就业、康复等民生保障政策落实情况。民政部部长李立国、国务院副秘书长孟扬、中国残联党组书记鲁勇一同调研，区市领导白玛赤林、洛桑江村、齐扎拉陪同。

8月26日　拉萨至山南快速通道开工建设，标志拉萨山南一体化发展迈出实质性步伐。自治区党委副书记、主席洛洛桑江村宣布项目正式开工，区党委常委、市委书记齐扎拉致辞。

同日　拉萨市举行堆龙新城建设项目、拉萨顿珠金融城项目、拉萨市教育城二期市政基础设施项目等重点项目集中开工仪式。区党委常委、市委书记齐扎拉宣布各重点项目正式开工并为工程奠基培土。市领导果果、陈军、袁训旺、彭祎涛出席开工仪式。

8月27日　苏州市姑苏区党政代表团一行前往林周县考察交流对口支援工作，并召开座谈会，听取林周县经济社会发展情况和苏州对口援助林周县工作开展情况，同时向林周县捐赠资金100万元。

8月29日 区党委常委、市委书记齐扎拉前往藏博会举办地西藏会展中心视察藏博会和雪顿节安保部署情况。市领导达娃、果果、占堆、陈文强、马军陪同。

8月29—31日 林芝市委副书记、市长旺堆率林芝市考察团前往拉萨市考察城市建设、精准扶贫及净土健康产业工作，并进行座谈交流。市委常委、常务副市长、柳梧新区党工委书记陈文强主持座谈会并简要介绍拉萨市经济社会发展概况，相关单位汇报了拉萨市城市建设、精准扶贫、净土健康产业工作情况。

8月31日 第二次全面推进“依法治藏”方略座谈会在拉萨召开。自治区党委副书记、人大常委会主任白玛赤林出席并讲话，他指出，深入贯彻落实以习近平为总书记的党中央全面依法治国的基本方略，贯彻落实中央第六次西藏工作座谈会提出的依法治藏的重要部署，进一步完善社会治理体系、提高社会治理能力，实现西藏和四省藏区长足发展和长治久安，是西藏自治区面临的重大历史课题，希望大家以此次会议为平台、为契机，牢固树立政治意识、大局意识、核心意识、看齐意识，深入交流探讨、深化合作共识，提升社会治理和维护稳定的工作能力和水平，确保区域稳定，维护祖国统一，实现国家安全。区党委常委、市委书记齐扎拉主持座谈会并讲话。会议期间，与会代表还实地考察拉萨市文物保护、城市建设、职业教育、创新寺庙工作、网格化管理和“双联户”工作开展情况。拉萨市领导达娃、果果、肖志刚、陈军、袁训旺、占堆、彭祎涛、陈文强、马军参加会议。

同日 区党委常委、市委书记齐扎拉主持召开八届市委第129次常委会，传达学习陈全国、吴英杰8月28日在全区领导干部会议上的讲话精神。市领导达娃、果果、肖志刚、陈军、袁训旺、占堆、彭涛、马军出席会议。

同日 2016年度“万名村（居）干部文化素质提升工程”拉萨班次培训班结业仪式在市委党校举行。培训期间，全市100名村（居）干部重点学习中央第六次西藏工作座谈会精神及习近平总书记系列重要讲话精神等重要论述，并结合“两学一做”专题，开展基层常用法律法规等综合理论课程以及藏语文、基础数学、汉语文，强农惠农政策和村级财务知识等综合业务课程，帮助学员提高自身文化素质、拓宽工作思路。其间，还参观城关区塔玛村集体经济、城关区智昭净土健康产业园区、城关区夺底乡“双联户”示范点和堆龙德庆区特色民俗村等地，学习当地先进的发展理念。

同日 新华报业传媒集团交汇点客户端“水滴公益·拉萨联络站”在拉萨晚报社揭牌，标志着“水滴公益情暖西藏”大型公益行动首个固定联络服务点落户拉萨。“水滴公益·拉萨联络站”由江苏省援藏指挥部与新华报业传媒集团旗下的交汇点新闻客户端、南京晨报、中国江苏网、拉萨晚报共同设立，联络站的成立将延伸爱心行动服务触角，汇聚公益力量、惠及西藏学生。2015年12月，由拉萨晚报社与南京晨报社联合发起的“水滴公益情暖西藏”大型公益行动正式启动，组织来自 全国各地的爱心人士根据拉萨中小学校现实需求捐赠物资，筹集资助金，帮助西藏的贫困学生。“水滴公益情暖西藏”公益活动已在墨竹工卡县甲玛乡中心小学、林周县阿朗乡中心小学、嘎玛贡桑街道办事处珠丹小院以及城关区教育局所属五所小学开展，累计筹集发放爱心物资、资助金总价值6万余元，受益学生500余人。

同日 江苏省镇江市委常委、组织部部长秦海涛率镇江市党政代表团一行到拉萨考察，先后前往达孜县委、县政府，达孜工业园区管委会、布达拉旅游集团考察，并召开座谈会，听取达孜县经济社会发展和镇江市援藏工作开展情况。

9 月

9月1日 以“美丽家园·幸福拉萨”为主题的2016中国拉萨雪顿节开幕式在拉萨群众文化体育中心篮球馆举行。区党委常委、市委书记齐扎拉宣布“2016中国拉萨雪顿节”开幕，全国政协常委、中国佛教协会副会长班禅额尔德尼·确吉杰布，中国文联副主席李前光出席开幕式，市领导达娃、果果、肖志刚、陈军、韩志宏、占堆、彭涛、马军，及来自四川、云南、青海、甘肃四省藏区的嘉宾，参加雪顿节招商引资项目推介会暨项目集中签约仪式的客商代表和自治区纪委、区党委组织部、宣传部、统战部、政法委等自治区有关部门负责人和市直各有关部门负责人和全市各族各界干部群众代表参加开幕式。其间，通过举行藏戏大赛和展演、招商引资项目推介会暨集中签约仪式、藏棋谱及表演、纳木错徒步大会、台湾民俗文化美食展等活动，宣传拉萨特色资源、特色产业、特色产品，展示拉萨近年来经济社会发展取得的巨大成就。此次雪顿节招商引资项目推介会成功签约项目50个，总投资305.94亿元。其中，正式签约项目37个，总投资217.59亿元。意向签约项目13个，总投资88.35亿元。

同日　拉萨至达州航线推介会在拉萨举行，此条航线于2016年1月27日正式开通，由西藏航空公司空客A319机型执飞，每周一、三、五各一班。

9月2日　区党委常委、市委书记齐扎拉主持召开八届市委第130次常委会，传达学习《中共西藏自治区委员会办公厅关于认真学习贯彻吴英杰书记在自治区党委常委扩大会议上重要讲话精神的通知》和自治区党委书记吴英杰在自治区党委常委扩大会议上的重要讲话精神，听取市政府党组关于拉萨市2016年上半年经济运行和财政预算执行情况，以及2015年财政收支决算情况，研究并通过市委宣传部关于拟创办《拉萨日报》事宜。市领导达娃、果果、陈军、袁训旺、彭祎涛、陈文强、马军出席。

9月5日　区党委常委、市委书记齐扎拉到墨竹工卡县调研精准扶贫精准脱贫工作，并召开座谈会，听取墨竹工卡县、矿山企业、市直相关部门负责人就怎样围绕矿山建设做好脱贫攻坚工作的意见和建议。市领导果果、陈文强陪同。

9月8—13日　全国政协副主席、科技部部长、中国科协主席万钢在西藏调研科技创新工作。在拉萨调研期间，到柳梧新区众创空间，了解小微企业发展情况，参观产品展示，并与企业负责人、大学生自主创业者交谈，询问发展愿景。

9月9日　拉萨市举行庆祝第32个教师节表彰大会，会议授予强巴班旦等10人优秀教师金奖、焦兴青等20人优秀教师银奖、洛桑卓玛等100人优秀教师铜奖，授予拉萨市第二中等职业技术学校招生处等10个团队优秀教师团队荣誉称号，授予强珍等50人李氏教师奖、拉萨市第四高级中学高考备考策略研究组等3个团队李氏教师团队奖。区党委常委、市委书记齐扎拉出席并为获奖教师颁奖。市领导达娃、肖志刚、陈军、袁训旺、彭祎涛出席。

同日　拉萨市人民政府与中国银行西藏分行举行《全面战略合作协议》签约仪式。区党委常委、市委书记齐扎拉出席并讲话。中国银行党委书记、董事长田国立，市领导果果、胡洪、袁训旺、陈文强出席。

9月11日　国务院扶贫办副主任欧青平率调研组到曲水县、堆龙德庆区调研脱贫攻坚工作，通过实地查看曲水县达嘎村、堆龙德庆区乃琼镇波玛村异地扶贫搬迁安置点项目建设后，充分肯定拉萨市异地扶贫搬迁筹资、建设、管理、分配的机制和模式。市领导果果、胡洪陪同。

9月12—14日　自治区党委副书记、区人大常委会主任白玛赤林率中华环保世纪行——西藏行活动第一检查组，在拉萨市区、曲水县、墨竹工卡县、达孜县实地调研，检查重大工程和建设项目履行环评手续、落实环保制度等情况。

9月13日　区党委常委、市委书记齐扎拉到曲水县调研才纳乡易地扶贫搬迁工作，了解工程进展情况、户型设计和产业配置等情况。市领导果果、袁训旺一同调研。

同日　全市扶贫开发工作领导小组推进会召开，总结2016年以来精准扶贫精准脱贫工作，听取各相关单位精准扶贫精准脱贫进展情况和下一步工作打算及四个集中搬迁点工作开展情况，并对当前重点工作再动员再部署。区党委常委、市委书记齐扎拉主持并讲话。市领导果果、胡洪、陈军、袁训旺、彭祎涛出席。

9月14日　市政府召开拉萨市迎接国务院第三次大督查动员部署会，明确《拉萨市迎接国务院第三次大督查工作任务分工清单》，安排部署对围绕国务院重大政策措施落实事项、加强对国务院重大政策措施4个方面23项内容的贯彻落实情况进行催办、跟办。市领导果果、胡洪，各副市长出席会议。

9月14—19日 北京市对口支援地区特色产品展销会在北京开幕，此次展销会，共有以拉萨净土健康产业为龙头的15家企业、81种产品参展。同时，北京市5家企业与拉萨净土商贸有限公司签署合作协议。

9月16日 自治区党委书记吴英杰到曲水县达嘎乡、才纳乡易地扶贫搬迁点，就易地扶贫搬迁工作进行实地调研。区党委常委、市委书记齐扎拉陪同。

9月18日 拉萨产业交流（南京秦淮）中心奠基仪式在南京举行。区党委常委、市委书记齐扎拉，南京市委副书记、市长缪瑞林出席并为工程培土奠基。拉萨市领导陈勇、胡洪、陈军、袁训旺、陈文强等参加了奠基仪式。

9月20日 江苏省委书记李强、省长石泰峰分别会见由西藏区党委常委、市委书记齐扎拉率领的拉萨市党政代表团一行。石泰峰表示，“十三五”期间，江苏省将按照中央部署和省委要求，一如既往地做好对口支援拉萨各项工作。齐扎拉对江苏省长期以来给予拉萨的大力援助表示感谢。拉萨市领导胡洪、陈军、袁训旺、陈文强会见时在座。

9月21—24日 拉萨市党政代表团在北京学习考察。21日，中共中央政治局委员、北京市委书记郭金龙，北京市委副书记、市长王安顺与西藏区党委常委、市委书记齐扎拉率领的拉萨市党政代表团座谈。拉萨市领导肖志刚、陈军、袁训旺、陈文强参加考察。

9月21日 由新疆维吾尔自治区党委组织部副部长、新兴工委书记、新疆维吾尔自治区“访惠聚”活动领导小组办公室负责人带队的考察团一行到达孜县考察交流强基惠民活动开展情况，并召开座谈会就驻村工作队派驻办法和日常管理、基层党组织设置、维稳措施落实、集体经济增收等方面进行交流。

9月22日 北京·拉萨人才援藏工作座谈会在北京会议中心召开，听取北京市援藏干部人才在藏工作情况。北京市委常委、组织部部长姜志刚主持会议，西藏区党委常委、市委书记齐扎拉出席并讲话。北京市委组织部常务副部长贾沫微，拉萨市领导肖志刚、陈军、袁训旺、陈文强出席座谈会。

同日 拉萨市不动产权证首发仪式在市民服务中心举行，国土资源部党组成员、副部长王广华，自治区副主席房灵敏，拉萨市领导果果出席首发仪式，并为前来办证的群众颁发首批不动产权证书。

9月23日 2016年团市委“民族团结闪光行动”先进表彰大会在拉萨市青少年活动中心举行，共表彰先进集体10个，优秀个人30名，发放奖金6万元，并发放2016年圆梦助学金。

9月25日 拉萨市精准扶贫精准脱贫“双百攻坚战”动员部署大会召开。区党委常委、市委书记齐扎拉出席并讲话。市领导达娃、果果、胡洪、陈军、袁训旺、占堆、陈文强出席。

9月26日 西藏非物质文化遗产博物馆项目开工建设。区党委常委、市委书记齐扎拉宣布项目开工并为项目培土奠基，区政协副主席、社科院院长白玛朗杰，市领导达娃、果果、袁训旺，深圳市副市长陈彪出席，万科集团党委书记解冻代表项目代建方作表态发言。

9月26—28日 全国人大常委会副委员长向巴平措率全国人大常委会执法检查组到拉萨市就安全生产法贯彻实施情况进行执法检查。其间，先后到布达拉宫、清政府驻藏大臣旧址陈列馆、拉萨国家经济技术开发区相关企业、拉萨环城路项目点、墨竹工卡县西藏华泰龙矿业开发有限公司选矿厂等，考察消防安全、企业运营、安全生产等工作开展情况，并召开座谈会。区党委常委、市委书记齐扎拉陪同在拉萨的调研活动。

9月27日 中国科学院与西藏高原之宝西藏拉萨净土健康产业院士工作站签约暨揭牌仪式在西藏高原之宝牦牛乳业股份有限公司举行。中国工程院院士、中国科学院南海海洋研究所所长张思、江南大学教授毛健，自治区科技厅、工信厅，市政府办公厅、市科技局、拉萨经开区等相关单位负责人参加签约暨揭牌仪式。

9月28日 拉萨市召开2016年度民族团结进步模范表彰大会，对65家“民族团结进步模范集体”、70名“民族团结进步模范个人”，10对“民族团结进步模范家庭”进行表彰。区党委常委、市委书记齐扎拉出席并讲话，自治区政协副主席、社科院院长白玛朗杰出席，国家民委创建全国民族团结进步示范市督导检查组组长、国家民委监督检查司副司长李钟协，中央统战部二局副巡视员武强出席会议，市领导达娃、果果、陈军、袁训旺、占堆出席会议。

同日 全市党校工作会议召开，贯彻落实全国党校工作会议和全区党校工作会议精神，堆龙德庆区、林周县委、当雄县委党校作交流发言。区党委常委、市委书记齐扎拉出席并讲话。市领导陈军、袁训旺、占堆出席。

9月29日 全市维稳工作电视电话会议召开，贯彻落实自治区党委关于做好当前维稳安保工作的一系列部署要求和9月28日全区维稳视频会议精神，着重对国庆期间全市维稳工作进行再安排再部署。市委副书记、统战部部长达娃出席并讲话。市领导马军出席。

同日 总投资13.97亿元的西藏自治区林木良种繁育中心建设项目在曲水县才纳乡正式开工，自治区副主席其美仁增，拉萨市领导果果出席开工仪式。

9月30日至10月1日 区党委常委、市委书记齐扎拉主持召开市委“两学一做”学习教育第九次集中学习会，传达学习习近平总书记在全国卫生与健康会议和推进“一带一路”建设工作座谈会上的讲话精神。市领导达娃、果果、陈军、袁训旺、占堆、陈文强、马军出席。

10月

10月3日 由自治区体育局和拉萨市人民政府主办的第十四届中国西藏登山大会在当雄县羊八井高山训练基地开幕。区党委常委、市委书记齐扎拉出席并宣布开幕，自治区政府、区党委宣传部、中国登山协会相关负责人出席。本届大会设置洛堆峰滑雪登山、雪古拉峰自行车越野挑战赛和登山等赛事活动。

同日 区党委常委、市委书记齐扎拉到尼木县调研精准扶贫易地搬迁工作进展情况，并看望慰问节日期间坚守岗位的基层干部职工。同时前往麻江乡考察琼穆岗嘎峰雪山旅游线路。市领导陈军陪同。

10月5日 自治区党委书记吴英杰到拉萨市环线路、鹏矗生态园就项目建设情况实地调研，听取环线路规划设计、建设进展情况，了解造林绿化、景观规划、市场运营情况。区党委常委、市委书记齐扎拉陪同。

10月7日 区党委常委、市委书记齐扎拉到林周农场旧址、江热夏乡、卡孜乡、强嘎乡等地考察基层党建及脱贫攻坚工作开展情况，并看望慰问节日期间坚守岗位的基层干部职工。市领导胡洪、陈军、袁训旺、马军陪同。

10月8日 区党委常委、市委书记齐扎拉主持召开八届市委第132次常委会议，传达学习习近平总书记在学习《胡锦涛文选》报告会上的重要讲话精神和《中共中央关于学习胡锦涛文选的决定》，听取拉萨市委赴北京江苏两省市考察情况的报告和有关事项落实情况，听取市委八届九次全委会、市委八届十次全委会、拉萨市第九次党代会、市委九届一次全委会相关会议筹备情况的汇报，听取关于城关区脱贫摘帽验收工作的情况汇报。市领导达娃、果果、胡洪、肖志刚、陈军、袁训旺、占堆、彭祎涛、陈文强、暴剑。

10月11日 中国共产党拉萨市第八届委员会第九次全体会议举行，市委常委主持会议，会议审议通过《关于召开中国共产党拉萨市第九次代表大会的请示》《关于召开中国共产党拉萨市第九次代表大会的决议（草案）》，决定中国共产党拉萨市第九次代表大会10月下旬召开。区党委常委、市委书记齐扎拉，市领导达娃、胡洪、肖志刚、陈军、肖光富、果果、占堆、彭祎涛、陈文强、暴剑出席会议。

10月13日 自治区党委副书记、主席洛桑江村到拉萨环城路、拉萨河综合整治、西藏文化创意园区项目建设地，现场办公加快推进重点项目建设。区党委常委、市委书记齐扎拉陪同。

同日 区党委常委、市委书记齐扎拉主持召开八届市委第134次常委会，传达学习自治区党委书记吴英杰重要批示精神，研究中国共产党拉萨市第九次代表大会筹备工作相关文件材料，听取拉萨市第十一届人民代表大会第一次会议和政协第十一届拉萨市委员会第一次会议筹备情况汇报，听取拉萨市出席自治区第九次党代会代表候选人初步人选产生情况汇报。会议明确分别拟于10月底和11月初召开政协十一届一次会议和十一届人民代表大会一次会议。市领导达娃、果果、胡洪、肖志刚、陈军、袁训旺、占堆、彭祎涛、陈文强出席。

同日 全市抓党建促脱贫攻坚工作座谈会召开，贯彻落实习近平总书记关于抓党建促脱贫攻坚的重要讲话精神，传达全区抓党建促脱贫攻坚工作座谈会、全市扶贫开发工作会议和全市精准扶贫精准脱贫“双百攻坚战”动员部署大会精神，城关区、曲水县、尼木县分别交流经验做法，安排部署全市抓党建促脱贫攻坚工作。市委副书记、常务副市长胡洪主持并讲话。市领导陈军出席会议。

10月14日 中组部组织一局副巡视员带队的督查组到曲水县检查督导基层党组织关系集中排查、党委换届、党费收缴、党建促脱贫、“两学一做”学习教育等7项重点工作，并召开座谈会，听取拉萨市、曲水县7县重点工作情况汇报。督导组对曲水县基层党组织建设工作所取得的成绩和工作经验给予充分肯定。

同日 住房城乡建设部公布第一批中国特色小镇名单，拉萨市尼木县吞巴乡入选。吞巴乡是藏文创始人吞弥・桑布扎的故乡，有全国首座藏文字主题博物馆，还有藏香、藏纸、藏雕刻等8项国家级、自治区级非物质文化遗产。

10月15日 拉萨市政府与闻康集团举行《健康拉萨智慧医疗项目合作协议》签约仪式。区党委常委、市委书记齐扎拉，市领导果果、肖志刚、袁训旺，闻康集团董事长、寻医问药网创始人郑早明出席。

同日 中国共产党第八届拉萨市纪律检查委员会第八次全体会议召开，会议应到委员27人，实到22人。会议总结全市党风反腐败工作，提出今后五年的工作建设，审议市纪委提请拉萨市第九次党代会审查的工作报告。会议由市纪委常委会主持，市委常委、纪委书记彭祎涛代表市纪委常委会作《中国共产党拉萨市纪律检查委员会工作报告（草案）》的说明。

10月17日 区党委常委、市委书记齐扎拉会见由新疆维吾尔自治区党委常委、乌昌党委书记、乌鲁木齐市委书记李学军率领的乌鲁木齐市党政考察团一行。拉萨市领导达娃、胡洪、肖志刚、陈军、袁训旺、占堆、陈文强、马军一同会见。

同日 北京援藏指挥部组织召开援藏项目专题会，听取北京对口支援城关区、堆龙德庆区、尼木县、当雄县关于“十二五”时期援藏项目的实施情况和“十三五”期间援藏项目规划与进展等相关情况工作汇报，发展、财政、扶贫、工商和北京援藏指挥部等相关部门就下一步援藏项目申报、项目推进、资金使用提出意见建议。

同日 全国第三个“扶贫日”，也是国际第24个消除贫困日。当天区市40余家相关单位联合开展“扶贫日”主题宣传活动，深入宣传党和政府扶贫开发各项政策，动员社会力量向贫困宣战。市领导达娃、果果、胡洪、陈军、占堆、彭祎涛、陈文强、马军等前往现场检查指导。

10月18日 拉萨经开区首支政府与社会资本合作管理的大规模产业基金——西藏中德产业基金投资中心正式成立。西藏中德产业基金由拉萨经开区管委会平台公司与东海产业基金投资管理有限公司共同发起，是拉萨市乃至西藏自治区由政府与社会资本合作的第一支产业投资基金，首期规模为10亿元人民币。

10月18—19日 由新疆维吾尔自治区党委常委、乌昌党委书记、乌鲁木齐市委书记李学军率领的乌鲁木齐市党政考察团一行在拉萨市参观考察，听取拉萨市“双联户”“网格化”工作开展情况，了解拉萨市城市发展建设。西藏区党委常委、市委书记齐扎拉陪同考察。

10月19日 南京市雨花台区人大常委会党组书记、主任带队的雨花台区代表团一行到墨竹工卡县考察调研，召开座谈会，听取墨竹工卡县经济社会发展情况以及援藏工作的开展情况介绍。座谈会上，南京市雨花台区委、区政府向墨竹工卡县捐赠80万元，江苏润和科技投资集团有限公司向墨竹工卡县捐资助学金60万元。

同日 拉萨市体育局正式挂牌成立。

10月19—20日 2016年“组团式”教育人才援藏北京市专家“进藏送教”系列活动在市青少年

实践基地举行，并召开座谈会达成初步对口援助意向。其间，专家一行先后到拉萨市青少年实践基地、城关区青少年活动中心开展各类讲座，对拉萨市青少年校外实践活动的组织开展进行针对性培训指导。

10月20—21日　区党委常委、市委书记齐扎拉主持召开市委“两学一做”学习教育第十次集中学习研讨会，传达中共中央关于《学习胡锦涛文选的通知》，贯彻学习习近平总书记在学习《胡锦涛文选》报告会上、在全国国有企业党的建设工作会议上及在中央政治局第三十六次集体学习时上的重要讲话。市领导达娃、果果、肖志刚、陈军、袁训旺、占堆、彭祎涛、陈文强、暴合剑、马军参加。

10月21日　区党委常委、市委书记齐扎拉主持召开八届市委第135次常委会议，传达学习吴英杰书记相关批示精神，听取中国共产党拉萨市第九次代表大会筹备情况汇报。会议同意将《中国共产党拉萨市第九次代表大会上的报告（送审稿）》提交拉萨市第九次代表大会审议。市领导达娃、果果、肖志刚、陈军、袁训旺、占堆、彭祎涛、陈文强、暴剑、马军出席。

同日　拉萨市召开精准扶贫精准脱贫“双百攻坚战”学习观摩大会，观看城关区精准扶贫精准脱贫工作专题片，听取城关区脱贫摘帽工作经验汇报，再动员再部署再推进全市精准扶贫精准脱贫各项工作。区党委常委、市委书记齐扎拉出席并讲话，强调各级各部门要把打赢“双百攻坚战”作为重大政治任务，切实放在心上、扛在肩上、抓在手上。

10月22日　拉萨市生活垃圾焚烧发电项目一号炉点火仪式在曲水县聂当乡举行。区党委常委、市委书记齐扎拉出席并宣布点火，自治区党委宣传部副部长晋美旺措、自治区环保厅厅长罗杰、自治区水利厅厅长孙献忠，市领导果果、袁训旺出席。

10月23日　中国共产党拉萨市第八届委员会第十次全体会议举行，会议听取和讨论《中国共产党拉萨市第八届委员会工作报告（草案）》《中国共产党拉萨市纪律检查委员会工作报告（草案）》，酝酿《中共拉萨市第九届委员会委员、候补委员、纪委委员候选人建议名单》，酝酿通过《拉萨市出席中国共产党西藏自治区第九次代表大会候选人预备人选建议名单》。市委常委会主持会议，区党委常委、市委书记齐扎拉，市领导达娃、肖志刚、陈军、肖光富、果果、占堆、彭祎涛、陈文强、暴剑、马军，市委委员、候补委员出席会议。

同日　全市维稳工作视频会议召开，贯彻落实自治区党委关于做好当前维稳安保工作的一系列部署要求和全区维稳视频会议精神，对中共十八届六中全会期间全市维稳工作进行再安排再部署。市委副书记、统战部部长达娃出席并讲话。市领导马军出席会议。

10月24日　自治区党委副书记、常务副主席、政法委书记邓小刚考察调研空港新区规划建设和贡嘎机场重点项目进展情况，检查指导维稳定安保措施落实情况，并召开座谈会听取空港新区建设情况和发展规划汇报和拉萨机场快速出口滑行道工程进度汇报。区党委常委、市委书记齐扎拉陪同。

10月25日　中国共产党拉萨市第九次代表大会预备会议召开，应到代表390名，因事因病请假19人，实到371人，会议通过大会主席团成员、大会秘书长、常务副秘书长名单，通过大会代表资格审查委员会名单，通过第九次代表大会议程。区党委常委、市委书记齐扎拉主持会议并讲话。

同日　中国共产党拉萨市第九次代表大会主席团第一次会议召开，应到主席团成员41名，实到39人。区党委常委、市委书记齐扎拉主持会议。会议表决通过大会日程，大会执行主席分组名单、主席团常务委员会委员、大会副秘书长、大会列席人员名单，听取并通过代表资格审查报告、大会秘书处机构设置和职能。

同日　拉萨严肃换届纪律专题学习暨换届风气民主测评会召开，传达中纪委、中组部《关于加强换届风气监督的通知》，与会人员填写换届风气测评表并观看警示教育片《镜鉴》。出席中国共产党拉萨市第九次代表大会的全体代表参加会议。

10月26日　自治区党委副书记、常务副主席、政法委书记邓小刚到城关区智昭产业园区、城关区易地扶贫搬迁项目点、拉萨鹏矗生态园，考察调研产业发展、易地扶贫搬迁工作和南山绿化工作进展情况。区党委常委、市委书记齐扎拉陪同。

10月26—28日　中国共产党拉萨市第九次代表

大会举行，会议应到代表390人，因病因事请假18人，实到372人。会议听取和讨论了区党委常委、市委书记齐扎拉代表中国共产党拉萨市第八届委员会所作的《不忘初心继续前进 努力建设团结美丽健康幸福新拉萨》工作报告，市委常委、市纪委书记彭祎涛代表中国共产党拉萨市第八届纪律检查委员会所作纪律检查委员会工作报告；审议通过《中国共产党拉萨市第九次代表大会关于中国共产党拉萨市第八届委员会工作报告的决议》《中国共产党拉萨市第九次代表大会关于中国共产党拉萨市纪律检查委员会工作报告的决议》《中国共产党拉萨市第九次代表大会选举办法》《关于全市党费收缴、使用和管理情况的报告》；选举了第九届委员会委员39名、候补委员8名，选举了纪律委员25名。大会高度评价拉萨市八届委员会的工作，全面总结了拉萨市第八次党代会以来的主要工作和基本经验，深刻分析存在的问题和面临的形势，科学谋划未来五年的发展思路、奋斗目标和工作重点。

10月27日　中国共产党拉萨市第九次代表大会主席团第二次会议召开，应到主席团成员41名，实到38名。区党委常委、市委书记齐扎拉主持会议。会议听取了各代表团审议《中国共产党拉萨市第八届委员会工作报告》《中国共产党拉萨市纪律检查委员会工作报告》情况汇报；讨论通过中国共产党第九届委员会委员、候补委员候选人建议名单，第九届纪律检查委员会候选人建议名单，出席自治区第九次代表大会代表候选人建议名单，并同意提交大会各代表团分别讨论酝酿；审议表决通过了第九次代表大会选举办法（草案）、关于中国共产党拉萨市第八届委员会工作报告的决议（草案）和拉萨市纪律检查委员会工作报告的决议（草案），并决定将这3个草案提交各代表团讨论；审议通过第九次代表大会选举工作总监票人、监票人建议人选和全市党费收缴、使用和管理情况的报告。

同日　中国共产党拉萨市第九次代表大会主席团第三次会议召开，应到主席团成员41人，实到38人。区党委常委、市委书记齐扎拉主持会议。会议听取了各代表团讨论3个草案的情况汇报和第九届委员会委员、候补委员候选人，纪委委员候选人，出席自治区第九次代表大会代表候选人，各代表团酝酿总监督人、监票人建议人选名单的情况汇报；表决通过了3个草案和各类建议人选名单，并同意提请大会表决；确定总计票人、计票人名单。

10月28日　中国共产党拉萨市第九届委员会第一次全体会议召开，会议应到市委委员39名、候补委员8名，实到市委委员36名、候补委员8名。市纪委委员列席会议。齐扎拉受第九次代表大会主席团委托主持会议。会议选举产生了中国共产党拉萨市第九届委员会常务委员会委员和书记、副书记，审议通过中国共产党第九届拉萨市纪律检查委员会第一次全体会议选举结果的报告。齐扎拉、达娃、果果、胡洪、肖志刚、陈军、肖光富、王念东、占堆、彭祎涛、暴剑、马军、庄红翔、吴亚松、阿努次仁当选为新一届中国共产党拉萨市委员会常务委员会委员；齐扎拉当选为新一届拉萨市委书记，达娃、果果、胡洪、肖志刚、陈军当选为新一届拉萨市委副书记。

同日　区党委常委、市委书记齐扎拉主持召开九届市委第1次常委会议，听取市人大常委会党组、市政协党组关于召开拉萨市第十一届人民代表大会和政协第十一届拉萨市委员会的筹备情况汇报，研究市人大党组提交的《拉萨市第十届人民代表大会常务委员会工作报告（送审稿）》，市政府党组提交的《政府工作报告（送审稿）》，市政协党组提交的《政协第十届拉萨市委员会常务委员会工作报告（送审稿）》，市中法和市检察院提交的《拉萨市中级人民法院工作报告（送审稿）》《拉萨市人民检察院工作报告（送审稿）》。会议要求，工作报告一定要反映各自工作成绩和目标规划，切实呈现出市人大常委会、市政府、市政协、市中法、市检察院在推进“六大战略”各方面工作中所实施的有力举措和经验做法。市领导达娃、果果、陈军、王念东、占堆、彭祎涛、庄红翔、吴亚松、阿努次仁出席。

同日　中国共产党第九届拉萨市纪律检查委员会第一次全体会议召开，应到纪委委员25名，实到25名。会议选举产生中国共产党第九届拉萨市纪律检查委员会常务委员会委员、书记和副书记。彭祎涛当选为新一届纪委书记，赵大勇、拉巴次仁、张斌、苏新勇当选市纪委副书记。

10月30日 拉萨市召开“两会”党员大会。区党委常委、市委书记齐扎拉出席大会并讲话，指出2016年“两会”是在全市上下深入学习贯彻落实中共十八届六中全会、市第九次党代会精神，选举产生新一届领导班子，全面打赢脱贫攻坚战重要历史时期召开的重要会议，要统一思想，认真履职，充分发挥好党员代表、委员的带头作用，切实把“两会”开好。市领导达娃、果果、肖志刚、陈军、袁训旺、王念东、占堆、彭祎涛、暴剑、马军、庄红翔、吴亚松、阿努次仁出席。

10月31日至11月2日 市政协十一届一次会议召开。应到委员249名，实到232名。会议听取政协第十届拉萨市委员会主席诸伟敏代表政协第十届拉萨市委员会常务委员会向大会所作的工作报告，通过政协第十一届拉萨市委员会第一次会议政治决议、常委会工作报告决议、提案工作报告决议以及政协第十一届拉萨市委员会提案审查委员关于提案审查情况的报告，选举产生政协第十一届拉萨市委员会主席、副主席、秘书长及常务委员。袁训旺当选政协第十一届拉萨市委员会主席，亚古、孙宝祥、江嘎、张勤、拉巴、拉巴顿珠、岳国红、朱梅品当选副主席，张勤当选秘书长，嘎苏·仁增卓嘎等40人当选政协第十一届拉萨市委员会常务委员。

11月

11月1—3日 拉萨市第十一届人民代表大会第一次会议召开，应到代表254名，实到235名。会议表决通过关于拉萨市十届人大常委会工作报告的决议、关于拉萨市人民政府工作报告的决议、关于拉萨市中级人民法院工作报告的决议和关于拉萨市人民检察院工作报告的决议。

11月5日 区党委常委、市委书记齐扎拉到堆龙德庆区考察拉萨市流浪犬收养中心建设管理情况。市领导肖志刚、庄红翔陪同。

同日 区党委常委、市委书记齐扎拉到堆龙德庆区调研拉萨西环线工程推进和桑木村易地扶贫搬迁安置点建设情况。市领导肖志刚、庄红翔陪同调研。

11月7日 区党委常委、市委书记齐扎拉到曲水县调研才纳乡易地扶贫搬迁工作开展情况。市领导果果、袁训旺陪同。

同日 西藏自治区工信厅、江苏省经信委、拉萨市人民政府在江苏无锡签署三方协议，建立产业援藏、产业脱贫三方会商联席机制。

同日 以“政府主导、企业主体、共建共享，多元驱动下的全域旅游发展新模式”为主题的拉萨“全域旅游”研讨会举行。区党委常委、市委书记齐扎拉出席并讲话。自治区旅游发展委员会相关负责人，市领导达娃陈军、彭祎涛、马军、庄红翔、吴亚松、阿努次仁出席研讨会。上海景域国际旅游运营集团、鼎盛文化产业投资公司、加拿大环环国际文化传媒投资集团大中华区、加拿大国际电视总公司、上海奇创旅游规划机构等企业代表围绕全域旅游发展作交流发言。会上，拉萨市政府与上海景域国际旅游运营集团签订了战略合作协议。

同日 区党委常委、市委书记齐扎拉主持召开市委“两学一做”学习教育第十一次集中学习暨市委理论学习中心组“做合格党员”专题学习研讨会，传达区党委《关于学习贯彻习近平总书记在纪念红军长征胜利80周年大会上的重要讲话精神的通知》及习近平总书记的讲话精神，以及中央全面深化改革领导小组第二十九次会议精神。市领导达娃、果果、肖志刚、陈军、彭祎涛、马军、庄红翔、吴亚松、阿努次仁参加。

11月8日 市政府召开第三届藏博会、2016年雪顿节签约项目落地督办会，梳理签约项目落地存在的问题、进行现场督办。14家签约主体单位汇报了项目进展情况、存在的问题，9个市直相关职能部门就各项目有关情况进行了现场解答。副市长方桂林出席并讲话，指出要签约主体单位及相关职能部门要明确项目具体内容，强化政务服务和督查力度，顺利推进项目建设。

11月8—9日 区党委常委、市委书记齐扎拉主持召开市委理论学习中心组中共十八届六中全会精神集中学习会，传达习近平总书记在中共十八届六中全会第一次、第二次全体会议上关于中央政治局工作的报告和《关于新形势下党内政治生活的若干准则》《中国共产党党内监督条例》。

11月9日　市妇联举行“贫困母亲两癌救助金”发放仪式，向拉萨市八县（区）的35名“两癌”贫困妇女各发放救助金1万元。自2010年以来，市妇联共对158名患有“两癌”的贫困妇女进行救助，发放救助金158万元。

11月10日　自治区党委巡视一组专项巡视拉萨市委情况反馈会召开，传达学习自治区党委书记吴英杰在区党委“书记专题会”听取区党委第八轮巡视情况汇报时的重要讲话精神，宣读区党委巡视一组专项巡视拉萨市委反馈意见。区党委常委、市委书记齐扎拉主持并作表态发言。自治区纪委副书记、区党委巡视领导小组成员姚瑞峰出席会议并讲话。自治区党委巡视一组组长李迎春，及巡视组成员出席会议，市领导达娃、果果、陈军、彭祎涛、马军、庄红翔、吴亚松、阿努次仁出席。

同日　第七届中国绿色发展高层论坛举行，拉萨市荣获“中国十佳绿色城市”称号，区党委常委、市委书记齐扎拉荣获“中国十佳绿色新闻人物奖”殊荣。副市长林生代表拉萨市和齐扎拉分别领取了证书。

11月11日　中央宣讲团中共十八届六中全会精神报告会举行，中央宣讲团成员、中央军委纪委专职委员朱国标围绕加强和规范党内政治生活、全面落实党内监督责任、突出抓好领导干部特别是高级领导干部等方面作宣讲报告。市领导果果、陈军、彭祎涛、马军、庄红翔、吴亚松、阿努次仁及市政府、市政协等在家领导在拉萨分会场聆听宣讲报告。

11月13日　区党委常委、市委书记齐扎拉主持召开九届市委第3次常委会议，研究并通过了拉萨市人民政府党组提交的《拉萨市国资国企整合重组工作方案（送审稿）》，原则同意拉萨市人民政府提交的《拉萨市人民政府关于进一步推进户籍制度改革的实施意见（试行）》，听取区党委巡视一组反馈意见整改落实任务分工建议汇报，研究并同意《关于成立中共国家统计局拉萨调查队党组的请示》《关于成立中共拉萨市统计局党组的请》《关于成立中共拉萨市交通产业集团有限公司委员会的请示》。市领导达娃、果果、陈军、肖光富、彭祎涛、马军、庄红翔、吴亚松、阿努次仁。

11月15日　自治区第九次党代会进行分组讨论，自治区党委书记吴英杰参加拉萨代表团讨论。区党委常委、市委书记齐扎拉主持讨论会，讨论了吴英杰所作的报告。吴英杰充分肯定了拉萨市近5年来的工作成绩。市委果果、陈军、彭祎涛参加讨论会。

同日　由最高人民检察院、教育部联合组织，拉萨市检察院承办的“法治进校园”全国巡讲团巡讲活动在拉萨市第二职业技术学校进行。巡讲团以青春期有关法律常识及法治意识培养、预防和抵制校园暴力为主题与学生展开现场互动活动。

同日　自治区妇联在城关区八廓街道夏萨苏社区举行第二个“自治区妇女信访代理示范点”授牌仪式暨维权培训活动。自治区妇联于2014年在城关区木如社区发展首批“联户长”妇女信访代理员队伍、建立首个“自治区妇联信访代理员示范点”。此次，在夏萨苏社区又发展了97名“联户长”妇女信访代理员。

同日　拉萨市市、县两级法院“强制执行联动攻坚月”活动执行案款集中兑现大会召开，向49件案件的47名申请执行人现场发放执行案款1891万余元。全市两级法院于10月21日启动为期40天的“强制执行联动攻坚月”活动，活动开展以来，对329例失信被执行人和企业进行全方位曝光，对42名拒执被执行人实行司法拘留，共执结到位案款3108.46万元。

同日　拉萨市第一届青少年科技创新大赛表彰大会在拉萨北京实验中学举行，表彰获奖的个人和集体。

11月16—17日　自治区党委副书记、自治区主席洛桑江村参加拉萨代表团讨论，齐扎拉主持讨论会并讲话。市领导果果、陈军、袁训旺（市政府主席）、彭祎涛参加讨论会。

11月18日　中国共产党西藏自治区第九届委员会第一次会议举行。拉萨市委书记齐扎拉当选为自治区党委副书记。

11月21日　拉萨市第十一届人大常委会第一次主任会议召开，听取市政府人事任免事项的说明，审议通过拉萨市十一届人民代表大会常务委员会编制五年立法规划工作方案，审议通过代表资格审查委员会组成人员提交的议案，决定拉萨市第十一届人大常委会第一次会议召开时间及建议议程。市委副书记、市人大常委会主任达娃主持会议，副主任计明南加、达瓦、觉根、欧阳丽萍、张慧、康娜美朵、杨林出席。

11月22日　自治区党的十八届六中全会和自治区第九次党代会精神宣讲团首场报告在拉萨市举行，自治区宣讲团成员、区党委宣传部副部长唐献文就学习宣传贯彻中共十八届六中全会精神和自治区第九次党代会精神的重大现实意义和深远历史意义，按照自治区第九次党代会提出的各项目标任务作宣讲报告。市委副书记、市人大常委会主任达娃主持，市领导果果、陈军、彭祎涛、暴剑、马军、吴亚松、阿努次仁出席。

同日　由北京市文联、北京援藏指挥部、北京作家协会、市委宣传部、拉萨市文学艺术界联合会、市教育局联合举办的第四届“东方少年中国梦”新创意中小学生作文大赛（拉萨赛区）举行颁奖典礼，130篇优秀作文获奖。活动自5月正式启动以来，共收到推荐作品777篇，最终评出小学组55篇、中学组75篇共130篇优秀作文。

同日　拉萨市2016年下半年和谐模范寺庙暨爱国守法先进僧尼表彰大会召开，对哲蚌寺等21座寺庙、旦增格桑等2002名僧尼、色拉寺管理委员会等18个寺庙管理委员会进行表彰。市委副书记、市人大常委会主任达娃出席并讲话。市领导果果、陈军、庄红翔、阿努次仁出席。

11月23日　自治区党委副书记、市委书记齐扎拉主持召开九届市委第4次常委会议，研究讨论《中共拉萨市委员会关于认真贯彻落实党的十八届六中全会精神的决定（讨论稿）》，审议《中国共产党拉萨市第九届委员会第二次全体会议决议（草案）》，原则同意决议（草案），要求大会秘书处根据会议讨论意见建议，进一步修改完善。市领导达娃、果果、肖志刚、陈军、肖光富、彭祎涛、暴剑、马军、庄红翔、吴亚松、阿努次仁。

11月24日　全市精准扶贫精准脱贫“双百攻坚”第二次推进大会召开，总结前期工作，安排重点工作，听取墨竹工卡县“双百攻坚战”工作开展情况汇报。自治区党委副书记、市委书记齐扎拉出席并讲话，指出自2016年全面打响“双百攻坚战”以来，全市已有9081户35520人实现脱贫，完成全年计划的116.21%，占总任务的80.43%。市领导达娃、果果、胡洪、暴剑、马军、庄红翔、吴亚松、阿努次仁出席。

11月25日　自治区党委副书记、市委书记齐扎拉在自治区党委党校为党员干部和党校学员作“不忘初心、继续前进，率先建成小康拉萨”的专题辅导报告。自治区脱贫攻坚指挥部成员单位地县级领导干部，西藏大学、自治区农牧科学院、西藏职业技术学院部分干部和专家学者，区党委党校、自治区行政学院第二十三期中青年干部培训班、第五期全区党校系统师资培训学员等约400人参加辅导报告会。

11月26日　由拉萨市政府主办，市民政局、市残联、市体育局和市教育局承办的拉萨市首届残疾人运动会在市群众文化体育中心开幕，来自全市八县（区）的代表队、市特殊学校代表队、市直代表队的349名运动员参加田径类、趣味类、民族类共三大项十五个小项的角逐。自治区党委统战部副部长、区工商联党组书记李瑞富，自治区民政厅厅长格桑仁青出席开幕式。市领导果果出席并致开幕辞，区残联党组书记、理事长黄建国出席并宣布拉萨市首届残疾人运动会开幕。

11月28日　拉萨市委与北京林业大学党委签署人才智力合作协议， 果果主持并简要介绍了拉萨市人才智力工作开展情况。 仪式上，张闯和陈军代表双方签署了《中共拉萨市委员会中共北京林业大学委员会人才智力合作协议》。北京林业大学党委书记王洪元出席并讲话。北京林业大学党委常委、副校长张闯，市委副书记、组织部长陈军，市委常委、常务副市长暴剑，市委常委、秘书长庄红翔出席签约仪式。

同日　江苏省援藏前方指挥部召开第八批援藏全体干部人才大会。会议传达学习了西藏自治区第九次党代会精神和自治区第八批援藏干部人才第一次领队座谈会精神，传达宣讲了江苏省第十三次党代会精神明确了今后五年的总体要求、奋斗目标和主要任务。拉萨市委副书记、常务副市长，江苏省援藏前方指挥部党委书记、总指挥胡洪主持。

同日　拉萨市创先争优强基础惠民生活动第六

批驻村（居）工作队队长培训班开班。全市除自治区单位派驻的21个驻村工作队之外的其余市、县两级第六批驻村工作队和各县（区）强基办负责人和工作人员共计270余人参加了培训。 市委常委、纪委书记，市创先争优强基础惠民生活动领导小组副组长彭涛主持， 市委副书记、组织部部长，市创先争优强基础惠民生活动领导小组常务副组长、办公室主任陈军出席开班仪式并讲话。

11月29日 拉萨市创先争优强基础惠民生活动第五批驻村（居）工作总结表彰暨第六批驻村（居）工作动员大会召开。会议的主要任务是：深入贯彻落实习近平总书记系列重要讲话精神、特别是治边稳藏重要战略思想，贯彻落实吴英杰书记关于做好干部驻村工作的一系列重要指示精神，全面总结第五批驻村工作，表彰先进集体和先进个人，动员部署新一轮干部驻村工作。 市委副书记、市人大常委会主任达娃主持会议。 自治区党委副书记、拉萨市委书记，市创先争优强基础惠民生活动领导小组组长齐扎拉出席并讲话。齐扎拉代表市委、市政府，向受到表彰的先进集体和先进个人表示热烈祝贺，向奋战在基层一线的1100多名驻村工作队员致以诚挚慰问。自治区创先争优强基础惠民生活动领导小组办公室副主任游胜苗，以及自治区党委政策研究室、区党委老干局，自治区安监局、审计厅、住建厅、民政厅等相关单位负责人应邀出席。市领导果果、肖志刚、暴剑、马军、庄红翔、吴亚松、阿努次仁出席。

11月30日 拉萨市召开2016年度“先进双联户”创建活动总结表彰大会，传达自治区党委副书记、市委书记齐扎拉关于做好“双联户”工作的重要批示，宣读《中共拉萨市委员会拉萨市人民政府关于表彰2016年度“先进双联户”和创建评选活动先进集体的决定》，并为受表彰的先进县（区）、先进乡镇（街道）代表、先进村（居）代表、“先进双联户”代表颁奖，获奖先进集体和联户代表作了交流发言。果果主持会议。市委副书记、市人大常委会主任达娃出席并讲话。市领导肖志刚、陈军、马军、吴亚松、阿努次仁出席，市人大、市政府、市政协在家地级领导，各县（区）、乡镇（街道），市（中、区）直各单位主要负责人，获奖集体和家庭代表，部分城区联户代表共360余人参加会议。

同日 全市脱贫攻坚指挥部2016年度脱贫攻坚工作成效考核反馈会召开，听取各考核组汇报、交流2016年脱贫攻坚工作成效，反馈成果、查找问题，并及时解决问题，为迎接国务院、自治区考核及第三方评估做好充足的准备。市委副书记、常务副市长胡洪主持会议并要求。

12月

12月1日 自治区党委副书记、市委书记齐扎拉主持召开拉萨市城乡规划建设委员会第二十次会议，研究拉萨市2015年基准地价更新事宜，审查拉萨市滨河道路规划设计事宜，审查并同意两起项目违法建设行为的处罚意见，审查并原则同意拉萨市曲水县曲水镇俊巴渔村特色村庄规划方案事宜，审查拉鲁湿地保护与建设规划方案和城关区娘热乡仁钦蔡村村委会地块建筑高度和容积率调整事宜等。市领导果果、庄红翔出席。

同日 自治区考核组赴拉萨市开展2016年度脱贫攻坚工作评估考核汇报会召开，听取拉萨市脱贫攻坚工作情况汇报。市委副书记、常务副市长胡洪主持并就继续做好脱贫攻坚各项工作作出表态，以此次自治区考核驵的检查指导及考核评估为契机，继续做好考核验收相关准备工作，严格考核标准，迎接国务院的考核验收。

同日 拉萨市“两证整合”登记制度改革启动仪式在市工商局城东分局举行，标志着全市“两证整合”登记制度改革实现与全国同步。

同日 第五个122“全国交通安全日”集中宣传活动在市民服务中心楼前举行，宣读了交通安全倡议书，并向拉萨市2016年度“中国好司机”和“文明交通小天使”颁发了荣誉证书。 自治区副主席、区党委政法委副书记、区公安厅党委书记、厅长刘江出席活动现场检查指导工作， 市委常委、政法委书记、市公安局党委书记马军出席活动。

12月4日 第三个国家宪法日。自治区党委宣传部、区司法厅、区普法办组织区（中）直、拉萨市、城关区120多家单位在宇拓路开展以“增强

‘四个意识’、弘扬宪法精神”为主题的“法治宣传一条街”活动。

12月6日 拉萨市召开2015年度深化全国文明城市创建总结表彰暨2016年迎检测评动员部署大会，总结拉萨市创建全国文明城市工作经验，安排部署2016年迎检测评工作，表彰72家先进单位和146名先进个人。自治区党委副书记、市委书记、市文明委第一主任齐扎拉出席并讲话。会上，市委副书记、市长果果代表文明委与各县（区）、市（中、区）直单位代表签订《2016年度拉萨市深化全国文明城市创建工作目标管理责任书》。市领导肖志刚、王念东、彭祎涛、马军、庄红翔、吴亚松、阿努次仁出席。

12月8日 自治区党委副书记、市委书记齐扎拉主持召开九届市委第5次常委会议。研究《关于推进“健康拉萨”建设的指导意见（2016—2020）（送审稿）》《关于创建全国健康城市试点方案（送审稿）》，研究并原则同意市政府党组提交的《拉萨市2016年财政预算调整方案报告的请示》《拉萨市精准扶贫易地搬迁及小康安居工程搬迁补偿指导意见（送审稿）》，研究拉萨市有关领导小组（委员会）调整充实事宜，研究并同意《关于成立中共拉萨市政投建设项目代建管理有限公司党委的请示》《关于成立中共拉萨市体育局党组的请示》《关于中共拉萨市旅游局党组名称变更为中共拉萨市旅游发展委员会党组的请示》。市领导果果、胡洪、肖志刚、肖光富、王念东、占堆、彭祎涛、马军、庄红翔、吴亚松、阿努次仁出席。

同日 自治区环保考核组召开反馈会，听取2016年拉萨市环境保护工作及迎接中央环保督察准备情况的汇报，反馈自治区考核办第一组对拉萨市的环保考核情况。自治区考核办第一组组长、区环保厅党组书记胡为民出席并讲话。市委副书记、市长果果主持会议。

12月9日 城关区蔡公堂乡蔡村精准扶贫项目竣工并交付使用，该项目总投资6亿元。

12月10日 拉萨市卫生与健康推进暨全国健康城市试点启动大会召开，会议贯彻传达了全国卫生与健康大会精神并对全国健康城市试点工作进行了安排部署。自治区党委副书记、市委书记齐扎拉出席并讲话。自治区人大常委会副主任李文汉，自治区副主席德吉，自治区政协副主席、中国佛协西藏分会党组书记、常务副会长索朗仁增，自治区卫计委党组书记王亚蔺应邀出席，市领导果果、胡洪、肖志刚、王念东、占堆、彭涛、马军、庄红翔、阿努次仁出席。

同日 拉萨市目标绩效争先进位考核组赴墨竹工卡县考核验收2016年目标绩效争先进位工作，并召开座谈会，听取工作汇报。2016年墨竹工卡县生产总值预计完成24.55亿元，同比增长12.15%；公共财政预算收入预计完成3.27亿元，同比增长18%；农牧民人均可支配收入实现1.23亿元，同比增长16.52%；全社会固定资产投资完成93.94亿元，同比增长24.95%；工业增加值实现9.82亿元，同比增长19.5%；社会消费品零售总额预计完成3.38亿元，同比增长17%。

12月13日 自治区党委副书记、拉萨市委书记齐扎拉到拉萨国家级经济技术开发区，就拉萨综合保税区和精准扶贫易地搬迁及小康安居工程建设情况进行调研，并召开座谈会。 市领导胡洪、袁训旺、庄红翔陪同调研。

同日 自治区党委副书记、市委书记齐扎拉到柳梧新区考察拉萨高新区规划建设情况，并召开座谈会听取柳梧新区“双创”工作开展情况汇报，就进一步推进柳梧新区经济持续健康发展提出要求，要继续推进“双创”工作，加大政策扶持力度，用足拉萨的政策优势，助推拉萨高新区差异化发展，拉萨特色产品标准化建设，为全区乃至整个藏区探索出可复制可供借鉴的发展经验。市领导胡洪、庄红翔陪同考察。

12月15日 自治区党委副书记、市委书记齐扎拉主持召开九届市委全面深化改革领导小组第一次会议，传达学习中央全面深化改革领导小组第三十次会议主要精神，听取全市农村、教育、投融资体制、国有企业改革情况及“双创”工作开展情况汇报，安排部署下一阶段工作任务。市领导胡洪、陈军、袁训旺（市政协主席）、王念东、占堆、暴剑、庄红翔、阿努次仁出席会议。

同日 自治区党委副书记、市委书记齐扎拉到拉萨经开区、柳梧新区考察调研拉萨高新区规划建设、拉萨综合保税区规划及拉萨经开区、柳梧新区双创工作开展情况，并召开座谈会，听取工作进展情况汇报。指出要不断解放思想，突出地域特色，打造创新创业良好环境。市领导胡洪、袁训旺、庄红翔一同调研。

同日 拉萨市人才培养基地揭牌仪式暨拉萨市江苏专家组服务团成立大会在江苏省委党校召开。会上，拉萨市委组织部与江苏省委党校、南京市委党校、河海大学、南京农业大学、江苏警官学校、南京邮电大学6所院校签订合作协议，同时选聘100名专家，组建拉萨市江苏专家服务团，采取远程咨询、引进科研成果、共享信息资源、协同创新等方式为拉萨市提供全方位人才智力服务。

12月18日 拉萨净土健康产品（南京）发布会举行。拉萨市委副书记、市长果果和南京市副市黄澜分别致辞。此次活动共达成签约项目65个，总额近10亿元。

12月20日 拉萨市维稳视频部署会议召开，全面分析当前维稳形势，并就近期维稳工作进行再动员、再部署。自治区党委副书记、市委书记齐扎拉出席并讲话。市领导肖光富、彭祎涛、庄红翔、阿努次仁出席。

12月22日 自治区党委书记吴英杰到拉萨市垃圾焚烧发电厂、拉萨河（城区段）综合整治工程二号闸和拉萨市环线路调研。自治区党委副书记、市委书记齐扎拉陪同。

同日 全市2016年度县（区）委书记、有关行业系统党工委书记抓基层党建工作述职评议电视电话会议召开，八县（区）委书记、七个行业系统党工委书记分别述职并现场回答提问。自治区党委副书记、市委书记齐扎拉出席并提出意见建议。各县（区）设分会场。

同日 北京援藏指挥部2016年总结会在拉萨市老干部活动中心召开，传达贯彻西藏自治区组织部《关于进一步加强第八批援藏干部人才教育管理工作的通知》，总结2016年北京援藏工作并初步安排2017年工作，听取北京援藏指挥部第三支部、第七支部和“组团式”医疗援藏队工作汇报。市委副书记、北京援藏指挥部指挥肖志刚，市委常委、常务副市长、北京援藏指挥部副指挥暴剑出席会议。

12月23日 自治区党委副书记、市委书记齐扎拉主持召开九届市委第6次常委会议，传达贯彻中央经济工作会议和中央农村工作会议精神，听取2016年全市基层党建工作情况汇报和全市党风廉政建设和反腐败工作情况汇报》。市领导果果、胡洪、陈军、王念东、占堆、彭祎涛、暴剑、庄红翔、吴亚松、阿努次仁出席。

12月24—30日 由市政府主办、市体育局承办的拉萨市首届足球邀请赛在拉萨市群众文化体育中心举行，拉萨市代表队、山南市代表队、昌都市代表队、林芝市代表队、那曲地区代表队、阿里地区代表队、拉萨交通产业集团代表队、拉萨业余足球联盟代表队共8支参赛队参加比赛。自治区党委副书记、市委书记齐扎拉出席并观看比赛，市领导果果、占堆、庄红翔出席并观看了比赛。

12月24日 由中央网信办网络新闻信息传播局指导协调、自治区党委网信办主办的“冬行西藏”全国网络媒体西藏行活动在拉萨举行采访团媒体见面会，拉萨市委常委、常务副市长胡洪出席并就拉萨市经济社会发展，特别是精准扶贫精准及生态文明建设等工作开展情况回答记者提问。

12月25日 全市重点产业发展表彰大会召开，贯彻落实中央经济工作会议精神和区市第九次党代会精神，总结全市重点产业发展成绩，研究部署当前和今后一个时期重点产业发展工作。自治区党委副书记、市委书记齐扎拉出席并讲话。市领导果果、胡洪、陈军、王念东、占堆、彭祎涛、暴剑、庄红翔、吴亚松、阿努次仁出席。

同日 拉萨市2016年度脱贫攻坚总结表彰暨“双百攻坚战”第三次推进大会召开。市委副书记、市长果果出席并讲话。2016年全市9081户35520人越过贫困线，完成全年任务的116.2%，占全市总任务的80.43%。自治区扶贫（农发）办主任尹分水到会指导，市领导胡洪、王念东、彭祎涛、暴剑、庄红翔、阿努次仁出席。

12月28—29日 市委贯彻中央经济工作会议精神暨“两学一做”学习教育第十二次集中学习研讨会举行，传达学习习近平总书记在中央经济工作会议上的讲话（新闻稿）和习近平总书记在中央财经领导小组第十四次会议上的讲话（新闻稿），人民日报关于贯彻落实中央经济工作会议精神系列社论、新华社关于贯彻落实中央财经领导小组第十四次会议精神系列社论，部分与会干部围绕“贯彻落实中央经济工作会议精神，坚定信心、乘势而上，实现拉萨2017年各项经济指标顺利完成，推动经济社会又好又快发展”作交流发言。市委副书记、市长果果主持，市领导达娃、陈军、王念东、占堆、彭祎涛、暴剑、庄红翔、吴亚松、阿努次仁出席。

12月30日 自治区党委副书记、市委书记齐扎拉主持召开拉萨市与亿利资源集团合作事宜座谈会，听取亿利资源集团执行董事、轮值总裁尹钺国关于拉萨河流域生态综合治理PPP项目、亿利生态股份与拉萨圣地园林公司重组事项、土地生态治理项目等重点合作事宜进展情况的汇报。市领导暴剑、庄红翔出席。

罗布林卡绿化美化一角

中国共产党拉萨市委员会

综述

2016年，拉萨市委团结带领全市各族人民，深入贯彻落实习近平总书记系列重要讲话精神和治国理政新理念新思想新战略，深入贯彻落实中共十八大和十八届三中、四中、五中、六中全会及中央第六次西藏工作座谈会精神，贯彻落实自治区第九次党代会精神，全面深化改革，深入实施党建统市、环境立市、文化兴市、产业强市、民生安市、依法治市"六大战略"，全市呈现出经济快速发展、社会和谐稳定、生态持续良好、文化繁荣发展、民生显著改善、民族团结进步、人民安居乐业和党的建设全面加强的良好局面。全年实现地区生产总值422亿元、增长12%，财政收入107.53亿元、增长18.49%（其中公共财政预算收入70.79亿元、增长13.41%），社会消费品零售总额233亿元、增长13%，全社会固定资产投资636亿元、增长18%，工业增加值55.43亿元、增长27%，城乡居民人均可支配收入分别达到29968元、12038元，分别增长11.4%、16%。

深入贯彻落实中央精神和区党委决策部署。结合"两学一做"学习教育，认真学习贯彻中共十八大和十八届三中、四中、五中、六中全会及中央第六次西藏工作座谈会精神，特别是习近平总书记系列重要讲话精神，学习贯彻自治区第九次党代会精神，用中央精神，尤其是习近平总书记的系列重要讲话精神武装头脑、指导工作。制定出台《中共拉萨市委员会关于认真贯彻落实党的十八届六中全会精神的决定》，落实全面从严治党要求。

深入实施"党建统市"战略。从严从实、稳步推进58个乡镇、7个县（区）和市级领导班子换届工作，实现村（居）党组织第一书记选派全覆盖，选派1378名优秀乡（镇）机关干部下沉村（居），实现服务管理到底到边；全面推行党员干部"321"精准扶贫结对帮扶责任制，成立拉萨市人才工作协调小组，建立"北京拉萨人才共建行动"机制，开展人才登记试点工作，建立全市优秀人才信息库，完善基层党代表联系制度，深入推进城市社区党建工作，推行"党建+国企改革"模式，成立拉萨市企业党工委，开展县（区）委书记和市直机关党委（党组）书记"双述"试点工作。印发《拉萨市开展村（居）党支部第一书记、书记向乡（镇、街道）纪委述责述廉并接受评议质询试点工作方案》。

深入实施"环境立市"战略。着力实施"蓝天工程""碧水工程""绿地工程""生物保护工程"，持续推进南山和拉萨河流域造林绿化，实施造林绿化项目6个，植树造林13.37万亩，封山育林3.72万亩，建成南山鹏矗生态园，扎实推行"河长制"，建成2#闸并成功蓄水，4个城市集中饮用水水源地水质监测指标均符合国家《地下水质量标准》的Ⅲ类标准，7个国控断面地表水（除纳木错外）监测指标均达到国家《地表水环境质量标准》的Ⅲ类标准。荣获"中国十佳绿色城市"称号。

深入实施"文化兴市"战略。进一步深化全国文明城市创建工作，继续开展"净网""秋风""固边""清源"等专项行动，大力发展广场文化、节庆文化、社区文化，在全市65家网咖开设全民免费阅览点，文化、科技、卫生“三下乡”和科教、文体、法律、卫生“四进社区”持续开展；完善县级保护名录项目71项、传承人83名，形成国家、区、市、县四级非物质文化遗产名录体系；全面启动60集电视连续剧《金城公主》拍摄筹备工作，组织拍摄纪录片《驻藏大臣风云录》，配合中宣部开展“纪录中国”《吉祥拉萨》拍摄工作，与中央电视台联合推进“欢乐一家亲”大型文化活动和2017“东西南北贺新春”特别节目录制工作，在尼泊尔国家电视台滚动播出《美丽家园·幸福拉萨》《拉萨之舞》《鲜花供佛节》《哲蚌寺》等宣传片，向尼泊尔及其他国外观众展示拉萨魅力。

深入实施“产业强市”战略。向国家工商总局申请注册的17类“拉萨净土”区域公用品牌商标全部获批，汇源、蒙牛等知名企业成功入驻，北京、上海、南京等地6个产业交流中心建成投用，城关智昭、曲水秀色才纳、堆龙香雄美朵等净土健康产业示范基地加快建设，天然饮用水、奶业、藏香猪等主导产业发展态势良好，30多种净土健康产品走进内地高端市场；推进“国家全域旅游示范区”创建工作，形成“一城两园三湖”精品旅游发展新格局；开创“一二三四”全景旅游发展新布局，打造“一园一剧一村庄”全域旅游发展新品牌；出台“双创”支持政策92项，成立全区首个众创空间、大学生创业孵化园。成功入围全国小微企业创业创新基地示范城市，曲水县成功申报国家电子商务进农村综合示范县。

深入实施“民生安市”战略。大力实施以业脱贫、以迁脱贫、以教脱贫、以补脱贫、以保脱贫、以助脱贫措施，脱贫攻坚取得实效，实现17115人脱贫，超额完成自治区下达的年度任务。城关区率先在全区实现脱贫摘帽，退出准确率达到100%。在全区率先启动公立医院改革工作，建立了“一卡通”“一站式”等现代医疗服务新机制，拉萨市人民医院“三甲”创建工作稳步推进，投资14亿元的拉萨中心医院开工建设，建立全区首个婴儿住院救治绿色通道；制定出台《关于推进“健康拉萨”建设的指导意见》，制定体育产业中长期发展规划，举办全市第三届“体彩杯”职工足球联赛，组队参加全区足球锦标赛，入选全国首批健康城市试点市；教育城二期建设加快推进，投入1.87亿元新建、改扩建31所幼儿园，完成478名新任教师分配和安置；新增城镇就业15003人，农牧区劳动力转移就业19.78万人次，城镇零就业家庭保持动态清零，有意愿的应届高校毕业生就业率98%以上，困难家庭高校毕业生就业率100%，城镇登记失业率控制在2.2%以内；社保参保人数达48万人，城乡最低生活保障标准分别提高至年人均8280元和年人均2650元，农村“五保”供养标准年人均5710元，个人医疗救助年封顶线提高至25万元，“五保”老人意愿集中供养率和孤残儿童集中收养率均达100%；八一农贸市场升级改造项目开工建设，河坝林农贸市场商户搬迁工作全部完成，全市123家团体消费单位与9家蔬菜种植基地实现产销对接，居民消费价格指数控制在3.5%以内。

深入实施“依法治市”战略。与川、甘、青、滇四省藏区兄弟州县签署《五省藏区11州、市保稳定合作协议》，进一步强化预知预警能力、社会面防控、涉稳人员稳控、涉宗领域管理、矛盾纠纷排除、专项整治、网络舆情管理、应急处突准备、维稳责任落实等工作，建立健全相互嵌入式的社会结构和社区环境，促进民族团结进步；寺庙管理组织全面覆盖，干部进驻寺庙常态化开展工作，全面实施“9+5”“一覆盖”“一教育”“一服务”“一创建”和免费健康体检、僧舍维修、文物保护等利寺惠僧措施，僧尼爱国爱教热情得到充分激发；全面推进涉法涉诉信访工作，设立涉法涉诉信访联合接访中心，开展“拉网式”排查活动，全年共排查矛盾纠纷311件，化解304件，化解率97.7%；不断深化网格化管理工作，有效整合社区协管员、村组干部、治保员、社区民警等工作力量；全面深化“双联户”模式，形成“驻市单位抓属人、县区管理按属地、职能部门落职责”的责任体系。2016年12月27日，国家民委正式将拉萨市命名为“全国民族团结进步创建活动示范市”。

（姚雪梅　夏圣炫）

重要会议、重要活动

【全市非公经济代表人士座谈会召开】 1月8日，全市非公经济代表人士座谈会召开，通报全市第一、二次非公经济发展大会精神贯彻落实情况，听取市县非公企业代表对全市非公经济发展的意见和建议。市委副书记、市人大常委会党组书记、统战部部长达娃主持并讲话，要求全市广大非公经济组织及其从业人员要树立“拉萨人”的主人翁意识，积极为建设美丽家园幸福拉萨贡献力量。

【2016年全市安全生产工作会议召开】 1月9日，2016年全市安全生产工作会议召开，贯彻落实全国和全区安全生产电视电话会议精神，传达中央主要领导关于加强安全生产工作的重要指示及区党委常委、市委书记齐扎拉关于做好安全生产工作指示精神，通报2015年全市安全生产形势，安排部署2016年重点工作。市委副书记、市长张延清出席并讲话，要求2016年安全生产形势要持续稳定好转，确保重大安全事故“零发生”。

【全市扶贫开发工作会议召开】 1月15日，全市扶贫开发工作会议召开，贯彻落实中央扶贫开发工作会议精神，通报“十二五”期间全市扶贫工作开展情况，安排部署全市“十三五”期间精准扶贫工作。区党委常委、市委书记齐扎拉出席并围绕拉萨精准脱贫的目标任务提出要求：在工作思路上要坚持统筹兼顾，既突出重点又整体联动，做好精准脱贫与深化农村改革、职业培训、主导产业发展、基础设施建设、对口援藏六个方面的结合；在工作方法上主要按照“精准扶贫、精准脱贫”的要求，结合拉萨实际，处理好全市统一部署与县（区）提前完成、政府主导与社会参与、财政投入与金融撬动、连片开发与精准到户、项目建设与使用管理、贫困人口合理退出与脱贫成果巩固六个方面的关系；在具体措施上要按照中央“发展生产脱贫一批、易地搬迁一批、发展教育脱贫一批、生态补偿脱贫一批、社会保障兜底一批”五个一批的要求，坚持缺什么补什么，大力实施“以业脱贫、以迁脱贫、以教脱贫、以补脱贫、以保脱贫、以助脱贫”六项精准脱贫措施。自治区扶贫办主任江白，区党委政研室（农工办）、区发改委、农牧厅、国家开发银行西藏分行、农行西藏分行、农发行西藏分行主要负责人出席会议，市委领导张延清、达娃、斯朗尼玛、袁训旺、周普国、陈军、果果、占堆、彭祎涛出席。会上，张延清代表市委、市政府与各县（区）、柳梧新区、空港新区签订《脱贫攻坚责任书》，城关区、林周县、曲水县、市教育（体育）局、市民政局作交流发言，其他县（区）作书面交流。

【全市经济工作会议召开】 1月20日，全市经济工作会议召开，通报2015年经济工作开展情况，安排部署2016年经济发展任务和指标。区市委常委、市委书记齐扎拉主持并讲话，就完成2016年任务，提出七点要求，坚定发展信心，保持做好经济工作大定力；优化发展环境，加快美丽家园建设大步伐；增强发展活力，确保造血能力大提升；拓展发展空间，促进开放型经济水平大提升；强化发展支撑，确保经济基础大夯实；共享发展成果，确保社会事业大改善；把握发展方向，实现规划纲要大引领。市委领导张延清、达娃、肖光富、斯朗尼玛、袁训旺、占堆、严应骏出席。

【拉萨市委八届八次全委会召开】 1月22—23日，拉萨市委八届八次全委会召开，会议明确2016年全市工作的总体要求是深入贯彻中共十八大，十八届三中、四中、五中全会精神和中央第六次西藏工作座谈会精神，深入贯彻习近平总书记系列重要讲话精神、特别是“治国必治边、治边先稳藏”的重要战略思想和“加强民族团结、建设美丽西藏”的重要指示，全面落实区党委八届七次、八次全委会精神，坚持“四个全面”战略布局，坚持依法治藏、富民兴藏、长期建藏、凝聚人心、夯实基础，坚持稳中求快总基调，把维护祖国统一、加强民族团结作为工作的着眼点和着力点，把改善民生、凝聚人心作为工作的出发点和落脚点，把培育优势产业、优化经济结构作为转变发展方式的中心和重心，树立和谐稳定、协调均衡、共享共建、绿色健康，创新开放的发展理念，充分发挥首府城市首位度作用，深入实施“六大战略”，坚定不移开展反分裂斗争，坚定不移促进经济社会发展，坚定不移保障和改善民生，坚定不移促进各民族交往交流交融，确保“十三五”规划开好局、起好步。会议安排部署2016年主要任务：坚决贯彻落实中央精神和区党委决策部署，确保政令畅通；深入实施“党建统市”战略，着力构建支撑拉萨全面建成小康社会的组织保证体系；深入实施“环境立市”战略，着力构建支撑拉萨全面建成小康社会的生态文明体系；深入实施“文化兴市”战略，着力构建支撑拉萨全面建成小康社会的核心价值体系；深入实施“产业强市”战略，着力构建支撑拉萨全面建成小康社会的特色产业体系；深入实施“民生安市”战略，着力构建支撑拉萨全面建成小康社会的社会保障体系，确保2016年实现2万人以上建档立卡贫困人口稳定脱贫；深入实施“依法治市”战略，着力构建支撑拉萨全面建成小康社会的社会治理体系。19名市委委员、2名候补委员，市纪委委员及中共十八大代表、拉萨市十二届全国人大代表和区党委候补委员中的部分基层人员列席会议。

【拉萨市堆龙德庆区成立暨揭牌仪式举行】 2月4日，拉萨市堆龙德庆区成立暨揭牌仪式举行，标志着拉萨市堆龙德庆区正式成立。市委副书记、组织部部长陈军与堆龙德庆区委书记陈献森为中共拉萨市堆龙德庆区委员会、中共拉萨市堆龙德庆区纪律检查委员会揭幕。

【市委召开“两会”党员干部大会】 2月24日，市委召开“两会”党员干部大会，就开好“两会”进行动员。区党委常委、市委书记齐扎拉出席并讲话，要求各位党员代表、委员要牢记肩负的责任，充分发挥好带头作用。市委领导张延清、达娃、陈军、肖富光、袁训旺、占堆、彭祎涛、严应骏、马军，市人大常委会主任洛桑旦巴，市政协主席诸伟敏出席会议。

【2016年社会治安综合治理工作会议召开】 2月29日，平安拉萨建设暨2016年社会治安综合治理工作会议召开，总结“十二五”期间全市综治工作，安排部署2016年全市社会治安综合治理工作，表彰2015年综治工作先进县（区）、先进集体和先进个人，对第六批市级“平安单位”授牌，与县（区）、驻市单位代表签订2016年工作目标责任书。区党委常委、市委书记齐扎拉出席并对全市综治工作提出要求：要深刻认识当前拉萨社会治安综合治理工作中存在的短板，坚持用发展的思维看问题，解决好工作措施短期化、表面化、碎片化问题，全面提高创新社会治理的能力水平。市委领导张延清、陈军、斯朗尼玛、袁训旺、占堆、彭祎涛、严应骏、马军出席会议。

【全市市县乡领导班子换届工作座谈会召开】 3月7日，全市市县乡领导班子换届工作座谈会召开，传达全国、全区市县乡领导班子换届工作会议精神，研究拉萨市县乡领导班子换届工作。市委副书记、组织部部长陈军出席并讲话，要求各级党委要切实落实换届工作主体责任，确保换届各项工作圆满完成。

【市委2016年度议军会议召开】 3月8日，市委2016年度议军会议召开，听取国防后备力量建设工作报告、党管武装履行职责情况汇报，审议议军会提案，城关区和墨竹工卡县就本县党管武装工作进行述职。自治区党委常委、市委书记、拉萨警备区党委第一书记齐扎拉主持并讲话，强调强化政治意识，切实增强党管武装的政治责任；紧盯强军目标，有效推进党管武装力量建设；深化融合发展，着力增强党管武装实质成效。市委领导马新明、胡洪、肖光富、斯朗尼玛、袁训旺、洪家志、果果、严应骏及市政协主席诸伟敏、拉萨警备区司令员韩志宏出席。

【拉萨市落实党风廉政建设责任制述职述责暨测评大会召开】 3月23日，拉萨市落实党风廉政建设责任制述职述责暨测评大会召开。区党委常委、市委书记齐扎拉主持并分别作中共拉萨市委常委班子和个人落实党风廉政建设主体责任的述职述责报告。区党委落实党风廉政建设责任制检查考核工作组第一组全体成员出席会议，市委领导张延清、龙志刚、马新明、达娃、胡洪、陈军、斯朗尼玛、洪家志、果果、严应骏、马军出席。

【市委理论学习中心组“两学一做”学习教育集中学习（扩大）会议召开】 4月1—2日，市委理论学习中心组“两学一做”学习教育集中学习（扩大）会议召开。传达学习中共中央办公厅关于在全体党员中开展“两学一做”学习教育方案、毛泽东关于党委会的工作方法的著作、中共中央关于郭伯雄严重违纪违法案及其教训的通报。区党委常委、市委书记齐扎拉主持并讲话，指出要深刻领会开展“两学一做”学习教育的重要意义，特别是党员领导干部要带头参加，在生产、工作、学习和社会生活中起先锋模范作用。市委领导张延清、龙志刚、马新明、达娃、胡洪、陈军，肖光富、斯朗尼玛、洪家志、果果、严应骏出席。

【拉萨市委人才工作会议召开】 4月7日，拉萨市委人才工作会议召开。区党委常委、市委书记齐扎拉就《加强新时期人才工作的意见（试行）》作简要说明，并强调拉萨要实现与全国同步全面建成小康社会，要把人才工作置于更加突出的位置，在人才制度创新、人才资源开发、人才结构调整、紧缺人才引进上实现新突破，切实做到因才而异、科学合理使用人才、努力实现全市人才工作新突破。市委、市政府向拉萨经开区、文化旅游文化创意园区、柳梧新区授牌，成立“拉萨市人才管理改革试验区”，向拉萨众创空间授牌，成立“拉萨大学校创业园”。市委领导张延清、达娃、胡洪、陈军、斯朗尼玛、果果、彭祎涛、严应骏、马军出席。

【拉萨市第一期精准扶贫专题培训班开班】 4月13日，由市委组织部、市脱贫攻坚指挥部、市扶贫办、市委党校共同举办的拉萨市第一期精准扶贫专题培训班开班，为期8天，采取集中授课、现场教学、交流研讨等方式进行专业理论、扶贫政策、工作流程等知识培训。市委常务副书记龙志刚出席并讲话，强调拉萨市脱贫攻坚已经到了冲刺阶段，面对新形势、新任务、新要求，乡（镇）、村（居）书记和主任必须切实发挥领头雁作用，带领群众脱贫致富奔小康。

【全市农村工作会议召开】 4月14日，全市农村工作会议召开。会议贯彻落实中央、自治区农村工作会议精神，传达区党委常委、市委书记齐扎拉关于全市“三农”工作的批示精神，总结“十二五”时期拉萨市“三农”工作，分析当前“三农”工作形势，安排部署2016年和“十三五”时期全市“三农”工作。市委常务副书记、市委农村工作领导小组组长龙志刚出席并讲话，强调2016年“三农”工作要做好八个方面的工作，抓提升，确保实现党员干部培训、村级标准化阵地建设、村级集体经济发展“三个全覆盖”；抓重点，奋力打赢脱贫攻坚战；抓换届，提升县乡执政能力；抓根本，推进乡村基层组织建设；抓基础，提高农牧业综合生产能力；抓改革，释放“三农”工作发展活力；抓产业，推动三次产业融合发展；抓统筹，推动城乡一体化发展。市委领导洪家志主持会议。

【专题调研扶贫开发】 4月14日，自治区党委书记陈全国到墨竹工卡县嘎则新区、孜孜荣村专题调研扶贫开发工作，并组织召开区中直有关部门、拉萨市、墨竹工卡县、甲玛乡负责人和孜孜荣村干部、村民代表参加的现场办公会，就全区扶贫开发工作再动员、再部署。要切实把思想和行动统一到以习近平为总书记的党中央的决策部署上来，按照区党委、政府的要求，坚决打赢脱贫攻坚战，确保到2020年所有贫困地区和贫困人口一道迈入全面小康社会。自治区领导丁业现、王瑞连一同调研。

【全市召开“两学一做”学习教育工作座谈会】 4月18日，全市召开“学党章党规、学系列讲话，做合格党员”学习教育工作座谈会，旨在全面贯彻落实习近平总书记重要指示精神和中央“两学一做”学习教育工作座谈会精神，贯彻陈全国书记重要批示指示精神和区党委常委、市委书记齐扎拉在拉萨市委理论中心组“两学一做”学习教育集中学习（扩大）会上的讲话精神，对全市“两学一做”学习教育进行再动员、再部署。市委副书记、市长张延清出席并讲话，指出学习教育从4月开始，各县（区）、各单位要明确要求，把握重点，加强领导，确保“两学一做”学习教育取得实效。市委领导龙志刚、果果、彭祎涛出席。

【齐扎拉率代表团一行到美国墨西哥访问】 4月19—24日，自治区人大代表、区党委常委、市委书记齐扎拉率全国人大西藏代表团一行到美国访问。其间，先后访问华盛顿特区、科罗拉多州、伊利诺伊州，分别会见当地官员，并与美国社会各界人士进行会晤和交流，全面介绍西藏经济社会发展情况并回答美方关切的问题。齐扎拉表示，此次访问是一次友谊之旅，旨在落实中美两国元首会晤达成的共识，增进了解，加强合作。并强调西藏自古以来就是中国的一部分，根本不存在十四世达赖集团宣扬的所谓“西藏问题”。当前西藏经济发展，社会和谐，人民幸福；25—26日，齐扎拉一行在墨西哥访问，其间会见政府官员、议员，对墨政府不为十四世达赖集团反华分裂活动提供平台表示赞赏和感谢，同时希望墨方理解和尊重中方，继续妥善处理涉藏问题。其间，齐扎拉在墨西哥国立自治区大学发表题为《坚持共享发展 谱写精彩篇章》的演讲，重点阐述西藏自治区的共享式发展，并严厉驳斥分裂势力的言论；28日，齐扎拉会见美国国会众议院少数党领袖佩洛西，并就中美关系、中国政府的西藏政策等问题交换意见。访问期间，与布鲁金斯学会的专家学者就西藏经济发展、依法行政、文化教育和宗教信仰等方面的情况进行交流。

【拉萨市举行第47个世界地球日活动】 4月22日，是第47个世界地球日，由市委宣传部、市文明办主办的“关爱自然·热爱地球”主题是“节约集约利用资源倡导绿色简约生活”网络文明传播活动在拉萨师专举行。活动分为线上和线下两个部分进行，线上活动也于当天启动，主要在线开展主题为争做“爱护环境绿色简约”的网络文明人的征文活动，以及在线为环卫工人点赞。线下活动中，由大学生代表宣读开展“关爱自然·热爱地球”网络文明传播活动倡议宣言，志愿者向沿街商户和行人开展环保宣传。

【全市2016年政务服务工作会议召开】 4月29日，全市2016年政务服务工作会议召开，总结全市政务服务工作成绩和存在的不足，安排部署2016年政务服务工作，签订政务服务体系建设目标责任书，听取当雄县政务服务中心、曲水县达嘎乡服务中心、拉萨市市民服务中心工商窗口等单位工作汇报。市委常委、常务副市长洪家志出席并讲话，要求全市各相关部门要不断提升政务服务质量和水平，着力打造依法行政、规范运行、勤政廉洁、优抚高效的服务平台。

【全区铁路护路联防工作业务会召开】 4月29日，全区铁路护路联防工作业务会召开。其间，拉萨、日喀则、那曲和铁路沿线10县（区）政法委（综治办）相关人员参观堆龙德庆区古荣护路大队护路队规范化建设情况，听取堆龙德庆区关于专职护路队伍发展作用的经验介绍。

【兰州市政府考察团到拉萨市参观考察并召开座谈会】 5月5日，兰州市政府考察团到拉萨市参观考察并召开座谈会，就双方深化交流合作磋商。拉萨市委副书记、市长张延清出席座谈会并讲话，指出拉萨市将充分发挥自身优势，全方位紧密配合兰州市的“南亚贸易通道”和开通“兰州号”南亚国际货运班列建设。同时希望兰州市在拉萨建设“一带一路”节点城市、扩大对内对外有序开放、全面建成小康社会的进程中继续给予支持帮助，拓宽两地在经济、文化、旅游、交通等领域的合作。兰州市委副书记、市长袁占亭表示，两地具有更大的合作空间，希望两地多交流、多合作，共享两地发展。座谈中，兰州市副市长、新区管委会副主任牛向东简要介绍“南业经贸通道”建设和开通“兰州号”南亚国际货运班列的筹备推进情况。

【拉萨市与山南地区召开拉萨至山南快速通道项目推进会】 5月8日，拉萨市与山南地区召开拉萨至山南快速通道项目推进会。听取区交通运输厅交通设计院关于拉萨至山南快速通道项目设计工作进展情况汇报，并就做好项目的前期各项工作进行安排部署，要进一步优化设计方案，匹配路网功能，适应发展新需求；成立专人专班，依法做好项目前置手续，强力推进项目建设；按照既定开工建设的目标任务，确保项目如期开工建设。拉萨市委副书记、市长张延清，山南地委副书记、行署专员普布顿珠出席会议。

【全市2016年旅游市场秩序整治行动动员部署大会召开】 5月11日，全市2016年旅游市场秩序整治行动动员部署大会召开。传达贯彻落实全区迎接旅游旺季专题会议精神，安排部署拉萨市旅游旺季的接待服务工作。市委副书记、市长张延清出席并讲话，强调全市各级各部门要围绕国家全域旅游示范区建设，全力推进旅游市场秩序整治行动，改善旅游环境，提升旅游形象、提升旅客满意度，为创建国家文化旅游城市打下坚实基础。

【“兰州号”南亚公铁联运国际货运列车首发】 5月11日，“兰州号”（兰州—日喀则—加德满都）南亚公铁联运国际货运列车首发。拉萨作为面向南亚大通道的重要节点城市，也是“兰州号”货运班列的重要站点。而“兰州号”货运班列的开通，加快拉萨、兰州的经贸往来，促进两地经济结构调整升级，提升两地产品竞争力，为特色优势产品输出、工业消费品输入及再输出等带来新机遇。

【“感知中国—中国西部文化行”活动】 5月15日“感知中国—中国西部文化行”走进欧洲活动拉开帷幕，活动旨在拓展和深化中意、中德文化交流，增进中意、中德两国人民相互了解，特别是向欧洲各界人士介绍中国西部少数民族文化得到传承保护及各民族团结平等发展的真实情况，促进其他国家人民理解中国的“一带一路”建设倡议。此次活动历时15天，拉萨市歌舞团将分别在意大利米兰、德国法兰克和斯图加特展现具有中国西部少数民族灿烂文化的歌舞演出。

【川藏铁路拉萨至林芝段控制性工程】 5月15日，川藏铁路拉萨至林芝段控制性工程于2014年12月动工，起自青藏铁路拉萨站，线路途经西藏三市九县，新建正线全长403公里，运营长度435公里。全线桥隧总长300.9公里，规划新建车站34个，初期开站17个。截至年底，川藏铁路拉萨至林芝段隧道及明洞完成28710.16成洞米，特、大、中桥完成15195.71成桥米，涵洞完成1664.46横延米。

【江苏省对口支援拉萨市工作座谈会召开】 6月14日，江苏省对口支援拉萨市工作座谈会在拉萨召开，听取江苏省对口支援拉萨工作开展情况。区党委常委、市委书记齐扎拉主持并讲话，指出中央对口援藏政策实施20多年来，江苏省从拉萨实际出发，统筹规划援藏项目，形成全方位、宽领域、多层次的援藏格局，为推动拉萨长足发展和长治久安注入强大动力。根据江苏省“十三五”对口支援工作规划，江苏省在“十三五”期间将安排对口支援拉萨市项目83个，资金20.24亿元，比“十二五”期间增加1.88亿元，增幅10.2%。在具体援藏工作中，按照拉萨市委、市政府要求，结合拉萨实际，重点突出民生项目援建、扩大就业、智力援助等方面。江苏省政府、组织部、宣传部、统战部、发改委、经济和信息化委、教育厅、人社厅等部门相关负责人出席，拉萨市委领导张延清、达娃、胡洪、陈军、袁训旺、果果、占堆、严应骏、陈文强、马军出席。

【评估工作】 6月15—16日，国务院妇儿工委两纲中期评估督导组赴拉萨市开展评估工作，督导组先后到达孜县、宗角禄康便民警务站、拉萨市儿童福利院等地，了解妇女儿童健康、维权、孤儿集中收养等情况。

【考察调研】 6月16—17日，国家发展改革委副主任、国家能源局党组书记、局长努尔·白克力在西藏考察调研清洁能源发展情况。在拉萨考察调研昆仑能源西藏有限公司拉萨天然气站运营情况时指出，拉萨市城市供暖工程是一项惠及千家万户的民生工程、暖心工程，充分体现党中央、国务院对西藏各族人民的特殊关怀。要立足实际、着眼长远，狠抓“补短板”的工作，积极推进油气管道建设，确保西藏更多百姓用上清洁能源。自治区党委副书记、常务副主席、政法委书记邓小刚，区党委常委、市委书记齐扎拉陪同。

【拉萨市政银企对接工作会议召开】 6月19日，拉萨市政银企对接工作会议召开，听取拉萨市当前和“十三五”时期经济社会发展总体情况和融资需求情况汇报和顿珠金融产业园区建设基本情况汇报。区党委常委、市委书记齐扎拉主持并讲话，指出拉萨市将以此次会议为契机，将金融工作摆在突出位置，及时听取情况汇报，建立联席会议制度，健全工作机制，尽快编制《拉萨市“十三五”金融业发展规划》，全力为驻地金融机构做好服务工作，奋力开创拉萨政银、银企合作新局面；各驻市金融机构要坚定对拉萨经济社会发展的信心，各市属企业要增强经营实力，争取信贷支持，保持良好作用，切实利用好每一笔金融支持。自治区党委常委、自治区常务副主席丁业现出席并讲话，指出拉萨金融持续快速健康发展，为拉萨乃至全区经济社会发展和社会大局和谐稳定提供了有力的金融支撑。希望拉萨市抓住宝贵发展机遇，站在西藏金融业发展全局的高度，加快将拉萨市建成区域金融中心。会上，拉萨市人民政府及相关单位与驻市金融机构签订合作协议。市委领导张延清、达娃、胡洪、陈军、洪家志、果果、彭祎涛、陈文强出席。

【全市乡镇领导班子换届】 6月19日，全市乡镇领导班子换届选举圆满完成，共选举产生608名新一届乡镇领导班子成员。在此次换届选举中，拉萨成立了以市委书记为组长的市县乡领导班子换届工作领导小组，各县（区）成立了以县（区）委书记为组长的县乡领导班子换届工作领导小组，全程指导各乡镇选举大会。并建立县级领导干部包挂制度，安排116名县级领导干部联系乡镇，指导换届选举。同时，共举办换届工作业务知识培训会2期，培训换届工作人员330余人，成立换届风气督查组9个，督查换届选举大会63次。

【国务院侨务办公室主任裘援平率工作组到西藏考察调研】 6月21日，国务院侨务办公室主任裘援平率工作组到西藏考察调研。在藏期间，到鲁固社区调研先进双联户模式开展情况和了解网格化管理工作，看望社区居民，指出鲁固社区的成功实践，充分证明西藏自治区党委、政府关于开展“先进双联户”创建工作的决策部署是符合西藏特色强基础惠民生的一项重大举措，是实现西藏长足发展和长治久安的强大保障，必须坚定不移、常抓不懈、深入持久地坚持下去。区党委常委、市委书记齐扎拉陪同调研。

【《中国全面小康发展报告·拉萨样本》举行首发仪式及研讨会】 6月27日，《中国全面小康发展报告·拉萨样本》举行首发仪式及研讨会，区党委常委、市委书记齐扎拉出席并向中央党校、拉萨市委党校赠书。自治区党委常委、副主席、宣传部部长姜杰出席并致辞，指出《拉萨样本》作为西部地区第一本市（县）域样本，真实再现了区党委、政府认真贯彻落实党中央治边稳藏重要战略思想在西藏的成功实践，是建设安居乐业、保障有力、家园秀美、民族团结、文明和谐的小康社会的忠实记录，是具有中国特色、西藏特点的全面小康建设的成功展示，是思路理念、智慧勇气、责任担当的经验宝典，为新形势下各级党政领导干部学习交流提供了学习教材，具有很高的存史价值和资政参考。求是杂志社社长、小康杂志社编委会主任高明光，中央党校文史教研部主任周熙明应邀出席，小康杂志社副社长赖惠能主持首发仪式。区党委宣传部、环保厅、教育厅、文化厅、民政厅等部门负责人，市委领导张延清、占堆出席。仪式上，张延清、周熙明、赖惠能，中国全面小康样本市、县代表北京市大兴区、浙江省遂昌县作主题演讲。

【科技援藏暨京藏技术转移大会召开】 6月28日，2016年科技援藏暨京藏技术转移大会在拉萨召开，听取北京市科委、北京技术市场、西藏企业代表、首都众创联盟、柳梧新区管委会相关负责人交流发言，拉萨和北京两地企业、机构合作项目进行签约。北京市科委协作中心主任季小兵、自治区科技厅厅长赤列旺杰出席会议，市委常务副书记龙志刚出席会议并讲话，希望北京高新区和园区在拉萨建立分园区，帮助拉萨加强科技创新基础建设，共同开创全方位深层次合作新格局。市委常委、常务副市长洪家志主持会议。

【北京援藏指挥部全体援藏干部大会召开】 7月1日，北京援藏指挥部召开全体援藏干部大会，传达习近平总书记在庆祝中国共产党成立95周年大会上的重要讲话，总结第七批援藏工作，表彰49名优秀共产党员、先进工作者。市委副书记、北京援藏指挥部党委书记、总指挥马新明出席并讲话，市委常委、常务副市长、北京援藏指挥部副总指挥洪家志主持会议。

【举行庆祝中国共产党成立95周年表彰大会】 7月2日，拉萨市举行庆祝中国共产党成立95周年表彰大会，热烈庆祝中国共产党成立95周年，对全市涌现出的优秀共产党员、优秀党务工作者、优秀村（居）党组织第一书记和先进基层党组织进行表彰。区党委常委、市委书记齐扎拉出席并讲话，7月1日，习近平总书记在庆祝中国共产党成立95周年大会上发表重要讲话，全面回顾中国共产党95年来团结带领全国人民不懈奋斗所走过的波澜壮阔历史进程和做出的伟大历史贡献。7月2日，自治区党委书记陈全国在自治区庆祝中国共产党成立95周年大会上作重要讲话，深刻总结和平解放65周年来西藏取得的伟大成就。自治区党委巡视一组副组长庄永福应邀出席，市委领导马新明、达娃、龙志刚、果果、陈军、韩志宏、袁训旺、洪家志、占堆、严应骏、陈文强、马军出席表彰大会。

【云南省旅游发展委员会自驾旅游推介会在拉萨举行】 7月7日，由云南省旅游发展委员会举办的“七彩云南·旅游天堂”大香格里拉生态旅游区自驾旅游推介会在拉萨举行，活动旨在进一步加强云南与西藏两省区旅游交流与合作，共同宣传推广中国大香格里拉精品旅游线路，促进中国大香格里拉生态旅游区共赢发展。区党委常委、市委书记齐扎拉，自治区副主席汪海洲，云南省原副省长、省旅游文化产业发展督导组组长刘平，拉萨市委副书记马新明出席会议。会上，云南省普洱、大理、丽江等州市旅发委通过旅游宣传片做现场推介，普洱市与拉萨市签署旅游合作协议，相关旅游企业代表签订战略合作协议书。

【召开援藏干部人才大会】 7月13日，拉萨市举行欢迎欢送江苏省援藏干部人才大会。区党委常委、市委书记齐扎拉出席并讲话，希望第七批援藏干部回去后一如既往地关心支持拉萨的发展和稳定，当好桥梁纽带，更好地促进拉萨同内地的交流与合作。同时希望第八批援藏干部，秉承前七批援藏干部的优良作风，充分发挥自身优势，把好思想、好经验、好作风带到拉萨，坚定不移地把拉萨经济社会发展搞上去，把长治久安工作搞扎实。江苏省委组织部副部长、陪送团团长郑跃奇出席并讲话，希望拉萨市严格要求，严格管理，一如既往地关心支持第八批援藏干部。要求第八批援藏干部要迅速调整状态、进入角色，虚心学习，为实现拉萨长足发展和长治久安多做贡献。市委领导马新明、达娃、果果、胡洪、陈军、周普国、洪家志、彭涛、严应骏、陈文强出席。

【江苏省第八批援藏干部人才见面会召开】 7月13日，江苏省第八批援藏干部人才见面会在拉萨召开。江苏省委组织部副部长、陪送团团长郑跃奇率陪送团与江苏省第八批援藏干部见面，并对江苏省第八批援藏干部援藏期间各项工作提出要求和希望。拉萨市委副书记、常务副市长、江苏省第八批援藏干部领队胡洪出席会议并讲话，表示在藏工作期间，全体援藏干部一定不忘初心、牢记使命，深刻认识援藏工作的重要性，不辱使命，保证完成各项工作任务。江苏省78名第八批援藏干部参会。

【拉萨市召开以迁脱贫专题会议】 7月14日，拉萨市召开以迁脱贫专题会议，听取以迁脱贫专项推进小组贯彻落实7月3日、7月10日区党委常委、市委书记齐扎拉到曲水县才纳乡易地扶贫搬迁点调研指示精神情况和全市易地扶贫搬迁工作开展情况，研究和解决易地扶贫搬迁工作中存在的问题。指出，全市以迁脱贫工作要做好县（区）搬至城区的对接工作和搬迁群众信息的精准统计工作，安置县（区）要落实好搬迁后群众就业、教育、卫生等相关配套设施建设。

【拉萨市举行小微企业创业创新基地城市示范建设工作动员大会】 7月21日，拉萨市举行小微企业创业创新基地城市示范建设工作动员大会，总结全市“两创示范”申报工作，安排部署下一步工作，区财政厅作交流发言。区党委常委、市委书记齐扎拉出席并讲话，他指出，成功入围国家小微企业创业创新基地城市示范，既是一个难得的机遇，也是一次重大的考验。全市上下要坚定必胜信念，集中破解创业创新的瓶颈，拓展小微企业创业创新空间；调动两个主体，各级政府要主动作为、加大支持，小微企业要勇于创新、力争上游；坚持四个结合，坚持实现三年目标与打造长效机制相结合、市场主导与政府引导相结合、质量优先与兼顾数量相结合、新兴产业与传统产业相结合，有效支持小微企业发展；突出四个重点，搞好顶层设计、完善政策措施、整合财政资金、层层传导压力，通力协作，抓出成效；实施五大行动，在三年示范期内，要立足全市“两创示范”核心区、拓展区和延伸区三大区域，扎实开展拓空间、优服务、减负担、降门槛、强特色五大行动。市委领导果果、胡洪，自治区财政厅、工信厅、科技厅、商务厅、工商局主要负责人，12家市属国有企业、20家民营企业负责人等参加会议。

【拉萨市净土健康产业发展2016年第一次推进大会召开】 7月22日，拉萨市净土健康产业发展2016年第一次推进大会召开，研究部署净土健康产业发展的主要任务，各县（区）就净土健康产业发展情况交流发言。区党委常委、市委书记齐扎拉出席并讲话，指出新形势下拉萨市要突出四个重点，全力打造净土健康产业发展升级版。构建起产、学、研“三位一体”的产业发展摇篮，使净土产品包围广大市场，创造新的产业奇迹；建立统一规范的“三标”，在标准化、质量化、品牌化等方面下功夫，筑牢净土产品质量基础；加大“上天入地”品牌传播的力度。创建三大“根据地”，以京津冀、长三角、珠三角为重点，建立战略根据地。区党委巡视一组、区工信厅厅、区发改委、区扶贫（农发）办、区科技厅、区财政厅、区农牧厅、区旅发委、区林业厅等部门负责人，人民银行拉萨中心支行、西藏银监局、西藏保监局、西藏证监局和驻市各银行、保险公司负责人应邀出席，市委领导达娃、果果、胡洪、陈军、袁训旺委周普国出席。

【拉萨市举行欢迎欢送北京市援藏干部人才大会】 7月23日，拉萨市举行欢迎欢送北京市援藏干部人才大会，对第七批援藏干部各项工作作出肯定，希望第八批援藏干部充分发挥自身优势，推动拉萨发展。拉萨市委领导达娃、果果、陈军出席，北京市委组织部副部长李世新，拉萨市委副书记、北京市第七批援藏干部人才领队马新明，拉萨市委副书记、常务副市长胡洪，北京市第八批援藏干部人才领队肖志刚出席。

【国家卫生计生委主任李斌一行到拉萨调研】 7月31日，国家卫生计生委主任李斌一行到墨竹工卡县人民医院、达孜县塔杰乡卫生院、农牧民患者家中、拉萨市中心医院等地调研拉萨市“组团式”医疗援藏和基层医疗卫生发展以及医疗卫生惠民政策落实等情况。指出要发挥好“组团式”援藏医疗队伍的作用，实现医院发展良性循环，要加快当地医疗队伍的建设力度，提升医院的服务水平和管理质量。区党委常委、市委书记齐扎拉，自治区副主席德吉陪同调研。

【西藏自治区资源税改革申报工作仪式启动】 8月1日，西藏自治区资源税改革申报工作启动仪式在拉萨市国税局东城税务分局举行，当日开出首张矿泉水资源税税票，票额22286.61元，标志着拉萨市国税局资源税首日申报工作正式启动。市委副书记、常务副市长胡洪，自治区财政厅副厅长姜国杰，自治区国家税务局党组成员、总审计师雷纪选等出席。

【全市“十二五”民政项目工作总结会召开】 8月2日，全市“十二五”民政项目工作总结会召开，“十二五”期间，全市民政系统累计安排各类民政公共服务设施建设项目101个，重点实施以老养老、儿童、社区、救灾、救助、烈士纪念设施第一批民政公共服务设施，总投资近4亿元，民政服务设施惠及对象人数达到5000余人。副市长计明南加出席并讲话。

【拉萨市2016年精准扶贫精准脱贫工作推进大会召开】 8月4日，拉萨市2016年精准扶贫精准脱贫工作推进大会召开，总结上半年全市精准扶贫精准脱贫工作，安排部署下一步工作。区党委常委、市委书记齐扎拉出席并讲话，强调全面打赢脱贫攻坚战，是全市全面建成小康社会最为关键的一步，全市各级各部门要认真落实每个项目、每一项措施，全力做脱贫攻坚工作，如期保持完成各项脱贫攻坚任务。坚定坚决打赢脱贫攻坚战的信心，依托西藏独特的政策优势和良好的发展基础，以全市建档立卡的贫困人口为重点扶贫对象，力争“两年脱贫、三年巩固”，确保“三年脱贫、两年巩固”；强化大格局和市场化意识，构建“大扶贫”格局；抓住产业发展、易地搬迁、社会保障三个关键，确保完成全年脱贫目标；理清“输血”与“造血”“摘帽”与“脱帽”“口袋”与“脑袋”的三个关系，引导贫困群众参与发展过程，转变“等靠要”观念，稳定达到“三不愁”“三有”“三保障”，靠实市级领导包抓责任、扶贫指挥部主管责任、各市直单位指导责任，县区党委政府主体责任，驻村工作队落实责任，牢固树立“一盘棋”思想和“大扶贫”意识。区党委组织部、宣传部、扶贫办、财政厅、发改委、农牧厅、教育厅、人社厅、民政厅、人民银行拉萨中心支行、国开行西藏分行、农发行西藏分行相关负责人出席会议，市委领导胡洪、果果、肖志刚、陈军、占堆、彭祎涛出席会议。会上，城关区、曲水县、市脱贫攻坚指挥部以业脱贫专项推进小组、林周县分别作交流发言。

【国务院扶贫办党组书记、主任刘永富到拉萨调研】 8月11日，国务院扶贫开发领导小组副组长、国务院扶贫办党组书记、主任刘永富率工作组前往拉萨实地调研指导精准扶贫精准脱贫工作。指出拉萨市要按照脱贫攻坚总体要求，充分调动社会各方力量，确保如期完成脱贫攻坚任务。区党委常委、市委书记齐扎拉表示，拉萨市将按照中央“六个精准”“五个一批”和自治区“八个到位”的要求，用好中央的各项惠民政策，融合援藏资金和项目，结合拉萨实际，创造性地部署精准扶贫工作。

【拉萨市2016年旅游产业发展推进大会召开】 8月18日，拉萨市2016年旅游产业发展推进大会召开，总结会2015年全市旅游发展大会召开以来旅游产业发展情况，安排部署全市旅游产业发展主要任务，西藏文化旅游创意园区管委会、当雄县、拉萨布达拉旅游文化集团有限公司、域上和美集团有限公司分别围绕旅游产业发展工作作交流发言。区党委常委、市委书记齐扎拉出席并讲话，指出推进旅游业供给侧结构性改革，要着力从“硬件、软件、品牌”三个方面着手，突出项目建设引领产业发展，确保“十三五”期间全市完成旅游产业总投资不低于1000亿元；突出服务规范助推产业发展，不断规范旅游企业的经营行为；突出品牌宣传带动产业发展，借助央视、新浪等媒体发声。市委领导胡洪、达娃、果果、陈军、袁训旺、占堆、彭祎涛出席。

【国务委员王勇调研全区民政和残疾人工作】 8月25—27日，国务委员王勇调研全区民政和残疾人工作，强调要认真贯彻落实各项社会救助、社会福利制度和残疾人服务保障政策，切实做到补短板扫盲区，坚决把民生底兜住兜牢。在藏期间，先后到拉萨市街道、乡镇和社区，走访“五保”集中供养中心、儿童福利院、残疾人服务中心和康复中心，考察社会救助、社会福利和残疾人就业、康复等民生保障政策落实情况。民政部部长李立国、国务院副秘书长孟扬、中国残联党组书记鲁勇一同调研，区市领导白玛赤林、洛桑江村、齐扎拉陪同。

【全市换届工作座谈会召开】 8月25日，全市换届工作座谈会召开，传达全区市县乡换届风气监督工作座谈会精神，听取市委各督导组督查情况汇报和林周县、曲水县、达孜县、尼木县县级领导换届筹备情况，安排部署全市县级领导班子换届及换届风气监督工作。市委副书记、组织部部长陈军出席会议并讲话，指出此次换届工作做到“零违纪、零举报、零上访”，取得阶段性成效，各级各部门要按照“五个责任主体”的要求，确保全市换届工作自始至终纪律严明、风清气正。

【拉萨至山南快速通道开工建设】 8月26日，拉萨至山南快速通道开工建设，标志拉萨山南一体化发展迈出实质性步伐。自治区党委副书记、自治主席洛洛桑江村宣布项目正式开工，区党委常委、市委书记齐扎拉致辞，指出实施拉萨至山南快速通道项目，是区党委政府贯彻落实习近平总书记“治国必治边、治边先稳藏”重要战略思想，着眼全区发展稳定大局作出的一项重大决策部署，是推进拉萨山南一体化，打造西藏核心经济区的重要举措，是推动全区城镇化建设，带动周边群众增收致富的重要载体。自治区党委常委多托、王拥军、曾万明、姜杰出席开工仪式。仪式上，拉萨市、山南市、项目代建方、群众代表分别作表态发言。

【第二次全面推进“依法治藏”方略座谈会召开】 8月31日，第二次全面推进“依法治藏”方略座谈会在拉萨召开。自治区党委副书记、人大常委会主任白玛赤林出席并讲话，他指出，深入贯彻落实以习近平为总书记的党中央全面依法治国的基本方略，贯彻落实中央第六次西藏工作座谈会提出的依法治藏的重要部署，完善社会治理体系、提高社会治理能力，实现西藏和四省藏区长足发展和长治久安，是面临的重大历史课题，希望大家以此次会议为平台、为契机，牢固树立政治意识、大局意识、核心意识、看齐意识，深入交流探讨、深化合作共识，提升社会治理和维护稳定的工作能力和水平，确保区域稳定，维护祖国统一， 实现国家安全。区党委常委、市委书记齐扎拉主持座谈会并讲话，指出此次座谈会，与会领导就全面推进“依法治藏”方略深入交流，分享经验，深化对“依法治藏”方略的认识。拉萨市要充分吸取此次会议的有益经验，以更加有力的措施、更加务实的作风深入实施“依法治市”战略，坚决确保“治边稳藏”核心区域持续稳定、长期稳定、全面稳定，为兄弟州市提供有力支持。会上，中央统战部、公安部和西藏、青海、甘肃、四川、云南五省藏区13州、市、县的相关负责人作交流发言，共谋、共商、共推依法治藏。会议还签订《深化合作、共保稳定——五省藏区11州、市保稳定合作协议》。与会代表还实地考察拉萨市文物保护、城市建设、职业教育、创新寺庙工作、网格化管理和“双联户”工作开展情况。拉萨市委领导达娃、果果、肖志刚、陈军、袁训旺、占堆、彭祎涛、陈文强、马军，市人大、政府、政协领导以及区市直相关单位、各县（区）主要负责人、四省藏区驻拉萨办事处负责人参加会议。

【新华报业传媒集团交汇点客户端“水滴公益·拉萨联络站”在拉萨晚报社揭牌】 8月31日，新华报业传媒集团交汇点客户端“水滴公益·拉萨联络站”在拉萨晚报社揭牌，标志着“水滴公益情暖西藏”大型公益行动首个固定联络服务点落户拉萨。“水滴公益·拉萨联络站”由江苏省援藏指挥部与新华报业传媒集团旗下的交汇点新闻客户端、南京晨报、中国江苏网、拉萨晚报共同设立，联络站的成立将延伸爱心行动服务触角，汇聚公益力量、惠及西藏学生。2015年12月，由拉萨晚报社与南京晨报社联合发起的“水滴公益情暖西藏”大型公益行动正式启动，组织来自全国各地的爱心人士根据拉萨中小学校现实需求捐赠物资，筹集资助金，帮助西藏的贫困学生。截至年底，“水滴公益情暖西藏”公益活动已在墨竹工卡县甲玛乡中心小学、林周县阿朗乡中心小学、嘎玛贡桑街道办事处珠丹小院以及城关区教育局所属5所小学开展，累计筹集发放爱心物资、资助金总价值6万余元，受益学生500余人。

【2016中国拉萨雪顿节开幕式举行】 9月1日，以“美丽家园·幸福拉萨”为主题的2016中国拉萨雪顿节开幕式在拉萨群众文化体育中心篮球馆举行。区党委常委、市委书记齐扎拉宣布“2016中国拉萨雪顿节”开幕，全国政协常委、中国佛教协会副会长班禅额尔德尼·确吉杰布，中国文联副主席李前光出席开幕式，市委领导达娃、果果、肖志刚、陈军、韩志宏、占堆、彭涛、马军，及来自四川、云南、青海、甘肃四省藏区的嘉宾，参加雪顿节招商引资项目推介会暨项目集中签约仪式的客商代表和自治区纪委、区党委组织部、宣传部、统战部、政法委等自治区有关部门负责人和市直各有关部门负责人和全市各族各界干部群众代表参加开幕式。期间通过举行藏戏大赛和展演、招商引资项目推介会暨集中签约仪式、藏棋谱及表演、纳木错徒步大会、台

湾民俗文化美食展等活动，宣传拉萨特色资源、特色产业、特色产品，展示拉萨近年来经济社会发展取得的巨大成就。此次雪顿节招商引资项目推介会成功签约项目50个，总投资305.94亿元。其中，正式签约项目37个，总投资217.59亿元；意向签约项目13个，总投资88.35亿元。

【全国政协副主席、科技部部长、中国科协主席万钢到西藏调研】 9月8—13日，全国政协副主席、科学技术部部长、中国科协主席万钢在西藏调研科技创新工作。在拉萨调研期间，前往柳梧新区众创空间，了解小微企业发展情况，参观产品展示，并与企业负责人、大学生自主创业者交谈，询问发展愿景。

【全市扶贫开发工作领导小组推进会召开】 9月13日，全市扶贫开发工作领导小组推进会召开，总结2016年精准扶贫精准脱贫工作，听取各相关单位精准扶贫精准脱贫进展情况和工作打算及四个集中搬迁点工作开展情况，并对当前重点工作再动员再部署。区党委常委、市委书记齐扎拉主持并讲话，强调全面打赢脱贫攻坚战，是全市全面建成小康社会最为关键的一步，坚持目标不变，围绕“两年脱贫、三年巩固”目标，认真落实每个项目、每一项措施；全面打响易地扶贫搬迁“百日攻坚战”，围绕工作目标，在规定时限内抓好“百日攻坚战”各项工作的推动；加强组织领导，脱贫攻坚指挥部要及时制定工作方案，明确责任，统筹指挥各项工作；营造浓厚的舆论氛围；严明纪律。市委领导果果、胡洪、陈军、袁训旺、彭祎涛出席。

【拉萨产业交流（南京秦淮）中心奠基仪式在南京举行】 9月19日，拉萨产业交流（南京秦淮）中心奠基仪式在南京举行。区党委常委、市委书记齐扎拉，南京市委副书记、市长缪瑞林出席并为工程培土奠基。拉萨市领导陈勇、胡洪、陈军、袁训旺、陈文强等参加奠基仪式。

【拉萨市党政代表团在北京学习考察】 9月21—24日，拉萨市党政代表团在北京学习考察。21日，中共中央政治局委员、北京市委书记郭金龙，北京市委副书记、市长王安顺与西藏区党委常委、市委书记齐扎拉率领的拉萨市党政代表团座谈。郭金龙指出，“十三五”时期，北京市将把对口支援拉萨工作与精准扶贫工作有机结合，确保援助资金、援助标准只增不降，助力拉萨脱贫任务完成。齐扎拉表示，北京以首善标准全力做好对口援建工作，有力提升了西藏的国际形象，使拉萨成为向世界展示民族团结、稳定发展的重要窗口。“十三五”期间，拉萨市在党中央的关怀下，在自治区党委政府的领导下，在北京市的大力支援下，倒排工期，全力做好扶贫攻坚工作。考察期间，代表团先后前往北京市朝阳区、怀柔区、中关村等地了解北京区域经济发展情况。拉萨市委领导肖志刚、陈军、袁训旺、陈文强参加考察。

【北京·拉萨人才援藏工作座谈会在北京会议中心召开】 9月22日，北京·拉萨人才援藏工作座谈会在北京会议中心召开，听取北京市援藏干部人才在藏工作情况。北京市委常委、组织部部长姜志刚主持会议，西藏区党委常委、市委书记齐扎拉出席并讲话，指出中央对口支援西藏政策实施20多年来，北京市高度重视援助拉萨工作。以肖志刚为总领队的北京市第八批156名援藏干部人才入藏后，转变角色，深入调研，理清新一轮援藏工作思路，增进民族团结和两地人民友谊。北京市委组织部常务副部长贾沫微，拉萨市委领导肖志刚、陈军、袁训旺、陈文强出席座谈会。

【拉萨市精准扶贫精准脱贫“双百攻坚战”动员部署大会召开】 9月25日，拉萨市精准扶贫精准脱贫“双百攻坚战”动员部署大会召开。区党委常委、市委书记齐扎拉出席并讲话，强调大干两百天，打赢攻坚战，为全市贫困群众早日过上幸福生活而努力奋斗。市委领导达娃、果果、胡洪、陈军、袁训旺、占堆、陈文强出席。

【西藏非物质文化遗产博物馆项目开工建设】 9月26日，西藏非物质文化遗产博物馆项目开工建设。西藏非物质文化遗产博物馆，是深圳市无偿援助拉萨市的第一个项目，由深圳市政府委托万科企业股份有限公司负责全过程建设。位于拉萨市城关区慈觉林中国西藏文化旅游创意园区内，占地60亩，按“一馆一园”理念设计，博物馆建筑面积约6000平方米，博览园面积约为25000平方米。区党委常委、市委书记齐扎拉宣布项目开工并为项目培土奠基，区政协副主席、社科院院长白玛朗杰，市委领导达娃、果果、袁训旺，深圳市副市长陈彪出席，万科集团党委书记解冻代表项目代建方作表态发言。

【民族团结模范表彰大会】 9月28日，拉萨市召开2016年度民族团结进步模范表彰大会，对65家“民族团结进步模范集体”、70名“民族团结进步模范个人”，10对“民族团结进步模范家庭”进行表彰。区党委常委、市委书记齐扎拉出席并讲话，自治区政协副主席、社科院院长白玛朗杰出席，国家民委创建全国民族团结进步示范市督导检查组组长、国家民委监督检查司副司长李钟协，中央统战部二局副巡视员武强出席会议，市委领导达娃、果果、陈军、袁训旺、占堆出席会议。

【自治区评估考核城关区脱贫摘帽工作汇报会举行】 10月1日，自治区评估考核城关区脱贫摘帽工作汇报会举行。区农牧厅厅长、自治区脱贫摘帽评估考核组组长杜杰出席，市领导果果汇报城关区开展的精准扶贫精准脱贫工作成绩。果果指出，城关区通过大力加强农村基础设施建设，年内，行政村硬化道路通达率达到100%，农村居民安全饮用水率达到100%，村卫生室、乡卫生院标准化建设达标准率100%，建成老年人福利中心、孤残儿童集中供养和“五保”老人意愿集中供养率达100%。城关区4个乡、11个村、394户、1212名贫困户均达到精准脱贫退出各项指标要求。

【中国共产党拉萨市第八届委员会第九次全体会议举行】 10月11日，中国共产党拉萨市第八届委员会第九次全体会议举行，市委常委会主持会议，会议审议通过《关于召开中国共产党拉萨市第九次代表大会的请示》《关于召开中国共产党拉萨市第九次代表大会的决议（草案）》，决定中国共产党拉萨市第九次代表大会10月下旬召开。区党委常委、市委书记齐扎拉，市委领导达娃、胡洪、肖志刚、陈军、肖光富、果果、占堆、彭祎涛、陈文强、暴剑出席会议。

【精准扶贫精准脱贫“双百攻坚战”学习观摩大会】 10月21日，拉萨市召开精准扶贫精准脱贫“双百攻坚战”学习观摩大会，观看城关区精准扶贫精准脱贫工作专题片，听取城关区脱贫摘帽工作经验汇报，再动员再部署再推进全市精准扶贫精准脱贫各项工作。区党委常委、市委书记齐扎拉出席并讲话，强调各级各部门要把打赢“双百攻坚战”作为重大政治任务，切实放在心上、扛在肩上、抓在手上。凸显市级领导以上率下的示范作用、县区主体责任、乡（镇）村（居）驻村工作队具体责任，充分调动各方积极性。市委领导达娃、果果、肖志刚、陈军、袁训旺、占堆、彭祎涛、陈文强、暴剑、马军出席，市委副书记、常务副市长胡洪主持会议。会前，与会人员实地观摩城关区乳制品加工厂、城关区易地扶贫搬迁恩惠苑安置点和商砼运输车项目点。

【中国共产党拉萨市第八届委员会第十次全体会议举行】 10月23日，中国共产党拉萨市第八届委员会第十次全体会议举行，会议听取和讨论《中国共产党拉萨市第八届委员会工作报告（草案）》《中国共产党拉萨市纪律检查委员会工作报告（草案）》，酝酿《中共拉萨市第九届委员会委员、候补委员、纪委委员候选人建议名单》，酝酿通过《拉萨市出席中国共产党西藏自治区第九次代表大会候选人预备人选建议名单》。市委常委会主持会议，区党委常委、市委书记齐扎拉，市委领导达娃、肖志刚、陈军、肖光富、果果、占堆、彭祎涛、陈文强、暴剑、马军，市委委员、候补委员出席会议。

【中国共产党拉萨市第九次代表大会预备会议召开】 10月25日，中国共产党拉萨市第九次代表大会预备会议召开，应到代表390名，因事因病请假19人，实到371人，会议通过大会主席团成员、大会秘书长、常务副秘书长名单，通过大会代表资格审查委员会名单，通过第九次代表大会议程。

区党委常委、市委书记齐扎拉主持会议并讲话，指出第九次党代会是在全面启动“十三五”规划，建设团结美丽健康幸福新拉萨、全面建成小康社会关键时刻召开具有重要历史意义的重要会议，与会代表要在思想上高度重视、工作上认真负责、纪律上严格要求，确保大会有序进行。

【中国共产党拉萨市第九次代表大会举行】 10月26—28日，中国共产党拉萨市第九次代表大会举行，会议应到代表390人，因病因事请假18人，实到372人。会议听取和讨论区党委常委、市委书记齐扎拉代表中国共产党拉萨市第八届委员会所作的《不忘初心继续前进 努力建设团结美丽健康幸福新拉萨》工作报告，市委常委、市纪委书记彭祎涛代表中国共产党拉萨市第八届纪律检查委员会所作纪律检查委员会工作报告；审议通过《中国共产党拉萨市第九次代表大会关于中国共产党拉萨市第八届委员会工作报告的决议》《中国共产党拉萨市第九次代表大会关于中国共产党拉萨市纪律检查委员会工作报告的决议》《中国共产党拉萨市第九次代表大会选举办法》《关于全市党费收缴、使用和管理情况的报告》；选举第九届委员会委员39名、候补委员8名，选举纪律委员25名。大会高度评价拉萨市八届委员会的工作，全面总结拉萨市第八次党代会以来的主要工作和基本经验，深刻分析存在的问题和面临的形势，科学谋划未来五年的发展思路、奋斗目标和工作重点。

【中国共产党拉萨市第九届委员会第一次全体会议召开】 10月28日，中国共产党拉萨市第九届委员会第一次全体会议召开，会议应到市委委员39名、候补委员8名，实到市委委员36名、候补委员8名，符合规定人数。市纪委委员列席会议。齐扎拉受第九次代表大会主席团委托主持会议。会议选举产生中国共产党拉萨市第九届委员会常务委员会委员和书记、副书记，审议通过中国共产党第九届拉萨市纪律检查委员会第一次全体会议选举结果的报告。齐扎拉、达娃、果果、胡洪、肖志刚、陈军、肖光富、王念东、占堆、彭祎涛、暴剑、马军、庄红翔、吴亚松、阿努次仁当选为新一届中国共产党拉萨市委员会常务委员会委员；齐扎拉当选为新一届拉萨市委书记，达娃、果果、胡洪、肖志刚、陈军当选为新一届拉萨市委副书记。

【拉萨市召开“两会”党员大会】 10月31日，拉萨市召开“两会”党员大会。区党委常委、市委书记齐扎拉出席大会并讲话，指出“两会”是在全市上下深入学习贯彻落实中共十八届六中全会、市第九次党代会精神，选举产生新一届领导班子，全面打赢脱贫攻坚战重要历史时期召开的重要会议，要统一思想，认真履职，充分发挥好党员代表、委员的带头作用，切实把“两会”开好。市委领导达娃、果果、肖志刚、陈军、袁训旺、王念东、占堆、彭祎涛、暴剑、马军、庄红翔、吴亚松、阿努次仁出席。

【模范寺庙暨爱国守法先进僧尼表彰大会召开】 11月22日，拉萨市2016年下半年和谐模范寺庙暨爱国守法先进僧尼表彰大会召开，对哲蚌寺等21座寺庙、旦增格桑等2002名僧尼、色拉寺管理委员会等18个寺庙管理委员会进行表彰。市委副书记、市人大常委会主任达娃出席并讲话，指出全市广大僧尼要时刻牢记自己的公民身份，争做尊法、学法、懂法、守法、用法的好僧尼；各寺管会和广大驻寺干部要认真贯彻落实中央、区市党委各项规定，积极开创驻寺工作新局面。市委领导果果、陈军、庄红翔、阿努次仁出席。

【召开“先进双联户”创建活动表彰大会】 11月30日，拉萨市召开2016年度“先进双联户”创建活动总结表彰大会，传达自治区党委副书记、市委书记齐扎拉关于做好“双联户”工作的重要批示，宣读《中共拉萨市委员会拉萨市人民政府关于表彰2016年度“先进双联户”和创建评选活动先进集体的决定》，并为受表彰的先进县（区）、先进乡镇（街道）代表、先进村（居）代表、“先进双联户”代表颁奖，获奖先进集体和联户代表作交流发言。果果主持会议。市委副书记、市人大常委会主任达娃出席并讲话，要求全市各级各部门特别是广大基层组织要创新方式方法，深化联户平安，深化联户增收，深化联户文明，深化科技研发，推动“双联户”转型升级。市领导肖志刚、陈军、马军、吴亚松、阿努次仁出席，市人大、市政府、市政协在家地级领导，各县（区）、乡镇（街道），市（中、区）直各单位主要负责人，获奖集体和家庭代表，部分城区联户代表共360余人参加会议。

【全国健康城市试点启动大会召开】 12月10日，拉萨市卫生与健康推进暨全国健康城市试点启动大会召开，会议贯彻传达全国卫生与健康大会精神并对全国健康城市试点工作进行安排部署，与会人员共同观看“共建健康拉萨、同享幸福生活”宣传片，市卫生局、城关区、曲水县群众代表分别作发言。自治区党委副书记、市委书记齐扎拉出席并讲话，指出全市各级各部门要强化责任担当，全力推动拉萨市卫生与健康事业加快发展，把健康拉萨的目标转化为健康城市的指标，努力探索可向全国复制推广的健康城市建设模式。自治区人大常委会副主任李文汉，自治区副主席德吉，自治区政协副主席、中国佛协西藏分会党组书记、常务副会长索朗仁增，自治区卫计委党组书记王亚蔺应邀出席，市委领导果果、胡洪、肖志刚、王念东、占堆、彭涛、马军、庄红翔、阿努次仁出席。

【农村工作领导小组全体会议召开】 12月16日，拉萨市农村工作领导小组2016年全体会议召开，听取各县（区）、市直相关部门2016年农牧业农村工作开展情况和2017年工作重点汇报，研究讨论《全市农村工作会议建议方案》。市委副书记、组织部部长、市委农村工作领导小组组长陈军主持会议并讲话，强调要按照市委、市政府的安排部署，确保各项任务落地生根，为拉萨市2017年实现全面精准脱贫奠定坚实基础。

【拉萨净土健康产品（南京）发布会举行】 12月18日，拉萨净土健康产品（南京）发布会举行。拉萨市委副书记、市长果果和南京市副市长黄澜分别致辞。果果指出，江苏通过援藏资金和技术人才等方式大力支持拉萨净土健康产业发展，特别是南京市，为拉萨经济社会发展特别是净土健康产业发展倾注大量智慧和心血。希望参会客商多到拉萨实地考察了解净土健康产品。黄澜表示，南京将创新援藏方式，同时利用南京作为省会城市、中心城市和特大城市的优势，广泛推介拉萨净土健康产品。此次活动共达成签约项目65个，总额近10亿元。

【拉萨市首届足球邀请赛举行】 12月24—30日，由市政府主办、市体育局承办的拉萨市首届足球邀请赛在拉萨市群众文化体育中心举行，拉萨市代表队、山南市代表队、昌都市代表队、林芝市代表队、那曲地区代表队、阿里地区代表队、拉萨交通产业集团代表队、拉萨业余足球联盟代表队共8支参赛队参加比赛。自治区党委副书记、市委书记齐扎拉出席并观看比赛，市委领导果果、占堆、庄红翔出席并观看比赛。

（姚雪梅　夏圣炫）

组织工作

【概况】 2016年，全市组织部门在市委、市政府的坚强领导和自治区党委组织部的精心指导下，认真贯彻中央和区、市党委的决策部署，严格落实全面从严治党要求，深入推进实施“党建统市”战略，党的建设和组织工作迈上新台阶，为建设团结美丽健康幸福新拉萨提供坚强的组织保障。

【领导班子换届工作】 年内，坚持把加强党的领导贯穿换届工作全过程，圆满完成58个乡镇、7个县（区）和市级领导班子换届工作，共选举产生了608名乡镇领导班子成员、195名县级领导班子成员、43名市级领导班子成员，县（区）、乡镇领导班子汉族干部比例分别达到41.52%和30.92%；严格落实区党委“十严防”要求，严把代表委员政治关、素质关、结构关、廉洁关，严格执行“三上三下”程序审核把关，依法依规选举产生市县乡三级“两代表一委员”10182名，其中革命、爱国人士及后代355名、“三老”人员193名，整个换届过程实现“零违纪”“零上访”“零举报”。

【基层组织建设】 年内，坚持把夯实基层组织同脱贫攻坚有机结合起来，加大薄弱领域党组织建设力度，实现全市机关企事业单位等领域党组织覆盖率达到100%，非公经济组织党组织覆盖率达到16.4%，社会组织党组织覆盖率达到81.6%。深化“强党固基扶村”工作，进一步完善村级组织体系，优化乡村干部配置，选派1378名乡镇干部下沉到村（居）工作。推进村级组织活动场所标准化建设、村级集体经济发展和党员干部教育培训“三个全覆盖”，设立6000万元的市县两级村级集体经济发展专项扶持资金，扶持村级集体经济发展，全市集体经济累积收入10万元以上的村（居）达到237个。进一步提高村级组织工作经费标准，全市村级组织运行经费平均每村达到9.76万余元，城市社区达到45万元以上，村干部基本报酬和业绩考核奖励补助达到年人均4万元以上。

【干部驻村工作】 年内，全市273个驻村工作队紧紧围绕驻村工作“七项任务”，想方设法办好事、一心一意做实事，解决基层突出问题379件，投入资金2349.27万元，为群众办实事好事2154件；投入资金6556.9万元，落实项目733个；帮助解决村级组织工作等经费127.62万元；排查化解处理各类矛盾纠纷724件，妥善解决群众上访234人次；与贫困户“结对子”4338户14033人。

【领导班子建设】 年内，坚持党管干部原则，坚持好干部标准和民族地区干部“三个特别”要求，严把人选质量关、审批程序关，树立敢于担当、群众公认、重视基层的鲜明导向，推行干部选拔任用全程纪实，注重在维护稳定和反分裂斗争一线、驻村驻寺工作、艰苦边远地区、急难险重岗位培养锻炼发现使用干部，不断增强领导班子整体功能。全年共调整县级干部17批次871人，交流县、科级干部353人。推进领导干部能上能下，对30名不适宜担任现职干部进行了调整。

【完善人才工作体制机制】 年内，召开全市人才工作会议，出台了《关于加强新时期人才工作的意见（试行）》，健全完善人才工作政策，先后引进中高层次医疗人才、博士服务团成员、高校毕业生、西部志愿者、专招生等各类人才610人。围绕产业发展，在全区设立首个院士工作室、国务院特殊津贴专家工作室，在北京江苏分别组建专家服务团，并主动与清华大学、北京林业大学、南京农业大学等全国知名高校签订合作协议，先后建立区外人才培养基地9个，识才爱才敬才用才的氛围更加浓厚。

【人才教育培训】 年内，围绕基层干部队伍建设、精准扶贫等重点工作，采取专题培训、委托培训等方式实施全市21个重点培训项目，开展“每月一课”讲坛11期，举办各类培训班610期，教育培训各级各类干部5.6万余人次。依托北京、江苏两省市优质资源，大力推进人才和智力援助工作，实施人才培养项目109个，培养培训各类人才1600余人次。依托第二职业技术学校，完成全市1081名村（居）干部学历提升培训工作。安排13名干部到信访工作部门挂职，选派20名产业干部赴北京各园区企业挂职锻炼。积极争取并选派5名“西部之光”访问学者，赴内地高等院校科研院所研修一年。积极向国家卫计委申请400名住院医师规范化培训名额，从全市选派180名基层医务人员和医学毕业生到华西医院参加住院医师规范化培训。

【党建制度改革】 年内，紧紧围绕全市经济社会发展和推进实施“六大战略”，不断深化党的组织制度、干部人事制度、党的基层组织建设制度和人才发展体制机制等方面改革，先后制定出台《中共拉萨市委员会关于认真贯彻落实党的十八届六中全会精神的决定》和重大事项请示报告等14项规范性文件和配套措施，探索建立正县级干部实绩档案、完善任前廉政谈话等从严管理干部制度，有效落实了党的建设制度改革各项任务。

【行政审批制度改革】 年内，严格落实“接、放、管、服”工作任务和要求，提请市政府取消行政审批项目21项，下放至各县（区）政府行政审批项目3项，承接自治区政府下放的行政审批项目5项，调整为政府内部审批的行政审批项目4项。全面推进市政府工作部门权责清单编制工作，形成市级权责清单事项3984项（其中行政许可254项，行政处罚2774项，行政强制168项，行政征收

24项，行政给付15项，行政检查300项，行政确认57项，行政奖励95项，行政裁决5项，其他类292项），形成行政职权运行流程图3984张，服务指南3984张。

【政府职能转变和机构改革】 年内，围绕发挥拉萨首府城市首位度作用，全力推进拉萨市政府职能转变和机构改革，提出机构设置方案，在加强政府法制建设、旅游发展、体育事业发展等方面突出拉萨特点，强化机构和职责整合，理顺权责关系，基本完成涉改部门“三定”方案和人员编制划转事宜。加强对县（区）政府机构改革工作的指导，结合县（区）管理任务、编制数量等，对县（区）政府部门机构限额、机构设置等科学研究，保障县（区）政府机构改革因地制宜，体现本地特色。

【推进事业单位分类改革】 年内，以2015年事业单位分类为基础，推进承担行政职能事业单位改革试点工作，按照政事分开、事企分开、管办分离、分类推进的要求，确定拉萨市本级15家（含9家执法机构）和林周县5家（含3家执法机构）事业单位完全、主要承担行政职能。为拉萨市本级124家机关事业单位办理统一社会信用代码证书，完成全市21家机关事业单位网站资格复核及加挂标识工作。

【管好用活机构编制资源】 年内，做好2015年度机构编制统计年报和2016年实名制系统每月更新及人员上下编工作，完成拉萨市公安系统招警计划、拉萨市卫生系统、基层其他事业单位招录计划核编等工作。坚持“控制总量、盘活存量、优化结构、增减平衡”的原则，推动机构编制绿色配置，将有限的机构编制资源向发展、民生等重点领域倾斜，支持医疗组团式援藏工作，增加事业编制90名配合市人民医院创“三甲”，进一步优化医院职能科室设置。

【关心关爱老干部】 年内，坚持做好“三大节日”期间慰问工作，全年共发放慰问金715.54万元，共组织四批116名退休干部赴云南、广西、海南、山东等地健康疗养，协调“组团式”援藏医院对居住在拉萨的地级退休干部进行健康体检。离退休干部党支部在活动中心集中开展文体活动134场次，4412名离退休干部参加，利用老干部活动日在市老干部活动中心举办趣味性小型运动会6（场）次，1200余名离退休干部参加。

【发挥离退休党员作用】 年内，聘请196名老干部担任换届风气监督员，100余名离退休党员干部在居住地担任村（居）“两委”班子成员、“双联户”联户代表，263名离退休老干部担任全市35所中小学校外德育辅导员，为推动拉萨经济发展和社会稳定发挥余热。

（张振平）

宣传工作

【概况】 年内，市委宣传部深入贯彻落实中共十八大和十八届三中、四中、五中、六中全会精神及中央第六次西藏工作座谈会精神，贯彻落实习近平总书记系列重要讲话精神和治国理政新理念新思想新战略，特别是治国必治边、治边先稳藏的重要战略思想和加强民族团结、建设美丽西藏的重要指示，贯彻落实全国、全区宣传部长会议精神，贯彻落实自治区、拉萨市第九次党代会精神，围绕中心、服务大局，求真务实、开拓创新，深入开展理论武装、主题教育、舆论宣传、精神文明、文化建设、网络管理、对外宣传及干部队伍建设等工作，取得可喜成绩，为拉萨市经济长足发展和社会长治久安提供有力的思想保证、精神力量、道德滋养和文化条件。

【理论武装】 年内，市委宣传部围绕学习宣传贯彻中共十八届三中、四中、五中、六中全会精神，中央第六次西藏工作座谈会精神，习近平总书记系列重要讲话精神和区市党委政府的中心工作，结合拉萨实际，制定下发《拉萨市2016年全市干部职工理论学习安排意见》，明确指导思想、目标要求、学习方式、学习时间、学习重点等内容，确保理论学习教育活动的顺利开展。2016年，市委理论学习中心组围绕习近平总书记系列重要讲话、全国“两会”“两学一做”学习教育等专题集中学习13次，充分发挥示范引领作用。全市党员干部高度重视理论学习，认真落实学习制度，通过集体学习、个人自学、培训轮训、交流研讨等方式，政策理论学习得到强化，学习时间得到保障，实现理论学习经常化、制度化、全覆盖。完成基层宣传思想文化工作创新经验研究。围绕“文化兴市”战略和“两学一做”学习教育，形成《文化让拉萨炫起来》《凝聚建设美丽家园幸福拉萨的强大合力》为题的研究成果，并在自治区重要期刊上刊登。以举办拉萨首届《法治论坛》为契机，深入研究拉萨法治社会建设情况，形成《以“一带一路”战略实施为契机加快推进法治西藏建设》的研究成果。协助中国社科院调研组先后完成老城区改造搬迁社区居民公共文化需求研究和拉萨市经济社会发展和小康社会建设现状的调研任务。此外，为深入学习贯彻习近平总书记“七一”重要讲话精神，及时下发通知，在全市范围内征集101篇理论文章，推动全市学习研讨总书记“七一”讲话精神热潮。围绕党的十八届六中全会精神、中央第六次西藏工作座谈会、纪念西藏百万农奴解放57周年、“两学一做”学习教育、习近平总书记在庆祝中国共产党成立95周年大会上的讲话、区市第九次党代会、党的惠民政策等重点内容，精心组织、创新方式、深入宣讲，不断深化对机关干部职工、农牧民群众、企业职工、学校师生、寺庙僧人的理论宣讲教育。充分发挥农牧民宣讲员作用，优化和完善市、县（区）、乡（镇）、村四级理论宣讲网络体系，各类宣讲场次达3000余场次，听众达20余万人次，确保理论宣讲有声势、有规模、有特色、有亮点、有成效。在全市范围内征订发放《党的十八届六中全会宣讲提纲》《习近平总书记系列重要讲话读本（2016）》《中央第六次西藏工作座谈会精神百题问答》《纪念西藏百万农奴解放57周年宣讲提纲》《学习活页文选》《知之深 爱之切》《中国共产党廉洁自律准则》《西藏反分裂斗争简史》等藏汉文版学习宣讲资料14万余册。

【舆论引导】 年内，市委宣传部围绕深入贯彻中共十八大及十八届三中四中五中六中全会、中央第六次西藏工作座谈会、全国“两会”、培育和践行社会主义核心价值观、脱贫攻坚、党风廉政建设、创先争优强基惠民、民族团结示范城创建、“2016·中国西藏发展论坛”等重点工作以及净土健康产业、环城路建设、全市十大专业市场搬迁等重点项目加大宣传力度，切实抓好突发事件和重要问题的舆论应对，舆论宣传的传播力、影响力、引导力不断增强。积极组织中央和区市媒体对边巴次仁、德吉央宗、何杰、赵善学、晋多的先进事迹进行集中报道。在市属媒体开辟“援藏三年巡礼”专题专栏，大力宣传北京、江苏两省市对拉萨的无私援助及援藏干部的先进事迹。制作完成《精准扶贫》《六大战略》《健康拉萨》专题宣传片，全面准确地反映市委、市政府在加快全市改革发展稳定方面制定实施的一系列政策措施和取得的巨大成就。2016年，中央驻藏新闻单位、自治区主要新闻媒体和市属主要媒体宣传报道拉萨稿件总数达26000余条，同比上年增加1000余条，拉萨晚报社刊发各类社论评论20余篇，全方位、多角度、立体化的展示拉萨的新发展新变化。对拉贡高速公路机场沿线和市区龙门架的30多面大型户外广告位进行更新，同时，借助市区主要路段LED显示屏、出租车顶灯等媒介，大力宣传习近平总书记“治国必治边、治边先稳藏”的重要战略思想，宣传拉萨市认真贯彻“四个全面”战略布局、坚持“五位一体”总体布局、深入实施“六大战略”、建设团结美丽健康幸福新拉萨的生动实践和显著成就，营造良好的社会氛围。

【精神文明建设】 年内，市委宣传部先后召开2016年深化全国文明城市创建工作部署会议，2015年深化全国文明城市创建总结表彰暨2016年迎检测评动员部署大会，围绕《全国文明城市（地级以上）测评体系（2016年）》和《全国未成年人思想道德建设工作测评体系（2016年版）》，逐项落实各项工作任务，形成深化全国文明城市创建工作有安排、有部署、有落实的工作机制。成立9个工作组、16个分片负责组的创城指挥部，指导深化全国文明城市创建工作。开展深化全国文明城市创建专项督查3次，各类实地督查20余次，有效确保各项工作落实到位。加强公益广告宣传，2016

年，拉萨晚报刊登公益广告90余整版，拉萨市广播电视台累计刊播300余小时，拉萨文明网首页长期刊播，在市区7个城市广场公园、14处电子显示屏、32个建筑工地、100余座公交站台、76处广告设施、机场、火车站、4个长途汽车站、25条公交线路及城市主干道、商业街、步行街等设立公益广告画面6000余幅。加强对曲水县创建全国文明县级文明城市的指导，严格按照《全国县级文明城市测评体系》，抓好创建全国县级文明城市工作，顺利通过自治区文明办督查。拉萨市文明办先后荣获2016年全国未成年人网络春晚“优秀组织奖”、2016全国社区网络春晚“特别贡献奖”。在全市未成年人中广泛组织开展中华经典诵读、“我们的节日”、社会主义核心价值观进校园、进教材、进课堂、进头脑等“我的中国梦”主题实践活动。2016年，全市共有60余万人次的未成年人参与到17个类别的主题活动。开展文明校园创建活动，提高校园文化生活质量。获得中央福利彩票公益金支持建设乡村学校少年宫项目学校37所。加强心理健康辅导站和学校心理健康辅导室建设。在城关区、堆龙德庆区各社区、拉萨市各中小学校建设或完善家长学校，成立家长委员会，加强学校联系。共向自治区推荐14名自治区第三届“格桑梅朵杯·美德少年”，其中6名荣获“格桑梅朵杯·美德少年”荣誉称号。在全市各学校广泛开展“童心向党”歌咏活动，精心制作8首拉萨市“童心向党”节目，在中国文明网、人民网上展播。组织各县（区）、市（中）直各单位、各学校积极参与中国文明网网上祭英烈、“向国旗敬礼”等网上签名寄语活动，全市共签名寄语7万余条。全年开展各级各类道德讲堂活动850余次。“文明餐桌”“文明旅游”开展率达90%以上。持续开展“文明交通”行动。持续开展网络文明传播活动，组织开展“学雷锋精神·做网络文明人”“关爱自然·热爱地球”“母亲节·给母亲的三行情书”等13项网络文明传播活动，拉萨文明网先后刊发各类精神文明建设稿件8084篇，其中被中国文明网采用1361篇，发布评论1654条，其中原创评论1168篇。精心策划制作“全国社区宣传文化思想巡礼”、2016年西藏自治区两会、2016中国西藏发展论坛等专题页面53个。在全市范围内广泛开展邻里守望、文明交通、环境保护等志愿服务，全市共有23万余人次志愿者参与到近1万场次各类志愿服务中。全年开展“五下乡”活动1231场次，播放电影9350场次，各类演出350余场次，发放各类宣传资料320余种，发放药品及计生用品250余种。精心策划“我们的节日”主题活动，拍摄制作“中华长歌行·拉萨篇”特别节目5篇和“我们的节日”专题网页5个。录制社区网络春晚节目，向全国网络春晚节目组报送11个节目。评选出第三届拉萨市道德模范及提名奖23名，拉萨好人15名，4名入选“中国好人榜”。开展道德模范与“身边好人”巡讲巡演活动13场次。推进诚信建设制度化，公布《拉萨市第三批失信人员名单》。

【对外宣传】 年内，市委宣传部调整充实拉萨市委对外宣传工作领导小组，完善《拉萨市人民政府新闻发布制度》和《拉萨市突发事件新闻发布工作制度》，在市直单位和各县（区）确定88名新闻发言人，实现新闻发言人“全覆盖”。围绕市委、市政府的中心工作，制定2016年新闻发布计划，召开“拉萨市古村落保护条例”“拉萨市违法建设集中整治”“拉萨市公共交通改革和运营发展”等9场新闻发布会，为拉萨改革发展稳定提供舆论支撑。接待来自日本、印度、尼泊尔等5批国外的记者团，采访体现拉萨发展特色，反映拉萨发展成就的相关行业。成功举办“2016·中国西藏发展论坛”，来自30多个国家和国内各省市的130余位代表参加论坛，圆满达成《2016·拉萨共识》。加大外宣精品创作力度，积极配合中宣部圆满完成“感知中国——中国西部文化欧洲行”出访演出活动。出版发行《拉萨故事》民风、民俗篇，有序推进历史文献纪录片《驻藏大臣风云录》摄制工作，积极配合做好由中宣部、国务院新闻办组织实施的“纪录中国”传播工程纪录片《吉祥拉萨》摄制工作。与中新社合作拍摄展示拉萨形象的《美丽家园 幸福拉萨》3集宣传纪录片并于2016年3—6月底在尼泊尔国家电视台播出，提升拉萨市在尼泊尔乃至南亚地区的知名度、知晓率，达到宣传、树立拉萨形象的目的。

【阵地管理】 年内，市委宣传部认真落实网站登记备案工作，2016年，在已备案的519家网站建立了31个党支部，为383家网站指派了179名党建指导员。联合相关部门为新辖区商业网站党组织建立工作台账，补齐网络党建工作短板。年内，拉萨市基本实现互联网党建工作动态全覆盖，确保党对网络宣传工作的领导权、管理权和话语权。开通运行拉萨市和六县两（区）网信公众号和“拉萨发布”微信公众号。完成拉萨文明网页面更新，截至年底，拉萨文明网先后刊发各类精神文明建设稿件8084篇，其中被中国文明网采用1361篇。妥善处置网上热点舆情，主动开展网上舆论引导，协调处理涉及民生、宗教、民族、文化、教育、环境、经济方面的负面舆情300余条。认真编撰《网络舆情日报表》《网络舆情周报》，适时编写并抄报、抄告互联网舆情单，为维护社会稳定及时提供舆情参考。通过开展专项整治行动，以联合执法、明察暗访、突击检查等为主要形式，着力强化重点地区、重点领域、重点部位、重点环节的管控，着重封堵和查缴政治性反动宣传品，坚决防范和排除分裂势力反动宣传渗透，维护文化市场安全。2016年，全市文化执法部门共出动执法检查1605人次，车辆489台次，检查经营单位1869家次，查缴非法光碟7313张，查缴非法书刊518册，责令改正16家次，删除违禁歌曲48首，取缔流动摊贩6个，收缴音像小推车4台，收缴非法地面卫星设备243套，取缔擅自从事娱乐场所经营活动游戏场所2家，没收游戏机22台。打击违法违规经营行为，维护拉萨市文化市场经营秩序。

【队伍建设】 年内，市委宣传部深入贯彻落实习近平总书记在党的新闻舆论工作座谈会上的重要讲话精神，围绕“两学一做”学习教育，在全市新闻舆论战线扎实开展“学讲话、找差距、转作风、抓落实”教育活动。围绕深化“两学一做”学习教育，共组织各类专题学习活动百余次，撰写各类心得体会、交流发言材料千余篇。深入学习习近平总书记系列重要讲话精神，中共十八大，十八届三中、四中、五中、六中全会精神，中央第六次西藏工作座谈会精神。在学习过程中以机关党委和支部学习为依托，通过集中学习、“三会一课”制度、专题讲座、座谈交流、观看影片、参观学习等方式，结合宣传思想工作实际，努力确保学习人员、学习内容、学习时间、学习效果“四落实”，使党员干部牢记党的宗旨，不断提高工作能力和服务水平，切实做好本职工作。探索干部队伍教育培训工作的方式方法及长效机制。以人才智力援藏工作为依托，通过走出去和请进来的方式，努力加强干部队伍培训教育。参加上级部门组织的各类宣传思想工作业务培训等，全面提高党员干部的综合素质。截至年底，共组织参加各类培训17次20人。按照《党政领导干部选拔任用工作条例》，严格干部选拔任用程序，认真执行民主推荐、考察、酝酿、讨论决定、任职等程序，对任前公示、考察预告、任职试用进行广泛公示，达到公平、公正、公开的目的。年内，共选拔任用2批22名干部，其中提拔14人。通过公开选调的形式为市网评中心充实7名工作人员，从日喀则、昌都等地为拉萨晚报社充实3名专技人员。根据区市组织人事工作要求，推进干部人事档案专项审核工作。现已完成部机关、市文联、拉萨晚报社所有在编人员的人事档案整理排序换新工作。组织开展2016年度全市新闻序列专业技术职务业务考试工作。

（李　江）

统战工作

【概况】 年内，市委统战部全面贯彻落实中共十八大和十八届三中、四中、五中、六中全会精神，贯彻落实习近平总书记关于治藏兴藏稳藏的一系列重要讲话精神，贯彻落实中央统战工作会议和中央第六次西藏工作座谈会精神，坚持依法治藏、富民兴藏、长期建藏、凝聚人心、夯实基础的重要原则，以加强党对统一战线的领导为根本，以民族团结进步示范创建为引领，以维护宗教领域和谐稳定为落脚点，以扎实开展“两学一做”学习教育为动力，紧扣中心、服务大局，主动作为、发挥优势，凝聚共识、汇聚力量，促进团结、维护稳定，为建设团结美丽健康幸福新拉萨做出了积极贡献。

【召开市委统一战线工作领导小组第一次会议】 3月15日，拉萨市委召开市委统一战线工作领导小组第一次会议，市委统一战线领导小组成员及16家成员单位负责人参加会议。会上，区党委常委、市委书记齐扎拉作重要讲话，市委副书记、市人大常委会党组书记、统战部部长达娃传达自治区党委统一战线领导小组会议精神，会上研究决定于3月18日召开全市统战民族宗教工作会议。

【民族宗教会议】 3月18日，拉萨市统战民族宗教工作会议召开。会议深入贯彻全国统战部长、民委主任、宗教局长、全国宗教工作会议和全区统战民族宗教工作会议精神，表彰2015年度全市统战民族宗教理论政策研究优秀成果和信息工作先进集体，签订2016年统战民族宗教工作目标责任书。市统一战线工作领导小组和市宗教工作领导小组成员单位负责人，各市属寺庙管委主任、各县（区）统战部长、民宗局长、宗教办主任，柳梧新区管委会、空港新区管委会统战民宗负责人，全市副县级及以上寺庙管委会主任等190余人参加会议。市委副书记、统战部部长达娃出席并讲话，副市长林生、市政协副主席、市民宗局党组书记刘惠兴、市政府党组成员、市民宗局局长孙宝祥等领导出席。

【表彰模范寺庙、先进僧尼】 6月24日、11月22日，拉萨市召开2016年和谐模范寺庙暨爱国守法先进僧尼表彰大会，全年共表彰和谐模范寺庙41座，爱国守法先进僧尼3933人，先进寺庙管委会35个，优秀驻寺干部129名，发放了843.9万元的表彰资金。

3月18日，拉萨市召开全市统战民族宗教工作会议

【寺庙和谐】 年内，市委统战部坚持依法审批、科学谋划、协调联动、强化指导，顺利完成“哲蚌寺建寺600周年”“直孔猴年颇瓦大法会”“雪顿节”“色拉崩坚”“萨嘎达瓦”等1700余场次大小宗教活动，确保290座宗教活动场所安全稳定。

【创新寺庙管理】 年内，市委统战部持续深化创新寺庙管理，加强驻寺干部队伍建设，提高驻寺干部履职能力；落实各项利寺惠僧政策，不断深化拓展“9+5”工程，提升寺庙公共服务能力，全市老年僧尼集中供养项目投入使用；持续推进寺庙管理长效机制建设，机制作用日益凸显。继续深化“六个一”活动。年内，以“一对一”“一对多”等形式开展不同形式的走访慰问活动，为寺庙僧尼送去价值235.77万元慰问物资，驻寺干部开展家访1271次，家访人数达6621人，为寺庙、僧尼及僧尼家庭办实事111045件，投入资金6108.9675万元。年内，实施项目涉及寺庙维修、文物保护项目37个，涉及资金9711.47万元；通寺道路建设、维修项目37个，涉及资金5677.9万元；送医送药进寺庙38次，折合资金43.23万元。年内，全市各涉宗部门和寺管会开展法治主题宣讲1243场、巡回宣讲425场次，发放宣传资料20116册、宣传光碟1161张；召开座谈会772场次，播放爱国影片453场次，张贴宣传图片949张；组织僧尼集中学习宣讲1262场次，发放各类宣讲资料12500余份，僧尼撰写心得体会

4284份；组织或邀请活佛、经师等宗教界代表人士53人次深入偏远寺庙开展好爱国爱教宣传服务下乡活动58场次，参加僧众和信众91.557万人次。开办僧尼文化补习班130个。

【驻寺干部队伍建设】年内，市委统战部共组织15批300余人次驻寺干部参加自治区党校、自治区社会主义学院、市党校及北京、四川等地进行统战民宗宗教业务培训，占驻寺干部整体63%；拉萨市委统战部首次主办驻寺干部专题培训班，培训班于2016年5月在市委党校进行为期2天的培训，市委副书记、市人大常委会党组书记、市委统战部部长达娃出席开班仪式并作辅导报告。2016年，共调整提拔驻寺干部123人，占驻寺干部总数的18%，其中，调整提拔到其他岗位56人，占调整提拔驻寺干部总数的46%，市委提拔交流调整重用17名县级驻寺干部。

【开展民族团结宣传教育工作】年内，市委统战部开展多领域、多层次的宣传教育活动，深入贯彻《拉萨市民族团结进步条例》，组织全市各族各界召开民族团结座谈会，大力宣传民族团结先进事迹，形成常态化、深入化的民族团结宣传教育机制；为充分发挥统战部门表率作用，作为市委、市政府确定的民族团结进步示范创建试点单位，坚持把民族团结宣传教育放在突出位置；加强日常教育，制定符合工作实际的民族团结行动计划；结合共产党员民族团结先锋活动，深入结对村、结对社区开展民族团结宣传交流活动，通过宣传交流取得良好成效。

3月7日，区党委常委、市委书记齐扎拉（中）亲切与活佛、高僧大德及宗教界代表人士座谈

【党外人士队伍建设】年内，市委统战部认真贯彻落实区市党委换届要求，圆满完成市县领导班子换届党外人士安排工作；开展新社会阶层人士和爱国人士后代调研工作，形成《拉萨市新社会阶层人士统战工作调研报告》；建立完善党外干部数据库和630余名党外人士数据库；加强活佛转世和培养教育工作，加大党外政协委员推荐力度；会同市网信办等部门，扎实开展新媒体从业人员及其他新社会阶层人士的统战工作，逐步凝聚一批网上网下的新社会阶层代表人士。

【非公经济发展】年内，市委统战部围绕“两个健康”主题，认真贯彻落实团结、服务、引导、教育方针，积极促进“亲”“清”新型政商关系建设，不断加强非公党建工作，非公党组织在非公企业发展中的政治核心作用和政治引领作用进一步增强；建立健全非公经济人士信息库，深入推进党政干部联系服务非公经济人士制度，落实“四业工程”部署要求，为非公企业转型升级提供支持；研究制定《拉萨市民营企业参与“企帮村”精准扶贫实施方案》，引导非公企业积极参与精准扶贫工作，深入开展“企帮村”活动。

【藏胞接待服务工作】年内，市委统战部坚持“爱国一家、爱国不分先后”的政策，立足回国探访藏胞工作实际，完善回国审批程序制度，精心周密地完成境外藏胞回国旅游朝佛、探亲访友、参观考察等服务工作。坚持和完善与归国定居藏胞所在基层组织的联系制度，加强教育管理，解决实际困难，听取意见建议，畅通参政议政渠道。举办一年一度归国藏胞和境外藏胞境内亲属茶话会。

【统战民族宗教理论调研工作】 年内，为理清思路、履职尽责，市四大班子领导和市直单位主要负责人与寺庙建立联系点，深入寺庙联系僧尼、讲解政策、交流思想、解决困难。完成调研报告50余多篇，荣获全区统战系统理论调研成果优秀组织奖，其中有3篇被评为2016年度全区统战理论研究优秀成果一等奖，有2篇被评为二等奖，有2篇被评为三等奖，受到了区市党委、政府及上级有关部门的好评，为拉萨市统战民族宗教工作提供一定的理论支撑和实践依据。

（次仁央吉）

党校教育

【概况】 年内，拉萨市委党校（行政学院）在市委正确领导和市政府的大力支持下，贯彻执行《中国共产党党校工作条例》《行政学院工作条例》和《中央关于加强和改进新形势下党校工作意见》，认真落实中共十八大，十八届三中、四中、五中、六中全会精神和中央第六次西藏工作座谈会精神，习近平总书记系列重要讲话精神及全国、全区、全市党校工作会议精神。把拉萨市委党校建成党委放心，干部满意、社会认可、领导干部向往的与首府城市发展定位相匹配的“西部首府城市一流党校”为奋斗目标，努力践行“两学一做”专题教育和创先争优强基惠民活动，坚决贯彻执行齐扎拉书记对党校工作提出的“八个坚持”要求，抓牢党校工作科学发展主动脉，全面落实“加强和改进党校工作意见”，推动党校各项事业改革发展。获得“拉萨市先进基层党组织”“拉萨市民族团结进步模范集体”“拉萨市创先争优强基惠民活动优秀组织单位”等荣誉称号。

【党建工作】 年内，拉萨市委党校（行政学院）党建工作围绕坚持“五个强化”，进一步强化落实主体责任，强化使命意识，强化理论武装，强化队伍建设，强化制度建设。建立党建工作责任体系，履行党建责任制；从实际业务工作中深化党建，完善党建制度6项，机关支部完善健全各类制度28项，建立健全14个大类，50余个小类的党建档案体系，扎实推进党建工作。

【人才培养】 年内，拉萨市委党校（行政学院）为提高全市党校系统教师队伍、行政管理人员队伍素质水平，先后在党校系统中选派18名骨干教师到江苏省委党校和四川省委党校进行理论和业务培训；培养中央党校研究生5名、博士生1名、西藏大学博士生1名、西部访问学者1名；组织全市党校系统教师26名举办拉萨市首届党校系统师资培训；党校教师队伍学历结构更加优化，业务知识面进一步拓宽，履职能力和水平明显提升。

【干部教育培训】 年内，拉萨市委党校（行政学院）围绕中共十八大，十八届四中、五中、六中全会精神和全区基层党建工作及市委、市政府中心工作、“两学一做”学习教育，拉萨市“六大战略”教学内容，设置10多个门类，200多个专题的教学体系。通过专题培训、短训、轮训等形式，全年共举办24期班次，培训各级各类干部3311人；充分发挥8个类型的现场教学基地职能，强化教学与实践结合，丰富学员教学内容，现场教学共培训2万余人次。有效提升全区干部贯彻落实区、市经济社会发展战略的自觉性和能力。重点举办2期“全区万名村（居）干部文化素质提升培训班”、4期“那曲、阿里等4地市村（居）干部培训班”、4期“精准扶贫专题培训班”“全区边远贫困村党支部书记扶贫专题培训班”等班次，市委、市政府领导出席开班动员会议。

【科研工作】 年内，拉萨市委党校（行政学院）完善《中共拉萨市委党校 拉萨市行政学院科研管理办法》（简称《办法》），按照《办法》相关要求对全校专兼职人员的科研工作进行量化管理与考核；完成省部级课题4项，出版研究报告4部，在国家级、省部级期刊发表理论文章100余篇；积极推进科研课题研究，《拉萨市“六大战略”课题研究》已汇编成书，部分已出版。加强与区内外科研部门之间的课题合作，年内拉萨市委党校进行《西藏廉洁政府建设的干部选拔任用机制研究》（2015年全国行政学院科研合作基金课题）、《西藏拉萨市净土健康产业发展战略研究》（2015年度西藏自治区哲学社会科学专项资金项目）、《构建具有西藏特点的新型农牧业经营主体之间联合与合作关系研究》（西藏自治区发改委委托资助项目）、《拉萨市文化产业现状及发展路径分析》（拉萨市统计局委托项目）、《构建具有西藏特点的新型农牧业经营主体之间联合与合作关系研究》（西藏自治区发改委委托资助项目）等课题项目；出版《拉萨社会科学》4期。

【学历教育】 年内，市委党校依托首都经贸大学雄厚师资力量和丰富办学经验的办学平台，继续加强沟通协作，完成首都经济贸易大学专升本和高等专科教育拉萨函授站学员的授课、考试工作及2016年22名学员的招生录取工作。

【专题教育】 年内，拉萨市委党校（行政学院）以每周“双学日”“党员论坛”“双学双讲活动”“五查五看”活动、抓扶贫七项任务为载体，严格落实“三会一课”制度；采取党委、党支部、党小组轮流组织集中学习，开展专题党课辅导和专题讲座，坚持对照检查、梳理问题、检查整改；理论中心组、2个基层党支部及8个党小组定期组织学习教育40次，党小组学习20次，支委会议5次，支部党员大会7次，党委书记、党委成员、支部书记讲党课4次，党员论坛6期。全市范围内“双讲”宣传270余场，受教育3.7万人次；五查五看梳理问题19类，整改到位26项措施。

【基础建设】 年内，在市委、市政府的领导和大力支持下，投资8500余万元实施党校二期改扩建项目，二期建设总建筑面积42189平方米，新建体育服务综合楼和专家服务楼，配齐活动室内的配套设施。投入1000余万元，实施党校景观绿化改造项目，有效的提升党校干部教育培训硬件服务能力和水平。

（索朗丹增）

机关党建

【概况】 年内，市直机关工委以“党建统市”战略为统领，紧紧围绕市委中心工作安排部署市直机关党建工作。截至年底，工委系统共有59家单位，其中，1个党工委，50个党组，8个基层机关党委，17个党总支，214个党支部，4225名党员。团工委1个，团支部7个，团员56名。

【党建工作】 年内，市直机关工委根据《关于贯彻落实“党建统市”战略进一步加强机关党建工作的意见》和全区机关党建工作会议精神及《区市基层党建工作要点》要求，结合拉萨市机关党建实际，年初研究制定下发《拉萨市（中）直单位党组（党委）书记基层党建工作责任清单》和《拉萨市直机关党建工作要点》，明确工作重点，指导市直机关党建工作并对机关党建工作任务任务进行逐条逐项分解。

【“七一”党建活动】 年内，市直机关工委将“七一”庆祝活动作为推进机关党建工作的有效载体，采取“必选+自选+特色”的方式组织市（中）直机关党组织开展建党系列庆祝活动。市直机关各单位在“七一”期间共开展“党员奉献日”“送温暖、走访慰问”、知识竞赛、文艺演出等各类活动400多场次，参与党员8000多人次。

【党员工作】 年内，市直机关工委编写印发《拉萨市机关发展党员实用手册》，举办入党培训班，共发展党员25名，培养71名入党积极分子。

【换届工作】 年内，拉萨市新成立党总支6个，党支部11个；撤销机关党委1个，党支部1个。督促指导41家单位70个基层党组织开展基层党组织换届工作，确保党建工作不断档、不脱节。

【慰问党员】 年内，市直机关工委在“三大节日”和“七一”期间，走访慰问76名老党员、困难党员，送去10.6万元的慰问金。

【基层党建】 年内，市直机关工委组织工委系统党组织通过“双找双联”模式开展党员组织关系集中排查，排查出工委系统流动党员177人（全部为退休党员），“口袋”党员1人，全部转妥组织关系。认真做好党代会代表和党员违纪违法未给予相应处理情况排查清理，通过仔细排查清理，工委系统中有20名党员存在违纪违法行为，其中，市党代会代表中违法违纪的党员3人；受到刑事责任追究的党员4人；受到行政处罚的党员有11人；另有2人正在接受组织处理中。认真开展未换届党组织清查工作。9月30日前完成未按期换届党组织排查工作，共排查出50个基层党组织未按期换届，其中，党总支3个，党支部47个。10—11月，市直机关工委开展专项整改，督促全部党组织全部完成换届选举工作。扎实做好党费收缴管理使用。编发《中国共产党基层组织工作手册》等资料，明确以1月和7月为时间基点核对党员的党费交纳数，设定党员党费交纳日，发放5000本新版党费证，规定收取党费时必须在党费证上进行登记。年中和年末，对党费收缴、管理和使用情况进行公示。以2008年为清查时间起点，对未足额交纳党费进行补缴，共收到补缴党费117891元，全部上交到市委组织部。

【志愿者服务活动】 年内，市直机关工委制定《市直机关志愿服务活动实施方案》，组织市直机关志愿者以“六城同创”开展志愿服务活动3次，市直机关志愿者800多人次参加活动。

【政务活动】 年内，市直机关工委组织市直机关党员干部职工7000多人次先后参与全国新年登高健身大会拉萨分会场、庆祝“3·28”百万农奴解放纪念日、2017年中国拉萨雪顿节、第三届藏博会等大型活动。

（葛同荣）

综述

2016年，拉萨市人大常委会以贯彻中共十八大和十八届三中、四中、五中、六中全会，中央第六次西藏工作座谈会，区、市党委第九次党代会精神为主线，紧紧围绕市委中心工作和重大决策部署依法行使职权，认真履行宪法和法律赋予的职责，进一步加强和改进立法、监督、代表工作和自身建设。年内，常委会审议通过地方性法规2件；备案审查政府，办理全国人大常委会法规草案征求意见2件、自治区人大常委会法规草案征求意见6件，听取工作报告4个、专项报告4个，对3部法律法规实施情况开展执法检查，参与自治区人大组织的各类执法检查、调研10余次；依法任免国家机关工作人员118人（次），共举行5次宪法宣誓活动。

（罗　梅）

重要会议与决议、决定

【拉萨市十届人大常委会第二十三次会议】 2月20日，拉萨市第十届人民代表大会常务委员会举行第23次会议。会议听取了拉萨市委组织部关于人事任免事项的说明、拉萨市人民政府关于拉萨市第十届人民代表大会第五次会议代表议案、建议、批评和意见办理情况的报告；书面审议了拉萨市人大常委会工作报告；听取了拉萨市十届人大常委会代表资格审查委员会关于十届人大代表资格的审查报告、市人大常委会关于召开拉萨市第十届人民代表大会第六次会议的决定（草案）、拉萨市第十届人民代表大会第六次会议选举办法；听取了关于接受桑颇·才旺桑配、龚建彰、谭树辉3人辞去副主任职务的决定（草案）、关于接受梁小平辞去常委会秘书长职务的决定（草案）、关于接受格列辞去人大教科文卫委员会主任委员职务的决定（草案）、听取和表决了关于接受边巴拉姆辞去拉萨市中级人民法院院长职务请求的决定（草案）；听取了十届人大六次会议主席团和秘书长建议名单、市十届人大六次会议主席团常务主席建议名单、市十届人大六次会议执行主席建议名单、市十届人大六次会议临时党委组成人员建议名单、市十届人大六次会议各代表团临时党支部成员建议名单、市十届人大六次会议副秘书长建议名单、市十届人大六次会议各代表团正副团长建议名单、市十届人大六次会议列席人员名单（草案）、十届人大六次会议在主席台就座的人员名单（草案）、市十届人大六次会议总监票人、监票人、总计票人、计票人建议名单。会议还表决通过了《拉萨市人民政府关于提请审议胡洪等任职的议案》，同意任命胡洪、方桂林、王国臣3人为拉萨市副市长。

【拉萨市十届人民代表大会第六次会议】 2月25日，拉萨市第十届人民代表大会第六次会议举行。出席会议的代表184人。大会期间，听取并审议了市长张延清作的《政府工作报告》；书面审议拉萨市人民政府关于拉萨市国民经济和社会发展第十三个五年规划纲要、关于2015年国民经济和社会发展计划执行情况与2016年国民经济和社会发展计划草案、关于拉萨市2015年财政预算执行情况与2016年财政预算（草案）的报告；听取并审议市人大常委会主任洛桑旦巴作的《拉萨市人民代表大会常务委员会工作报告》、拉萨市中级人民法院代理院长郝涛作的《拉萨市中级人民法院工作报告》，拉萨市人民检察院检察长田建设作的《拉萨市人民检察院工作报告》，并表决通过了上述报告的各项决议。会议表决通过关于接受桑颇·才旺桑配、龚建彰、谭树辉辞去拉萨市第十届人民代表大会常务委员会副主任职务请求的决定。会议表决通过拉萨市第十届人民代表大会第六次会议选举办法、拉萨市第十届人民代表大会第六次会议总监票人、监票人名单。会议补选拉萨市人大常委会副主任，选举市人大常委会秘书长，市人大科教文卫委员会主任委员，市中级人民法院院长并首次举行宪法宣誓仪式。

【拉萨市十届人大常委会第二十四次会议】 3月25日，拉萨市十届人大常委会举行第二十四次会议。会议听取和审议拉萨市人大法制委员会《关于调减〈2013—2017年五年立法规划〉计划的报告》。会议同意将《拉萨市民族工作条例（暂名）》《拉萨市医疗纠纷预防和处置条例》《拉萨市藏传佛教场所管理条例（暂名）》《拉萨市流动人口服务管理条例》《拉萨市文物保护条例》调整出五年立法规划，要求市人大法制委员会根据自治区人大法制委员会、拉萨市人民政府法制办、拉萨市文卫局等部门的意见对上述五项条例进行调整，将调整结果及时反馈给相关部门。会议听取和审议了拉萨市人大财经委员会《关于拉萨市人民政府〈关于对非公经济发展情况调研报告〉中问题和建议整改情况的报告》。会议同意市人大财经委员会的报告，要求财经委员会继续加大与市政府相关部门的沟通联系，加强对拉萨市非公经济发展进度的跟踪督促工作。会议通过了市人民政府提交的《关于提请审议格桑平措等同志的任免职议案》《关于提请审议杨安文同志免职的议案》《关于提请审议欧阳莉萍等同志免职的议案》《关于提请陈文强、赵涛两名同志任免职的议案》《关于提请审议和平志等同志任免职的议案》；市中级人民法院《关于提请干部任免职的议案》；市人民检察院《关于提请任命卓玛次仁同志的议案》8项人事任免事项。会议首次举行了十届人大常委会新任命国家工作人员向《宪法》宣誓仪式，并向所有新任命的国家工作人员颁发了任命书。

【拉萨市十届人大常委会第二十五次会议】 7月29日，拉萨市第十届人民代表大会常务委员会举行第二十五次会议。会议书面传达了《全国五民族自治区首府城市人大工作经验交流会情况汇报》《拉萨市人大常委会赴南宁、成都两市开展立法调研工作的情况汇报》和《西藏自治区十届人大常委会第二十四次会议精神传达提纲》；听取了市委组织部关于人事任免事项的说明；听取了拉萨市人民政府关于《拉萨市城镇供水用水管理条例（修订草案）》的说明；听取了市人大法制委员会关于《拉萨市城镇供水用水条例（修订草案）》修改情况的说明；听取了《拉萨市城镇供水用水条例（修订草案）》修改前后对照表；听取了拉萨市人大常委会《关于对人民法院推行立案登记制改革工作情况的调研报告》；听取了拉萨市人大常委会《关于开展中小学校舍安全保障工作专题调研的报告》；听取了拉萨市人大常委会关于对拉萨市开展《中华人民共和国道路交通安全法》和《西藏自治区道路交通安全条例》贯彻实施情况的执法检查报告。会议进行了分组审议，听取和审议了市人大法制委员会关于《拉萨市城镇供水用水管理条例（修订草案）》审查结果的报告；审议通过了《拉萨市城市供水用水条例（修订草案）建议表决稿》。会议表决通过市人大常委会主任会议提名的任免职名单；市政府提交的《关于提请审议斯朗尼玛同志免职的议案》《关于提请审议任卫东、崔勇刚两名同志任职的议案》；市中级人民法院提交的《关于提请干部任免职的议案》；市人民检察院提交的《关于提请审议德吉卓嘎等同志的任免议案》4项人事任免事项，并为被任命人员颁发了任命书，举行了《中华人民共和国宪法》宣誓仪式。

【拉萨市十届人大常委会第二十六次会议】 9月18日，拉萨市十届人大常委会举行第二十六次会议。会议听取和审议拉萨市十届人大常委会关于出席拉萨市第十一届人民代表大会代表名额分配的决定（草案）；听取和审议拉萨市十届人大常委会关于召开拉萨市十一届人民代表大会第一次会议的决定（草案）；听取和审议《拉萨市十届人民代表大会常务委员会工作报告》起草情况的说明；听取和审议拉萨市人大常委会关于开展《拉萨市城市绿化条例》贯彻实施情况执法检查的报告（草案）；听取和审议拉萨市人大常委会关于全市检察机关开展刑事执行法律监督工作情况的调研报告（草案）；听取《拉萨市中级人民法院2016年上半年工作总结暨下半年工作要点》汇报提纲；听取和审议拉萨市人大法制委员会关于《拉萨市中级人民法院2016年上半年工作总结暨下半年工作要点》的审查报告（草案）；听取《拉萨市人民检察院2016年上半年工作总结暨下半年工作要点》汇报提纲；听取和审议拉萨市人大法制委员会关于《拉萨市人民检察院2016年上半年工作总结暨下半年工作要点》的审查报告（草案）；听取和审议拉萨市人大常委会关于开展拉萨市幼儿阶段学校“三包”经费使用情况以及其他收费情况的专项调研报告（草案）；听取和审议拉萨市人大常委会关于开展《中华人民共和国执业医师法》贯彻实施情况执法检查的报告（草案）；听取和审议拉萨市人大常委会关于开展拉萨市村级医务人员队伍建设情况的调研报告（草案）；听取拉萨市人民政府关于《拉萨市公共文化建设保障情况专项报告》汇报提纲；听取和审议拉萨市人大教科文卫委员会关于《拉萨市人民政府关于拉萨市公共文化建设保障情况专项报告》的审查报告（草案）；听取拉萨市人民政府关于《拉萨市科技重大项目和产业推进情况专项报告》汇报提纲；听取和审议拉萨市人大教科文卫委员会关于《拉萨市人民政府关于科技重大项目和产业推进情况专项报告的审查报告（草案）》；听取和审议拉萨市人大常委会关于拉萨市精准扶贫精准脱贫工作开展情况的调研报告（草案）；听取和审议拉萨市人大常委会关于开展《中华人民共和国城乡规划法》及《拉萨市城乡规划条例》贯彻执行情况执法检查的报告（草案）；听取《拉萨市人民政府关于拉萨市2016年上半年国民经济和社会发展计划执行情况与下半年国民经济和社会发展计划安排》汇报提纲；听取和审议拉萨市人大财经委员会关于《拉萨市人民政府关于拉萨市2016年上半年国民经济和社会发展计划执行情况与下半年国民经济和社会发展计划安排》的审查报告（草案）；听取《拉萨市人民政府关于拉萨市2015年本级财政执行情况和其他财政收支审计工作报告》汇报提纲；听取和审议拉萨市人大财经委员会关于《拉萨市人民政府关于拉萨市2015年本级预算执行和其他财政收支审计工作报告》的审查报告（草案）；听取《拉萨市人民政府关于拉萨市2015年财政决算和2016年上半年预算执行情况》汇报提纲；听取和审议拉萨市人大财经委员会关于《拉萨市人民政府关于拉萨市2015年财政决算和2016年上半年预算执行情况的报告》的审查报告（草案）；听取和审议《拉萨市人大常委会关于督办十届人民代表大会第六次会议代表议案建议批评意见办理情况的报告》。会议审议并表决通过《拉萨市人民代表大会常务委员会关于补选普布次仁为西藏自治区第十届人民代表大会代表的决议》和《拉萨市人民代表大会常务委员会关于接受祁维国辞去西藏自治区第十届人民代表大会代表职务的决议》；会议通过了市中级人民法院提交的《关于提请干部任免职的议案》；市人民检察院提交的《关于提请审议张桂彤同志的任职议案》4项人事任免事项，并为被任命人员颁发了任命书，举行了《宪法》宣誓仪式。

【拉萨市十届人大常委会第二十七次会议】 10月29日，拉萨市十届人大常委会举行第27次会议。会议听取了市委组织部关于人事安排的说明；听取了拉萨市第十一届人民代表大会代表资格审查报告（草案），同意向拉萨市第十一届人民代表大会报告；听取和审议了拉萨市人民政府关于市十届人大一次会议以来代表议案和建议、批评、意见办理情况的报告（草案），同意提交拉萨市第十一届人民代表大会第一次会议；听取了关于设立拉萨市第十一届人民代表大会专门委员会的说明和决定（草案），同意提交拉萨市第十一届人民代表大会第一次会议；审议通过了拉萨市第十一届人民代表大会第一次会议列席人员建议名单、主席团和秘书长建议名单、主席团常务主席建议名单、执行主席分组建议名单、副秘书长建议名单、邀请在主席台就座的领导人员建议名单，同意提交拉萨市第十一届人民代表大会第一次会议；审议了拉萨市第十一届人民代表大会第一次会议议程（草案）、日程（草案），同意提交拉萨市第十一届人民代表大会第一次会议。会议表决通过了市人大常委会关于接受张延清辞去拉萨市人民政府市长职务的决定；会议同意免去计明南加、陈文强、次仁央宗、史本林、吴亚松的拉萨市人民政府副市长职务；任命果果为拉萨市人民政府代理市长；任命王念东、占堆、廖波为拉萨市人民政府副市长。会议表决通过了拉萨市人大常委会关于拉萨市人民检察院任免职的议案，并为被任命人员颁发了任命书，举行了《宪法》宣誓仪式。

【拉萨市十一届人民代表大会第一次会议】 11月1日，拉萨市第十一届人民代表大会第一次会议举行，出席会议的代表238人。大会期间，听取并审议了代理市长果果作的《政府工作报告》；书面审查了《拉萨市十届人民代表大会法制委员会工作报告》《拉萨市十届人民代表大会财政经济委员会工作报告》《拉萨市十届人民代表大会教育科学文化卫生委员会工作报告》；听取并审议了市人大常委会党组书记达娃作的《拉萨市人民代表大会常务委员会工作报告》、拉萨市中级人民法院院长郝涛作的《拉萨市中级人民法院工作报告》，拉萨市人民检察院检察长田建设作的《拉萨市人民检察院工作报告》，并表决通过了上述报告的各项决议。会议听取了市人民政府《关于拉萨市十届人民代表大会一次会议以来代表议案和建议批评意见办理情况的报告》；会议通过了《拉萨市十一届人民代表大会关于设立专门委员会的决定》；表决了《拉萨市十一届人民代表大会各专门委员会组成人员名单》；会议选举了拉萨市人大常委会主任、副主任，秘书长，拉萨市十一届人大常委会委员；拉萨市人民政府市长、副市长；拉萨市中级人民法院院长；拉萨市人民检察院检察长，并举行宪法宣誓仪式。

【拉萨市十一届人大常委会第一次会议】 11月25日，拉萨市第十一届人大常委会举行第一次会议。会议听取和审议了市人大常委会主任会议提请的关于《拉萨市第十一届人大常委会代表资格审查委员会组成人员名单（草案）》，表决通过了《拉萨市第十一届人大常委会代表资格审查委员会组成人员名单》。会议听取了拉萨市委组织部关于人事任免事项的说明。会议表决通过了市十一届人大常委会主任会议关于提请张志文任职的议案和市政府关于提请孙宝祥任免职的议案，并为被任命人员颁发了任命书，举行了《宪法》宣誓仪式。

（罗　梅）

监督工作

【立足依法行政开展法律监督】 年内，常委会先后对《中华人民共和国执业医师法》《中华人民共和国道路安全法》《拉萨市城市绿化条例》《拉萨市城乡规划条例》等法律法规在拉萨市的贯彻实施情况开展专项执法检查。在肯定成绩的同时，认真查找法律法规实施过程中存在的问题，并提出整改意见和建议，要求政府及相关部门认真整改落实，并在规定时间内就整改落实情况向常委会进行书面反馈。同时配合自治区人大常委会对《中华人民共和国归侨侨眷权益保护法》等8部法律法规的在拉萨市实施情况开展了执法检查。

【立足持续发展开展经济监督】 年内，常委会先后审议批准拉萨市人民政府关于拉萨市2016年上半年国民经济和社会发展计划执行情况与下半年国民经济和社会发展计划安排、拉萨市2015年本级财政执行和其他财政收支审计、拉萨市2015年财政决算和2016年上半年预算执行、全市科技重大项目和产业推进等专项工作报告。同时将专项审议意见转交市人民政府整改落实，有力地促进了拉萨市经济持续健康有序发展。

【立足公平公正开展司法监督】年内，常委会听取和审议了拉萨市中级人民法院和市人民检察院2016年上半年工作总结暨下半年工作要点。紧紧围绕全面推行司法制度改革，对拉萨市人民法院推行立案登记制改革和检察机关开展刑事执行法律监督工作开展了专题调研，并就相关问题提出了具有建设性的意见建议。

【立足群众利益开展民生监督】年内，常委会深入开展了全市村级医疗队伍建设、幼儿阶段“三包”经费使用、校舍安全保障、精准扶贫等方面的专题调研。通过实地了解、明察暗访、座谈、听取汇报，在全面掌握第一手资料的基础上，形成了一批具有建设性的调研报告，为市委、市政府科学决策提供了参考依据。

【立足监督实效完善监督方式】年内，常委会科学合理选择监督议题，把人民群众普遍关注和代表反映强烈的事项纳入监督范围；灵活有效运用监督方式，组织开展专题询问；畅通监督渠道，坚持邀请基层代表、县（区）人大常委会负责人和相关领域代表参加专题调研、执法检查和常委会会议；强化跟踪问效，持续督办常委会会议对“一府两院”工作提出的审议意见，各项问题得到有效解决。“一府两院”及其有关部门高度重视、认真落实，全年共向常委会报告了7个方面的整改落实情况，整改工作基本到位。

（罗　梅）

代表工作

【创建“人大代表之家”】年内，按照自治区人大关于在全区创建推广“人大代表之家”工作要求，常委会下发《关于在全市创建“人大代表之家”的实施方案》，与各县（区）人大共同推进，把各级人大代表以代表小组为基本单位全部编入“人大代表之家”开展活动，按照有牌子、有房子、有专人、有经费、有设备、有制度的“六有”要求，共创建“人大代表之家”69个，基本实现市、县（区）、乡镇（街道）全覆盖。

【代表活动】年内，常委会组织安排市人大代表、邀请部分全国人大代表和自治区人大代表开展视察，先后围绕达孜县、曲水县、堆龙德庆区三个工业园区，老城区建设，柳梧新区建设，教育城建设，“河变湖”“树上山”工程，次角林文化创意园区建设，科技法庭、诉讼服务中心、监狱、看守所等开展集中视察。市县乡组织代表300多人次参加执法检查和专门委员会活动，组织代表100多人次开展专题调研和专项视察，举办代表培训班8期，培训代表800人次。

【代表参与】年内，常委会制定完善了《拉萨市人大代表列席常委会制度》《拉萨市人大常委会组成人员联系人大代表制度》，规定列席常委会会议的市级人大代表不得少于2名，常委会组成人员至少与3名本级人大代表保持经常联系、到基层调研必访人大代表。

【代表议案建议办理】年内，常委会从交办、办理、督办三个环节采取措施，综合运用代表参与督办、经常性督办、专项督办询问等方式，保证代表议案建议件件有回音、有落实、见成效。年内，常委会组织区、市两级人大代表就办理工作开展专题调研和询问工作，取得良好效果，代表普遍反响好。

（罗　梅）

自身建设

【思想政治建设】年内，市人大常委会党组始终把思想政治建设放在自身建设的首位，坚定正确政治方向，严守政治纪律和政治规矩，始终在思想上政治上行动上同以习近平为核心的党中央保持高度一致，教育全体干部职工牢固树立“四个意识”特别是核心意识和看齐意识，坚定拥戴、信赖、忠诚、捍卫核心，确保把人大履职尽责自觉置于党的领导之下，使人大各项工作都有利于巩固党在西藏的执政地位。

【组织建设】根据新形势下全面从严治党工作要求，年内，常委会决定撤销办公厅党组。市委常委员研究决定成立人大机关党组，选举产生市人大机关党总支和3个党支部（机关两个支部、退休一个支部），使机关党建力量得以重组，促进市人大机关党建迈上新台阶。另外，常委会先后制定《拉萨市人大落实党风廉政建设主体责任方案》《拉萨人大2016年党风廉政建设及反腐工作计划》《市人大2016年党风廉政建设主体责任清单》，明确规定市人大常委会党组对人大机关党风廉政建设负集体责任，班子主要负责人是第一责任人，落实党组成员“一岗双责”责任。同年，常委会对办公厅、各专委会、各岗位和关键环节的廉政风险防控点进行梳理，修改《拉萨市人大常委会党组理论中心组学习制度》《拉萨市人大常委会党组重大问题向市委请示汇报制度》等6项规章制度，并完善《拉萨市人大常委会专题会议制度与流程》《拉萨市人大机关车辆使用管理办法》等6项制度，使各项工作有章可循，有据可依。

【作风建设】 年内，常委会先后组织党员干部深入学习习近平总书记系列讲话中关于党风廉政建设和反腐斗争方面的重要论述、中央关于《建立健全惩治和预防腐败体系2013—2017年工作规划》精神。组织党组理论中心组集中学习《中国共产党章程》《中国共产党廉洁自律准则》《中国共产党纪律处分条例》《中国共产党问责条例》；推行“三重一大”集体决策和“一把手不直接分管人财物”制度，强化领导干部离任审计制度。严格落实领导干部个人事项报告和党风廉政建设年度考核工作报告制度。签订党风廉政建设目标责任书，并建立健全约谈、考核机制。

（罗　梅）

拉萨市人民政府

综述

2016年，在党中央、国务院的特殊关怀下，在自治区党委、政府的坚强领导下，在北京、江苏两地的无私援助下，拉萨市深入贯彻落实中共十八大和十八届三中、四中、五中、六中全会以及中央第六次西藏工作座谈会精神，贯彻落实习近平总书记系列重要讲话精神特别是治边稳藏重要战略思想，贯彻落实区市第八次、第九次党代会精神，牢牢把握稳中求快工作总基调，坚持新发展理念，以推进供给侧结构性改革为主线，主动适应经济新常态，深入实施“六大战略”，攻坚克难、奋发有为，保持了全市经济社会持续健康快速发展，实现了“十三五”规划良好开局。

全力以赴稳增长保态势，发展效益质量实现新提升。坚持发展第一要务，用足用好用活特殊优惠政策，不断优化产业结构，发展壮大特色产业，全力促进经济快速增长。强化投资拉动。落实中央、自治区投资超过100亿元，争取北京、江苏援藏投资5.71亿元，纳金水厂等6个项目获得国家专项建设基金支持，落实资金6.12亿元。环城路、污水处理厂二期、拉萨高新区市政配套等基础设施项目建成投用，教育城二期、柳东大桥等重大项目加快建设，林周隧道、拉萨新机场、东环路、滨河路等项目前期工作有序推进。工业发展态势良好。实现工业企业增加值55.43亿元。同比增长27%。其中，五大功能区实现工业总产值44.05亿元，工业销售产值42.35亿元，工业税收5.65亿元，分别增长16.6%、15.3%和25.6%。特色产业发展壮大。净土健康产业提质增效，设立首个“净土健康产业院士工作站”，北京、南京等6个产品交流中心建成投用。“拉萨净土”区域公用品牌17类商标成功注册，形成藏鸡标准139项，藏香标准37项。全市天然饮用水产能达373万吨，产量55.7万吨，销售45.9万吨，实现产值11.6亿元；全市奶牛存栏8.5万头，藏鸡存栏43.1万只，人工饲草种植面积14.13万亩。预计2016年全市净土健康产业总产值达100亿元。文化旅游业发展强劲，成功入选首批国家全域旅游示范区创建单位。全年预计接待旅游人数1366.63万人次、增长15.91%，实现旅游收入186.49亿元、增长20.37%。

坚定不移推进改革开放，全面深化改革迈出新步伐。紧盯制约发展的体制机制短板，全面落实深化改革各项要求，不断激发市场活力，为发展提供强劲动力。深化“放管服”改革。完成涉改13家部门“三定”工作。编制形成市级权责清单事项3984项。取消行政审批事项42项，承接自治区下放行政审批事项5项，向县（区）下放行政审批事项3项。开展“五证合一、一照一码”和“两证整合”工作，新增市场主体17252户。政务标准化试点工作顺利通过国家标准委验收，三级政务服务体系建设有序推进，乡镇（街道）政务服务中心挂牌，运行率达87.9%。深化重点领域改革。深化农村产权制度改革，完成全市4.35万户、62.9万亩农村土地确权登记颁证工作，发放农村宅基地使用权证40804宗（户）。开展农村“两权”抵押贷款试点工作。深化国资国企改革，整合国有资产，加强国资监管，国有企业资产总额达到556.8亿元，预计2016年实现营业收入30.4亿元、上缴税金4.3亿元，同比分别增长44.8%、34.4%。深化道路运输体制改革，旅游客运行业治理和市际班线客运改革顺利推进，23家违规挂靠的旅游、班线客运企业被依法清出市场，道路运输实现规范化经营。全面加强交流合作。加强招商引资，成功举办雪顿节招商引资项目推介会暨集中签约仪式，积极组织参加“藏博会”“京交会”“昆交会”等区内外大型博览会，在北京、江苏等地举办招商引资项目推介会、特色产品展销会。全年招商引资项目达到326个，实际到位资金268.5亿元，同比增长10%。大力促进对外贸易，完成进出口贸易总额41.2亿元。大力开展“两创”示范工作。成功入围全国第二批小微企业创业创新基地城市示范名录，获得3年示范期奖励资金9亿元。出台“双创”支持政策92项，减免税收1.13亿元。建成全区首个众创空间、大学生创业孵化园、科技服务超市。加大科技创新投入，全年科技专项投入3546万元，知识产权授权量178件，拥有高新技术企业17家，自治区级科技型中小企业37家。科技对经济增长的贡献率达到43.6%，对农牧业发展的贡献率达到49.6%。

坚持不懈优化生态环境，美丽家园建设取得新突破。始终坚守生态环境保护红线、底线、高压线，坚持在发展中保护、在保护中发展，着力构建青藏高原生态保护示范区。持续改善生态环境。实施“树上山”工程，完成植树造林13.37万亩、封山育林3.72万亩。完成退耕还林和防沙治沙任务2282.7亩、92505亩，在全区实现了半干旱区域山体整体造林新突破。实施“河变湖”工程，持续推进拉萨河流域系统治理，2#、3#闸建成蓄水，形成湖面近200公顷，城市空气湿度增加8%，创造了高原河流治理的典范。建成南山鹏矗生态园，着力打造城市宜居生态环境，荣获“中国循环经济十佳绿色发展城市”称号，拉萨河跻身国家级水利风景区。加强城市综合环境治理。依法淘汰燃煤锅炉64台、黄标车916辆、老旧车辆596辆，垃圾焚烧发电厂一期试点火，城市垃圾无害化处理率达到97.5%。推广使用清洁能源和新能源，投放新能源汽车192辆。全市空气质量持续优良，排名全国内陆城市前列。严格落实“土十条”，积极开展土壤环境监测，扎实推进土壤生态治理和修复，确保土壤资源永续利用。巩固“禁白”成果取得新成效。城乡发展环境不断改善。投资1800万元，解决2228户、9007人饮水安全问题。村村通电“金太阳”示范工程顺利完成，行政村通电率达到100%。新建、改建农村公路567.5公里，农村公路通车总里程达到3148.3公里，通达、通畅率均居全区第一位。

倾心尽力保障民生，人民群众生活水平得到新改善。坚持以人民为中心的发展思想，着力保障和改善民生。脱贫攻坚扎实有力。建设搬迁安置点19个，开工2113套，已竣工的2083套全部完成入住。投入14.62亿元，开工建设产业项目63个，带动6780名建档立卡贫困群众实现脱贫。落实“三包”及助学金3亿余元，兑现生态补偿岗位资金6760.86万元，发放农牧区最低生活保障、“五保”供养、医疗救助等各类社会保障补助资金1.23亿元，不断完善综合保障和政策兜底。2016年，经过统计核实和第三方评估，全市35520人越过贫困线，占全市总任务的80.4%。民生事业持续改善。新增就业16251人，农牧区劳动力转移就业17.9万人次，城镇零就业家庭保持动态清零，困难家庭高校毕业生就业率100%；投入6.4亿元，新建幼儿园41所、改扩建中小学31所，教育“组团式”援藏新格局基本形成，全市高考上线率达到88.08%，比2015年提高13个百分点；入选全国首批健康城市试点市，制定出台《健康拉萨建设指导意见》。医疗人才组团式援藏成效良好，投资14亿元的拉萨中心医院破土动工，医疗卫生事业全面提升；新（续）建保障性住房9802套，社保参保人数达48万人，城镇、农村最低生活保障标准分别达到月人均704元和年人均2650元；生活必需品市场供应充足，投放平价新鲜肉近300吨、酥油近100吨，有效平抑了物价。基层基础不断夯实。深入开展“强党、固基、扶村”工作，选派1378名优秀乡镇机关干部下沉到村（居），构建村（居）“两委一中心”服务体系，实现乡镇服务前置，管理重心下移。全面实施“三个全覆盖”，全市273个村（居）中的64个活动场所已建成达标并投入使用，其余已全部完成规划设计，实现全市所有村（居）集体经济全覆盖。

毫不动摇创新社会治理，和谐稳定开创新局面。贯彻落实“依法治国”“依法治藏”基本方略，持续推进社会治理创新，全面提升维护社会和谐稳定能力和水平。筑牢维稳防线。维护宪法和法律权威，始终高举法律旗帜，严厉打击十四世达赖集团各种渗透干扰破坏活动，圆满完成雪顿节、藏博会、区市第九次党代会等重大活动、重要节点维稳安保任务，切实维护国家安全和政治稳定。牵头召开第二次全面推进“依法治藏”方略座谈会，深化区域维稳协作联动体系。创新社会治理。建成投用信息化实名加油登记系统，实现全市重点道路区间测速全覆盖，社会治安防控立体化、信息化水平不断提升。全面实施网格化管理和“先进双联户”创建活动，社会治理基层基础不断夯实。加强民族团结，深入开展民族团结进步“七进”活动，搭建各民族交往交流交融平台，荣获“全国民族团结进步创建活动示范市”称号。加强和创新寺庙管理，完善寺庙基本公共服务，依法加强宗教活动管理，积极引导宗教与社会主义社会相适应。妥善化解矛盾纠纷，受理并化解群众来信来访1137件2649人次，化解历史遗留“骨头案”“钉子案”130件，实现信访事项两个月“零搁置”。强化安全生产。开展安全生产大检查大排查大整治专项行动，对道路交通、非煤矿山、危险化学品、食品药品等13个重点领域开展拉网式排查治理，消除安全隐患15000余处，实现全年重大安全事故“零发生”，较大安全事故减少50%。

（朱文俊）

重要会议

【拉萨市第十届人民政府第34次常务会议】 1月15日，市委副书记、市长张延清主持召开第十届拉萨市人民政府第34次常务会议，在家副市长、市政府党组成员出席会议，市人大常委会副主任央金卓嘎、市政协办公厅副秘书长肖强伟应邀列席会议。会议共研究审议《2016年政府工作报告（送审稿）》《拉萨市2016年经济发展主要指标体系》《拉萨市“十三五”时期国民经济和社会发展规划纲要（送审稿）》《关于呈报〈关于鼓励引导企业发展净土健康产业的意见〉的请示》。

【拉萨市第十届人民政府第35次常务会议】 3月8日，市委副书记、市长张延清主持召开拉萨市第十届人民政府第35次常务会议，在家常务副市长、副市长、市政府党组成员出席会议，市人大常委会副主任张慧、市政协副主席亚古应邀列席会议。会议共研究审议《拉萨市“12345”政府服务热线工作规则》《拉萨市“12345”政府服务热线督查考核办法（试行）》《关于推行拉萨市政府工作部门权力清单和责任清单制度的实施方案》，宣布《关于拉萨市市长、常务副市长、副市长工作分工的通知》等3项议题。

【拉萨市第十届人民政府第36次常务会议】 3月18日，市委副书记、市长张延清主持召开拉萨市第十届人民政府第36次常务会议，在家副市长、市政府党组成员出席会议，市人大常委会副主任央金卓嘎、市政协副主席刘全保应邀列席会议。会议共研究审议《关于提请审议〈拉萨市藏传佛教事务工作条例〉（送审稿）的请示》《关于提请审议〈拉萨市养犬规定（修订案）〉的请示》《关于提请审议〈拉萨市社会活动安全检查办法（送审稿）〉的请示》及干部人事任免事宜4项议题。

【拉萨市第十届人民政府第37次常务会议】 4月12日，市委副书记、市长张延清主持召开拉萨市第十届人民政府第37次常务会议，在家副市长出席会议，市人大常委会副主任央金卓嘎、市政协副主席张勤应邀列席会议。会议研究审议了《关于印发拉萨市专利申请资助与奖励办法（暂行）的请示》《关于研究开征污水处理费及实施居民生活用水阶梯价格改革方案意见相关事宜的报告》《关于呈报化解政府存量债务实施方案的请示》《关于设立堆龙德庆区“香雄美朵”生态旅游文化产业园的请示》《关于出台〈拉萨市节假日促销活动企业奖励办法〉的请示》《市政府全体会议制度》《市政府常务会议制度》《市政府专题会议制度》《市政府党组会议制度》及2016年度市政府系统建议提案交办工作会议筹备情况、《拉萨市人民政府办理人大代表建议政协委员提案工作规则》、拉萨市2016年廉政工作会议筹备情况。

【拉萨市第十届人民政府第38次常务会议】 5月27日，市委副书记、市长张延清主持召开拉萨市第十届人民政府第38次常务会议，在家常务副市长、副市长、党组成员出席会议，市人大常委会副主任央金卓嘎、市政协副主席顿珠多吉应邀列席会议。会议共研究审议了《关于以市委办公厅市政府办公厅名义下发〈关于贯彻落实〈关于加快旅游业发展的决定〉任务分解的通知〉的请示》《关于呈报〈关于加快推进拉萨河水环境治理工作的意见〉和〈拉萨河水环境综合治理工作行动方案〉的请示》《关于提请审议拉萨市人民政府2016年立法计划的请示》及《关于提请审议〈拉萨市社会组织管理办法（送审稿）〉的请示》人事处理意见、干部人事任免事宜，宣布《拉萨市人民政府关于明确拉萨市市长、常务副市长、副市长、秘书长工作分工的通知》。

【拉萨市第十届人民政府第39次常务会议】 8月18日，受市政府主要领导委托，市委副书记、常务副市长胡洪主持召开拉萨市第十届人民政府第39次常务会议，在家常务副市长、副市长、市政府党组成员、秘书长出席会议，市人大财经委员会主任委员德吉、市政协副秘书长张强应邀列席会议。会议共研究审议《关于报送拉萨市推进新型城镇化试点实施方案的请示》《关于动支2016年预备费的请示》《关于红星美凯龙项目招商引资有关事宜的请示》《关于向市人大常委会报告〈2015年度拉萨市本级预算执行和其他财政收支的审计工作报告〉的请示》《关于给予李继明开除公职处分的请示》《关于给予宋四海行政撤职处分的请示》。

【拉萨市第十届人民政府第40次常务会议】 9月10日，受市政府主要领导委托，市委副书记、常务副市长胡洪主持召开拉萨市第十届人民政府第40次常务会议，在家常务副市长、副市长、市政府党组成员出席会议，市人大常委会副主任央金卓嘎、市委副秘书长余凤萍、市政协副秘书长张强应邀列席会议。会议共研究了《全市财政工作情况的报告》《2011年以来国民经济和社会发展计划执行情况与今后五年国民经济和社会发展计划草案的报告》及部署拉萨市不动产统一登记工作有关事宜和《政府工作报告》《关于组建拉萨市政府投资项目代建管理公司有关事宜》。

【拉萨市第十届人民政府第41次常务会议】 10月10日，受市政府主要领导委托，市委常委、常务副市长陈文强主持召开拉萨市第十届人民政府第41次常务会议，在家副市长、市政府党组成员出席会议，市人大常委会财经委主任德吉、市政协提案委副主任尼玛次仁应邀列席会议。会议共研究审议了《拉萨市创建国际文化旅游城市执行规划》《关于推进健康拉萨建设指导意见》。

【拉萨市第十一届人民政府第1次常务会议】 11月22日，市委副书记、市长、城关区委书记果果在市政府515会议室主持召开拉萨市第十一届人民政府第1次常务会议，就交通事故财政垫付资金、新增地方政府债务需求、2016年财政预算调整、出台精准扶贫易地搬迁及小康安居工程搬迁补偿办法、建档立卡贫困大学生资助办法等事项进行了研究。

【拉萨市第十一届人民政府第2次常务会议】 11月30日，市委副书记、市长、城关区委书记果果主持召开拉萨市十一届人民政府第2次常务会议，就支付拉萨河城区段综合整治工程3#闸沿岸景观设计费、组建成立拉萨雪鹰通用航空股份有限公司和拉萨布达拉通用航空产业发展股份有限公司、拉萨净土产业投资开发公司在央视4套2017年“欢乐一家亲”特别节目（晚会）独家冠名拉萨净土品牌宣传合作、解决大佛岛分厂土地70年承包经营权和拉萨藏游坛城项目70亩土地转让等相关事宜进行了研究。

【拉萨市第十一届人民政府第3次常务会议】 12月7日，市委副书记、市长、城关区委书记果果主持召开拉萨市十一届人民政府第3

次常务会议，会议分别研究听取了2016年全市粮油作物测产工作情况、全市环保工作现状及下步工作推进安排，传达学习了国务院、自治区领导在“近日黑龙江山东湖北内蒙古云南湖南等地相继发生安全事故”上的重要批示等事宜。

【拉萨市第十一届人民政府第4次常务会议】 12月26日，市委副书记、市长果果主持召开拉萨市十一届人民政府第4次常务会议，对市政府工作部门权利和责任清单、2017年全市产业发展和重点项目建设等事项进行了研究。

【拉萨市第十一届人民政府第5次常务会议】 12月29日，市委副书记、市长果果主持召开拉萨市十一届人民政府第5次常务会议，研究审议2017年全市经济发展指标和市级重点建设项目安排计划等事宜。

（朱文俊）

重要活动

【雪顿节开幕式活动】 2016年中国拉萨雪顿节开幕式于9月1日在拉萨市群众文化体育中心篮球馆举行，开幕式通过表演内容丰富、形式多样的传统藏戏和具有代表性的优秀歌舞，充分展示拉萨在保护和传承民族传统文化方面取得的可喜成果，展现经济社会各项事业发展取得的巨大成就。

【雪顿节嘉年华活动】 9月2—7日，由拉萨市商务局、拉萨净土文化传媒有限公司主办，在柳梧新区拉萨市群众文化体育中心露天广场成功举办2016年中国·拉萨雪顿节嘉年华。嘉年华活动共进行六大展会和八大主题嘉年华。

【招商引资】 9月2日，由拉萨市人民政府主办，拉萨市商务局承办的2016年中国·拉萨雪顿节招商引资项目推介会暨集中签约仪式在圣地天堂洲际大酒店西藏厅成功举行。区党委常委、市委书记齐扎拉，市委副书记、市政府党组书记果果等领导参加仪式。参会人员300余人，其中邀请区内外参会客商206人，县（区）、园区、市直部门和企业参会人员64人。

【藏棋活动】 2016年9月1—3日，在拉萨市青少年综合性实践基地和诸子归教育二楼大教室成功举办藏棋普及和首次藏棋表演赛活动。活动以文体竞赛、知识（藏棋）宣传、展览的形式展开，紧紧围绕雪顿节的时代主题旋律和拉萨精神文化建设内涵，让广大人民群众体验藏文化的独特魅力，歌颂西藏美好生活。

【宗教活动】 2016年9月1日（藏历6月30日），拉萨市民族宗教事务局主办，分别在哲蚌寺展佛台、色拉寺展佛台举行展佛活动，参加人数约24万人，其中哲蚌寺10余万人，色拉寺14余万人。

【藏戏活动】 为充分发挥拉萨雪顿节文化品牌的综合效益，展示近年来的藏戏保护成果，进一步丰富和活跃群众精神文化生活，着力提升西藏文化的吸引力、影响力和竞争力，由自治区文化厅、拉萨市雪顿节组委会主办，2016年9月1—7日，在罗布林卡举办由各地民间藏戏队参与的“第四届藏戏大赛”、在宗角禄康公园进行“第五届藏戏展演”以及专业剧团的舞台演出等活动。活动期间由自治区藏剧团在区藏戏艺术中心举行3场改编传统藏戏《卓瓦桑姆》专场演出。

【拉萨—纳木错徒步】 2016年9月3日，由拉萨市旅游局主办，开展第十届“纳木错”徒步大会，活动以“行走圣湖.幸福拉萨”为主题，外来参赛人员达100人。徒步大会成功举办为宣传西藏、繁荣西藏旅游事业和拉动西藏经济发展产生明显助推作用。

【书画摄影作品展】 2016年9月1—7日，由拉萨市委宣传部主办，在牦牛博物馆成功举办“第六届拉萨书画摄影作品展”。精选200余幅作品和特邀作品进行展览。展览以“中国梦·拉萨篇章”为主题。

（朱文俊）

办公厅政务工作

【自身建设】 年内，市政府办公厅党组围绕办公厅队伍建设、党风廉洁建设、基层党建、作风建设和强基惠民工作，不断增强全体干部职工政治意识、大局意识、核心意识、看齐意识，始终在思想上政治上行动上与以习近平为核心的党中央保持高度一致。

全年共提拔、调整干部近50人次，其中，11名县级干部得到提拔使用，提拔科级干部4名。不断加大干部学教力度。干部职工教育培训进一步加强，全年共组织干部职工各类学习38场次1280人次，安排到江苏省跟班学习8批32人次，组织各县（区）和市直各单位跟岗学习培训14批30人次，组织干部职工观看《永远在路上》等廉政影片4次300余人次，参观廉政教育基地1次50余人次。地级领导、县级领导及各个支部书记讲党课达15次，参加人数达700人次。撰写心得体会80余篇、学习笔记80余篇。不断完善谈话制度。严格执行“廉政谈话制度”，特别是对班子成员做到经常提醒、打招呼，牢固树立他们廉洁从政意识。党政主要领导与领导班子成员、领导班子成员与科室干部开展廉政谈话50余人次。

【党风廉洁建设】 年内，市政府办公厅党组始终把党风廉政建设作为领导班子和干部队伍建设的重中之重，纳入办公厅工作重要议题和年度整体工作目标，市政府办公厅党组书记与班子成员及各科室负责人层层签订《拉萨市人民政府办公厅党风廉政建设目标责任书》，严格执行“一岗双责”要求，强化党组书记党风廉洁建设“第一责任人”职责，严格落实对重要工作亲自部署、重大问题亲自过问、重点环节亲自协调、重要案件亲自督办“四个亲自”。强化执行报告。及时向上级党委和纪委报告贯彻落实中央、区市党委有关党风廉洁建设和反腐败斗争的决策部署情况及“三重一大”事项工作推进情况，主动邀请市纪委第三纪检组负责人参加本厅党组会议达16次。强化组织推动。及时传达中央和区市有关党风廉洁建设和反腐败工作的部署要求，定期不定期主动听取党风廉洁建设和反腐败工作汇报4次，全年累计召开6次专题会对党风廉洁建设和反腐败工作进行研究、部署和总结，做到年初有计划，平时有检查，年终有考核。

【基层党建】 年内，市政府办公厅党组落实全面从严管党治党责任，紧紧围绕“书记抓、抓书记”工作目标要求，结合“两学一做”学习教育，将每周四下午定为党团学习时间，集中开展学习教育和组织活动，不断提高广大干部职工综合素质。健全党员目标管理、“三会一课”、民主生活会、民主评议党员、党费收缴等多项制度，完善党务公开制，增强党支部工作透明度。围绕提升党员质量带动基层党建。严肃发展党员纪律，制定年度党员发展计划，注重在优秀年轻干部和科室业务骨干中发展党员，全年共发展入党积极分子1名，预备党员4名，按期转正4名；严格按照规定收缴党费，全年按时足额缴纳党费共计15214.73元。围绕丰富活动内容推动基层党建。积极丰富支部组织生活载体，通过3月参观新旧西藏图片对比展，4月清明扫墓活动，5月组织办公厅退休干部职工参观牦牛博物馆，6月开展“书党章、强党性、颂党魂、庆七一”书法摄影比赛，7月组织干部职工学唱《中国共产党廉洁自律准则》歌曲，11月开展党支部“联述联评联考”等活动，做到“月月有主题，周周有活动”。

【作风效能建设】 年内，市政府办公厅党组充分利用市政府办公厅党组会、秘书长办公会和各类学习、工作部署会研究安排作风效能建设，组织制订《拉萨市人民政府办公厅“三重一大”决策制度》《拉萨市人民政府办公厅精文简会若干规定》《拉萨市人民政府办公厅干部管理若干规范》等规章制度，并形成《拉萨市人民政府办公厅规章制度汇编》，规范指导办公厅各项工作有效开展。围绕市委、市政府中心工作，对照《拉萨市目标绩效争先进位考核办法》，认真自查总结2016年办公厅机关目标绩效争先进位工作，以优异的成绩通过了全市目标绩效争先进位考核。全厅上下的整体服务意识、服务态度、服务水平明显提高，工作作风转变，办事效率、工作质量和服务对象满意率进一步提升。

【履行参谋助手作用】 年内，市政府办公厅始终将服务大局、当好参谋助手作为重要工作职责，以提升“三服务”水平为目标，在文稿起草、信息调研、决策督办等重点工作上，坚持高标准、高质量，确保政府工作运转周密细致、高效有序。

全年成功组织各类会议370余次（包括市政府党组会、市政府常务会、全体会、全市综合性会议、各类专题会和其他各类会议等），与2015年相比，会议总数减少11次，同比减少2.9%。起草各类文稿520余篇、修改文稿170余篇，办理公文7155件，办结率达到98%；与2015年相比，发文总数减少24件，同比减少2.2%。围绕经济社会发展宏观战略、市委、市政府重大决策、“六大战略”“十三五”规划实施、群众关心的焦点问题，开展专题调研20余次，为领导科学决策提供翔实可靠的参考依据。全年编发各类信息5350余条，连续14年在全区政务信息考核中排名第一。市政府门户网站全年共发布各类信息7998条，办理市民来信400件，信件答复率达92%以上。全年开展各类督查55次，办理区、市政府领导批（交）办件422件，办结295件，办结率70%；转办、承办区市人大代表建议，政协委员提案共278件，答复率100%，代表、委员满意率均达到95%以上。顺利完成《拉萨年鉴（2016）》编纂工作。政府融资平台建设得到有效加强，为教育城二期项目、环城路建设、南山绿化、纳木错景区开发、精准扶贫等一批重大项目顺利实施提供金融支持与服务。严格控制接待规模、削减接待开支，在全面提升接待服务工作质量的同时，强制性压缩接待经费4.2%。“12345”政府服务热线全年共计接听群众来电25337个，办结率达99.57%，回访群众满意率达99.49%。并被自治区审改办作为西藏优秀改革典型上报中央改革办，同时在全区进行推广交流。2016年，刚纳入市政府办公厅代管的公共资源交易中心，全年共完成招标项目321项，交易总额达160.27亿元，实现公共资源交易平台公平公正、阳光高效的要求。

（冯立柱）

信访工作

【概况】 年内，拉萨市信访局围绕市委、市政府工作大局，积极适应新常态，树立新理念，坚持目标导向和问题导向相统一，以“七化”措施为抓手，以两个月内信访事项“零搁置”和拉萨市信访工作走在全国前列为目标，着力建设“阳光信访、责任信访、法治信访”，运用法治思维和法治方式大力推动解决信访问题，不断创新工作方法，完善工作制度，切实维护了群众合法权益，为建设“美丽家园·幸福拉萨”创造了和谐稳定的社会环境。

【选派干部入驻联合接访中心】 7月，拉萨市信访局从全市11个单位选派11名干部入驻联合接访中心，加强信访力量。

【规范信访工作新机制】 1月，拉萨市信访局起草《拉萨市信访工作联席会议关于实行信访工作约谈制度的规定》和《拉萨市信访工作责任追究实施细则》，以市委办公厅和市政府办公厅名义印发全市执行。

【完善“七化”工作制度】 3月，拉萨市信访局将自治区十项维稳措施融入信访“七化”工作措施，形成有可操作性的“七化”（排查常态化、队伍规范化、渠道畅通化、化解实效化、预防源头化、责任倒查化、处置法制化）工作制度，信访体制机制进一步健全和完善。

【试运行律师介入信访工作】 5月，拉萨市信访局试运行律师介入信访工作期间，律师共接待信访事项21批72人次，引导通过诉讼途径解决问题15件，解答群众法律咨询37人次，群众满意率达100%。年内，由市信访局牵头，市司法局与市属15家律师事务所通力协作，通过多次召开协调商讨会、论证会，形成较为完善的《介入信访工作律师事务所、律师管理办法》。

【网上信访全覆盖】 年内，全市各级信访部门按照“应录尽录”工作原则，实现网上信访系统数据全覆盖。年内，增设3家市直单位，210家县（直）单位全部开通网上信访信息系统，实现责任主体网上信访全覆盖。

【信访事项“零搁置”】 年内，130件历史遗留“骨头案”“钉子案”实现全部化解。

【初信初访信访事项办结】 年内，拉萨市信访局按照两个月内信访事项“零搁置”工作要求，加大初信初访信访事项办结力度。全市共受理初信初访605件1632人次，办结605件，办结率100%。

【矛盾纠纷排查调处】年内，拉萨市信访局按照“属地管理”原则，各县（区）、市直各部门以及驻村工作组、各乡镇（街道办）及辖区派出所基本达到每星期至少排查矛盾纠纷2次，并适时开展“拉网式”排查活动，重点排查可能诱发越级访、群体访等非正常上访和形成事端的矛盾纠纷，重点排查领域主要包括环线建设、其他重大项目建设、民生问题等。年内，全市共排查矛盾纠纷361件，化解361件，化解率100%。

【接访下访】年内，全市地级领导针对38件信访事项接访51次，县级领导针对79件信访事项接访93次，信访干部针对213件信访事项下访217次。

【领导包案化解信访事项】年内，全市地级领导包案疑难信访事项35件，通过采取领导包案、召开联席会议和政府专题会议等措施，成功化解33件，化解率94%。

【开展“最美信访干部”评选活动】年内，拉萨市信访局积极响应国家信访局关于评选“最美信访干部”的号召，从全市各县（区）和市直单位推选5名最美信访干部候选人，最终2人被评为西藏自治区最美信访干部。

【开展“三无”市（县、区）创建活动】年内，拉萨市信访局根据国家信访局的要求，开展“三无”市（县、区）创建活动。年内，除林周县外，全市各县（区）均被评为“三无”县（区）。

【跟班培训】年内，从各县（区）、市直部分单位、市信访局共选派33名信访专职人员分7批赴国家信访局参加跟班培训。

【信访系统干部培训班】11月，拉萨市信访局组织各县（区）、信访联席会议牵头单位共计22家单位共计64人开展为期2天的全市信访系统干部培训班，对信访制度改革以来一系列新的政策法规进行较为系统的培训学习。

【拉萨市综治信息数据大平台】年内，拉萨市信访局通过拉萨市综治信息数据大平台共报送综治信息795条。

【畅通信访渠道】拉萨市信访局按照国家信访局《关于进一步加强和规范联合接访工作的意见》的通知要求，全市信访系统按照方便群众、布局合理、功能完善、环境友好的要求，改善接访环境，满足接访需要，以深入推进“阳光信访”为主线，大力畅通信访渠道。加快联合接访中心建设步伐，推行联合接访模式，推行“一站式接待、一条龙服务、一揽子解决”信访工作新模式，方便信访群众，节约上访成本，提高工作效率。年内，堆龙德庆区、曲水县、达孜县、尼木县、当雄县共5个县（区）建立联合接访中心；建立“阳光拉萨”信访微信公众号，在今日头条客户端开通了“拉萨信访”头条号，拓宽信访渠道，群众通过网络动动手指就能反映诉求，了解信访工作开展情况，实现以传统走访向网络信访的转变。

【党风廉洁建设】年内，拉萨市信访局党组班子成员带头落实《党政机关厉行节约反对浪费条例》《党政机关国内公务接待管理规定》等管理办法，公务用车、办公费用支出同比分别下降1.92%和0.05%，未出现一笔公务消费接待、公款吃喝现象。

（卫广伟）

“12345”服务热线

【概况】年内，“12345”服务热线共计接听群众来电27849个，由前台直接办理和市政府办公厅督查室督促办理共有21214个，共向承办单位派送电子工单6635件，办结回复率100%，不满意二次办结工单157个，回访群众满意率达99.44%。其中，反映拖欠工资965个、停水问题108个、停电问题738个、违法建设问题545个、旅游投诉499个、督查室督促办理共有21214个，共向承办单位派送电子工单6635件，办结回复率100%，不满意二次办结工单157个，回访群众满意率达99.44%。其中，反映拖欠工资965个、停水问题1080个、停电问题738个、违法建设问题545个、旅游投诉499个、城市拥堵问题393个、停车收费问题339个、物业管理问题222个、投诉交警执法144个。

【服务工作】年内，市政府办公厅为把“12345”政府服务热线办成实实在在为群众服务的窗口，从完善工作机制、加大督办力度、发挥舆论监督等方面着手，确保市民反映的问题得到及时办理。为确保“12345”政府服务热线的运行质量和服务水平，经拉萨市十届人民政府第35次常务会议研究，《拉萨市“12345”政府服务热线工作规则（试行）》和《拉萨市“12345”政府服务热线考核办法（试行）》于2016年4月份印发。规则和办法对各承办单位从组织机构、制度建设、专线电话接听、电子工单处理等方面进行了细化和量化，并按百分比从日常管理和年终检查两个方面对各承办单位进行量化考核、责任追究。截至年底，已下发督查通报5期，上报工作简报35期。

【宣传工作】年内，西藏电视台已专题采访报道2期，拉萨电视台已报道7期，《西藏商报》报道5期，《拉萨晚报》刊登“12345”专栏38期。利用出租车和便民警务站LED屏滚动播放宣传标语。根据市政府主要领导批示精神，经与市公交公司沟通，全市共有700余辆出租车全天候滚动播放“有事找政府、请拨12345”宣传标语，并利用全市便民警务站LED屏滚动播放了相关宣传标语。

热线开通得到国务院新闻办公室专刊。通过新华网、人民网、新浪网、搜狐等新闻媒体及西藏日报、西藏电视台、西藏新闻网、西藏商报、拉萨电视台、拉萨晚报等区市新闻媒体的大力宣传，百度搜索引擎能搜到拉萨市“12345”政府服务热线相关新闻报道1250个，中华人民共和国国务院新闻办公室网页上转刊了拉萨市开通“12345”政府服务热线的新闻报道，并作为拉萨市“12345”政府服务热线百度搜索头条，充分体现民族地区首府城市的首位度作用和国内外对拉萨的关注度，为客观报道拉萨经济社会发展最新变化提供一个重要平台。

【品牌形象】浓厚的宣传氛围与舆论监督互动，是“12345”政府服务热线取得成功的一个重要经验。出租车和便民警务站LED屏滚动播放宣传标语，提升群众知晓率，各职能单位主动承担热线公益短信。提升群众知晓率；西藏电视台、拉萨新闻插播“12345”政府服务热线专题节目，不定期播报热线为民服务的情况，提升热线的公信力；《拉萨晚报》开设“12345”政府服务热线在聆听专栏，集中报道群众投诉问题的解决情况，提升了群众的参与热情。多形式、全方位、高频率、深层次的宣传活动，提升热线知名度，打造热线“为民办事”新形象。

（李　易）

市民服务中心

【概况】年内，拉萨市市民服务中心共受理行政审批和便民事项104330件，办结率99.99%。提供咨询服务153660人次，办件回访2577人次。共开设办证窗口67个，全市共34家单位和152项行政审批项目和12项便民项目进驻拉萨市市民服务中心办理，有124名A、B岗工作人员和29名首席代表及29名公益性岗位工作人员为办事群众提供服务。

【简政放权】年内，拉萨市市民服务中心根据国务院简政放权相关政策，取消进驻的3个行政许可事项，减轻企业和群众负担。同时，以群众需求为导向，有效整合部门资源，推进服务多元化，将与人民群众生产生活息息相关的有线数字电视收视费缴纳、电信便民服务、二手房交易税、不动产登记、房产交易等业务纳入中心，得到群众和企业的好评。在前期精简审批流程、压缩审批时限的基础上，提高办事效率。市工商局企业注册登记从7个工作日压缩至3个工作日，随军户口办理从7个工作日压缩至1个工作日，不动产将房产、土地共约100多个审批流程压缩至62个，卫生医师注册和护士注册网上信息变更为当场更改。拉萨市市民服务中心工商窗口在中心的组织和协调下，全市“五证合一、一照一码”新版营业执照正式颁发。工商部门将企业登记基本信息实时推送至相关部门，避免对涉企信息的重复采集，实现企业基础信息的高效采集、有效归集和充分运用，促进大众创业、万众创新。

【优化服务】年内，拉萨市市

民服务中心为按照国家标准化院专家对市民服务中心外围及大厅内部的标识、标牌及LED显示屏等按标准进行统一规范的要求，年内，南京市政府和南京市政务服务管理局投入近60余万元无偿援助中心建设政务服务综合管理系统（含中心机关OA办公、业务办理、绩效考评、监察工作等功能）。为熟练操作系统，南京市政务服务管理局派专人到拉萨市市民服务中心开展为期7天的系统安装调试和培训工作，并以一对一现场操作指导的方式，指导窗口工作人员熟练利用系统办理业务。2016年8月8日，该系统启用内部试运行，11070人次办事群众评价综合满意率高达93.27%。

【规范化建设】 年内，拉萨市市民服务中心强化制度建设，修改完善《窗口管理制度》《窗口工作人员守则》《大厅值班主任制度》《窗口工作人员选派和轮换办法》等63项制度。通过优化指纹考勤系统，建立健全社会监督员制度。公示监督热线，强化“12345”热线工单处理，随机回访制度，满意度评价系统等各项规章制度，全方位实施中心监督力度。截至年底，回访群众7000余人次，处理群众提出的大大小小的意见建议1860条，做到条条有答复，对群众提出的合理的意见建议，做到件件有落实，成为全区唯一一家政务服务行业标准化试点单位。

【试点验收】 年内，拉萨市市民服务中心为提升拉萨市政务服务管理水平的能力，规范行政审批行为，提高行政审批服务效率，中心以群众满意为最高标准，创建国家级政务服务标准化试点，当好拉萨市乃至全区政务服务标准化建设的排头兵和先行军。标准化建设从无到有，从有到不断提升，经过边运行边完善，标准化文本从452项服务标准，精简到285项。2016年1月，拉萨市政务服务标准化建设经专家评审总评达93分，通过国家标准化委员会的评估验收。

【政务服务体系】 截至年底，全市8个县（区）均已建成县级政务服务中心，全市68个乡（镇、街道）已有58个乡（镇、街道）政务服务中心挂牌运行，主要办理与群众生产生活密切相关的服务事项，拉萨市三级政务服务体系已初具规模。

【政务服务培训】 年内，拉萨市市民服务中心根据《关于印发〈2016年度江苏省对口支援拉萨市人才和智力援助计划〉的通知》，邀请南京市政务服务中心专家共4人于2016年9月21日至25开展政务服务指导。10月13日，中心组织8县（区）10名政务服务工作者赴南京进行为期60天的岗位锻炼；10月19日，组织部分首席代表和窗口工作人员8名到北京岗位锻炼60天，学习借鉴先进经验，对开拓服务思路，提升拉萨市政务服务整体水平有着重要意义。

【党风廉政建设】 年内，拉萨市市民服务中心中心党组多次召开会议，研究党风廉政建设工作，中心党总支按照年初党组总体要求逐级安排落实。各党支部按照党总支要求抓好贯彻落实，为完成中心全年各项工作任务提供了有力的政治和纪律保障。按照“一岗双责”要求，起草制定并层层签订《拉萨市市民服务中心2014—2016年党风廉政建设责任书》，形成“党组统一领导，班子齐抓共管，科室各负其责，干部职工共同参与”的工作机制和“一把手”负总责，班子成员各司其职，一级抓一级，一级对一级负责，层层抓落实的工作局面，有效预防窗口工作人员违规情况的发生。2016年，中心在办件过程中，未发生任何违反规定的情况。组织干部职工特别是党员干部，采取多种形式深入学习《中国共产党党内监督条例（试行）》《中国共产党纪律处分条例》《领导干部廉洁从政若干准则》等相关法律法规和文件精神，使干部职工做到知晓法规、敬畏法规、遵守法规。修改完善《拉萨市市民服务中心财务管理制度》和《固定资产管理办法》，严格压减公务接待费、会议费、维修费、购置费、培训费以及各类工作业务经费支出。

【专题教育】 年内，拉萨市市民服务中心“两学一做”专题教育活动，严格按照市委专题教育要求，精心动员部署、认真组织实施，促使整个专题教育扎实有序开展，取得成效明显。坚持领导带头，组织开展学习。中心设1个党组、1个党总支、4个党支部，按照专题学习教育总体要求，中心党组书记积极带头领学、带头开展讨论、带头观看专题活动教育影片，带头撰写心得体会。大家一致站在讲政治、讲党性的高度，深刻领会开展“两学一做”专题教育的重大意义，始终坚持把学习教育、思想理论武装摆在第一位，坚持把学习作为教育、培养、提高干部的有力武器，把加强政治学习同推动中心工作紧密结合起来。在学习安排上，突出抓好三个层面，中心党组坚持每月组织理论中心组学习不少于2次，每次不少于90分钟。截至年底，中心共召开理论中心组学习会议27次，其中邀请区、市党校教授授课5次。

（黄　鑫）

接待办

【概况】 2016年，在市委、市政府的正确领导下，拉萨市政府接待办深入学习中共十八大精神、习近平总书记的系列讲话精神，按照上级对接待工作的重要指示精神和要求，深入贯彻落实十八届中央政治局“八项规定”，中共中央、国务院《党政机关例行节约反对浪费条例》和自治区党委常委会班子“约法十章”，严格控制经费支出，防止铺张浪费，紧紧围绕市委、市政府的中心工作，按照“接待也是生产力”的思路，以提高接待服务水平为目标，自觉增强责任意识，充分发挥接待“载体”功能，推进自身工作登台阶、上水平，充分发挥接待部门的职能作用，为领导机关顺利开展工作、扩大对外交流、推动经济社会快速发展做出积极贡献，圆满完成各项接待任务。

【接待工作】 截至年底，拉萨市政府接待办共完成接待任务562批次，13439人次（含随行人员）。比上年同期增加104批次，1265人次。其中，接待部（省）级（含中央部委各类综合检查、督查，内地省部级考察团，自治区党委、人大、政府、政协各类综合检查、督查）72批次，1847人次；接待厅（局）级［含中央部委、省级各部门、其他地（市）］主要领导及党政代表团274批次，6182人次；接待外国来宾包括来自28个国家102个专家学者参加的“中国西藏发展论坛”、东南亚驻华使节团、美参院“美中工作小组”助手团、美国前女足友好使者一行共4批次，515人次；重要客商212批次，4895人次。

【政务接待】 6月20日，接待国务院侨办相关司局、17个对口援藏省（市）外侨办以及四川、云南、青海等三省藏区外侨办和暨南大学相关负责人出席的全国侨务援藏工作会议；6月，接待的北京医疗专家组；7月，北京市第七、八批援藏干部轮换工作陪送团；9月1日，召开第二次“依法治藏”方略座谈会。

【特色接待】 年内，市政府接待办根据拉萨市的实际，注重挖掘民族、地方特色，量力而行，精心接待。文化是名片，也是影响力。藏文化历史悠久，文化底蕴丰厚，在接待工作中灵活充分运用藏文化这张名片，突出重点，寻找亮点，打造品牌，主动与宾客的需求相对接、相融洽。根据不同需要，让宾客听西藏民歌、品特色小吃、游景点名胜、赏拉萨风情，在接待的过程中把拉萨市悠久的历史文化、优美的自然人文景观和独特的民俗风情推介出去，宣传出去。充分发挥民族特色食品的优势，挖掘整理，推出一批具有拉萨特色风味的可口饭菜，让宾客吃出美味，吃出健康，吃出营养，吃出文化，把拉萨市的特色产业提升到一个新的水平。

【务实勤俭】 年内，在各项接待工作中，拉萨市政府接待办严格执行中央、自治区、拉萨市相关规定，坚持一切从简，降低公务接待费用，公务接待经费减少4.2%。既做到接待规格不超标、经费不超支、私客不准公请、专款专用，又保证接待工作的圆满完成，同时节省接待支出，减轻财政压力。面对新形势下公务接待的新任务和新要求，严格执行中央、区市有关规定，不提高规格和标准，不突破规定和要求，并结合拉萨特色，打造出自己的接待服务品牌。实施公务接待精细化管理，公务活动不宴请，接待用餐原则上都安排在机关食堂，工作餐在规定标准以内安排家常菜。

【统筹协调】 年内，市政府接待办在接待工作中，充分搞好内部协调，创造出和谐团结的工作氛围。完成每一项接待服务，不仅需要接待一线人员的辛勤工作，也需要办公室各科室的密切配合。各类学习安排，接待计划打印，接待资料规范归档，除财政负责外的各类礼品的采供，领导批示和各类信件的传递，账务的处理，接待用车的安排等都离不开各科室之间的合作配合。

【文化宣传】 在设计接待物品时充分融入藏文化元素，做到礼轻情重。2016年，拉萨市政府接待办开发制作席位卡、餐卡、提物袋等一批倾注拉萨深厚文化的接待用品。在此基础上，不断推陈出新，挖掘特色，提升接待用品的文化品位和内涵。在政务接待中，做到“勤俭廉洁清如水、君子之交淡如水”，因此，接待礼品的选择要巧妙构思、讲究品位，以“最轻的礼传最真的情”，将拉萨悠久的宗教文化、礼仪文化、历史文化等充分体现在采购、设计的接待用品当中，让客人深刻感受来自这片纯净大地上久远的历史文化和丰厚的风土人情。

（泽　仁）

办事处

拉萨市人民政府驻北京联络处

【概况】 拉萨市人民政府驻北京联络处是拉萨市人民政府派驻北京的综合性办事机构，直属拉萨市人民政府领导；负责办理拉萨和北京两地政务、经济、文化等交往的有关事务。

【接待保障】 全年接待到北京领导371批560人次，其中省部级领导9批9人次；党政考察团2批70人次；会议团组15批人次；接待外出考察和招商14批49人次；工作餐安排22次190人；机场接送130次150人次；火车站接送30次90人；用车里程总计达53019公里；协助订购火车票45张，机票99张。

【政务联络】 年内，驻京联络处与市委办公厅、市政府办公厅、市委组织部、财政局、信访局等部门加强联系，参加驻京领导机构开展的政治、经济、文化活动，走访离退休老干部，建立责任联络机制，构建工作网络，搭建信息平台，完成市委、市政府交办的各项工作，多渠道联系，为市委、市政府及市直各部门提供便捷高效的优质服务。参加各类会议10次，组织各类活动5次，文件传输22份，协助来京就医看病体检等人员30人（其中地厅级以上干部9人），联系医院8家。

【招商推广】 年内，驻京联络处积极利用在经济社会发展中拥有的社会资源拓展工作职能，强化招商引资工作。联络处全年共计参与服务招商引资项目21次，接待来京开展招商引资、产品推介等团队12个140人。

【信访接待】 年内，联络处建立健全信访责任机制，细化信访责任到各科室和专职人员，配合区市信访和公安部门做好常规性信访接待和各类会议、重大节日期间的信访维稳工作。落实节假日领导值班制度，强化信访、维稳意识，随时接受市委、市政府交办的信访接待任务。以求真务实的作风，把信访工作做细、做实。联络处全年共处理有关信访案件1件。

【党建管理】 年内，联络处始终坚持把党建工作放在一切工作的核心地位，按照总书记“三严三实”和“两学一做”学习教育的要求，把强化党建工作贯穿于整个工作中，把从严的态度、从严的标准、从严的举措的要求落到实处，深入开展“三严三实”和“两学一做”学习教育专题活动；切实加强思想政治工作；严抓领导班子和干部队伍建设；严抓党风廉政建设。联络处内部全年开展党建工作会议10次，提交各类简报6份。

【思想学习】 年内，联络处以季度会议、干部职工会议、专题会议、专题学习、自学等形式，组织干部职工学习中共十八届五中、六中全会精神及习近平总书记的系列讲话，特别是有关“三严三实”和“两学一做”专题教育学习资料，传达学习区、市九届党代会各类文件精神。联络处全年集中学习30次、开展专题学习会议15次，集中观看先进人物专题教育片7次，个人自学均未少于80学时，整理读书笔记6份，提交学习心得24份，按计划超额完成学习任务。

【纪律管理】年内，联络处领导班子严于律己，率先垂范，干部职工严守工作纪律，严格遵守病事假请销制度。面对大量的政务服务、餐饮接待，接送机（站），联络处坚持“白+黑”“5+2”的工作作风，坚持区党委常委、市委书记齐扎拉提出的“说办就办、马上就办”雷厉风行的工作态度，人人自觉加班，甘于奉献，历练出一支业务精、能吃苦、讲团结、乐奉献的驻京工作队伍，保证联络处各项驻京工作有序高效推进。

【能力培养】年内，联络处引导干部职工努力把握政务接待面临的新形势、新要求、新使命，强化业务技能的提升，不断开创驻京工作新局面。在工作实践中，要求干部职工学用结合，熟知党的路线、方针、政策，熟知市委、市政府各阶段的中心工作和重要部署，熟知法律法规、经济运行等知识，熟知会议活动安排、公文运转、接待程序，具备基本的文字表达能力、组织协调能力，了解计算机应用及网络知识，努力为市委、市政府的中心工作搞好服务。

【制度管理】年内，联络处切实加强制度建设，促进作风根本转变，始终坚持“依制度规范行为、按制度办事、用制度管人”，联络处修改完善各项工作制度，多次召开干部职工会议，征求意见建议，并充分借鉴其他兄弟部门的管理经验，完善《财务管理制度》《车辆管理制度》《公务接待办法》《接待物资采购制度》《干部职工用房办法》等行政管理制度。制度对领导班子决策、财务管理、工作纪律、公务接待等均作出明确规定，规范工作程序，强化工作纪律，提高工作成效。

【监督机制】年内，联络处围绕中央提出的“八项规定”、中央关于《党政机关国内公务接待管理规定》和区、市党委提出的廉政规定，狠抓落实。坚持大事讲原则、小事讲风格、遇事多沟通的工作态度，自觉强化自律和协作的团队精神，做到集体研究决策、大额经费支出经集体研究决定，决不允许一言堂，充分营造出发扬民主的工作氛围。严格要求干部职工遵纪守法、按规定办事，全年没有出现领导干部和职工违纪违法情况。严格财务管理。遵守国家财经纪律，保证国家财产、经费合理使用；公务接待严格标准、控制陪餐人员，减少接待支出；公务用车实行派遣制，有效杜绝公车私用、公车乱用现象；车辆修理实行报备制，经办公室初核、领导审批后定点修理，在保证车辆安全的前提下合理控制费用支出。严格落实厉行勤俭节约、反对铺张浪费规定，开展节水、节电、节气、节油活动，有效降低各项费用支出。

（尚栓斌）

拉萨市人民政府驻成都办事处

【概况】年内，拉萨市人民政府驻成都办事处认真按照市委、市政府的工作部署，发挥办事处“枢纽、窗口”作用，落实接待服务，协调保障老干部工作，认真开展理论学习和党建工作，完成各项工作任务和市领导交办的其他工作。

【接待人员情况】年内，办事处始终做好各类接待服务工作，根据《党政机关国内公务接待管理规定》要求，完成4187人次（含要客、地级以上544人次，县级领导3355人次，协助干部体检就医288人次）的接待任务。

【接待保健服务】年内，办事处加强与四川华西医院、四川华西口腔医院、成都363医院和自治区成办医院等各类医疗单位的沟通和协调，为领导提供便利快捷的就医渠道和体检服务，截至年底，共接待保健服务288人次。

【接待保障工作】年内，办事处坚持接待无小事原则，做好进出藏干部，包括对口支援省市代表团，以及其他相关人员的进出藏接待服务工作，办事处与酒店、民航售票处、火车站等相关单位维持良好的合作关系，在接待过程中高标准、严要求。全年安全行车总里程108714公里，车辆完好率达到良好状态。

【退管中心工作】年内，办事处为做好老干部服务工作提供组织保障，切实做到政治上重视，思想上关心，生活上照顾离退休干部。根据区、市党委政府关于进一步做好离退休老干部工作的有关文件指示精神和会议精神，依照《市委办公厅关于进一步加强和改进离退休干部职工的意见》《西藏自治区离退休干部职工党员管理办法试行》和《拉萨市离退休干部住院探视及逝世丧事办理工作暂行规定的通知》等文件精神及要求，从建立健全完善制度入手，做好各项工作。

【离退休党支部工作】 年内，办事处贯彻落实西藏自治区离退休干部职工党员管理办法（试行），加强对离退休干部的政治教育、政治要求和政治管理。引导离退休干部“离岗不离党、退休不褪色、永远跟党走”。在成立拉萨安居苑党支部的基础上，按照由近到远的原则，推进成都周边和公安系统党支部的建立。截至年底，共建设离退休党支部7个，管理党员334人。

【老干部文化活动】 年内，为深化全市离退休干部党员“两学一做”学习教育，加强离退休干部党建工作，办事处转发《关于举办“同心共筑中国梦 共话拉萨新变化 拉萨市老干部迎国庆”摄影书画展的通知》给驻蓉各退休支部。6名老干部踊跃参加，总计展出10副作品。

【离退休干部职工活动】 年内，办事处根据《中共拉萨市委办公厅关于进一步加强和改进离退休干部职工工作的意见》精神，按照市委老干部局的总体部署，组织住蓉离退休干部职工于11月和12月先后在峨眉山乐山、大邑建川博物馆进行参观考察。两次活动共参加人员共计190人，其中，地级干部14人，县级以上干部55人，高级职称27人，一般干部94人，工作人员及医护人员等。

【春节藏历新年团拜会】 根据拉萨市委、市政府及市老干部局的指示要求，成都办事处组织举办春节藏历新年团拜会。邀请到十届全国人大常委会副委员长热地，全国人大原委员、民族事务委员原副主任委员江村罗布等在蓉的十八军和离退休干部参加此次团拜会。原区党委常委、市委书记齐扎拉等区市领导向热地、江村罗布等在蓉离退休干部敬献洁白的哈达，祝大家新春愉快。通过多媒体影音播放以及领导讲话等形式向在座的老干部介绍拉萨发展的新面貌新进程，使长期居住在内地的离退休老干部深切体会到拉萨经济的腾飞，拉萨幸福家园的创建成果。

【党建活动】 庆祝中国共产党成立95周年，响应“学党章、学系列讲话；做合格党员”主题教育活动，成都办事处全体干部职工及退休党员积极参加于2016年6月28日在社区举办的“两学一做 廉洁你我”暨热烈庆祝中国共产党成立95周年纪念文艺会演活动，演唱《唱支山歌给党听》《毛委员和我们在一起》等革命歌曲。6月29日，召开党建学习会，集中学习党章党规以及“两学一做”学习教育手册内容，集体抄写党章。6月30日，办事处全体干部职工前往四川雅安《中国工农红军强渡大渡河纪念馆》进行参观学习，在纪念碑前庄严宣誓重温入党誓词。

【离退休干部职工】 截至年底，在成都居住离退休干部职工共计987人，其中，地级33人、县级233人、高级86人、科级352人、一般干部133人，相关专业技术人员150人。成都市区810人占总居住人数的81.2%。

（奉　芳）

中国人民政治协商会议拉萨市委员会

综述

【概况】 2016年，在市委坚强领导下，在自治区政协精心指导下，市政协常委会团结带领全市政协组织和广大政协委员，全面贯彻落实区市第九次党代会精神和市委九届二次全会精神，高举爱国主义、社会主义旗帜，坚持团结和民主两大主题，围绕全市工作大局，认真履行政治协商、民主监督、参政议政职能，充分发挥协调关系、汇聚力量、建言献策、服务大局的作用，凝心聚力、同心同德，为建设团结美丽健康幸福新拉萨做出积极贡献。

【党建工作】 全年召开专题学习研讨会20余次，开展理论中心组集中学习15次，组织政协委员专题学习会3次，举办委员培训2期。召开全委会2次、常委会5次、主席会议12次。

【换届工作】 年内，市政协严格按照政协章程和区、市党委相关要求，依法依章依规圆满完成换届工作。经过协商推荐产生249名（确定名额为253名，预留4名）新一届政协委员。2016年10月31日至11月2日召开政协第十一届拉萨市委员会第一次会议，选举产生主席1名、副主席8名、秘书长1名和常委40名。

10月31日，政协第十届拉萨市委员会主席诸伟敏作常委会工作报告

【强化维稳】 年内，市政协常委会始终把维护稳定作为政协履职的首要政治任务，深入贯彻区、市党委关于维护稳定的重大决策部署，认真做好一线维稳带班值班工作和面上巡查工作。在重要时段，市政协党组班子成员进驻联系县（区），深入联系村（居）和寺庙50余次，督导检查宗教活动等维稳安保工作20余次，有力助推全市社会局势的持续稳定、长期稳定、全面稳定，彰显拉萨政协维护稳定的责任担当。

【关注民生】 年内，市政协按照市委的统一部署，扎实做好驻村各项工作，认真落实驻村“七项任务”，为驻地群众办实事好事30余件。争取项目为驻村点购置价值100余万元的挖掘机和装载车，实现创收近50万元，为持续壮大村集体经济发挥积极作用。

9月，市政协委员到阿里地区考察象雄文化的保护

同时，组织医卫界委员赴墨竹工卡县农牧区开展免费送医送药活动，价值6万余元；工商界、经济界委员赴驻村点开展爱心捐资活动，捐款2万余元。

【团结交流】 年内，市政协常委会始终把发挥政协团结面广、包容性强的优势放在突出位置，多渠道、多领域，增进团结，凝聚力量，不断巩固和壮大最广泛的爱国统一战线。坚持走访联系宗教界人士、爱国统战人士、归国藏胞等，通过举办“3·28”百万农奴解放纪念日座谈会、“9·17”民族团结进步座谈会等各类活动5次，切实加强同各族各界的联系，努力为拉萨发展稳定凝聚人心、汇聚力量。不断扩大对外交流合作成果。市政协领导前往县（区）政协开展指导工作22次，邀请各县（区）政协负责同志参加市政协有关会议成为常态；协助自治区政协及区内其他地市政协开展调研视察8次；接待成都市、阿里地区等区内外政协学习考察团34批，318人次，举办座谈会30余次，与各地市政协深入交流；组织委员赴阿里地区、广西南宁等地学习考察6批次、70余人次。

【自身建设】 年内，市政协党组充分发挥在政协工作中的领导核心作用，总揽全局、协调各方，为做好新形势下政协工作提供坚强保障。制定出台《拉萨市政协委派民主监督员工作小组述职制度》《拉萨市政协委员进出制度》等6项履职制度；完善《界别活动管理办法》，加强对委员联系服务、日常管理和履职工作。举办全市政协系统干部学习培训班2期，举办提案撰写培训班1期，开展委员界别活动20余场次；认真学习贯彻《中国共产党章程》《准则》《条例》，严格落实一岗双责，不断完善财务、接待、考勤、领导带班值班等各项制度，高度重视干部的培养工作，组织8名干部赴区外培训学习。“挂牌亮证”工作持续深入开展，团结和谐、干事创业的政协干部队伍建设稳步推进。

（次旦伦珠）

重要会议、重要活动

【政协十届五次会议】 政协第十届拉萨市委员会第五次会议，于2016年2月24日至27日在拉萨召开。会议应到委员256人，实到203人。会议审议批准了市政协主席诸伟敏代表政协第十届拉萨市委员会常务委员会所作的《政协第十届拉萨市委员会常务委员会工作报告》，审议批准政协第十届拉萨市委员会常务委员会所作的《政协第十届拉萨市委员会常务委员会关于政协十届四次会议以来提案工作情况的报告》；列席拉萨市第十届人民代表大会第五次会议，听取并讨论一府两院报告及其他报告；审议通过《政协第十届拉萨市委员会第五次会议提案审查情况报告》《政协第十届拉萨市委员会第五次会议政治决议》《常委会工作报告决议》《提案工作报告决议》；传达学习党的十八届四中全会精神、《习近平总书记在庆祝中国人民政治协商会议成立65周年大会上的讲话》、市委八届六次全委会、全市经济工作会议精神；选举江嘎、张勤、顿珠多吉为政协第十届拉萨市委员会副主席。

【政协十一届一次会议】 政协第十一届拉萨市委员会第一次会议于2016年10月31日至11月2日在拉萨隆重举行。会议应到委员249名，因病因事请假17名。会议审议批准了政协第十届拉萨市委员会主席诸伟敏所作的《政协第十届拉萨市委员会常务委员会工作报告》和亚古副主席所作的《政协第十届拉萨市委员会常务委员会提案工作情况报告》；列席拉萨市第十一届人民代表大会第一次会议，听取并讨论政府工作报告及其他报告；审议通过《政协第十一届拉萨市委员会第一次会议政治决议》《常委会工作报告决议》《提案工作报告决议》和《提案审查情况报告》；选举政协第十一届拉萨市委员会主席、副主席、秘书长、常务委员；传达学习市九次党代会精神，会议进行委员大会书面交流、表彰优秀提案工作、组织党外委员开展参观视察活动等。大会选举袁训旺为政协第十一届拉萨市委员会主席，选举亚古、孙宝祥、江嘎、张勤、拉巴、拉巴顿珠、岳国红、朱梅品为副主席，选举张勤为秘书长，选举噶苏·仁增卓嘎等40名同志为常务委员。

【常务委员会第16次会议】 2月22日，政协第十届拉萨市委员会常务委员会第16次会议在市政协会议中心常委会议室召开。市政协党组书记、主席诸伟敏主持会议并讲话。市政协副主席亚古、次仁平措、刘全保，秘书长张勤出席会议。应出席常委43人，实到常委30人。会议听取并审议通过《关于召开政协第十届拉萨市委员会第五次会议的决定》、关于政协第十届拉萨市委员会第五次会议的议程日程草案、《常委会工作报告》及报告人、《提案工作情况报告》及报告人；听取市政协十届五次会议筹备情况、常委会工作报告起草说明、提案工作情况报告起草说明。不是市政协常委的各县（区）政协负责同志、市政协副秘书长、专委会副主任及各科室负责人列席会议。

10月31日，政协第十一届拉萨市委员第一次会议开幕，区党委常委、市委书记齐扎拉出席开幕式

【常务委员会第17次会议】 2月26日，政协第十届拉萨市委员会常务委员会第17次会议在市政协会议中心常委会议室召开。市政协党组书记、主席诸伟敏主持会议并讲话。应出席常委43人，实到29人。会议审议了《政协第十届拉萨市委员会第五次会议提案审查情况的报告（草案）》《常务委员会工作报告决议（草案）》《提案工作情况报告的决议（草案）和政治决议（草案）》《大会选举办法（草案）》《审议通过政协第十届拉萨市委员会副主席候选人建议名单》《总监票人、监票人建议名单》。不是市政协常委的各县（区）政协负责同志、市政协副秘书长、专委会副主任及各科室负责人列席会议。

【常务委员会第18次会议】 政协第十届拉萨市委员会常务委员会第18次会议于2016年3月31日召开。市政协副主席次仁平措出席会议并讲话。市政协副主席亚古主持会议。市政协副主席江嘎、顿珠多吉，市政协副主席、秘书长张勤出席。会议应到常委44名，实到24名。会议传达学习《中共中央关于加强和改进人大代表、政协委员有关工作的通知》《全国“两会”主要精神传达提纲》；通报《关于政协第十届拉萨市委员会第五次会议期间委员提出意见和建议的情况报告》；研究《拉萨市政协换届工作方案（建议稿）》和《中共政协拉萨市委员会党组关于做好各县（区）政协换届有关工作的指导意见（建议稿）》，通过《政协第十届拉萨市委员会常务委员会2016年度工作计划》等。

【常务委员会第19次会议】 政协第十届拉萨市委员会第19次常委会于2016年7月4日在市政协会议中心常委会议室召开。市政协党组书记、主席诸伟敏出席会议并讲话。市政协副主席次仁平措主持会议。市政协副主席江嘎、顿珠多吉，市政协副主席、秘书长张勤出席会议。会议应到常委44名，实到22名。会议传达学习《中共中央纪委机关 中共中央组织部关于加强换届风气监督的通知》，听取各县（区）政协换届工作开展情况汇报和市政协换届筹备工作进展情况，研究审议相关调研、视察报告及工作制度，与会人员还观看警示教育片《镜鉴》。

【常务委员会第20次会议】 政协第十届拉萨市委员会常务委员会第20次会议于2016 年10月29日在市政协会议中心常委会议室召开。市政协党组书记、主席诸伟敏主持会议并讲话。市政协副主席亚古、次仁平措、刘惠兴、江嘎、顿珠多吉，市政协副主席、秘书长张勤出席会议。会议应到常委39名，实到32名。会议审议通过《关于召开政协第十一届拉萨市委员会第一次会议的决定》，审议政协第十一届拉萨市委员会第一次会议议程、日程草案，审议通过《政协第十届拉萨市委员会常务委员会工作报告》及报告人、《政协第十届拉萨市委员会常务委员会关于提案工作情况的报告》和报告人，审议通过政协第十一届拉萨市委员会委员建议人选名单。

【春节、藏历新年团拜会】 2月4日，市政协举行拉萨市2016年春节、藏历新年团拜会。区党委常委、市委书记齐扎拉出席会议并致新年贺词。市委副书记、市人大常委会党组书记、统战部部长达娃主持会议。拉萨市委、市人大、市政府、市政协、市中法、市检察院在家的地级领导，各县（区）和市（中）直各单位主要负责同志，驻市人民解放军、武警部队、执勤部队代表、驻村（居）工作队代表，劳模、英模和各族各界人士代表，各县（区）和市（中）直单位主要负责同志参加。

【召开西藏百万农奴解放纪念日座谈会】 3月28日，市政协召开纪念西藏百万农奴解放57周年座谈会。市政协党组成员、副主席刘惠兴主持会议并讲话。市政协各界别委员代表、市政协办公厅和各专委会负责人参加会议。在座谈会上，市政协群团界、教育界、农牧界、民族、爱国统战和归国藏胞界、宗教界的委员代表分别围绕“纪念西藏百万农奴解放57周年”主题，结合亲身经历及所见、所闻，从拉萨市在政治、经济、社会事业等方面的取得的巨大成就，畅谈西藏百万农奴解放57年来拉萨市发生翻天覆地变化。

【第6次季度协商座谈会】 4月29日，市政协召开第6次季度协商座谈会，围绕“拉萨市城区内垃圾分类回收及污水处理情况”进行协商。市政协各界别委员15人参加会议。市政协党组成员、副主席顿珠多吉主持会议并讲话。市政府办公厅、城关区、堆龙德庆区、柳梧新区、市发改委、市水利局、市环保局、市住建局、市市政市容管委会、市联动执法支队等16家单位负责人应邀参加

十届市政协主席诸伟敏在十届五次会议前看望市政协委员

市政协召开工商界别协商座谈会，副主席兼秘书长张勤出席会议。

【第7次季度协商座谈会】 7月20日，市政协召开第7次季度协商座谈会。会议围绕"多管齐下，如期实现市委脱贫目标"进行协商。市政协党组副书记、副主席次仁平措主持会议。市政府办公厅、堆龙德庆区、市脱贫攻坚指挥部、市科技局、市民政局、市人社局、市农牧局、市文化局、市卫生局、市环保局、市扶贫办、市"四业"办、市净土办等13家单位负责人、16名政协委员、各县（区）政协负责人参加会议。

【第8次季度协商座谈会】 12月21日，市政协召开第8次季度协商座谈会，组织18名政协委员围绕"拉萨市文化旅游发展现状"开展专题协商。市政协党组书记、主席袁训旺主持会议并讲话。市委常委、宣传部部长吴亚松，市政府党组成员、副市长郑卫国，市政协党组副书记、副主席江嘎，市政协党组成员、副主席拉巴顿珠出席会议。西藏大学旅游与外语学院旅游管理系博士尼玛，西藏自治区旅游发展委员会主任科员卢杰应邀出席会议。

【举办委员培训班】 12月5日，市政协举办政协第十一届拉萨市委员会新任委员培训班。市政协党组副书记、副主席江嘎出席并讲话。培训会上，市政协提案委主任委员巴次给委员们讲授如何发挥提案在履职中的重要作用；市政协专委会综合办负责人刘军锋作题为《新形势下如何做一名合格政协委员》的授课。

【"环境立市"战略及巩固"禁白"成果工作专题协商座谈会】 6月24日，市政协组织召开推进拉萨市"环境立市"战略及巩固"禁白"成果工作专题协商座谈会。11名政协各界别委员，20家市直单位负责人参加座谈会。市政协党组副书记、副主席次仁平措主持会议并讲话。

（次旦伦珠）

重要文件

【《政协第十届拉萨市委员会常务委员会工作报告（摘要）》】 2016年，在市委坚强领导下，在区政协精心指导下，市政协常委会团结带领全市政协组织和广大政协委员，以邓小平理论、"三个代表"重要思想、科学发展观为指导，深入学习贯彻中共十八大，十八届三中、四中、五中全会精神和习近平总书记系列重要讲话精神，高举爱国主义、社会主义旗帜，坚持团结和民主两大主题，围绕中心、服务大局，聚焦拉萨市"六大战略"履行职能，推进政协协商民主大有作为，强化履行职能精准有效，各项工作取得新进展，为拉萨市改革发展稳定事业做出新贡献。全年，常委会围绕事关拉萨市改革发展稳定全局和人民群众切身利益的重要问题，开展调研视察，积极建言献策。组织委员视察曲贡新石器时代遗址、藏热汉族墓地和祠堂、曲水县才纳乡国家现代农业科技园区、堆龙德庆县乃琼镇岗德林蔬菜种植农民合作社等形成集体调研报告；组织委员围绕拉萨市各医疗机构和患者家属关注的用血问题、"加快拉萨市教育改革发展"、拉萨市残疾人全纳教育、残疾人培训开展调研，献计出力；以如何开展普法教育、推进拉萨创建全国民族团结进步示范城、解决净土健康产品销售渠道、促进拉萨市行业作风转变等为题举办协商座谈会。围绕重点提案，由主席会成员领衔督

十一届一次会上新当选的市政协主席袁训旺作表态发言

办。向市教育（体育）局、市工信局、市旅游局委派民主监督员16名。组织委员就加强基层卫生人才队伍建设和拉萨市物业管理开展重点提案调研，形成质量较高的调研报告报送市委、市政府及相关部门参阅。市政协13个界别均结合各自实际，选择课题，开展形式多样的15次界别活动。反映拉萨人文历史的《老城史话》出版面世，联合西藏大学举办西藏传统筹算技艺“迪孜”培训班。组织民族、爱国统战和归国藏胞界委员视察环拉萨城山体自然形成的吉祥八宝图形、殊胜四山等寓意祥瑞山川地貌，补充和完善拉萨的民俗文化资料。建立拉萨市“禁白”办短信、微信工作平台，全方位、多角度地宣传“禁白”工作，巩固“禁白”成果工作取得明显成效。

【《政协第十一届拉萨市委员会第一次会议政治决议》】 中国人民政治协商会议第十一届拉萨市委员会第一次会议，于2016年10月31日至11月2日在拉萨举行。会议强调，今后五年，是拉萨市进入全面建成小康社会的决战决胜期，也是拉萨政协事业大有作为的重要时期。全市各级政协组织、政协各参加单位和广大政协委员要始终把坚持党的领导作为履行职能的根本原则，贯穿于履职的全过程，自觉用中国特色社会主义理论体系武装头脑，认真学习、全面理解、准确把握习近平总书记系列重要讲话精神实质，推动各族各界人士坚定不移贯彻习近平总书记治边稳藏重要战略思想在拉萨落地生根，使坚定不移贯彻习近平总书记治边稳藏重要战略思想成为各族各界人士的广泛共识、共同意志和自觉行动。要深入学习贯彻落实市第九次党代会精神，切实把思想和行动统一到市委的重大决策部署上来，围绕建设团结美丽健康幸福新拉萨建睿智之言、献务实之策，出务实之力；要坚持履职为民，高度关注民生，热情服务民生，积极促进民生问题解决，助推“六大战略”深入实施。要坚持民主和团结两大主题，巩固和发展最广泛的爱国统一战线，把各族各界人士团结起来，凝聚全社会的智慧和力量，共同致力于建设团结美丽健康幸福新拉萨；要加强自身建设，着力推进政协工作制度化、规范化、程序化，探索履行职能的方法途径，努力提高政协工作科学化水平。广大政协委员要牢记使命、珍惜荣誉，勇于担当、积极作为，切实做到懂政协、会协商、善议政，充分发挥在政协工作中的主体作用、本职工作中的带头作用、界别群众中的代表作用。

（次旦伦珠）

参政议政

【履行政协职能】 年内，市政协常委会始终围绕中心、服务大局，通过精准选题、深入调查研究、广泛协商议政、强化民主监督，认真履行政治协商、民主监督、参政议政职能。一年来，通过大会发言、小组讨论、提案等形式，围绕拉萨市经济建设、政治建设、文化建设、社会建设、生态文明建设和社会生活中的热点、难点问题协商建言，提出有针对性和可操作性的意见建议30余条，组织委员围绕精准扶贫、精准脱贫工作，深入一线，广泛协商建言，提出意见建议30余条，受到市委、市政府高度重视。同时，组织委员听取“一府两院”工作情况通报及相关单位工作情况报告，探索建立网上履职平台、提案提交平台，不断拓宽委员履职渠道。认真制定市政协2016年度协商工作计划，以

"拉萨市城区内垃圾分类回收及污水处理情况""多管齐下、如期实现脱贫目标""拉萨市文化旅游发展现状"为主题，召开季度协商座谈会3次，提出意见建议12条，形成3份具有一定参考价值的专题协商报告，为市委、市政府决策提供参考，季度协商成效显著。

【调研视察聚焦发展】 年内，市政协常委会以民生改善为履职出发点，组织委员围绕拉萨市空气质量状况、市区停车难、车窗垃圾、生态水利工程实施过程中的环境保护、象雄文化与拉萨的关联、学校社会主义核心价值观教育等课题，广泛开展协商讨论，形成6份具有一定参考价值的调研视察报告，提出具体意见建议20多条，为市委、市政府决策提供参考。

【考察生态水利工程项目】 6月13日，市政协党组副书记、副主席次仁平措带队，13名市政协委员参加，对拉萨市重大生态水利工程项目——2号闸、3号闸、4号闸进行考察并召开座谈会，针对"拉萨市生态水利工程实施过程中的环境保护问题"进行民主协商，提出许多有价值的意见建议。

（次旦伦珠）

民主监督工作

【民主监督活动】 年内，市政协民主监督小组在拉萨市7家市直派驻单位，扎实开展民主监督活动12次，参加受派单位的有关会议和活动，进行专题调研、专项检查评议，以口头或书面意见建议等形式开展民主监督，向派驻单位提出意见建议100余条，促进受派单位及其工作人员转变作风、履职尽责。同时，提出《关于解决车管所警力不足等问题的建议》等涉及民生的社情民意信息多条，及时转交并督促相关部门妥善解决问题。

10月31日，市政协委员到南山视察"树上山"、3号号闸河变湖工程

【"城市病"调研】 5月5日，市政协经济委组织12名市政协委员、7家市直单位负责人，针对拉萨市"城市病"（交通拥堵、停车难、"车窗垃圾"）开展调研，并召开题为"关注'城市病'提升城市品位"座谈会。市政协党组成员、副主席兼秘书长张勤全程参加调研活动，并主持召开座谈会。

【监督检查】 5月12日，市政协委派市民服务中心民主监督小组监督检查受派单位拉萨市市民服务中心工作开展情况。民主监督员通过现场观摩、随机提问、互动交流等形式，全面了解市民服务中心办事流程运行、大厅运作、业务办理能力等情况，并听取市市民服务中心工作汇报，对受派单位提出若干建设性意见。受派单位表示，市市民服务中心将继续加大对政协民主监督工作的支持、协助力度，为政协民主监督小组履职提供最大便利。

（次旦伦珠）

专门委员会工作

【提案委员会】 十届五次会议期间，收到提案145件，通过认真登记、归类、审查，立案132件，确定3件重点提案，作为意见建议13件，已全部办理完毕；十一届一次会议期间，收到提案178件，立案113件，作为意见建议65件，确定2件重点提案。召开提案交办会及时将提案移交各承办单位。市委副书记、市长果果同志对提案承办单位提出"两个一百""一

市政协召开城市病，提升城市品位座谈会，市政协副主席兼秘书长张勤出席

个确保”的要求，即与委员见面率100%、按期办复率100%，确保办结率和委员满意率均有提升。

【经济资源环境社会教科文卫委员会】 年内，经济资源环境社会教科文卫委员会充分发挥自身优势和特点，组织委员开展各项活动。组织相关界别委员围绕精准扶贫、精准脱贫及拉萨市生态水利工程实施过程中的环境保护等热点难点问题，深入开展调查研究，形成调研报告5份。同时，全力抓好巩固“禁白”成果工作。开展“禁白”宣传活动138次，监督检查85次，查处没收一次性发泡塑料袋12.5吨，投放环保无纺布袋3031万条。

【文史民族宗教法制委员会】 反映拉萨人文历史的《拉萨文史丛书之 老城史话（藏汉合订本）》出版面世；完成《委员“三亲”资料》《民风民俗》资料的初审，为《藏族百年实录》《回族百年实录》供稿20余篇。递交西藏传统筹算技艺“迪孜”的申遗文本。组织委员赴阿里围绕“象雄文化起源、发展与拉萨的关联”开展深入调研，形成专题调研报告；积极推荐6名委员担任法检两院监督员，参加庭审会、审判会、听证会等。

（次旦伦珠）

拉萨市政协组织和委员数（截至2016年底）

表1

项目 \ 级别	地区	县市区	合计
组织数	1	8	9
委员数	249	752	1001

中国共产党拉萨市纪律检查委员会

综述

年内，全市各级纪检监察机关和广大纪检监察干部贯彻中央和区、市党委关于加强党风廉政建设和反腐败工作各项重大决策部署，坚定不移推进全面从严治党，严肃党内政治生活，强化党内监督，各级党组织管党治党政治责任明显增强，党的纪律建设全面加强，作风建设成果巩固深化，反腐败斗争压倒性态势已经形成。各级纪检监察机关用担当诠释忠诚，从严监督、铁面执纪、严肃问责，党风廉政建设和反腐败斗争取得明显成效。

（赵永梅）

纪检工作

【落实党风廉政建设主体责任】 年内，坚持党委对党风廉政建设的统一领导，市委坚持将“党建统市”战略作为“六大战略”之首，把党风廉政建设和反腐败工作同改革发展稳定各项工作同部署、同推进、同落实、同考核。市委常委会专题研究部署党风廉政建设和反腐败工作，市委主要领导专门听取纪委工作汇报。召开工作部署会议，制定主体责任定期报告办法，深入开展市委书记、副书记、纪委书记与各县（区）、市直各部门党委（党组）书记约谈工作并逐级延伸，层层传导责任压力。市委九届二次全委会对《关于新形势下党内政治生活的若干准则》和《中国共产党党内监督条例》进行全面深入研讨学习，制定贯彻落实中共十八届六中全会精神的决定，成立落实党风廉政建设主体责任领导小组。市委主要领导认真履行第一责任人责任，主动向区党委落实党风廉政建设责任制检查考核组作述责述廉报告，多次作出重要批示，为纪律检查工作开展提供坚强后盾和有力支持。成立由市委常委班子成员任组长、市纪委常委班子成员任副组长的检查考核组，深入全市70个市直单位、5个寺管会及8个县（区）对2015年落实党风廉政责任制情况进行检查考核，发现问题及时反馈相关部门并责令立即整改。坚持有权必有责、有责要担当，用权受监督、失责必追究，全年对65名党员领导干部从严治党不力、主体责任落实不到位等情况进行严肃问责。

【拉萨市纪委八届第七次全体会议召开】 2月23日，八届拉萨市纪委第七次全体会议召开，传达贯彻十八届中纪委六次全会精神，贯彻落实八届自治区纪委七次全会精神，听取市纪委常委会关于《从严管党治党监督执纪问责持续深入推进党风廉政建设和反腐败斗争》的工作报告，安排部署2016年全市纪检监察工作。区党委常委、市委书记齐扎拉出席并讲话，指出2016年全市纪检工作要重点做好五个方面的工作：切实加强纪律建设，严明党的政治纪律和政治规矩；持续查纠“四风”，推动作风建设常态化；保持高压态势不放松，坚决遏制腐败现象蔓延势头；扎牢反腐倡廉制度“笼子”，强化党内监督；加大基层反腐力度，切实维护人民群众切身利益。市委领导张延清、达娃、陈军、斯朗尼玛、袁训旺、果果、占堆、彭祎涛、马军出席。

【召开落实党风廉政建设责任制述职述责暨测评大会】 3月23日，拉萨市落实党风廉政建设责任制述职述责暨测评大会召开。区党委常委、市委书记齐扎拉主持并作述职述责报告。市纪委副书记、监察局局长赵大勇受市委常委、纪委书记彭祎涛委托作履行监督责任的述职述责报告，其他市委常委班子成员提交书面述职述责报告。区人大常委会副主任、区党委落实党风廉政建设责任制检查考核工作组第一组组长赵正修及考核组成员、市委领导张延清、马新明、达娃、胡洪、陈军、斯朗尼玛、洪家志、果果、严应骏、马军出席会议。

【拉萨市纪委八届第八次全体会议召开】10月15日，中国共产党第八届拉萨市纪律检查委员会第八次全体会议召开，会议应到委员27人，实到22人。会议总结2011年10月以来全市党风反腐败工作，提出下五年的工作建设，审议市纪委提请拉萨市第九次党代会审查的工作报告。会议由市纪委常委会主持，市委常委、纪委书记彭祎涛代表市纪委常委会作《中国共产党拉萨市纪律检查委员会工作报告（草案）》的说明。

【中国共产党第九届拉萨市纪律检查委员会第一次全体会议召开】 10月28日，中国共产党第九届拉萨市纪律检查委员会第一次全体会议召开，应到纪委委员25名，实到25名。会议选举产生中国共产党第九届拉萨市纪律检查委员会常务委员会委员、书记和副书记。彭祎涛当选为新一届纪委书记，赵大勇、拉巴次仁、张斌、苏新勇当选市纪委副书记。

【开展“双述”试点工作】 年内，市纪检委认真开展县（区）委书记和市直单位党委（党组）书记“双述”试点工作。市委主要领导亲自主持“双述”，亲自审定方案，市纪委对86份述责述廉报告逐一审核，确定城关区、堆龙德庆区、达孜县和市发改委、市工信局（国资委）5家单位的党委（党组）书记在市纪委八届七次全会上进行述责述廉，并现场接受评议质询。印发村（居）“双述”工作方案，选定尼木县、当雄县、达孜县、城关区12个村（居）第一书记、书记开展“双述”评议质询试点工作，群众满意率平均85%。拉萨市“双述”试点工作被中央纪委办公厅《纪检监察信息》采编并向全国印发。

【纪律意识】 年内，市纪检委坚持把“两学一做”学习教育作为落实全面从严治党主体责任的重要抓手，督促各级党组织利用理论中心组、各类专题培训，切实加强党章党规党纪学习力度。联合市委组织部对全市新提拔使用县处级领导干部进行廉政知识测试，对813名新提拔调整的干部分批次进行任前廉政谈话。市纪委领导和机关党员干部为村（居）“两委”班子成员学历提升培训班授课，强化基层党员干部纪律意识。营造全面从严治党浓厚氛围，坚持正确舆论导向，推进拉萨纪检监察网站和微信公众平台建设，编辑《违纪违法案件警示录》，统筹各级主流新闻媒体资源，宣传廉洁从政新理念。推行《企业助廉守法承诺书》并严格执行“黑名单”制度，联合市妇联举办“廉洁齐家”活动；深化警示教育，开展廉政警示教育活动165场次，受教育人数6453人；加大廉政新闻投放频率，通过网站、微信平台发布消息997条，发布党内法规制度和国家法律法规275条；协调相关部门播放廉政公益广告90余次，放映廉政题材优秀影片850余场次，使党要管党、从严治党深入人心。

【践行“四种形态”，发挥不敢腐的威慑效应】 年内，市纪检委坚持惩前毖后、治病救人。执纪审查谈话从学习党章入手，让审查对象对照党章，触及灵魂、深刻反省、认识错误、自悔自新；审查和审理报告不仅列明违纪事实，还要附上执纪审查对象的忏悔录和违纪事实材料，反映其对所犯错误的认识。对反映领导干部问题的线索，严格按照五类标准进行处置，提高分析研判和处置质量。制定《拉萨市党员领导干部谈话函询暂行办法》，实行签字背书制度，扩大覆盖面。全年共谈话函询33人次，作出党政纪轻处分和组织处理87人，作出党政纪重处分和重大职务调整23人，移送司法机关2人。年内，改进执纪审查方式，探索建立“1+N”办案模式，将审查1个问题线索需履行的24个程序性表格形成模板，要求各级纪检机关对照执行。创新执纪审查方式，推行交叉联合执纪审查和“乡案县办市审”工作机制。制定严格规范涉案款物管理相关制度，印发通知督促执行。达孜县纪委认真进行案件卷宗归档，当雄县纪委切实把好执纪审查程序关，全面加强和规范执纪审查工作。着力构建“一盘棋”的协作办案运行机制，调整充实全市反腐败工作协调小组，严格贯彻落实加强协作配合暂行办法，集中力量突破大案要案，全市纪检监察机关共受理信访举报346件次，含上级转交办99件次；共处置反映问题线索275件、立案91件，给予党纪政纪处分67人，其中县处级干部13人。全市检察机关共立案侦查贪污贿赂等职务犯罪31件31人；全市审判机关依法审理贪污贿赂、渎职侵权等职务犯罪16件17人。

【纪检体制改革】 年内，市纪检委落实纪检体制改革任务，对8项任务进行对账清查，全面完成5项，基本完成3项，自主安排3项。整合划转现有派驻机构，推进向市级党和国家机关派驻监督全覆盖。堆龙德庆区向重点经济部门派驻纪检组，探索县级纪委派驻监督工作模式。为城投公司、暖心公司、公交集团、拉萨净土等配备纪委书记，强化对市属国有企业的监督。按照市委“强党固基扶村”工作要求，在每个行政村（居）设置一名纪检监督员，制定《拉萨市村（居）纪检监督员管理办法（试行）》，推动监督触角向基层延伸。年内，深化“三转”要求，市纪委先后2次清理参与的议事协调机构，退出或取消60个、保留13个。各派驻机构和八县（区）纪委、乡镇纪委同步进行清理，主业主责更加突出。县（区）纪委人员按大县不少于20人，小县不少于10人配备到位，统一规范设立了4—5个内设机构，66个乡（镇、街道）全部单设纪委、单独挂牌，配齐纪委书记、副书记和纪检专干。

【专题教育】 年内，深入开展“两学一做”学习教育，切实把纪律和规矩挺在前面，坚持在学习中强化看齐意识。切实在全面从严治党中找准职责定位，密切联系思想和工作实际，学思践悟、融会贯通，深化和改进全面从严治党思想认识、理念思路、方法举措，强化监督执纪问责，持续推进全面从严治党、党风廉政建设和反腐败斗争各项工作。市纪委机关建立主要领导基层党建工作联系点，组织各党支部平均每月开展学习教育4次以上，全年专题研究部署机关党建工作4次，明确突出党的领导地位。全年共开展专题讲座、业务知识培训31场次，组织开展党员集中学习、组织参观教育51次、累计研讨发言65人次；市纪委驻城关区嘎玛贡桑社区和当雄曲登村工作队将“两学一做”学习教育转化为服务群众的能力，巩固强基惠民驻村工作成果。

【自身建设】 年内，对市纪委委员、常委班子换届人选进行推荐考察，把政治坚定、作风过硬、德才兼备、敢于担当的干部选拔进纪委领导班子，全年对县乡两级纪检监察干部开展以岗代训、跟班学习3批次、锻炼干部165人次。举办纪检监察干部培训班4场、参训学员866人，先后选派64人次参加中央纪委、自治区纪委举办的各类业务培训；强化内部监督制约，针对监督执纪权力运行中的重点岗位和关键环节，制定出台《拉萨市纪委监察局涉案款物管理暂行办法》《关于进一步规范全市纪检监察干部行为有关事项的通知》《拉萨市纪检监察机关违纪问题执纪审查安全管理责任书》等制度，加强和规范机关内部管控。加强自我监督，发挥干部监督机构作用，严查“灯下黑”，全年处置纪检监察干部问题线索6件7人、立案2件2人，给予党纪政纪处分2人。

（赵永梅）

执法监察

【党内政治生活】 年内，市纪检委严守党的政治纪律和政治规矩，认真贯彻执行自治区关于共产党员、国家公职人员违反政治纪律行为处分有关规定，加大同公检法等部门的协作配合力度，健全完善维稳督查长效机制，严肃查处发表反动言论、造谣传谣、参与地下非法组织等违反政治纪律和反分裂斗争纪律案件，全年查处违反政治纪律问题7件7人。严肃换届纪律，坚持把正风肃纪摆在换届工作首位，把严明换届纪律列为市委巡察重点内容，抽派干部对县乡两级换届风气开展巡回督查和现场监督。严格执行个人有关事项报告制度，建立由纪委、组织、法院、检察院、民政、国土、工商、税务等部门组成的抽查核实联系机制，做到干部调整“凡动必查”。严把党风廉政意见回复关，全年出具意见函8028份，按照“快查、快核、快审”要求，了结澄清12人。

【作风建设】 年内，市纪检委坚持把落实中央“八项规定”精神和区党委“约法十章”“九项要求”及市委“八项要求”作为作风建设的基础性、经常性工作，紧盯“四风”问题新变异、新变种，抓住元旦、春节、藏历新年等重要节点，及时下发通知、发布公告提出纪律要求，对“四风”问题露头就打，严肃查处不收敛、不收手的顶风违纪行为；对巡视巡察监督和执纪审查中发现的“四风”问题线索深挖细查、决不放过。全年共查处违反中央“八项规定”精神问题15起22人，给予党纪政纪处分7人、组织处理15人，通报8起22人。

【健全工作机制】 年内，市委把严明群众纪律摆在突出位置，成立扶贫开发资金监督检查领导小组，市纪委印发《关于开展扶贫领域资金监督检查的函》和《关于开展精准扶贫精准脱贫“双百攻坚战”督查工作的函》，督促行业职能部门强化监管，不断加强对扶贫领域违纪行为的监督检查，切实保障群众利益。

【严惩基层“微腐败”】 年内，市纪检委通过专项检查、巡视巡察、信访举报等途径，重点查处侵吞挪用专项资金、截留套取涉农资金、村组干部侵害群众利益、基层干部以权谋私、土地违规流转等群众身边的腐败案件。全年共查处发生在群众身边的“四风”和腐败问题6起7人，办结6件，给予党纪政纪处分7人，其中县处级党员干部2人、乡科级党员干部1人、村（居）“两委”班子成员4人；移送司法机关处理1人；对12起典型案例通报曝光（含2016年前查处案件）。

（赵永梅）

巡察工作

【坚守巡察责任担当】 年内，市委切实扛起全面从严治党主体责任，扎实推进巡视巡察联动开展，召开3次“五人小组”和书记专题会议、2次市委常委会和9次巡察工作领导小组会议，落实中央和区党委最新要求，安排部署巡视巡察工作。市委主要领导亲自研究巡察工作，作出批示指示14次，听取巡察情况汇报，分类处置问题线索，强化成果运用。

【提升巡察政治站位】 年内，市纪检委推动巡察工作聚焦转型，全年分3轮派出20个巡察组对47个党组织开展巡察，共发现突出问题358个，向纪检机关和组织人事部门移交问题线索71件。

【创新巡察工作机制】 年内，市纪检委推行“双报告”机制，对被巡察党组织整改落实和问题线索处置情况进行督导巡察，对整改落实过程中存在的问题面对面反馈，并责令限期整改。组建巡察人才库，采取“抽一留一带N”用人模式，配齐配强巡察队伍。创新“上查下沉”工作模式，建立健全各项制度，进一步规范巡察工作，注重巡察结果运用。

【落实巡视整改】 年内，市纪检委高度重视巡察意见整改落实工作，配合做好中央和自治区党委对拉萨的巡视。针对区党委巡视一组反馈的具体问题，列出44项整改措施，分类细化整改任务，层层落实整改责任，明确具体整改时限，建立逐级销号制度，实时督办整改情况。组织党员、干部、群众代表共108人召开整改落实工作满意度测评会，检验整改成效。

（赵永梅）

拉萨警备区

【概况】 年内，拉萨警备区部队坚持以习主席系列重要讲话精神为统领，聚焦党在新形势下强军目标，坚持以军事斗争准备为牵引，着眼有效履行使命任务，以实战化训练为导向，严格按照上级工作部署，狠抓各项工作落实，部队建设保持全面发展、稳步推进的良好势头。

【开展改革强军主题教育活动】 年内，拉萨警备区以学习贯彻习主席系列重要讲话精神特别是国防和军队建设重要论述为统揽，聚焦强军目标，紧贴强军实践，紧跟国防和军队改革进程，突出理论贯注和教育引导，分4个专题开展集中教育，重点讲清国防和军队改革的重大意义、目标原则和实践要求。配合开展“坚定改革强军意志，投身改革强军实践”主题实践活动，认真组织官兵进行“四查四看”，大力开展“新起点新风貌”岗位竞赛、“点赞改革强军先锋”故事会等活动，推动主题教育向工作渗透、向训练场延伸、向问题聚焦。结合庆祝建党95周年和纪念红军长征胜利80周年，制作系列宣传挂图，组织“强军风采”系列文化活动，丰富教育形式。在普遍学习教育的基础上，5月，团以上党委机关集中组织“新体制、新职能、新使命”大讨论，各级政治机关、政治干部结合“新体制、新职能、新使命”大讨论同步开展“政治工作发挥生命线作用”大讨论。

【辖区演训】 年内，拉萨警备区根据上级关于做好实兵演练群众工作的一系列指示要求，警备区紧密结合自身任务，发挥桥梁纽带作用，会同当雄县人民政府和各相关单位及时成立军地联合协调领导小组，安排专人提前进驻演训地域，全力配合做好有关工作。7次协调召开军地协调会，参与解决部队驻训、构工、群众（僧尼）转移安置、群众临时诉求等问题60余个，处理牲畜死亡赔偿事件18起，协调友邻专业部队搜排哑弹30余枚，参与转移安置群众3915人，转场牲畜83591头/只/匹，完成上级赋予的各项任务，受到参演单位和政府的高度评价。

【维稳执勤】 年内，拉萨警备区先后出动民兵，出动车辆，担负守护青藏铁路堆龙德庆和当雄县辖区内路段，守卫党政机关、油库、青藏输油管道、交通要道等重要目标，协助公安武警设卡执勤等任务。8月10—15日，墨竹工卡县直孔梯寺“猴年颇瓦大法会”宗教活动期间，警备区抽调民兵赴墨竹工卡县直孔梯寺执行重点区域、重要部位、封控盘查以及情况搜集、交通疏导、现场管控、紧急情况处置和群众服务保障等任务。展佛当日转经群众达6万余人，在警备区现场指挥组领导下，完成现场管理、交通疏导和群众服务保障等任务，并协助中央电视台找回一架失控坠落的航拍无人机，受到军地领导表扬，充分发挥拉萨民兵在维稳执勤中的卫士作用。

【抢险救灾】 1月20日，曲水县县城西侧宗山发生火灾，曲水县人武部接情况报告后立即启动应急预案，组织官兵和应急民兵参加火灾救援，至当日18时，明火被全部扑灭，火灾未造成人员伤亡和重大经济损失。6月30日，受暴雨影响，城关区纳金乡嘎巴村近30户居民房屋受损、约300亩农田和40个温室大棚遭到不同程度破坏，村中堰塘堤坝面临垮塌，人民群众生命财产受到严重威胁，警备区紧急出动官兵、车辆及相关物资器材，全力做好群众转移、物资搬运、搭建帐篷、设施加固等抢险工作。

（王晓林）

国防动员委员会

【组织演练】 年内，国防动员委员会按照上级国防动员指挥部要求，组织多个军地成员单位，采取理论引导、边学边干、边研边练的方法，对启动战时国防动员体制等7项内容进行研究演练。演练中针对人员素质参差不齐、情况掌握各异的实际，采取上导下演的方式，按照“需求牵动、技术推动、军地联动”要求，紧紧围绕国防动员领导体制、运行机制和平战转换的重点难题，探索国防动员组织指挥、实施的程序、方法和路子，达到了解任务、熟悉程序、明确职责、主动作为的目的。

【召开拉萨市委议军会议】 为扎实抓好党管武装工作，解决拉萨市国防后备力量建设中的困难和问题，努力开创国防后备力量建设新局面，根据拉萨市委、市政府和警备区工作安排，3月8日，在市民兵训练基地组织召开了拉萨市委议军会议。会议由西藏自治区党委常委、拉萨市委书记、拉萨警备区党委第一书记齐扎拉主持，拉萨市委常委、各县（区）党委书记、相关市直单位负责人，警备区部门以上领导、各科科长，各人武部部长或政委及演示保障人员共计450人参加。警备区广泛征求全市六县两区各团以上驻军单位意见，共收到16个单位48条建议，经认真遴选，归纳须需解决的5个问题形成提案提交会议研究，经参会人员认真讨论，一致通过。

【征兵宣传】 4—9月，在拉萨市区北京西路电信大楼、林廓北路温州商贸城前和各县（区）人员密集主要街区设置征兵宣传点9个，以播放征兵宣传音像资料、开展军地文艺演出、游园趣味活动和军医义务巡诊等方式广泛开展征兵宣传活动。其间，悬挂横幅130余条，粘贴标语2800余张，发放征兵宣传单、宣传海报、适龄青年应征入伍手册和大学生应征入伍手册等36000余份，并在西藏电视台、拉萨电视台、拉萨晚报等新闻媒体对2016年兵员征集的时间、地点、对象、年龄、条件和监督举报电话等相关内容进行公示，做到征兵事宜人人皆知、家喻户晓。

（王晓林）

人民防空

【国防宣传教育】 年内，市人防办会同自治区人防办在市属中学开展国防宣传教育活动，向拉萨市所有初级中学发放“三防”知识教材，确保“三防”知识在中学的普及，提高中学生对人防知识的认知，增强国防意识。为了贯彻落实《中华人民共和国人民防空法》和《西藏自治区实施〈中华人民共和国人民防空法〉办法》，检验拉萨市的防空设施，配合国防教育活动，增强市民的国防观念和忧患意识。同时，在9月第三周的星期六进行警报试鸣活动，并在城关区选择1个居委会作为人防宣传点进行国防宣传教育，向居民和过往群众发放1800余份宣传材料，向市民讲解如何区别预先警报、空袭警报、解除警报。讲解在空袭来临时，如何进行自救、如何及时躲避、如何识别人防掩蔽标识。在自治区人防办指通处的帮助下，市人防办投入80多万元，在拉萨市4所中学校安装多媒体人防LED显示屏，推动拉萨市人防宣传工作的覆盖面。通过宣传活动，在社会上营造良好的社会氛围和舆论导向，提高广大群众的国防观念和人民防空意识。

【人防业务培训】 年内，市人防办共选派3名干部参加了杭州和北京举办的人防业务培训，以及选派4名人员到区内培训考察。参加全国人防防化研修班、全国人防大数据研修办和自治区人防办举办的行政执法培训班。开阔眼界，拓展思路，提高拉萨人防部门工作人员的业务水平和工作能力。

【拉萨人防基本指挥所项目建设】 年内，市人防办继续实施拉萨市基础指挥所工程建设项目工作。市人防办多次与施工单位、监理单位召开项目推进会，多次研究部署，加强对项目施工进度、施工安全等方面进行监督和检查，严把工程质量关。同时，积极协调市财政局，确保工程资金顺利到位，拉萨市基础指挥所工程建设进展顺利，截至年底，共投入项目资金1900万元，完成30%左右的工程。

【人防地下室审批】 年内，市人防办按照人防相关法律法规，认真开展人防地下室审批工作，共对18个项目提出风险评估意见，完成项目审批5个，其中2家单位缴纳易地建设费，2家单位修建人防地下室，1家单位免建。

【联合执法检查】 年内，市人防办会同自治区人防办深入拉萨市人防工程基地进行的联合执法检查，重点检查全市新建民用建筑“结建”情况。共对26个项目施工单位进行执法检查，对部分项目单位存在未批准修建人防工程项目和未按照人防设计要求进行建设。对符合人防要求的项目建设单位提出修建人防地下室的要求或开具交纳易地建设费的通知单，共征收易地建设费287万元。年内，市人防办与自治区人防办执法处到昌都、林芝、日喀则开展联合执法活动，借鉴各兄弟市的执法经验和好的做法，加强各兄弟市之间的沟通联系。经过执法检查，改善易地建设费的征收困难的薄弱环节，有效扭转拉萨市项目建设单位长期不重视人防“结建”的局面，提高市防空办执法人员的能力。

【人防战备普查】 年内，根据自治区人防办的工作安排，市人防办对全市的地下指挥所、地面应急指挥所、人防警报器、人员掩蔽工程、物资储备工程、医疗救护工程、防空专业队工作、防空地下室等兼顾人防要求的场所进行战备情况普查。全市有人防警报器63台警报器，覆盖率达89%，人员掩蔽工程和疏散基地较少，没有人防物资储备库、医疗救护队、人防专业队、宣传基地、训练基地、地下地面指挥所。

【规范人防地下室标识工作】 年内，根据国家人防办关于规范人防地下室标识的规定，市人防办对拉萨市7家已完工地下室的人防标识进行检查，大部分人防地下室没有人防标识，且安置人防标识的地下室不符合人防标准，要求7家单位对人防地下室标识进行整改，并协助7家单位制作和安装了四个版样，共60多个人防标识。通过此次检查，规范拉萨市人防地下室标识，为战时群众能够及时进入地下室掩蔽提供保障。

【自治区“一法一办法”执法检查】 年内，自治区人大和自治区人防办成立了“一法一办法”执法检查组，对拉萨市落实《中华人民共和国人民防空法》和《西藏自治区实施〈中华人民共和国人民防空法〉办法》的情况进行检查。自治区人大检查组通过实地执法检查和座谈会的形式，全面了解拉萨市人防法律法规的宣传、人防工程建设、指挥通信、“平战结合”、人员编制、经费等工作情况。

【人防工作会议】 年内，拉萨市人防办参加第七次全国人民防空会议和西藏自治区人民防空工作会议。全国和自治区人民防空工作会议总结“十二五”期间人防工作，以及部署“十三五”期间工作任务。为贯彻落实全国和自治区人民防空工作会议精神，市人防办“十三五”时期从8个方面入手，不断推进拉萨市人防各项工作，确保全国和自治区人民防空工作会议的分工任务落地生根。

【制定“结建”联审联批实施办法】 年底，为切实把好人防“结建”工作中的立项、规划、设计、报建、施工、验收“六关”，规范拉萨市人防“结建”工作，为人防“结建”工作提供保障，确保人防工程应建尽建，人防工程易地建设费应收尽收。市人防办结合《西藏自治区实施〈中华人民共和国人民防空法〉办法》和《人民防空工程建设管理规定》等人防法律法规，组织专人起草《拉萨市人防“结建”工作联动联审实施办法》（以下简称《实施办法》），并向区人防办执法处、市政府办公厅、市财政、发改、规划、住建、国土等有关单位书面征求意见5次，分管副市长廖波主持召开人防“结建”工作协调推进会，征求市直相关单位、五大园区和全市13家国有企业的意见建议，共修改该《实施办法》8次，逐步完善《实施办法》。

（蘧智超）

武警拉萨市支队

【概况】 中国人民武装警察部队西藏自治区总队拉萨市支队（旅级）（简称拉萨市支队），2005年5月，由原第一支队和原拉萨市支队合编而成。

【严密组织勤务】 1月25—31日，拉萨支队出动兵力。按照“内紧外松、有效防范，警地配合、整体协同，扼守要害、确保重点”的原则，严密组织自治区“两会”安全保卫工作。

1月27—28日，自治区2016年春节藏历联欢会在拉萨市群众文化体育中心举行。根据一线指挥部统一部署要求，支队出动兵力，完成联欢会现场安全保卫和机动备勤任务。

12月22—23日，拉萨市支队出动兵力、车辆，完成2016年“甘登昂曲”（燃灯节）宗教活动安保执勤任务。

【支队与地方单位共建】 1月16日，支队某大队与曲水县热堆寺举行“六共”活动结对共建仪式。曲水县委副书记、人大常委会主任罗桑，曲水县常委、统战部部长次仁多吉，热堆寺寺管会副主任巴桑扎巴，支队米玛次仁副政委、喻石副主任、僧侣及官兵代表参加仪式。

1月25日，支队某大队与达孜县桑阿寺举行结对共建仪式。达孜县委副书记达瓦、副县长次多以及统战部部长、寺管会主任等领导参加了活动。

2月6日，支队某大队“六共”活动结对共建寺庙曲水县热堆寺寺管会主任巴桑，寺管会副主任、住持阿旺扎巴一行带着热堆寺全体僧人及寺管会全体干部的拥军热情和真挚感情，走访慰问支队官兵。

【便民服务】 7月1日，为纪念中国共产党建党95周年，拉萨市支队副政委米玛次仁带领20余名党员在城关区夺底乡开展党员便民服务和走访慰问支队离退休老党员活动，以实际行动践行“两学一做”，树立合格党员形象。

【开展党日活动】 7月1日，支队在布达拉宫广场纪念碑召开庆祝中国共产党成立95周年纪念大会暨“七一”主题党日活动。支队在位党委常委、部门副职领导、全体机关干部及布达拉宫广场周边中队官兵代表参加，大会由支队副政委康红彬主持，各基层单位全体官兵通过电视会议系统同步参会。

【开展农副业生产】 年内，支队坚持“以种促养、以养促种”的良好循环发展模式，发挥驻地拉萨市城关区净土公司师资技术力量，提高基层农副业生产骨干的科技种养能力，探求基层农副业发展的新思路、新方法，建起以菜园、养殖园、休闲园“三位一体”生态圈。

【法制宣传】 年内，支队为深入学习宣传宪法，增强全区各族群众的法治观念和法律意识，根据自治区党委宣传部、区司法厅、区普法办统一安排部署，12月4日，支队在宇拓路设立宣传点，开展法治教育宣传活动。此次活动以“增强‘四个意识’，弘扬宪法精神”为主题，支队利用横幅标语、宣传展板、法律手册等形式，向群众进行法治宣传。

【走访慰问贫困户】 12月25日，支队副政委米玛次仁带领支队党委及全体官兵的关怀到强巴白珍家中详细询问布穷的病情和治疗情况，送去6000元的慰问金。全力支持维巴村各项扶贫工作，力所能及解决扶贫攻坚工作中的实际困难。

（杨佩佩）

拉萨市公安消防支队

【概况】 年内，拉萨市消防部队共执行二级以上战备243天，完成公务执勤1755次，挽回财产价值87.5万元，出动车辆2081台，出动警力10903人次，投入到维稳执勤一线，确保拉萨市社会局势持续稳定。

【火灾事故】 年内，拉萨市共发生火灾39起，支队出动车辆157辆，出动警力866人，死亡3人，抢救被困人员6人，疏散被困人员85人，抢救财产价值35.6万元。同比上年，火灾起数下降17.95%，火灾死亡人数上升300%，直接财产损失下降13.42%。

【接警出警】 年内，拉萨市消防部队接警1946起（其中，扑救火灾39起，抢险救援97起，公务执勤1755次，社会救助55次），出动

1946次，出动车辆2488辆次，出动警力13179人次，抢救被困人员93人，疏散被困或受灾人员275人。

【队伍建设】 年内，市消防支队开展改革强警和“两学一做”学习教育活动，全面加强党员队伍教育管理，始终将中国特色社会主义理论体系、习近平总书记系列重要讲话精神等时政知识纳入中心组学习、各级各类培训，坚决贯彻中央、部局、区市各级关于廉政建设系列指示精神，严格落实“八项规定”“三项纪律”和群众路线相关要求，深化消防部队执纪情况监督检查工作，强化领导干部监督机制、加强廉政教育和文化建设、强化反腐败惩戒机制等，推进学习型班子建设，规范支队党委中心组和基层党委集体理论学习制度，实现支队、大队党委理论学习一体化、常态化。2016年，拉萨市消防官兵凝心聚力、奋力赶超，先后有212名官兵立功受奖，4名干部被评为优秀基层干部，23名战士被评为优秀士官，8个单位被评为基层建设先进单位，7个基层党组织、17名官兵被评为公安部、部消防局、总队级先进党组织、优秀党务工作者和优秀共产党员，全区消防业务技能比武竞赛和全区政治教员比武竞赛中，支队参赛队纷纷夺得了团体第一名的优异成绩，支队还被公安部消防局评为2016年重大消防安保工作先进集体，支队党委班子被总队评为“好班子”，全市便民警务站微型消防站项目被公安部公示为全国公安工作改革创新优秀项目。

【灭火救援能力】 年内，市消防支队组织开展文物古建筑、人员密集场所和危化品生产储备库等各类场所实战演练202次，修订完善各类执勤方案、灭火救援预案286份，开展“六熟悉”130次，普查市政消火栓1905处，召开典型火灾案例战评会6次，做实做严火灾扑救基础工作。全面启动基地化轮训，41名干部完成执勤中队干部指挥能力考评，27名基层一线干部接受基层指挥员培训，104名战士参加灭火救援、车辆和危险化学品事故处置技术培训、通信与计算机专业技能鉴定，52名骨干取得正（副）班长资格，全面提升灭火救援能力水平。支队在参加全区消防部队业务技能比武竞赛中，两支现役队和两支辅警队分别包揽团体第一名和第二名的优异成绩。

2月7日，自治区公安厅厅长刘江带队开展防火检查

【后勤保障】 年内，市消防支队争取业务经费8384.4万元，其中支队本级争取业务经费3226.5万元，较比上年增长1%，县区大队争取业务经费5157.9万元，较比上年增长47%。全面落实2亿元专项经费，购置无人侦察机、无线监测智能空气呼吸器等装备器材2269件（套），添置各类消防车35台，实现了装备建设跨越式发展。斥资641万元，为基层部队安装太阳能热水器、搭建阳光棚和晾衣场等设施50余项，14个基层单位建成“红门影院”，极大地改进了官兵生活、训练、娱乐条件。制定出台《拉萨市消防支队大队级单位财务会审制度实施办法》，清查银行账户24个，核查银行存款5840.1万元，核查发票凭证12187张，核查合同协议22份，纠治具体问题473处，涉及金额22.48万元。

【社会抗御火灾能力】 年内，市消防支队提请市委、市政府将消防工作统筹纳入全市经济建设和维护稳定两个重点全力推动，全市各级党政领导先后11次批示、18次深入一线检查指导消防安全工作，2次召开政府常务会议研究部署消防重点工作。支队深刻吸取“2·27”火灾事故教训，集中开展为期3个月的“九小场所”专

3月18日，消防总队刘汉林政委视察六县队站建设情况

项整治，督促整改火灾隐患3300余处，有效遏制"九小场所"火灾高发、多发势头，联合各级各部门出动检查组470余个次，排查社会单位9300余家次，督促整改各类火灾隐患和消防安全违法行为6200余处，临时查封社会单位46家，责令"三停"29家，罚款51.82万元。完善寺庙文物建筑消防安全体系，30余次联合民宗、文物部门指导寺庙消防工程建设、自治区级以上寺庙电气线路改造工作。充分发挥消防微信、微博平台作用，在"安全生产月""综治宣传月""防灾减灾月"以及"119"消防宣传活动期间，广泛宣传消防安全知识，引导群众利用"96119"举报投诉平台，举报投诉各类火灾隐患或消防安全违法行为48起。配齐31台移动执法终端、24台执法记录仪，分批开展10期业务培训和每年年度考核，集中组织20余次监督执法干部述职述廉、民主评议和群众走访活动。投入630余万元专项经费用于254个微型消防站建设，建成170余个区域联防组织，配备专兼职微型消防站工作人员1600余人，配齐各类灭火应急救援装备器材2400余件（套），确保各微型消防站发挥工作效能，履行消防安全职责。

【部队正规化建设】 年内，市消防支队根据总队党委提出"部队管理正规化""基层党务规范化""消防执法规范化"三化试点目标，支队确立特勤大队、布达拉宫大队、城关大队为"试验田"，成立"三化"建设专项办公室，投入341万元，改（扩）建营房300余间，对直属单位库室设置进行调整，对室内物品设置、摆放，门牌、制度牌设置进行规范；投入13万元经费制作规范示教片3部。9月28日，全区消防部队在拉萨支队召开现场教学会议，支队将按照"持续三年不放松，强基固本不跨越"的正规化思路，把持续加强部队正规化建设纳入全市消防事业建设的发展思路中，长期指导部队各项建设。

【六县队站建设】 年内，总队、支队两级党委高度重视6县消防队站建设工作，共投资7921.6万元用于6县消防队站建设，其中总队协调区发改、财政解决3309.43万元建设经费，支队协调各县政府解决2400万元建设经费，总队下发1012.16万元经费指标，支队调剂1200万元建设经费。拉萨支队6县消防队站建设项目于2016年5月全面开工建设

（皮智勤）

1月19日，布达拉宫微型消防站揭牌仪式

武警拉萨市森林大队

【概况】 中国人民武装警察部队西藏森林总队拉萨大队，简称武警拉萨市森林大队。主要担负拉萨市七县一区约3万平方公里的森林防火灭火、维稳执勤、野生动植物保护、处置突发事件等任务。2016年在总队党委、首长、机关各部门及各科室的正确领导下，在全体官兵共同努力下，在安全发展、安全抓建理念的正确指导下，大队各类组织健全、党委作用明显，军事训练、政治教育、文化宣传和后勤建设协调发展，战备制度落实，内外关系融洽和谐，“五个重点问题”得到很好解决，部队战斗力旺盛，以防火灭火为中心的各项任务完成出色，全面建设呈上升趋势。

【军事训练】 年内，武警拉萨市森林大队坚持练兵备战谋打赢，狠抓中心军事能力提升。以武警部队《军事训练八落实》为依据，结合大队实际，为全面提升部队军事训练水平向更高层次迈进，提高教练员队伍组训任教能力，大队持续转化教练员集训成果，坚持把干部骨干“四会”教学能力的提高贯穿教学始终，及时修订完善各类课目教案，完善教学分工计划，及时组建示范班，规范统一课目组织程序和动作标准，定人定期定标准组织考核验收，有效提升教练员队伍能力素质。结合实际精细落实编携配装，按照真打实备的总体部署，加强车辆、装备的保养，确保时刻处于良好的状态，及时修订完善各类方案，定期进行方案演练，建成“依案而行、依令而动”的训练管理体系。军事训练实现“四个转变”，即由被动训到主动练的转变；由随意训到系统练的转变；由单课目组训到多课目合训的转变；由只训不考到训考结合转变，坚持周会操、月考核、季讲评，使部队军事训练走上制度化、规范化轨道。

4月9日晚8时20分，山南地区加查县安绕镇唐麦村发生森林火灾，图为武警拉萨市森林大队官兵全力扑救森林火灾后现场

【思想政治教育】 年内，武警拉萨市森林大队从增强思想政治教育针对性、实效性入手，利用近42个教育日，采取参观见学、理论辅导、集中授课、观看录像、主题演讲、班排讨论等方法。认真学习上级党委（扩大）会议精神。运用“三个半小时”、板报橱窗、口袋书等载体，持续推进上级党委扩大会议精神和习主席系列重要讲话精神。注重用主题教育凝神聚气，大队党委高度重视思想政治教育，将“两学一做”学习教育和强军主题教育贯穿教育始终。每月定期组织安全教育，经常性更换板报内容，组织观看爱国主义影片等相关配套活动，增强教育内化于心、外践于行的实效。严格落实每周思想汇报、思想分析、建立思想档案等制度，及时把准官兵思想，认真做好疏导工作，扎实帮助官兵解决家庭涉法、生活困难等现实问题。适时开展育才活动。两个群众组织充分发挥职能作用，每逢“春节”“端午”等重大节假日，合理安排文化活动，不断提高官兵综合素质。严格落实总队《基层七项政治工作规范》,认真开展“看新闻、议大事”“读报纸、议时事”“党支部议教会议”等政治工作，大队对两个中队进行不定时检查，取得良好成效。

【文化宣传】 年内，武警拉萨市森林大队开展“四有”活动，真正在“歌曲唱起来、场地用起来、乐器响起来、书籍看起来、警营乐起来”上下功夫，警营文化生活更加丰富；利用警营小周报、橱窗和宣传栏对党的路线、方针、政策进行广泛宣传，不断强化官兵听党指挥、能打胜仗、作风优良的意识。发挥思想骨干队伍作用，有效掌控人员思想和行为，有效杜绝事故案件发生。

【警民共建】 年内，武警拉萨市森林大队官兵始终牢记全心全意为人民服务宗旨，投身驻地建设，强力推动“双拥”共建活动。关心爱护战士，密切内部关系，战士家属来队，坚持做到“五个一”（接一次站、请吃一次饭、汇报一次工作、安排一道外出、送一次站）战士及其来队亲人都非常感动。战士探家，坚持做到写一封慰问信，安排好送站，让战士安全、心情愉悦回家。树立良好形象，密切警民关系。大队先后与团市委、儿童福利院、特殊学校等相继结成共建单位，4月，大队出动20名官兵，参加由自治区统一组织的植树造林活动，共植树300余棵，在活动过程中大队官兵展现的过硬作风素质得到上级首长、地方领导的一致好评。8月，拉萨市武警森林大队与市团委共同举办夏令营军训活动。定期组织群众纪律教育、密切内部关系教育和民族宗教政策教育，使大队每名官兵了解当地少数民族的风俗习惯，保持良好的内外关系，确保不发生任何警民纠纷。

【执勤工作】 年内，武警拉萨市森林大队按照总队“强化中心、打牢基础、用好载体”的工作思路和《议中心会议纪要》相关精神，始终围绕中心抓建设，立足实战抓训练，全力提高“打赢”能力，确保以防火灭火为中心的各项任务圆满完成。牢固树立“围绕中心抓建设、抓好建设保中心”的理念，坚持党委议中心制度，形成“党委定期议中心，干部经常查中心，官兵经常想中心，上下全力保中心”的良好氛围。坚持抓好林政执勤三项纪律、形势任务和法纪教育，做到警钟长鸣。3月，大队出动20名兵力圆满完成山南地区乃东县靠前驻防任务，配合市林业局到拉萨市部分县进行防火宣传，检查林政工作；教育群众3000余人。同时，针对大队人员在位少，任务多的实际，扎实开展防爆队形、防爆器材操作与使用、紧急拉动、维稳、处突等专勤专训，提高部队快速反应能力；4月，大队教导员边巴罗布带领60多名官兵圆满完成山南地区加查县灭火作战任务。

7月2日，为热烈庆祝建党95周年，武警拉萨市森林大队官兵与拉萨市林业局开展庆祝“七一”建党95周年活动

【后勤工作】 年内，武警拉萨市森林大队坚持以保障有利为目标，逐步实现温室菜棚、阳光猪舍、室外菜地、果园为一体的农副业生产体系，依靠农副业生产先后培养出种养殖能手6人，为社会输送一批警地两用人才，并有力提高后勤综合保障效益。

【装备养护】 年内，武警拉萨市森林大队立足现有条件，坚持开源节流，严格遵循“依靠科学、依法管理，立足现有、不断创新，勤俭节约、讲求效益”的原则，依据条令条例和各项规章制度，提高官兵管装爱装自觉性，定期对水泵、灭火机具装备和器材等进行检修保养，使武器装备始终处于良好技战术状态，保证遂行各种勤务和任务需要，克服对装备机具管理“重使用，轻维修”的不良倾向。结合实际，大队对公用物资进行3次普查，组织12次管装爱装专题教育。

（刘　斌）

立法工作

【制定《拉萨市古村落保护条例》】 年内，《拉萨市古村落保护条例》经西藏自治区第十届人大常委会第二十三次会议批准，于6月1日起正式实施。

【修订《拉萨市城市供水用水条例》】 年内，为加强城市供水用水管理和监督，规范供需关系、明确供用权责，提高水资源的利用率，人大常委会及时修订《拉萨市城市供水用水条例》，并报常委会会议审议。该条例经拉萨市第十届人民代表大会常务委员会第二十五次会议审议通过，并于西藏自治区第十届人民代表大会常务委员会第二十六次会议批准，于12月1日起正式实施。

【调整五年立法规划和年度立法计划】 年内，人大常委会根据新《立法法》关于设区的市立法权限的有关规定，将《拉萨市城市民族工作条例》《拉萨市医疗纠纷预防和处置条例》两件立法项目调减出五年立法规划和年度立法计划。

【新编《拉萨市地方性法规汇编》（藏、汉双文）】 年内，人大常委会对拉萨市1984—2016年地方性法规进行全面清理，将现行有效的22件地方性法规进行收录审校、编辑。

（罗　梅）

政法委及综治

【概况】 年内，市委政法委（综治办、维稳办）深入贯彻落实中共十八大和十八届三中、四中、五中、六中全会以及中央第六次西藏工作座谈会精神，贯彻落实习近平总书记系列重要讲话精神，特别是“治国必治边，治边先稳藏”的重要战略思想和“努力实现西藏持续稳定、长期稳定、全面稳定”的重要指示，紧紧围绕“五位一体”总体布局和“四个全面”战略布局，牢固树立创新、协调、绿色、开放、共享的发展理念，坚持“依法治藏、富民兴藏、长期建藏、凝聚人心、夯实基础”的重要原则，围绕充分发挥首府城市首位度作用和维稳关键作用的总要求，围绕党建统市、环境立市、文化兴市、产业强市、民生安市、依法治市“六大战略”，主动适应形势新变化、发展新常态，防控风险、服务发展，破解难题、补齐短板，始终把维护国家安全和社会稳定作为首要任务，全面推进社会治理创新，深入推进司法体制改革，切实加强政法队伍建设，忠诚履行好维护社会大局稳定、促进社会公平正义、保障人民安居乐业的职责使命，为建设团结美丽健康幸福新拉萨创造安全稳定的社会环境、公平正义的法治环境、优质高效的服务环境。

【会议召开】 2月29日和3月17日，平安拉萨建设暨2016年度全市社会治安综合治理工作会议和市委政法工作会议召开，区党委常委、市委书记齐扎拉出席会议并作重要讲话，市委副书记、市长、市委政法委书记张延清总结2015年全市政法综治维稳工作情况，安排部署2016年度全市政法综治维稳工作。

【队伍建设】 年内，全市各级政法机关毫不动摇地坚持党对政法工作的绝对领导，把思想政治建设、坚定理想信念置于政法队伍建设的首要位置，围绕习近平总书记关于建设政治过硬、业务过硬、责任过硬、纪律过硬、作风过硬政法队伍的总要求，贯彻习近平总书记系列重要讲话精神和治国理政新理念新思想新战略，推进“两学一做”学习教育，牢固树立“四个意识”，坚持把纪律挺在前面，坚定不移地狠抓党风廉政建设，强化履职能力建设，不断提高全市政法队伍的专业化、职业化、正规化水平。

【开展反分裂斗争】 年内，全市各级政法维稳综治部门保持清醒头脑，牢牢把握政法维稳综治工作正确政治方向，以“防暴恐、防自焚、防聚集、防极端、防软对抗”为重点，严密防范十四世达赖集团实施分裂渗透破坏活动，依法打击各类暴力恐怖犯罪，努力实现拉萨社会局势持续长期全面稳定。持续开展“反自焚、防自焚”专项斗争，严格执行油品销售实名制和零散油品审批管理制度，在全市加油站全面推行成品油购销实名制系统，强化完善油品管控力度。加强输入型维稳隐患防控工作，加强环拉“护城河”盘查检查，严格落实“五逢必查”要求，加大对进出拉萨市人车物的查控力度，切实构建起“外圈保内圈、内圈保核心”的危险因素过滤机制。依法严厉打击各类分裂破坏活动，把搜集策划实施自焚、非法聚集以及行动性、破坏性等情报信息作为重点，开展打击地下非法组织专项行动，突出打击十四世达赖集团指挥、与境外分裂势力勾连、追随十四世达赖集团、从事分裂渗透破坏活动的非法组织和重点人，摧毁分裂主义组织体系和内外勾连渠道。

【健全完善立体化社会治安防控体系】 年内，市委政法委（综治办、维稳办）坚持问题导向，破解难题，补齐短板，强化“信息化”支撑，抓住“重点人群、重点行业、重点领域”三个重点，确保“金融、网络、公共”安全，加强“基层基础”保障，加快建设立体化、信息化社会治安防控体系，为全市各族人民创造良好的社会治安环境，织密发展稳定的“经纬线”。扎实开展严打专项行动，以严厉打击严重影响群众安全感的杀人、伤害、强奸等严重暴力犯罪和“两抢一盗”等多发性侵财案件为重点，始终保持对违法犯罪活动的高压态势，着力提升公共安全感和满意度。深入开展治安重点地区排查整治，以群众反映强烈的社会治安热点、难点和焦点问题为抓手，对人员密集场所、治安复杂场所不间断开展“地毯式”“拉网式”清理清查，有效净化社会治安环境。强化公共安全监管，持续强化对管制刀具、枪支弹药、烟花爆竹、危险化学品的管理，针对道路交通、旅游客运、建筑施工、煤炭矿山、消防安全等重点行业，全面开展大检查、大排查、大整治专项行动。加强寄递、物流业安全管理，开展为期半年的寄递物流安全管理暨清理整顿专项行动，严把收寄环节、强化市场准入、严格行业监管，扎实推进寄递物流行业“三个100%”落实。

【矛盾纠纷预防】 年内，市委政法委（综治办、维稳办）围绕改革发展稳定工作大局，全面整合社会治理资源、健全社会治理机制、改进社会治理方式，为促进拉萨经济社会发展和长治久安，创造安全稳定的治安环境、公平正义的法治环境和优质高效的服务环境。加强流动人口服务管理，全面提升面向流动人口的公共服务和社会保障覆盖面，推进流动人口服务管理工作齐抓共管、共同参与，流动人口被广泛纳入联户单位，社会治理、参政议政等公民权利得到全面保障。开展矛盾纠纷预防调处，扎实开展社会稳定风险评估工作，完善评估程序，按照“100%现场实地踏勘、100%快评快复议、100%复核无异议”的要求，推动社会稳定风险评估工作制度化、规范化、科学化。全面加强矛盾纠纷排查调处和预防化解工作，实行月例会制度，逐月排查、逐级上报、定期研判、专题化解，实现涉法涉诉信访案件“零搁置”的工作目标。扎实推进铁路护路联防，以“防恐怖、防爆炸、防破坏、防事故、保畅通”为目标，全面落实铁路护路各项工作措施，确保铁路巡查守护全天候、全覆盖、无漏洞、无死角、无盲区、无空白，确保青藏、拉日铁路拉萨段的安全畅通。

【社会治理】 年内，市委政法委（综治办、维稳办）坚持标本兼治、重在治本，推进网格化管理、社会化服务，全面深化“先进双联户”创建活动，努力推进基层治理体系和治理能力现代化。深化网格化管理工作。充实网格工作人员，按照“1+5+X”的网格工作力量配置，有效整合社区协管员、村组干部、治保员、社区民警等工作力量，逐人、逐地、逐事明确工作任务做到精确定位、精选定人、精准定责，实现网格全覆盖、工作无缝隙。深化“双联户”模式，将“双联户”工作纳入全市大综治工作格局当中，与市科技、农牧、扶贫、人社、水利等九部门单独签订责任书，将支持通过“双联户”模式扶持和发展联户合作经济组织情况纳入年终考核范围，形成驻市单位抓属人、县区管理按属地、职能部门落职责的责任体系。开展综治教育培训和舆论宣传工作，全年共开展各类综治教育培训活动600余场次8000余人次，认真做好“3月综治宣传月”“6月综治宣传周”及“9·16”综治宣传日暨民族团结进步节等宣传活动。全面推进“平安创建”活动。全面启动第六批平安创建申报活动，共创建平安乡（镇、街道）62个、村（社区）174个、单位143个、学校101个、寺庙64个、企业55个。推进综治信息系统建设和应用工作。以信息化、数字化大力推进社会治理精细化，综治信息系统纵向连通市县乡村四级组织，横向贯通26家市直综治成员单位。将综治信息系统应用与“双联户”工作紧密结合，全面推行“幸福家园”双联户微信平台，由联户代表按照“有关报事、无事报平安”的原则，实行“每日一报”。

（周　杰）

法治政府建设

【概况】 年内，以深入学习贯彻中共十八大，十八届三中、四中、五中、六中全会和中央第六次西藏工作座谈会精神，深入学习贯彻习近平总书记系列重要讲话精神、特别是“治国必治边、治边先稳藏”的重要战略思想，坚持开展好“两学一做”学习教育，按照自治区党委八届八次、九次全委会和市委八届八次全委会的部署要求，紧紧围绕市委、市政府中心工作，坚持依法治市、依法执政、依法行政共同推进，政府法制工作取得了新进展。

【政府立法工作】 年内，拉萨市加强立法工作，遵循立法规律，紧密结合拉萨市经济社会发展实际，以问题为导向，突出特色，区分轻重缓急，按照突出重点原则把加强生态文明建设、保障和改善民生、加强和创新社会治理等方面的立法项目，优先列入立法计划。同时做到统筹兼顾、控制数量、注重质量的原则，科学制定《拉萨市人民政府2016年立法计划》并经市政府常务会议审议通过。年内，出台的地方性法规1件为：《拉萨市城镇供水用水条例》，自2016年12月1日起施行。出台政府规章、规范性文件5件，主要包括《拉萨市养犬规定》《拉萨市社会活动安全检查办法》《拉萨市藏传佛教事务办法》《拉萨市建设项目代建管理办法》《拉萨市社会组织管理办法》，发挥立法引领和推动作用，促进了拉萨市全面深化改革和经济社会的健康发展。

【依法处理行政复议案件】 年内，拉萨市加大政府法制监督力度，依法解决行政争议。法制办认真贯彻执行《中华人民共和国行政复议法》，继续推进审理方式的改革，综合运用调解、和解等方式，使得办案水平得到进一步提高。年内，收到行政复议案件1件，涉案金额80万元，已审结。经对双方当事人提交证据材料详细审核确定，对该案件作出维持原判的复议决定。

【执法人员培训班】 年内，拉萨市按照《中共拉萨市委员会关于贯彻落实全面推进依法治国 依法治藏重大战略部署的实施意见》文件精神，结合拉萨市因驻村、工作调动、新进人员等原因导致行政执法人员不足问题，年内举办2批为期5天的行政执法人员培训班并进行执法资格考试，共计有439人参加，436人成绩合格。

【行政执法证件发放管理】 年内，市法制办通过审核材料，上报自治区法制办共计办理行政执法证、行政监督证共计894个。在开展的行政执法证集中清理的过程中，共计清理出有效行政执法证件1334个，因工作调动、退休、离岗等原因需要被清理的行政执法证件31个。

【仲裁事务管理工作】 年内，拉萨市受理各类民商事仲裁案件42件，涉案标的总额25205万余元。案件类型有房屋租赁合同纠纷、建设工程施工合同纠纷、机械租赁纠纷、矿产资源开发纠纷、借款合同纠纷。截至年底，审结案件14件（含上年结转），其中裁决4件、调解5件、申请人撤回申请4件、不予受理1件。随着拉萨市经济发展水平的不断提高，外来投资、务工人员越来越多，同时法律意识也不断提高，选择仲裁这种便捷处理经济纠纷案件的人员也越来越多。因此为确保仲裁案件的审理公平、公正，年内根据仲裁人员工作变动情况、业务知识掌控能力情况、道德品质等各方面情况，拉萨仲裁委员会对仲裁员进行了调整，进一步完善和保证仲裁庭的组成结构和质量。年内完成拉萨市仲裁委员会换届工作，确定第五届拉萨仲裁委员会组成人员。

【法律服务】 年内，市法制办坚持事前防范风险、事中控制风险、事后化解风险的原则，通过各种方案对比，提出切合实际的解决办法，认真参与处理政府及政府部门涉法事务，为领导处理问题提供法律意见，充分发挥参谋顾问作用。对自治区、市政府及市直各单位送来的50余件规范性文件、文稿、合同文本进行审核并提出反馈意见，对市政府及市直有关部门的60余件政府涉法事务提出法律意见，多数意见被采纳。

【创先争优强基础惠民生工作】 年内，市法制办围绕驻村工作“七项重要任务”，开展惠民工作。主要从加强村党组织建设方面抓起，协助指导村党支部召开“三会一课”，落实“两学一做”学习教育和“一树两抓三比四提高”活动。在加强维稳工作方面，在节假日和维稳重要时期，制定各项维稳应急处突预案，做好值班备勤工作。同时排查化解各类矛盾纠纷，全年共调解群众矛盾纠纷36次，调解成功率达100%。利用各类节假日开展慰问、文艺演出、法制宣传、感恩活动等，年内为各类活动开展支出经费共计32200元。在开展结对帮扶工作方面，按照强基础惠民生总体要求，15名党员结对户数25户120余人，开展“结对帮扶认亲交朋友”活动，每月电话联系，每季度入户走访，入户宣传、话家常、帮助解决实际困难办好事实事30件，发放慰问品等价值14900元。在开展精准扶贫工作方面，为结对帮扶村堆龙德庆区古荣乡古荣村52户164人贫困户进行建档立卡，通过六项措施，帮助脱贫致富，帮助解决就业人数7人。同时，为促进村民收入的多元化，筛选村里22名青年参加驾驶技术培训，解决驾校培训班费用57300元。

（高子茗）

公安

【概况】 按照区市党委、政府及区市维稳指挥部、区公安厅的统一安排部署，紧紧围绕全面建成小康社会总目标和“3454”（“三个负责”“四项建设”“五项工程”“四大要求”）警务战略部署，坚持以“三无、三不出、三稳定”为核心，牢牢把握全力维护社会大局持续和谐稳定和促进公安中心业务工作发展两个大局，筑牢基层警务和立体化防控建设基础，牢固树立依法执法理念，主动聚焦防控风险，抓住以“两学一做”“四项建设”促进公安改革创新，突出队伍正规化建设和纪律作风建设，强化宣传教育和舆论引导提升队伍形象，以提高人民群众安全感和满意度为目标，促进服务拉萨经济社会发展，确保全市社会面持续稳定、全面稳定、长期稳定。

【建设微型消防站】 年内，全面启动微型消防站建设工作，拉萨市消防支队推动市、县、区政府投入533万元专项经费用于微型消防站车辆、器材装备、站牌、制度牌建设，织密做实“有人员、有器材、有战斗力”的最小灭火单元。全年，共建立微型消防站254个。

【开展换岗体验活动】 1月1日，市公安局开展“让交警休息一天”换岗体验活动。期间，拉萨市委常委、区公安厅党委委员、巡视员、市委政法委第一副书记次仁旺堆和拉萨市副市长、市委政法委副书记、市公安局局长陈文强带领市公安局局直各部门、城区公安局和所属各派出所主要负责人共51人参与，深入贯彻中共十八大和十八届五中全会精神，践行“三严三实”专题教育

1月10日，市公安局开展以“群众的110、你我的三十年”为主题的宣传活动

活动，激发各单位、各部门负责人及广大民警爱岗敬业的工作热情，大力弘扬敬业奉献精神，切实加强和改进工作作风，提升全市公安队伍的凝聚力，使领导干部更好地体恤和关爱基层一线民警，更好地服务广大人民群众。

【开展“110”宣传日活动】1月10日，市公安局开展以“群众的110、你我的三十年”为主题的宣传活动。期间，拉萨市委常委、区公安厅党委委员、巡视员、市政法委第一副书记、公安局党委书记次仁旺堆，拉萨市市政府党组成员、副市长、市政法委副书记、公安局局长陈文强等有关领导到活动现场进行检查指导。期间，累计出动警力737人次，车辆200余台次，现场参与群众10.97万余人次，设置街面现场宣传点63个，印发各类宣传资料、宣传品11万余份，通过多种方式大力宣传110在打击犯罪、灾害救援、应急处突和救危解难等方面的先进事迹，取得良好的社会效果。

【公安警察招录培养制度改革】1月26日，市公安局参加“公安机关人民警察招录培养制度改革工作部署视频会议”，就各级公安机关加快推进人民警察招录培养制度改革工作作出安排部署。局党委副书记、副局长普次，局党委委员、政治部主任付银昌等局领导与局直各部门、各县（区）公安局负责人在拉萨分会场参加会议。

【春运交通安全管理】1月24日至3月3日全国春运，市公安局交管部门加强警力部署、源头管理，加强交通引导、安全宣传，全力抓好各项工作措施的落实，为辖区人民群众欢度佳节创造良好的道路交通环境。

【首批警务实战教官聘任】1月27日，市公安局参加区公安厅组织的“西藏公安机关新警培训辅助教材首发仪式暨首批自治区级公安机关警务实战教官聘任仪式”。局党委委员、政治部主任付银昌应邀出席，拉萨市公安机关被聘任为首批自治区级警务实战教官代表及基层民警代表参加。

【户籍制度改革】1月28日，市公安局组织民警参加公安部“全国公安机关加快推进户籍制度改革视频会议”。局党委委员、副局长李斌参加会议并就拉萨市强化和加快推进户籍制度改革工作进行安排部署。

【开展“万名书法家送万福进万家”主题文化活动】2月1—3日，市公安局与自治区书协、拉萨市书协共同开展2016年春节“万名书法家送万‘福’进万家”活动，通过书写藏文、汉字春联和“福”字为全市民（辅）警、协警及家属送去新年祝福，推动群众性公安文化活动蓬勃发展。

【春节藏历年安保任务】2月5—16日，“色拉崩坚”“古突节”新年焰火晚会、藏历新年朝佛、宗角禄康公园慰问演出、“乃琼拉苏”、新年烧香挂经幡等活动在拉萨市举行。市公安局采取党政军警民联勤联防、分片分段包干、责任落实到人的工作方式，精心组织，细化措施，明确责任，完成各项勤务安保任务。

【“传召大法会”宗教活动安保任务】2月15—23日，“传召大法会”宗教活动在大昭寺、小昭寺、色拉寺、哲蚌寺和甘丹寺等寺庙举行，市公安局以“反自焚、防自焚、防暴恐”为核心，以“三无”“三不出”和“九防”为目标，以“军警民联勤联防、分片分段包干、责任落实到人”为方式，协同武警消防、市政市容、卫生电业、民政救助等各方参战力量，严格措施，严格要求，严格督导，完成活动期间安保任务。

【消防安全大检查】 3月，全市各级公安机关集中开展易燃易爆场所消防安全大检查专项整治行动。各派出所、110便民警务站、治安管理支队共巡逻巡控、防火巡查330余次，火灾隐患排查整治100余处，清查登记300余份，法制宣传300余次，签订《消防安全隐患通知书》50余份，消除显性或隐性火灾隐患。

【开展《中华人民共和国反恐怖主义法》宣传活动】 3月，市公安局开展《中华人民共和国反恐怖主义法》宣传活动。深入学校、网吧、商场、医院、加油站等重点民生部位，全面开展宣传引导工作，就应急处置方式和流程向群众进行讲解，动员广大市民主动参与反恐维稳工作，努力营造“反恐防暴全民参与、平安拉萨人人有责”的良好社会氛围。

【维稳拉动演练】 3月9日，市公安局参加自治区组织的维稳拉动演练活动，特警支队、交警支队、110便民警务支队等参演警种精神饱满、士气高昂、纪律严明，展现拉萨公安在维稳工作中雷厉风行的战斗作风和“首战用我、用我必胜”的铮铮誓言以及安保任务主力军作用。

【三月武装拉动演练】 3月13日，拉萨机场反暴恐现场指挥部组织开展三月份武装拉动演练，区安监局副巡视员，拉萨市公安局副书记、副局长，拉萨机场反暴恐现场指挥部副指挥长，演练现场指挥长普次全程指挥。通过武装拉动演练检验机场各维稳力量快速反应，高效联动处置突发事件的能力和水平，展示各参演单位在维稳工作中雷厉风行的战斗作风和维护好拉萨机场及周边区域社会局势持续稳定的坚定信心。

【全国“两会”期间安保任务】 3月3—16日，全国政协十二届四次会议、十二届全国人大四次会议在北京顺利召开。市公安局分社会面防控组、情报信息研判组、矛盾纠纷排查组、公共安全整治组、应急处突组、督导检查组等22个工作小组务实展开安保工作，期间未发生一起案事件。

【全市县（区）公安局长会议】 3月31日，2016年全市县（区）公安局长会议召开。市委常委、市委政法委第一副书记、市公安局党委书记马军，副市长、市委政法委副书记、市公安局局长赵涛出席会议并作重要讲话，展现拉萨市公安工作的新面貌、新思维、新格局。

【“全民国家安全教育日”宣传】 4月15日是中国首个“全民国家安全教育日”。市公安局采用多种方式，正面宣传和主动引导，为广大群众解疑释惑，帮助其理解党和国家依法维护国家安全的决心和信心，提高思想认识，确保依法治国的全面有效实施，同时也增强广大群众的敌情观念和国家安全意识，树立起“国家安全，人人有责”的观念，共发放宣传册8万余份。

区党委常委、市委书记齐扎拉，市公安局党委书记马军到2016年“色拉崩坚”勤务活动现场指导工作

【签订跨区域禁毒缉毒双方合作协议】 4月18日，市公安局与中江县公安局签订《禁毒缉毒双方合作协议》，加强禁毒工作联动协作，共同打击和防范跨区域涉毒违法犯罪，切实遏制毒品危害，自治区公安厅禁毒总队副总队长索朗占堆、四川省中江县副县长、公安局局长肖秀懿出席。

【清单编制工作】 4—12月，市公安局开展权力和责任清单编制工作。对需下放、调整、转移的行政权力进行明确，厘清部门职权，明晰职责边界。期间，共整理各项工作439项。

【保密大检查工作】 5月2—3日，市公安局深入部分县（区）公安局、局直各部门全面开展保密安全大检查工作。强化保密责任意识和安全意识，严防失泄密案事件发生。

【警营开放日活动】 5月3日，市公安局特警支队举办警营开放日活动。江苏中学、财经学院、职业技术学院师生、阜康医院医护人员等到警营参观，增强警民之间的沟通与交流，构建警民同心的铜墙铁壁。

5月3日，市公安局特警支队举办警营开放日活动

【“萨嘎达瓦”宗教活动安保】 5月7日至7月4日为一年一度的“萨嘎达瓦”宗教活动。市公安局科学布防、精心部署，在林廓、八廓、孜廓转经沿线和老城区部署专门力量开展工作，认真做好转经线路疏通、服务引导、法制宣传等各项工作，完成“萨嘎达瓦”宗教活动期间各项安保工作。

【2016年高考期间安保工作】 6月7—9日，2016年全国高等院校招生录取考试在拉萨进行。市公安局高度重视，联合教育、联动执法、武警、消防、通信等相关部门，以“严密防范、内紧外松、全面疏导”为工作原则，完成高考期间各项安保工作。

【“国际禁毒日”宣传】 6月26日，市公安局开展主题为“无毒青春，健康生活”的禁毒宣传活动，自治区党委副书记、自治区常务副主席、区党委政法委书记、自治区禁毒委员会主任邓小刚，自治区副主席、区党委政法委副书记何文浩，自治区副主席、区党委政法委副书记、公安厅党委书记、厅长刘江，市委常委、市委政法委第一副书记、市公安局党委书记马军，副市长、市委政法委副书记、市公安局局长赵涛到活动现场检查指导。此次宣传活动旨在提高公众防毒、禁毒、拒毒意识，引导广大群众自觉远离毒品、珍爱生命。期间，共发放禁毒宣传资料10万余份、宣传警示物品5千份、播放警示教育片4部、展出30幅禁毒教育展板。

【交通安全整治】 7—9月，为强化全市夏季道路交通安全管理工作，促进全市道路交通安全形势持续稳定好转，切实维护道路交通秩序，市公安局交管部门在全市范围内开展夏季道路交通秩序整治专项行动。期间，共出动警力1万余人次，出动警车3千余台次，查处各类交通违法行为2.52万起，其中，无证驾驶51起，饮酒驾驶21起，醉酒驾驶20起，依法行政拘留17人次，扣证74本，扣车72台，罚款489.8万元。

【“2016·中国西藏发展论坛”安保工作】 7月4—8日，“2016·中国西藏发展论坛”在拉萨举行，中共中央政治局委员、中央书记处书记、中宣部部长刘奇葆出席开幕式并致辞，来自美国、英国、加拿大等30多个国家和地区的130余位专家学者和相关人士出席活动。市公安局积极协调、实地踏勘、细化部署，圆满完成“2016·中国西藏发展论坛”期间安保工作。

【完成“乃琼次曲”佛事活动期间安保工作】 7月6—14日，12年一次的“乃琼次曲”系列佛事活动在乃琼寺举行。市公安局高度重视、精心组织、周密部署、狠抓落实，完成此项宗教活动期间安保工作。

【完成跨区安检增援任务】 7月15—26日，市公安局抽调精干警力、车辆、警犬，赴日喀则市执行跨区域安检增援任务，在为期12天的高强度、多人次、长时间任务中，全体参战民警充分发扬新时期“老西藏”精神，坚守岗位，严守纪律，充分展示拉萨民警良好形象，全身心投入工作，圆满完成此次任务。

【开展“高原扫毒”专项行动】 7—11月，为打击涉毒违法犯罪活动，全面整治毒品突出问题，有效净化社会治安环境，市公安局充分发挥职能作用，采取超常力度，凝心聚力，精诚合作开展“高原扫毒”专项行动。期间，共破获涉毒刑事案件43起，抓获犯罪嫌疑人48人。

【完成直孔“猴年颇瓦大法会”宗教活动安防任务】 8月12—15日，十二年一届的直孔噶举派“猴年颇瓦大法会”宗教活动在拉萨市墨竹工卡县门巴乡举行。墨竹工卡县公安局按照“细之又细、严之又严、实之又实”的要求，连续奋战，文明执勤，热情服务，通过各级、各部门的共同努力，圆满完成直孔“猴年颇瓦大法会”期间各项安防任务，实现了“安全第一、佛事和顺、群众满意”的目标。

【知识竞赛】 8—11月，市公安局组织开展全市公安机关“两学一做”学习教育、全面深化公安改革、“四项建设”知识竞赛。深入推进全市公安机关“两学一做”学习教育、全面深化公安改革和“四项建设”工作，检验主题教育成果。

【雪顿节期间勤务安保工作】 9月1—7日，2016年“中国·拉萨雪顿节”在拉萨市举行。市公安局精心组织，科学部署，超前谋划，全面开展各项安保工作，为全市各族人民群众欢度雪顿佳节营造安定、和谐、喜庆的节日氛围，完成各项勤务安保工作。

【第三届中国西藏旅游文化国际博览会安保任务】 9月10—16日，第三届中国西藏旅游文化国际博览会在拉萨市隆重举行，市公安局认真贯彻落实区市领导指示精神，全面增强核心意识、大局意识、看齐意识和担当意识，集全警之力、汇全警之智，在认真总结成功经验做法的基础上，继续发扬不怕吃苦、连续作战、忠诚职守的政治本色，完成藏博会期间各项安保任务。

【成立“拉萨市反诈骗中心”】 9月20日，市公安局成立“拉萨市反诈骗中心”，副市长、市委政法委副书记、市公安局局长赵涛出席揭牌仪式。全年，共破获诈骗案件12起，冻结涉案卡63张，止付资金28万余元，冻结赃款38万余元，返还资金13万余元。

【国庆期间安保工作】 10月1—7

10月13日，市公安局民警参与哲蚌寺建寺600周年勤务安保工作

3月21日，市公安局组织召开2016年全市公安县（区）公安局长电视电话会议

日，为给广大群众营造平安、祥和、喜庆的节日氛围，全力确保拉萨市社会局势持续和谐稳定。市公安局科学谋划、周密部署，从早入手、从紧安排、从严要求，全面落实“十一”国庆黄金周期间维稳安保措施，实现社会政治稳定和治安稳定。

【哲蚌寺建寺600周年安保工作】 10月12—13日，哲蚌寺举行建寺600周年庆典活动。市公安局高度重视、精心组织、超前谋划、狠抓落实、夯实基础、突出重点、精诚团结、密切协作，协同武警、消防、管委会、卫生、民政、电力、通信、市政市容、基层治保等各参战单位力量，采取整体联动负责、分片分段包干、全警全时备勤、责任落实到人的工作方式，完成哲蚌寺建寺600周年庆典活动期间各项安防工作。

【首例电信诈骗案】 9月29日，被害人曹某在“百度”网站上搜索“办理贷款信息”被骗6000元，拉萨市反诈骗中心立即按要求开展网上止付及涉案账号冻结工作，10月19日，成功返还被害人6000元。

【开展“119”宣传周活动】 11月9日，市公安局开展以“消除火灾隐患、共建平安社区”为主题的“119”消防宣传周活动。期间，全市各消防部门、各行业单位集中举办消防宣传教育活动52次，组织灭火及应急疏散逃生演习36次；印制发放各类消防宣传资料8万余份；电视滚动播放消防公益广告、消防安全宣传片累计6小时，户外电子显示屏、壁挂电视滚动播放消防公益广告累计220小时；播发消防安全提示信息1300余条。

【开展“全国道路交通安全日”宣传活动】 12月2日，是全国第五个“全国交通安全日”，市公安局积极开展“12·2”全国道路交通安全日宣传活动。期间，全市公安交管部门共出动警力260余名，出动宣传车辆20余辆，组织交通安全宣传志愿者30余名，共计发放各类宣传资料约10万余份，深化文明交通创建工作，在全市及全区营造浓厚的交通安全氛围，增强全市广大交通参与者安全出行和文明交通意识。

【开展“护校安园”专项工作】 年内，市公安局开展“护校安园”专项工作，对全市211所大中、小学和幼儿园进行地毯式安全大检查，做到“底数清”“情况明”，有效净化校园及周边治安环境。

【打击“盗抢骗”专项行动】 截至年底，全市公安机关共破获案件783起，抓获犯罪嫌疑人379名；打掉犯罪团伙13个；破获跨区域、系列性盗窃案件串案203起；涉案总价值达2100余万元，挽回经济、财产损失600.2586万元。

【电动车安全管理】 年内，市公安局为推进立体化社会治安防控体系建设，着力破解群众关注的电动车路面行驶管控难问题，市公安局在全市范围内开展“电动车安全管理专项行动”。截至年底，共出动警力26.6万余人次，查处电动车违法行为14237起，扣车300余台，发放宣传资料5万余份。

案例举要

【破获聚众赌博案】 1月4日，市公安局破获冉某等五人聚众赌博案，抓获犯罪嫌疑人5名。经查实，该团伙在拉萨市某酒店以赌“板九”的方式进行赌博，从中非法获利6.6万余元，赌资共计15.6万余元。

【破获假冒注册商标案】 1月12日，市公安局破获一起假冒注册商标案，查处涉案品牌假冒长城金色庄园单品红酒554箱共计3324瓶，案值共62万余元，库存假酒涉案金额为45万元，抓获犯罪嫌疑人周某、王某。经审讯，二人交代全部犯罪事实。

【破获重大贩卖毒品案】 1月21日，市公安局成功破获张某重大贩卖毒品案并将其抓获，缴获冰毒疑似物23克、麻古疑似物60粒。经审讯，张某交代贩卖毒品的犯罪事实。1月26日，市公安局成功破获马某重大贩卖毒品案并将其抓获，收缴海洛因19.8克。经审讯，马某交代贩卖毒品的犯罪事实。2月26日，市公安局破获一起重大贩卖毒品案，抓获犯罪嫌疑人王某，缴获冰毒336.9克、海洛因17.9克、麻古7粒、麻黄草1.8克。经审讯，王某交代贩卖毒品的犯罪事实。

【破获特大非法持有毒品案】 1月28日，市公安局破获一起特大非法持有毒品案，抓获犯罪嫌疑人袁某，缴获麻古558粒，毛重约56克，疑似冰毒白色晶体13包，毛重约180克。经审讯，袁某交代非法持有毒品的犯罪事实。9月7日，市公安局破获罗某特大非法持有毒品案，缴获冰毒55.09克。经审查，罗某对非法持有毒品的犯罪事实供认不讳。

【破获伪造变造国家机关公文证件印章案】 3月16日，市公安局破获陈某等三人伪造变造国家机关公文证件印章案。经审查，3人以办证、私刻公章为由非法获利33万余元。

【破获系列团伙盗窃案】 3月24日，市公安局破获次某、多某、米某系列团伙盗窃案。经审查，该团伙作案13起，先后盗窃现金、手机、电动车、象牙饰品若干。7月2日，市公安局破获伍某等三人系列盗窃案。经审查，3人作案5起，共盗取手机、黄金首饰、现金等78万余元。7月2日，市公安局破获杨某等4人团伙盗窃案。经审查，该团伙以盗窃电缆线为目标共作案22起，盗窃电缆线约2000公斤、扣件5000余件，涉案总价值达200万余元。

【破获系列诈骗案】 4月13日，市公安局刑警支队联合技侦支队破获石某系列诈骗案。经审查，石某先后以各种名义从被害人手中诈骗现金合计10万余元。10月23日，市公安局破获索某系列诈骗案。经审查，索某冒充国家机关工作人员先后实施诈骗13起，涉案金额2.5万余元。

【破获特大团伙诈骗案】 4月26日，市公安局破获魏某等10人特大团伙诈骗案。经审查，该团伙通过散发虚假高额中奖卡片作案17起，共计获得赃款19万余元。

【破获特大合同诈骗案】 5月9日，市公安局破获拉某特大合同诈骗案。经审查，拉某谎称某处房屋产权归其所有，并以85万元价格出售。

【破获特大盗窃案】 6月9日，市公安局联合林芝市、昌都市公安机关破获昂某特大盗窃案。经审

9月10日，市公安局党委书记马军、局长赵涛到第三届中国西藏旅游文化国际博览会开幕式现场检查指导勤务安保工作

查，昂某盗窃各类首饰51件，涉案金额达100余万元。

【破获系列合同诈骗案】 7月5日，市公安局破获仁某系列合同诈骗案。经审查，仁某利用公司职员身份，在公司没有授权的情况下，将该公司一套经济适用房先后卖给6人，骗取购房款共计177万余元。

【“7·12”交通事故】 7月12日07时05分许，拉萨市堆龙德庆区德庆乡境内国道109线3824km+950m处发生一起一次死亡5人，直接经济损失5万元的较大道路交通事故。

【破获特大信用卡诈骗案】 7月20日，市公安局破获李某特大信用卡诈骗案。经审查，李某对涉嫌信用卡恶意透支29万余元的犯罪事实供认不讳。

【破获团伙系列电动车盗窃案】 7月20日，市公安局破获洛某等8人系列电动车盗窃案。经审查，该团伙先后作案35起，盗窃电动车16辆、摩托车8辆。

【破获特大职务侵占案】 7月30日，市公安局破获毛某特大职务侵占案。经审查，毛某利用担任某基金会会计之便，伪造账目侵占该基金会60余万元。

【破获2009年“11·12”故意杀人案】 8月29日，市公安局破获郭某故意杀人案。经审查，郭某对2009年11月12日故意杀害被害人李某的犯罪事实供认不讳。

【破获系列抢夺盗窃案】 8月31日，市公安局破获巴某、罗某系列飞车抢夺案、盗窃案。经审查，二人先后作案27起，盗窃、抢夺现金2.8万余元、红珊瑚1串、手机13部、钱包3个、挎包3个、汽车1辆、电动车6辆。9月8日，市公安局破获普某系列抢夺抢劫案。经审查，普某实施抢劫2起，抢劫现金4700余元、金耳环1对、金镶玉手镯1个及手机1部；实施抢夺6起，抢夺人民币3.35万余元、美元1000余元、手机2部，镶钻石金耳环1对、金项链1条、小金珠2颗、天珠5颗。

【破获系列盗窃案】 10月1日，市公安局破获巴某等3人团伙盗窃案。经审查，该团伙8—9月通过砸车窗盗窃车内财物方式作案22起，涉案总价值5万余元。

【破获2005年“11·18”故意杀人案】 10月4日，市公安局破获王某、李某“故意杀人案。经审查，二人对2005年11月18日杀害被害人尼某的犯罪事实供认不讳。

【破获走私珍贵动物制品案】 10月29日，市公安局联合拉萨海关缉私局破获马某走私珍贵动物制品案。从马某处缴获豹皮23张、虎皮2张、狼爪虎爪4个、熊掌4个、鹿角4个、鹿茸9根、麝香202个、牛黄1.7717克、獐子皮11.6千克、狼牙虎牙102颗、动物骨肉7千克、珍贵动物胆108片、藏羚羊头角2个、麝香粘体物213.5克。

【破获特大诈骗案】 11月11日，市公安局破获王某特大诈骗案。经审查，王某以办理证件为由，先后3次诈骗现金100余万元。11月24日，市公安局破获次某特大诈骗案。经审查，次某以介绍工程为由骗取现金38万余元。

【破获系列盗窃案】 12月6日，市公安局破获东某等三人系列盗窃案。经审查，该团伙以盗窃车

藏历初一，市公安局民警参与大昭寺勤务安保工作

内财物为目标先后作案18起，涉案金额22万余元。

（杨　杨）

法院

【概况】 截至年底，全市法院共受理各类案件8918件，审执结8396件，结案率94.15%，拉萨市中级人民法院受理案件1977件，审执结1929件，结案率97.57%，收结案比上年分别上升7.22%和4.10%。

【刑事案件】 年内，全市法院共受理各类刑事案件1490件，审结1483件（含减刑、假释案件896件），判处罪犯644人。严惩危害国家安全、暴力恐怖犯罪，加大对煽动分裂国家，组织、领导、参加恐怖组织，传播暴力恐怖音视频等犯罪的惩处力度，审结危害国家安全、暴力恐怖犯罪案件13件，判处罪犯15人。严惩故意杀人等严重危害社会治安犯罪，审结杀人、抢劫等犯罪案件251件。依法惩治毒品犯罪，审结毒品犯罪案件95件。

【民商事案件】 年内，全市法院审理各类民商事案件5335件，结案4960件，标的22.89亿元。注重用司法裁判引导公众构建和谐有序的经济关系、劳动关系、家庭关系和债权债务关系，审理婚姻家庭、劳动争议、追索劳动报酬案件1331件。

【案件调解】 年内，全市法院把调解工作贯穿民事审判工作全过程，从根本上化解社会矛盾，力促案结、事了、人和，各类民事案件调解、撤诉结案2545件，调撤率达51.31%。

【行政案件】 认真贯彻新修改的行政诉讼法，年内，全市法院共受理行政案件31件，审结30件，结案率96.77%。

【案件执结】 年内，全市法院共受理执行案件2019件，执结1900件，执结率94.11%，召开执行案款兑现大会8次，共对171名申请人发放执行案款3108.46万元。开展执行案款集中清理活动，对2015年12月31日前已经收取但尚未发放的执行案款共计4644.8万元全部清理支付或上缴国库完毕。维护司法权威，加大对拒执、抗执被执行人的惩处力度，对拒执被执行人进行罚款8.5万元，对45名拒执被执行人实行司法拘留，在报纸、西藏发布微信公众账号、市区各路段LED、火车站、机场等公开场所集中曝光失信被执行人信息448例，已有16名被执行人迫于压力主动履行生效法律文书确定的义务，执结标的达125.34万元。

【网络服务】 年内，市法院加快诉讼服务中心建设，为当事人提供线上线下、方便快捷的诉讼服务。推广远程视频庭审、远程视频接访，通过“车载流动法庭”等方式开展巡回审判，让群众切实感受到司法服务就在身边，打通司法服务群众“最后一公里”，“车载流动法庭”共巡回10万余公里，办理案件1177件。

【法制宣传】 年内，市法院共开展法制宣传439次，发放藏汉双语宣传资料11.4万份，受教育群众达11.1万人次。

【司法救助】 年内，市法院为经济确有困难的当事人缓、减、免

5月，自治区党委常务副书记吴英杰视察指导拉萨市中级人民法院“两学一做”学习教育开展情况

6月6—8日，自治区高级人民法院院长索达一行到拉萨两级法院调研指导工作

缴诉讼费214.09万元；为生活困难的15名申请执行人发放执行救助金64.53万元。

【司法信息】 落实审判流程公开，年内，全市共公开案件5651件，公开案件信息67.8万项。落实裁判文书公开，在中国裁判文书网公开裁判文书4593份，自上年6月开通民族语言裁判文书管理系统以来共上传藏文裁判文书198篇。

【队伍建设】 年内，全市法院10名干警提任副县级以上职务，近70名干警得到交流、提拔使用，提升干事创业的氛围。把干部挂职交流锻炼作为提升队伍素能的重要方式之一，选派4名专业知识扎实、工作能力强的年轻干部赴辖区基层法院进行为期一年的挂职锻炼，增长基层工作经验、增强做群众工作能力。加强教育培训，加强双语法官培养工作，推动实施“千人计划”，提高法官素质。全市法院干警参加区内、区外各类培训96人次；北京、江苏法院派出6名法学专家学者和信息化建设经验丰富的技术专家赴藏巡回授课6次，620余名干警受益。

【社会监督】 年内，市法院依法接受人大监督、认真接受政协民主监督，召开专题座谈会8次。大力加强联络工作，邀请2批区市人大代表、政协委员视察法院，建立代表委员微信沟通联络群。依法接受检察机关法律监督，认真办理检察建议，配合检察机关履行法律监督职责。建立开放法院长效机制，邀请350余名代表委员、在校师生、社区群众参观审判法庭、审判指挥中心。大力实施人民陪审员“倍增计划”，全市法院203名人民陪审员参审案件304件。

【廉政工作】 年内，市法院认真落实《中国共产党廉洁自律准则》和《中国共产党纪律处分条例》。严格执行法官法和法官职业道德基本准则，继续落实“五个严禁”“十个不准”、司法巡查、审务督察等铁规禁令和工作制度。加强配套制度完善，建立健全错案防范机制及责任倒查制、审判质量终身负责制，落实防止干预过问案件的“两个规定”，为廉洁司法提供制度保障，促进审判与监督、预防与惩治、教育引导与队伍建设的有机结合。以零容忍态度坚决惩治司法腐败，保持查处违纪违法案件的高压态势，做到凡有举报一律核实查清。共开展审务督察8次，考勤通报20余次，公车检查12次，维稳督查86次，收到问题线索17件。

（王 静 丁 勇）

检察

【概况】 年内，全市检察机关认真履行法律监督职责，在维护社会稳定、保障经济发展、促进公平正义、增进民生福祉、深化检察改革上凝神聚焦发力，为建设团结美丽健康幸福新拉萨提供强有力的司法保障。

【工程验收专项预防监督】 1月，市检察院对“西藏自然科学博物馆建设项目”竣工验收会进行全程监督，完成该项目的同步预防工作。

【预防职务犯罪】 3月，市检察院和市公安局联合制定预防职务犯罪联席会议制度。规定双方每年召开1次联席会议；每季度为公安民警授课1次，或组织民警参观警示教育基地；通报公安民警存在的违纪违法问题，市公安局发现民警涉嫌职务犯罪案件及时移送市检察院；检察院在办理涉及市公安局民警职务犯罪线索的举报、案件过程中，对诬告错告的，应予以澄清事实，对公安民警依法履行职务时受到不法侵害的，及时介入调查，维护民警的合法权益；各县（区）检察院与公安局每年开展1次职务犯罪预防工作，并将工作情况及时反馈上级检察机关职务犯罪预防处和公安局纪委。

【疫苗管理核查】 4月，拉萨市城关区检察院指派侦查监督部门干警深入辖区药品管理机关，督促做好问题疫苗案件排查预防和立案查处工作，坚决杜绝问题疫苗流入，威胁群众生命健康。

【空港新区检察室成立】 4月19日，曲水县人民检察院驻空港新区检察室正式挂牌成立，办公场所设在空港新区管委会内部，办理空港新区涉检事务。

【城关区检察院微信公众号开通运行】 5月，城关区检察院检务微信公众平台“拉萨市城关区人民检察院”正式上线开通运行。

【调研考察】 6月2日，最高人民检察院检察技术信息研究中心主任赵志刚、检察技术信息研究中心信息化三处处长黄华一行5人，到拉萨市检察院视察指导新址建设，召开座谈会专题听取信息化建设工作汇报，并达成多项援助意向。

【召开“检察长接访日”活动】 7月5日，市检察院召开“检察长接访日活动”听取并督促有关部门依法解决群众反映的控告、举报、申诉，架起与人民群众的沟通桥梁，畅通群众的诉求表达渠道。

【检察官首批入额考试】 10月20日，拉萨市检察院和城关区检察院首批检察官入额考试在拉萨市委党校举行，拟申请入额的127名干警参加考试，标志着拉萨市检察机关司法体制改革试点工作迈出关键性一步。

【监督工作】 年内，市检察院首先对相关台账是否符合规定进行审查。经审查，市中院造册的登记表涵盖信息全面，并对已经发放的案款进行登记造册，对未发放的案款进行原因说明。对底数进行监督。审查执行案款登记本、执行专户账目等发现，市中院此次活动需清理的执行案款有35笔，涉及金额为75989887.31元。

【首播拉萨市检察院出庭支持公诉案件】 12月，市检察院与市中级人民法院首次采用互联网直播的方式，通过中国法院庭审公开网对被告人黄新胜涉嫌合同诈骗罪一案进行庭审网上直播，也是西藏自治区实现网上庭审直播的首例案件。

【党风廉政建设】 年内，市检察院严格执行中央“八项规定”、区党委“约法十章”和市委“八项要求”，强化检务督察，全年对两级院维稳备勤、办公办案和“四风”等问题督察60余次，下发通知40余次。

【开展反分裂斗争】 年内，全市检察机关受理危害国家安全犯罪案件12件12人，起诉12件12人。全面落实各项维稳工作部署，分级成立“案件侦审队、应急处突队、矛盾调处队、巡逻保卫队”等常备力量，围绕全国“两会”“三月重要时期”、雪顿节、藏博会、东孜山“猴年转山”等重大活动、重要节日和各重要节点，投入警力1.8万余人次（占全市检察干警60%以上），值班备勤6500余人次。

【打击刑事犯罪】 年内，市检察院开展打击暴力恐怖、黑恶势力、黄赌毒等犯罪专项行动，起诉危害公共安全犯罪77件77人，起诉故意杀人、抢劫、强奸等严重暴力犯罪56件64人，起诉“黄赌毒”犯罪88件111人。批准逮捕“两抢一盗”、诈骗等多发性侵财案件250件310人，起诉184件227人；开展集中整治和预防扶贫领域职务犯罪专项工作，坚决惩处对惠农资金雁过拔毛、啃噬群众获得感的“蝇贪”“蚁贪”，依法查办基层“微腐败”案件2件2人。批准逮捕金融诈骗、生产销售伪劣产品、非法经营等严重破坏市场经济秩序犯罪案件46人，批准逮捕侵犯知识产权犯罪案件4人。

【防范和化解社会矛盾】 年内，市检察院建立来信、来访、

"12309"举报电话、网络"四位一体"信访平台，完善信访案件风险评估预警、检察长接待日、领导包案等制度，全年共受理申诉案件26件26人，办理来信来电来访189件243人，并妥善做好人员稳控、化解处理工作，保持群体性事件和越级访、进京访"零目标"。曲水县检察院驻空港新区检察室4月正式挂牌成立，派员听取群众咨询150余次，调解纠纷60余起，查办案件2件2人，在落实党的惠民政策、维护群众利益、促进经济发展等方面发挥重要作用。

【保持反腐败高压态势】 年内，市检察院共立案侦查32件32人，立案数同比上升45.5%。其中，查办涉案案值100万元以上案件9件9人，300万元以上案件2件2人，县处级干部5人，地厅级干部2人；立案查处工程建设、医疗采购等领域行贿犯罪14件14人，上升600%。

【行贿犯罪查询】 年内，市检察院注重保护非公有制经济，主动为企业开通法律绿色服务通道，完善行贿犯罪记录快速查询机制，全年共受理查询2069件，涉及2073家企业和2171名个人。

【预防工作】 年内，市检察院对柳梧新区水厂、自治区自然科学博物馆、林拉公路二期工程等国家级项目开展专项预防16次，与中石油拉萨分公司举办"检企共建"活动，挂牌成立"预防职务犯罪联系点"。协调扶贫办、公安局等单位，建立健全协调联席机制。加强市县乡换届纪律督导检查，开展"廉洁公正执法，远离职务犯罪"等预防讲座和警示教育90余场次，确保换届风清气正。坚持向党委、人大提交高质量的惩治和预防职务犯罪年度报告，提出促进反腐倡廉建设的对策建议，撰写年度报告8份、案例剖析9篇，5篇报告被评为全国"百优"、自治区"十佳"。

【立案监督】 年内，市检察院提前介入重大、疑难、复杂案件9件，立案监督2件，追诉漏罪2件2人，追诉漏犯3件5人，抗诉2件16人，均获法院改判。其中余某协助组织卖淫一案被最高人民检察院评为"全国优秀抗诉案件"。制发《检察建议》17份，《纠正违法通知书》15份，口头纠正意见300余次。推行检察长出庭公诉制度，检察长亲自出庭支持公诉，以案代教、以练促学，让群众更直观地感受到公平正义，有效避免因司法不公引发涉法涉诉问题。

【刑罚执行监督】 年内，市检察院审查监督减刑、假释781件，调整减刑幅度72人。对"三监二所"驻所监督300余次，受理约见18次，查办服刑人员又犯罪案件1件。开展羁押必要性审查，建立审查评估档案170份，建议改变强制措施2件2人。对160名社区矫正人员建档，监督检查12次，口头警告12人次，书面警告15人次，监督撤销缓刑、暂予监外执行决定收监13人。开展"集中清理判处实刑罪犯未执行""财产刑执行"等专项活动，清理未执行罪犯4人，建议收监2人，筛查财产刑执行人员494人，成功追缴、罚没、退赔88人。

【民事行政检察监督】 审查办理对生效判决不服申请监督案件17件，督促行政机关履行职责案件5件，抗诉1件，制发《检察建议》5份。开展"基层检察院民事行政检察工作推进年"、执行案款集中清理活动，监督检查清理35笔，监督发放28笔，涉及案款7590余万元。

【检务公开】 年内，市检察院构建开放、动态、透明、便民的阳光司法机制，加快案件信息和法律文书公开工作，网上公开程序性案件信息1131件，重要案件信息25件，公开法律文书85份

案例举要

【西藏移动公司拉萨分公司出纳次珍挪用公款案】 被告人次某，女，藏族，1990年2月1日出生，拉萨市人。被告人次某在担任西藏自治区移动公司拉萨分公司财务部出纳期间，利用职务上的便利，挪用共计989.403649万元人民币用于网上赌博，至案发未退，其行为触犯了《中华人民共和国刑法》第三百八十四条之规定，构成挪用公款罪。2016年4月1日拉萨市人民检察院提起公诉，庭审中，被告人次某的主体身份是否符合国家工作人员成为焦点，但是公诉人举出相关证据

以及司法解释，反驳辩护律师提出的被告人次珍身份属非国家工作人员的辩护意见。拉萨市中级人民法院采纳公诉机关的意见，判定被告人次珍犯挪用公款罪，判处有期徒刑十四年；责令被告人次某向中国移动通信集团西藏有限公司拉萨分公司退赔989.403649万元。

【场地租赁案】 刘某（被申请人）从永某铸件有限公司转得该公司位于夺底乡某厂的设备及厂房，其中包括一台400千伏变压器。后刘某与文某（申请人）公司于2012年4月29日签订一份《厂房租赁协议》，约定将刘某从永某铸件转得的部分场地及设备租赁给文某公司（含变压器），后又于2013年1月31日签订一份《协议》，约定刘某将该变压器转让给文某公司使用，包括附属设备及供电局户口，约定转让价款为10万元，但文某公司至今仍未支付7万元。刘某以文某公司未支付剩余款项为由向法院起诉，法院支持其诉请。因不服法院判决，文某公司以刘某未履行合同义务、其未完全取得变压器所有权，法院判决存在错误为由向拉萨市检察院申请监督。

拉萨市检察院经调阅原审卷宗、听取当事人意见、调查核实后审查认为，根据《中华人民共和国合同法》第136条、第133条、第134条之规定，标的物属于动产，标的物所有权自交付时转移。故双方签订协议时，刘某完成交付义务，变压器的所有权也已转移。从该约定内容来看，过户手续主要应由文某公司办理，刘某负有配合义务，法院判决在相关事实认定及适用法律方面并无不妥。拉萨市检察院对此案依法作出不支持监督申请决定，并向双方当事人详细阐明决定内容，并扎实做好当事人服判息诉工作。

【成功一起抗诉刑事案件】 2011年以来，被告人鲁某某为谋取非法利益，以支付工资或者许诺利益的方式，先后纠集被告人余某等人，形成人员较为固定的团伙，共同在本市“伊甸园”娱乐会所组织妇女从事卖淫活动。原审被告人余某协助组织卖淫一案，经城关区检察院提起公诉，城关区法院以证据不足为由判决余某无罪。在法定期限内，城关区检察院提出抗诉，经拉萨市检察院审查后认为原审无罪判决错误，并提交检察委员会研究，决定作出支持抗诉的决定。经二审开庭审理，拉萨市中级人民法院认为检察机关抗诉理由成立，撤销原审判决，认定原审被告人余某犯协助组织卖淫罪，判处有期徒刑十个月十四天，并处罚金人民币2000元。

（郑　燕）

司法行政

【概况】 年内，拉萨市司法局深入学习贯彻中共十八大、十八届三中、四中、五中、六中全会精神，学习贯彻习近平总书记系列重要讲话精神和治国理政新理念新思想新战略，认真落实拉萨市委、市政府、自治区司法厅和市委政法委各项决策部署，秉承质量意识、坚守创新精神，以服务“六大战略”为中心，全面履行工作职责，持续深化法治宣传，扎实优化法律服务，着力夯实基层基础，狠抓党风廉政建设，为建设团结美丽健康幸福拉萨提供优质的法律服务和良好的法律保障。

【法治宣传教育】 年内，拉萨市蝉联“全国普法先进城市”荣誉称号。普法办继续深入开展“法律七进”活动，推进落实“谁执法、谁普法”责任制，组建拉萨市青少年法治讲师团，编写出版发放中小学生法治教育读本。创新工作形式，把新闻媒体、信息网络与声像、文字等实物载体有机结合起来，继推出法治主题公园、LED普法大屏、公交车视频普法后，推进微信公众平台普法、出租车平台普法和微电影普法三个创新普法项目，拓宽法治宣传途径和渠道，筑牢夯实拉萨市法治文化阵地。开展“401专案”专项法治教育、城乡规划专项法治宣传工作等。全市各部门、行业共投入资金70余万元，开展各类单位内部法治讲座69场（次），举办面向社会的集中法治宣传服务活动217场（次），开展法治宣传咨询服务141（次），印发各类法治宣传资料、法律读本189000册，编写发送群发信息11092条，在各新闻媒体刊发“法官、检察官、律师以案释法”案例189例，市属公证机关、律师机构和法律援助机构共计接受各种咨询和提供法律服务3790次。

【安置帮教】 年内，拉萨市刑满释放人员在册531人。各级安帮办依托精准扶贫精准脱贫，将生活困难刑满释放人员纳入精准扶贫范围实施帮扶。开展“关怀弱势、寒冬送暖”慰问活动，走访慰问贫困刑满释放人员40人。组织授课人员深入各监所对50余名2016年预释放拉萨籍服刑人员进行释前教育。编写印发藏汉文版《拉萨市安置帮教宣传手册》2000册，帮助服刑人员和刑释人员解读、理解国家政策，最大限度预防和减少重新违法犯罪。建立沟通互动的信息反馈机制和工作联络机制，通过信息网络手段实现纵横双向信息核查、通报、管理功能，减少传统手段因衔接不利导致的脱管漏管现象。

【社区矫正】 年内，拉萨市登记在册社区矫正对象190名。根据《最高人民法院、最高人民检察院、公安部、司法部关于开展集中清理判处实刑罪犯未执行刑罚专项活动的通知》精神，结合拉萨市社区矫正工作实际，开展社区矫正集中清理判处实刑罪犯未执行刑罚专项活动。到八县（区）司法局开展社区矫正安全隐患排查整治工作。采取实地察看台账及档案、听取汇报、询问有关情况等方式，对各县（区）司法局开展安全隐患排查整治工作情况进行检查。根据年内培训计划，组织各县（区）司法局及各乡（镇）司法助理员进行了社区矫正工作知识培训。重点加强重要时段安全稳定工作，实现社区服刑人员安全可控，全年未发生脱管漏管和重新违法犯罪事件。

【法律援助】 年内，拉萨市两级法律援助中心共受理569件法律援助案件，接受法律咨询5801件，代写法律文书279份，来电来访咨询4361人次，挽回农民工等弱势群体经济损失近2000余万元。拉萨市法律援助中心办理政府转办案件49件，上级部门督办28件，信访转办案件64件。在拉萨市看守所、拘留所建立并启动法律援助工作站，确立以看守所教官为联络员的看守所法律援助联动机制，为在押人员提供更好法律服务。到拉萨市公安局看守所为70多名犯罪嫌疑人讲授法律援助知识5场次，深入堆龙德庆区看守所举办法律援助知识讲座1场。

【人民监督员选任管理】 年内，市司法局根据《关于深化司法体制和社会体制改革的意见及其贯彻实施分工方案》要求，组织召开人民监督员聘任大会，为全市15名人民监督员颁发聘任书。同时，经过筛选确定31名后备人民监督员。为提升人民监督员法律素养，定期下发拉萨市检察院为人民监督员订购的法治书籍，并组织人民监督员参加拉萨市人民检察院工作座谈会。

【人民调解】 2016年，拉萨市有人民调解组织449个，司法所工作人员65人，调解员2460人。年内，开展人民调解组织集中整顿，指导全市6县2区3个功能区394个人民调解委员会进行规范化建设，夯实人民调解组织和队伍。继续推进专业性行业性人民调解组织建设，初步成立涉及8个领域29个专业性行业性调解组织，拓展人民调解工作领域。继续加强人民调解员业务培训，全年培训调解员2000人次。发挥市、县、乡、村四级调解网络的作用，在“三大节日”“萨嘎达瓦”“藏博会”及中共十八届六中全会、区市第九次党代会等重要节点开展集中大排查大调处活动。年内各级人民调解组织共排查矛盾纠纷438次，出动人员840人，排查纠纷129起；调处矛盾纠纷89起；共受理各类纠纷451件，调解成功426件，调解率为100%，调解成功率为95%，涉及当事人2393人；涉及金额1925万元。

【律师公证管理】 年内，拉萨市15家律师事务所共计办理各类案件2224件，参与信访接待1183件，为264家企事业单位担任法律顾问。制定《拉萨市司法局关于进一步加强律师管理的实施意见》，加强对律师执业行为的日常监管和对律师办理涉法涉诉、重大及群体性案件的指导协调工作。加强律师行业党组织建设，成立拉萨市律师党支部，拥有律师党员22人。推进成立拉萨市律师协会。组织召开2016年度全市律师工作会议，对2015年度优秀律师事务所、优秀执业律师进行表彰。8月，利用近半个月时间完成市属律师事务所2015年度考核工作。年内全市15家律师事务所没有发现任何违规、违纪案件。拉萨市阳光公证处全年办理公证9445件，全额上缴财政公证收费784万元，接受群众公证法律咨询7000人次，代写法律文书6000件。

【队伍建设和反腐倡廉】 年内，市司法局认真落实党风廉政建设主体责任，深入开展“两学一做”学习教育，年内，组织党组理论中心组学习17场，参加每月一课学习活动14人，开展专题学习讨论4场，开展党风廉政谈话谈心活动，形成谈话记录20份。县级以上干部在线学习均达到40学分以上，干部职工集中学习30次，干部职工撰写心得体会200篇，记录学习笔记人均达到1万字。举办“道德讲堂”“全民阅读”活动；邀请市委党校老师进行“3·28”百万农奴解放纪念日活动和学习习近平总书记“七一”重要讲话精神专题讲座；组织干部职工参观爱国主义教育基地、牦牛博物馆，参加“国庆升旗仪式”，观看《永远在路上》纪录片等，强化干部职工政治意识、大局意识、核心意识、看齐意识。选派6人次参加全国社区矫正业务知识培训班、法律援助业务培训班、公证管理干部培训班等业务学习；安排20余人次参加全区司法考试培训班、机关道德讲堂、党建培训、廉政培训等学习活动；选派16名业务骨干分赴北京、江苏对口援助单位跟班培训1个月。开展惩防体系建设，落实廉政风险防控，编制《行政权力和责任清单目录》，从源头上预防用权违纪、权责不明的问题。落实基层党建七项重点任务，及时完成基层党组织换届工作。执行民主集中制，对“三重一大”事项均召开党组会议或局长办公会议，做到民主科学决策，纪要明确清晰。开展精准扶贫和强基惠民工作，51名党员干部与42户困难户结对帮扶，精准扶贫惠民利民措施落实落地。

（伍　丹）

群众团体

拉萨市总工会

【概况】年内，市编办核定市总工会人员编制为17人，实有干部职工32人。其中，行政编制10人，现有9人；事业编制7人，实有5人；社会化工作者6人；志愿者1人；其他人员（公益性、临时工）。内设正科级机构1室3部1中心，即办公室、组宣部、法律保障部、劳动经济部和职工活动中心。

截至年底，全市基层工会组织980个（其中机关单位279个、农民工组织113个、事业单位32个、非公企业508个），职工84202人，会员总数78059人（其中农民工29909人，机关单位17231人，事业单位9343人、非公企业21576人），已建会企事业单位职工入会率92.7%。共有专（兼）职工会干部1776人（其中专职工会干部95人）。

【工会工作】年内，举办驾驶班、装载机操作等技能培训班各1期，有100名困难职工家庭子女、困难农（牧）民工参加培训，实现就业、灵活就业50人。“三大节日”期间，全市各级工会慰问困难职工（农牧民工）、困难劳模、驻寺干部670户，共发放慰问金63.97万元（其中八县区困难职工336户，发放慰问金30.24万元）。为拉萨市39名困难职工发放（重）大病救助及生活救助金27.9万元，发放2016年助学金126万元，资助377名困难职工子女上学。走访慰问劳模111人，发放劳模补助金25.55万元。组织开展以“弘扬企业安全文化，加强班组安全管理”为主题劳动竞赛，全市参赛企业19家，参赛职工500余人。以“安康杯”竞赛为载体，全面推进企业安全文化建设，推动落实工会劳动保护管理工作。全市参加“安康杯”竞赛活动参赛单位57家，参赛班组292个，参赛职工5129人。推进女职工特殊权益保护工作，把《女职工劳动保护特别规定》内容纳入集体合同之中，为70名困难女职工进行“两癌”筛查，发放免费体检卡50000张，投入资金3.5万元。开展5次法律宣传活动，向职工群众发放《中华人民共和国工会法》《职工代表大会条例》《中华人民共和国劳动法》等法律法规宣传手册1万余册。开展创先争优活动，为驻村群众办实事、办好事、解难事，落实项目14个，共投入资金54万元。加大工会干部教育培训力度。选派100余名工会干部参加工会干部培训。

【开展党的群众路线教育实践活动工作会议】2月16日，拉萨市总工会召开群众路线教育实践活动工作会议，市总工会党组成员出席会议。

【慰问结对帮扶对象】2月21日，市总工会全体县级领导到嘎巴村，为8户帮扶对象敬献洁白哈达，送上酥油、砖茶、水果等每户450元的慰问品。

【慰问拉百集团贫困女职工】2月27日，市总工会党组书记余刚、副主席措姆带队来到拉百集团，对拉百集团因病内退的6名女职工进行慰问，并与基层职工群众、工会干部进行座谈。

【“结对认亲”活动慰问】3月31日，市总工会党组书记余刚一行到米琼日寺看望慰问结对帮扶对象及驻寺干部19人。市总工会县级干部为每位结对帮扶对象送上500元慰问金、驻寺干部每位1000元慰问金，共计15000元。

【邀请市委党校讲师讲课】 4月1日，市总工会召开理论中心组扩大学习会，邀请市委党校孙亚洁讲师到工会进行宣讲。孙亚洁讲师就中国梦、西藏梦、中国特色社会主义、深化改革、党的执政理念四个方面进行理论讲解。

【召开党的群众路线教育实践活动】 5月28日，拉萨市总工会党组召开党的群众路线教育实践活动第一环节情况通报暨第二环节工作安排部署会议。参加会议有市总党组书记余刚，市总党组成员措姆以及来自八县（区）总工会主席、企业代表、劳模代表、机关退休干部职工代表和会机关全体干部职工共40余人。

【召开“共产党员志愿者共创国家环境保护模范城”活动安排部署会】 6月4日，拉萨市总工会组织召开“共产党员志愿者共创国家环境保护模范城”活动动员大会，安排会活动办、机关党支部联合负责组织实施。6月5日，市总工会组织全体党员干部职工分成2组，对责任片区（包括人行道、绿化带、卫生死角等）进行拉网式清扫。

【开展“安全生产月咨询日”宣传活动】 6月16日，拉萨市总工会由副调研员、法律部部长拉巴卓嘎带领5名工作人员参加“安全生产月咨询日”宣传、咨询、服务一条街活动。重点对群众讲解了安全生产、法律维权的重要性，发放《中华人民共和国工会法》和《中华人民共和国劳动法》《中华人民共和国劳动合同法》《职业病认定与维权》《噪声危害及防护知识》《女职工劳动保护特别规定》等宣传册，共计发放2500余册。接待行人累计200人次。

【财经审查】 6月16日，拉萨市总工会一行5人到堆龙德庆县总工会开展财经审查活动。

【基层调研】 6月26日，市总工会陪同自治区总工会党组成员、副主席黄云素一行6人到达孜县总工会对县总工会和乡镇工会干部配备情况、办公地点、基础设施和非公企业工会组织、职工代表大会、工资集体协商制度建设情况以及县总工会职工之家、困难职工帮扶站、职工书屋建设情况等进行调研。

【庆祝建党93周年系列活动】 7月1日，拉萨市总工会机关党支部——嘎巴村党支部庆祝建党93周年系列活动在纳金乡嘎巴村举行。活动由29名新党员进行入党宣誓，光荣地加入中国共产党。由村支部副书记尼玛次仁宣读《嘎巴村党支部成立党小组的决定》，并对17名五星党员进行表彰。市总工会18名党员干部和嘎巴村18名党员群众开展“一对一”结对子活动。市总工会机关18名党员干部为结对群众每人送去500元慰问金，并进行联谊活动。

【召开专题民主生活会通报会】 7月11日，市总工会召开党组班子专题民主生活会通报会。市总工会党组班子成员、七县一区工会负责人、会机关退休职工代表及各部室负责人作为党员群众代表共30余人列席会议。

【弘扬劳模精神】 7月29日，围绕“保发展、保民生、保稳定”这个主题，发挥群团组织优势，开展“顺民情、聚民心、解民忧”主题实践活动，着力破解困难劳模职工“生活难”问题，了解各行业劳模职工的生活、健康状况，存在困难和问题等。对市政养护处困难劳模德吉卓嘎和企业困难劳模次珍、强巴格桑等9名全国劳模发放补助金（补助金以银行卡方式发放到劳模个人账户中），发放生活困难补助金41900元以及特殊困难补助金30000元，共计发放71900元。

【工会“四大战略”“五大品牌”思路】 7月28日，党组书记余刚主持召开干部职工大会，会议就“四大战略”“五大品牌”进行研究讨论。提出发展壮大工会的“四大战略”“五大品牌”，即“人才振会”“产业强会”“品牌兴会”“管理严会”四大战略，大力推进“劳模、建会、竞赛、维权、帮扶”五大品牌。

【关爱劳模生活】 9月11日，市总工会结合劳模实际困难，对24

名获得全国五一劳动奖章的劳模和53名自治区劳模发放专项补助金共138600元，对9名全国劳模发放“十一”慰问金共18000元、对8名全国劳模发放生活困难补助金和特殊困难补助金共71900元（补助金以银行卡方式发放到劳模个人账户中）。

【开展“第24个民族团结宣传月”活动】 9月16日，开展以民族团结和政策宣传为主题的宣传活动。市总工会发放宣传资料2000余册，接待行人100余人。

【开展困难女职工、女农民工“两癌”免费体检活动】 11月11—12日，市总工会组织公交公司、宗角禄康公园、远大建材有限公司、圣城集团（第一、第二、第三建筑公司）、市旅游公司、城关区非公企业、市园林局的70名一线女职工在拉萨阳光妇产医院开展“两癌”（乳腺、宫颈）免费体检关爱活动。

【关爱劳模健康，弘扬劳模精神】 12月1—2日，市总工会组织拉萨市11名全国劳模在西藏武警医院参加健康体检，以每人1000元的标准，所有体检费用由市总工会集中结算。

【召开援藏工作会议】 12月9日，市总工会组织八县（区）总工会主席及负责人和市总工会援藏工作相关人员就北京、江苏省总工会援藏工作进行安排部署。

【困难职工医疗救助】 12月10日，举行困难职工（农牧民工）大病救助和生活救助发放仪式。为14人发放救助金，其中医疗救助9人，生活救助5人，共计发放资金9.1万元。12月21日，为69户困难职工子女发放救助金23.4万元。

（张亚博）

共青团拉萨市委员会

【概况】 2016年，全市共有团干部1032人，其中专职团干部541人、兼职团干部491人；向县、乡、村级团组织充实优秀青年团员5674人；新发展团员30406人，其中在14—35岁青年中，团青比例达28.9%；全市8个县（区）、65个乡（镇、街道）、267个村（居）团组织书记配备率和乡、村基层团支部书记进班子率均达100%。拉萨中小学全部建立少先队组织共计94个，少先队员44807人，大队辅导员老师144人，由公、检、法、司干警及青年志愿者组成校外辅导员45人。

【约谈工作】 1月4日，市委副书记、市人大常委会党组书记、统战部部长达娃对团市委党组书记洛色开展约谈，约谈紧扣党风廉政建设主题，坚持问题导向，通报市纪委关于团市委党风廉政建设工作存在的主要问题，就落实党风廉政建设和反腐败工作提出明确要求，督促整改到位；1月5日，团市委党组书记洛色主持召开党风廉政建设专题会议，通报市委分管副书记对团市委党组书记开展约谈情况，针对团市委党风廉政建设工作存在的主要问题，提出整改措施，要求制定整改落实清单，明确整改时间、责任部门及责任人。

【宣传“五下乡”集中服务活动】 1月19日，团市委同团区委在拉萨市城关区娘热乡吉苏村共同开展了“五下乡”集中服务活动，现场发放青少年法律知识读本、青少年自护教育知识读本、拉萨市中小学民族团结知识读本等书籍，讲解着书本里的相关知识，并为前来咨询的群众解答有关青少年法律方面的知识，宣传活动累计发放书本1000余册，参加活动人员人手一册，受益人群达1000余人。

【走访慰问活动】 1月24—26日，团市委党组书记洛色率班子成员分三个小组走访慰问退休老干部，并向老干部致以节日的问候和新春的祝福；团市委共筹资65000元，1月28—29日深入对口扶贫点当雄县乌玛塘乡郭尼村开展2016年“三大节日”走访慰问活动，把党和政府的关心与温暖送到基层青年和扶贫点农牧民心坎上，确保扶贫村困难群众过上安定、祥和的节日；2月3日，联合当雄县团委、南京航空大学邦锦梅朵助梦团队、拉萨电视台《格桑梅朵》少儿栏目，在拉萨念康私人影咖针对拉萨市当雄县30名儿童和5名城关区困难家庭的儿童开展慰问活动，为孩子们发放价值10000元的学习和生活用品以及4000元助学金。

【关爱在押青少年活动】 3月15—28日，拉萨市预青办联合各预青成员单位，开展“为了明天——传递爱心”关爱在押青少年活动。拉萨市中法刑一庭法官德吉卓嘎通过典型案例向在押青少年讲解相关法律知识，提高在押青少年法律认知水平，增强法律意识；藏大心理资深专家高蕾老师、城关区雪小学心理资深专家慈珍老师针对有心理阴影的在押青少年进行心理咨询和辅导20余人次，帮助在押青少年缓解心理压力，树立积极向上的心态；志愿者组织在押青少年填写民族团结知识读本，讲解民族团结先进事迹，推进青少年民族团结进步教育；市团委为在押青少年群体创建“手拉手——爱心书屋”，送去《未成年人自我保护知识读本》《青少年法律知识读本》300余册。进一步了解在押青少年需求，帮助解决生活、学习上的实际困难，送去健身器材（乒乓球、羽毛球、篮球、排球），营养品（牛奶、酸奶、水果），个人生活用品（内衣内裤、棉衣、外套）等慰问品，价值20000余元。市检察、中法、司法等工作人员，为在押青少年进行法律援助工作，法律援助5人次；西藏阜康医院为在押青少年进行全面体检，了解掌握在押青少年身体健康情况，及时预防、控制和治疗疾病问题，免费发放10000余元药品；社会爱心志愿服务队青年路米兰理发店为在押青少年送去价值5000元的洗发水、吹风机、理发工具，帮助在押青少年整理个人卫生，提高精神面貌。

【岗位需求申报】 4月5日，大学生志愿服务西部计划拉萨市项目办面向全市各县（区），市委各部委，市直各委、办、局，各人民团体，广泛开展拉萨市2016年西部计划志愿者岗位需求申报工作。年内，拉萨市申报以法学、文秘、行政管理、计算机、财会等专业为主，共458个志愿者需求岗位，其中市直单位216个，县（区）236个；涉及152家单位，其中市直单位49家，各县（区）单位103家。

【开展“我们的节日·清明”——缅怀先烈活动】 4月7日，拉萨市各级团委、少先队组织积极开展网上祭英烈、烈士陵园祭扫、观看爱国影片等形式多样的清明祭扫活动，发扬革命传统，弘扬爱国主义精神。各县（区）青少年、大学生西部计划志愿者、中小学生等4000余人参加了活动。

【开展“五四”主题活动】 4月，拉萨团市委组织召开专题工作会，研讨关于开展全市纪念五四运动97周年系列活动，积极向市委、团区委请示汇报“五四”相关活动情况；4月29日，团市委书记洛色组织各县（区）团委负责人召开“五四”主题团日活动协调会，听取各县区“五四”活动安排情况，并提出了指导意见；5月4日上午，举办了拉萨市第四届五四青年奖章颁奖暨“奋斗的青春最美丽”先进青年事迹分享会，村党支部第一书记、第七批援藏干部、创业青年、公安干警、优秀学生、基层团干部、基层团组织等先进代表分享他们“奋斗的青春最美丽”先进事迹，表彰第四届“拉萨五四青年奖章”12人、全市优秀共青团员15人、全市优秀共青团干部10人、全市五四红旗团委（团支部）10个，市委副书记、市人大常委会党组书记、市委统战部部长达娃出席并讲话。

【防灾减灾日宣传】 5月12日，团市委组织干部职工在宇拓路宣传点积极参与开展防灾减灾日宣传活动，共发放宣传资料共计400余册，接受群众咨询50余人次，帮助广大干部群众提升防灾减灾意识。

【开展科普宣传活动】 年内，团市委根据《拉萨市2016年科技活动周实施方案》的要求，5月16—18日组织开展宣传活动，普及安全自护、法律法规等科普知识，共发放宣传资料共计500余册，接受群众咨询100余人次。

【民族团结进步教育夏令营活动】 7月29日至8月4日，团市委、市少工委联合拉萨市青少年示范性综合实践基地、拉萨市青少年活动中心、拉萨市电视台《格桑梅朵》少儿栏目在拉萨市青少年示范性综合实践基地开展为期7天的拉萨市第七届体验军营生活暨素质拓展夏令营活动，100名少年儿童参与7个类别18个具体活动。

【关爱活动】 8月16日，共青团

拉萨市委员会、拉萨市少工委联合南京阳光爱心志愿团、诸暨快乐爱心志愿团，走进西藏拉萨夺底乡小学，并为28名孤儿和其他家庭困难小孩，共捐赠鼓号器材、新华字典400册、字帖本200册、足球、乒乓球、衣物等价值4万余元的爱心物资。

【召开大学生志愿服务西部计划交流会】 8月24日，大学生志愿服务西部计划西藏专项拉萨市项目办（以下简称市项目办）组织召开小组负责人交流会，截至年底，拉萨市现有大学生西部计划志愿者267人，其中2016年新到志愿者157人、研究生支教团22人。

【交流学习】 8月25日，团南京市委副书记王慧率南京市青年代表团一行9人到共青团拉萨市委员会开展工作交流，团市委副书记慈旦德吉向代表团详细介绍拉萨的人文地理概况以及拉萨的改革发展情况，副书记王慧对拉萨团市委的工作表示肯定，表示将加强业务交流，共同推进援藏工作。

【开展“向国旗致敬”系列活动】 10月10日，拉萨市少工委组织全市及各县区各级少先队开展“向国旗致敬”系列活动，旨在让全市少先队员度过一个有意义的国庆节，激励少先队员继承优良传统、弘扬民族精神，爱祖国、爱家乡、爱人民，增强少先队员的民族自尊心。全市共计开展活动30余场，覆盖30000余名少先队员。

【禁毒预防教育】 9月23日—10月13日，市预青办积极组织动员六县两区预青办，深入学校开展禁毒预防教育活动活动以禁毒知识竞赛网上答题、开展主题班会和观看禁毒宣传教育片的形式，丰富禁毒宣传的形式和内容，加强对青少年的毒品预防教育。活动共覆盖全市30000余名青少年。

【开展大宣传大调研活动】 10月17—21日，团市委调研组重点围绕团的基层组织建设、青年创新创业工作、共青团参与精准扶贫和精准脱贫、中小学团队一体化建设、青年志愿者服务、青少年权益维护等工作，结合共青团改革方案，实地走访8个县（区）、15个乡镇（街道）、2所中小学、1家大型国有企业、22家中小民营企业和农村合作社，召开座谈会10余场，与8位县级分管党政领导交换改革意见，与近200名团员青年开展面对面交流，收集基层团干和团员青年对共青团改革的意见建议100余条。

【开展慰问环卫工人志愿服务活动】 10月24日，大学生志愿服务西部计划西藏专项拉萨市南京航空航天大学研究生支教团西藏分队在拉萨团市委院内组织开展“圣城因您而美丽慰问环卫工人”志愿服务活动，关心、关爱、关怀为净土圣城拉萨默默奉献的环卫工人，为30名家庭贫困的环卫工人送去慰问品。

【第六期少先队辅导员培训】 11月4—7日，团市委、市少工委开展拉萨市青年马克思主义者培养工程第十二期团干部暨第六期少先队辅导员培训班。全市71名专兼职团干部和95名少先队辅导员，共166人参加培训。邀请江苏省2名专家，重庆团市委1名专家，自治区党校1名教授，团区委2名专家进行授课。

【拉萨市第二届少先队辅导员业务比武大赛】 11月7日，市少工委在拉萨市青少活动中心多功能厅举办拉萨市第二届少先队辅导员业务比武大赛，设置少先队理论业务知识测试、说课展示、才艺展示、现场抽签礼仪操作四个环节四项内容，共有19名拉萨市基层中学、小学少先队辅导员老师参加此次业务比武大赛。

【举办拉萨市少年宫第二届古筝音乐欣赏会】 12月4日，拉萨市少工委联合拉萨市青少年活动中心、拉萨广播电视台《格桑梅朵》栏目在拉萨市青少年活动中心举办“成长因筝更精彩—拉萨市少年宫第二届古筝音乐欣赏会”，市少工委主任、相关单位领导、演员及观众300余人参加活动。

【西部公益游学计划】 12月14日，在团市委的指导下，2016届南航研究生支教团，发起“雪域莲心，圆梦同行”西部公益游学计划，拉萨市电视台和拉萨晚报两家拉萨的主流媒体对活动进行采访和宣传报道，活动已筹集资金68065元，完成65000元的众筹目标。

【青少年万人交流活动】 12月

12—15日，团市委组建30名拉萨市优秀青年代表互访交流团赴山南市进行“民族团结代代传”青少年万人交流活动，代表团先后参观西藏民主改革第一村——山南市乃东区昌珠镇克松村居委会陈列馆参观、扎囊县羊嘎帽子厂、曲松县琼嘎村藏药材种植加工专业合作社、山南民族藏帖尔手工业残疾人福利有限公司、山南市第二高级中学、山南华康医院，并在雅砻河酒店会议室召开交流学习座谈会，活动培养青少年树立正确的世界观、人生观和价值观，弘扬和培育青少年的民族精神，加强青少年对民族特色文化产业的学习交流，不断增进友谊、互相促进、共同提高。

【交流考核答辩会】 12月23日，团市委举办2016年度各县（区）共青团工作集中展示交流考核答辩会，旨在贯彻落实中央和区市党委党的群团工作会议精神，努力探索深化共青团改革；践行“党要管党，从严治党”新要求，切实向从严治党的标准看齐，从严从实管团治团，推动全市团干部队伍建设，在改革创新中推动共青团事业不断前进。考核采用自查自评、查阅台账、集中答辩、综合评定4种方式进行，考核结果以书面形式和面对面形式向各县（区）党委主要负责人通报。

【团市委机构编制调整】 年内，团市委机构编制合理调整，团市委少年宫原有32个编制裁减12个；新设立全额拨款正科级事业单位拉萨市志愿者服务指导中心，核定事业编制5名，其中科级领导职数2名；将团市委学校少年工作部更名为少年部，加挂学校部牌子。

【植树活动】 年内，组织志愿者、中小学生、青年干部、部队官兵1200余人在“拉萨解放军青年林”补栽树苗4000余株；各县（区）都种有共青团青年林，总面积3000多亩，植树3万余株。

【开展“禁白”、保护母亲河活动】 年内，团市委建立了1支生态创建的志愿者队伍即“禁白”环保服务队和8个环保服务小组，推进生态文明知识的宣传普及，培训和倡导生态文明行为方式，通过“禁白”、保护母亲河等各类环保实践活动，动员青年在绿色发展中引领潮流，以实际行动守护好拉萨的蓝天净土。

【开展“中国梦”宣传教育】 年内，团市委将中国梦宣传教育与“老西藏精神”和“两路精神”教育结合起来，组织广大青少年开展“美丽家园幸福拉萨·我的梦”主题教育实践活动80余场次，覆盖团员青年1.2万余人。

【教育引导】 年内，团市委以“反对分裂、维护稳定、促进和谐”为主题，在青少年中持续开展爱国主义教育、民族团结教育、反分裂斗争教育1000余场次，覆盖农牧区、中小学青少年群体5万余人；开展“红领巾相约中国梦”主题活动130余场次，覆盖95%以上学校；“六一”期间，举办拉萨市首届“向上向善好少年”评选表彰暨“庆六一”文艺会演主题系列活动，对评选出的25名“友爱、创新、乐善、诚信、孝心”好少年进行表彰，并通过传统报纸、新闻媒体和“青春拉萨”微信公众号等平台进行专题宣传报道，在全社会弘扬中华民族传统文化和美德，争做“友爱、创新、乐善、诚信、孝心”好少年；“七一”期间，组织100名少年儿童开展为期7天的共有体验军营生活、素质拓展训练、深化教育引导、体验科技成果、传承民族文化、融情乡村教育、选树先进典型7个类别、18个具体活动的拉萨市第七届“红领巾相约中国梦”素质拓展暨民族团结进步教育夏令营活动，选树先进典型20人。

【网上工作】 年内，团市委整合团内信息资源和平台，创新运用网络文化新媒体，建立微信公众账号“青春拉萨”、微博“拉萨共青团”，每周二、五编辑发送相关内容。全年共编辑发送微信300余条，阅读量突破万余次，广受拉萨青年关注，成为宣传拉萨青年和共青团的重要载体；9月新建微信公众账号“拉萨志愿者服务指导中心”，征集、宣传优秀大学生志愿服务西部计划志愿者先进事迹6人次，阅读量达5000余次；开通拉萨“青年之声”互动社交平台，组建涵盖青少年维权、服务青年创业就业、生态保护、藏医药等领域的20名专家队伍，及时解答广大团员青年的问题；8个县（区）“青年之声”互动社交平台已全部开通运营，将为全市广大青年提供更加方便、快捷的交流模式，真正实现面对面服务；推进网络宣传员队伍建设，组建拉萨网络文明志愿者队伍，由来自各行各业的1526名优秀青年组成“青年网军”，在网络上理性发声、正确发声，对模糊认识进行引导，对错误言论进行驳斥，弘扬网上主旋律、凝聚网络正能量。

【受援工作】 年内，共青团对口支援西藏工作会议上，团市委与北京、江苏两地共青团拟定3年对口支援拉萨工作项目，落实对口援藏资金1373.8万元、实施项目6类34项；2016年以交往、交流、交融为主要内容的援藏工作已基本落实，涉及受援资金526.6万元，完成6类14个项目。大力实施大学生志愿服务西部计划专项工作。与团中央中国光华科技基金会签署协议，一次性接收超千万援藏物资，创造拉萨市共青团单笔援藏物资总额历史记录。

【创业创新】 年内，拉萨市举办第二届青年创新创业大赛，争取资金200万元，动员1300余名创业青年，吸引来自农牧区、城市、高校大学生、返乡创业青年和众创孵化器团队等带来的163个参赛项目，经过前期征求意见、市场摸底、项目调研、制定方案、赛事预热、启动仪式对大赛进行整体宣传营销，通过市直、县区选拔赛，半决赛、总决赛，最终11个项目脱颖而出，得到5万至20万的资金扶持，撬动县区配套资金56.6万元，大赛相关新闻阅读量达6.2万余次，点赞人数达3000余人；推报32个优质青年创业项目参加西藏共青团首届青年农牧民创新创业大赛，涉及净土健康产业、民族手工业、服务业、电商业等领域，9个项目进入决赛，共获31万元扶持奖金；推报5个实践创业项目和1个公益项目参加自治区第五届“成才杯”大学生创业大赛，荣获1个三等奖、1个优秀奖，同时组织80名创业青年参加大赛展示展览、观摩、交流活动；推荐1名优秀返乡创业青年作为《西藏青年创新创业发展论坛》主讲人，组织50名青联委员、优秀青年、创业青年及致富带头人参加论坛；组织西藏千盛藏医药科技有限公司等8家青年创业企业参加雪顿展销活动。展销期间，藏香、藏药材、糌粑、民族服装、户外用品、唐卡、特色文化产品、高原菜籽油等青创产品达100余种，销售额达5万余元；在全国双创周期间，积极组织8家优秀青年创业企业参加西藏分会场的宣传展示活动；8月，邀请中国青年企业家协会会员企业，在拉萨经开区开展“中青企协走进拉萨经开区”主题经贸考察活动，部分企业已达成合作；8月30日，邀请北京苏药和上海夏春林两位创投大咖，就自身的创业经历、创业故事、创业路上需要注意的和掌握的逻辑，以及内地创新创业新路径、新趋势、新业态分析和项目路演技巧等方面对300名拉萨创业青年进行分享和授课；9月，组织22名来自基层农牧区致富带头人、城市创业青年赴苏州、泰州、镇江、南京等地开展为期7天的学习培训活动；整合各类资源，因地制宜、结合青年实际，开展藏香、雕刻、种养殖、手工编织、建筑绘画、机械操作等为内容的技能培训共计30余期，培训人数达到1185人次。

【希望工程·圆梦行动】 年内，团市委整合社会资源，扩充资助名额，争取各类助学金63.4万元、资助152名贫困生圆大学梦，帮助350名中小学生减轻家庭经济负担。

【大学生志愿服务西部计划专项工作】 年内，团市委对全市各单位进行岗位需求统计，通过公开招募、自愿报名、组织选拔等方式，265名大学生西部计划志愿者全力服务拉萨基础教育、青年工作、农业科技、医疗卫生等领域；组织开展学雷锋志愿者服务月、共青团联系服务农村青年月、保护母亲河、交通文明劝导、“三关爱”“我们的节日”“雪顿节”、体育赛事等志愿服务活动100余场次，累计参与1万余人次，服务时间10余万小时，取得较好的社会反响。

【青年文明号创建活动】 2016年，拉萨市有国家级“青年文明号”28个、自治区级22个、市级78个，遍布全市各行各业。

【拉萨青少年校外教育阵地建设】 年内，市青少年活动中心年培训

2000余名青少年，培训增长率达25%；从自治区体育局申请经费50余万元升级改造的市青少年活动中心体育健身区足球场全面落成；自筹资金50万元进行植树种树、破墙透绿，多功能厅LED建设等，为全市青少年提供更加优质的课外活动场所和教育资源。

【精准扶贫精准脱贫“双百攻坚战”工作】 年内，团市委认真贯彻落实市委决策部署，成立共青团参与精准扶贫精准脱贫“双百攻坚战”工作领导小组，负责共青团参与精准扶贫精准脱贫“双百攻坚战”工作，大力实施青春引导、青春创业、青春帮扶、青春交流、青春志愿、青春结对“六个青春行动”，在打赢扶贫脱贫攻坚战上找位置、求作为，时时、事事、处处都有共青团的声音、团干部的身影、各界青年的行动。

【开展创先争优强基础惠民生活动】 年内，团市委选派精干力量组成第五批驻郭尼村工作队，争取到“短平快”项目资金23.47万元，建立郭尼村垃圾转运站，为村多功能饲料加工厂配备变压器、粉碎机；协助村委会做好93户435人的脱贫工作，其中异地搬迁52户251人，转移就业68户110人，产业扶持33户157人；统筹规划15万元办实事专项经费，走访慰问群众773人次，入户率100%。

【共青团员民族团结闪光行动】 年内，团市委以深化为目标，围绕“六大战略”，持续推进新常态下的拉萨共青团员民族团结闪光行动。以建党日、国庆日、“五四”青年节、“3·28”百万农奴解放纪念日、“9·17”等节庆点宣传教育活动为契机，充分利用图片展、板报展、演讲、征文等多种形式，在各族青少年中广泛持久开展“民族团结是福、分裂动乱是祸”主题反分裂教育活动100余场次，覆盖青少年群体5万余人。推进民族团结教育进机关、进企业、进社区、进乡村、进学校、进军营、进寺庙活动，深入宣讲《拉萨市民族团结进步条例》300余次，发放各类宣传资料1万余份，激励和引导团员青年投身于“六大战略”实践中。组织基层优秀青年代表、优秀农牧民创业能手、少先队辅导员、青少年学生200余人与内地优秀青少年结对交流、观摩学习。举办拉萨市2016年度共青团员民族团结闪光行动表彰大会，表彰先进集体10个，优秀个人30人，发放奖金6万余元。开展“书信手拉手”和“中学中职学生结对子”活动，60所学校与内地结对子学校建立联系，其中46所学校与结对子学校开展互通书信、视频交流等活动，截至年底，共组织开展“书信手拉手”活动50余场次，3000余名学生积极参与，收到结对子学校来信4000余封，寄出信件4300余封。开展学习贯彻落实中共十八大、十八届三中四中五中全会精神和习近平总书记系列重要讲话精神1000余次，受教育3万余人次，发放各类宣传资料1万余份，团市委班子集中学习19次，把党的理论和路线方针政策贯彻落实到共青团工作各方面、全过程，自觉承担起引导青少年听党话、跟党走的政治任务，大胆履职、积极作为，把广大团员青年最广泛最紧密地团结在党的周围。

【平安建设志愿服务活动】 年内，团市委成立平安建设志愿服务活动领导小组，制定《关于开展2016年拉萨市平安建设志愿服务工作方案》，邀请政法综治专家对130余名大学生志愿服务西部计划西藏专项志愿者进行岗前培训，组织130余名平安志愿者下沉至社区居委会网格和重点部位，协助村（居）委会、网格长开展安全检查1300余次、引导疏散160余次；协助社区对流动人口和出租房登记管理1400余次；网格数据录入2万余条，配合基层工作人员制作信息宣传栏、撰写材料、信息等180余份；开展“三月综治宣传月”活动，发放预防青少年违法犯罪和青少年法律知识读本2500余本，发放拉萨市民族团结进步条例和宣传单3000余份；开展学习雷锋志愿服务活动40余场次，集中开展“我为雷锋精神点赞”“我为核心价值观代言”“我为两会点赞”等青春正能量之声活动18场次，点赞1632个，形成网上、网下青春正能量的全覆盖；在“3·28”百万农奴解放纪念日当天，协助开展新旧西藏对比展、升国旗唱国歌仪式等各种形式的“百万农奴解放56周年纪念日”活动55场次，覆盖3万余人。

【依法开展工作】年内，团市委参与“法律七进”“青春与法同行—青少年法律大课堂”和各类法治示范创建活动，通过举办法制讲座、图片展览、主题书法比赛、主题班会、模拟法庭、发放宣传资料等形式，教育青少年自觉学法、知法、守法、用法，利用官方微信发布法律常识、典型案例，2016年，活动达130余场次，发放各类宣传资料1万余份，覆盖5万余人次；参与“大维权”工作联动格局，切实把维权工作纳入制度化轨道，组织市、县（区）两级“青少年维权岗”单位开展青少年维权行动和“优秀青少年维权岗”争创活动。

【排查化解矛盾纠纷】年内，完成拉萨市“12345”政府服务热线交办工作，设置工作机构，确定一位分管领导和相关科室，配备兼职工作人员，完善知识库收集和更新，及时接收办理涉及单位工单7件，办结率100%，满意率达100%。

【预防青少年违法犯罪】年内，团市委开展送法进校园活动100余场次，发放《中华人民共和国未成年人保护法》《中华人民共和国预防青少年犯罪法》等与青少年密切相关的法律知识宣传资料3万余份；加强禁毒宣传教育，全市共1400余名学生参加全国青少年禁毒知识竞赛网上答题，在学校内制作并展示宣传栏50余处，开展禁毒知识主题班会40余场次，组织观看禁毒宣传教育片20余场次，覆盖全市3万余名青少年；实施“合适成年人”出庭制度，组织30人次的合适成年人出庭；协调3名心理学、教育学、法学专家加入帮教队伍，集中向涉罪青少年和不良行为青少年进行心理疏导；探索建立一支相对稳定、专业支撑、充满活力的青少年事务社会工作者队伍，城关区金珠西路街道当巴社区团支部推荐为全国首批青少年事务社会工作示范项目，城关区嘎玛贡桑街道俄杰塘社区团支部推荐为全国青少年综合服务中心示范点，推动移动教室项目进社区，专门从事社区预防和教育工作。

【青少年自护教育】年内，团市委制定《拉萨市2016年青少年安全自护教育活动方案》，启动为期三个月的青春自护教育活动；围绕交通安全、禁毒防艾、青春期心理生理卫生、法律知识、网络环境净化、校园周边及社会各娱乐场所环境整治6个内容，采取自护知识讲座、知识竞赛、转动选题大转盘、播放教育宣传片、展览展板、现场模拟表演6种形式，开展5进活动，集中向有不良行为青少年、社会闲散青少年、农村留守儿童、服刑人员未成年子女、外来务工人员和进城务工人员子女等5类重点青少年群体全方位、多角度讲授交通、医疗、饮食、消防、自然灾害等安全防范知识；开展“青春自护 关爱生命”主题系列活动100余场次，覆盖青少年超6万人次，投入资金（物资）20多万元。

（栾　天）

拉萨市妇女联合会

【概况】2016年，全市妇联组织645个，妇联干部1345名，其中市（县）妇联组织9个，专职妇联干部53名；市（县）直机关妇委会199个，妇联干部594名；乡（办）妇联65个，兼职妇联干部111名；村（居）妇代会267个，村（居）妇代会主任267名，100%为女性，100%进“两委”班子；“两新组织”妇委会71个，妇委会干部165名；寺管会妇委会34个，妇委会干部155名。全年新增“两新”组织妇委会4个。

【巾帼脱贫行动】年内，全市各级妇联组织共开展各类宣传120多场次，参加群众1.3万人次，发放扶贫政策（译成藏文）资料3000多份；积极争取农牧民妇女技能培训资金127.7万元，开展技能培训29期，培训农牧民妇女1139人；市妇联投入资金40万元重点扶持了4个市级“妇”字号合作社，增强农牧民妇女自我发展能力和造血功能；在曲水县聂当乡宗巴山巾帼民族手工艺合作社成立拉萨市首个“市级巾帼创业园”，填补拉萨市以妇女为主体创业载体的空白，实现农牧民妇女从单打独斗到“抱团发展”，推动妇女手工编织向产业化、市场化、精品化、高端化发展；拉萨市妇联与北京市妇联签署了《北京市妇联对口支援拉萨市妇联交流合作框架协议》，协议约定双方将加强妇女创业就业、扶贫助困、“妇女之家”建设和妇联干部交流等方面的合作。2016年，北京市妇联组织7名“巧娘”到拉萨市开展经验交流和技术培训1次，拉萨市妇联组织手工编制、种养殖等妇女能手15名到北京参加技能培训。

【巾帼文明行动】年内，全市各级妇联弘扬新风，传播正能量，在全市掀起建设家庭文明的热潮，推荐“最美家庭”候选家庭106户，其中18户家庭荣获自治区“最美家庭”称号，20户家庭荣获拉萨市“最美家庭”称号；并通过“拉萨妇女”微信公众平台，对20户拉萨市“最美家庭”事迹进行展播。

【巾帼添彩行动】年内，市妇联以第五个“民族团结进步节”暨第26个“民族团结宣传月”为契机，开展“民族团结领风尚 巾帼花开竞芳芳”为主题，开展宣传教育、座谈会、慰问等系列活动。活动中，发放宣传手册3000余份，参与群众达5000余人；召开“迎国庆 巾帼同心共话民族团结”“真情关爱援藏妇女干部 共话团结建设幸福拉萨”座谈会2次。

【巾帼维权行动】年内，全市各级妇联组织借助“三八维权月”等契机，加大宣传教育工作力度，发放法律知识宣传资料3000余份、制作藏汉两种文字“反家庭暴力宣传法”宣传册1000份。发挥信访代理员和维权服务岗的功能。年内，在城关区木如社区、夏萨苏社区成立自治区级信访代理员示范点2个，在全市发展463名信访代理员，每年投入工作经费4万余元；在157个110便民警务站和拉萨市信访局分别创建“妇女儿童维权服务岗”，为及时化解基层矛盾和开展维权工作发挥积极作用。2016年在达孜县人民法院成立“妇女儿童维权合议庭”，投入工作经费5000元。各级妇联共接待来信来访156件（其中市妇联接访31件，便民警务站妇女儿童维权服务岗接访10件，八县区接访76件，木如社区信访代理员接访39件），信访调解率100%，调解成功率98%，有效维护妇女儿童合法权。

【巾帼成才行动】年内，市妇联

拉萨市妇联九届五次执委会

拉萨市委领导慰问各族各界妇女代表

先后选派市县50名妇女干部参加井冈山精神、全国妇女干部、妇联系统新媒体工作、全国基层妇联主席岗位能力建设、全国巾帼家政职业经理人标准化等培训；举办2016年全区第十五期尼姑暨驻寺女干部培训班，培训24名尼姑和4名驻寺女干部；组织15名基层妇女干部到北京市开展交流活动。截至年底，各级妇联建立女干部、女党员、妇联干部信息库15个，涉及13130人。

【关爱行动】 年内，市妇联发放130个“母亲邮包”、争取178件婴儿“关爱包”；“两癌”免费筛查5万余人，发放49万元“两癌”救助金（其中包括3名尼姑）；为194名蓝天春蕾女生兑现助学资助金27.92万元；为2016年考上大学本科的40名贫困家庭女大学生每人发放5000元的资助金，共计20万元；争取到总投资51万元的“母亲水窖”工程项目1个；“三八”妇女节期间，看望慰问各行各业妇女代表、贫困妇女儿童，发放慰问金、慰问品共计3.75万余元，开展免费义诊活动，为妇女群众送去价值7000元的免费药品。

【巾帼服务行动】 年内，市妇联开通“拉萨妇女”微信公众平台，运用网络新媒体开展工作、服务妇女；指导4个妇委会进行改选。

【思想政治建设】 年内，市妇联扎实推进“两学一做”学习教育，组织集中学习20场次、个人自学10次，撰写学习笔记上万字；座谈交流4次，党组领导带头讲党课4次，其中讲党风廉洁党课1次；制定中国共产党纪律处分条例小册子30份；党员干部与基层社区贫困党员结对子18个，帮助群众解决实际问题8件；开设拉萨市妇联微信平台1个，在微信平台发布了拉萨市妇联主要通知、工作动态、活动进展情况，发布相关信息200余条，引起全市广大妇女的关注，取得良好的社会反响。

【女性社会组织】 年内，全市共有巾帼文艺组织18个，成立由龙王潭健身队，龙王潭晨练队，阿坝林老年文艺队，宗角禄康老年健身锅庄队四支队伍组成的广场阿佳爱心服务队，发放启动资金2万元；组织拉萨市皮革厂退休队、城关区阿坝林老年文艺队、城关区俄杰塘文艺队、城关区龙王潭老年健身队、城关区宗角禄康晨练点5支队伍参加“巾帼心向党”第三届“格桑花”杯广场舞大赛，女性社会组织已成为弘扬和培育社会主义核心价值观的重要力量。

【村居妇代会建设】 年内，市妇联在巩固100%村居妇代会主任进入村居“两委”班子、100%的村居妇代会主任为女性“两个100%”的基础上，从村居妇代会主任的素质提升、业务指导等方面入手，举办村居妇代会主任培训班26期，培训191人。

【阵地建设】 2016年，全市共有“妇女之家”365个，其中区市县三级“妇女之家”示范点5个，实现乡、村（居）“妇女之家”全覆盖。2016年，各类“妇女之家”开展活动100余场次，参与群众21889人。

【关注基层群众生活】 年内，市妇联以“强基惠民”活动为抓手，努力夯实党的执政根基。共入户走访221户，召开党员大会9场次，举办专题宣讲教育4场次，收集到涉及村情民意的意见建议32条；培养6名村级后备干部，完善村规民约17条；工作队队员结队帮扶7户，共建立精准扶贫户档案53户225人；先后争取资金60万元，涉及养殖、绿化、水渠维修、乡村道路维修等7个项目，努力解决群众发展生产、发展壮大村集体经济、民生实事等方面的困难；开展慰问走访活动10次，涉及资金2.113万元。

【着力推进“两规”实施】 年内，市妇联完成全市终期评估工作基础，科学编写新一轮“两规”，及时调整充实妇儿工委机构，认真总结“两规”成绩和经验，展示过去五年工作成就。市政府妇儿工委成员单位由原来的25家增加至35家；制作完成拉萨市妇女儿童发展规划5年成就宣传视频资料1份、专题宣传展板8个、藏汉两种文字的宣传手册3000余份、“妇女儿童维权服务岗”宣传手册3000余份。

（冉龙平　刁　莉　永　春）

拉萨市工商业联合会

【概况】 截至年底，市工商联会员总数374个，其中直属会员企业176家，商协会3个（拉萨市糖酒饮品协会30人、拉萨香雄梅朵藏香协会50人、拉萨市天珠研究所10人）。

【非公有制经济市场】 年内，拉萨市市场主体达66476户，注册资金达2726.87亿元，同比分别增长25.16%和146.10%。全市非公有制经济达64466户，注册资金1855.10亿元，同比分别增长22.87%和90.53%。私营企业12717户，注册资金1799.87亿元，同比分别增长67.79%和93.01%；个体工商户50495户，资金数额43.22亿元；同比分别增长14.73%和29.79%；农牧民专业合社1254户，出资总额12.01亿元，同比分别增长43.31%和53.19%。2016年，全市新登记各类市场主体17252户，注册资本1311.52亿元，同比分别增长6.45%和140.68%，平均每天新增70余户，新增户均注册资本同比增加126.25%。

【组织非公经济人士参加银企融资座谈会】 1月5日，市工商联组织6名非公经济人士参加由市政府金融办在国家开发银行西藏分行一号会议室举办的“金融支持在藏（拉萨市）非公企业发展座谈会”。市工商联党组成员、副主席次仁顿珠在座谈会上就拉萨市非公有制经济发展状况及非公有制实体经济融资难的问题做专题汇报。

【召开非公经济代表人士座谈会】 1月8日，市工商联组织召开非公经济代表人士座谈会，深入了解全市第一次、第二次非公经济发展大会精神贯彻落实情况，广泛听取非公经济人士对全市非公经济发展的意见建议。市委副书记、市人大党组书记、市委统战部部长达娃出席并讲话，各县（区）工商联负责人，40余家非公企业负责人参加座谈会。

【召开拉萨市非公有制经济发展专项资金项目评审会】 1月11日，市工商联会同市财政局组织召开2015年度拉萨市非公有制经济发展专项资金项目评审会，对初审符合条件的11家非公企业申报2015年拉萨市非公经济发展专项资金项目进行综合评审。并邀请西藏宏盛资产评估有限公司主任朱宏亮担任评审组专家。

【慰问贫困户】 1月14日，市工商联联合西藏中保强盾实业集团共同开展节前慰问活动，给羊八井镇甲玛村70户贫困户送去价值3.5万余元的大米、清油、糌粑、面粉及慰问金等生活必需品，将党和政府的浓浓关怀与温暖送到他们心坎上。

【调研工作】 4月28日—5月2日，市工商联到166家会员企业中，就从事建筑业、IT信息业、民族手工业、酒店服务业、科技生产业等各具代表性中、小微企业进行调研，对拉萨市非公企业的管理技术人员进行深入调研。

【组织学生参观民营企业】 5月10日，市工商联联合拉萨第二中等职业技术学校组织50名学生，到市工商联会员企业西藏奇圣土特产品有限公司和西藏坎巴嘎布卫生用品有限公司进行参观。通过对企业实地参观，使学生对企业的生产、经营、运作有更加直观的了解，帮助在校学生树立明确的职业目标具有一定的积极作用。

【组织首次西藏商业考察之旅】 5月27日，应市工商联和西藏牦牛王有限公司邀请，“正和岛”

成员海南铭壹医疗投资有限公司等11家内地企业到拉萨市商业考察和旅游观光。“正和岛”是中国商界第一高端人脉与价值分享平台。是企业家人群专属的集facebook、微信与微博一体，线上线下相结合的，为岛邻提供缔结信任、个人成长及商业机会的创新型服务平台，是线上线下相结合的决策者俱乐部。此次活动由正和岛迈阿迈主办，市工商联和西藏牦牛王承办，此次活动名称为正和岛“心”发现，舌尖上的珠峰牧场之旅——暨正和岛组织首次西藏商业考察之旅，此次活动通过岛亲企业西藏牦牛王的深度探访，考察西藏净土商业投资机会。市工商联安排5名当地企业家与正和岛岛亲一起参加活动，旨在相互了解、相互学习，让岛亲们了解藏商文化、经营特色，与岛亲们进行资源对接，智慧共享。

【缔结友好商会】 年内，市工商联与海南省海口市工商联、山东省青岛市工商联、湖北省宜昌市工商联缔结为友好商会。

【举办全市非公经济净土健康产业负责人培训班】 6月27—29日，市工商联邀请北京3名实战型专家学者，对拉萨市部分非公企业负责人开展集中培训，通过案例讲解、互动交流等形式，为拉萨市非公企业家解读“营改增”、投融资管理、品牌建设、营销策略等知识，为非公有制企业普遍存在的资金瓶颈问题提供宝贵的解决办法，把创新发展的理念引入到拉萨市净土健康产业中，助推拉萨市非公经济健康发展。此次培训，部分非公有制企业负责人、县（区）工商联负责人和市工商联各科室负责人，共计60余人参加培训。

【招商引资项目推介会】 8月25日，市工商联邀请中城银信控股集团新能源有限公司、南京馨安餐饮管理有限公司、西藏珠森实业、江苏藏缘文化发展有限公司4家企业赴藏参加“2016年中国拉萨雪顿节招商引资项目推介会”，会上与中城银信控股集团新能源有限公司等4家公司签订2亿元项目合同。2016年，落实项目资金800万元。

【北京对口支援地区特色产品展销会】 9月15—20日，市工商联组织全市15家（其中非公有制企业13家）净土健康产品生产企业81种产品参加2016年北京对口支援地区特色产品展销会拉萨净土健康产品参展工作。共实现销售收入70多万元，参展企业与北京相关企业签署了21项战略合作协议，签订意向销售6700万元。

【开展“企帮村”精准扶贫工作】 年内，根据自治区工商联关于西藏民营企业“百企帮百村”精准扶贫行动统一部署，全市共有31家民营企业参与精准扶贫，共投资5866.06万元。从产业帮扶、就业帮扶、技能帮扶、光彩帮扶四个方面，帮扶覆盖八县（区）53个贫困村，受益贫困人口达2135人，提供就业岗位1275个。

【成立藏香协会和玛咖协会】 年内，市工商联为深入实施“文化兴市”“产业强市”战略，发展拉萨文化产业、净土健康产业，规范拉萨藏香、玛咖行业市场行为，市工商联指导成立“拉萨市香雄梅朵藏香产业协会”和“拉萨市玛咖行业联盟协会”。

【人大代表政协委员提案答复】 年内，由市工商联参与办理的人大代表、政协委员建议、提案共6件，其中，主办1件：边巴委员——关于帮助和支持本地企业的提案；协办5件：自治区十届人大四次会议建议1件，自治区政协十届四次会议提案1件，市政协十届五次会议提案3件。

（张正鹏）

拉萨市残疾人联合会

【概况】 拉萨市残联于2003年机构单设，建制为副县级机构。残联机关内设机构为办公室和综合业务科，建制为正科级，编制为10人。所属全额拨款事业单位分别为拉萨市残疾人康复服务中心和拉萨市残疾人就业服务中心，建制正科级，编制各5人；所属差额拨款事业单位为拉萨市残疾人托养服务中心，建制为正科，编制为6人。

【举办首届残疾人运动会】 2016年，举办为期3天主题为“精彩残运励志拉萨”的由市政府主办、市民政、市残联和市教育体育局3家承办、市委宣传部等10家单位协办的“拉萨市首届残疾人运动会”，全市共有349名残疾运动员分成10个代表队参赛，共产生金牌105枚、银牌103枚、铜牌91枚。首届残运会的成功举办填补了拉萨市乃至自治区残疾人体育事业发展的一项空白，实现西藏自治区残疾人运动会零的突破。

【基础服务设施建设】 年内，残疾人托养服务中心托养宿舍、综合办公室、餐厅等设备的招标采购工作完成。托养服务中心设备总投资242.87万元，其中家具、电器、餐厅等设备194.04万元，康复和医疗设备48.83万元，完成设备的安装调试并投入使用。

（罗雪梅）

拉萨市文学艺术界联合会

【概况】 拉萨市文联成立于1994年1月，经市委市府批准，在江苏东路5号市群艺馆院内修建约1200平方米的办公和宿舍楼。属市委领导下的群众团体，正县级建制。2002年机构改革后，市文联隶属拉萨市委宣传部领导的副县级机构，行政编制4人、事业编制7人、共11人。内设综合科、《拉萨河》编辑部。拉萨市文联共有10个协会（作家协会、美术家协会、书法家协会、摄影家协会、音乐家协会、舞蹈家协会、戏剧家协会、曲艺家协会、民间文艺家协会、影视艺术家协会），各协会会员共计472名。

【部署“三大节日”期间维稳工作】 1月10日，拉萨市文联主席李铭主持召开专题会议，传达近期维稳工作相关文件精神，安排部署元旦、春节、藏历新年“三大节日”期间维稳工作，要求认真扎实开展做好第一季度维稳工作，确保“三不出”。

【摄影家协会采风创作】 4月2日，拉萨摄影家协会组织拉萨市10位摄影家到曲水县色麦村和尼木县吞巴乡采风创作。此项活动是全面贯彻落实党的“二为方向”和“双百方针”的具体举措，也是引导广大文艺家坚持“三贴近”，践行“走、转、改”的有效途径。通过摄影师的镜头，真实记录拉萨市农牧区在中国共产党的正确领导下所发生的翻天覆地巨大变化，记录广大农牧民群众欢乐幸福的生活瞬间。

【召开《拉萨市书法家协会优秀作品选集》出版座谈会】 4月9日，拉萨市文联召开《拉萨市书法家协会优秀作品选集》出版座谈会，20多位书法界专家学者、作者和媒体代表参加了此次会议。拉萨市书法家协会主席高延鸿简要介绍《拉萨市书法家协会优秀作品选集》编辑出版的基本情况。

【看望慰问驻村工作队】 6月12日，拉萨市文联主席李铭组织干部职工到墨竹工卡县甲玛乡龙达村看望慰问文联派驻的工作队成员，为工作队带来大米、清油等慰问品、并送去慰问金。

【举行重温入党誓词仪式】 7月1日，市文联党支部组织全体党员干部举行重温入党誓词仪式并召开“两学一做”学习教育工作会议。会上，全体党员干部面对庄严的党旗，重温入党誓词，学习《中国共产党廉洁自律准则》《中国共产党纪律处分条例》《习近平总书记治国理政新理念新思想新战略》等文件资料。

4月2日，摄影家协会组织摄影家到曲水县色麦村和尼木县吞巴乡开展采风创作

【第六届拉萨书画摄影展】 9月1—7日，由拉萨市委宣传部主办，拉萨市文联、拉萨晚报社、拉萨净土文化传媒有限公司、西藏牦牛博物馆承办的第六届拉萨书画摄影展览同2016年拉萨雪顿节同期隆重开幕，市委常委、宣传部长占堆出席开幕式并揭牌，拉萨市人大常委会副主任许广林出席并致辞。市直机关、城关区农牧民、学生、艺术家等代表共200余人参加开幕式。展出作品有藏汉文书法、美术、摄影、雕刻、唐卡等，展览反响大、评价高、参观人数达到4万余人次。

【道德模范、“身边好人”巡讲活动】 10月15日，拉萨市文联主办的2016年度“拉萨市道德模范、身边好人”事迹巡讲活动走进拉萨市甲玛乡龙达村。市文联组织全体干部职工、驻村工作队以及龙达村18位村民参加此次巡讲活动。巡讲通过艺术树“德”，让艺术力量与道德力量完美结合，传递文明进步的正能量。市文联通过进门入户的宣讲方式宣扬道德模范身边好人的先进事迹，学习“拉萨好人”潘丽君、卓玛次仁等西藏道德模范的无私奉献、爱岗敬业的高尚道德。村民们纷纷表示此次宣讲活动非常精彩，是对道德模范的深深敬意和深情礼赞，更为广大村民树立良好的道德榜样。

【第四届“东方少年中国梦”新创意中小学生作文大赛（拉萨赛区）颁奖典礼】 11月21日，由北京市文联、北京作家协会、拉萨市教育局、拉萨市文联联合举办的第四届“东方少年中国梦”新创意中小学生作文大赛（拉萨赛区）颁奖典礼在拉萨市教师继续教育学校召开。出席颁奖典礼的有市直中小学、城关区及其他县区获一、二等奖学生和指导老师共200余人。截至年底，拉萨市教育局教研所共收到推荐作品777篇，其中小学组276篇，中学组501篇，经过层层严格评审，共选出130篇优秀作品，其中小学组55篇，中学组75篇。

（强巴卓嘎）

9月1—7日，第六届书画展在拉萨开展，市直机关、城关区农牧民、学生、艺术家等代表共200余人参加开幕式，参观人数达到了4万余人次

综述

【概况】 2016年，在北京、江苏两省市的无私援助下，在自治区援藏办的具体指导下，在发改委党组的坚强领导下，拉萨市受援领导小组办公室全面贯彻落实党的十八大和十八届三中四中五中全会、中央第六次西藏工作座谈会精神，贯彻落实习近平总书记系列重要讲话精神，始终坚持依法治藏、富民兴藏、长期建藏、凝聚人心、夯实基础，紧紧围绕“五位一体”总体布局，协调推进“四个全面”战略布局，充分发挥首府城市首位度作用，坚持稳中求快总基调，奋力推进党建统市、环境立市、文化兴市、产业强市、民生安市、依法治市“六大战略”，北京、江苏援藏工作紧紧围绕促团结、惠民生等领域，大力实施经济援藏、就业援藏、教育援藏、干部人才援藏、科技援藏，扎实开展项目前期，狠抓项目和投资落实，全力推进项目开复工，加强和规范项目建设管理，2016年援藏规划项目执行较好并取得明显成效，有力地促进拉萨经济跨越式发展和社会长治久安。

【人才援藏】 年内，科学编制第八批援藏干部需求计划，协调北京市委组织部和江苏省委组织部圆满完成第七、第八批援藏干部轮换交接工作。进一步优化援藏干部人才队伍结构，协调北京江苏精准选派专业技术人才57名，增加企业管理人员11名。坚持把组团式援藏作为重大政治任务和组织部长工程来抓，制定实施医疗和教育组团式援藏工作“两个意见”，建立以北京友谊医院为主责单位，北京妇产医院、北京儿童医院等22家医院共同援助拉萨市人民医院的支援模式，全面启动内地三级医院与拉萨市县级医院对口帮扶，协调109名北京江苏名校教师进藏工作，拉萨北京实验中学和拉萨江苏实验中学教学水平明显提升。

【完善项目管理制度】 年内，根据国家发改委关于援藏项目管理的最新要求，结合西藏自治区援藏项目资金审计意见建议，市受援办拟制了《拉萨市援藏项目资金管理实施细则（初稿）》，征求北京、江苏指挥部和相关单位意见，现正在修改完善中。《拉萨市援藏项目资金管理实施细则》出台后将进一步明确各单位职责、项目主体责任、优化资金拨付流程、加强事中事后监管。建立和落实援藏项目推进制度，每月会同援藏指挥部监测援藏项目进度情况，每季度召开援藏项目推进工作会议，年度考核项目进展情况，有力有序地推进援藏项目组织实施工作。结合拉萨市重大项目稽查工作，将援藏项目纳入全市稽查范围，形成援藏项目专项稽查察报告并及时指导整改，并将援藏重大项目纳入审计范畴，切实确保援藏项目及资金规范管理和使用。同时，将援藏项目纳入拉萨市重大项目储备库平台系统管理，及时检测援藏项目进度和统计援藏项目情况。

【提高项目审批效率】 年内，拉萨市将援藏项目审批权限下放到各县（区），进一步加快推进项目审批力度，简化审批手续，提高审批效率。提升审批监管部门业务能力，主动协调北京市、江苏省项目管理方面专业技术人员赴藏开展政府投资项目管理专题讲座，并现场指导援藏项目管理工作，进一步提高事中事后监管能力。

【提高资金拨付便捷程度】年内，拉萨市受授工作简化援藏资金拨付流程，北京、江苏援藏资金由拉萨市财政统一管理，年度项目计划下达后，市受援办即根据项目计划把资金计划一次性下达给拉萨市财政局和受援县（区）财政局，由财政部门根据国库集中支付要求，按照合同和工程进度进行拨付。

（雷青松）

援藏重大活动

【江苏省援藏项目检查组检查】2016年8月，江苏省援藏项目检查组到拉萨市检查2016年援藏项目进展情况，赴市直项目现场和对口援助县（区）实地检查年度项目进展情况。

【自治区建设督查组督查工作】2016年9月，自治区对口援藏项目建设专项督查组一行到拉萨市堆龙德庆区、墨竹工卡县、林周县督查“十二五”对口援藏规划项目执行情况，项目实施调整变更情况、资金管理及投资安排情况和“十三五”对口援藏规划编制情况、项目前期工作开展情况以及援藏项目资金安排落实“两个倾斜”和“两个80%”等情况。

【自治区援藏项目资金管理】2016年11月，根据自治区财政厅、发改委关于印发《西藏自治区对口支援西藏项目资金管理暂行办法》的通知，“支援省市前方工作机构会同受援方发展改革部门于每年11月底前，研究提出本年度计划执行评估报告和下一年度计划”的要求，江苏援藏指挥部、市受援办共同委托江苏省工程咨询公司对2016年江苏援藏项目进行了评估。

（雷青松）

援藏项目

【援藏项目资金】年内，坚持把保障和改善民生作为援藏工作的出发点和落脚点，安排援藏资金突出民生优先，重点保障教育、卫生、文化、就业等重要民生领域，向基层倾斜，着力提升援藏资 金使用的经济效益、社会效益和政治效益。2016年，北京、江苏安排援藏投资5.71亿元（北京2.27亿元，江苏3.44亿元），其中交流交往交融投资1375万元（北京700万元，江苏675万元），智力支持投资1900万元（北京900万元，江苏1000万元），产业发展扶持投资2200万元（北京1000万元，江苏1200万元），其他资金2038万元（北京650万元、江苏1388万元）。

【援藏项目进展】年内，坚持援藏项目向农牧区、向基层、向民生领域倾斜，紧紧围绕拉萨市“六大战略”，注重实施填空白、利长远、惠民生的项目，确保了援藏项目投入方向符合中央要求，拉萨需求和群众意愿，援藏项目资金安排落实“两个倾斜”和“两个80%”。

固定资产项目79个（北京28个，江苏51个），开工项目54个（北京援藏20个项目，江苏援藏34个项目）。其中，已完工项目21个（北京援藏7个，江苏援藏14个）。

2016年，已累计完成投资4.99亿元（含提前完成2017年度计划投资），其中北京援藏完成投资2.94亿元，江苏援藏完成投资2.05亿元。

【项目管理】年内，加强援藏项目现场管理和指导监督，每月会同援藏指挥部赴援藏项目现场，及时发现项目施工现场存在的质量和安全隐患，指导整改，在推进援藏项目建设的同时，确保工程质量和施工安全。

（雷青松）

北京援藏

【概况】2016年是“十三五”援藏规划开局之年，是第七批第八批援藏干部人才轮换之年，北京援藏指挥部坚决贯彻北京市委、市政府决策部署，深入贯彻落实中央第六次西藏工作座谈会和中央民族工作会议精神，认真落实郭金龙书记等市领导对援藏工作的指示要求，继承和发扬第七批援藏好的经验和做法，始终坚持首善援藏、全面援藏、科学援藏、创新援藏、真情援藏，始终把维护祖国统一、加强民族团结，改善民生、凝聚人心，精准扶贫、精准脱贫，促进京、藏两地交流、交往、交融为着力点，为建设团结、美丽、健康、幸福新拉萨做出积极贡献。北京援藏指挥部在北京市委、市政府和市委组织部的精心部署下，第七、八批援藏干部人才顺利交接，援藏工作平稳有序开展，圆满完成全年各项工作任务。

【党建工作】 年内，北京援藏指挥部深入学习中央和北京市委、市政府系列会议精神，扎实开展“两学一做”学习教育。北京市委第八巡视组巡视北京援藏的具体工作后，强化指挥部党委和11个支部建设，组织援藏干部集中学习10次，举办各类研讨和座谈会8次；发挥支部书记作用，组织援藏干部签订承诺书，做到自觉遵守政治、组织、廉洁、工作、安全五方面纪律。指挥部认真推进机关党建工作，带动援藏工作。完善各项规章制度，关心关爱援藏干部，提升援藏干部队伍的战斗力、凝聚力和向心力。

【扶贫脱贫】 年内，北京援藏指挥部把精准扶贫、精准脱贫放在突出位置，将援藏资金和项目“三倾斜”，共投入援藏资金2.268亿元，实施38个项目，全部开工，开工率100%；已完工23项。其中实施扶贫项目15个，占援藏资金总量的53%，已经完工6项，带动当地农牧民就业增收，助推北京援助的两区两县贫困人口脱贫，向拉萨“两年脱贫、三年巩固”目标迈出坚实的步伐。堆龙德庆区生态农业产业园投资3800万元，建设高效温室大棚360栋，全部给贫困农牧民种植经济作物，助推古荣乡古荣村建档立卡户49户、267人脱贫；尼木县非物质文化遗产示范区建设项目，为“尼木三绝”非物质文化遗产“搭平台、创商机”，投资1900万元，直接吸纳吞巴乡吐达村建档立卡户25户30人就业，增强脱贫内生动力。

【改善民生】 年内，北京援藏指挥部坚持把当地群众最热切期盼的问题作为援藏重中之重，办顺民意、惠民生、得民心之事，让农牧民感受到“中央关心、北京援助”的祖国大家庭温暖。建成城关区金珠西路街道八一社区、小康社区基础设施改造、堆龙德庆区东嘎镇桑木村小康村居基础设施改造等项目，改善当地百姓的通行，提升生活品质；投资3000万元建成当雄县学校太阳能供暖工程，覆盖当雄县5所学校，供暖面积45000平方米，农牧区孩子结束在寒冷教室内上课的历史。完善北京援建的文体中心项目，全年先后举办体育赛事30次，参加人员近10万人次，文体中心全年开放300天以上，成为当地举办重大活动的重要场所，社会效益明显。

【医疗援藏】 年内，北京援藏指挥部以完善“组团式”医疗援藏模式为重点，根据中组部、卫计委“组团式”援藏工作任务，从13家医院抽调30名医技人员，组成5个医疗队，分别对拉萨市人民医院和两区两县医院组团医疗扶贫，为当地医生给农牧民诊疗传授新技术，提高当地诊疗服务水平，让群众直接受益、广泛受益、持久受益。拉萨市人民医院由北京友谊医院作为牵头医院，制定帮扶工作计划和机制，援建干部担任院长、副院长，以援藏医生为骨干力量，新建肾内科透析室、心内科监护室、神经内科风湿免疫等6个科室。制定并规范服务流程和质量标准，争取2017年实现“创三甲”。援建尼木县医院5名医生，外科、内科、麻醉医生互相结合，首创当地治疗包虫病、胆囊切除、大隐静脉曲张等手术治疗，解决当地贫困人群就医难题。

2016年7月，中组部副部长陈希和国家卫计委主任李彬在北京援助的拉萨市人民医院视察调研时，对北京组团援藏工作给予充分肯定，强调要借鉴北京的做法和经验，把“组团式”医疗援藏工作做出成效、做成品牌。

【教育援藏】 年内，北京援藏指挥部巩固和发扬“组团式”教育援藏经验和做法，已连续选派两批教师团队入藏援教，每批45人、共计90人。2016年，有40名优秀的援藏教师继续完成第二年援藏任务，同时进行5名教育管理团队轮换。采取学科梯次配备、压茬换届的方式选派优秀管理和教学团队，畅通两地教育部门沟通渠道，建立良好协调机制，以学生为中心，确保教学的连续性。拉萨北京实验中学2014年9月开始面向全自治区招生，60%的生源来自农牧区和边远山区，教学质量连年攀升，2016年度高考录取率达90%，一本录取率达25%。拉萨北京实验中学已成为拉萨市重点学校。

【社会援藏】 2016年北京来藏注册企业达50多家。北京宁算科技集团，2017年拟投资30亿建设拉萨云计算数据中心，将成为北京投资拉萨的一个标志性工程。在拉萨经开区、柳梧高新区设立中关村拉萨园，其虹吸效应会更加明显，已有多家企业联系咨询来藏投资事宜。北京市经信委、市工商联、二商集团、首农、北京德青源等机关企事业单位，多次联系企业前来拉萨投资；工、青、妇等群团组织，也积极开展交流交往，促进两地全方位、多层次交融。2016年还组织西藏15家企业参加“北京特色产品展销会”，销售产品收入达2150万元，现场签约17家、资金达9500万元，西藏的“拉萨净土”健康产品深受北京市民欢迎。

（北京援藏指挥部）

江苏援藏

【概况】 2016年江苏共安排对口支援西藏拉萨市资金34464万元，按照国家援藏资金投向基层、投向民生领域不低于两个80%的要求，结合拉萨市发展现状和需求，在援藏项目安排上聚焦基层民生，聚焦精准扶贫，在基本公共服务提升、农牧民生产生活条件改善、重点产业发展、智力援助和交流交往交融领域等组织实施68个对口支援项目，取得较好的经济社会效益。

【援藏项目管理】 2016年，江苏援藏项目在规范的前提下加快组织实施，全年项目开工率达85.3%。指挥部会同拉萨市有关部门共同强化援藏项目审批管理，建立江苏援藏项目审批绿色通道，对非固定资产投资类项目实施项目化管理。指挥部建立并落实“周例会、月监测、季推进、年考核”项目推进管理机制，做到“三个纳入”，即将江苏援藏项目纳入拉萨市重大项目稽查工作共同推进、纳入拉萨市重大项目储备库平台及时监测推进、纳入拉萨市重点产业项目名单协同推进。

2016年，指挥部强化江苏援藏项目现场规范管理，将江苏援藏项目建设质量和施工安全“双落实”作为重点，确保建筑施工质量安全，着力塑造江苏援建品牌。

【援藏项目成效】 2016年，江苏对口支援拉萨市工作紧紧围绕拉萨市“十三五”时期“两年脱贫、三年巩固”的脱贫攻坚总目标实施“精准援藏”，按照“四个纳入”要求，即把拉萨扶贫需求纳入整体援藏工作统筹考虑，把扶贫项目资金纳入援藏规划计划统筹安排，把参与扶贫工作纳入援藏干部人才工作职责，把扶贫成效纳入检验援藏工作成效考核，制订出台《强化精准对口支援 助力拉萨打赢脱贫攻坚战实施方案》，做好产业援藏、就业援藏、教育援藏、医疗援藏、生态援藏和智力援藏等各项工作，组织实施一批对口支援扶贫项目。达孜县德庆镇奶牛养殖示范基地项目的建成和投入使用，带动20名建档立卡贫困户年底分红增收脱贫，每人每年分红3000元。墨竹工卡县扎雪乡其朗村奶牛养殖基地项目的建设，将有效带动31户120名建档立卡贫困户通过分红每户增收4800元。组织实施农户科学储粮装具项目，向2000户农户发放储粮装具2000套，农户产后损失率降低6%，在一个循环周期内减少储粮损失6万公斤，农户增收48万元。组织实施曲水县聂当宗巴山巾帼民族手工编织培训基地建设项目，带动50余名农村妇女（其中贫困户23名）实现就业，人均年收入达7000元以上，成为当地农村妇女创业致富的摇篮。

组织实施拉萨市净土健康产业标准化体系建设项目，3年内为九大类产品建成标准体系，2016年已完成藏鸡、藏香、拉萨好水三大产业标准体系制定工作，为确保拉萨产品质量和市场拓展奠定基础和创造条件。发挥江苏园区建设经验，加大达孜工业园、农牧科技园建设，组织实施达孜工业园区小微企业创新孵化基地项目，营造“大众创新、万众创业”的良好产业发展环境，截至年底，已有8家企业等待入驻；组织实施育苗基地、冷藏室等项目，打通农业产业链条，助推现代化农业产业基地建设。

围绕拉萨市三级医疗体系建设，结合三级医院对口支援拉萨市县人民医院工作，组织实施拉萨市白定医院建设项目，组织实施曲水县、墨竹工卡县人民医院提升改造工程，组织实施远程和高原移动医院项目，不断提升受援地公共医疗服务水平。组织实施达孜县中心小学“温暖校园”示范工程、拉萨高等师范专科学校远程教育培训平台项目，改善学校就学条件，提升教育信息化水平。

组织实施县乡环境整治、道路、供水建设项目，新建道路长累计达3.86公里，新建墨竹工卡县塔巴供水工程，形成613立方米/日供水能力，服务5个村组、受益429户、1429人，改善农牧民出行、商业等生产生活环境。

【重大活动】 江苏省党政代表团进藏考察。6月13—16日，江苏省人大常委会副主任、党组副书记、省对口支援工作领导协调小组副组长史和平率领江苏省代表团一行27人进藏考察。其间，组织召开江苏省和拉萨市对口支援工作座谈会，拉萨市委书记齐扎拉、拉萨市市长张延青出席会议；举行拉萨经开区与江苏鱼跃医疗器械有限公司签约仪式，史各平、齐扎拉出席。代表团还赴江苏省援藏干部公寓慰问全体江苏援藏干部，赴拉萨江苏实验中学慰问组团式援藏教师，赴曲水县、达孜县、林周县、墨竹工卡县考察有关援藏项目现场。

江苏省第七、八批援藏干部人才完成轮换工作。7月12—15日，江苏省第八批援藏干部人才陪送团团长、江苏省委组织部副部长郑跃奇一行62人进藏开展江苏省援藏干部人才轮换工作。

江苏援藏项目检查组进藏检查援藏项目实施进度。2016年9月8—14日，江苏省对口支援工作领导协调小组办公室组织联合检查组进藏检查2016年江苏对口支援项目实施情况，对江苏援藏项目审批管理、施工质量安全和现场管理给予较高评价。

（江苏援藏指挥部）

经济综合管理

综述

【概况】 2016年是全面建成小康社会决胜阶段的开局之年，是推进结构性改革的攻坚之年。在市委、市政府的坚强领导下，各级各部门履职尽责、真抓实干，全面贯彻落实中共十八大和十八届三中、四中、五中、六中全会及中央第六次西藏工作座谈会精神，贯彻落实习近平总书记系列重要讲话精神，贯彻落实区市第九次党代会、经济工作会议精神，以五大发展理念为引领，以供给侧结构性改革为主线，坚持稳中求快工作总基调，主动适应引领经济发展新常态，奋力推进“六大战略”，三大经济指标稳步上升，三驾马车并驾齐驱，三次产业结构更加优化，全面完成2016年国民经济和社会发展计划，实现了“十三五”规划开门红。

年内，拉萨市坚持政府引导和市场主导相结合，促进要素资源在产业、城乡、区域间优化配置，突出问题导向，重点在“补短板”上做文章，“三去一降一补”任务得到有效落实，经济发展新动能加快成长。

【三大指标】 年内，地区生产总值达到422亿元，增长12%。就业和居民收入继续增加。开发就业岗位21377个，城镇新增就业16251人，实现农牧区劳动力转移就业17.9万人次，城镇零就业家庭保持动态清零，困难家庭高校毕业生就业率100%，城镇登记失业率控制在2.2%以内。实现城镇居民人均可支配收入29968元，增长11.4%，农牧民人均可支配收入达到12038元，增长16%。物价水平总体稳定。完成自来水、污水价格调整，设立价格调节基金，常态化开展主要农副产品调运和应急投放，异地调运牦牛肉、平价销售酥油，投放“菜篮子”工程直销车，生活必需品市场供应充足，居民消费价格指数累计上涨2.6%。

【投资需求】 年内，拉萨市提高投资项目调度频次、改进投资管理方式，拉萨市318国道拉曲段改扩建投入使用，川藏铁路拉萨至林芝段、拉萨河城区段综合整治工程等重大基础设施建设项目开工建设，29个市级重点项目全面推进，有效投资继续增加。拉萨市纳金水厂等6个项目获得国家专项建设基金支持，落实资金6.12

拉萨市发改委党组书记达娃慰问工作队

亿元。落实中央、自治区投资超过100亿元，北京、江苏援藏投资5.71亿元。探索政府和社会资本合作模式，拉萨市污水处理厂PPP项目完成合作签约。全社会固定资产投资完成636亿元，增长18%。全市招商引资项目达到326个，实际到位资金268.5亿元，增长10%。

【发挥消费主力军作用】 年内，曲水县成功申报为国家电子商务进农村综合示范县。巩固完善“万村千乡市场工程”网络体系，落实家电家具补贴政策，不断改善消费环境，消费潜力持续释放，旅游、文化等服务消费增势强劲，汽车、餐饮、电子产品等传统消费保持较快增长，实现全社会消费品零售总额233亿元，增长13%。

【对外贸易】 年内，拉萨市贯彻落实国家、自治区促进外贸回稳向好的政策措施，加快推进拉萨市国家电子商务综合试点工作，南亚商贸城等商业综合体、特色专业市场加快建设，与尼泊尔友好经贸合作关系进一步深化。全市进出口贸易总额41.2亿元，其中出口28.3亿元，进口12.9亿元。

【产业升级】 年内，拉萨市发挥政策引导作用，第一产业增加值15.30亿元，增长10.86%；第二产业增加值165.73亿元，增长17.58%；第三产业增加值243.92亿元，增长9.88%。三次产业比重调整为3.6∶39.0∶57.4，产业结构合理。

【净土健康产业】 年内，拉萨市召开全市净土健康产业发展大会，充分发挥青藏高原“四不污染”优势，围绕净土“四品”，做大做强“七大基地”，“拉萨净土”区域公用品牌影响持续扩大，多方式、多渠道开展产品营销，天然饮用水年产量达到55.7万吨，销售45.9万吨，实现产值11.6亿元，天然饮用水企业达到21家。

【文化旅游业】 年内，拉萨市全面开展旅游服务标准化建设，试点推进旅游景区精品化，西藏文化旅游创意园区基础设施建设加快，国际旅游目的地建设迈出坚实步伐，大型实景剧《文成公主》接待观众人次、演艺收入继续增长，文化旅游业作为全市支柱产业和龙头产业地位不断巩固，接待国内外游客1366.63万人次，增长15.91%，实现旅游收入186.49亿元，增长20.37%。

【农业综合生产】 年内，完成总播种面积65.95万亩，增长11.9%，其中粮食播种面积43.25万亩，增长7.9%，粮食产量18.27万吨。新生仔畜44.59万头（只），成活率为97%，牲畜出栏41.43万头（只），出栏率34.5%。肉类产量4.3万吨、奶类产量6万吨。

【特色工业】 年内，拉萨市发改委推进信息化与工业化深度融合，加快推进优势资源转换战略，新型工业化水平不断提升。全市工业企业实现增加值55.43亿元，增长27%，完成工业税收12.6亿元，增长39.8%。园区实现工业总产值44.05亿元、工业销售产值42.35亿元、工业税收5.65亿元，分别比上年同期增长16.6%、15.3%、25.6%。

【优化要素资源配置】 年内，拉萨市加速淘汰落后技术水泥生产线。通过鼓励棚改货币化安置、用好住房公积金、释放农牧民市民化住房需求、以购代建干部职工周转房等措施消化房地产库存，全市商品房完成销售面积

拉萨市发改委党组书记达娃、主任刘汝鹏为2016年度优秀公务员颁奖

92.87万平方米、8257套，投资13.3亿元建设9802套保障性安居住房。全面推开营改增试点和资源税改革，贯彻落实降低“五险一金”缴费比例相关有力措施，用足用活中央、自治区关于发展非公有制经济各项优惠政策和招商引资财税政策，加强工业用水、用电、用地、用工价格监测，企业经营、融资成本不断下降，促进企业利润回升。

【补齐发展短板】 年内，拉萨市坚持既补软短板也补硬短板、发展短板与制度短板同补，全面实施农牧区安居工程、人居环境建设、乡乡通邮工程、以工代赈、农田水利等项目，农村基础设施显著改善。开工建设拉萨环线项目、S5线拉萨山南快速通道、拉林高等级公路拉萨段等重大项目，加快推进贡嘎机场航站楼改造、拉萨城市有轨电车等重大项目前期工作，有效改善城市内外交通联系，拉萨综合交通枢纽地位得到提升。不断完善城市基础设施，城市污水处理工程、城镇生活垃圾填埋场、既有建筑节能改造等工程有序推进，拉萨自定医院、棚户区改造和公共租赁房加快建设，公共服务功能更加完善，承载能力明显增强，基础薄弱的短板得到补齐，并成为发展亮点。

【经济发展】 年内，拉萨市改革简化注册资本认缴登记制、放宽经营住所条件，制定出台《拉萨市专利申请资助与奖励办法（暂行）》，成立拉萨科技众创空间，开通小微企业贷款绿色通道，39387户纳税人享受小微企业增值税优惠0.8亿元，拉萨成功入围小微企业创业创新基地示范城市。新兴产业异军突起，基于互联网、大数据、通用航空和新能源的应用创新稳步拓展，西藏航空基地建设、西藏魅珞电子产品生产基地、羊易地热电站、嘉天新能源60兆瓦光伏电站等一批战略性新兴产业项目开工建设，为经济发展注入新动力。传统产业转型提升取得积极进展，城关区嘎巴生态牧场、藏医药文化创意园、拉萨市工程机械租赁市场、拉萨纳木错生态旅游等传统产业化项目加快推进，形成产业经济新动能。

拉萨市发改委下乡扶贫慰问

【经济体制改革】 年内，拉萨市建立健全“先预算后支出”的政府全口径预算体系，落实预决算公开制度，推进预算绩效改革，全市财政收入完成107.53亿元，增长18.5%，其中，公共财政预算收入完成70.79亿元，增长13.4%；全市公共财政预算支出248.1亿元，增长23.81%。加快下放审批部门权力，仅保留行政审批项目254项。4.35万户、62.90万亩地完成全市农村土地承包经营权确权登记颁证，全市启动不动产登记业务。大力推进“互联网+农业”，建成农产品质量检测设备升级和监测、追溯系统。召开全市旅游发展大会，筹备组建拉萨市旅游发展委员会，成功列入全国首批全域旅游示范区创建单位，获得2016年度世界旅行奖“东亚及东南亚最受欢迎城市”称号。各县（区）组建国有农村客运公司，农村客运实现试运营，经开区完成公车试点改革。制定《拉萨市国有企业负责人薪酬管理试行办法》，深化企业内部分配制度改革，市属国有企业资产总额达到556.8亿元，实现营业收入30.4亿元，增长44.8%，实现利润总额4.8亿元，上缴税金4.3亿元。

【健全社会保障制度】 年内，拉萨市在全自治区率先提高城镇低保标准和高龄老人健康补贴标准，扎实推进“双集中”供养工程，提高农村“五保”供养标准，有意愿的集中供养率达到100%。

【医疗体制改革】 年内，拉萨市建立预防接种规范门诊，打通婴儿住院救治绿色通道，巩固农牧区医疗制度“先诊疗、后结算”成果，推行家庭账户“一卡通”，建立城乡医疗救助“一站式”即时结算服务平台，成功入选全国首批健康城市试点市。市县乡村四级公立医疗机构药品销售实现“零差价”，520余种基本药物取消加价。

【教育改革】 年内，拉萨市制定《拉萨市消除大班额专项规划》，推进第二期“学前教育三年行动计划”。学前、中小学“三包”及城镇困难家庭子女助学金在原有基础上提高240元，年生均达到3240元，落实“三包”经费2.94亿元、营养改善计划经费3479万元。创建“平安校园”示范点，教育城二期、拉萨市第二高级中学推进顺利，拉萨师范高等专科学校“专升本”迁建、拉萨市第一中等职业教育学校（一期）等项目前期工作加快。

【文化事业】 年内，拉萨市持续加大非物质文化遗产保护传承力度，完善县级保护名录项目71项、传承人83名。编辑出版《拉萨公共文化》，“中国·拉萨·藏戏网”正式上线，“非物质文化遗产数据信息系统平台”加快建设，启动电视连续剧《金城公主》筹备工作。拉萨市群众文化活动中心建设完成，继续开展乡镇文化站标准化建设，覆盖市县乡村的公共文化服务体系基本建设完成。

【社会综合管理】 年内，拉萨市出台推进户籍制度改革实施意见、建立完善物流、寄递行业安全监管意见等一系列文件，开展“净网”专项整治行动，建立“派出所—社区警务室—网格单元—网格长—网格五员”的治安防控网格化管理模式。改进机动车、交通服务方式。

【“六脱”工作】 年内，拉萨市编制完成全市“十三五”脱贫攻坚总体规划及分项规划，全面启动扶贫系统援藏工作，全市35520人越过贫困线。加大脱贫攻坚资金投入，落实易地扶贫搬迁建设资金15.39亿元、产业信贷资金3.12亿元。完成18个安置点2083套安置住房建设，入住贫困户2083户8054人，投资14.62亿元开工建设63个产业脱贫项目，6780名贫困人口实现转移就业。向建档立卡贫困大学生发放生活补助503万元，向8499名学生发放资助金4580.7万元。农村低保线和扶贫标准线实现“两线合一”，3988名低保人群全部脱贫。通过合作医疗、大病保险、民政救助“一站式”服务全覆盖，1239名因病致贫、因病返贫患者家庭全部脱贫。

【生态文明体制改革】 年内，拉萨市继续淘汰黄标车及老旧车辆，投放新能源汽车192辆、建设充电桩17个，启动“公交都市”创建工作。制定《拉萨市水污染防治行动方案》，建立“河长制”、居民阶梯水价制、2016年第一轮草原生态保护补助奖励机制。推进全市生态创建工作，14个乡镇成功命名为自治区级生态乡镇。堆龙德庆区开通自治区第一个县级环保智慧平台。开工建设环城路造林绿化工程、南山山体造林绿化项目、“两江四河”流域造林工程等9个植树

拉萨市发改委党组书记达娃慰问帮扶户

造林项目，完成造林13.37万亩，建成南山鹏蠹生态园，空气质量优良率始终保持在95%以上，荣获“中国循环经济十佳绿色发展城市”称号。

（雷青松）

宏观调控

发展和改革

【概况】 年内，地区生产总值达到424.95亿元，增长10.0%；全社会固定资产投资完成582.27亿元，增长6.6%；全社会消费品零售总额达到229.67亿元，增长11.6%；全市财政收入完成107.53亿元，增长18.5%，其中，公共财政预算收入完成70.79亿元，增长13.4%。

【经济综合管理宏观调控】 年内，市发改委坚决贯彻落实国家、自治区一系列稳增长措施，充分发挥中央、地方预算内投资等资金的引导带动作用，各项政策措施效果全面显现，经济保持平稳增长，地区生产总值达到424.95亿元，增长10.0%。编制发展计划报告。编制《拉萨市2015年国民经济和社会发展计划执行情况与2016年国民经济和社会发展计划草案的报告》《关于2011年以来国民经济和社会发展计划执行情况与今后五年国民经济和社会发展计划草案的报告》，分别提交市十届人大六次、八次会审议通过。加强对经济社会发展形势的动态分析、对比分析和专项分析，研究提出针对性的措施建议，全年起草完成季度经济运行分析以及月度投资运行分析方面的材料。

【“十三五”规划纲要及重大问题研究】 年内，市发改委编制完成并发布《拉萨市“十三五”时期国民经济和社会发展规划纲要》，牵头编制完成《拉萨市特色产业发展规划》《北京“十三五”援藏规划》《江苏“十三五”援藏规划》《拉萨市“十三五”时期易地扶贫搬迁规划》，并审查完成专项规划21个。通过开展调研，研究形成《拉萨市2030城市发展战略研究》《曲水城镇化试点方案研究》和《拉萨新机场相关情况的报告》等成果。

【项目建设与管理】 年内，市发改委坚持“属地管理、分级审批”原则，以授权的方式，将项目审批权限下放至项目所在县（区）。组织7个稽查小组对全市221个项目开展专项稽查，协同自治区稽查国道318线拉萨至曲水大桥段改建、曲水县茶巴拉灌区崔布水塘二期等项目12个。制定出台《拉萨市建设项目代建管理办法（试行）》《拉萨市政府投资项目代建费取费标准》等文件，协助市政府成功组建拉萨市政投建设项目代建管理有限公司，促进项目代建管理法治化、规范化、高效化。成立“优服公司”，完善咨询中介机构抽取机制，建立工程咨询中介机构库，全市项目评审管理更加规范、评审质量得到提升。2016年，评审工程项目226项，送审金额291.96亿元，核减金额28.28亿元。坚持以经开区、高新区、空港新区、堆龙新城以及净土健康产业园为载体，以环城路、白定医院、纳金水厂等29个重点项目为支撑，着力补齐基础设施短板，发挥投资拉动作用。拉萨环线项目（5个子项）中，柳东大桥、北环线、北环延长段等3个项目2017年6月完工。318国道拉曲段改扩建工程已完工并投入使用。S5线拉萨至泽当快速通道项目可研已开工。拉萨河干流河道治理工程上下游10段，拉萨河城区段综合治理工程2#、4#闸陆续开工建设。纳金水厂、百淀污水处理厂、东城区市政道路、高新技术产业园区市政配套、拉萨市既有建筑节能改造（一期）等一批城镇基础设施项目顺利推进。

【易地搬迁工程】 按照市委、市政府“两年脱贫、三年巩固”要求，2016年，全市完成2048户、8000人的搬迁任务，投入6亿元，共开工建设19个安置点，建设住房2113套，已入住建档立卡贫困户2018户7874人。曲水县达嘎乡安置点在全区率先搬迁入住，成为全区易地扶贫搬迁的示范点。

【价格监测和物价稳控】 根据国家规定，自2016年1月1日起，停止办理行政事业性收费许可证及年审工作。市发改委加强对供水及污水处理企业成本、企业运营情况的调查核算，制定《拉萨市推行阶梯水价方案》《拉萨市开征污水处理方案》，出台《拉萨市停车场收费新标准》。

【铁路建设】 年内，市发改委按照“先用后征”的工作要求，完成青藏铁路扩能改造工程85%的征地拆迁面，没有发生一起矛盾纠纷。截至年底，青藏铁路扩能改造拉萨段的古荣、昂嘎、羊八井、羊八林、宁中、龙仁、西货站等7个站顺利开工并积极推进。

【经济体制改革】 年内，以胡洪常务副市长为组长的经济体制改革领导小组形成，小组办公室设立在市发改委。小组制定2016年经济体制改革工作要点。建立健全“先预算后支出”的政府全口径预算体系，落实预决算公开制度，推进预算绩效改革加快下放审批部门权力，仅保留行政审批项目254项。4.35万户、62.90万亩地完成全市农村土地承包经营权确权登记颁证，全市启动不动产登记业务。大力推进“互联网+农业”，建成农产品质量检测设备升级和监测、追溯系统。召开全市旅游发展大会，筹备组建拉萨市旅游发展委员会，成功列入全国首批全域旅游示范区创建单位，获得2016年度世界旅行奖“东亚及东南亚最受欢迎城市”称号。各县（区）组建国有农村客运公司，农村客运实现试运营，经开区完成公车试点改革。制定《拉萨市国有企业负责人薪酬管理试行办法》，深化企业内部分配制度改革。

【自身建设】 年内，市发改委扎实开展学习教育。深入开展“两学一做”主题教育活动，全年共组织开展委理论中心组专题学习教育14次，干部职工集中学习40余次，开展10次讲党课活动。同时，组织县（区）发展改革系统业务骨干，开展基本建设程序培训与跟班学习，邀请北京、江苏专家开展业务知识集中培训，选派17名发改系统业务骨干赴北京、江苏岗位锻炼。狠抓机关党建。严格落实党建“两个责任”，对照基层党建七项重点任务，认真开展市发改委党建各项工作任务。建立健全《服务承诺制》《责任追究制》《政务党务公开制》《首问负责制》等一系列规章制度，坚持重大决策、重要工作、干部任免以及大额度资金使用民主集中和公开公示，实现制度管人、制度管事。坚持廉政建设。健全完善问责机制，并纳入党风廉政建设责任制和机关效能建设争先进位一同考核，考核结果作为对党员领导干部任免、奖惩的重要依据。2016年，未出现组织约谈函询及问责情况。同时，加强干部队伍建设，提拔选用了一批优秀干部，实行干部轮岗交流。

（雷青松）

财政

【概况】 2016年，全市财政收入累计完成1075263万元，增长18.49%。其中，公共财政预算收入完成707891万元，增长13.41%；政府性基金预算收入完成363030万元，增长28.5%；国有资本经营收入完成4342万元，比增长4.36倍。2016年，全市公共财政预算支出达到2481050万元，增长23.81%，支出主要集中在教育、文化体育与传媒、社会保障和就业、医疗卫生、城乡社区事务、农林水事务、资源勘探电力信息等民生方面，合计1744906万元，占全市公共财政支出比重70.33%，有力地保障市委、市政府的重点工作和民生支出需要，为推动拉萨科学发展和谐发展跨越发展奠定坚实基础。

【财政收入】 年内，市财政局及时采取应对措施，密切关注宏观经济形势和国家税收政策变化，认真分析影响拉萨市收入的各种不利因素，充分发挥财政杠杆作用，保证财政收入平稳增长。完善目标考核责任制，充分调动相关部门和县区征收积极性，确保财政收入及时入库。加强收入态势跟踪，与税务部门和县区建立每月联系制度，采取有效措施，加强收入征管，确保税收应征尽征。严格非税收入管理，深化“收支两条线”管理改革，建立和完善非税收入收缴管理，抓大控小，积极挖掘非税收入潜力。培育重点产业，蓄发收入后劲，加快高新技术产业和现代服务业发展，重点打造净土健康产业，积极支持“两区四园”和高新区、空港新区建设，推进小微企业创业创新示范城市建设工作。

【财政职能】 年内，全市基建投资到位53.01亿元，支持环城路建设、拉萨医院、农村公路、保障性住房等一大批重点建设项目，全市交通、水利、能源、通信、教育等基础设施建设取得重大突破；积极筹措资金支持城市土地储备征地、拆迁和安置补偿，为政府控制土地一级市场奠定坚实的基础。加大环境保护投入力度，年内，财政用于环保方面的投入预计达到95350万元，有效支持三渠一河、拉鲁湿地保护、空气质量检测、污染防治等工作，促进生态环境保护和可持续发展。大力扶持企业发展，年内，为市净土产业投资有限公司、拉萨市布达拉旅游文化集团有限公司等国有企业注入资本金3.2亿元，为国有企业发展提供基础保障；安排落实招商引资专项经费，引进一批知名企业和重点项目，为拉萨发展注入新鲜血液和强劲动力，为财政增收开辟新的增长点；落实旅游发展专项资金2000万元，加大旅游宣传，促进旅游业加快发展，推进了国际旅游城市建设。年内，成功入围国家2016年小微企业创业创新基地城市示范名录，为拉萨市获得一张国家级创业创新名片，并获得三年示范期内9亿元专项资金支持；通过“两创示范”工作的开展，激发微观主体活力，推动经济提质增效升级，引领创业创新起点。

2016年决算布置会

【民生投入】 年内，全市教育支出预计达到345324万元，增长8.79%，教育“三包”经费保障标准提高到3000元以上，“两免一补”等助学政策全面落实；支持和推进教育城开发建设步伐，支持拉萨市职业学校建设发展，教育基础设施条件不断改善和完善。大力支持医疗卫生事业发展。年内，全市医疗卫生支出达到1067720万元，增长56.83%，城镇职工医疗保险、居民医疗保险、生育保险、农牧民新型合作医疗实现城乡全覆盖；继续执行城乡居民和寺庙僧尼免费体检政策；农牧区医疗制度财政补助标准从年人均420元提高至435元，村医、兽医待遇标准从月人均900元提高至1000元，基本公共卫生服务经费标准从50元提高至55元；先心病儿童筛查治疗常态化机制基本建立，疾病预防控制、妇幼卫生保健、食品安全监管等工作有序开展；投入资金3亿元，支持拉萨医院建设。支持文化事业大发展。年内，全市文化体育与传媒支出达到35936万元，下降5.66%；覆盖城乡的公共文化服务体系基本建立，全市公共文化设施实现免费开放；农村书屋、广播电视、信息共享等惠民工程实现全覆盖；民间文艺蓬勃发展，农牧民群众文化生活不断丰富。不断完善社会救助政策体系，年内，财政用于社会保障方面的支出达到132736万元，增长27.18%；兑现一揽子民生调标资金，城镇居民基本医疗保险财政补助标准从人均380元提高至420元、新型农村社会养老保险基础养老金从月人均140元提高至150元，实现城乡居民社会基本养老保险制度一体化、建立低收入人群价格联动机制，城镇居民最低生活保障标准由月人均640元调整为690元，农村居民最低生活保障由原年人均2450元提高到年人均2650元，在自治区补助标准基础上，拉萨市分别提高50元/人·月和100元/人·年，城乡居民低保资金达到全区最高、孤儿补助标准达到散养孤儿700元/人·月、集中供养1100元/人·月，拉萨市标准分别高于自治区100元、“五保”户供养标准从年人均2000元提高到年人均5370元，高出自治区标准970元；落实寺庙僧尼养老保险政策，对全市在编僧尼进行健康体检并建立健康档案。全面兑现全市16岁以下残疾儿童康复补贴、残疾人特殊生活补贴、残疾人重度护理补贴等资金；政府累计购买公益性岗位5018个，补助资金1.01亿元，确保全市就业形势的基本稳定；社会福利院改扩建工程全面完工，完成“双集中”供养；提高村级组织运行经费、村（居）干部误工补贴标准和优秀村（社区）“两委”班子奖励资金，社区年度运行经费达到45万元、行政村达到5万元，在职村（居）干部误工补贴平均达到4万元以上，均高出自治区标准近一倍；投入廉租房、公租房、周转房等保障性住房建设资金达到2.86亿元，干部职工、城镇低收入家庭的住房困难得到解决。加大强农惠农富农资金投入力度，年内，全市农林水支出达到292155万元，增长48%，各项强农惠农政策得到全面落实，统筹整合资金12.67亿元，全力支持精准扶贫、精准脱贫，实现17115人脱贫目标，脱贫攻坚首战告捷。

【社会局势和谐稳定】 年内，财政用于社会治理方面的投入达到205106万元，增长6.33%。积极筹措资金，足额安排加强和创新社会治理经费、加强和创新寺庙管理、民族团结、爱国守法先进僧尼表彰奖励、双联户户长补助、政法系统各项维稳等专项支出；严格按照信访联席会议精神，落实信访专项资金；促进社会局势的长期稳定，为全市经济持续、快速发展提供基础保障。

【财政管理】 年内，除涉密单位外，做到市县预决算公开全覆盖。硬化预算约束，完善预算执行动态监控机制，出台《拉萨市政府向社会力量购买服务暂行办法（试行）》。加强预算绩效管理，在自治区率先引入围绕“相关性、效率性、效益性、公平性、可持续性”的“五性维度”财政预算项目绩效评价机制，全面提升财政资金使用效益。深化国库集中收付制度改革，推进资金支付电子化改革试点和财政票据电子化改革；加强财政国库现金管理，清理收回财政结余资金并统筹安排使用。稳步推进“营改增”改革。加强政府债务管理，做好扶贫资金和土地开发新增债务申报工作，切实防范化解财政风险。加强监督，严肃财经纪律，年内，开展财政资金安全检查工作，确保财政资金安全。开展重点项目稽查工作，促进重点项目管理和资金落实。加强援藏资金管理，年内，对全市“十二五”期间援藏资金使用情况进行了专项检查，对检查中发现的问题进行认真整改，强化日常监督检查工作，将检查重点覆盖财政资金使用全过程。

（肖伟利）

税务

【概况】 2016年，拉萨市国税局认真落实全市经济工作会议和全区税务工作会议精神，推动税收各项工作取得新进展，发挥新成效，为拉萨市经济发展和社会和谐进步做出积极贡献。2016年全市税务系统共组织收入905697.38万元，增收345341.27万元，增长61.63%。

【维稳驻村】 年内，全市税务系统坚决贯彻落实总局、区局、区市党委政府关于做好维稳工作的重大决策部署，加强税务干部思想政治和维稳意识教育，强化组织领导、完善维稳制度、落实维稳措施、严格落实责任，严格维稳带班值班常态化制度，重点加强重要时期值班、带班及不定期巡查工作，全面排查安全隐患，确保重要节点和重要节日期间系统内各单位、驻村点村居的

拉萨市小微企业创业创新基地城市示范建设工作动员大会

拉萨市副市长王念东到市财政局调研指导工作

稳定。扎实履行强基惠民工作职责，加强实地调研，全面掌握驻地实情，驻村项目延续情况、帮扶项目的可行性，针对性开展帮扶工作。2016年，驻村工作共投入资金累计达50余万元，使驻地群众实实在在得到实惠。因地制宜确定精准扶贫帮扶项目，以党员捐款与单位扶持相结合的方式，组织系统内全体党员捐款，设立精准扶贫精准脱贫专项基金，谋划产业扶持项目，帮助精准扶贫户在计划内实现脱贫。

【税制转换】 2016年5月1日，拉萨市辖区建筑业、房地产业、金融保险业和生活服务业已全部纳入营改增试点范围。为确保顺利实现税制转换，确立“周密部署、谨慎稳妥、上下联动、有序推进”的工作原则，落实督导工作机制，加强跟踪指导，分类确认试点纳税户数，完成行业鉴定、税费种认定等工作，提供好硬件及技术支撑。5月1日各管局同步启动“零点行动”，顺利开出四个试点行业首张增值税发票。在5月集中开票高峰期和纳税申报期，分段制定方案，顺利推进自开票与代开票工作。6月首个申报期，研究制定《营改增首个申报期纳税服务工作方案》，细化工作任务，明确责任单位和办理时限，做好硬件和技术准备，合理利用并拓展办税服务资源，开发“一点通”申报软件，认真落实各项管理和服务制度，确保纳税人顺利申报。启动营改增税负分析工作，对21934户纳税人进行身份界定，75户企业列为总局样本企业。承接前阶段工作，安排部署并有序推进全面推开营改增第四阶段工作，凸显税制改革成效。

【优化服务】 年内，市国税局严格执行《全国税务机关纳税服务规范》，出台《涉税业务前、后台岗责分工制度》《试点实施办税服务厅分类管理办法（试行）》《“12366”纳税服务热线受理反馈通报制度》制度。将增值税开票限额、CA审批发放权等下放到管理局。开展纳税信用等级评定工作，评选出纳税信用A级企业19户，B级企业417户，C级企业3299户，D级企业52户。发布《营改增试点纳税人告知书》、开辟营改增政策专栏，藏汉双语宣传《致全国营改增纳税人的一封信》，公开“码”上知道营改增二维码，开设纳税人学堂，在网站开辟专题专栏，编印宣传手册，召开税企研讨会、纳税人座谈会，通过LED、QQ等平台开展纳税辅导，播放税收公益性广告。利用“第三方”视角就办税服务制度落实情况以及办税服务情况开展明察暗访，召开专题通报会通报并整改，多种途径随机发放《纳税人满意度调查问卷》。引导纳税人实行网上申报、应用自助办税终端系统。实行短信平台与“12366”短信同步推送，与中国移动正式签约，打造市区各管理局手机短信平台。加强舆情应对，逐级建立应急预案，与信访、网监、宣传等部门建立信息交换平台，落实局长值班制，增设咨询岗、导税员及办税窗口，开展简并征期业务，实行预约服务，征收期合理分流，在市民服务中心设立二手房交易窗口及代开发票、读卡等便民窗口，延伸西城税务分局办税服务点，邀请税控销售商进驻市区各主要办税服务厅，减少纳税人往返次数，进一步推进“双减负”工作。

【征收管理】 年内，市国税局夯实征管基础，加强税收风险管理，把高收入者个人所得税风险、“营改增”风险、欠税风险、第三方涉税信息风险、大企业风险等作为2016年税收风险管理重点，组建税收风险管理团队，对获取的第三方涉税信息进行核查比对，查补税款及罚款3225.45万元。选取3户重点企业开展股权转让税收风险应对，各征收单位根据相关数据清册开展数据核查和清理。开展决策二包（税收风险管理系统）培训，在辖区内拥有“两头在外”企业管局实行“税法遵从承诺书”制度，对2家千户集团下属公司进行风险排查和确认，组织各管局通过税控异常比对、催报催缴、专项检查和税务稽查等开展风险应对，查补入库税款15317.22万元，推送税收风险户数7659户。大力推行网上报税和电子缴库业务，制定推广方案，做好宣传，举办操作培训，下发后续处理流程。深化国地税征管体制改革，作为同城通办试点单位，建立完善工作机制，梳理12项具体工作任务，按照试点业务范围，采取管局之间交叉办理的方式，科学预约纳税人，为纳税人提供接送服务、开设办税绿色通道，同城通办已覆盖税务登记、证明办理、发票办理、申报纳税和宣传咨询五类业务，共办理同城通办业务944笔，全区通办2笔。做好“三证合一”登记制度改革工作，截至年底新增“三证合一”登记户数6283户，规范税收征管工作。

【依法治税】　年内，市国税局完善和落实重大税务案件审理工作机制，把好重大税务案件审核关，受理办结拉萨市国税系统2016年第一笔重大案件。对政策涉税内容严格审核把关，开展行政审批事项办结时限情况统计，做好取消下放行政审批项目衔接落实工作，及时动态调整审批目录清单，开展阶段性“回头看”。严格落实税收优惠政策，加强政策跟踪问效。做好税收规范性文件制定管理，规范税务行政处罚裁量权。推进全国税务系统“法治税务示范基地”后续申报工作。做深做细企业所得税汇算清缴工作，按月抽取通报各管局当月申报率和差错率，实行每日督办制，确保汇算清缴申报率不低于98%，数据差错率不高于2%。认真落实小微企业税收优惠政策，享受小微企业增值税优惠政策纳税人39387户，减免税额8000余万元。加强个人所得税管理，受理年所得12万元以上自行申报2612人，增长48.24%，全员全额明细申报纳税人应申报16158户，明细申报覆盖面达97.28%。推进资源税改革，做细数据调查，开展资源税改革宣传和纳税申报辅导，印制新申报表，确保8月顺利申报，同时做好资源税改革后税费负担变化、清理收费、收入变化情况等评估分析。稳步开展以税控地、以税节地工作，深化与国土资源部门合作，通过信息比对查漏补征，共查补入库5家企业城镇土地使用税税款及滞纳金195.89万元。加大稽查力度，开展税收专项检查，打击发票违法犯罪行为，稽查查补入库各项税收收入3546.28万元，净化税收执法环境。

拉萨市国税局全面投入零点开票行动实现“三个全覆盖”

【队伍建设】　年内，市国税局加强干部教育培训，组织召开教育工作座谈会。做好《雪赋潮》编辑、出版，有序开展每周一题、每月一课、每季一测活动，加强学习效果评价监督，严肃教育培训纪律。成立业务骨干培训营并定期集训，组织业务骨干培训营精英人才，自主研发营改增申报学习软件，携手“税聚”APP，打造全新纳税服务平台。开展全市税务系统开展“业务大比武”、第三届写作比赛，积极参加总局、区局、市局各类培训48期，培训801人次。调集人员力量完成人事软件数据维护，做好数字人事上线相关工作。实施选拔任用副科级干部工作，开展人员轮岗交流，进一步优化队伍结构。以积极向上的文化引领队伍，利用“三清”工作深入开展之际，建设完成拉萨市局机关党员活动室，将腾退的办公用房重新整合利用，建设“拉萨国税文化长廊”，形成重要的税务文化宣传阵地。专题召开绩效管理工作会议，逐级签订绩效管理责任书，制定绩效运用办法，做好绩效制度和指标建设工作，加强绩效管理系统应用，分门别类建立健全绩效管理工作台账，积极探索推进绩效文化，加强干部激励约束。

【从严治党】 年内，市国税局党组带头，深入推进理论中心组和各党支部学习，将领导学法内容纳入理论中心组学习，召开12次理论学习中心小组会议。加强党组织建设，在全市七县区国税局实现基层党组全覆盖。严格培养和发展党员，所有基层县局单独成立党支部。制定“两学一做”学习教育实施方案，召开学习教育动员大会，开展专题讲座及专题研讨，局长带头讲专题党课，结合“三爱”专题教育，开展评选身边优秀共产党员、“拉萨国税好青年、志愿助力营改增”、争做“四讲四有”合格党员以及“党员模范先锋示范岗”和“共青团员宣传队”等活动。推进党风廉政建设工作，逐级签订《党风廉政建设目标责任书》，邀请专家授课，学习准则、条例等内容，发放廉政警示桌签，收集廉政文化作品，加强廉政文化建设。做好廉政档案资料及个人重大事项报告工作，执行婚丧喜庆事宜报告及领导干部述职述廉制度，对新提拔的科级干部开展廉政谈话，进行节前廉政提醒，开展行风测评，组织廉政责任制考核及税收执法监察和效能监察工作，专题听取履行“主体责任和一岗双责”情况汇报。加强专职纪检员配备，加强问责追责力度，加强信访举报案件查办，受理并办结4起，对涉税违法案件执行“一案双查”3起。全面做好深化巡视整改和自查自纠工作，结合重点工作开展专项督察，积极配合开展区国税局党组第一巡视组常规巡视工作，并以问题为导向全力推动整改。

（谢东萨）

国有资产监管

【概况】 2016年，全市国有企业资产总额达到556.8亿元，比2015年底增加234.2亿元，增长72.6%，国有企业净资产289.7亿元，增长44.6%，实现营业收入30.4亿元，增长44.8%；实现利润总额4.8亿元，增长19.4%；上缴税金4.3亿元，增长34.4%。年内，全市资产过百亿的市属国有企业2家，资产过10亿元国有企业5家。

【分解目标任务】 年内，市国资委根据2015年全市国资国企改革发展大会和2016年全市国资国企座谈会精神，及时分解任务，对《关于进一步深化国资改革促进国企发展的意见》《拉萨市企业国有资产监督管理试行办法》《拉萨市国有企业经营业绩考核试行办法》《拉萨市国有企业负责人薪酬管理试行办法》等文件内容逐一进行细化分解，共梳理分解出82项具体工作任务，每一项任务都明确各相关企

9月8日，拉萨市国家税务局二手房交易办税新址正式启用

拉萨市国家税务局在法治主题公园宣传拉开2016年4月份税收宣传月活动序幕

业、责任领导、责任单位和牵头部门，提出具体工作思路和目标任务，拿出具体的实施计划，确保各项工作落到实处，确保目标任务圆满完成。

【国资国企改革】 年内，市国资委根据市委、市政府优化国有资产布局和深化国有企业改革的战略决策部署，全力推进拉萨市国有企业改革与发展。制订推进国资国企改革发展政策、实施方案等。根据《中共中央、国务院关于深化国有企业改革的指导意见》《中共西藏自治区委员会关于贯彻落实〈中共中央关于全面深化改革若干重大问题的决定〉的实施意见》以及《拉萨市委、市政府关于进一步深化国资改革促进国企发展的意见》精神，结合拉萨市实际，相继起草《拉萨市做强做优做大国有企业的意见（征求意见稿）》《拉萨市国资委创新国资监管实施简政放权，科学界定监管边界方案（征求意见稿）》，并下发市直单位和各监管企业征求意见；草拟《市属国有企业整合方案》《盘活市属国有企业土地资产方案》等报市委、市政府作决策参考。

【国企整合】 年内，拉萨净土投资公司整合八一农场、粮油经销公司、粮油工业总公司、市种鸡场人员、资产工作已全面完成；拉萨净土文传集团整合新华书店、民族文化艺术宫、文化产业大厦等企事业单位国有资产，以及整合原部分机关事业单位的经营性广告业务（包括户外广告、媒体商业广告等）工作也基本完成，对其中的难点问题，正通过技术性手段积极解决，年内，公司正在积极筹备电视剧《金城公主》、电影《驻藏大臣》的拍摄工作；为推进成都–拉萨旅游一体化发展，成都拉萨大酒店资产已正式划转拉萨布达拉旅游文化集团；拉萨净土商贸集团整合恒立公司、拉百公司、润通公司资产工作按照先易后难的原则积极推进，商贸集团已正式开展对拉百河坝林农贸市场的改造工作。11月30日，拉萨置地投资开发有限公司、拉萨净土水务有限公司整合至拉萨市城市建设投资经营有限公司名下，拉萨净土商贸有限公司整合至拉萨净土产业投资开发有限公司名下，完成国有企业的整合重组，现市属国有企业共有14家（其中包括3家园区企业）。

【国资监管体制】 年内，市国资委在上年出台“一个意见三个办法”的基础上，根据市委、市政府的部署，起草《关于推进国资国企改革 做强做优做大国有经济的实施意见》，按照《中华人民共和国公司法》《中华人民共和国企业国有资产法》等要求，规范董事会、监事会、经理层制度建设，调整充实市属企业的“两会”。“三重一大”制度得到有效落实。实施监事派出工作，派出监事会成员32人（次），实现派出监事制度从无到有的突破。积极探索创新国资监管新体制新办法，制订权利清单，实施简政放权，科学界定国资监管边界。

【国资监管范围】 年内，市国资委按照区党委常委、市委书记齐扎拉提出的“横向到边、纵向到底”的国资监管精神和构建国资监管大格局的要求，稳妥推进全市国资监管体制改革，完善国资监管的组织体系，建立有利于国有企业科学发展的监管机制，推进经营性国有资产集中统一监管，全市经营性国有资产纳入统一监管，形成更高层次、更大范围配置资源的整体优势，5月，设立县（区）国有资产监督管理科来监管县（区）国有企业资产，监管企业资产覆盖市本级90%以上的经营性国有资产，逐步实现经营性国有资产的全覆盖。

【经营业绩考核】 年内，市国资委坚持以考核为导向，建立健全适应不同企业特点的激励约束机制，加强国有资产监管，促使企业落实保值增值责任，积极推进分类考核，围绕企业战略定位、发展目标、布局结构、风险控制等方面，聚焦国资监管重点，建立健全不同性质、不同类别、不同行业的考核指标和分类考核办法。根据《拉萨市国有企业负责人经营业绩考核试行办法》，5月对全市市属15家国有企业进行2015年度经营业绩考核，根据考核结果，按照《拉萨市国有企业负责人薪金管理试行办法》，6月下发兑现企业年度绩效薪金的批复，标志着拉萨市国企年薪制度开始实施。

【管理队伍】 年内，市国资委重视加强国资系统机关、企业干部队伍建设，促使广大干部素质提升、服务提质、效率提速，提高国资监管效能，服务保障国有企业改革发展。2016年，市国资委牵头采取“请进来、走出去”的方式，在拉萨、成都等地举办“拉萨市国有企业管理人员培训班”，从北汽集团、南京大学、四川大学等知名企业和高校邀请企业高层管理人员、资深教授，对全市国有及改制企业领导班子及管理人员进行技能实战培训。培训内容紧紧围绕当前全市国有企业在现代企业管理、企业上市、资产经营运作等方面面临的新形势、新任务、新要求和呈现出的显著特征，结合工作实际，在深入调研和充分征求意见基础上，科学安排制定课程，参训学员学习国有企业法人治理结构、国有资本运作、投融资管理、企业债券发行、企业上市培育工作、CFO的并购深化企业内部管理。10月，组织全市拟上市和有意愿上市的国有企业和工业企业赴内地开展考察调研活动，加快上市前期准备工作。

【党建工作】 年内，市国资委充分发挥企业党工委的作用，深入实施“党建统市”战略，在全市33家国有及改制企业中，通过开展“两学一做”学习教育，整顿转化软弱涣散党支部进位升级，建立健全76个基层党组织（其中党委14个，党总支5个，党支部57个，党组织覆盖率100%），实现国资国企领域党组织全覆盖，强化党组织的战斗堡垒作用和党员的先锋模范作用，巩固党组织的政治核心地位。认真落实党风廉政建设责任制工作，与各国有企业负责人签订党风廉政建设责任书。扎实推进惩治和预防腐败体系建设，严格执行党风廉政建设责任制，对经营决策、职务消费等开展专项检查整治，强化对重大事项、重点部位、重要环节、关键岗位的监管，切实推进作风转变。

（阿怀萍）

审计

【概况】 2016年，拉萨市审计局人员编制48人，在编43人，领导职数6名。设有办公室、法规科、财政金融审计科、基本建设投资审计科、行政事业审计科、经济责任审计处、经贸企业审计科、农业与资源环保审计科、信息中心。

2016年，共完成审计项目23个，出具审计报告、决定45篇，提出审计建议55条，被采纳55条，加大审计监督力度，为促进拉萨的经济建设、社会稳定和构建和谐社会以及党风廉政建设等发挥积极作用。

【预算执行情况及其他财政收支情况审计】 年内，市审计局深化财政管理、预算执行审计，认真组织开展2015年市本级预算执行情况和其他财政收支情况审计，开展堆龙德庆区2013—2015年预算执行情况和财政收支审计，对全市相关部门的预算执行情况及其他财政收支等方面进行延伸审计，按照国务院统一部署和审计署统一要求，对拉萨市2016年贯彻落实稳增长、促改革、调结构、惠民生、防风险政策措施落实情况进行跟踪审计，促进有关政策落实。提出审计建议3条，被审计单位采纳3条。

【行政事业和专项资金审计】 年内，市审计局完成拉萨市委办公厅2011—2015年财政财务收支情况审计、拉萨市政府办公厅2013—2015年财政财务收支情况审计、拉萨市政法委2013—2015年财政财务收支情况审计、曲水县政法委2014—2015年护路经费收支情况审计和拉萨市2015年城镇保障性安居工程跟踪审计。提出审计建议28条，被审计单位采纳28条。

【经济责任审计】 年内，市审计局完成拉萨市商务局党组书记旺杰、局长范红英任期经济责任审计，拉萨市安监局党组书记白玉峰、局长孙文斌任期经济责任审计。提出审计建议8条，被审计单位采纳8条。

【固定资产投资审计】 年内，市审计局加大对重点投资、重点工程建设项目的审计力度，完成拉萨市堆龙德庆县109国道县城建设工程决算审计、东城区三路市政工程项目竣工决算审计、拉萨市委党校迁建项目竣工决算审计、拉萨市教师继续教育学校建设项目竣工决算审计。提出审计建议13条，被审计单位采纳13条。

【农发项目专项资金审计】 年内，市审计局加强对涉农资金的审计力度，完成拉萨市2014年农业综合开发土地治理项目资金审计、拉萨市2014年整乡推进扶贫开发项目资金审计。提出审计建议3条，被审计单位采纳3条。

（沈士虹）

工商行政管理

【概况】 2016年，拉萨市工商局按照自治区工商局的安排部署，明确“放”的方向，不断开辟“宽进”道路，为企业和创业者松绑减负。从“五证合一”到“两证整合”，从窗口办理到“网上工商”，一系列简政放权、优化服务的组合拳，让市场主体的获得感不断增强。

【实施“五证合一”和“两证整合”改革】 年内，市工商局加强部门间协调配合，完善配套措施，做好改革衔接，加强政策宣传，营造良好改革氛围。2016年10月1日与全国同步实施企业“五证合一、一照一码”改革，12月1日与全国同步实施个体工商户“两证整合”改革。截至年底，全市办理“五证合一、一照一码”1991户，注册资本（金）427亿元，企业换照率达91.69%，核发“两证整合”营业执照689张。通过企业信用信息平台向税务、质监等部门推送市场主体信息，实现资源共享。

【登记注册便利化】 年内，市工商局深化商事制度改革，压缩登记时限，强化办事效率，开展移动办照、现场办照、送照上门、“网上工商”平台等便民服务，创新提高登记窗口服务的质量和效率。网上名称核准、设立、变更登记共计10551户。简化住所登记手续，放宽经营场所条件，允许“一址多照”“一照多址”等。试行企业集群注册，支持创业者以“互联网+”方式进行企业集群注册登记，入驻各类众创空间。

【支持小微企业发展】 年内，市工商局利用西藏工商门户网站，发挥小微企业名录功能，公示小微企业发展政策信息。拉萨市成功入围小微企业创业创新基地示范城市后，及时制定实施方案，从加强政策宣传解读、强化品牌服务等方面全力服务小微企业。开展小微企业跟踪调查、了解企业生产经营中面临的困难和问题。拉萨市1户个体工商户被评为“全国先进个体工商户”，拉萨市个私协会被评为“全国个私协会系统先进单位”。

【完善市场主体退出机制】 年内，市工商局严格落实自治区工商局《市场主体简易注销实施方案（试行）》，除被立案查处尚未结案等13种情形之外，未开业、无债权债务、股权完整、权属清晰且未列入经营异常名录和“黑名单”的企业，试行简易注销，构建便捷高效的市场主体退出机制。开展个体工商户简易注销试点；加大对僵尸企业清理力度，全市注销、吊销企业合计1716户。

2016年，全市新登记各类市场主体17252户，平均每日新增70余户。拉萨市市场主体达66476户，注册资金达2726.87亿元，增长25.16%和146.10%；全市非公有制经济达64466户，注册资金1855.10亿元，增长22.87%和90.53%。国有企业2010户，注册资本（金）871.78亿元，增长210.66%和548.64%；私营企业12717户，注册资本（金）1799.87亿元，增长67.79%和93.01%；个体工商户50495户，资金数额43.22亿元，增长14.73%和29.79%；农牧民专业合作社1254户，出资总额12.01亿元，增长43.31和53.19%。

【商标注册】 年内，市工商局把实施商标广告战略作为提升市场核心竞争力、打造高原特色品牌的重要抓手，促进商标广告战略与经济发展深度融合。

全年播放宣传条数10080余条，发放宣传资料300余本。首次以市政府名义召开全市商标战略推进暨驰著名商标企业表彰大会，为16户企业发放奖金192万元。首次组织全市20多个驰名著名商标企业参加中国国际商标品牌节，仅展会期间，西藏参展企业就达成53个合作意向。

市工商局制定《2016年关于开展商标行政指导推进商标战略实施工作的意见》，全年开展商标行政指导238次，下发行政指导文书154份。支持引导申请拉萨西红柿、拉萨辣椒等地理标志商标14件；推荐大昭圣泉、高原之宝等18件商标为自治区第十批著名商标；实地走访净土产业企业，调查分析问题，修改注册材料，“拉萨净土”17类指标体系成功获批，“拉萨净土”正式获得国家注册商标。

市工商局制定《关于2016年促进广告业发展的实施意见》和《拉萨市整治虚假违法广告联席会议工作制度》，召开联席会议通报广告业情况和广告监管意见。加强商标专用权保护，依法查办商标侵权案件19件，罚没款21.68万元；查处媒体、通信行业等违法广告案件17件，罚没款50.5万元。

截至年底，全市商标总量已达5288件，增长34%；2016年，新增驰名商标1件（仁增多吉），著名商标14件，全市共有驰名商标14件，著名商标62件，地理证明商标4件（含公示期3件）。驰、著名商标已覆盖藏药、矿泉水、建材、生态农产品等各个行业。

【市场监管】 年内，全工商系统创新运用企业信息公示、“双随机”抽查、信息共享和联合惩戒等手段，对传统执法监管流程进行了优化再造，以信息归集共享为基础，以信息公示为手段，以信用监管为核心的新型监管体系基本完成，信用约束作用不断显现。

年内，市工商局投入年报宣传经费10万余元，播放动漫广告1.3万次，发放宣传资料2.8万份。年报率达99%，个体户自主年报率达到52.24%，将未按时年报的884户市场主体列入经营异常名录。初拟随机抽查事项清单24条，市场主体名录库13个、共计12976户，检查人员名录库16个，共计225人。投入60余万元，委托第三方对235户市场主体的2015年度年报信息进行抽查，根据抽查结果，将201户市场主体列入经营异常名录。

2016年10月13日，拉萨市政府召开“先照后证”改革后事中事后监管工作推进会，印发《认真做好“先照后证”改革后履行“双告知”工作职责的实施方案》。通过部门间的信息共享和联合惩戒，被依法限制企业任职资格的“老赖”达11人次，违法失信主体失信成本增加，信用约束作用逐步显现，形成“守信激励、失信惩戒”的良好氛围。西藏舒心实业有限公司等4户企业获得2014—2015年度国家级“守合同重信用”企业公示资格；西藏冰川矿泉水有限公司等6户企业获得2014—2015年度自治区级“守合同重信用”企业公示资格。

年内，市工商局继续推行集中办案制度，探索完善监管机制，加强竞争执法，开展重点领域市场监管执法，着力解决社会关注和群众关切的热点问题，努

拉萨市首届“质量　标准　品牌”质量月论坛隆重举行

力维护公平竞争的市场秩序。全年立案查处各类违法案件293件，案件总值253.13万元，罚没金额237.81万元；通过全国网络交易平台监管服务系统圆满完成全区514个网店的检查工作，发现违法线索111条。开展“扫黄打非”工作，查缴各类政治性反动出版物、宣传品200盘（张、册）。保持打击传销高压态势，发放宣传资料4.6万份，将257名涉传人员录入重点监控系统名单，创建无传销社区、学校、乡镇40个点，设立打击传销和禁止参与传销联络员13人。集中开展合同监管、安全生产监管、红盾护农等专项整治行动，市场秩序明显好转。按照市政府要求，积极配合相关部门完成农贸批发市场、二手车市场、电焊市场等专业市场的搬迁工作，确保市场和谐稳定、有序运行。

拉萨市质监局开展“12365”局长接线日活动

【消费维权】 年内，在达孜县和林周县工商局试点推行基层维权联络站管理，在城东和城中工商分局试点推行“12315”消费者维权联络站进社区服务。年内，建立消费者投诉联络站（点）132个，聘请联络员132人。首次在全市范围内开展评选“2016年度消费维权联络站先进单位”活动，评选出31家先进单位，奖励9万元。

2016年，全工商系统共受理消费者咨询、投诉、举报电话2678件，案值391.14万元，为消费者挽回经济损失318.02万元；消费者投诉的热点问题主要集中在日用品、手机和交通工具等方面。受理“12345”政府热线转办132件，办结132件，案值52万元，为消费者挽回经济损失48万元。办理诉转案28件，案值14.2万元，罚没款5.6万元。国庆节、“双11”等购销两旺期发布消费警示10起。开展假冒伪劣商品销毁活动，共销毁13个品种的假冒伪劣商品，货值32.33万元。拉萨市消费者协会被评为“全国消协组织消费维权先进集体”。

深化流通领域商品质量事中事后监管，提高商品抽检比重，投入180余万元，完成19个品种、580个批次的质量抽检。对抽检不合格产品进行处理，共立案108件，罚没款67.43万元。

【队伍建设】 年内，市工商局本着“按需施教，因人施教”的原则，年初制定《干部教育培训计划》，通过短期培训、挂职锻炼、跟班学习等多种途径，提高干部的综合素质。全年，通过集中面授培训班、业务专题培训班、网络培训班等形式，培训学员800余人次。坚持《周例会制度》《工作周报》和《工作日志》等制度，营造即时即办、雷厉风行的工作氛围。不断规范选人用人机制，在干部调整和使用中，严格按照《自治区工商行政管理局科级干部管理和选拔任用工作办法》，严格条件程序，提高干部选拔任用工作的公信度。2016年，共提任、调整、轮岗27名干部。在队伍建设方面，局党组高度重视少数民族干部的培养和选拔，通过几年的培养锻炼，少数民族干部已成为拉萨工商系统的骨干力量和主力军。

【党建工作】 年内，市工商局严格按照“党要管党、从严治党”的要求，狠抓党建工作，为顺利开展工作提供坚强组织保障。

市工商局开展中心组学习、支部学习、党课教育28次，主要领导和支部书记讲党课30次，县级干部专题研讨发言38次，党员学习体会360余篇，参训学员950人次。

拉萨市工商局有机关党委1个、党支部13个，在职党员257

名；退休党支部1个，党员101名；非公党委1个，非公党支部26个，非公党员193名。落实党建工作经费41.66万元。开展党建工作联述联评联考。截至年底，13名县级干部和30名科级干部共结对56户，两个驻村工作队办实事好事投入资金12.45万元，发放慰问金（品）6.04万元。

（贺艳军）

质量技术监督

【概况】 年内，市质监局围绕区质监局中心工作和市委“六大战略”，坚持“五大发展理念”，全面落实从严治党要求，着力推动质量提升，严守安全底线，夯实质量基础，增强履职能力，在服务拉萨经济建设和推动社会和谐发展方面发挥积极作用。

【产品质量安全状况】 年内，市质监局共抽检109家企业、经销商的234个批次产品。其中89家企业生产加工的202批次合格产品，20家企业生产加工的32个批次产品不合格，产品质量抽样合格率为86.3%。

【质量强市】 年内，市质监局围绕“净土拉萨，质量引领”城市质量精神，召开全市“净土质量”强市工作推进大会；组织开展全市首届“质量·标准·品牌”质量月论坛、“名牌培育、质量强企”大型座谈交流培训和“质量标准品牌提升”江苏行活动。牵头成立拉萨市名牌战略推进委员会，围绕净土健康产业产品，评选出6个首届拉萨名牌产品，首届政府质量奖1家和政府提名奖2家，创建首届全市中小学质量教育社会实践基地3家，获批筹建首个国字号知名品牌创建示范区，5家企业获得2016全国优秀质量小组荣誉称号，发挥质量奖的标杆示范和辐射引领作用。邀请第三方机构首次开展“全国质量强市示范城市”拉萨市民满意度测评活动，群众质量满意度为75.84%。拉萨市质量强市创建工作通过自治区预验收。

拉萨市安监局副局长蔡卫旗（左二）检查矿山

【特种设备安全监察】 年内，全市拥有各类特种设备8060台，同比新增特种设备1462台。年内，下发《2016年拉萨市特种设备安全监管工作要点》及《2016年拉萨市特种设备监督检查计划》，保障全市特种设备安全监察各项工作任务顺利完成，全年未发生特种设备事故，实现人员零死亡和设备零事故“双零”目标，促进全市特种设备安全生产形势稳定向好发展。全年共检查特种设备单位196家，监督抽查特种设备316台，全面排查清理电梯5061台、起重机械640台、锅炉466台、油气输送管道6.2公里、供暖管道317公里，定期检验4.1万只气瓶。积极建设特种设备作业人员培训考核中心，开通“自学直考”绿色通道。

【标准计量】 年内，市质监局积极发挥标准、计量工作对拉萨经济社会发展的支撑和保障作用，启动拉萨市净土健康产业标准体系建设援藏项目和品牌示范区标准化建设工作。藏鸡、藏香、拉萨好水三大产业标准体系和藏香3个团体标准通过评审。成功推荐城关区高标准奶牛养殖中心为国家级农业标准化示范区，当雄牦牛获批国家质检总局地理标志保护产品，纳木错旅游景区确定为自治区级服务业标准化试点项目，曲水县成功申报“国家有机产品认证示范创建区”，首个《哈达》地方标准制定出台。

拉萨市安监局监管科室负责人检查燃气公司

【执法监督】 年内，市质监局紧紧围绕简政放权、放管结合、优化服务，积极开展权责清单编制工作，完成148项拉萨质监权责清单。全面推进落实“双随机、一公开”机制。制定出台《拉萨市质监局“双随机、一公开”实施细则》，建立14人《检查人员名录库》和2336家《检查对象名录库》，全年开展随机抽查84次。年内，接到“12365”热线投诉54起，咨询类13起，办结率及满意率均为100%。

【队伍建设】 年内，市质监局高度重视维稳工作，严格落实区市两级各项维稳措施和保密消防安全工作要求，全年未出现维稳、综治、消防、保密安全事件。局党组全面强化党的纪律建设、扎实开展党风廉洁工作，全面落实各项部署要求。坚决执行“三会一课”制度，与23名党员签订《党风廉政建设责任书》和《党员目标管理责任书》，推进党风廉洁建设和干部队伍建设。全年结合质监职能认真组织学习，开展讲党课5次，集体学习35次，专题讨论8次，观看警示教育片14次，提高干部职工廉洁自律意识。

（贾伟萍）

安全生产监督管理

【概况】 年内，全市共发生各类生产安全事故212起，死亡74人，伤168人，直接经济损失982.71万元（其中生产经营性事故30起，死亡14人，伤26人），与上年同期（发生事故202起，死亡71人，伤171人，直接经济损失1075.04万元）相比，事故总起数上升4.95%，死亡人数上升4.23%，受伤人数下降1.76%，直接经济损失减少92.33万元。

【道路交通】 2016年，全市共发生道路交通事故166起，死亡64人，伤164人，车物直接经济损失206.46万元（其中生产经营性事故124起，死亡8人，伤31人）。其中，拉贡机场高速发生事故8起，死亡3人，受伤5人；城区发生事故118起，死亡29人，伤110人；曲水县发生事故8起，死亡5人，伤9人；堆龙德庆区发生事故14起，死亡17人，伤10人；墨竹工卡县发生事故4起，死亡2人，伤6人；林周县发生事故3起，死亡1人，伤4人；当雄县发生事故7起，死亡6人，伤14人；达孜县发生事故4起，死亡1人，伤6人。

【火灾方面】 2016年，全市共发生火灾事故39起，死亡3人，伤2人，直接经济损失80.05万元（其中生产经营性事故2起，无伤亡人员）。其中，市辖区发生事故7起，死亡3人，伤1人；城关区发生事故23起，伤1人；堆龙德庆区发生事故7起，无伤亡人员；林周县发生事故1起，无伤亡人员；达孜县发生事故1起，无伤亡人员。

【工矿商贸方面】 2016年，全市共发生工矿商贸事故7起，死亡7人，伤2人，直接经济损失696.2万元（其中生产经营性事故6起，死亡6人，伤1人）。

【较大事故】 2016年，全市共发生较大事故2起，死亡8人，伤1人。

【责任落实】 年内，市安监局按照市委主要领导指示精神，市政府主要负责人担任市安委会主任，先后召开市政府常务会议1次；市政府安全生产工作专题会议、安全生产季度会议及市安委会全体成员会议6次；安全生产大检查工作推进会议6次，同时在年内全市安全生产工作会议上，市政府主要领导与各县（区）人民政府、市安委会各成员单位、重点企业代表签订全年安全生产目标责任书，落实责任。

【非煤矿山安全监管】 年内，市安监局开展矿山安全检查57次，专家“会诊”12家企业共22次，下达责令改正指令书16份，排查安全隐患65处，已整改50个，整改率达到85%，

【危险化学品安全监管】 年内，市安监局按照总体检查计划，年内重点加强对全市59家加油站的安全生产检查。对发现的安全隐患，当即下达隐患整改通知书责令限期整改，并要求属地安监部门督促整改和复查，做到隐患及时排除，不能及时排除的隐患要求企业按照隐患整改“五落实”要求，逐步排除。严格按照《危险化学品经营许可证管理办法》《危险化学品建设项目安全监督管理办法》的规定要求，严格对延期换证和新申请办证加油站的安全条件进行严格审查，重点加强对加油站的安全条件审查和设施设计审查，对企业自行开展的试生产和验收进行监督抽查。聘请14名具备相应资格的危险化学品领域安全专家，对加油站的设施设备进行安全检查，提出专业性、科学性、针对性的问题和隐患。

【安全监管】 年内，市安监局严格按照“统一规划、保障安全、合理布局、总量控制”的原则，对市区内的“两节”期间烟花爆竹零售店选址情况进行审查，共办理烟花爆竹经营零售店74家。依法培训，强化教育。严格认真细致排查安全隐患，全市烟花爆竹安全专项检查共计64次。保障储存安全，配备必要硬件。年内，烟花爆竹协会成员企业自筹资金40万元，对拉萨市烟花爆竹仓库进行维修，增加必要的配套设施，更新灭火器等消防器材，增设32个高清视频监控器，覆盖率达95%以上，并安装红外电子报警系统和巡更系统，并将库区管理人员增至4人，实行24小时巡逻、监控，管理仓库内外事物，有效地提高安全监控能力。

【职业健康监管】 年内，市安监局制定以“一个中心”“三个并重”和“五位一体”的全年职业健康监管工作总体思路。利用“职业卫生宣传周”和6月份全国“安全生产月”活动契机，以安全知识竞赛、有奖答题及进企业、进社区宣传等方式深入开展安全生产宣传教育活动，受到广大群众的好评。以日常检查和与自治区联合检查等方式深入巨龙矿业、高争水泥厂等企业开展职业卫生检查、对发现的问题及时督促企业进行整改。持续加强用人单位职业病危害申报工作，全市共有近500家用人单位进行网上在线申报。以自治区落实职业病危害检测政府“补贴”政策的利好政策为契机，督促各县（区）组织本辖区用人单位积极参与职业病危害检测工作，全市共有160余家用人单位进行职业病危害检测工作。做好国家安全监管总局“2015年度职业病防治评估组”的检查，并获得肯定。

【考核导向作用】 年内，市安监局严格考核、督查，修订完善《拉萨市2016年度安全生产考核奖惩办法》和《关于对全市安全生产大检查工作开展督查的通知》，督查涵盖全市各县（区）、市安委会各成员单位及部分重点企业，并深入尼

拉萨市安监局监管科室负责人检查非煤矿山工作

木县吞巴乡、曲水县曲水村、墨竹工卡县扎西岗乡、林周县甘曲卡村、堆龙德庆区马乡和马村对“四级五覆盖”安全生产责任体系落实情况进行督查，对督查（考核）中发现的问题逐一进行通报，并提出整改建议。

【宣传教育】 年内，市安监局开展以“安全生产月”“安全生产拉萨行”为载体的“安全生产咨询日”“安全生产有奖答题”“安全生产知识竞赛”“安全教育培训班”等工作，以悬挂横幅、展示宣传展板、发放安全生产法律法规等方式开展宣传活动，共发放相关资料90760余份，接受群众咨询486人次。邀请国家安监总局、北京市、江苏省、自治区安监局专家先后分4批次开展市、县（区）政府领导、市直各行业主管部门、村（居）主任及重点企业共336人的安全教育培训工作。

【党风廉政建设】 年内，市安监局调整充实党风廉政建设和反腐败工作领导小组，局党组书记作为第一责任人，切实担负起从严治党的主体责任，与党组成员、分管领导与分管科室负责人分别签订本年度党风廉政建设和反腐败工作责任书，召开9次局党组会议，对党风廉政建设和反腐败工作进行研究和部署，把党风廉洁建设工作纳入重要议事日程，与经济社会发展和安全监管业务工作同部署、同落实、同检查。组织参观拉萨市廉政警示教育基地30人，参加党风廉政建设有关的各类培训6次。加强廉政文化建设。按照廉政教育全覆盖的要求，在局办公走廊、各科室和会议室张贴警示名言，共36张，创建务实生动“人人思廉、全局倡廉”的廉政文化，强化党员干部廉洁从政意识。局党组认真执行民主集中制，建立健全《市安监局党政一把手“五不直接分管”和“末位表态”实施办法（试行）》《中共拉萨市安全生产监督管理局党组工作规则（试行）》《局领导班子和副调研员工作分工》《“三重一大”工作制度》《市安监局党风廉政建设党组及科室主体责任清单》《拉萨市安监局廉政谈话制度》等制度，将权利关进制度的笼子里。

【党建工作】 年内，市安监局成立以党政“一把手”任组长、班子成员为副组长的领导小组，签订党建工作责任书。按照“三会一课”制度要求，班子成员主动参加双重组织生活会，积极参加支部学习，并以普通党员身份参加支部活动，认真开展批评和自我批评，使组织生活会成为交心会、团结会和鼓劲会，进一步增强了班子的整体合力。对党支部进行改选工作，选举支部书记和支部副书记，配齐支部委员，落实工会、共青团、妇联等群团组织建设工作。开展“七一”活动。在驻村点南巴村组织新老党员代表重温入党誓词，向南巴村党支部送去3000元党建活动经费，慰问6名“三老”人员、贫困党员、2户帮扶对象，发放价值15000余元的慰问品，通过表彰优秀党员、邀请党校老师授课、老党员现身说法等形式多样的活动，坚定群众跟党走的信心和决心。

（李金凤）

食品药品安全

【概况】 年内，保障重大活动驻地餐饮服务安全30余次；受理办结1855件食品生产经营许可申请和132件药品医疗器械许可；对全市范围内近4200家餐饮服务单位、87家食品生产企业进行监督检查，承接全市7000余家食品流通企业的监管和行政许可职能；共立案处罚31起，罚没款共计人民币24万余元；处理各省市协查来函289件，处理投诉举报203起，办结率达100%；完成590个批次的食品抽样任务，82批次化妆品抽样送检任务。

【综合协调】 年内，拉萨市食品药品监管局积极发挥食安办综合协调职能，贯彻落实全国卫生与健康大会精神。协调成立由市政府副市长、市食安委副主任为组长，市直相关部门行政领导为成员的拉萨市创建国家食品安全城市工作领导小组，组织召开创建试点工作动员大会，根据属地管理原则，将创建工作分别纳入政府绩效和综治考核范围，实行食品安全事故“一票否决”制；组织全市财产保险公司及食品企业代表顺利召开拉萨市食品安全责任保险工作座谈会，落实全市食品安全责任；牵头组织市食安委相关成员单位开展中秋、国庆节前食品市场联合检查，重点对全市农贸市场、餐饮服务场所、大型超市开展检查，保障中秋、国庆等节日期间全市广大人民群众食品安全。组织市食安委各成员单位开展联合检查20余次，牵头组织检查（餐饮、流通、生产领域）食品生产经营企业11460余家，学校食堂465个次，开展高、中、小考和雪顿节、藏博会期间的食品安全监管巡查活动230余次。

【食品安全监管】 年内，市食药局受理餐饮服务许可申请1139件，食品生产许可及换证申请44件，食品经营许可申请672件；配合完成自治区“两会”“西藏论坛”“128”等10余次，拉萨市“残运会”“两会”“第三届藏博会”等22次重大活动会议期间的食品安全保障任务，保障国家领导人、宗教人士、国外嘉宾等35000人次的用餐安全，对蔬菜、水果、肉类、饮品等670批次的食品进行抽检，合格率100%，未发生一起食品安全事故；对全市范围内近4200余家餐饮服务单位开展日常监督检查和专项整治，下达《责令整改通知书》600余份；组织全市（6县3区）完成辖区内40余所学校食堂的食品安全专项整治，对存在问题的8所学校下达《责令整改通知书》，并督促其完成整改；集中培训学校食堂，单位集体食堂食品安全管理人员320余人，培训餐饮从业人员2800人次；“明厨亮灶”工程通过审核，达到要求的餐饮服务单位6962家，完成全市城区范围内85%餐饮服务单位“明厨亮灶”工程的目标任务；完成对全市87家食品生产企业的日常监督检查，下达《责令整改通知书》22份；发放节令食品临时许可证68份；开展专项市场检查共计1659户，对1200余家食品经营企业进行检查，对526户下达整改意见书。

【药品监管】 年内，受理药品医疗器械许可事项办理132件，其中新办零售药店5家，新办医疗器械36家（批发32家，零售4家）；开展疫苗专项检查、肝浸膏片（胶囊）专项检查、个体诊所用药、氯美扎酮问题药品清查等专项检查12次，检查药品经营企业160余家，使用单位120余家，下架封存问题药品3批次75盒，责令整改42家，立案3件；检查三类医疗器械经营企业150余家，检查二类备案企业98家，核减体外诊断试剂经营范围8家，收二类备案凭证5份，责令整改48家，立案4件，注销经营许可证3家；对辖区内器械批发企业进行分级分类监管，共评定出一级监管企业3家、二级监管企业110家、三级监管企业17家；完成化妆品抽样任务82批次。

【查处违法案件】 年内，拉萨市食品药品监管局立案处罚食品（含保健食品）、药品、医疗器械案件31起，已办结27起，办结率为87%，罚没款24万余元，另外4起案件正在办理。加强对各县（区）食药局的业务指导，指导尼木县食药局立案查处2起餐饮服务单位，罚款10万元；对城关区食药局查处涉嫌非法加工酥油案件进行现场指导。受理食药协查函289份，回复289份，回复率100%；受理投诉举报203起（其中“12345”市长热线转办36起），比上年上升398%，举报回复率100%。

【应急处置能力】 年内，市食药局根据《拉萨市食品药品监管局“四品一械”突发事件应急预案》和《拉萨市食品药品监管局食品药品安全事件防范应对规程》，2016年11月22日，举行一次小规模疑似食物中毒食品安全应急演练。提高执法队伍应急处置食品安全事故能力。

（蒋旭东）

统计

【概况】 2016年，全市实现地区生产总值424.95亿元，增长10%，完成城镇居民人均可支配收入29838元，增长9.2%。

【统计改革】 年内，市统计局按照中组部和区局、总队、有关文件精神，经中共拉萨市委批准成立中共拉萨市统计局党组，中共国家统计局拉萨调查队党组。

【常规统计调查】 年内，市统计局加强对基层统计报表的审核，完成常规统计报表的月报、季报、年报工作。完成2015年、2016年全市及分县区月度、季度主要经济指标数据的审核和反馈工作。开展基本单位名录库核查，依据“先进库、再有数，不在库、不出数”的原则，将达到“四上”标准的企业纳入名录库。

【重大国情国力普查】 年内，市统计局成立市级和8个县（区）第三次全国农业普查机构。完成工作方案的制定、人员抽调、经费申请、物资保障等前期工作。制定《拉萨市第三次全国农业普查领导小组办公室工作规则》，对全市乡镇、村居普查员开展全面培训。

【社情民意调查】 年内，市统计局开展企业接受政府部门检查情况调查、非公有制企业人才资源状况抽样调查、全市企业“营改增”问卷调查、纳税人满意度调查、2016年群众安全感调查等专项调查工作。

【统计法制建设】 年内，市统计局开展普法宣传教育4次；对企业统计人员宣讲统计法律法规相关知识；开展“学习宪法、遵法守法”主题活动；对各县（区）、市直部门统计人员进行统计执法培训；积极参与“12345”政府服务热线有关统计工单的处理。

【统计信息化建设】 年内，市统计局完成统计信息网络扩容改造工作；为各县（区）统计局分发放电脑、打印机等办公设备。完成市县统计专网建设，开展全市统计系统信息安全检查，加强和规范县区专线接入统计内网的管理工作。

【统计服务】 年内，市统计局参与全市争先进位考核工作。围绕市委、市政府中心工作，撰写《统计分析》67篇、《统计专报》8篇、《统计工作动态》230余篇、《统计研究与报告》16篇。为党政领导提供《2016年月度主要经济指标小册子》《领导干部手册》。编印《2015年统计研究与报告》《2016年拉萨市统计年鉴》，在《拉萨晚报》刊登《2015年拉萨市统计公报》，通过市政府网、区局、总队和市局队统计信息网及时公布全市统计工作动态和经济运行数据。答复个人和单位要求提供的统计相关数据30余次。编印《开启统计之旅—读懂数据说明书》《开启统计之旅—走进数据生产线》读本，帮助和引领大家了解统计数据生产流程，理解统计指标，科学运用统计数据。

【统计援藏】 年内，江苏省统计局派遣援藏干部1名开展为期3年的智力援助工作；拉萨统计系统9名干部分赴江苏、北京两地跟岗学习。拉萨市四县（区）统计局与江苏省对口援助市级统计局签订《援助协议》，确定援助责任与义务；15名拉萨统计干部赴北京进行业务培训；江苏省统计局4名业务专家来拉萨开展业务培训，受训人员160余人。北京市统计局专家到拉萨对统计信息化援建工作进行调研。

【机关党建】 年内，市统计局制定《2016年机关党建工作要点》《工作计划》。加强服务型党组织建设，开展“党员干部进村入户交朋友”“共产党员服务进社区”等活动。局队40名干部与两个驻村点36户建档立卡贫困户结成帮扶对子，为帮扶对象送去24200元慰问金。落实“三会一课”制度，开展党员组织关系排查、规范党员党费收缴工作。开展党员承诺践诺活动，对党员实行积分考核，开展年度思想汇报和民主评议党员工作。

【党风廉政建设】 年内，市统计局制定《局队2016年党风廉政建设工作要点》，细化责任分工。召开2016年党风廉政暨机关效能建设工作会议，与分管领导、科室负责人逐级签订《2016年党风廉政建设责任书》《2016年岗位目标责任书》。组织党员干部深入学习中共十八届三中、四中、五中、六中全会精神及十八届中央纪委六次全会、八届自治区纪委七次全会、八届拉萨市纪委七次全会、区和市政府廉政工作会议精神。坚持党风廉政建设工作和统计调查各项工作同谋划、同部署、同检查、同考核。

【工作作风】 年内，市统计局严控“三公”经费、会议费、培训费、差旅费等支出，有效降低行政运行成本。改进文风，提高公文质量，规范文件和简报资料的报送程序和格式。加强干部管理，实行上下班指纹考勤、会议签到制。按照“说办就办、马上就办”的要求，对重要工作任务落实情况加强督促检查，全年明察暗访30次以上，实行每月督查通报制。加强调查研究，深入全市六县四区、100多家企业和调查户开展调查研究，撰写调研报告25篇。

（王莉荣）

种植业

【概况】 2016年，拉萨市总耕地面积达4.053万公顷，总播种面积达4.397万公顷（含复种0.343万公顷）。粮食作物种植面积达2.88万公顷，占总播种面积的65.6%；粮食作物中青稞种植面积达1.899万公顷，占粮食总播种面积的65.8%；小麦种植面积达0.938万公顷，占粮食播种面积的32.53%；豆类作物种植面积为0.046万公顷，占粮食播种面积的1.6%；经济作物种植面积为0.855万公顷（其中油菜种植面积为0.383万公顷），占总播种面积的19.5%。

【粮食作物生产】 年内，拉萨市粮食作物以青稞为主，小麦、豌豆为次，拉萨市粮食作物种植面积达2.88万公顷，占总播种面积的65.6%；粮食作物中青稞种植面积达1.899万公顷；年内，在拉萨市6个商品粮基地县，落实麦类作物绿色高产高效创建面积2.33万公顷，占全年总播种面积的53.07%；落实麦类作物测土配方施肥示范面积2.13万公顷，较上年增建1.33万公顷，截至年底，总播种面积的48.52%；落实农作物良种繁育田面积0.154万公顷；推广农作物新品种示范种植1.822万公顷，占全年总播种面积的41.44%；拉萨市良种统供率、良种覆盖率分别达到85.5%、95.3%；启动化肥“零增长”行动计划，推进科学施肥，减少不合理化肥投入，鼓励农牧民积造农家肥110万吨，推广绿肥种植面积0.343万公顷；在6个粮食主产县示范种植藜麦1064亩，在曲水、林周两县示范种植QB27、QB14青稞两个新品系400亩。

年内，粮油总产19.24万吨，粮食产量18.27万吨，比上年增加0.12万吨；油菜产量0.97万吨。粮食作物中青稞的产量达11.75万吨，比上年增加0.09万吨。

【经济作物生产】 年内，经济作物种植面积为0.855万公顷（其中油菜种植面积为0.383万公顷），占总播种面积的19.5%。拉萨市蔬菜生产面积达到0.477万公顷，增加0.007万公顷，年增长率为1.4%；各类蔬菜生产品种达到100个，年产各类蔬菜达到29.01万

拉萨市开展全市农牧业工作会

吨，增加1.01万吨，年增长率为3.6%，其中设施蔬菜面积达到0.126万公顷，增加0.008万公顷，年增长率为6.8%；年产量达到16万吨，增加0.9万吨，年增长率达到6%。全年生产各类蔬菜品种达到100个左右，制定《拉萨市设施农业标准化生产基地认定管理办法》，将拉萨市现有的设施园艺园区进行提升改造。

【农田土壤培肥】 年内，全年共计调运化肥10300吨（尿素3215吨、二铵1895吨、氯化钾920吨、复混肥4270吨）；下拨自治区粮食生产奖励化肥2000吨；完成农家肥积造110万吨以上。落实麦类作物测土配方施肥示范面积2.13万公顷，较上年增建1.33万公顷，占全年总播种面积的48.52%，引导农民科学施肥。

【农业机械化】 年内，拉萨市购置补贴资金已完成2516.57万元，资金完成率为62%，共购买机具1.21万（台套），指标确认书11035份，受益农户9268户（家）。拉萨市农机总动力达58.6万千瓦（新增3.1万千瓦），机耕、机播、机收面积为51万亩、46万亩、45万亩，三项作业机械化率达79%。

【农牧业项目建设】 年内，拉萨市出台《拉萨市农牧业基本建设项目管理办法（意见）》。国家、自治区级投资类农牧业项目8大项24小项，涉及资金10239万元，截至年底，完成项目投资2793万元，投资完成率达27.3%；2016年接转“十二五”农牧业基本建设项目完成率达96%；拉萨市产业脱贫计划实施项目106个，到位各类产业发展项目资金14.62亿元（含金融资金），63个项目已开工，已建成36个项目，带动脱贫6780人。

【农业自然灾害】 年内，全市发生冰雹、洪涝等自然灾害，受灾面积达2.94万亩，下拨2016年防减灾救助资金共350万元；做好今冬明春农牧业自然灾害监测、应急物资储备和应急处置工作，落实关键时节24小时值班制度，加强农牧业防抗灾应急物资储备和防抗灾知识宣传；组织各县（区）成立预测小组，及时发布病虫害情报；积极组建专业化防治队伍，开展统防统治的专业化服务；组织市、县两级技术人员开展拉网式的病虫害大检查等一系列措施。

青稞标准化生产基地

【农牧业产业化经营】 年内，拉萨市新增国有农牧业企业7家，现有市级龙头企业35家，其中28家市级民营龙头企业总注册资金4.59亿元，总资产实现产值4.27亿元，实现总销售收入达3.63亿元，入企职工人均年收入达2.52万元，农牧业产业化经营率达到45%；农牧民合作社发展至810家（其中国家级合作社达7家），注册资金到达5.59亿元，实现营业额1.89亿元，成员人数达2.82万人，成员人均增收6700元；组织申报“第六批全国一村一品示范村镇”和美丽休闲乡村工作。达孜县扎西岗村、城关区白定村被评为“第六批全国一村一品示范村镇”；柳梧新区达东村被评为中国美丽休闲乡村；雪顿节、藏博会期间，市圣信工贸公司等5家本地企业，在藏博会期间共展示各类农畜产品50余种。

【科技兴农】 年内，市农牧局完善《拉萨市“十三五”农牧业发展规划》；起草编制《拉萨市奶业发展规划（2016—2020）》；起草编制《拉萨市草业发展规划

温室花卉——康乃馨

（2016—2020）》；起草编制《拉萨—山南葡萄产业发展规划（2017—2027）》；协调北京市农科院起草编制《拉萨市尼木县绿色有机农业发展规划（2016—2020）》。

在曲水、堆龙德庆、达孜、林周、尼木、当雄六县启动实施“2015年全国基层农业技术推广体系改革与建设补助项目”总投资370万元，全面提升基层农技推广体系公共服务能力；聘请组织区市两级设施农业、粮油饲高产培育、病虫害综合防治、牲畜短期育肥等方面首席专家37名和技术指导员148名，着重围绕农牧业科技试验示范基地、科技示范户、种养殖大户等重点服务对象，采取技术讲座、蹲点指导、科普宣传等多种形式开展科技服务和指导；以农业“网络化、智能化、电商化、信息化”为目标，探索“互联网+种植业”模式，应用物联网、大数据、移动互联等现代信息技术，加快现代信息技术在种植业生产中的运用。在林周县江角村、郎当村，曲水县茶巴拉村试点建立自动土壤墒情及病虫害可视化监测系统，探索种植业智能化控制技术，推动农业生产向标准化、智能化、自动化发展。

年内，全市完成各类农牧民技能培训5期，1007人次，涉及资金30万元（其中国家奶牛体系金钥匙培训一期197人；专家西藏行畜种改良培训一期100人；百名专家下基层服务活动畜牧养殖培训1期160人；乡村动物防疫员培训2期550人）；乡镇农牧综合服务中心业务骨干培训74人；利用专家“西藏行”活动对拉萨市奶牛养殖技术、饲料配方、液氮生产、“双认证”等薄弱环节进行培训指导工作，专家组先后深入6个县区，走访160名干部群众，组织开展1次集中培训班，分散式培训5次，指导修改手册办事指南等10个；共派出14人次，到对口援藏省市开展跟岗培训工作，涉及内容包括农产品检疫检测、畜牧良种繁育推广等。

【土地确权】 年内，农村土地确权登记工作基本结束。涉及4.35万户，62.9万亩土地（不含空港新区）；2016年制定出台《农村土地承包经营权抵押贷款管理办法》和《农村土地承包经营权证办理流程》。在曲水县为28户农户发放148.5万元农村承包土地经营权抵押贷款，为19户农户发放243万元农民住房财产权抵押贷款；农村集体资产股份权能改革试点工作有序推进，曲水县才纳乡为试点，初步完成农村集体实物、账面资产清理和目标成员资料收集工作；以业脱贫、以补脱贫力度不断加大，净土健康产业持续发展，2016年农牧民人均可支配收入达到11448元；2016年流转农村土地（耕地）0.537万公顷，流向工商企业0.331万公顷；流向合作社0.123万公顷；流向村、组集体0.068万公顷；流向政府0.009万公顷。

（牛小红）

畜牧业

【概况】 2016年，全市顺利通过自治区级2015年草补验收，完成草补资金兑现工作，发放资金11229.79万元；主推人工授精直肠把握法，完成黄牛改良21251头；推动牦牛良种、绵羊良种推广，牦牛良种推广667头，绵羊良种推广3000只；全市现有村级动物防疫员962名，年内，月平均工资增至1000元。

【饲料生产】 年内，市农牧局加

牦牛育肥基地

大优质紫花苜蓿和青贮玉米的推广力度，饲草种植面积达到0.942万公顷，其中饲草玉米种植面积达到0.187万公顷。

【畜牧业生产】 年内，拉萨市提前进行维护暖圈和羔宫，加强春季接羔育幼工作，加强对母畜和仔畜的饲养管理。全年新生仔畜44.59万头（只），成活率为97%，与上年基本持平；成畜死亡1.17万头（只），死亡率为0.1%，与上年基本持平；牲畜存栏120万头（只、匹）；牲畜出栏41.43万头（只），出栏率34.5%，与上年基本持平；肉类、奶类、禽蛋产量分别是4.3万吨、6万吨、880吨（奶产量较上年增加0.3万吨，禽蛋类较上年增加20吨），山羊绒产量19吨，与上年基本持平。成功举办2016年优良奶牛竞赛活动。

【虫草采集】 年内，全市采集点66个，发放采集证19103本，采集人数16062人，采集虫草701.75公斤，实现现金收入9264.05万元。

【动物疫病防控】 年内，全市共免疫牲畜299.05万头（只、匹），全面提高免疫效价和保护率，预防重大动物疫病发生。坚持24小时值班制度和日报告制度，密切关注动物疫情动态。

【净土健康产业发展】 年内，全市养殖小区达20个，养殖示范村15个，示范户420户，新增奶牛养殖示范村5个，示范户100户，引进优质奶牛682头，全市奶牛存栏达8.5万头；全市藏鸡养殖企业、专业合作社、养殖大户共计38家，藏鸡存栏43.1万只、出栏35.52万只。全市生猪养殖基地达26个，生猪存栏量达5.2万头、出栏达7.3万头；全市设施蔬菜面积达到0.126万公顷，年产量达到16万吨。

【农产品安全检验检测】 年内，拉萨市配置农残速测仪15套，培训检测人员30名，各监测点抽检样品合格率达到99.88%。

【农产品认证】 年内，市农牧局推进“三品一标”认证工作力度，已认证无公害农畜产品生产基地（场）14个，认证无公害农畜产品74个；率先在全区取得“双认证”证书，已具备承检1类22项农药残留定量检测资格；制定“拉萨市创建有机产品认证示范县和有机基地示范县”双创方案。曲水县已率先取得有机转换产品证书7个。

【农产品质量追溯体系】 年内，市农牧局推进农产品质量追溯监管体系建设，成功研发农产品质量安全监管平台，已将堆龙德庆岗德林蔬菜基地、城关白定设施园区、达孜现代农业产业园和曲水生猪定点屠宰场作为试点运行。

【农业执法】 年内，全市共开展农畜产品安全联合大检查11次，检查50家农资门市、30家兽药店及各大养殖户、饲料加工厂、蔬菜生产基地；严格按照国务院生猪屠宰管理条例等相关法律法规，打击非法调运、私屠滥宰、非法处置病死牲畜等违法行为，规范畜禽销售市场秩序；2016年共查处12个私屠滥宰窝点，遣返违规猪肉11车154吨，遣返违规牛羊肉4车66吨。

【强农惠农富农政策】 年内，拉萨市支农项目资金共安排2批、已批复23个项目、资金总额达到1242万元；拉萨市2015年农机购置补贴资金共下达4050万元，拉萨市购置补贴资金已完成2516.57万元，资金完成率为62%，共购买机具1.21万（台套），指标确认书11035份，受益农户9268户（家）；完成2015年草补资金兑现工作，共计发放草原补贴资金11229.79万元，截至年底，已到位资金5640万元（草畜平衡和禁牧资金）；在6个粮食主产县，共落实良种繁育及推广补贴789.81万元。

（牛小红）

林业

【概况】 2016年，拉萨市林业绿化局成立森林病虫害防治检疫站，森林病虫害防治率达92.5%，无公害防治率达到86.8%。制定并出台《拉萨市林地、林木补偿价格指导意见》，协助自治区林规院完成《拉萨市林业“十三五”发展规划编制》，兑现野生动物肇事损失补偿资金1140.29万元。拉萨市生态公益林管护岗位3423个，下拨森林生态效益补偿资金3697.34万元。拉萨市园林局整体划转到市政市容管委会，拉萨市林业绿化局更名为拉萨市林业局。全市已建成23个保护区和2个国家级森林公园，雅江中游河谷黑颈鹤国家级自然保护区、林周阿郎司布白唇鹿市级自然保护区、墨竹朗杰林村市级沙棘林自然保护区、曲水秀色才纳市级自然保护区、19个湿地生态功能保护区及热振国家森林公园、尼木国家森林公园。

【绿化造林】 年内，拉萨市林业绿化局完成造林绿化18.04万亩，造林13.37万亩，封山育林3.72万亩，新一轮退耕还林和防沙治沙完成2282.7亩和92505亩。

【“树上山”工程】 截至年底，造林3323亩，栽植各类苗木75万余株，苗木成活率达到80%以上。南山造林取得阶段性成果。

【林业产业】 2016年，拉萨市种植经济林木及花卉16716.58亩，品种有油用牡丹、雪菊、葡萄、树莓、树状月季、食用百合20余种，从山西、安徽引进2年生油用牡丹（凤丹）150万株，引进云南高山杜鹃苗木，进行盆栽和室外栽植研究，成活率达到70%以上。

【退耕还林】 2016年，拉萨市新一轮退耕还林2282.7亩，完成退耕还林任务。曲水县完成914.7亩，树种为新疆杨、柳树、营养袋沙棘和部分北京杨，墨竹工卡县完成394亩、树种为营养袋沙棘。尼木县完成65亩、树种为营养袋沙棘、新疆杨、旱柳。堆龙德庆区完成909亩、树种为营养袋江孜沙棘、旱柳，完成率为100%，成活率达85%。

【森林野生动植物资源】 截至年底，拉萨市林地面积970.4万亩，有林地面积38.08万亩，森林面积866.33万亩，灌木林面积884.79万亩，已补偿生态公益林面积744.08万亩，森林蓄积量851525立方米，森林覆盖率达到19.49%，城市建成区绿化覆盖率达到37.8%，人均公共绿地面积达到9.7平方米。天然乔木林主要由杨、桦、圆柏等组成，天然灌木林主要由蔷薇科、豆科、杨柳科的木本植物组成。人工乔木林主要由杨、柳、柏松等树种组成，木本植物有20个科、105种（含变种），乔木树种有41种。野生动植物资源主要有鹿、獐子、水獭、藏马鸡、旱獭、黑颈鹤、雪鸡、黄鸭、灰鸭、野鸡、黄羊、豹子、狗熊、猞猁、狼、狐狸、岩羊、

动物疫病防治

野驴、野兔、大雕、虫草、贝母、黄连、党参、雪莲等，国家一级保护动物10种（如黑颈鹤、白唇鹿等）、二级保护动物20种，三级以及未列入保护级别的动物种类更多。

【重点项目建设】 年内，拉萨市全面投资1352.71万元的雅江中游河谷黑颈鹤国家级自然保护区基础设施建设项目（拉萨段）三期建设和总投资1491.75万元的周边湿地生态效益补偿试点项目，“两江四河”流域造林工程完成造林6511.05亩，项目总投资2112.24万元，完成率100%，成活率达到85%以上，安全屏障防护林体系建设项目完成造林94041亩，总投资4702万元，完成率100%，成活率达到85%以上。重点区域生态公益林建设工程完成造林1945亩，项目总投资677万元，完成率100%，成活率达到85%以上，拉萨河谷河滩地造林项目（亮点工程）完成造林4896.9亩，项目总投资1903.6万元，完成率100%，成活率达85%以上。

【城市园林绿化】 年内，公园绿化苗木进行病虫害调查分析，主要虫害为蚜虫、秋四脉棉蚜、潜叶蛾、榆白长翅卷蛾、榆树叶甲、蚧壳虫、金龟子等，拉萨市内所有路段的树木、公共绿地及绿化带进行全面的喷药防治；完成拉萨市城市绿化总体规划的编制，江苏省规划设计院完成《拉萨市城市绿化总体规划（2016—2020）》编制；处理经审批修剪、移植、砍伐树木102起，交通事故损坏绿化事件19起，上缴财政绿化绿地补偿费用81.31万元。完成2186棵古树名木登记挂牌工作；从陕西引进北美海棠450株、红叶石楠球500株、高杆红叶石楠450株、美国红枫150株、日本红枫160株、白皮松160株、西府海棠400株、红叶碧桃250株栽植于园林局东郊苗圃院内，苗木长势良好。

【义务植树活动】 年内，全市共有159家单位17400余人参加义务植树活动，植树面积约160亩，栽植苗木17395株，栽植品种包括榆树、杨树、雪松、山杏、竹柳。

（王荣达）

水利管理

【概况】 年内，拉萨市水利局紧紧围绕市委“环境立市”发展战略，以加大水利建设投入为支撑，以加快水利基础设施建设和全面加快推行“河长制”为重点，抢抓机遇、统筹兼顾、创新机制、合力攻坚，加大水利改革发展力度，细化工作措施，狠抓工作落实，确保各项目标任务都顺利完成。

【水利机构变动情况】 2016年1月29日，经拉萨市机构编制委员会同意设立拉萨市水利工程建设管理中心，为市水利局所属事业单位，正科级建制，核定事业编制5名（从市水利勘察设计院划转，调整后，市水利勘察设计院事业编制18名），经费来源为全额拨款，实行收支两条线管理。主要职责：受委托负责全市水利重点工程项目法人建设管理工作；参与全市水利重点工程立项前期规划、论证工作，负责承担项目初步设计、概算的核转和上报等工作；按照基本建设程序和批准的建设规模、内容、标准组织工程建设，做好项目建设的工程质量、工程进度、资金管理和安全生产管理等工作。

【重点水利工程建设】 年内，全市水利重点工程建设全面提速，实施灌区改造、水土保持、重点县小农水、水源地、中小河流治理等33个基础设施建设工程项目，澎波、达东、幸福、唐嘎、东风、桑珠林等10个灌区改造工程新建和改造干支渠211.69公里，新增和改善灌溉面积141.万亩，新建达孜县城水源地工程，增加供水能力235万立方米，实施城市防洪工程、拉萨河干流治理工程和中小河流治理工程，新建和加固堤防70.97公里，重点城镇和中小河流重点河段的防洪标准得到提高。2016年，下达水利工程建设目标任务3.2亿元，实际完成投资6.2亿元，超额完成建设任务93.75%。加快推进拉萨河城区段综合整治工程建设进度，12月，2#闸已完成蓄水，4#闸建设进展顺利，5月完成蓄水，1#、5#、6#闸前期工作全面启动。

【民生水利建设】 年内，市水利局以精准扶贫工作为契机，紧密结合水利行业实际，成立“拉萨市水利精准脱贫领导小组”，制定《市水利局关于水生态保护与村级水管员岗位分配方案》和《以补脱贫水生态保护和村级水管员考核管理办法》，提供水生态保护和村级水管员岗位1275个，其中水资源管护员和水土保持监督员岗位907个，农业县和半农半牧村级水管员和山洪灾害防治设施看护员岗位368个，工资为3000元/人·年。2016年，全市饮水安全巩固提升及异地扶贫搬迁点人畜饮水安全工程总投资1800万元，共解决2228户、9007人饮水安全问题。为保障拉萨市城关区在全区率先完成“脱贫摘帽”，2016年，下达拉萨市的农村饮水巩固提升项目资金，优先解决城关区934户、3786人和曲水县南木乡6组部分群众的饮水问题。

【水生态文明建设】 年内，市水利局继续实施最严格水资源管理制度，落实“三条红线”控制指标，建立水资源费征收长效机制，制定了《拉萨市实施最严格水资源管理考核办法》，持续开展清理整顿拉萨市违法开采水资源专项行动，严格施工降排水取水许可审批；确定达孜县、曲水县、林周县等8个水功能区标示碑设立点；加大水土流失综合治理项目监督管理，实施曲水县俊巴村和格热村、堆龙德庆区巴热村水土保持工程；组织审查109个项目水土保持方案，对21个项目开展水土保持监督检查，对水土保持补偿费进行及时征收；召开首届“拉萨市水生态文明学术研讨会”；深入西藏大学、西藏藏医学院等地开展“水生态文明建设与实践”专题讲座活动；利用世界水日、中国水周等节点开展《中华人民共和国水法》《中华人民共和国水土保持法》《中华人民共和国防洪法》等宣传活动8次；成功申报以“拉萨河城区段综合整治工程”“南山绿化工程”及周边生态人文景观为依托的拉萨市拉萨河国家水利风景区。

【拉萨河治理】 2016年4月，拉萨市全面启动水环境治理工作，设立了拉萨河及骨干河流河长，制定下发《拉萨河水环境综合治理工作行动方案》和《关于加快推进拉萨河水环境综合治理工作的决定》，与责任单位签订《拉萨河及骨干河流水环境综合整治目标管理责任书》，明确整治内容和阶段目标，对辖区内河道周边的生活垃圾、生活污水进行有效处理；对城市水源地周边的12个排污口及违法建筑进行清理整治；对非法侵占河道、围垦河流、非法采砂等行为进行严厉打击，关停在河道内非法采砂点24个，探索建立起旁多、直孔及2#、3#闸的联合调度机制。市、县（区）、乡（镇）三级财政每年安排专项资金1000万元、200万元和20万元，用于拉萨河及骨干支流治理工作；按照主城区段每公里2人、乡村段每2公里1人配备河道管护专职人员，加强河道日常管护工作，切实保障河道安全、干净、美观，保护拉萨河的水生态环境。

【水利改革】 年内，市水利局对水利行政审批事项进行全面清理和规范，梳理143项内容，已全部向社会公示；新成立“拉萨市水利工程建设管理中心”，理顺内部科室业务关系，使各项建管工作正常运行；成立西藏农村饮用水安全水质监测中心拉萨分中心，实验室装修及设备安装调试工作已全部完成，工作人员进行操作培训；推进尼木县水务一体化改革进程；试点推行林周县小型水利工程管理体制改革；依托“西藏自治区人才资源开发专项资金项目”成立“胡春宏院士工作站”，聘请原政协主席、市水利局总工欧珠平措作为拉萨市水利局技术顾问，有效改善拉萨市水利高层次人才缺乏、水利科技支撑不足的问题。

【水利援藏】 2016年，水利部淮委和江苏省水利厅从人才、项目、资金、技术等多方面给予拉萨市水利局大力支持。江苏援助资金1545.21万元用于拉萨市防汛抗旱指挥调度系统工程项目建设，建设市级防汛抗旱指挥中心1处，区县级查询与应用分中心8处，水库河道水位雨量站28处，河道视频监测站17处等；援助300万元实施拉萨河闸站管理用房建设工程。选派10名水利系统优秀技术骨干进行为期60天的岗位锻炼。水利部淮委选派4名优秀专家对拉萨市水利局防汛抗旱、水政水资源、建设管理、质量检测工作进行为期半年的短期援藏，为全市水利事业发展提供人才智力保障。

（刘　莉）

防洪抗汛

2016年，拉萨市水利局立足于“防大汛、抢大险、救大灾”，落实以行政首长负责制为重点的防汛抗旱工作责任制，开展汛前大检查、大排查，对拉萨河城区段及拉萨市环城路、2#闸、4#闸等重点涉河在建项目及中小型水库、尾矿库、山洪灾害易发区安全隐患全面梳理排查，特别是对破坝穿堤工程逐个制定切实可行的度汛预案；对16座中小型水库汛期采取空库运行并定期巡检，多次与区防办、旁多水利枢纽管理局、国网直孔电站等部门的沟通协调，确保上下游信息畅通和行洪安全；对拉萨河城区段堤防4处险工段2.6公里进行加固维修，总投资396.8万元。2016年，全市防汛工作投入资金1334.72万元，消耗防汛物资61.49万条编织袋，58吨钢材，砂石3.01万方进行抢险，确保广大群众生命财产安全。

（刘　莉）

农业综合开发

【概况】 年内，市扶贫（农发）办共争取财政资金6810万元，实施农业综合开发土地治理项目6个，开发规模6.77万亩，其中，高标准农田2.22万亩，人工种草0.05万亩，生态综合治理4.5万亩。项目预计带动2912户、13244人增收。

【项目实施】 项目实施过程中，邀请农业、水利等行业专家对农发项目进行评审，探索建立委托社会中介机构进行项目评审验收的工作机制，确保资金安全有效和项目顺利实施。

（王少明）

综述

【概况】 年内，拉萨市工信局紧紧围绕贯彻落实中共十八大，十八届三中、四中、五中、六中全会和第六次西藏工作座谈会精神，按照区市经济工作会议、工信工作会议的决策部署，大力实施"产业强市"和"党建统市"战略，全力推进以净土健康产业、工业园区建设、产业招商引资、重大项目建设、节能降耗减排、信息惠民工程等为重点的工业和信息化工作发展，确保全市工业经济各项目标任务顺利完成。

【工业经济运行情况】 2016年，全市实现工业增加值52.86亿元，增长11.5%。完成工业税收12.6亿元，增长39.8%；完成工业投入110.07亿元，下降4.8%。其中采矿业完成投资44.44亿元，增长-36.1%；制造业完成投资27.42亿元，增长12.7%；电力业完成投资38.2亿元，增长75.4%。全市规模以上工业企业71家，实现产值108.2亿元，实现销售产值100.5亿元，实现工业增加值45.2亿元，增长10%（可比价），占全区工业企业增加值的60%，同期上升2.3个百分点。

（阿怀萍）

工业

【园区发展】 年内，市工信局充分运用规划引导、政策扶持、资金支持、考核激励等措施办法，加快各工业园区基础设施和服务体系建设，增强园区承载力和凝聚力，促进产业集群化发展，吸引企业向园区集中、向园区聚集。全年园区实现工业总产值44.05亿元，工业销售产值42.35亿元，工业税收5.65亿元，分别增长16.6%、15.3%、25.6%。

【召开全市工业经济发展工作会议】 4月25日，拉萨市召开全市工业经济发展工作会议，副市长王国臣、自治区工信厅副厅长周虎等领导出席会议，市直相关部门、各县（区）政府、各县（区）工信局、全市规模以上工业企业、驻市金融机构、电信运营公司、市供电公司负责人共计130余人参加会议。

【水产业发展】 2016年，全市天然饮用水产量55.61亿吨，增长62%；产值11.75亿元，增长55%；销量45.86万吨，增长63%；销售收入7.9亿元，利润总额1.2亿元，增长58%；上缴税金6482.67万元，增长51%。全市获得天然饮用水生产许可的企业达21家，新投产企业2家。完成《拉萨市天然饮用水产业发展规划（2016—2025）》的编制工作，撰写《拉萨市天然饮用水产业成本分析报告》《拉萨市天然饮用水产业标准化体系建设调研报告》等材料，为拉萨市天然饮用水产业健康发展奠定扎实的基础。

【企业扶持】 年内，市工信局积极推动拉萨市中小企业公共服务平台建设，加快构建支撑力强、辐射面广、资源聚集、布局合理的中小企业公共服务平台体系建设，为中小企业在政策、信息、咨询、培训等方面提供全方位服务。缓解中小企业融资需求。有针对性的帮助拉萨市工业企业，特别是净土健康企业，争取金融信贷支持，切实解决中小企业融资难问题，2016年，为中小企业融资担保45个项目，担保融资公司在保责任余额16300万元；累计担保项目143个，累计担保责任额61054.37万元，缓解中小企业融资难题。2016年，全市34家民族手工业企业总资产达1.35亿元，实现产值4.99亿元，增长19.9%；实现销售收入4.54亿元，增长19.02%；实现利润4037万元，增长15.6%；上缴税金396万元，从业人员达到1640人。

【节能降耗】 年内，市工信局继续加大节能降耗和淘汰落后产能的工作力度，推进企业节能降耗，完成节能减排目标，对全市水泥等重点用能企业开展节能监察，关停落后水泥生产线，推进120万吨新型干法水泥生产项目建设；抓好企业、工业园区的循环化改造，积极推进全市工业企业创建清洁生产示范企业工作；加大节能新技术、新工艺、新设备和新材料的开发和推广应用，积极推动全市新能源公交车替换工作；强化安全生产责任，年初与各国有企业、特种行业企业签订《2016年安全生产目标责任书》，组织全市68家规模以上工业企业、15家国有企业、3家民爆产品生产企业，举办多期安全生产培训班；在企业中开展“质量标杆”“品牌创建工程”活动，积极申报拉萨市《消费品工业“三品”战略示范试点城市》并以此作为载体，推动“质量强市”工作。

【小微企业创业创新】 年内，市工信局相继制定完善《拉萨市小微企业创业创新基地城市示范工作方案》《拉萨市小微企业创业创新基地城市示范奖励专项资金使用管理办法》《拉萨市加快小微企业创业创新的若干政策措施》以及拉萨市“两创示范目标绩效考核框架体系”；将35个众创建设、22个创新基地建设工作任务分解到各县（区）、各园（区），拉萨市工信局建设的小微企业创新创业综合服务中心已经启动，待确定最终设计图纸后开工建设；小微企业综合云服务平台的可行性研究报告已经完成，正在起草拉萨市中小微企业公共服务网络平台建设项目申报方案。

【自身建设】 年内，市工信局认真开展“两学一做”学习教育活动，牢固树立“说办就办，马上就办”的工作作风，不断加强思想、组织、作风、队伍和廉政建设，通过转变职能，改进工作作风，提高服务水平，机关干部职工作风面貌焕然一新，为完成各项工作任务提供坚强保障。

【综治维稳】 年内，市工信局实施“法治稳市”战略，切实做好局（委）系统社会管理综合治理和维护稳定工作；严格落实各项维稳措施，切实严肃维稳工作纪律，高度重视节假日、重要日期间的安全防范和应急值守工作，建立健全机关和企业各类突发事件的应急预案，全力做好矛盾纠纷排查化解工作，切实抓好企业安全生产工作，确保社会局势长治久安。

（阿怀萍）

市属国有企业

拉萨市城市建设投资经营有限公司

【概况】 年内，拉萨市城市建设投资经营有限公司紧紧围绕市政基础设施建设、专业市场运营、房地产开发、建筑建材生产、城市水务、土地一级收储开发等业务板块，发挥国有企业市场引领和辐射带动作用，全面实现资产增加、企业增效、员工增收，截至年底，公司资产总额276亿元。

【项目建设】 年内，拉萨市城市建设投资经营有限公司作为精准扶贫易地搬迁工作的融资代建主体，公司在全面确保工程质量的前提下，七县一区19个精准扶贫易地搬迁点已于2016年已全面建成，实现2900余户贫困户搬迁入住。多渠道筹措建设资金，完成多条市政道路建设工作，有效改善市民出行条件。公司代建的拉萨环城路项目在2016年底实现通达，S5快速通道已按期开工并超额完成建设任务。强势推进纳金水厂、教育城二期、顿珠金融城等重点项目建设工作。

【关联产业建设】 年内，拉萨市城市建设投资经营有限公司为优化城市功能布局，公司投资约31亿元，开展十大市场建设。截至年底，东嘎农贸市场、铁器电焊市场、二手车交易市场、驾考中心、牛羊屠宰市场、生产资料物流中心已全面投入运营，木材市场已进入试运营阶段，钢材市场即将启动招商工作。其余专业市场建设工作正稳步推进，初步形成“入行归市、科学管理”的市场运营机制。加大对城投建材公司的投资，年内，公司全面实现备混凝土、墙体材料、建筑门窗、外墙保温材料等大宗基础建材的自产能力，大幅降低建设成本，提高企业盈利能力及竞争力。

【党建工作】 年内，拉萨市城市建设投资经营有限公司按照“党建统市”的战略要求，结合党建工作实际，全面加强基层党组织建设工作，全力推进公司党建工作再上新台阶。通过党的群众路线教育实践活动、三严三实、忠诚干净担当专题教育、“两学一做”学习教育，加强政治理论学习。严格执行“三重一大”决策制度，通过书记办公会、党委会、董事会等形式研究决策公司重大事项，形成“党委统一领导、部门各负其责”的领导体制和工作机制。按照“一岗双责”的要求，公司切实履行党委主体职责和纪委监督职责，严格执行各项廉洁自律要求。

（隆 印）

石油天然气销售

【概况】 中国石油天然气股份有限公司是中国石油天然气股份有限公司西藏销售分公司下设的地市级经营单位，主要在拉萨地区成品油批发和零售经营业务，公司下辖29座加油站覆盖拉萨市7县1区的行政区域。全年成品油销售达到30余万吨，确保拉萨市场成品油的正常供应。

【履行责任】 年内，中国石油天然气股份有限公司始终坚持“奉献能源、创造和谐”的宗旨，秉承“爱国创业，求实奉献”的企业精神，认真履行国有企业的政治、经济、社会责任、为实现地方经济跨越式发展和社会长治久安发挥积极作用。围绕拉萨市经济社会发展，深入市场调研，及时调配市场所需油品类型，严格执行发改委定价，有效保障拉萨市成品油市场的稳定；深入开展市场调研，组织召开6次市场调研和现场管理座谈会，多次赴拉林高速、拉林铁路、矿山等重点工程项目现场开发客户，组织客户走访慰问，全年新增直销客户18家，拜访客户3次。

【完善网络】 年内，中国石油天然气股份有限公司参照市场调研分析结果，结合拉萨市规划发展重心，推广9个网点新建工作，持续完善现有网点功能。配合拉萨市发展规划，形成与拉萨市经济社会发展相适应的成品油销售网络。

【信息化建设】 年内，29座加油站资金平台上线使用，全年开展信息化专题培训8次，将中和、中兴、中械等3座站打造为拉萨公司信息化示范站和员工培训基地，营造浓厚的学习信息化、应用信息化工作氛围。加油站四大应用系统全面推行，远程监控指挥系统建成，电子公文、网上报销操作逐步规范化，层级系统运维和应急管理机制不断健全，加油站日常操作与监管实现信息化。

【精细化管理】 年内，中国石油天然气股份有限公司坚持业绩导向、顶层设计、程序至上、注重执行、量化评价的原则，从基础原理、预算管理入手，细化各项工作措施，明确个体工作责任，量化评价员工工作，科学考核员工绩效，管理工作日渐规范、精细、完善。

（王国芓）

拉萨布达拉旅游文化集团有限公司

【概况】 年内，拉萨布达拉旅游文化集团有限公司不断深化企业改革，依托拉萨特色旅游文化资源，打造纳木错国家公园景区、慈觉林中国西藏文化旅游创意园区《文成公主》藏文化大型史诗剧、迎亲大桥商业街、旅游汽车运输、特色精品酒店、拉萨河水上游、旅行社、智慧旅游等多个领域的项目，并组建拉萨布达拉通用航空产业发展股份有限公司以及拉萨雪鹰通用航空股份有限公司，主要负责对国内市场进行航空器租赁等相关业务。

【纳木错景区建设】 年内，拉萨纳木错景区保护开发有限公司加大旅游基础设施建设的投资力度，提高景区管理服务人员的综合素质。2016年，共接待游客约64万余人次，门票收入达6800万余元，景区内其他收入达到48万元。

【《文成公主》藏文化大型史诗剧工作】 年内，拉萨布达拉旅游文化集团有限公司加强了管理、加大资金投入和科技提升、加强宣传推广力度及市场营销，使得门票销售业绩持续增长，2016年累计共演出186场，出票26.5万多张，门票收入达1亿多元。

【西藏非物质文化遗产体验园及《金城公主》室内历史舞台剧项目】 年内，西藏非物质文化遗产体验园及《金城公主》室内历史舞台剧项目正式启动，项目总占地200余亩，建筑面积16万多平方米，总投资10亿元。此项目是在《文成公主》藏文化大型史诗剧及慈觉林藏院风情街成功打造的基础上，对西藏非物质文化进行深层次的挖掘、极致化的聚合和历史化的传承，有望活化成为新型的文化旅游产品，避免天气因素的制约，打破“拉萨冬季旅游项目稀缺”的桎梏。

【搭建智慧旅游平台】 年内，拉萨布达拉旅游文化集团有限公司与浙江深大智能科技有限公司和西藏湖天旅游开发有限公司合作，共同组建成立拉萨布达拉智慧旅游有限公司。公司已开始承接纳木错门票营销工作和自建平台建设，同时，在积极整合自有资源的前提下与区内多家景区景点开展线上线下业务合作。另外，公司为丰富线上销售产品，布达拉旅游集团有限公司针对西藏旅游市场设计适用于智游宝平台、微信平台的产品，并将产品打包上线，如纳木错景区门票、羊八井地热温泉门票、纳木错景区+羊八井地热温泉、羊八井地热温泉+住宿等产品。

（李国斌）

拉萨置地投资开发有限公司

【概况】 拉萨置地投资开发有限公司主要经营内容是土地一级开发，包括征地拆迁补偿款的融资和基础设施的建设。同时完成市委、市政府下达的其他项目资金筹措任务。2016年，公司共取得融资贷款共计65.6亿元，其中，拉萨顿珠金融产业园征地补偿款1.5亿元；拉萨教育城二期征地补偿款9.6亿元；拉萨教育城二期基础设施建设4.5亿元；南北环线50亿元。

【基础设施建设】 年内，拉萨市顿珠金融产业园项目的市政工程及配套设施建设投资约2.5亿元。现完成工程总量约为0.72亿元。教育城二期基础设施建设项目投资约6.46亿元。基础设施建设包含道路工程（约14公里）、涵洞工程、给水工程、排水工程、路灯工程、绿化工程、交通安全设施工程、供配电工程、燃气工程等其他附属设施。该项目于2016年9月1日开工建设，已完成投资额1.2亿元，拨付建设资金0.5亿元。

（段媛媛）

拉萨市净土产业投资开发有限公司

【概况】 年内，拉萨市净土产业投资开发有限公司通过国有资产整合重组，规模不断壮大。截至年底，旗下拥有八一农场、拉萨净土商贸有限公司等18家子公司，其中国有资产划转8家、国有独资企业5家、国有合资1家、混合所有制企业4家。在职员工共计303人。

【品牌建设】 年内，拉萨市净土产业投资开发有限公司完成“拉萨净土”17类系列商标注册工作，商标类别涵盖“食品、饮品、药品、饰品”等领域。为拉萨市净土健康产业迈向市场化、品牌化发展奠定基础，为拉萨市净土健康产品走出去提供有力保障。公司多举措宣传“拉萨净土”品牌。依托拉萨净土男子篮球俱乐部、男子足球俱乐部，参加全国男子篮球联赛、全国足球业余联赛等赛事以及通过广告、刊物、宣传片等方式有力宣传“拉萨净土”品牌。独家冠名央视中文国际频道以“拉萨净土、欢乐一家亲”为主题的2017年小年夜晚会，赞助冠名“你好拉萨·2017跨年演唱会”，使“拉萨净土”品牌的知名度、影响力显著提升。

【项目建设】 年内，拉萨市净土产业投资开发有限公司投资1300万元实施净土藜米项目。在空港新区流转土地924亩、收获原粮2.5万余公斤，委托加工成品净土藜米2万公斤。按照“项目+精准扶贫+驻村工作”机制，实现多方共赢。为当地剩余劳动力222人提供就业机会，其中精准扶贫对象23户87人，精准扶贫对象人均收益5000余元，实现群众劳务增收60余万元。拉萨净土种植基地转移劳力效果明显。1800亩枸杞基地、500亩金银花基地，转移剩余劳动力340余人，人均收益3000余元。藏鸡繁育保种推广工作扎实推进。2016年，共孵化藏鸡苗近5万羽，推广发放鸡苗3.5万羽，存栏1.5万余只。圆满完成拉萨白鸡、纯种藏鸡的全年保种任务。

【篮球俱乐部建设】 年内，拉萨净土篮球俱乐部顺利完成2016年各项体育赛事。篮球俱乐部成功申请“最高海拔篮球主场”吉尼斯世界纪录；俱乐部青年队球员普琼和江措参加与美国AAU代表队的比赛，国际篮球赛事中首次出现藏族球员；俱乐部球员仁青曲扎荣获国家级篮球“运动健将”称号。

（王　艳）

拉萨市暖心燃气热力有限责任公司

【概况】 年内，拉萨市暖心燃气热力有限责任公司完成年度生产经营计划目标，各项主要经济指标均达到历史最好水平，实现公司成立以来的“三个重要突破”，即实现扭亏为盈的突破，实现营业收入超过1亿元人民币的突破，实现主营业务跨地市拓展的突破。

【生产运营】 年内，拉萨市暖心燃气热力有限责任公司对建城区319公里主次干燃气管网和2389公里庭院管网进行集中吹扫；完成319公里的主次干燃气管网24次巡检工作任务；完成2386公里庭院管网2次巡检工作任务；完成对966个调压箱巡检12次的工作任务，完成对调压箱保养擦拭2次；埋设示踪球4320个，更换有问题井盖79处。公司安全生产投入全年共计2098.4万元，分别用于购置燃气设备、抢险应急车辆、燃气工具等。

【安全生产】 年内，拉萨市暖心燃气热力有限责任公司共开展“安全宣传进小区”活动36次，发放安全用气手册7000余份，城镇燃气管理办法共3000余份，发放宣传资料共计11000余份，入户进行现场讲解宣传燃气安全使用知识共100余户；开展“安全教育”培训3次21期，“技术安全专项培训”3次，有68名员工取得区住建厅组织颁发的安全管理资格证书、管道燃气操作证书。

【客户服务】 年内，拉萨市暖心燃气热力有限责任公司“96188”客服热线，接入热线89425起，已处理完成88624起，未完成399起，待完成402起，完成率达99%，客户满意率达96%。为满足广大用户实际需求，公司在新建综合服务大厅收费的基础上，在拉萨市区建设银行设立17个网点374台ATM机和手机APP代收气费。

【惠民落实】 年内，拉萨市暖心燃气热力有限责任公司申领天然气补贴共3500.81万元；发放灶具补贴232.3万元；发放电采暖补贴2014—2015年度17228户783.48万元，2015—2016年度17707户2221.12万元。

（王晓宇）

拉萨市交通产业集团有限公司

【概况】 年内，拉萨市交通产业集团有限公司有干部职工8476人。其中，集团公司68人，公交运营公司1190人，两家国有出租汽车公司3405人，悦通站务公司131人，悦吉旅游公司1010人，公交驾校26人，岗嘎旅游公司1012人，悦腾旅游公司929人，悦佳保洁137人，集散监控49人，顺达客运519人，年内，公交运营公司营运车辆522台，营运线路34条，线路总里程672.4公里，营运总里程2568万公里。日均客运量23万多人次，2016年客运总量为8308万人次。2016年，共办理老年卡4166张、拥军卡281张，学生卡238张，仅免费乘坐公交车人数达到10314953人次。两家出租公司拥有出租汽车1660辆，分别由公交出租、恒安出租两家国有公司经营管理；旅游客运车辆2838辆，由悦吉旅游汽车公司、悦腾旅游汽车公司、岗嘎旅游汽车公司经营管理；悦通公司经营3个在西藏境内的国家一级客运站，分别为西郊客运站、北郊客运站、柳梧客运站。

【智能信息运用】 年内，拉萨市交通产业集团有限公司根据出租车行业的需要，量身定制的出租车综合信息管理系统，为企业提供车辆准确定位、监控调度、信息服务和财务结算等服务，系统调研已在2016年2月完成；旅游集散中心系统建设已完成，从2016年3月至5月对全市的旅行社应用、旅游车辆数据、旅游车驾驶员已完成培训；为解决市民出行难等车难的问题，“车来了”智能APP平台可以在手机上实时显示公交车的行程动态，“车来了”智能APP平台现已投入运行；与移动公司合作，投资900万元，先期在8路公交线路示范建设公交电子站牌，2016年5月，投入示范运营。

【新增IC卡种类】 年内，金融IC卡、手机闪付系统在公交车已实现全覆盖，1480辆出租汽车安装金融IC卡刷卡机。

【绿色公交】 年内，拉萨市交通产业集团有限公司完成36辆气电混合新能源公交车投放运营工作，新能源公交车总数达到184辆，占车辆总数的35%，新增公共自行车租赁点2处，投放公共自行车20辆，自行车租赁点总数达到17个，共投放公共自行车260辆，设置机柜17个，售充点5个，节能减排工作的有力落实，切实为建设国家生态安全屏障、建设高原生态文明城市做出有益贡献。

【职工实践活动】 9月16日，拉萨市交通产业集团有限公司结合拉萨市交通产业集团“两学一做”学习教育实施方案、“一树两抓三比四提高”活动方案，为树立员工坚定理想信念，强化敢于担当有作为意识，激发员工恪尽职守、创先争优的工作热情，在集团系统内举办“两学一做”学习教育主题演讲比赛。开展结对帮扶活动。结合“党员干部进村入户、结对认亲交朋友”活动要求，引导广大党员发扬雷锋精神，佩戴党徽，深入结对帮扶百姓家中做好事、办实事、解难事，深化“交朋友、听民声、解民忧”活动实效，密切党群和干群关系，树立交通产业集团良好的形象。“金秋助学”活动。2016年，资助集团职工子女35名，资助金63000元；资助空港新区甲日村农牧民子女25名，资助金50000元；资助柳梧新区柳梧乡困难农牧民子女47名，资助金94000元，共计资助107名（初中生2名、高中生5名、大专/本科100名），资助金207000元。开展多次交通安全宣传活动。在6.16安全生产咨询日和12.2全国交通安全日进行户外交通安全宣传活动，履行企业社会责任，提升全民安全素质。开展“玉柴杯”驾驶员技能比赛。通过提高驾驶技能，凝聚安全驾驶正能量，创建平安交通新形象。开展安全生产月活动。利用安全生产月契机，开展系列教育培训宣传，首次组织开展交通产业集团“守护生命”安全知识竞赛等活动，有效强化集团系统安全发展观念。开展平安交通建设行动。开展系列安全检查活动，增强忧患意识、“红线”意识和责任意识。

【便民设施】 年内，拉萨市交通产业集团有限公司运营车辆总数为300辆出租汽车、522辆公交车，更新128辆出租汽车、36辆新能源公交车，新建2处公共自行车租赁点、9个车棚缓解了广大市民群众的出行困难。

（徐春林）

八一农场

【概况】 2016年，八一农场实现总收入2952万元，其中营业收入2054万元，实现利润总额842万元，上缴税金719万元。截至年底，农场资产总额为32110万元，其中土地资产12595万元。

【农垦改革】 年内，八一农场认真学习《中共中央 国务院关于进一步推进农垦改革发展的意见》、农业部农垦局《关于深化农垦改革专项试点工作方案》、农业部部长韩长赋等领导在全国农垦工作会议上的重要讲话精神、《中共西藏自治区委员会办公厅西藏自治区人民政府办公厅印发〈关于进一步推进全区农垦改革发展的实施意见〉的通知》及2016年8月23日西藏自治区农垦改革会议上坚参副主席、国家农业部农垦总局王守聪的重要讲话精神。年内，参加8月25日国家农垦总局在林芝市召开的对口援建工作会议，与首农集团就对口援建农场事宜进行协商；9月，参加在安徽滁州举办的中国农垦联盟成立系列活动，积极申报材料，加入中国农垦联盟，成为中国农垦联盟常务理事。根据市政府专题会议纪要，自2016年4月1日起，农场的债权、债务和人员已全部划归拉萨市净土产业投资开发有限公司，将分散化的优势产业资源进行整合重组。并由市净土公司委托的中介机构——北京中瑞诚会计师事务所有限公司西藏分所进驻农场，对农场所有资产进行清理、盘点、核实、登记；出具《拉萨市八一农场清产核资审计报告》，审计结果农场已确认。年内，根据《中共西藏自治区委员会办公厅西藏自治区人民政府办公厅印发〈关于进一步推进全区农垦改革发展的实施意见〉的通知》“拉萨市要在2016年度办理完成八一农场所有土地确权手续，确保土地权属清晰无误”及市政府关于《国土规划类专题会议纪要》精神，农场配合中介机构完成场属所有土地指界，对大佛岛土地重新进行测绘。年内，根据上级相关文件精神和自治区农牧厅、拉萨市农牧局要求，结合农场实际拟定《拉萨市八一农场关于农垦改革试点内容及工作计划的报告》《拉萨市八一农场农垦改革工作实施方案》《拉萨市八一农场办社会职能改革申报书》《拉萨市八一农场深化农垦改革专项试点任务书》《拉萨市八一农场“十三五”时期扶贫规划》《拉萨市八一农场“十三五”规划》。

【民生工作】 年内，八一农场投入39.88余万元为职工办实事。藏历新年前，农场对216名“老党员、老干部、特困户、退休困难职工”进行慰问，共发放慰问金21.6万元；通过与各联营单位积极协调，对符合用工条件的职工家属、子女积极推荐实现就业9人；主动协调市住建局、施工方等相关单位解决在供暖工程中农场职工房屋受损赔偿问题；为当年考入区内外大学的12名职工子女发放考学补助资金，共计2.3万元；年内慰问生病住院及去世职工家属34人次，送去慰问金3.98万元；为农场31名公益性岗位缴纳三险共计12万元。

【驻村工作】 年内，八一农场驻村工作队帮助设兴村“两委”班子健全《村规民约》，建立《堆龙德庆区马乡设兴村值班管理制度》，协助制定《设兴村2016年防震减灾应急预案》等；在妇女节、儿童节、建党节、望果节等节日，农场投入资金共1.66万元在设兴村开展相关庆祝活动；春节、藏历新年期间，农场投入资金2.3万元慰问设兴村“三老”人员、“五保”户、低保户、孤寡老人、贫困群众175人次；为当年考入区内外大学的19名大学生发放考学补助资金，共计1.9万元。年内，投入为民办实事经费9万元，为设兴村购买2台收割机；帮助设兴村申请村级文化站项目资金9.6万元，解决设兴村精准扶贫户巴桑次仁就业问题。年内，设兴村集体经济收入达76万元。

【综治工作】 年内，八一农场严格按照上级有关部门的部署和要求，扎实做好维护社会稳定工作。坚持24小时值班和领导带班制度，配合堆龙德庆区消防总队、金珠西路派出所等部门在人口密集区八一农产品市场和物业管理办开展消防演练，进行消防安全知识宣传。同时，场属各单位全面排查安全隐患，对排查出的问题及时解决，保证职工群众生命财产安全。年内，农场新招聘保安4人加强综治工作力量，强化防控措施。年初与各支部签订《社会治安综合治理目标责任书》，将干部职工全年的综治工作完成情况纳入全年目标考核中。召开2016年度综治工作表彰暨2017年综治工作部署会议，做到奖惩分明，责任追究到位。年内，农场综治工作共计投入资金48万余元。

【重大项目建设】 年内，八一农场完成标准化蔬菜生产基地（二期）工程建设，并联合市农牧局、市财政局等部门对二期温室进行验收。按照农场项目发展计划，从内地引进品质优良的桃苗、果树苗共16000株，种植面积100亩。年内，农场在八一农场退休小区内建设北京受援八一农场党建活动中心。项目总投资为750万元，全部申请由北京援藏资金解决，该项目已进入概算评审阶段。根据市委、市政府《拉萨市城区农贸市场发展规划（2016—2025）》部署，农场党委高度重视场属八一农产品市场标准化建设改造项目，为将农产品市场打造成全市农贸市场样板工程，农场积极申请到项目资金500万元，该项目已进入招投标阶段。

（张晓琴）

开发区·工业园区

西藏空港新区

【概况】 西藏空港新区总面积378平方公里，规划面积89平方公里，距离拉萨市56公里，山南市107公里，贡嘎县城9公里。毗邻区内最大军、民两用航空港—拉萨贡嘎机场，所在地海拔3600米。101省道横贯其中，交通方便，信息灵通，物产丰富，素有西藏“窗口”“门户”之称。

空港新区下辖甲竹林镇和6个村（居）委会（甲竹林居委会、沃拉居委会、朗杰林居委会、甲日新村村委会、甲日村委会、甲日普村委会），31个村民小组，共2337户，总人口8184人，劳动力4240人。共有中心校2所，双语幼儿园3所，教学点3个；寺管会1个，寺庙3座；1所卫生院，5个村级卫生室；1个派出所，1个空港便民警务站。

【经济发展】 2016年，西藏空港新区生产总值实现25715.74万元，农村经济总收入18420.6159万元，平均农村居民纯收入14236元，社会消费品零售总额4238.2元，全社会固定资产135881.52元。

【管理机构】 年内，西藏空港新区按照相关通知要求，市政府根据西藏自治区机构编制委员会的相关批复精神，制定下发《西藏空港新区管理委员会办公室主要职责内设机构和人员编制规定》，市委制定下发《关于成立中共西藏空港新区管理委员会的通知》，明确提出西藏空港新区管理委员会办公室为空港新区管理委员会正县级常设办事机构及其党的组织体制设置，下设6个内设机构，3个事业单位。2016年底，空港新区机构设置工作已全面完成，有干部职工39名（借调15名）。

【机场三期改扩建征地拆迁】 年内，拉萨贡嘎机场航站区改扩建工程占地922亩，新建航站楼8.8万平方米，按照2025年旅客流量达到900万人规模进行设计施工。征地拆迁涉及2个村、3个居民小组，涉及居民154户、552人，房屋198栋，建筑物面积60535平方米。其中，村组集体建筑物、构筑物4栋，外来商户4家，本地商户8家。2016年6月24

8月，拉萨贡嘎机场征地拆迁测量

日，自治区下达拆迁工作任务。8月14日，完成全部地上附着物的测量工作。8月22日，拉萨市出台《拉萨市人民政府关于机场航站区三期改扩建工程征地标准及安置政策的批复》。10月16日，签订《土地征收协议书》。2017年3月22日，完成全部拆迁户的《地上附着物征收补偿协议书》的签订工作。

【项目建设】 年内，西藏空港新区管委会积极拟定《西藏空港新区“十三五”项目建设规划》项目库，总投资1546176万元。其中，基础设施项目25个，投资1107930万元；农牧业项目共6项，投资94600万元；社会事业项目8项，共投资17600万元以及环保类、清洁能源类等项目。

【社会治理】 年内，西藏空港新区管委会扎实有序地推进空港新区范围内环境卫生和户外广告等综合整治工作，2016年解决垃圾压缩转运车和日常运行经费合计153万元。2016年，建立城市管理人员队伍，加大城市管理执法力度；积极开展禁白工作。2016年与星星建筑有限责任公司签订保洁协议，针对101省道、西藏空港新区辖区周边进行保洁服务，总投资47万元；圆满完成2016年环保违法违规建设项目清理工作；积极治理餐饮业油烟污染，检查餐饮单位72家，提出整改意见书12余条；全面落实辖区内燃煤锅炉禁用和淘汰措施。

【脱贫攻坚】 年内，空港新区作为2016年拉萨首批全面脱贫的三个县区之一，经过选评公示程序，全区共识别出建档立卡扶贫对象267户878人。建设搬迁安置点1个，搬迁总投资2154万元，带动359人建档立卡贫困户实现脱贫；落实生态岗位，实现429人以补脱贫，每人年增收达3000元；完成精准扶贫转移就业159人。新区建档立卡贫困户社会保障兜底157人，发放上半年低保金569557元。实施藜麦种植项目924亩，带动贫困户25户87人，带动当地剩余劳动力54户215人，实现人均增收7000余元。积极筹建汽车租赁公司和物业公司，带动当地群众就业。合作建设一家电线杆厂，总投资1000万元（其中企业投资900万元，精准扶贫产业资金投入100万元）。

【社会事业】 年内，西藏空港新区管委会帮助村（居）党组织培养入党积极分子36名，帮助基层落实好党内激励关怀帮扶资金25500元，帮助解决村级组织工作经费46000元，协助村（居）“两委”开展活动35场次，召开村情民意群众会15场次，走访居民2503户，积极化解和妥善处理各类社会矛盾1件，排查调处与邻乡、近村之间草场、水源、矿产等矛盾纠纷4件。帮助村（居）发展集体经济实体3个，合作经济实体3个。2016年，再就业培训100人，农牧民转移就业培训843人，职业介绍900人次，开发就业再就业岗位953个，实现新增就业893人，工伤保险参保145人，大病救助9人、慢性病救助43人，上半年完成门诊报销436072.17元，报销率达到100%；合作医疗住院报销240000元，报销率达到100%，落实“三包”及营养改善经费302.3539万元。

【维稳工作】 年内，西藏空港新区管委会贯彻落实“依法治国”“依法治藏”基本方略，持续推进社会稳定治理。组建应急处突分队、预警侦察分队和“红袖标”治安协管队，深入开展隐

9月，区党委常委、市委书记齐扎拉视察黎麦项目

患大排查、社会面巡控、快速集结、反自焚反暴恐、应急处突实战演练，累计投入维稳力量503人。圆满完成2016年那若达布扎仓寺“久阿曲巴”、毕新寺“毕新米旺”等重大宗教活动、重要节点维稳安保任务。加强和创新寺庙管理，积极实施“9+5”工程，引导宗教与社会主义社会相适应。开展矛盾纠纷排查215起，妥善化解矛盾纠纷198起。强化安全生产，开展安全生产大检查大排查整治专项行动45次，消除安全隐患15次，实现全年重大安全事故“零发生”。

（宋　赟）

拉萨经济技术开发区

【概况】 拉萨经开区于2001年经国务院批准成立，是西藏唯一的国家级经济技术开发区，是国家工信部批设的全国新型工业化产业示范基地。园区位于拉萨主城区西侧，距市中心9公里、拉萨贡嘎国际机场45公里、拉萨铁路客运站2公里，青藏铁路从区内穿过，中尼、青藏公路临区而过，总规划面积5.46平方公里、分A、B两区。其中，A区作为首期开发建设用地，属建成区，B区开发建设全面展开，完成了“七通一平”等基础设施建设，已经满足企业投资建设的条件。2016年，国家循环经济示范园区和拉萨中关村科技成果产业化基地落户园区，全国净土健康产业知名品牌示范区筹建工作获国家质监总局批准。

【党的建设】 年内，拉萨经开区坚持党要管党的原则和从严治党的方针，按照民主集中制原则，制定党工委、管委会议事规则、党工委理论中心组学习、“三重一大”事项决策、领导干部问责、重大事项报告等14项议事和决策机制。坚持把规矩和纪律挺在前面，重点贯彻落实“准则”“条例”，明确“一岗双责、党政同责、齐抓共管”责任体系，细化“一岗双责”任务清单，制定《经开区党风廉政风险防控体系》。采取“请进来”“走出去”“自主培训”“赴外学习”等方式，加强沟通、主动协调，争取更多援藏人才、引进人才到经开区工作，形成了“人尽其才、才尽其用、人事相宜、充满活力”的人才选用机制。

【经济发展】 年内，拉萨经开区围绕“1234”发展思路，组建拉萨经开区投资发展公司，建立投融资平台，全面参与园区开发建设和运营管理。发挥金融杠杆的撬动作用，推动政银合作，银行授信额度高达170亿元；设立41亿元规模的产业投资基金、创业引导基金。充分发挥地缘优势和区位优势，全力推进拉萨综合保税区建设。大力发展“飞地经济”，在北京、深圳、上海、南京、成都等地设立6个产业交流中心。紧抓国家“一带一路”战略发展机遇，着眼于面向南亚开放中心城市的拉萨城市战略定位，加快推进尼泊尔·经开工业园建设，积极开拓南亚市场，倾力打造面向南亚开放的桥头堡。2016年实现地区生产总值63.18亿元，较上年同期增长10.3%；实现税收收入58.33亿元，增长10.2%；实现财政收入23.12亿元，增长20.2%；固定资产投资31.2亿元，增长30.4%；工业总产值33.8亿元，增长36%；工业增加值12.86亿元，增长21.1%；工业销售产值30.5亿元，增长22%；社会消费品零售总额14.6亿元，增长13.1%。

【招商引资】 年内，拉萨经开区牢固树立“亲商、清商、诚商”工作理念，变招商引资为招商选资，进行精准招商。2016年，新增注册企业1511家，引入包括“中核电力”“正大集团”“哇棒传媒”“江苏鱼跃”“北京碧水源”“灵思云途”“上海华宝香精”“杰诺康”“东方雨虹”“上海和鹰机电”等在内的50余家国际国内知名企业落户经开区，入驻企业质量明显提高、品牌效应显著增强，实体企业对园区的财政收入贡献率大幅提升。同时，通过自主培育和引进上市企业迁入，截至年底，经开区上市企业累计已达9家，拟上市企业已达25家。

【园区建设】 年内，拉萨经开区严格落实市委、市政府关于拉萨河河道综合整治工作的安排部署，河道整治工程一期全面完成、二期接近尾声，有效解决河道脏、乱、差问题。强化存量土地挖潜工作，下决心、下大力气解决经开区1600余亩闲置土地清理，实施道路绿化工程、天网工程、地面标志标线及交通设置工程、电力工程、亮化工程等，不断弥补和完善基础设施产业配套领域的短板，园区环境更加干净、更加优美。

【改革创新】 年内，拉萨经开区在全自治区率先启动公车改革试点工作，做到公车改革干部职工“零意见”、司勤人员“零诉求”、公务车辆“零资产”。推进简政放权、放管结合、优化服务改革，制定行政权力清单，对18项行政权力进行规范公开。严格贯彻落实相关文件精神，率先在全区出台支持园区企业发展的若干暂行意见。在全区率先实现“三证合一、五证合一、一照一码”以及个体工商户“两证整合”。及时出台《经开区协税护税工作实施意见（试行）》，成为全自治区首例政府层面的协税护税制度；金税三期工程如期上线运行，“营改增”全面铺开。同时，按照“布局优化、产业成链、企业集群、物质循环”要求，统筹园区空间布局，调整产业结构，优化资源配置，入选“国家循环经济示范园区”创建名录。

【民生事业】 年内，拉萨经开区按照全市扶贫工作统一部署，与拉萨市城投公司合作，投资建设425套扶贫搬迁安置房和549套小康安居房，供当雄县、尼木县有意愿的搬迁户入住。按照市委关于“经开区帮助尼木县实现财政收入过亿元、确保按时完成精准脱贫目标”的重大决策部署，推进拉萨经开区·尼木产业园规划建设，统筹尼木县产业布局，2016年尼木县财政收入首次突破亿元大关；出资近500万元，支持尼木县改善师生教学条件和医疗卫生设施，全力助推尼木县顺利完成精准脱贫任务。按照五大发展理念要求，出资近6亿元，支持全市重点项目建设，保证市政府财政“零负债”目标，真正让全市各族人民更多的享受到经开区经济发展的丰硕成果。

（郭德江）

8月12日，拉萨高新区众创空间举行启动揭牌仪式

高新技术开发区

【基础设施建设】 高新区核心区拟建设基础设施项目16个，总投资约22.62亿元，已全部委托市城投公司代建，已完成投资3亿元。

【招商引资】 招商引资意向入驻企业23余家，总投资约300亿元，其中，西藏宁算科技集团计划投资190亿元（一期投资29.5亿元），西藏电科北斗卫星基站总投资3亿元，西藏自治区科技厅孵化器总投资8亿元，高原发动机测试项目一期投资4亿元。

【“以升促建”工作】 科技部评估组于10月28日进行现场评估，对高新区产业发展定位和开发建设情况给予高度评价，列入国家发改委《中国开发区审核公告目录》工作稳步实施，公示完成后将报国务院审批。与北京中关村的科技交流合作成果显著，“拉萨中关村科技成果产业化基地”成功落户，将为推动拉萨科技创新、成果转化、创新驱动发展发挥积极作用。

（苏颜军）

柳梧新区

【概况】 “柳梧”为藏语音译，意为“山岩角”，因柳梧宗政府驻地建在境内一座山岩上而得名。柳梧新区属高原温带半干旱季风气候，平均海拔3700米，历史最高温度29度，最低温度零下

9月11日，科技部部长万钢，自治区党委书记吴英杰，自治区政府主席齐扎拉到拉萨高新区调研

17度，年平均气温7度，年均日照数3012小时，年均降雨量470毫米，无霜期为130天左右。植被主要是藏杨青、银白杨、北京杨、柳树、沙棘等，矿产资源缺乏，新区开发前经济以农业为主，林牧业为辅。柳梧新区代管1乡4村，土地总面积为305平方公里，总人口3万余人，其中农业人口4718人，城市人口2.5万余人，有卫生院1个，村级卫生室3个，小学2所，幼儿园4所，市级高中一所，寺庙5座，一级检查站2个，铁路护路19公里。

2016年，完成地区生产总值21.65亿元，完成目标任务的103.39%，增长15.8%；完成财政总收入9.36亿元，完成目标任务的126.66%，增长47.1%，其中公共财政预算收入6.74亿元，完成目标任务的110.5%，增长27.65%，基金收入2.62亿元，完成目标任务的218%，增长142.6%；完成固定资产投资68.2亿元，完成目标任务的100.13%，同比上年增长18.2%；实现招商引资到位资金50亿元，完成目标任务的101.19%，增长11.32%；农牧民人均纯收入达到12013.13元，增长19.2%；新增注册企业1165家，增长141.2%，新增注册资金554.21亿元，增长102.65%，注册企业1914家，总注册资金951.03亿元。

【项目建设】 年内，柳梧新区建设项目114个，市政府确定的5个重点项目中，中组团和顿珠金融产业园拆迁安置、北组团电网入地全部完成，高新区核心区基础设施陆续竣工，人才公寓一期项目主体已完工。达东村村容村貌整治暨扶贫综合（旅游）开发项目完成投资1.27亿元，已成为拉萨乃至全区民俗小康村落发展和假日休闲旅游的靓丽名片，先后荣获“中国美丽休闲乡村·历史古村”“中国乡村旅游创客示范基地”“第七批中国历史文化名镇名村”“2016美丽宜居村庄示范”及2016中国最美村镇生态奖等荣誉。投资3.68亿元实施的1000户小康安居工程、投资10.8亿元实施的北中组团隧道、投资5.6亿元实施的自治区妇女儿童医院、投资6000万元实施的文体中心游泳馆、投资1.8亿元实施的现代化农贸市场一期工程、投资1亿元实施的柳梧初中等一批惠民项目正在建设。

【楼宇经济】 年内，柳梧新区深挖楼宇经济集约型和密集型发展潜力，依托拉萨国际总部城引进太平洋保险、平安保险、中国铁塔、中电投等70余家企业，其中，央企和重点企业30余家，年产值达20亿元。君泰国际、冈仁国际、锦地广场等10余个商务写字楼吸引大批企业入驻，楼宇经济的产业集聚作用进一步发挥，形成集办公服务、商务配套、信息科技等为一体的产业链体系。

【金融业发展】 年内，顿珠金融产业园征地工作全面完成，基础设施加速建设，现代“金融城”推动金融业态发展的作用逐步显现，各类金融市场、要素市场、高端金融商贸业、金融专业服务业不断集聚，引进西藏第一家公募基金泓德基金、西藏第一家期货公司同信久恒期货、西南四板挂牌交易中心川藏股权交易中心及华林证券、华泰证券、东方财富证券等一批金融机构。

制定互联网发展规划，纳入柳梧新区“十三五”发展总体规划，建设网络创新中心和数据信息高地，打造“互联网+”经济新引擎。藏货通天下、京东、西藏商品交易中心、中锦华电商平台投入运营，西藏直旗林跨境电子商务公司、清数科技数据产业园等落户，实现互联网与传统行业深度融合、线下实体企业到线上互联网产业的群体聚集，有效促进传统产业转型升级。

投资2.5亿元打造的2.4万平方米的拉萨高新区N·次元众创空间已投入运营，作为“大学生创业园”和“小微企业创业创新示范基地”，为创业者提供办公配套、研发支持、创业创新辅导、投融资对接、宣传推广等全方位双创服务。截至年底，已有4家国家级实验室入驻，46家科技、教育、文化、特色产业等创业企业申请入驻，北京微景天下信息科技有限公司等前沿科技企业和拉萨隆达文化传媒有限公司等首届西藏大学生自主创业企业已完成入驻。

柳梧新区共有房地产开发项目25个，开发总面积272万平方米，总投资84亿元。2016年以来，房地产销售形势良好，降库存成效明显，住宅库存率约20%，非住宅库存率约35%。房地产的开发建设，在完善新区城市功能、改善人民生活、促进区域经济发展等方面发挥重大作用。

【城市管理】 年内，柳梧新区投资9001.49万元实施城市绿化养护和“五大公园”（梅园、噶琼拉康公园、桑旦林公园、健康步道、拉萨市第三高级中学公园）项目，投资2459.69万元对柳梧大道南段进行全面绿化提升，投资1256.78万元实施重点区域生态公益林造林1835.8亩，投资36.4万元实施重点区域经济林造林85.8亩，投资287万元在柳梧村、桑达村布局防沙治沙工程924.25公顷（13864亩），投资2538.39万元建设柳梧新区花卉苗木基地（光伏智能型温室），对拉萨河19公里河道、景观水系、沿山防洪渠卫生环境进行全面治理。加强湿地保护力度，投资200万元对察巴湖湿地进行清淤和垃圾清理工作，响应国家新能源发展战略，在新区安装新能源汽车充电桩4个，安装多功能智能化太阳能垃圾箱150个。新区绿化覆盖率大幅提升，生态环境全面优化。

5月19日，自治区人大常委会主任洛桑江村到柳梧新区调研

【脱贫攻坚】 年内，柳梧新区建档立卡贫困户147户517人，为确保实现整体脱贫，2016年设立扶贫专项资金1.15亿元，挂图作战，图表上墙，建立“321”帮扶机制和监测信息平台，落实扶贫项目7个，总投资1.7亿元，包括达东村村容村貌整治暨扶贫综合（旅游）开发、河滩地公益林种植、金银花观光带、3个村果林种植、德阳村砖厂改扩建、50户搬迁安置、莱组小区基础配套等，施工期间为贫困户提供就业467人，实现务工收入575.5万元，后期维护、管理、运营为当地群众72人提供就业岗位，月均收入3000元。出台《柳梧新区教育资助实施办法》，贫困户的小学、初中、高中在校生，每人每年分别给予1000元、2000元、3000元教育资助；考取大专、本科、硕士、博士的，一次性给予8000元、10000元、12000元、20000元奖励，每年给予5000元生活资助，并报销学费、住宿费、书本费、路费等。出台《民政兜底实施办法》提高寿星老人、残疾人、低保户、“五保”户等特殊人群补贴标准，寿星老人最高补贴至2000元/年，残疾人最高补贴至9600元/年。将德阳村、达东村贫困户中有劳动能力、责任心强的群众纳入护林员、草原监督员、河道管理员、农村公路养护

8月6日，科技部火炬中心考察调研拉萨高新区开发建设情况

员、城镇保洁员等岗位，兑现工资115.51万元，将278名公益性岗位、环卫工、铁路护路队员、专职护林员等岗位月均工资提高到3500元以上。设立合作医疗报销资金500万元、医疗救助基金200万元，解决农牧民“先看病后报销”引起的看病难问题。

【社会事业】 年内，柳梧新区共投入资金200万元，全面落实草原补奖、粮食直补、良种补贴、化肥补贴、农机具购置补贴等强农惠农富农政策，提高种植业科学化水平，新增村集体农机4台，实现农机使用全覆盖。加快发展优质教育，推进教育均衡化发展，义务教育阶段、学龄前儿童入学（园）率达到100%，开展“名校办分校”工作，教育质量大幅提升，投资600万元修建足球场、篮球场、购买教学设备，硬件设施不断改善。加强食品药品安全监管，完善制度，与食品生产流通单位、餐饮行业签订《食品安全责任书》，加大“三无”食品和过期霉变食品清查力度。完善民政保障工作，低保金ＡＢＣ三类分别提高20%，“五保”户提高至8000元/年，全年共发放各类民政补贴资金203万元，全面清退“政策保”“人情保”等，实现动态管理下的应保尽保、进退有序。逐步优化卫生服务，将农牧民合作医疗报销比例从70%提高到80%，困难群众再从大病统筹基金中补贴50%—70%，将14人纳入长期医疗救助范围。合作医疗集资人数达到100%，完成4577名城乡居民（包括25名僧人）和0—6岁婴幼儿体检工作。

（苏颜军）

文化旅游创意园区

【概况】 西藏文化旅游创意园区管委会是拉萨市人民政府派出的正县级机构，管委会下设党政办公室、经济发展局、国土规划建设局、财政局4个科级行政机构和企业服务中心、群众服务中心、后勤服务中心三个事业机构。园区规划总面积约8.147平方公里，预计总投资约300亿元。

园区根据“藏文化的世界总部基地、藏文化旅游产品标准输出地、藏文化创意发祥地、高端休闲度假地”的总体发展定位。秉承“科技表达创意，创意诠释文化，文化促进旅游”的办园理念，坚持“园区建设投入自筹、园区开发收益自留”的办园方针，将园区规划为《文成公主》文化旅游主题公园、藏民族民俗风情体验园、高原影视文化城（含雪域动漫城）、西藏非遗文化体验园、藏医药文化创意园、艺术家创意创作基地（含美术、唐卡、摄影、音乐创作基地）、出版文化产业园、藏民族手工艺品加工体验区、高端旅游服务配套设施（含高端游乐项目、高星级酒店、精品艺术客栈等）等九大功能区。

【基础设施建设】 年内，园区道路管网建设、水厂建设、高压线路搬迁、水系治理等四大基础设施项目已全面启动建设，项目总投资7.14亿元，截至年底以上项目已完成总工程量的90%。园区二期、三期共20条市政道路已全面启动建设，道路总长8.7公里，总投资约5.4亿元，其中二期道路共9条已完成工程总量的90%，三期道路共11条，已启动5条路的建设，完成总工程量的10%；园区自来水厂提升改造工程（二期），计划投资1800万元，已完工95%；园区高压线搬迁工程总投资0.85亿，已完成工程总量的

90%；水系综合整治项目总投资1.7亿，已完工90%。

【文化旅游产业】 截至年底，《文成公主》实景剧共演出548场，票房收入4.34亿元，接待游客96万余人次，其中2016年演出186场。《文成公主》实景剧有效促进全市文化旅游产业的发展，通过雇佣演职人员、租用演出道具等形式为当地群众提供大量就业岗位，农民务工、机械出租增收1300万元，有车户户均增收18万元，全村户均增收4万余元，人均增收超过1.2万元。现有170余名群众参与《文成公主》实景剧演出，增收效果明显。此外，《文成公主》剧场配套商业街也已于年初全面开街投入运营，成为园区聚集人气、丰富业态的重要平台，12月，“慈觉林藏院风情街冬季旅游主题活动”全面启动，为拉萨冬季旅游增添新的风采，开启拉萨全域旅游的新篇章。

【签约项目】 年内，自治区科技获批40万的“互联网+”专项资金，开展园区平台网络建设的前期工作，为打造智慧园区奠定基础。园区已签订正式开发协议的项目共29个，总投资100.4亿元，共有16宗土地已挂牌，总面积约602.77亩，古代藏汉纺织品艺术园——松赞拉萨、西藏出版文化产业园等13家企业已经开始施工建设，其他10家企业办理相关手续。

【融资工作】 2015年8月，西藏文化旅游创意园区管委会下属平台公司——西藏慈觉林文化创意投资有限公司已正式注册成立，负责园区的土地一级开发商、市政基础设施投资商、园区建成后的运营管理商，参与投资区内外的有潜力的文化旅游项目。截至年底，公司完成融资6亿元，为园区基础设施建设夯实资金基础，畅通资金渠道。公司已与中国进出口银行四川分行、建设银行西藏分行、中国银行西藏分行、西藏银行、中信银行拉萨分行等金融机构建立战略协议，全力扶持公司所有基建和产业项目建设。

【维稳工作】 年内，西藏文化旅游创意园区管委会真抓实干，妥善解决矛盾纠纷，确保社会治安稳定。按照国家劳动和社会保障部关于保障民工工资支付的相关要求，管委会严格督促项目施工方按要求缴纳民工工资保证金，截至年底，10家开工企业，有6家企业已向拉萨市劳动局足额缴纳民工工资保证金，其余4家正在办理相关手续。园区管委会高度重视民工工资保障问题，积极协调解决《文成公主》实景剧场、中国美术创作研究基地——西藏基地、酥油花艺术馆、藏经博物馆、藏文化创意孵化中心、水系综合整治、南环路拆迁等项目涉及的拖欠民工工资的信访案件，涉及拖欠民工工资超过7000万元，除《文成公主》实景剧场、藏文化创意孵化中心两个项目涉及的670万元民工工资加紧协调。

2016年，妥善解决慈觉林村共计293辆施工机械车辆的运输价格问题，解决各类征地纠纷百余起，涉及群众7000余人次。整合双联户、村警务室、网格员、驻寺特派员、民兵、治保等维稳工作力量，设立4个防控小组在各村民小组内不间断巡逻，开展矛盾纠纷排查、情报信息收集、流动人口清查、成品油和易燃易爆物品搜查等工作，将维稳力量重点投放到人员密集的重点区域、重点部位、重点场所，形成有力威慑，并成立由管委会中层干部及村委会委员组成的维稳督导小组，在全村范围内开展不定时督导检查工作，确保各项维稳措施落实到位，完成“三无”和“三不出”的工作目标。

【民生问题】 年内，西藏文化旅游创意园区管委会启动1000户易地搬迁户和小康安居房的建设，并已精准识别393户易地搬迁户的基本情况，利用入园企业的资源，在“以业脱贫”方面制定切实可行实施方案。

（次　央）

达孜工业园区

【概况】 达孜工业园区规划总面积为6.02平方公里，现已初步形成以高原特色生物及医药医疗产业、民族手工业产业、科技型新兴产业、现代服务业产业为依托的“一个品牌，四大产业”发展格局。截至年底，入驻企业1053家，其中实体企业58家，规模以上企业11家，龙头企业8家。年内，园区累计解决就业已达4257人次。2016年，园区完成工业总产值8.7亿元，实现全部税收20亿元。

【精准扶贫就业促进会】 4月28日，由达孜县人民政府、县四业办、县人社局、达孜工业园区联合举办的“2016年达孜县‘春风行动’专题招聘会暨精准扶贫就业促进会”在园区成功召开。参与到此次招聘会的达孜县农牧民近400人，达成初步就业意向的人数为231人次，超过预期目标近100人次。其中，生产线工人202人次，占到意向总人数的87.4%。

【服务园区企业】 10月27日，自治区内外专家经市科技局邀请到园区开展“服务创新创业·服务园区企业”系列活动。专家组进园区集中开展政策宣讲和创业培训，提供知识产权咨询、技术交易咨询、融资咨询等全方位服务，帮助企业对接技术、金融、政策、市场，以优质的服务助推企业快速成长。

【对口招商】 年内，达孜工业园区管委会实际落地企业21家，招商引资实际到位资金为10.6亿元。园区掌握项目信息480个，已落户项目480个（含注册），项目落户率达100%。其中，实体型项目信息12个，涉及净土健康产业项目8个。园区历年累计入驻企业共1053家，其中实体型企业64家。全园工业企业产业化进程稳步推进，为实现“一个品牌，四大产业”发展格局奠定了坚实的项目基础。

【项目建设】 年内，达孜工业园区全面拉动22个工业项目建设步伐，项目总投资11.4亿元，累计投入7.9亿元。其中，西藏春光食品有限公司改扩建项目已完工；西藏藏缘青稞酒业有限公司改扩建项目主体已完工；西藏吉顺生物科技有限公司青稞醋项目已开始正常生产。西藏天慈生物科技有限公司羊胎素生产设备线及辅助设施已安装完毕。

【基础架构】 年内，达孜工业园区全力启动5个基础设施项目建设工作，项目总投资6230万元，累计投入4180万元。创业路、檀山路已竣工；小微企业创业孵化基地已全面开工建设并同步开展入驻招商工作。展销中心外墙翻新工程及展销中心、民族手工艺创业基地亮化工程已完工。

【品牌建设】 年内，达孜工业园区企业新注册商标分别有阳光庄园“阿吉拉姆”、晨阳涂料“杰地”、千圣藏医药“千圣”。历年来，园区成功打造了“优·敏芭”系列藏香、藏香水、藏纸；“藏缘”“羌塘布”青稞酒，“雪域冰川”“经典西藏”青稞白酒；“赛牦岗”牦牛绒系列纺织品；“水墨藏绒”“卡瓦梅朵”山羊绒系列纺织品；“雪域圣谷”青稞香米、青稞奶茶、青稞麦片等；“阿佳”牦牛肉干、蜂蜜、牦牛肉酱等；“吞柏古”藏香、拉姆拉绰唐卡；卓玛藏毯、卡垫等。除此以外还有“吉顺”青稞醋、“盛桃”芫根饮品等20多个品牌。其中，“藏缘”“优敏芭”“北草地”为国家级驰名商标。西藏宏发盛桃食品股份有限公司参加全国企业品牌故事演讲获得第二名；西藏优格仓工贸有限公司获得“全国民族特需商品生产定点企业”和首届藏博会“旅游商品大赛二等奖”。西藏春光食品有限公司获得青岛“国际农产品交易会金奖”。西藏圣信工贸有限公司牦牛绒系列产品的研发项目被列为自治区科技厅重点科技项目并被拉萨市国税局评为市十家纳税诚信A级企业。西藏罗占民族手工艺发展有限公司获得中国科协及财政部共同颁发的“全国科普惠农兴村带头人”、自治区人民政府办公厅命名罗布占堆为“自治区非物质文化遗产代表性传承人”，园区品牌建设持续创新争优，品牌效益不断聚合辐射。

【“百企帮百村”工作】 年内，达孜工业园区管委会按照实体企业与县域内行政村一对一、多对一的帮扶原则，成立达孜县精准扶贫精准脱贫“百企帮百村”结对帮扶领导小组。组长由管委会主任王斌忠担任。号召47家企业参加对口帮扶结对工作，其中9家企业已通过采购原料、项目分红、岗位培训、资金扶持等多种方式与对接村完成阶段性帮扶工作，帮扶资金总额为290万元。22家企业已解决达孜籍农牧民就业264人次，建档立卡户农牧民81人就业。截至年底，园区企业新增就业145人，累计解决就业已达4257人次。

（覃雨菲　徐施鑫　德　央　骆　斌）

堆龙德庆区工业园区

【概况】 年内，堆龙德庆工业园区以科学发展观为统领，紧紧围绕建设美好堆龙园区的总要求，打好工业强攻战，以转型升级主线，提升环境优势，打造竞争优势，构筑产业优势，立足新常态，实现新发展。

【经济运行】 年内，堆龙德庆工业园区完成工业总产值8亿元，增长22.51%；完成工业销售产值7.6亿元，增长10.95%；完成工业增加值3.74亿元，增长35.51%，完成目标任务3.74亿元的100%；完成税收1亿余元，其中工业企业税收4400万元；完成财政收入3033万元，完成目标任务3000万元的101.1%；新增规上企业1家（西藏天畅建材有限公司）。

【完善A区配套设施】 年内，堆龙德庆工业园区基础设施续建、新建项目共6个。总投资约1.7亿元，其中续建项目堆龙110千伏变电站建设工程已竣工，2016年7月11日投入运营；始建于2012年的园区自来水厂经多次完善并与自来水厂成功对接；2016年，投资新建962.8万元的中小企业服务中心建设项目；2016年，投资800.8万元的垃圾转运站建设项目已完成总工程量的95%；由林业局负责实施的A区绿化工程第一期已竣工；由自治区发改委投资代建的日处理量2万吨的园区污水处理厂项目已进入可行性研究编制阶段。

【B区开发建设与招商】 年内，B区基础设施建设项目近30项前置手续在区委、区政府规定的时限内，2016年开工建设。B区项目资金经同城投协商，区委、区政府同意，利用城投贷款优势，以城投三年免息贷款形式集资委托建设，为大型项目开发建设中蹚出一条新路。B区开发建设实施，同时高调开展B区招商工作，实现B区动工与招商项目入驻同步，实现B区竣工与招商项目竣工同步。截至年底，确定企业有5家，即投资19703.17万元的西藏吉祥哈达民族用品有限公司，投资15993.39万元的西藏广祺科技实业有限公司铝材加工厂建设项目，投资7310万元的西藏天楚六冶设备技术园设备科技及金属结构加工项目和由堆龙德庆区净土健康产业公司实施的高原特色食品加工厂。

【招商引资】 年内，堆龙德庆工业园区招商引资企业陆续开工建设，拉动园区经济发展。截至年底，具体项目有：投资2000余万元的圣云药业已进场开工建设；投资9000万元的万控变电柜项目于2016年7月中旬开工建设；投资3000万元的拉萨市志成气体有限责任公司气体生产线项目用地已挂牌；投资共1.7亿元的西藏雪峰管业有限责任公司生产2500吨PE管材加工生产线、西藏高业工贸有限公司年产600万米网围栏生产基地建设、西藏至友工贸有限公司ZDC型透油生产基地项目以及西藏祥益实业有限公司西藏彩色水泥生产线建设，4个项目均于2016年4月立项，项目紫线图已确定，等待土地挂牌。园区组织召开了三次拟入园项目联席会，8家入园企业，待政府常务会通过立项后，及时督促企业办理入园相关前置手续，确保招商引资项目落地快、投产快、收益大。

【企业安全生产意识】 年内，堆龙德庆工业园区坚持以“安全

4月10日，工业和信息化部工作组一行参观堆龙德庆区工业园区辖区内企业西藏藏泉酒业股份有限公司

第一、预防为主、综合治理”的方针，加强园区及各企业安全生产工作，防范和遏制各类安全生产事故的发生。3月30日，工业园区管委会联合区消防大队结合发生过的火灾案例，为企业生动、全面地演示具体的防火措施和方法；10月24—26日，园区管委会聘请西藏飞跃迅达会务服务有限公司在园区组织一期为期3天的“新《安全生产法》解读与EHS经典案例分享”的专题讲座，为各企业的安全生产负责人解析新法要点，用真实案例分享生产安全管理的成熟经验；定期对园区内部安全设施开展检查工作，正确指导园区2名保安如何开展安全检查，确保全年园区工作落实到位，不发生任何事故；联合园区企业组织成立园区义务消防队，分为三个小组对园区企业开展走访调研，对发现问题能当场整改的当场整改，不能当场整改的，将给予整顿日期，在期限内完成；2016年，园区同企业签订安全生产责任书50余份，召开安全生产专题会3次，排查企业安全隐患3次，下令整改企业4家。

【服务企业水平】 年内，堆龙德庆工业园区始终树立服务理念，发挥政府与企业间的桥梁纽带作用。争取2016年“雪顿节”“藏博会”等节日企业产品展示，鼓励企业积极参与展示活动，借助各类平台打响企业品牌；认真周密接待北京、区、市各级领导到园区参观指导。截至年底，园区接待区市主要领导人、区内外考察团10余次，累计人数100余人；主动解决涉企信访事件，截至年底，解决信访事件及矛盾纠纷事件8起，涉及金额6万余元；大力创造“大众创业万众创新”双创环境氛围，为堆龙德庆区青年创业西藏堆八仓土特产开发有限公司等数家企业免费提供办公室场所、办公设施等，开拓青年创新创业工作新格局；全面推行办事公开制度，利用园区企业微信群、党务政务公开栏、财务公开栏，对办事流程、服务企业事项的相关政策、文件、法规进行及时公示，接受监督；为规范园区企业环评手续，园区管委会积极配合市环保局、区环保局做好企业环评相关工作，截至年底，园区管委会已走访企业10余次；全年园区完成工作简报57篇，红头文件76篇，相关总结材料24篇。

【土地利用】 年内，针对园区部分闲置土地，堆龙德庆工业园区管委会与涉嫌闲置企业负责人面对面交谈，已有1家企业无偿收回，1家企业重现签订投资协议，1家企业办理项目前置手续，1家企业已动工，其余企业将在园区110千伏变电站及自来水厂正式运行后逐一重新签订投资协议要求。

【党风廉政建设】 年内，堆龙德庆工业园区管委会以深入学习“两学一做”专题学习教育为契机，有效推进党风廉政建设，加强干部的思想建设、组织建设、作风建设和制度建设。全年组织党员干部集中学习10次，完成60课时的学习计划，简报53篇，心得体会20篇；认真开展“讲党课”活动与“两学一做”学习教育相结合，夯实党建基础，增强基层党组织的凝聚力，加强作风转变和党风廉政建设；2016年，园区成立党支部，加强支部班子建设，完善各项规章制度，全面落实党建工作责任制，建立健全工作职责。截至年底，园区完成12课时的“讲党课”学习计划，

7月26日，堆龙德庆区第八批援藏干部参观堆龙德庆区工业园区西藏圣香海螺民族产品开发有限公司

简报20篇，课件10篇，专题讨论3次。党建各项规章制度已上墙10项；针对作风建设累计走访企业60余次，征集各类意见建议5件，已解决2件；召开专题民主生活会2次，解决班子自身存在的问题8条；藏历年、春节期间，慰问贫困户9户，送去慰问金、各类生活必需品共计4000余元；动员企业积极参与精准扶贫工作，解决农牧民就业300余人，贫困户10余人。

（薛 娟）

曲水县雅江工业园区

【概况】 曲水县雅江工业园区总体规划面积为12.4平方公里，由聂当工业集中区和曲水县城工业集中区组成，呈“一区两园”结构。2005年，建立聂当工业集中区，该集中区主要入驻新型建筑建材、民族手工业、再生资源利用类企业。2006年，自筹资金成立县城工业集中区，该集中区主要入驻藏医药、农产品生产加工、生物科技等净土健康产业类企业。2010年，曲水工业园区正式成立。2015年，曲水县工业园区管理委员会机构成立。

【园区定位】 年内，根据曲水县雅江工业园区的产业优势工业园区产业定位为：新型建筑建材、民族手工业、净土健康产业、电子科技、藏医药、再生资源循环利用为主导的产业集群。

【园区企业】 截至年底，曲水县园区注册实体企业共76家。聂当工业集中区实体企业共计63家。该集中区主要以新型建筑建材、民族手工业、再生资源利用类企业为主。县城工业集中区实体企业13家。该集中区主要以藏医药、农产品生产加工、生物科技等净土健康产业类企业为主。

【园区经济】 年内，曲水县雅江工业园区销售产值完成137778.9万元，增长9.9%。园区工业增加值完成55936万元，增长3.6%。园区工业税收完成9651.74万元，增长15.6%。园区招商引资到位资金48200万元，增长13.4%。

【工业性投入】 截至年底，曲水雅江工业园区固定资产投资完成72800万元，增长21%。

【品牌建设】 年内，西藏帮锦镁朵工贸有限公司荣获著名商标和拉萨市名牌产品名录，拉萨净土睿健生物产业发展有限公司产品通过美国、日本、欧盟有机认证。全年新增规模以上企业1家（西藏平立混凝土有限公司）。此外，西藏高争民爆股份有限公司首次公开发行并在深圳证券交易所A股中小板上市。

（央 金）

商业

综述

【概况】 年内，全市累计实现社会消费品零售总额233亿元，增长13%。

【对外贸易】 年内，全市全年进出口贸易总值41.21亿元，基本持平。其中，出口28.30亿元，同比下降9.67%；进口12.91亿元，增长29.70%。

【招商引资项目】 年内，全市实际落实招商引资项目326个，项目总投资718.88亿元，实际到位资金268.5亿元，增加24.5亿元，增长10%。

【内贸流通基础设施】 年内，市商务局促进商贸物流业发展，引导扶持大型商贸物流企业向农牧区延伸。培育流通发展新动能，大力发展电子商务，进行农贸市场升级改造，建设公益性农产品市场体系。截至年底，商贸流通服务领域建设项目19个，总投资71.48亿元。依托项目促进物流产业发展，拉萨城投物流集散中心、亨通物流园等项目建成使用，初步构建起“一个园区、一个枢纽”的物流节点布局。成功申报曲水县为国家电子商务进农村综合示范县，并建立全市电子商务进农村综合示范项目库。启动“互联网+精准扶贫”专项行动，将城关区和曲水县作为第一批专项行动示范县，明确具体任务目标。开展农贸市场升级改造工作，完成娘热路菜市场700户近3000人的搬迁安置及治理工作。委托中国人民大学商学院完成《拉萨城区农贸市场发展规划（2016—2025）（送审稿）》。启动八一农贸市场和河坝林农贸市场的升级改造工作。开展家政、早餐、果蔬、再生资源等行业项目执行情况专项评估，就项目实施、运营以及建成效益等进行深入自查，强化项目实施效应。

【社会消费零售额增长】 年内，市商务局出台《全市节假日促销活动企业奖励办法》，春节、藏历新年期间和5月、10月以及年底，分别组织相关商贸流通企业开展“拉萨市第四届消费节”“消费促进月”和“百店让利促销”活动，累计销售3.73亿元。落实家具家电补贴政策，建立市政府与各县（区）政府家具家电补贴政策落实目标责任和考核机制，指导各县（区）将家具家电补贴政策与精准扶贫异地搬迁政策结合，扩大政策实施面，累计补贴资金2902.51万元。雪顿节期间主办台湾民俗文化美食嘉年华暨第三届阿妈啦厨房擂台赛活动。现场60个美食展位活动7天营业额近200万元。第三届藏博会期间组织开展“美食一条街”活动，共迎接游客近5万人次，产生营业额近100万元。

【加大市场供应，创新保供方式】 年内，市商务局组织与相关企业签订拉萨市副食品储备委托代储协议，初步建立拉萨市级储备体系。确定由城关区净土公司负责210吨（冻猪肉50吨、冻牛肉130吨、冻羊肉10吨、酥油20吨）拉萨市副食品储备的承储任务，并完成储备。组织实施实施冻猪肉惠民投放，截至年底，累计投放132.24吨。

【对外贸易投资】 年内，市商务局发挥拉萨区位优势，融入“一带一路”建设，依托京津冀、长三角、珠三角、西南地区、南亚等发展的战略基地，争取扶持资金，主动参与到与南亚国家的互联互通建设。申报圣信工贸有限公司之高原特色牦牛绒、羊绒（毛）出口基地建设项目。全年共申报18家外贸企业2015年度进出口贸易奖励促进资金713.3万元人民币，申报西藏航空有限公司和西藏海默尼药业有限公司两家企业进口贴息金额6072.55万元。

（封　丰）

重大商贸活动

雪顿节经贸活动

2016年，拉萨雪顿节招商引资项目推介会暨集中签约仪式。成功签约项目50个，总投资305.94亿元。其中正式签约项目37个，总投资217.59亿元，意向签约项目13个，总投资88.35亿元。上亿元项目42个，总投资额达301.41亿元，占全部签约项目总投资额的98.52%。

（封　丰）

招商引资活动

【概况】 年内，招商引资工作整体情况良好，呈现出“招大引强、产业招商、自主招商、做强现有企业、狠抓项目工作、突出环境建设”等工作亮点。

【北京市对口支援地区特色产品展销会】 年内，北京举办2016年北京市对口支援地区特色产品展销会。拉萨市精心筛选15家拉萨净土健康龙头企业参展，参展产品涉及食品、饮用水、高原特色农副产品等十大类产品，共计81个产品种类，参展产品总价值约1000万元，实现现场销售额达70余万元，签订销售合同4个，合同销售总额达6700万元。

【昆交会】 年内，第24届昆交会举办，拉萨市组织拉萨市净土公司、西藏金哈达羊绒有限公司、西藏藏之梦香业有限公司等16家企业120余种产品参加，销售额达20余万元。

【藏博会】 2016年，由文化部、国家旅游局、西藏自治区人民政府共同主办的第三届中国西藏旅游文化国际博览会（以下简称藏博会）在拉萨成功举办。按照藏博会组委会的工作部署，市委市政府高度重视，市政府成立以市委常委、城关区委书记果果同志为组长，市委市政府各分管领导为常务副组长、副组长，全市相关40多个部门、单位和各县(区)主要负责同志为成员的藏博会拉萨市工作领导小组。

第三届中国西藏旅游文化国际博览会期间，拉萨市在招商引资，经贸洽谈等方面取得丰硕成果。签约项目涉及旅游、文化、园区建设、天然纯净水、新兴电子业、建筑业等领域。9月16日，藏博会闭幕式暨招商引资项目集中签约仪式上达成的总投资额87.6亿元6个项目中，涉及旅游文化投资额达到26.5亿元，占总投资额的30.25%；拉萨市除22个正式签约项目外，还完成12个意向性签约项目，与2015年相比在意向签约上实现零的突破，签约总投资额高达94.16亿元；签约项目总投资额达207.86亿元，比上届签约总投资额（79.65亿元）增长161%，其总投资额及总投资增长率创下历史新高，为拉萨市大力发展净土健康和文化旅游产业，推动拉萨特色资源优势转化为发展优势提供不竭动力。

（封　丰）

粮食

【概况】 2016年，拉萨市各类粮食经营企业收购粮食384.92万公斤，增长211%（其中国有粮食企业收购粮食39.02万公斤）。2016年采购粮食13332.68万公斤，增长22%（其中，国有粮食企业采购粮食249.38万公斤）。截至年底，销售粮食13158.38万公斤，增长22%（其中，国有粮食企业销售430.28万公斤）。截至年底，拉萨市粮食库存1340.96万公斤。其中，国有粮食企业粮食库存158.16万公斤，增长9%。

【自治区储备粮安全工作】 年内，市粮食局在签订储备粮管理责任书的基础上加强日常监管，发现问题及时督促代储库进行整改。拉萨市各代储库认真落实相关责任书，保证自治区储备粮质量完好，储存安全。同时，与林芝市粮食局协同配合，开展2016

年全区粮食库存交叉检查工作，完成地市交叉检查工作任务。

【粮安工程】 年内，市粮食局完成2015年的第一、二批基层粮库维修工程，维修资金337.42万元（林周县加荣乡、曲水县才纳乡、堆龙德庆区德庆乡、墨竹工卡县工卡镇、达孜县、当雄县宁中乡等6个粮库项目维修任务）。

【援藏工作】 年内，市粮食局与拉萨市受援办和江苏省对口支援拉萨前方指挥部协调对接，申报《拉萨市粮油仓储设施》和《拉萨市农户科学储粮设施》建设项目，此项目已纳入到“2016年江苏省对口支援拉萨的第一批”项目中，总投资为660万元。其中，拉萨市农户科学储粮用具（2000套）项目已竣工验收。

【粮油工程】 年内，市粮食局坚持每月定期对拉萨市一家放心粮油配送中心和6个放心粮油示范店的粮油质量状况进行检查，严厉查处掺杂使假、短斤少两等违法违规行为，采取现场打分和督促整改等手段加强管理，奖惩并用，推进放心粮油示范店的规范化建设步伐。拉萨市六个放心粮油示范店已成为全市范围内质量放心、价格稳定、品种齐全的国有粮食零售企业，树立粮食企业良好形象。截至年底，全市未发生一例粮油质量安全事故，粮油监督检查工作取得良好成效。

（索朗卓嘎）

旅游业

综述

2016年，拉萨市共接待国内外旅游者1366.64万人次，增长15.91%，实现旅游收入186.49亿元，增长20.37%，其中接待入境游客14万人次，实现外汇收入7632万美元。旅游业带动直接就业人数11万人，带动间接就业人数33万人。

（德　吉）

旅游管理

【召开全市旅游工作会议】 4月12日，2016年全市旅游工作会议召开，会议的主要任务是：贯彻落实区市经济工作会议和全国、全区旅游工作会议，以全市旅游发展大会为指导，对“十二五”旅游工作进行全面总结，统筹安排“十三五”旅游工作，重点部署2016年旅游工作。

【召开全市旅游产业发展推进大会】 8月13日，全市旅游产业发展推进大会召开，区党委常委、市委书记齐扎拉作重要讲话，对全市旅游产业发展工作进行再安排再部署，为强化旅游产业发展的推进力度，市委、市政府成立重点产业推进办公室，并将旅游产业发展成效纳入全市目标绩效考核指标中，形成全力推动旅游产业发展的良好氛围。

【召开拉萨“全域旅游”研讨会】 2016年11月7日，以“政府主导、企业主体、共建共享多元驱动下的全域旅游发展新模式”为主题，邀请国内知名专家赴拉萨与市委、市政府主要领导共同探讨拉萨“全域旅游”发展，会议规模将近400人。

【组建旅游发展委员会】 年内，经市委、市政府研究决定，根据《拉萨市人民政府职能转变和机构改革方案》，组建旅游发展委员会，强化旅游产业发展的综合统筹协调工作，不再保留旅游局，三定方案正在编制中。

【“旅游通道”管理】 年内，市旅发委推行旅游团队网络备案系统，为全市护城河卡点配备手持检查器，实现便民、快捷、高

4月11日，召开全市旅游工作会议暨旅游行业安全生产布置会

迎接广东旅游专列

效、满意的"四统一"。年内，共备案旅游团队27065个，游客478397名。开展旅行社档案整理工作，新登记备案旅行社50家，已完成200多家旅行社的档案建立工作，覆盖面达90%以上。

【联合执法检查】 年内，市旅发委根据市政府印发的关于《拉萨市旅游市场秩序整治行动实施方案》，明确重点开展"不合理低价游"整治行动、"欺骗、强制旅游购物"整治行动、"一日游"市场整治行动等12项整治行动和制定诚信旅游指导价等6项工作制度。2016年，执法检查出动4000余人次（包括公安人员），检查旅游景区（点）192家（次），检查文化经营单位68家（次），检查餐饮服务单位500余家，汽车企业72家（含汽车租赁公司），检查车辆960台（次），消防单位场所600余家次，检查旅行社200余家，宾馆（饭店）50家，导游人员例行检查260余人次，检查重点景区周边环境50余次，处罚违规旅游企业6家，处罚违规旅游从业人员2名，旅游行政罚款共计人民币14.25万元。

【旅游案件投诉】 年内，市旅发委建立《拉萨旅游投诉受理办法》，构建多部门参与、多渠道受理的旅游投诉处理新格局，共接待旅游咨询和投诉电话1000余起，受理有效投诉137起，妥善处理137余起，结案率100%，为游客挽回经济损失229345元。

【成立旅游服务标准化建设工作领导小组】 年内，市旅发委根据全自治区"旅游服务标准化建设年"的安排部署，拉萨旅游局成立旅游服务标准化建设工作领导小组，制定《拉萨市旅游服务标准化建设年工作实施方案》，组织星级宾馆（饭店）、旅行社、A级景区（点）和各县（区）开展拉萨市旅游服务标准化建设年活动和景区精品化试点工作动员部署会议，与旅游企业签订旅游服务标准化承诺书。

【"拉萨人家"建设】 年内，市旅发委在全市范围内扶持60户"拉萨人家"改造升级，每户帮扶8万元，提升乡村旅游住宿接待水平。

【酒店星级评定与复查】 年内，全市共有旅游星级宾馆（酒店）141家。其中，五星级2家，四星级27家，三星级49家，二星级21家，一星级6家，星级家庭旅馆36家。对8家星级酒店和家庭旅馆进行评定及初评，其中4家已获准旅游星级宾馆资格。

【景区等级评定与复查】 年内，全市A级景区已经达到20处，其中，国家AAAAA景区2处，AAAA景区4处（新增一处），AAA景区5处（新增一处），AA景区7处，A景区2处，国家森林公园1处。完成西藏牦牛博物馆AAAA景区、智昭产业AAA景区及擦擦文化展览馆、千佛崖AA的评定及申报工作。

（德　吉）

旅游基础设施建设

【产业资金投入】 年内，市旅发委根据全市旅游发展大会和《关于加快旅游发展的决定》的安排部署，旅游招商引资工作快速推进，旅游产业资金从1000万元提升到2000万元，激发了旅游产业发展新活力。

【旅游产业项目】 年内，拉萨河水上游项目、堆龙香雄梅朵、曲水秀色才纳、林周热振国家森林景区、当雄四季牧歌、柳梧达东乡村旅游、拉萨旅游环线项目、智慧旅游项目、根培乌孜景区基础设施建设项目、大日多景区建设项目、拉鲁湿地科普教育基地、思金拉措景区基础设施项目和318国道墨竹工卡段自驾车营地建设项目的前期工作稳步推进。年内，全市完成旅游基础设施和旅游产业项目投资205.6亿元，增长45%

拉萨市与阿里旅游局签订战略合作协议

【旅游业规划编制】 年内，市旅发委与北京大学、清华大学等国内顶尖院校合作，高起点、高标准、高水平编制《拉萨市特色产业发展规划》《拉萨市“十三五”旅游业发展规划》《拉萨市创建国际文化旅游城市执行规划》。

【开展“厕所革命”增加就业岗位】 年内，拉萨市修建旅游厕所300座，聘请2名当地群众进行日常保洁工作，解决就业600人。

【文化旅游项目】 年内，《金城公主》室内剧、非物质文化遗产博物馆、藏文化创意孵化中心、藏经博物馆等一大批文化旅游项目在西藏文化旅游创意园区落地。

（德　吉）

大型旅游活动

【参加2016“中国旅游日”活动】 年内，市旅发委参加由北京市公园管理中心联合举办的以“旅游促进发展，旅游促进扶贫、旅游促进和平”为主题的“2016中国旅游日北京市分会场活动”，共发放宣传资料四大类、接受游客旅游咨询500人次。

【开展“5·19”中国旅游日活动】 5月19日，拉萨市旅游局配合自治区旅发委组织近60家景区、酒店、旅行社等涉旅企业，在拉萨宇拓路步行街开展“5·19”中国旅游日宣传活动，发放2万份宣传资料，活动现场开展《旅游发展》《拉萨市旅游管理条例》的普法宣传和文明旅游宣传，并通过百人签名等活动，倡导市民游客低碳出行，环保出游、文明旅游。

【第二届“魅力拉萨”旅游摄影图片大赛】 年内，第二届“魅力拉萨”旅游摄影图片大赛圆满闭幕，共征集到来自北京、福建、上海、江苏、澳门等全国各地的286名影友的4764张摄影作品。经过初选、网络评选和专家评审，最终产生特等奖1名、一等奖2名、二等奖3名、三等奖5名、优秀奖10名、入展作品179幅。通过举办摄影大赛，以独特的摄影视觉艺术魅力，展现拉萨古城风光、民族风情、历史古迹、风景名胜、生态环境、旅游景点等，有效地宣传拉萨旅游新面貌。

【举办“拉萨巧手”旅游商品（设计）大赛】 年内，“拉萨巧手”旅游商品（设计）大赛共征集到作品219件，经过网络投票和专家评审，共评选出一等奖1名、二等奖2名、三等奖5名、优胜奖20名、专家特别推荐奖10名。

【第十届纳木错徒步大会实现市场化运营】 年内，市旅发委按照“政府引导、市场运作、企业参与”的原则，通过公开招投标的方式，由西藏左手文化传媒公司运营。此次活动邀请中央电视台、新华社、北京卫视、江苏卫视、西藏卫视等11家区内外知名媒体全程参与报道，全程跟踪拍

北京促销西藏展厅

摄和宣传报道，有效宣传纳木错景区和拉萨体育旅游，实现经济效益、社会效益、文化效益和生态效益“四赢”。

（德　吉）

旅游市场

【旅游联盟】 年内，市旅发委与北京市、南京市、广州市、普洱市、丽江市、青海省海西州和山南市、阿里地区等地签署旅游战略合作协议，对共同打造旅游品牌、开拓旅游市场、旅游企业合作、行业管理协作提供良好契机，建立“客源互送、产品互推、资源共享”的旅游发展模式，形成集群效应，

【特色乡村旅游】 年内，柳梧新区达东村作为特色乡村旅游点，7月起对外营业，共计接待游客13000余人次，出租帐篷1200余次，出售酸奶200余份、牛肉2000余公斤，产生直接经济效益100多万元，解决本地劳动力就业70余人。

（德　吉）

旅游宣传

【宣传促销】 年内，市旅发委参加北京国际旅游展、南京旅游商品展和中国（上海）国际旅游展，宣传拉萨独特的旅游资源和净土健康产品，发放宣传资料10000份，接受旅游咨询3000次，帮助企业签订客源输送意向合同20份，销售旅游商品10000多件。同时，举办“我心中的香巴拉——圣地拉萨”推介会，推动高端旅游和入境旅游发展。

【举办首届“最美乡村”专题推介会】 年内，市旅发委组织全市六县两（区）、300家旅游企业参加推介会，树莓节、油桃采摘节等活动吸引大量市民和游客参与。

【签署“互联网+旅游”示范项目战略合作协议】 年内，市旅发委与“去哪儿网”“美团网”“乐途网”及西藏旅游杂志等传媒合作，签署一系列“互联网+旅游”示范项目战略合作协议，去哪儿网拉萨旅游旗舰店正式上线，开启拉萨在线旅游销售新局面，实现全区旅游网络旗舰店的“零”突破。

（德　吉）

国土资源管理

【概况】 年内，拉萨市国土资源局在自治区国土资源厅和市委、市政府的正确领导下，围绕“六大战略”战略目标，突出“保耕地、保发展、保权益”的工作重点，紧扣“创新、协调、绿色、开放、共享”五大发展新理念，积极适应经济发展新常态，改革创新，主动作为，扎实工作，为全市经济社会科学发展提供强有力的国土资源保障。

【土地出让】 年内，市国土资源局围绕发展大局，全力以赴服务项目建设，提供用地保障，取得实效。完成市区范围内的国有土地使用权出让42宗，出让面积2623.63亩，总出让价款20.9亿元。完成市区范围内的国有土地使用权划拨24宗，总面积达2536.17亩，总划拨土地价款11.97亿元。挂牌出让土地58宗，流拍2宗，成交56宗，成交面积为2676.03亩。

【征地拆迁】 年内，北环线道路断面涉及征收30家单位用地，24家单位已签订的《土地征收协议》，征地补偿资金为5842万元，已完成兑现工作。剩余6家单位中3家公司经过多次协调沟通，西藏物资运销公司和亚吉林度假村已同意签订《土地征收协议》，德旺液化气站搬迁，均对北环线道路建设不挡手；3家部队用地待规划选址确定后，拉萨市国土资源局将积极做好相关工作。北环线延伸段项目拉萨市国土资源局承担从西藏顺通加油站到原拉萨水泥厂西侧山角南北两侧的土地征收拆迁工作，共计4.8公里，涉及部队4家、企事业单位18家，涉及个体土地租赁户及分租户89家。外业实地测量登记工作已全部完成且协议签订。北环线沿线扩征50米，根据《环城路北段概念性规划用地方案》，拉萨市国土资源局已完成4宗土地的征用，总面积约为100亩。南环线征地根据拉萨市人民政府专题会议纪要精神，拉萨市国土资源局与嘎吉林房地产开发公司负责人沟通协商，已与该公司签订《土地征收协议》，征地补偿费为352万元。教育城二期、顿珠金融产业园、红星美凯龙、京藏交流中心等土地征收项目也有序推进。

【土地利用】 年内，市国土资源局根据2015年拉萨市中心城区建设用地使用实际情况，编制、上报2015年中心城区农用地转用实施方案；根据2016年拉萨市中心城区城市建设项目计划需求，编制2016年度拉萨市中心城区城市建设用地计划，并逐级上报至国土资源部和国务院；加强用地指标管理，下发2016年各县区土地利用预计划指标，保证精准扶贫、农村小型基础设施等项目用地。

【节约土地集约管理】 年内，市国土资源局完成一期40宗、共1066亩土地清理工作，其中涉及事业单位30家，企业10家。截至年底，共发放《拉萨市国土资源局关于调查闲置土地的通知书》共计36份，收到企事业单位反馈意见26分。拉萨市国土资源局已将闲置土地调查情况以及拟处理意见上报市政府。2016年5月5日，在国土资源部勘察院与北京大学的配合下，组织全国土地利用类的专家在拉萨召开拉萨市节约集约用地中期成果评估会议，并按照会议精神对拉萨市节约集约用地成果进行修改完善。11月，拉萨市节约集约用地成果已通过国土资源部评审验收。

【耕地保护】 年内，市国土资源局按照国土资源部、农业部相关会议精神，3月8日已召开永久性基本农田划定工作推进大会，对各县（区）明确的具体任务及工作要求。年内，拉萨市中心城区永久基本农田划定方案已通过国土资源部审核且已下达批复，各县（区）划定成果已全面完成，并上报自治区国土资源厅。

【不动产统一登记工作】 3月30日，拉萨市不动产登记局和不动产登记中心正式挂牌成立；制定上报《拉萨市不动产统一登记工作实施方案》和任务分解表，并获得市政府批复同意实施；根据相关调研情况，拉萨市国土资源局拟将不动产登记中心设置在拉萨市市民服务中心办公，市局主要领导多次与市民服务中心协调相关事宜，窗口初步设置方案已经完成；信息系统建设、登记流程再造、人员资料移交等工作正在进行当中。两个试点县机构整合工作已经完成，人员已经到位，硬件采购工作基本完成，待市局统一设置好登记信息系统就可以开展工作；不动产登记发证工作实现全覆盖，2016年9月18日开始拉萨市市本级及达孜、曲水两个试点县正式开展不动产统一登记工作，并在9月22日举行了拉萨市不动产权证书首发证仪式，由国土资源部副部长王广华颁发了拉萨市第一本不动产权证书。12月19—22日林周县、墨竹工卡、堆龙德庆区、当雄县、尼木县先后举行不动产统一登记首发仪式，拉萨市不动产统一登记工作实现全覆盖。

（江雪琴）

矿产资源管理

【土地矿产规划和县级矿产资源规划】 年内，市国土资源局为做到科学合理规划，节约集约用地，拉萨市国土资源局已安排各县区就规划中存在的不足，以及结合县城"十三五"发展规划要求，将涉及用地指标、土地利用空间结构和耕地保护等方面进行分析，并安排相关人员先后深入各县进行专题调研，帮助、指导各县做好规划修编工作前期准备。根据自治区国土资源厅相关要求，为全面实施矿业权设置方案制度，拉萨市国土资源局委托四川省冶金地质勘查院对拉萨市砂、石、土矿产资源规划作出适当调整，编制《西藏自治区拉萨市砂石土矿产资源规划调整方案》，该方案经自治区国土厅评审后，于2016年5月在国土资源部备案成功。拉萨市县级矿产资源规划编制工作，5月20日通过拉萨市公共资源交易中心随机摇号，选取新华招标公司为招标代理单位，该项目招标工作正在进行中。

【矿业开发管理及地质灾害防治】 年内，"三大节日"期间，以非煤矿山企业的安全生产为重点，联合各县国土资源局对未停工项目和未停产矿山企业逐一进行全面排查，严格施工现场和生产经营现场的安全管理，严禁赶工期、抢进度，对达不到安全生产条件的，该关停的关停，该整改的整改，以有效防范和坚决遏制较大以上安全事故发生；结合"安全生产月"活动，严厉打击无证非法采矿行为，切实维护矿业开发秩序，针对非煤矿山领域进行再次排查，同时4月19—28日对全市矿山企业地质灾害应急预案、应急演练及地质灾害检测预警进行检查，结合矿产卫片执法检查对非法采矿行为进行查处，对复工矿山企业在安全生产方面进行监督检查。截至年底，各县共发生小型泥石流灾害共计9起，均已得到有效处置（无人员伤亡）、出具应急调查报告6份。

（江雪琴）

防震与地质灾害

【概况】 年内，市地震局全面贯彻国务院防震减灾工作联席会议精神，落实自治区防震减灾工作联席会议的工作部署。坚持预防为主，防御与救助相结合的工作方针；坚持统一指挥、协调联动的工作机制；坚持突出重点、全面防御的工作思路；坚持走防震减灾与经济建设融合式发展道路，统筹推进监测预报、震害防御、应急救援和科技创新"3+1"体系工作；按照防大震、抗巨灾的要求，强化震情跟踪监视，夯实抗震设防基础，做好应急预案和各项应急准备工作。

【地震发生情况】 2月2日11时31分，拉萨市行政区域内发生有感地震1次，当雄县境内发生3.1级地震。未造成人员伤亡和财产损失。

【防震减灾科普宣传】 年内，市地震局利用“5·12”防灾减灾宣传周、“7·28”纪念唐山大地震宣传日以及科技宣传周等活动，开展防震减灾科普宣传。通过发放藏汉两种文字防震减灾宣传册、宣传品、布置展板、悬挂横幅等方式，使广大群众了解和掌握应急预防和避险自救的基本技能，提高安全意识，增强自我保护和互救能力。组织人员分别深入拉萨北京实验中学、城关区塔玛社区、城关区娘热乡等，开展防震减灾知识进校园、进社区、进农牧区活动。共发放防震减灾宣传册550份，发放印有防震减灾宣传知识内容的鼠标垫550份，布置展板18块，约1000余名在校学生、社区居民、农牧民等参加此次活动。

【开展“平安中国”防灾宣导公益活动】 年内，以第五届“平安中国”防灾宣导系列公益活动为载体，紧紧围绕“今天的准备 为明天生命的延续”为主题，以“平安校园”“平安社区”为着力点，在拉萨江苏实验中学、拉萨市第三高级中学、拉萨市第一中学、拉萨市第六中学、拉萨市实验小学分校、拉萨市北京中学等六所学校深入开展防震减灾宣传活动。活动期间以悬挂横幅、放映系列防灾文化电影为主要形式，同时赠送《撑起一片天》《“震”撼人心》《临“震”不乱》DVD光盘，发放《地震来了怎么办》《防震减灾知识手册》、藏汉文防震减灾知识宣传册、防震减灾知识鼠标垫等科普宣传材料、读本。通过主题电影、公益广告、发放宣传资料等公众喜闻乐见的形式教育引导广大师生了解掌握防灾避险知识，提高防灾减灾意识，提升综合防灾减灾能力。

【业务培训】 年内，市地震局安排人员参加在拉萨举办的全区第二期地震业务培训班，主要学习和掌握了地震应急、地震监测手段、地震预测预报、防震减灾法律解读、防震减灾科普宣传及地方地震部门职责等业务知识。

【警示教育】 年内，市地震局组织党员干部认真学习领会《中共中央关于辽宁拉票贿选案查处情况及其教训警示的通报》《中共中央办公厅关于部分中管干部违反中央“八项规定”精神问题及其教训警示的通报》，观看大型专题片《永远在路上》等，以反面教材为镜鉴，聚焦严守党的政治纪律和政治规矩，组织全体党员干部深刻总结反思，汲取教训、引以为戒，自觉抵制各种腐朽思想和不良风气的侵蚀，恪守廉洁从政的准则，锁定正面的人生坐标。

【服务群众活动】 年内，市地震局按照《拉萨市地震局关于开展在职党员到社区报到服务群众活动方案》，结合“两学一做”学习教育，组织在职党员干部在“七一”前夕，到城关区纳金乡塔玛社区，开展在职党员到社区报到服务群众活动。为社区江中组次仁曲吉家中，送去价值1000元的生活用品。增强在职党员干部的党员意识和“我在你身边，我为你服务”的意识，充分发挥共产党员的先锋模范作用，积极构建在职党员“工作在单位、活动在社区、奉献双岗位”的机制。

【结对认亲活动】 年内，市地震局根据《拉萨市地震局党员干部直接联系群众制度》，局党员干部与局扶贫联系点墨竹工卡县工卡镇塔巴村建立联系，每名党员干部联系2户群众。全体党员干部特别是党员领导干部每年深入基层联系点至少1—2次，宣传党的路线方针政策、了解群众利益诉求、听取意见建议、帮助解决问题、做好思想政治工作。2016年党员干部为塔巴村4户结对户送去价值3320元的生活用品。

【驻村工作】 年内，市地震局根据拉萨市创先争优强基础惠民生活动领导小组办公室《关于调整充实全市驻村工作力量的通知》精神，市地震局与市人防办、空港新区联合派驻空港新区管委会甲竹林镇新村工作队。选派1名驾驶员驻村，将单位一辆交通工具派往驻村点，保障驻村工作，12月5日进驻空港新区甲竹林镇新村，及时与第五批驻村工作队做好各项交接工作，开展驻村工作，确保驻村工作的连续性。

（次　央）

城市建设与管理

住房和城乡建设

【概况】 年内，全市住房和城乡建设系统紧紧围绕“圣城、名城、要城、净城、新城”的城市定位，聚焦工作重点不放松，狠抓措施落实不懈怠，锐意进取，攻坚克难，开展重点项目建设、民生保障、行业监管、机关效能建设等任务。

【城乡基础设施建设】 年内，全市实施和委托代建的在建项目共计21项，总投资37.63亿元，完成固定资产投资19.49亿元。实施人行天桥工程、政协东侧支巷改造工程、智昭产业园区给排水管网工程、2016年城市亮化工程、自治区纪检监察办案基地高压输电线路搬迁工程、环城路（北段）、污水处理厂二期工程、东嘎水厂工程、柳东大桥工程、东城区6条市政道路、自治区151项目配套市政道路工程等重点市政共用设施项目。实施特色小城镇基础设施建设工程，完成投资1.48亿元。

【住房保障工作】 年内，全市新建保障性住房（含乡镇干部职工周转房）3649套（户），续建保障性住房6153套（户），新建和续建保障房投资3.77亿元。发放2016年度租赁住房补贴745.11万元。完成公积金归集额6.46亿元，提取公积金3.49亿元，发放公积金贷款5.61亿元。拟定《拉萨市小康安居工程实施方案（建议稿）》，制定《拉萨市小康安居工程实施指导意见》，完成小康安居工程试点项目初步统计等。通过现有周转房维修改造、争取“组团式”援藏人才住房建设指标、调配公共租赁住房，共改善、争取、调配“组团式”住房200套户。

【市场监管】 年内，全市备案招标文件（资料）354项，完成招标项目280个、中标金额128.19亿元。强化资质审批管理和批后监管，处罚违法违规建筑企业6家，罚款500余万元，监督工程项目352项，报监工程监督覆盖率达100%。批准商品房销售面积为71.61万平方米，实际销售商品房5899套，实际销售额45.32亿元，二手房交易17.12万平方米，成交1176套，开展房地产开发企业开发项目预售许可证清理核查，调查摸清全市39家房地产中介机构基本情况。办理各类房屋登记15162件，办理商品房买卖合同网签备案5571套。

【安全生产监管】 年内，全市共组织开展安全生产大检查14次，其中组织8次安全生产专项检查，6次安全生产大检查。共检查施工工地754家次，排除安全生产隐患874处，当场整改684处，限期整改294处，停产整顿73家。

【开展双清欠工作】 年内，全市共接待农民工上访案件216件，涉及人数4137人，涉案金额24694.58万元，已协调兑现民工工资23475.97万元，清欠率达到91%，为维护全市的社会稳定做出了积极的贡献。

【办理行政审批和议案、提案】 年内，市住建局共受理各类行政审批160件，办结率100%。办理市人大代表议案、市政协提案共18件，满意率达100%。

（王英东）

城乡规划

【概况】 年内，全市共受理规划许可申请2035件，共核发建设项目选址意见书71份，总用地面积334.12万平方米；核发用地规划许可证132件，总用地面积615.18万平方米；核发建设工程规划许可证213本，总建筑面积约176.36万平方米；核发道路路由规划设计要点18条，总长度约17.6公里；受理私房改建报批材料320份，发放私房改建通知171份，补充补正通知书139分，复函通知不予办理的62份，批准建筑面积约3.4万平方米；核定私人土地规划设计条件757宗，办结率为100%，通过改革创新，极大的提高审批效率，为全市经济社会健康、平稳、快速发展提供规划保障。

按照全市违法建设集中整治工作要求，会同相关部门开展城乡规划法律法规宣传、违法建设调查摸底等工作，并协调相关部门自行拆除违法加层建筑约1000平方米，配合强制拆除违法建筑约2631平方米，没收违法建筑面积4905平方米，查处改正违法建设114000平方米，处违法建设罚款1300万元，起到了处罚少数、震慑多数的作用，实现存量违法建设逐步消化、新增违法建设有效制止的目的。

【城市总体规划】 年内，市城乡规划局《拉萨市城市总体规划（2009—2020）（2016年修订）》工作稳步推进，已于2016年9月27日通过住建部组织的城市总体规划部级联席会第六十五次会议审查，修改完善报国务院审批。督促各县人民政府加快县城总体规划修编工作，尼木县、林周县县城城市总体规划已通过市政府批准实施。2016年4月12日，市政府批复同意实施《拉萨市曲水县城市总体规划（2016-2030）》，其他各县城市总体规划均在修编中。

拉萨市城乡规划局党组副书记、局长主持开展“4·25”抗震救灾捐款活动

【控制性详细规划编制】 年内，市城乡规划局《拉萨市百淀片区控制性详细规划》已于2016年8月21日通过拉规委第十九次会议审查，该规划的编制完成，实现中心城区建设用地范围控制性详细规划全覆盖。

【专项规划编制】 年内，市城乡规划局《拉萨历史文化名城保护规划》《拉萨市百淀片区控制性详细规划》《古城申遗协调区城市设计》《拉萨市滨河路道路规划设计》《拉萨市中心城区地下综合管廊工程规划》和《拉萨市海绵城市专项规划》已通过拉规委会议审查实施；《拉萨大佛岛（河心岛）规划》已通过专家评审会实施。同时，已启动《拉萨市中心城区控制性详细规划实施评估》《拉萨市中心城区旧城更新规划》《嘎玛贡桑城市设计》《拉萨河沿线特色空间规划》《拉萨市城市慢行交通规划》《拉贡公路沿线地区规划设计》《拉林公路沿线地区规划设计》《拉萨市中心城区停车设施规划》《拉萨市中心城区私人住宅建筑密度及高度研究》《地下管线测量（东城、柳梧、经开）》《拉萨建筑风貌导则》《拉萨市城乡规划管理技术规定》等12项规划编制工作。并协调配合相关部门推进综保区、堆龙德庆区、拉鲁湿地、纳木错等十余项规划编制工作。

【其他规划编制】 年内，市城乡

拉萨市城乡规划局党组成员、副局长贾志杰清理周边环境

规划局结合自治区特色小城镇示范点建设工作的要求，指导、督促当雄、墨竹工卡和尼木分别编制了羊八井镇、甲玛乡和吞巴乡总体规划、控制性详细规划、城市设计；申请200万元规划编制经费专项用于特色乡、村庄规划，已结合各县（区）特色村庄规划编制计划，引导城关区人民政府、堆龙德庆区人民政府和柳梧新区管委会启动村庄规划编制工作。

《拉萨市曲水县曲水镇俊巴渔村特色村庄规划》已于2016年12月1日通过拉规委第二十次会议审查实施，《拉萨市林周县江热夏乡吉龙村特色村庄规划（2014—2030）》经拉规委第二十一次会议审查，进一步修改完善后再报拉规委会议研究。

【重点工作】 年内，市城乡规划局研究制定《拉萨市城乡规划局规划实施管理工作程序》，进一步明确了局各科室与分局之间权责，提高局属各部门履职尽责能力。年内，以治理城市病、补齐城市短板为抓手，开展城市双修工作。就如何开展拉萨市的城市双修工作起草《关于全国城市修补生态修复工作现场会专题报告》《拉萨市修补生态修复工作计划》，呈报市政府领导和市委主要领导审阅。

【行政改革】 年内，市城乡规划局根据市审改办要求，对市城乡规划局行政权力和责任清单项目事项进行梳理，已将目录、清单、流程图、服务指南上报市审改办，待市政府审查同意后公示实施。

2016年11月，正式成立城关分局，负责城关区辖区范围内的行政审批工作，由过去市局多个科室按流程审批改变为分局直接审批，简化流程，明确责任。同时，根据拉萨市机构编制委员会下发的《关于调整拉萨市城区规划管理体制的通知》精神，与堆龙德庆区政府正积极协商成立堆龙德庆分局事宜。

【城乡规划监督】 年内，研究起草上报《关于贯彻落实中央城市工作会议精神的实施意见》《拉萨市违法建设集中整治工作方案》《关于建立健全城市规划区违法建设查处工作长效机制的意见》《拉萨市集中整治违法建设实施办法》和《拉萨市违法建设制止和查处办法》，细化分解《拉萨市违法建设排查工作任务表》，为城乡规划工作精细化管理提供参考依据。为统筹村庄规划建设管理工作。开展了《拉萨市村庄规划条例》起草调研工作，该条例已通过市政府常务会议审查。

年内，共组织召开拉规委会议4次，分别研究历史文化名城保护规划、纳木错公园规划等33项议题。同步做好会议确定事项的督办反馈工作，有效推进拉规委审议事项的办理和落实。为充分发挥专家在城市规划管理工作中的领衔作用，塑造城市特色风貌，请示市委、市政府特聘建筑风貌专家对建筑方案进行把关。

（程思维）

市政市容

【概况】 年内，拉萨市市政市容管理委员会（拉萨市城市管理综合执法局）在市委、市政府的领导下，在市直各部门的支持下，认真贯彻落实中共十八大，十八届三中、四中、五中全会和中央第六次西藏工作座谈会以及习近平总书记系列重要讲话精神，深入贯彻落实党的治藏方略，深入开展“两学一做”学习教育，立足“环境立市”，以构建美丽家园、幸福拉萨为目标，以保障第三届中国西藏旅游文化博览会和雪顿节城市环境为抓手，扎实有效地开展工作。

（张欢欢）

市政公用管理

【市政设施维护】 年内，市市政市容管理委员会（拉萨市城市管理综合执法局）对全市破损路面、休闲座椅、绿化带栏杆、道牙石等开展维修，共维修破损路面3.75万平方米、人行道3.67万平方米、绿化带护栏4.4万米、道牙石1247米、休闲座椅43套；实施了娘热南路、林廓北路等人行道透水砖整体升级改造工作，改造面积10694平方米。

【路灯管护】 年内，市市政市容管理委员会（拉萨市城市管理综合执法局）维修路灯8740盏，处理路灯设备故障200余起，确保市区路灯亮灯率95%以上。实施尼泊尔领事馆周边、康昂南路等共64柱路灯的新装工作；实施纳金大桥、迎新大桥5924米灯笼电缆的铺设工作。

【城市排水防涝】 年内，市市政市容管理委员会（拉萨市城市管理综合执法局）组织开展市区部分主干管网的专业疏通清掏工作，先后清理井内垃圾1.4万立方米，维修更换路面检查井设施1500余套、雨水井600余套，新安装各类井盖设施1400多套；实施市区1500余套球墨铸铁检查井的更换工作，提前实施雨季积水路段排水管网的改造工作。

【桥梁管护】 年内，市市政市容管理委员会（拉萨市城市管理综合执法局）做好拉萨大桥、柳梧大桥等桥梁的日常巡检工作，年初对柳梧大桥开展动静载试验工作，对拉萨大桥开展全桥安全评估检测工作、实施病害处置和安全限行限载工作。

【燃气供热】 年内，市市政市容管理委员会（拉萨市城市管理综合执法局）4次牵头组织各相关单位开展安全生产联合大检查，开展日常检查6次，共检查加气站64家（次），下发整改37起，排查督促整治各类隐患问题12起；完成18家燃气经营企业的核查换证和1家新办企业的审批办证工作。会同相关部门开展对非法开挖影响燃气管线安全行为的查处工作。全程协调、参与、组织并顺利安全完成市环城路人合立交天然气主干管线改迁工作。

（张欢欢）

市容环境卫生

【市容环境】 年内，在市区各主次干道路灯上设置耐晒、防老化褪色、防水防尘LED灯笼，在五一前全部设置到位，先后安装灯笼7750组。开展全市户外广告规范整治工作，共整治不规范广告牌157块，公交站台广告153座，报刊亭广告66块。流浪犬收容中心运行正常，收容流浪犬6907只，卫生防疫工作开展正常。

【环卫管理】 年内，全市共拆除市区破损果皮箱160个，维修63个，新增果皮箱126个；全年共清理“牛皮癣”小广告8.9万余条；规范办理渣土准运证件234件，清理乱倒渣土死角9处，清理量达1.4万余吨；做好生活垃圾填埋场整治工作，先后转运生活垃圾4.46万吨，生活垃圾填埋率98%以上，填埋垃圾21.08万吨，渗滤液处理站正常运行。

数字化城市管理

年内，市市政市容管理委员会（拉萨市城市管理综合执法局）组织座席人员开展《拉萨市城市管理部件、事件参考手册》及“12319”热线系统服务用语规范等10次业务培训，完成指挥中心设备及软件系统的维护工作。共受理城市管理各类案件2014件，结案2005起，结案率达99.55%。在全部案件中，中心视频监控发现380起，网格监督员上报1017起。部件类568起，事件类1446起。向相关职能部门移处案件759件，调派市联动支队处理558起，调派城关区执法局处理697起。

（张欢欢）

“藏博会”“雪顿节”环境整治

【综合整治工作】 “藏博会”“雪顿节”期间，成立工作领导小组，制定《迎藏博会环境综合整治工作方案》《迎藏博会五项综合整治工作细化方案》以及《集中清理整治城市“小广告”工作方案》等，先后召开藏博会专题会议6次，上报工作小结9期、工作报告3份、工作信息专报38期。

【重点整治工作】“藏博会”“雪顿节”期间，整治市区内不雅及破损广告82处，整治机场高速沿线不雅广告21处、整改柳梧大桥广告位54处。协调市区大型LED广告位8座，全时段滚动播放藏博会公益宣传视频。设置藏博会刀旗3904面、悬挂彩条63066米，完成了西藏会展中心路口藏博会扎地牌匾的设置工作，督促协调市净土传媒公司在全市46处户外广告位上设置63幅藏博会公益广告画面。对全市180余台路灯配电箱进行整体刷新。对市区主干道破损绿化带栏杆进行全面修护。对全市休闲座椅进行全面维修，先后更换23套、维护40套。对全市各路段进行系统巡查，对藏博会重点路段沿线排水管网实施疏通，对路灯开展24小时不间断巡查。全面开展市区路段果皮箱公厕等环卫设施的维护管养工作，设置移动公厕7座、组织专门力量和机械车辆实施保障工作。生活垃圾填埋场共处理生活垃圾3.42万余吨。成立专项检查组开展小广告督促巡查，期间共清理“牛皮癣”小广告5.79万余条。

（张欢欢）

民生项目

【生活垃圾焚烧发电】年内，通过政府招商引资，以BOT模式全面实施生活垃圾焚烧发电项目建设，项目建设已完成近80%。

【餐厨废弃物资源化利用和无害化处理项目】年内，餐厨废弃物资源化利用和无害化处理项目完成选址，项目用地已落实，地勘工作正在开展，项目实施单位已确定，已签订PPP特许经营协议，项目的建设工作已由启迪桑德环境资源股份有限公司拉萨公司具体负责实施。

【新建停车场项目】年内，在10处新建公共停车场选址的基础上，经与交警、城投等部门踏勘商议，先行建设江苏路河坝林公园、娘热路格桑花公园2处地下公共停车场。已完成项目环评、节能批复、社会风险评估、项目备案等前置手续，并与市发改委对接进行拉萨市第一批申报专项建设基金项目。

（张欢欢）

城市管理体制改革

年内，拉萨市市政市容管理委员会（拉萨市城市管理综合执法局）结合《关于深入推进城市执法体制改革改进城市管理工作的指导意见》和区市党委系列改革文件要求，研究城市管理工作中存在的问题和不足，提出了改革设想。同时对全市城市管理权责清单进行了全面梳理，并对下移城市管理职权及体制改革相关事宜提出意见建议。作为全区城市管理改革试点，市编办牵头形成改革初步意见，经与市审改办、法制办、编办及城关区沟通协商，已基本达成一致。根据中发37号文件精神，对拉萨市市政市容管理委员会（拉萨市城市管理综合执法局）管理职责进行重新梳理，草拟新的“三定规定”，已报市编办审改。

（张欢欢）

政策研究和立法

【立法工作】年内，市市政市容管理委员会（拉萨市城市管理综合执法局）起草上报《拉萨市渣土管理办法》《拉萨市城市桥梁管理办法》和《拉萨市餐厨垃圾处置管理办法》，市政府正在审改，待提请上会批准执行。《拉萨市城镇供水用水管理条例》已通过拉萨市第十届人民代表大会常务委员会第25次会议，并报请自治区第十届人民代表大会常务委员会第26次会议批准，自2016年12月1日起执行，年内，开展3次颁布实施集中宣传工作。

【政策研究】年内，市市政市容管理委员会（拉萨市城市管理综合执法局）对行政职权和责任事项按照“9+X”分类要求进行梳理，通过对120余部法律法规规章内容的逐条整理，按照“三上三下”的程序要求，与全区其他地市权责清单核查比对，共梳理出178项行政职权，其中行政许可14项、行政处罚133项、行政强制10项、行政确认1项、行政征收2项、行政奖励3项、行政检查6项、其他类9项。年内，牵头召开七县三区行政职权下放交流座谈会，提出职权下放及市、县

（区）城市职权定位意见上报政府研究。

（张欢欢）

队伍建设

【综治维稳内保】 年内，市市政市容管理委员会（拉萨市城市管理综合执法局）成立工作领导小组，制定完善维稳工作方案和应急预案，做好春节、藏历新年、3月重要时期、“萨嘎达瓦”宗教活动、“藏博会”、雪顿节以及哲蚌寺建寺六百周年等重点活动期间的维稳工作，成立督查组对全委系统维稳值班情况进行明察暗访。

【党风廉政建设】 年内，市市政市容管理委员会（拉萨市城市管理综合执法局）形成召开年初党风廉政安排部署和年中、年末总结会、每周例会机制，全年安排专题党风廉政学习4次，书记讲党课1次。3次下发中央“八项规定”的落实专项通知，全年未出现违反中央“八项规定”问题。成立专班负责重大事项督查督办工作，出台《考勤制度》，采用指纹考勤加强工作纪律的执行。

（张欢欢）

自来水

【概况】 2016年，拉萨市自来水公司共有职工232人（在职214人、聘用18人）。设在职党支部一个，各水厂、科室下设党小组共计6个。支部现有中共党员64名（含预备党员3名），入党积极分子5名。

市自来水公司下设14个部门：药王山水厂、北郊水厂、西郊水厂、献多水厂、安装公司、管网所、营业所、水质化验室、生产技术科、稽查室、财务科、办公室、保卫科、工会。主要负责市区自来水的生产、供给及上水安装工程、市政管网维护等业务。

【供水现状】 年内，全市供水量13181万吨。4个水厂及8个泵站日供水能力约34.8万吨，供水人口约71万人，供水面积55平方公里，供水范围为拉萨市区、教育城、柳梧新区、经开区、堆龙德庆区，自来水供水普及率占90%、自备水源占10%，截至年底供水管网长度约979.34公里。水厂水源主要含水层岩性为砂卵石，深60米，采用地下集中式开采方式，生产工艺采用取水—排沙—沉淀—蓄水—消毒—加压配入城市供水管网。供水形式为联网式供水。

【水质检测】 年内，市自来水公司设有专业的水质化验室，严格按照国家GB5749—2006《生活饮用水卫生标准》对厂各水厂的源水、出厂水、末梢水以及泵站源水进行微生物指标、毒理指标、一般化学指标24个项目分析检测。2016年，共检测自来水水源水、出厂水、末梢水水样329个，累计项目4485个，合格率99.28%；拉萨市防疫站每季度对四个水厂出厂水、末梢水进行监测；自治区环保厅水质监测站按照《地下水质量标准》每月对4个水厂源水进行检测；并出具相关数据报告；每年5月、8月委托西安市自来水公司水质检测中心按照《地下水质量标准》对4个水厂源水进行39项全分析，水质达到国家地下水Ⅲ类标准。

【阶梯式水价】 年内，市自来水公司根据《国家发改委住建部关于加快建立完善城镇居民用水阶梯价格制度的指导意见》精神，2016年完成阶梯式水价调整工作，10月1日起执行新水价标准。

按照2016年9月27日拉萨市政府下达《拉萨市人民政府关于同意调整自来水价格的批复》文件，拉萨市自来水收费标准：

居民用水执行价格标准

表2

收费对象		收费标准（元/立方米）
居民用水	第一阶梯（0—240立方/年）	1.54
	第二阶梯（241—300立方/年）	2.31
	第三阶梯（301立方以上/年）	4.62
非居民用水	非经营性用水	2

续表2

收费对象		收费标准（元/立方米）
居民用水	经营性用水	2.2
特种行业用水		4.7

无表用户执行价格标准

表3

收费对象		收费标准（元/立方米）
无表用户	无表城镇居民私房、退休基地（包括流动人口）	每人每月9.24元
	卫生间	每月每间15.4元
	无独用水龙头的餐厅、理发店、饭馆	每月每户220元

低收入群体执行价格标准

表4

收费对象		收费标准（元/立方米）
老城区居民有表用水	第一阶梯（0—240立方/年）	0.92
老城区居民有表用水	第二阶梯（241—300立方/年）	1.38
	第三阶梯（301立方以上/年）	2.76
老城区居民无表用水	每人每月5.54元	
“五保”户居民用水	全免	
低保户居民有表用水	每月用水量减免5立方，超过5立方部分按老城区居民阶梯价标准执行	
低保户居民无表用水	每人每月4.6元	

【一户一表】 年内，市自来水公司为提倡广大市民节约用水、保护水资源的意识，向节水型城市迈进，拉萨市开始试安装水表，并在全市推行“一户一表”工程，逐步取消包月制收费。为加快推进“一户一表”工程的实施，采取公司补贴人工费，用户出部分资金的办法，降低改表费用，减轻用户负担，对低保户等困难群众按有关程序适当减免。截至年底，已完成整个城市自来水用户的85%。

【条例修订】 年内，市自来水公司积极开展《拉萨市城镇供水用水管理条例》修订工作。2016年7月29日，该条例在拉萨市第十届人民代表大会常务委员会第二十五次会议通过，西藏自治区第十届人民代表大会常务委员会2016年9月28日第二十六次会议批准，予以公布。修订后的条例自2016年12月1日起实施，对规范饮用水市场将起到良好的推动作用。

【环线项目供水管网改迁】 年内，市自来水公司环线项目给水管道改迁工程于2016年8月开工，总投资约625万元。其中：北环线改造DN400—DN100球墨铸铁管约350米，投资16余万元；北环线延伸段改造DN300球墨铸铁管约5000米，投资417万元；西环线（仁和立交）DN600—DN500球墨铸铁管约1500米，投资192万元。

【受理“12345”用水问题】 年内，市自来水公司做好2016年度“12345”政府服务热线关于用水问题信访件及用户投诉电话。为处理用水问题信访件，按照市政府要求，在公司综合办公室连接“12345”政府热线专网，并安排专人负责在“12345”客户端处理办结所有工单。2016年1—12月共收到市民反映水压不足及停水问题工单（274个）以及抢修环线施工频频挖断供水管网水事，共办结333个涉水事件，办结率100%。

【节水宣传】 年内，市自来水公司根据国家住建部确定2016年5月15—21日是第25个全国城市节约用水宣传周，主题是“坚持节水优先，建设海绵城市”。公司组织开展形式多样的宣传活动。通过广播宣传车、发放宣传册、悬挂横幅、媒体刊登等方式大力宣传城市节水知识，倡导科学用水、自觉节水的社会行为，共同打造节水型城市。采用广播车在全市范围内循环播放介绍《拉萨市城镇供水用水管理条例》（藏汉双语）内容；组织人员随宣传车辆以游街形式和定点形式向过往人群分发自来水用户报装流程图、自来水用户服务征求意见表、拉萨市自来水公司致市民的一封信及节水宣传图片、节水知识、手册等，并进行节水知识讲解；悬挂贴切节水主题的过街藏汉文宣传横幅25条。

【应急演练】 为做好拉萨市的城市供水系统重大事故的应急援救工作，建立高效、快速的应急处理反应机制，公司完善《拉萨市自来水公司供水应急预案》，并组织人员开展供水应急演练活动。演练主要包括在紧急情况下的责任人在岗、领导指挥、车间部分停机、区域范围内关闭总阀、水质分析、应急储备物资仓储及调运、水电工的实际操作等。通过演练，增强拉萨市供水保障和安全防范意识，提高供水人员的综合处置能力，检验和提高了各部门应对供水突发事件的反应力和协同作战能力，也是对各水厂应急供水系统保障能力的实操检验。同时通过应急演练来发现和改进当前工作中存在的不足和问题，进而全面提升城市供水突发事件的防控能力，确保拉萨市遇到类似突发状况时，能够有序组织开展专项应急反应，处置得当，确保市民饮用水安全和生产、生活用水的正常运行。

【供水管网普查】 8月12日至9月18日，对拉萨市建成区供水管线及园林绿化用水情况开展普查摸家底工作，掌握城市供水管网第一手资料。全市道路107条供水管道，总长度979.3427公里，其中DN300以上71条，长150.5公里；支管DN200–DN20长828.8公里；闸门879个；消火栓共计1359套。做到“底数清、情况明”，为管网日常维护及改造奠定良好的基础，并为改造提升城区老化供水管网，从根本上解决水压、水量不足的状况提供有力依据。同时，为提高管网抢修及时率，减少市政供水管网的跑冒滴漏，降低产销差，公司投资28万购买供水管网测漏仪，对全市供水管网开展测漏工作，全面提高城市供水管网安全可靠性。

（肖　琴）

电力供应

【概况】 2016年，国网拉萨供电公司设11个职能部门，5个业务支撑机构，共有在职员工460人，其中藏族员工占39.7%，汉族员工占57.1%，其他民族员工占11.7%；具有本科及以上学历为39.6%，大专学历为36.7%，中专学历为7.2%，高中及以下学历为16.5%；具有中级及以上专业技术职称为5.2%；初级专业技术职称为58.2%；具有高级技师资格0.7%，技师资格为11.5%，高级工资格为28.7%，中级工资格为20.1%。

国网拉萨供电公司担负着拉萨市六县两区和山南部分地区的供电任务，供电面积约2.9万平方公里，电力客户8.4万户，供电人口95万。经营范围主要是输变电运行及检修、电力供应、电力工程安装施工、电力物资供应销售、机电设备安装检修。

2016年，国网拉萨供电公司完成售电量21.49亿千瓦时，增长12.10%；综合线损率10.73%，下降0.25%；实现营业收入14.20亿元，增长21.33%；利润11.62亿元；完成固定资产投资11.08亿元，增长12.10%；公司资产总额24.08亿元。电费回收率100%。没有发生人身伤亡事故和六级以上电网事故。

年内，国网拉萨供电公司首次成功实现西藏10千伏配网带电作业，得到国家电网公司、西藏公司高度评价。规范“95598”接派单流程，将“12345”政府服务热线接入配网抢修指挥平台，扩大服务面提高服务质量，接派单及时率99.91%，抢修到达现场及时率99.89%。简化业扩报装流程，业扩供电方案答复及时率、装表接电及时率分别提高4.51%和8.07%。

【电网运行】 年内，国网拉萨供电公司所辖35千伏及以上变电站61座，变电站容量1668.25兆伏安；其中，110千伏变电站22

座（含用户变1座），变电容量1379.3兆伏安，35千伏变电站39座，变电容量288.95兆伏安，其中，2座城网变电站，变电容量36兆伏安，37座农网（含用户变）变电站，变电容量252.95兆伏安。10千伏在运电容器56台（农网6台），电抗器9台，消弧线圈10台。

年内，国网拉萨供电公司所辖110千伏线路55条（含农网），总长1920.738千米，35千伏输电线路58条，总长1045.104千米。

年内，国网拉萨供电公司所辖10千伏城市配电线路136条，总长799.196千米，10千伏环网箱378台、分支箱43台、箱变241台、柱开开关92台、杆刀3台；城市配电网络中，10千伏公用线路107条，10千伏电源线、专线29条；配电变压器3693台（含公用变压器414台、专用变压器3279台）。

年内，国网拉萨供电公司所辖发电装机情况：平措、纳金、献多三个水电站总发电机台数14台，总装机容量为1.54万千瓦，其中：平措电站4台机组，总装机容量0.5万千瓦（单机容量0.125万千瓦）；纳金电站装机6台机组，总装机容量0.78万千瓦（单机容量0.13万千瓦）；献多电站4台机组，总装机容量0.26万千瓦（单机容量0.065万千瓦）。与上年同期相比，装机容量无变化。运高、林周藏电、嘉天羊易、龙电站四座光伏电站总发电量为92兆瓦。龙源光伏电站共有两期，一期发电容量为10兆瓦，二期发电容量为20兆瓦，有一台地热机组，装机容量为2兆瓦；运高光伏共两期发电容量为30兆瓦；林周藏电光伏发电容量10兆瓦；嘉天羊易光伏发电容量20兆瓦。

【绩效管理】 年内，国网拉萨供电公司按照《企业负责人月度关键业绩指标》，以西藏公司业绩考核指标为基准和导向，科学分解设置各部门业绩考核指标，确保公司各部门、二级机构工作目标与企业发展战略协调一致。在原有全员绩效管理实施细则的基础上，对现行绩效管理指标库和绩效管理实施细则进行完善和更新，提升公司业绩和管理水平。按照国网公司绩效管理要求，修订完善公司企业负责人及管理机关岗位指标体系。组织做好“国家电网公司全员绩效管理信息系统”上线应用工作。根据一线员工工时积分同价计酬机制工作要求，成立以龚东昌总经理为组长，相关分管领导、部门负责人为成员的一线员工工时积分同价计酬机制领导小组，明确工作职责，组建实施专业组，结合拉萨公司实际制定了《国网拉萨供电公司关于印发一线员工工时积分同价计酬机制推广实施方案》，按照方案时间节点开展相关工作。起草县公司企业负责人业绩考核实施细则，为推进县公司全员绩效管理，充分调动县公司干部员工工作积极性，规范县公司企业负责人业绩管理考核，提升县公司运营质量和经营效益，综合考虑各县公司实际，起草《国网拉萨供电公司代管县公司企业负责人业绩考核实施方案》，开展县公司企业负责人业绩考核工作。外派培训116人次。

【福利项目管控】 年内，国网拉萨供电公司严格贯彻落实《国家电网公司福利保障管理办法》和《西藏电力有限公司福利计划管理实施细则》，参加国网人资ERP集中部署项目组和西藏公司组织的福利项目全过程管控关键用户培训，确保全体福利管理工作人员掌握系统应用，参加ERP集中部署，与财务部等相关部门沟通协调福利全过程管控平台与财务管控、ERP财务模块等平台的数据处理业务情况，确保系统正常运行。

【电网建设与发展】 2016年是“十三五”规划的开局之年，全年下达项目前期计划139项，涉及投资11.41亿元。已完成可研设计74项，取得可研批复16项；下达正式投资计划64项，涉及投资18.58亿元，当年投资计划10.83亿元。已开工24项，竣工投产3项，其余项目已全部完成开工前的相关准备工作，实现“十三五”规划开门红。1月完成八廓110千伏输变电工程投运，7月完成5县农网改造升级工程投运，完成110千伏城东变10千伏城夺线中低压改造工程等25项户表工程投运，完成21项结算报告编制上报，取得结算批复14项。在对口帮扶单位的支持和配合下，科学谋划新一轮农网改造升级工程，统筹协调推动项目前期、招标采购和设计交底等工作，全面进入施工复测、进场准备阶段。全力支持地方建设，完成自治区纪检委办案中心、次角林旅游文化创意园区和环城路市政道路建设等37条10千伏以上电力线路迁改工作。高度重视项目结决算管理，完成“十二五”期间投资项目的结算和暂转固工作。开展参建单位施工人员实名登记管理，有效防范民工工资纠纷。认真组织开展供应商合同履约及产品质量评价工作，严格执行参建单位“黑名单”机制。

【经营管理】 年内，国网拉萨供电公司全面上线运行。多措并举增供扩销，降本增效，销售电量持续保持两位数高速增长。主动对接服务重要用户、新建园区和重点项目建设，开辟绿色通道，确保用户早搭火、早用电。高度重视电能替代工作，推进电采暖改造工程建设，完成44个小区6949户的改造工作，替代电量0.91亿千瓦时。全力做好因发电侧电价疏导涨价和丰枯电价调整的政策解释工作，加大电费回收力度，电费回收率100%，收回陈欠电费80余万元。推进政府资产无偿移交工作，截至年底已完成柳梧新区、国家级经开区等资产移交框架协议的签订工作。加快推进以前年度完建项目结、决算工作，完成103项2015年10月前完工项目的决算转资工作，针对不具备编制决算报告的工程项目，财务部进行预决算，完成500余张资产卡片的录入工作，涉及金额约6528.77万元。根据拉萨公司营业网点分布及电费资金收费情况，分析资金管理风险，明确营销、财务管理职责界面，落实资金管理职责，防范资金管理风险。积极与银行沟通，对银行上门服务代收协议进行完善，调整上门收款时间，降低现金管理风险；组织营业窗口收费人员签订了《资金安全承诺书》，落实资金管理有关要求，强化收费人员资金风险管理意识，加强电费资金归集的跟踪核对工作。2016年运监中心共发起异动处理工作单39份，共涉及各相关专业629项异动，累计追补、抄回电量914.74万千瓦时，电费858.71万元，取得了显著成效，有效发挥运营监测（控）中心功能作用。加强代管农电公司业务指导，全面完成7家农电公司财务系统上线工作。持续深化“五位一体”机制建设，完善绩效管理指标库和绩效管理实施细则。高度重视各项审计、依法治企问题整改“回头看”工作，确保公司安全健康持续发展。

【安全生产】 年内，国网拉萨供电公司始终把巩固和强化安全管理作为第一要务，持续深化“安全大整顿”活动成果，严格落实各级安全生产责任，强化安全生产安全月、周、日例会规定执行，狠抓安全基础管理，严格班前班后会和“两票”执行，扎实开展“安全月”活动、“三查三强化”专项行动和春（秋）季安全大检查活动，深刻吸取“11·24”江西丰城事故教训，开展迎峰度冬和岁末年初安全隐患排查治理专项行动，不断提升安全管理水平；大力加强安全教育培训，组织开展2016年全员安规普考两次，干部员工安全生产意识得到提高，安全生产氛围更加浓厚，安全生产形势持续向好，安全生产工作实现可控、能控、在控；严格贯彻落实国家电网公司《关于加强本质安全的决定》，从规划、设计源头加强反事故措施落实、高海拔技术标准应用，精简优化设备种类，严把设备入网关，不断加强工程全过程质量管控，项目建设质量得到大幅提升；科学合理安排电网运行方式，强化“三道防线”管理，深化二次系统排查整治，确保了电网安全稳定运行；扎实开展输电“三跨”、变电“六防”排查整治；加快推进户表改造和技改大修项目建设，大力实施绝缘化改造和外破治理工作，重点整治配电网重载、过载等突出问题，配网故障率明显下降，配网建设改造效益充分显现；严格执行《国网拉萨供电公司保电管理实施细则》，规范保电职能管理和现场工作标准，圆满完成藏博会、自治区第九次党代会等重要活动及特殊重要时期的政治保电任务。

【营销工作】 年内，完成售电量21.49亿千瓦时，增长12.10%；截至年底，圆满完成2016年电费回收“结零”任务，全年电费回收率100%。

营配数据采录及同期线损工作有序推进，基础管理提升初见成效。成立集中协同办公工作小组，倒排工期，严格计划结点执行，完成24座变电站母联和站用变关口计量安装和采集接入工作和627台公变的采集安装建设工作；完成所有变电站、线路和公变台区与PMS系统的匹配工作，匹配率100%；完成高压用户采录3279户，完成率100%，低压采录79133户，完成率99.6%。

常态化开展“内稽外查”及反窃电工作，保证公司经营成果颗粒归仓。建立常态化营销异常核查机制，明确专人负责，积极应用用电信息采集系统建设成果，重点自查整改失压断流、潮流反向、未按计划抄表等问题，全年共计核查处理问题362项，其中高压新装用户首抄不及时问题40项，零度户问题42项，表计失压、断流问题156项，退补电费异常问题4项、档案错误问题8项、表计过压、低电压问题17项、两部制电价问题3项、力率执行异常14项、变损电量异常36项、台区异常问题5项、超容量用电异常4项、供电服务异动问题33项。加大反窃电工作查处力度，依托信息系统手段，累计追补电量914.73万千瓦时，追补电费858.71万元。

完成拉萨供电公司智能电表推广应用改造项目的实施，其中卡表改造1.9万户，户表改造6000户，计量表计改造6000户，整体采集成功率为96%，使公司的采集覆盖率提升到87.9%，为实施自动抄表核算工作打下坚实的基础；完成1326台专变采集终端的升级改造，规范通讯规约设置，实现用户的停上电事件记录的上报；完成变电站馈线关口电能表采集建设工作，为实现分线分台区和全面线损自动统计分析工作奠定基础；完成团结新村和格桑林卡两个营业网点的搬迁建设工作，营业大厅环境整治工作，改善营业工作环境，提升公司的形象；完成拉萨公司二级标准计量库房的建设工作，规范仓储管理，提升计量装置的安全性；完成581户专变用户的计量检查工作，规范计量接线，确保计量的准确性。

【科技信息化】 年内，国网拉萨供电公司组织营销、运检、调控中心等部门开展深化系统功能应用工作，对现运行的营销业务应用系统、PMS运维检修系统开展调研，对功能模块的应用情况进行排查，编制深化系统功能应用实施方案。

年内，国网拉萨供电公司配合西藏公司完成ERP系统部署工作，协调公司相关部门开展ERP系统的基础数据治理工作、系统调试工作，根据西藏公司的统一安排，开展ERP系统的上线运行工作。

年内，国网拉萨供电公司牵头开展拉萨公司同期线损系统推广实施工作，已完成系统构建、模型配置、档案建立，并通过各项基础数据治理，完成电量接入，系统于2016年9月15日成功上线试运行，已初步具备分区、分压、分线和分台区同期线损计算功能，累计完成国网公司18期考核指标，基本实现国网公司年初制定的建设目标。

【服务工作】 年内，国网拉萨供电公司拓宽缴费渠道，开通邮政储代收业务，增设“电e宝”临时受理业务柜台，在醒目位置摆放宣传册及海报，通过公布二维码、一对一指导安装方式，认真讲解“电e宝”缴费方式及注意事项，手把手教用户下载“电e宝”APP，详细为客户讲解用户注册、户号绑定、电费缴纳等流程，并现场协助用户进行注册、户号绑定，着重宣传“电e宝”的电费查询、缴纳功能。截至年底，“电e宝”注册户数达4151户，缴费笔数2718笔，缴费金额为58.26万元。

年内，国网拉萨供电公司全面实施营销服务创新举措，顺利完成城区8.08万户低压居民用户资料收集录入工作，确保“95598”电费短信通知平台的上线工作。“95598”短信服务平台的电量电费、催费、缴费等三个提醒功能实现系统自动发送，为用户及时掌握用电信息提供了便利。

【电力保障】 年内，国网拉萨供电公司完善重要用户政府认定机制，完成53个重要用户认定。开展重要用户安全用电检查，查出各类隐患35起，下发隐患整改通知30份；明确供用电双方责任，签订重要供电保障责任书53份。组织开展用户低电压保护清理工作，完成1530户用户低压脱扣装置排查工作，占专变用户总户数的46%，已经退出978户，未退出的552户双电源和开关老化已经联系开关厂家，采取低压开关加装延时。对存在用电安全隐患用户下发《电力客户安全用电整改通知书》50余份，帮助用户处理电力安全隐患21处。

【党的建设和精神文明建设】 国网拉萨供电公司全年召开中心理论组扩大学习会10场、集中讨论4次、党建专题会议2期、党支部书记例会4次，认真分析研究解决党建工作存在的问题，安排部署重点工作。公司党委坚持民主集中制，深化“四好”领导班子建设，严格落实“三重一大”集体决策制度，召开党委会、总经理办公会共21次，审议重大事项100项。公司班子成员坚持双重组织生活制度，严肃党内政治生活，让“咬耳扯袖、红脸出汗”成为常态，突出示范带动作用，推动全面从严治党落到实处。规范党支部管理，严格执行“三会一课”、联述联评联考、党员民主评议、党性定期分析等党内组织生活制度。

年内，国网拉萨供电公司党委始终把加强基层党支部建设，作为党建工作的重点，充分发挥思想政治工作优势，加强党的建设。从规范基层党组织设置、强化党员日常教育管理、建立党建基础台账等基础入手，结合工作特点，将原有的10个党支部整合为4个党支部，下设若干党小组，强化党员管理，严肃组织生活。多次赴7个代管县公司开展党建工作调研指导。

（王振龙）

八廓古城管理

【概况】 拉萨市八廓古城管理委员会是2012年7月23日挂牌成立的拉萨古城专门保护管理机构，属拉萨市委、市政府的派出机构，由城关区委、城关区政府代管。古城管委会内设5个科室，下设两个机构。

【维稳工作】 老城区是全区、全市维稳的一线，地理位置特殊，人员成分复杂，重要节点的时段多、次数多，日常维稳任务十分艰巨、繁重。为确保老城区持续、全面、长期的稳定，管委会结合老城区维稳工作实际，制定维稳防控总体方案、季度维稳防控方案等多个方案、预案，以“5+2”“白+黑”的工作方式、工作态度，加班加点坚守维稳前沿，与老城区3个办事处、15个社区居委会、古城公安局、派出所扎实开展各个重点时段、重要节点的维稳工作，以及老城区摊位搬迁的后续工作，长期对老城区1.33平方公里的大街小巷内影响社会治安好转、影响城市管理的强买强卖、尾随兜售、流动商贩、地摊、店外店等现象进行综合整治，确保老城区社会秩序稳定，确保“大事不出、中事不出、小事也不出”的工作目标。保证综治维稳工作的有序、有效开展。

【基础设施维护】 年内，八廓古城管委会为保证老城区道路平整无坑洼、及时消除道路安全隐患，为全面彰显古城风貌和历史文化特色，更好地发挥老城区基础设施功能。截至年底，共计维修石板路面3985平方米，维修各类桥架2495米，维修石头围栏59米，疏通下水管道15009米，各类管井清理3298口，更换各类井盖423套，修复坍塌井盖3处，更换钠灯灯管1119个，更换钠灯整流器1267套，线路检修17345米，更换电缆862米，更换路灯控制柜里空气漏电开关25个，更换LED灯条235条，更换景观灯顶酥油灯165个，景观路灯灯桩维修3处，更换景观路灯变压器12个，更换路灯控制柜里时控开关11个，更换自动控制开关3个。

【古城申遗】 年内，八廓古城管委会根据自治区、拉萨市、城关区三级党委、政府关于做好申遗工作的安排部署，和三级党委政府主要领导的指示批示精神，八廓古城管理委员会严格按照拉萨市规划局、文物局、联动执法支队的要求，结合屋顶超高、涂刷整改、拆违工作实际，整合管委会、老城区3个街道办事处、15个社区居委会工作人员，成立专门的工作领导小组，开展各项工作。

【市容市貌】 年内，八廓古城管委会为提高老城区的市容市貌，减少非机动车停靠对道路交通的影响，在大昭寺广场西南侧、藏医院路、丹杰林路和顶峰商场前增设非机动车停车场，解决老城区内非机动车乱停乱放的现象。根据实际需求在老城及时增建非机动车停车场，按照属地管理原则，落实监管工作，减少非机动车乱停乱放现象，促进街面环境更加整洁、靓丽，为“拉萨古城申遗”奠定基础。

【城市综合治理】 年内，围绕维护老城区社会稳定，加强社会治安综合治理和城市管理，不断摸索总结执法技巧和工作中的方式方法，探索出“堵、劝、巡、清、整”的工作方式。按照工作需要，八廓古城管委会针对老城区的工作特点、难点，把全体干部职工分布在老城区的内外圈，实行常年不间断的日夜管理。

（旦　真）

布达拉宫广场管理

【基层党建】 年内，布达拉宫广场管理处根据党建工作的具体要求和实际情况，对支部全体成员进行改选，增加1名专职副书记，以促进支部的党建工作。结合布达拉宫广场管理处的实际情况开展退休党支部换届改选工作。

【设施维护】 年内，布达拉宫广场管理处对广场和公园的喷泉系统进行系统养护，按照签订《喷泉养护合同》，承包方对广场音乐喷泉、公园喷泉进行系统维护，并对控制系统进行调试，两个音乐喷泉运转正常。对广场领袖像进行更新，布达拉宫广场领袖像于2015年8月建成，已成为广场标志性建筑，由于西藏紫外线较强，为确保广场领袖像的庄严性，6月，布达拉宫广场管理处对领袖像进行更新，并按照自治区要求每年对领袖像更新4次以上。加大对环境卫生的管理，共开展环境专项整治7次，每日清运落叶、杂草、生活垃圾等约7吨，全年共计约2100吨，各大节庆在广场、公园显要位置悬挂灯笼约8000个，香布100米，更新果皮箱106个。制定并实施《保洁管理制度》《保洁签到制度》《卫生工作标准》《奖惩制度》等制度，日常保洁工作全部以国家卫生城市标准执行。

【环境整治】 年内，布达拉宫广场管理处为提升绿化水平，管理处监督绿地承包方对布宫周边绿地，树木进行系统养护，补栽各种苗木19122株，补种斑秃绿地5100平方米，进行树木病虫防治5次，为迎接各节庆营造美丽的氛围摆放各类花卉113000盆，每天清理绿化垃圾约3.2吨、生活垃圾1.3吨，对广场、公园各类苗木进行挂牌，共悬挂356个，并在宗角禄康公园国防教育主题雕塑“张大人花”周边试种60株高山杜鹃花，责成丽景园林公司对大庆主席台损坏草坪进行恢复，截至年底，绿地恢复工程全部结束，进入喷灌待苗期。施工过程中开挖回填客土4543.2立方米，水系管网开挖950余米，主沟平均深度1米，侧沟平均深度0.8米，设5个匣井进行分区控制。为确保水系供压合理，避免欠压问题出现，将原设计的50毫米主管、25毫米侧管、15毫米地面喷管更改为110毫米主管、50毫米侧管及25毫米地面喷管。播撒的草籽为丹麦进口草种早熟禾及黑麦草比例混合，补种绿地已全部见绿。

（格桑德吉）

综述

2016年，拉萨市环保局紧紧围绕“环境立市”战略，始终把生态文明建设放在突出位置，坚持绿色发展，着力改善生态环境，环境保护各项工作实现新的跨越。

（杨　梅）

环境保护与污染防治

【创建生态环境】 年内，全市共有62个行政村成功创建并获命名为自治区级生态村，30个乡镇成功创建并获命名为自治区级生态乡镇，墨竹工卡县成功创建并获命名为自治区级生态县。

【污染防治】 年内，拉萨市环保局协同拉萨市城管、工商、公安等相关部门联合执法，对影响人民生活的大气污染、水污染、土壤污染等进行综合防治。全力推进燃煤锅炉淘汰计划，共淘汰燃煤锅炉64台，完成大气污染防治工作自查报告。制定《拉萨市水污染防治行动计划实施方案》，全面推进各项工作落实。完成水环境质量目标要求、水污染防治重点工作和年度水污染防治工作自查报告。实现达孜、色麦、才纳3个国控断面水质的提升，水质由Ⅲ类提升到Ⅱ类。全面开展全市范围内土壤污染重点行业企业空间位置遥感核实工作，共计核实企业102家，现阶段确定符合筛选条件的企业44家，为下一步落实土壤污染防治行动计划开展土壤污染防治工作打下坚实基础。

6月，在全市小、中、高考期间，针对学生考试，做专项噪音防治。环保局提前做好考前考点踩点工作，加强考试期间现场检查工作，重点对学校周边工地、餐饮、娱乐等场所的噪音进行排查，减少临考前噪声污染，禁止夜间施工作业，给学生考试创造一个安静的外部环境。

【环境监测】 年内，拉萨市环保局对与人民生活息息相关的环境问题进行多次检测，包括水资源监测、水质监测、降尘监测、酸雨监测、噪音监测、空气质量检测等。

拉萨市环保局对全市7个国控断面地表水进行监测，共监测12次，监测指标23项；对全市4个集中式饮用水水源地的地下水进行监测，监测12次，监测指标22项。监测结果显示，7个国控断面地表水环境质量均达到或优于国家《地表水环境质量标准》（GB3838-2002）Ⅲ类标准，4个集中式饮用水水源地水质均达到《地下水质量标准》（GB/T14848-1993）Ⅱ类标准。根据环保部《关于开展地级以下城市集中式饮用水水源地环境状况评估工作的通知》，对拉萨市4个饮用水水源地开展环境状况自查评估。

【核发排污许可证】 年内，拉萨环保局严格规范排污许可总量审批，依法依规核发排污许可证。对34家符合条件的企事业单位核发排污许可证审批表，对1家企业核发临时排污许可证审批表。

【机动车尾气管理】 年内，拉萨环保局扎实开展“黄标车”及“老旧车”清理排查工作，淘汰黄标车、老旧车及报废车共计2493辆。发放机动车环保合格标志21574张。推动机动车尾气排放管理工作，建立机动车检测网络在线监控系统，开通对康达、伊成、宏发3家汽车尾气监测中心在线监管平台联网及实时监控。

【废物处理】 年内，拉萨环保局对全市49家重点监督监控企业、18家农业源、8个城镇生活源、1个机动车污染源、2个环境基础设施、1个危废处置中心等企事业单位开展环境统计工作，为全市环境管理提供基础数据支撑。

年内，拉萨环保局对涉及矿山企业、医药、食品、酿酒、水泥、建材、畜禽养殖等38家行业企业产生的固体废物、医疗废物、生活垃圾的产生、处置、利用、贮存情况开展统计。全市固体废物产生量为3306659.381吨，综合利用量为1244150吨、处置量为274072.831吨、贮存量为1788237.55吨、排放量为199吨，固体废物综合利用率为37.6%。其中全市生活垃圾产生量为279936吨、处置量为276936吨、利用量为3000吨，生活垃圾无害化处置率达100%。安全转运危险废物18批次。妥善转运并处置全市医疗废物共678.46吨，妥善转运并处置全区危险废物86.57吨。

（杨　梅）

环保机制建设

【环境执法】 年内，拉萨市环保局开展多项执法检查，出动执法人员1458次，执法车辆368台（次），共清查1308家排污企业（项目），对52家涉矿企业、63家工业企业、556家排污企业、7个集中式饮用水源地、6个重要交通项目、1个国家级自然保护区、“三渠一河”、2个垃圾填埋场、1座危废处置中心、1座污水处理厂等开展环境执法检查。对27家问题企业下发限期整改通知，对5家存在突出环境问题企业进行处罚和查封。

年内，拉萨环保局加大检查力度，开展专项督察，督促挂牌企业整改任务落实。对自治区人民政府挂牌督办整改到位的9家企业实施摘牌。不断加强对企业事业单位突发环境事件应急预案的备案管理工作，完成全市53家企事业单位环境应急备案管理。

【环评体制改革】 年内，拉萨环保局深化环保评定行政审批制度改革，简政放权、实行分类审核分级审批。继续深化环境监督监管工作，出台《拉萨市网格化环境监管实施方案（试行）的通知》。深化环境信息公开制度，落实环保信息发布。完善环境保护政策法规体系，实施《拉萨市大气污染防治行动计划实施方案》，出台《拉萨市水污染防治行动计划实施方案》。强化生态环境保护机制，实施生态补偿脱贫，推动生态文明建设进程。

【考核考评】 年内，拉萨环保局制定《拉萨市环境保护局2016年环境保护考核工作方案》，组织市直相关部门开展全市环保考核工作，把环保由职能部门“单打独斗”的监管，纳入政府考核体系，强化环保责任，提高监管力度，进而改变环境治理的被动局面，让环保考核制度成为环境治理的“刚性”指标。同时，不断健全环境影响评价机制，落实简政放权，优化环评审批流程。对9个大项、50个小项的环境影响评价审批权限进行下放，督促75个建设项目落实完善环评手续。开展全国环评审批信息联网报送工作，上报率为100%。强化对重点建设项目及改扩建项目环评审批工作，审批建设项目299个（其中报告书5个、报告表271个、登记表23个），县（区）环保局审批建设项目843个，下达295个项目的技术评估报告，出具建设项目环境影响评价执行标准372份。向自治区环保厅出具建设项目预审意见21个，出具辐射类建设项目环境影响评价执行标准9份。对15家申请建设项目环评验收的企事业单位，进行现场踏勘，开展现场验收工作。并委托县（区）环保局验收35家。

【信息公开】 年内，拉萨市环保局不断加强环境保护信息公开力度。在市政府门户网站及西藏商报对《拉萨市水污染防治行动计划工作方案》进行发布。以“环境执法大练兵”活动为契机，在环境执法大练兵投票微信平台开展公开投票，公布处罚企业名单。4月，在西藏日报公开烨鑫矿业处罚情况，这也是拉萨环保史上开出的最大罚单。6月，在拉萨市人民政府门户网站公布《2015年拉萨市固体废物管理及拉萨市固体废物污染防治信息》公告。12月份，在西藏商报，就拉萨市重点排污单位治污设施建设和运行污染源环境信息进行公布。

【信访工作】 年内，拉萨市环保局抓实环保信访工作，在控制信访发生率、提高环境信访办结率、维护群众环境权益方面下功夫。严格落实局领导接访回访制度，促进环境信访问题化解。始终确保“12369”环保举报热线24小时畅通，及时受理各类环境举报，共受理环境信访举报358起。处理率100%，办结率100%。

【环保宣传】 年内，拉萨市环境保护局以“6·5”世界环境日及“2016年科技周”“法制日”“消防日”等活动为契机，以电视、报刊等媒体为载体，开展各种环保宣传活动。共悬挂横幅40余条，摆放展板50多个，发放环保水杯240个、环保扇子500个、环保布袋及环保围裙3000余条、《拉萨市机动车尾气污染防治手册》笔记本800余本、《环保宣传手册》3000余册、《水污染防治手册》1000余册、其他相关环保法律法规宣传单5000余份。邀请环保法律专家，围绕新环保法、环境保护相关法律法规广泛开展环保知识专业培训3次。

（杨　梅）

交通·运输·邮政

交通

【概况】2016年是“十三五”开局之年，是拉萨市交通运输发展的黄金之年，是打造“三小时综合交通圈”“两小时经济圈”“拉萨—山南一体化”，做好“公交都市”申报工作的重要一年，重点项目建设、农村公路建设、农村公路养护、行业管理治理、安全生产监管等方面均取得良好成绩。

【拉萨市环城路建设】年内，拉萨环线项目由北环线、北环线延伸段、南环线、西环线、柳东大桥组成，全线按双向六车道设计，总长72.2公里，包含7座隧道、24座桥梁，总投资113.1亿元。

2015年10月7日，北环线开工建设，总投资16.25亿元，设计总长16.61公里，全线包括3处隧道8座桥。2016年，完成工程量占总工程量的88.4%。

北环延伸段总投资9.83亿元，设计总长为5.88公里，全线包括1处隧道，2座高架桥。2016年，桥涵工程累计完成工程量的96%，隧道进洞里程及洞室完成100%，道路主体完成90%。

2016年3月1日，柳东大桥开工建设，总投资11.99亿元，设计总长6.2公里（包括桥梁2.845公里，道路3.335公里）。2016年，完成工程量的45%。

2015年12月21日，南环线开工建设，总投资28.5亿元，设计总长20.449公里，包括1处隧道，1座特大桥，3座大桥，2座中桥。2016年，累计完成工程量的91%。

2016年2月5日，西环线开工建设，计划总投资35.614亿（含立交桥），设计总长23.984公里，包括2座隧道，8座桥梁，11处涵洞，1处互通立交。2016年，累计完成工程量的91.2%。

【国道318线拉萨至曲水大桥段改建工程】国道318线拉萨至曲水大桥段改建工程批复总里程55.175公里，批复总投资4.898亿元，2016年年底完工。

【农村公路建设】年内，拉萨市共实施农村公路项目65个，总投资7.486亿元，总里程567.5公里，其中续建项目21个，总里程253.6公里，完成投资30749万元，续建项目全部完工。新建农村公路项

3月，拉萨市副市长林生考察南环线

11月，脱贫攻坚考核

目44个，总里程313.9公里，完成投资68719万元，完工项目6个，完工项目里程5.8公里；截至年底，拉萨市农村公路总里程达到4643.903公里。

【工程项目验收】 年内，拉萨市交通运输局开展已建成的农村公路的交工验收。

省道202线至唐古乡公路改建工程。2016年9月20日，由拉萨市交通运输局项目管理中心组织省道202线至唐古乡公路改建工程竣（交）工验收工作。省道202线至唐古乡公路改建工程位于拉萨市林周县唐古乡境内，全长55.488千米。全线按四级公路标准建设，计算行车速度20千米/小时，路基宽度6.5米，路面宽度4.5米，路面为4厘米沥青混凝土面层，18厘米厚水泥稳定沙砾基层，15厘米厚天然沙砾垫层。2014年8月18日开工建设，2015年12月15日完工。

西藏拉萨市城关区娘热乡吉苏村（格日寺）公路工程。2016年11月8日，由拉萨市交通运输局项目管理中心组织拉萨市城关区娘热乡吉苏村（格日寺）公路工程竣（交）工验收。该项目位于拉萨市当雄县宁中乡萨孜岗境内，路线全长5.951千米。全线采用四级公路技术标准，设计速度15千米/小时，路基宽度4.5米，路面宽度3.5米，路面采用18厘米厚水泥混凝土，部分路面采用拳石，垫层为15厘米级配沙砾。2015年4月10日开工，2015年11月15日完工。

拉萨市当雄县纳木湖乡色德村公路工程。2016年12月29日，由拉萨市交通运输局项目管理中心组织拉萨市当雄县纳木湖乡色德村公路工程竣（交）工验收工作。该项目位于拉萨市当雄县纳木湖乡，全长26.795公里，全线按四级公路标准建设，计算行车速度20公里/小时，路基宽度6.0米，路面宽度4.5米，路面采用4厘米厚AC-16沥青混凝土面层，22厘米厚水泥稳定基层和20厘米厚天然沙砾垫层。2016年4月25日开工，2016年11月20日完工。

拉萨市林周县唐古乡藏雄村公路工程。2017年1月4日，由拉萨市交通运输局项目管理中心组织拉萨市林周县唐古乡藏雄村公路工程竣（交）工验收工作。该项目位于拉萨市林周县唐古乡，全长23.207公里，全线按四级公路标准建设，计算行车速度20公里/小时，路基宽度5.5米，路面宽度4.5米，路面采用4厘米厚AC-16沥青混凝土面层，22厘米厚水泥稳定基层和20厘米厚天然沙砾垫层。2016年4月25日开工，2016年11月30日完工。

【农村公路养护】 年内，拉萨市农村公路是由各县（区）组织各乡镇农牧民进行季节性养护，养护资金是由市财政拨付至各县（区）财政，2016年拉萨市农村公路养护补助资金共计620.523万元，第一批养护资金（420万元）于2016年4月拨付到位，第二批养护资金（200.523万元）于2016年12月拨付至各县（区）。

（董绍辉）

运输

【春运工作】 2017年春运期间，共发车13722车次，运送旅客241353人次，未发生交通安全事故。

【城市客运】 年内，拉萨市共有旅游运输企业4家，旅游车3181辆；有班线客运企业7家，客运班线57条，其中省际班线4条、市际班线37条、县际班线4条，农村客运（拉萨至各乡镇）班线11条，

12月，召开目标绩效考核会议

班线车辆643辆，2016年全年公路客运量323万人次（包含旅游、班线、农村客运）；有出租企业2家，出租车1668辆；有公交企业1家，公交车522辆；共有客运站10个，其中市级客运站3个，县级客运站5个，乡级客运站2个。

【货物运输】 2016年，拉萨市共有货运企业108家，其中普通货运企业93家，危险货运企业15家；共有货运车辆27094辆，其中普通货运车辆26014辆，危险货运车辆1080辆。2016年货运量793万吨。

【公共交通】 年内，拉萨市公交线路共计34条，线路总长667.2公里，全年公交客运量为8208万人次，运营公交车522台，其中新能源公交车184台，新能源公交车占车辆总数的35%。拉萨公交信息化程度正逐步提升，2016年完成58个电子公交站牌建设、车载Wi-Fi、“车来了”手机APP、车载GPS监控系统的调试与安装，城市公交智能化水平稳步提升。

【公共自行车租赁】 年内，拉萨市城市公共自行车以缓解日益突出的交通拥堵现状为目的，以打造拉萨市“绿色交通、低碳出行”为使命，一期项目共建成17个租赁点试运行，其中2016年投入资金446050元，在拉萨市柳梧新区北京大道段浙西大酒店旁和柳梧新区商业西路德天大酒店旁新增两处公共自行车租赁试点，受到广大市民和游客的青睐。

（董绍辉）

邮政

【概况】 2016年，中国邮政集团公司拉萨市分公司全年完成业务收入6521.79万元，增加196.31万元，比增3.1%。企业成本实现8362.25万元，增加747.23万元，比增9.81%，年全员劳动生产率实现26.73万元，用户服务满意率达到85%以上，呈现出良好的发展局面。

【代金网点建设】 年内，拉萨市分公司新增江苏东路、国际城、电信大楼、西郊支局、林周县分公司、尼木县分公司等6个代理金融网点，新布放14台CRS机，新装12台POS机，新增12名代理金融从业人员，新增网点储蓄余额达1.5亿元。并积极开展“真情服务，积分有礼”“浓浓雪域情，邮储伴你行”“关爱到基层，体验在外拓”等专项活动，实现保险业务全面铺开，信贷业务稳步拓展。代理金融网点顺利开业运营，拓展拉萨邮政的服务深度，增强服务能力，且全面提升拉萨邮政的形象。

【机制改革】 年内，拉萨市分公司新增城中揽投部、城北揽投部、城东揽投部等3个揽投部，改建城西揽投部，优化投递网络；划小经营单位，将原营业局细分为中心支局、江苏东路支局、电信大楼支局、国际城支局，实现扁平化和网格化管理；建立揽收队伍，专职揽收人员12人，揽收合一人员133人。

【网络支撑】 年内，拉萨市分公司配备97台优博讯电信版PDA设备，新增4个智能包裹柜，新增23辆电动三轮车，更新20辆汽车，大幅提升投递能力。

【传统业务】 年内，拉萨市分公司在世界邮政日、集邮周、集邮文化季为客户提供专供产品，利用藏博会等盛大活动定台展销，对集邮圈老客户做好维护，全年实现收入427.01万元。印制布宫、小昭寺、甘丹寺、拉萨河游船票等各类旅游景点邮资明信片门票148.6万枚，实现收入215.17万元。与拉萨市旅游局制作定制型明信片60万枚，实现收入58.8万元。并充分利用出租车广告及全国足球丙级（西藏赛区）选拔赛招商实现收入8.4万元。全年函件业务收入完成876.13万元，完成全年预算的77.14%。拉萨市分公司深入挖掘市场发展潜力，继续开展“爱心包裹”“母亲邮包”“军营包裹”等传统包裹业务的寄递。军包大收订中，各支局、各县分公司共收寄军包5532件，实现收入51.5万元。新增开发协议客户174家。全年收寄各类包裹362145件，实现业务收入1504.11万元，完成年度预算的93.48%。

利用“世界读书日”契机，积极联系内地书展商，在西藏举办书展活动，实现业务收入40余万元。发展教铺类订阅市场，并针对“两学一做”学习教育的政治类图书需求，利用《胡锦涛文选》发行契机，把政府类图书作为报刊收入的切入点，结合区委宣传部关于“两刊”的文件，制定营销计划，在“两刊”征订上比2015年同期增长流转额46万元。在农家书屋项目上首次破零，实现收入5990元。在“一卷方向”的货源组织发货，累计配货“一卷方向”新产品16万元。全年完成报刊业务收入954.41万元，完成年度预算的96.1%。

2016年，生肖猴票、中国邮政成立120周年、文化遗产日三大邮票发行时机，销售生肖贺岁季产品共150万元。与几家公司签订定制型邮册《玄奘西行记》《感恩祖国》《辉煌征程》《不忘初心　路在脚下》协议，实现收入167万元；开发《青藏铁路通车十周年邮册》1000册，实现收入39.8万元；销售《美丽精灵》集邮册2000册，实现收入19.8万元；制作《不忘初心、继续前进》邮折2000册，实现收入20万元；制作销售型邮册《大美拉萨》《西藏明珠》2500册，实现收入41.1万元。全年实现集邮收入1143.85万元，完成全年预算的95.24%。

【党建工作】 年内，中国邮政拉萨市分公司积极组织开展“两学一做”学习教育，征订下发专题学习笔记及学习教材。邀请党校教授给三个党支部授课，不断巩固和深化学习成果。完善党建制度，加强党员教育管理，制定下发《拉萨市分公司2016年党群工作计划》《拉萨市分公司党委理论中心组2016年学习工作方案》《拉萨市分公司关于2016年年度党员学习计划的通知》等，为拉萨邮政改革转型发展提供坚强的政治保障。

【工会职能】 年内，中国邮政拉萨市分公司召开职工代表大会，组织开展困难职工、重特大疾病职工、劳模遗属、职工遗属、援藏干部等23位群体的入户送温暖及一线职工慰问活动。开展“三八”妇女节座谈会、“五一”劳动节运动会、“六一”儿童节祝福、退休老党员关怀、“双十一”投递员慰问、“为贫困户募捐”等活动。

（央金拉姆）

信息化

信息化建设

【申报“宽带中国”示范城市】 8月，拉萨市成功申报2016年度“宽带中国”示范城市，将对拉萨市信息化发展起到更为强劲的推动作用，加强信息资源整合和开发利用，提高信息化应用的效能，促进信息产业发展。

【信息惠民工程】 年内，拉萨市继续开展“十三五”信息惠民工程建设项目前期工作，完善《“十三五”拉萨市信息惠民工程建设项目可研报告》，为争取国家支持打下坚实基础。

【电子政务】 年内，拉萨市完成农村综合信息服务站四期工程建设及验收工作，完成拉萨市电子政务（一期）工程初验及培训工作，落实2016年第二批电信普遍服务试点项目，参与“双创”城市创建云服务平台体系建设工作。

（阿怀萍）

电信

中国电信拉萨分公司

【概况】 年内，中国电信拉萨分公司认真贯彻落实中国电信西藏公司和市政府的工作部署，在网络建设持续落实集团2+5战略聚焦，通过实施宽带领先专项工作，共建设宽带总端口50784个、专线接入业务479条，完成市内酒店、企业、单位共计138台利用退网ONU设备替换老旧IAD设备；县乡网络带宽全面提速，县局至拉萨带宽原来的2G扩容到10G，各乡原有IPRAN网络带宽从1G扩容至10G，纠正、修改标准地址问题265个区域，修正、新建扩容地址达到3893条，标准地址准确性达到了98.5%；无线网新建基站共计473个站点，加大拉萨各乡镇3G网络深度覆盖；继续做优做强4G网络，共建设800M基站200个，1.8G基站150个。

【专项治理】 年内，中国电信拉萨分公司建立廉政风险防控机制和权力监控机制。狠抓安全，全年投入300万元整治安全隐患、确保“三不出”的目标。完成特殊时期和藏博会期间的维稳保通各项任务，荣获市委、市政府2016年度“社会治安综合治理工作先进集体”荣誉称号。

【社会责任】 2016年，拉萨电信在驻村点群众节日慰问活动的基础上，发动分公司员工开展送爱心募捐活动，筹集7700元资金，为驻村点“五保”户和贫困户送上关爱。拉萨电信分公司派出专车接送驻村点残疾人前往拉萨领取助听器，帮助髋关节残疾人格桑曲珍（4岁）联系领取残疾人手术补助和联系医院落实手术等事宜，并持续关注格桑曲珍的康复情况；帮助贫困大学生通过申请教育扶持、金秋助学、国酒茅台助学金等各项贫困学生救助，为贫困家庭减轻生活负担。同时，鼓励学生就学，考上大学学生，每人每年资助500元奖励，2015至2016年续迈村共考上大学生19名，补助金额达9500元。

（强　珍）

中国移动拉萨分公司

【概况】 2016年，中国移动通信集团西藏有限公司拉萨分公司在拉萨地区设有4城区7县分公司，自办营业厅10家，合作营业厅135家。截至年底，共有员工387人，从自然离职，营业厅外包，保安外包等方面促进人员合理流动。

【营销活动】 “5·17”世界电信日，中国移动拉萨分公司围绕自治区公司市场经营部统一部署，结合当地市场动态与客户需求实际，开展形式多样的主题营销、促销活动，吸引全区约20万人/次参与、关注“新入网送话费”“预存话费超大流量免费享”“惠享品质 和家互联”等活动，营造出热烈、祥和的节日市场氛围。5月14—17日，拉萨分公司在西郊手机城、邮政广场、夺底路手机卖场“西、中、东”三大商圈同步推出“移动生活 未来西藏”手机狂欢节统一营销活动，通过现场路演、互动送礼、办业务抽奖吸引客户，主推新款终端竞拍、入网送费、体验有礼、流量红包、宽带打折等业务活动。

【精准服务】 中国移动拉萨移动分公司紧跟拉萨当地县、乡镇村民虫草采挖动态，坚持在平均海拔4000多米以上的采挖现场设立“帐篷营业厅”，开展各类常驻性、临时性营销服务活动。拉萨当雄县分公司以“相约纳木湖畔，寻觅虫草之旅”活动为契机，组织直销队伍在乌玛乡郭庆村、八嘎村等5个行政村开展推广活动4批次，新增用户152户。

【颇瓦大法会通信保障】 8月11—15日，噶举派猴年颇瓦大法会活动于墨竹工卡直孔梯寺举行。拉萨移动公司高度重视，积极响应自治区政府和区通信管理局相关要求，提前部署，多方协调，全力做好法会活动通信保障，同时紧抓活动契机，推广三季度营销方案。

8月，拉萨分公司网络部在门巴乡区域新增TD基站，实现3G网络连续覆盖；顺利完成附近基站所有设备的安装和扩容工作。针对活动现场设立1个指挥部与3大生活区，搭建临时营业厅3个，在临时营业厅设立免费饮水点，服务客户86220名。

【信息化建设】 11月21日，副市长廖波一行到拉萨分公司，视察指导信息化工作开展情况。拉萨移动分公司集团介绍分公司信息化发展基本概况，并对2016年重点信息化项目进行汇报，其中包括智慧城市总体框架，“互联网+”智慧公交、“互联网+”智慧旅游、“互联网+”智慧医疗、“互联网+”智慧教育、“互联网+”智慧社区、布达拉宫及文成公主旅游案例等“六位一体”的“互联网+”行业应用策略。

（韩　休）

中国联通拉萨市分公司

【概况】 2016年，中国联通拉萨分公司共有员工202人，设有自有厅15个，其中3个旗舰厅；12个标准营业厅，合作厅44个。公司内设有9个职能部门、根据地域划分为4个城区经营部及6个县分营业部。

【人岗匹配】 中国联通拉萨分公司为贯彻落实集团公司“实施聚焦战略、创新合作发展”要求，优化岗位设置与人力资源配置，优化队伍结构，拉萨分公司为增强员工队伍危机意识，以建立岗位退出机制形式，促进公司各项业务良性发展，开展岗位优化工作，此项工作提升人力资源使用效能，建立以岗位管理为核心、价值创造为导向的员工职业发展通道，实现公司发展与员工发展的有效结合。

【通信应急保障】 年内，中国联通拉萨分公司投入应急保障人员226人次、车辆73台次，布放光缆8公里、新建临时站点3个，确保8月墨竹工卡县“猴年颇瓦大法会”、9月“2016年第三届藏博会”、10月“哲蚌寺建寺600周年”庆祝活动、11月“中国共产党西藏自治区第九次代表大会”等重要活动期间的网络正常运行、通信畅通。

【光纤入网】 年内，中国联通拉萨分公司按照工信局、通信管理局等相关部门的要求全面推荐宽带中国项目建设，在拉萨原有宽带覆盖区域开展光纤改造项目，针对开发区新建项目楼宇项目进行光纤新建。按照普遍服务项目要求率，先以堆龙桑达村为试点进行光纤新建，完成光纤入村项目的建设。

【长话、市话、漫游资费一体化】 年内，中国联通拉萨分公司响应集团公司要求，落实长、市、漫资费一体化，截至年底，对在售套餐完成全面优化。拉萨联通为4G套餐免费开通“流量放心用”功能，针对超出套餐的流量单价进行调整，对流量需求较大的用户进行一对一推荐添加流量包，做用户的贴心小棉袄，全面实现“提速降费”，提升消费者感知。

【创新业务领域专业化】 年内，中国联通拉萨分公司聚焦IDC、ICT和云计算，以资源能力为抓手，突出价值经营，合理分工、优势互补，确保资源支撑到位。聚焦行业经理能力提升，深化推进营维合一，发挥服务优势。充分落实营维一体化管理，发挥营维整合优势，创新业务发展模式；实现一人多能，一人多用，提升用户感知，提升业务发展能力；创新团队管理，转变传统营销模式，实现业务发展突破。

（泽仁卓嘎）

金融业

银行

中国人民银行拉萨中心支行

【概况】 年内，中国人民银行拉萨中心支行全面贯彻落实中央第六次西藏工作座谈会、自治区党委八届九次全委会、自治区年初经济工作会议和金融支持西藏经济社会发展座谈会精神，实施“金融撬动”战略，用好、用活、用足中央赋予西藏的特殊优惠金融政策，全面深化金融改革、提升金融服务水平，牢守不发生系统性金融风险底线，完成各项工作任务，有力地支持和推动地方经济社会的发展，金融业贡献率赶超工业贡献率，成为拉动全区经济增长的新引擎。

【存贷款工作】 2016年，全自治区金融机构本外币各项存款余额4379.66亿元，增长19.30%。本外币各项贷款余额达到3048.64亿元，增长43.50%。累贷投放增长23.88%；新增贷款924亿元，增长102.75%。信贷投向重点突出，小微企业贷款较年初增长138.81%、涉农贷款增长108.16%、扶贫贴息贷款较年初增长44.36%。

2016年西藏辖区人民银行工作会议暨外汇管理工作会议

【金融服务】 年内，金融精准脱贫首战告捷。科学制定“十三五”时期金融助推脱贫攻坚总体规划，实现“十三五”全部易地扶贫搬迁专项贷款151.18亿元一次性投放。全力支持农牧区相关产业发展，带动和帮扶贫困户就业，引导信贷资金向农牧区倾斜。截至年底，西藏辖区涉农贷款余额859.80亿元，增长108.16%。扶贫贴息贷款余额423.08亿元，增长44.36%。全区10个县（区）、1008个贫困村具备摘帽条件，13万人精准脱贫。支付清算更加安全高效。2016年，辖区大小额清算业务分别增长50.85%和32.07%，增速上升30.89%和54.57%，远超全国平均增速。财政支出电子化项目覆盖西藏辖区所有地市。实施国库集中支付改革，财政资金拨付由“层层转”变为“直通车”。农村信用体系建设深入推进，全面启动第二批农村信用建设工作。截至年底，全区农牧区信用信息基础数据库采集户数达51万户。农牧信用贷款余额达167.2亿元。

【金融创新】 年内，中国人民银行拉萨中心支行首次开展标准化存贷款抽样统计工作，创新开展绿色金融统计。首次全面分析西藏辖区潜在金融风险，密切关注风险易发领域的情况。开展金融机构稳健性评估。首次组织开展银行业金融机构不良资产真实性现场评估。

【金融风险监测】 年内，中国人民银行拉萨中心支行坚持做好重点领域金融风险监测、分析、评估和预警工作，确保一方金融平安。首次全面分析西藏辖区潜在金融风险。密切关注风险易发领域的情况。开展金融机构稳健性评估。首次组织开展银行业金融机构不良资产真实性现场评估。组织开展对西藏银行和林芝民生村镇银行的存款保险评级和保费核定工作。推进“两管理、两综合”工作。推进跨部门反洗钱协调机制建设。与自治区有关部门分别签署合作协议。加强对公安司法机关的洗钱案件线索的协查，为公安机关立案、侦破提供了金融情报支持，尤其是维稳资金监测水平和分析工作多次得到总行反洗钱局的表扬。

【外汇管理与服务】 年内，中国人民银行拉萨中心支行紧紧围绕防范跨境资本持续外流、维护国际收支基本平衡的主基调，以“防风险、扩流入、控流出”为重点，以推进贸易投资便利化为目标，坚持服务与管理并重，全面落实各项外汇管理政策措施，强化跨境资金流动监测，加大外汇违法违规行为打击力度，支持西藏涉外经济发展。截至年底，全区涉外收支总额为3.47亿美元，下降71.51%。其中，跨境资金流入0.46亿美元，下降94.16%，涉外支出3.01亿美元，下降30.00%，涉外收支逆差额为2.55亿美元。辖区银行结售汇总额为4.41亿美元，增长63.94%，主要由货物贸易及服务贸易项下售汇增加所致。结售汇逆差额为3.40亿美元，顺差1.11亿美元。其中银行代客结汇额为0.50亿美元，下降73.59%；银行代客售汇额为3.91亿美元，增长3.92倍。

自治区领导出席人行拉萨中支2016年网络安全宣传周活动

【党建工作】 年内，中国人民银行拉萨中支党委始终坚持“围绕业务抓党建，抓好党建促发展”的工作思路，以加强党的执政能力建设为重点，从实际出发开展党建工作，内抓教育管理强队伍，外抓履职服务树形象，凝聚力不断增强，整体履职能力显著提高，形成党建常态化、可持续、管长远的工作机制。班子成员全年深入县乡以下基层25人次，累计72天。对13名党员干部在提职瞒报财产、安全生产操作不规范等违规违纪情况分别作延迟提拔、通报批评、约谈等方式的处理。全辖选派优秀干部148人次，进驻21个贫苦穷边远村，投入项目资金925.6万元，涉及项目89个，组织村民开展爱党爱国教育，全面落实农牧区基层党组织党建工作。

【廉政建设】 年内，中国人民银行拉萨中心支行认真贯彻落实总分行党风廉政建设工作会议精神，始终坚持全面从严治党、依规治党，聚焦监督执纪问责，把纪律和规矩挺在前面，持之以恒落实中央“八项规定”精神，实践监督执纪“四种形态”，党风廉政建设和反腐败工作取得新进展、新成效。研究制定《拉萨中支2016年反腐倡廉宣传教育工作要点》和《2016年执法监察工作方案》，组织开展对执行中央“八项规定”情况的监督检查，重点对群众反映、党委关注、上级检查发现的问题等进行监督检查，充分利用中支“曝光台”“约谈室”等新手段，积极践行“四种形态”。

（李家玲）

农行西藏分行营业部

【概况】 截至年底，中国农业银行西藏自治区分行营业部（下称“营业部”）各项存款543.39亿元，增加78.27亿元；贷款累放163亿元，余额达252亿元，增加20.43亿元，增幅8.82%；不良贷款余额1.66亿元，增长0.49亿元，不良占比0.66%。

【“三农”业务】 年内，农行西藏分行营业部涉农贷款余额60.37亿元，减少1.16亿万元，农户贷款余额29.81亿元，增加3.45亿元，法人贷款30.55亿元，减少4.62亿元。3月29日，首批农民住房财产权抵押贷款发放仪式在拉萨市曲水县南木乡政府院内举行，为首批19户农户发放263万元农民住房财产权抵押贷款。共发行惠农IC卡7507张，惠农IC卡总量达到44284张，开通电子银行各类业务56572户。推出“建档立卡贫困贷”产品，对接拉萨市扶贫办确定的11237户44162名建档立卡贫困人口，设计制作精准扶贫贷款证，向扶贫户提供贷款最高额度5万元，贷款期限3年的“两免”信用贷款。第四次在全市范围内提升农牧户贷款证“钻、金、银、铜”四卡授信额度，将信用县范围内“四卡”单户最高授信额度分别提高至30万元、10万元、8万元、7万元。截至年底，精准对接4.3万建档立卡贫困人口，累计发放建档立卡贫困户扶贫贷款2.96亿元，建档立卡贫困户贷款余额达到4.8亿元。

（王启峰）

中国银行西藏自治区分行

【概况】 中国银行股份有限公司西藏自治区分行的前身是中国银行拉萨市分行，成立于1980年，在拉萨、日喀则、林芝、山南、昌都、那曲6个地市设有26个营业网点，其中拉萨市有16个。截至年底，全行共有在岗员工1012人，其中：少数民族员工占比55.34%，本科及以上学历员工占比67.19%，35岁以下员工占比62.55%。

截至年底，中国银行西藏分行人民币各项存款余额486.74亿元，贷款余额307.81亿元，2016年实现净利润10.64亿元。其中，对公贷款已连续51个月保持“零”不良，资产质量领先系统内及当地同业。

【拉萨业务发展部成立】 年内，中国银行西藏分行为推动拉萨城区业务跨越发展，中国银行西藏分行以“一个中心、两个目标”为发展定位，以“一市、六县两区四个管委会”为业务发展方向，成立拉萨业务发展部，年内，拉萨业务发展部已与城关区、堆龙德庆区、达孜县、拉萨城投、柳梧新区等签订全面战略合作协议，在拉萨市环城项目建设、小康安居工程、空港新区项目、桑耶走廊快速通道项目、产业扶贫等拉萨市重点项目已开始合作，为拉萨市六大产业板块和重点工程拟定专门的融资方案。

【社会责任】 年内，中国银行西藏分行积极践行“担当社会责任，做最好银行”的发展战略，在推动普惠金融政策中主动作为，持续加大对小微企业和民生领域的支持力度。中国银行西藏分行深入推进落实中共十八届三

11月，中国银行西藏分行成立拉萨业务发展部

中全会精神，把握好当前西藏自治区和全国经济发展战略机遇期，丰富金融产品，促进金融市场良性发展，为客户提供全方位、高品质的金融服务，为西藏自治区经济社会发展做出积极贡献。

（胡　滔）

中国建设银行股份有限公司西藏自治区分行

【概况】 2016年，中国建设银行股份有限公司西藏自治区分行全辖共有部门33个，对外营业机构32个，管理机构1个、二级分行6个；全行员工1044人，其中汉族729人、少数民族315人；硕士98人、本科566人、专科274人、中专39人、高中及以下67人。

【经营业务】 2016年，建行西藏分行一般性存款日均余额855.46亿元，完成计划的180%，增速系统第一。其中对公存款日均新增完成计划的184%；个人储蓄存款日均新增完成计划的162.75%，日均、时点增速首次实现系统第一。

2016年，建行西藏分行各项贷款余额549.02亿元，新增77.67亿元，增速系统第四。对公贷款累计投放新增33.69%，个人贷款增幅29.62%（不含信用卡）。

2016年，建行西藏分行实现中间业务净收入1.18亿元，增长1448.4万元，增速系统第三。信用卡、贵金属、造价咨询、代理资金结算等重点产品支持作用明显。

2016年，建行西藏分行对公基本结算账户新增3841户，增幅32.65%，完成全年计划的384.1%，总量同业第二，增量第一。公司机构有效客户净新增1625户，增速系统第一；对公网络客户新增3637户，增速系统第一。个人全量客户67.75万户，增速系统第三，个人有效客户增速、金融资产总量增速、零资产激活质量列系统第一。

2016年，建行西藏分行实现税前利润27.28亿元，净利润20.4亿元，经济增加值16.1亿元，均全面完成年度计划。成本收入比18.22%，降低0.44个百分点。存贷利差3.54%，同业第二，系统第四。不良贷款余额6507.37万元，不良率0.12%，资产质量保持系统最优。

【转型发展】 年内，建行西藏分行深入传导转型发展理念，充分发挥考核引导和资源配置激励促进作用，系统推进转型规划各层级实施方案落地，取得良好成效。综合服务能力不断提升，全年会商客户43次，为10余个重点客户量身定制综合金融服务方案。承销发行首笔西藏自治区地方政府债券2.8亿元，办理首笔股权投资基金托管业务和保险资金托管业务，发放首笔信用贷、税易贷。信用卡新增发卡1.13万张，新增客户9290户，消费交易额、贷款余额、新增贷款、跨行收单交易额等多项指标四行第一。新增私人银行级客户53户，计划完成率357.14%，增速系统第一。坚持“移动优先”，电子银行账务性交易量占比93.81%，同比提升7.88个百分点。与西藏大学合作开展“银校通”，金融生态圈建设迈出坚实一步。

【渠道建设】 年内，建行西藏分行深入推进渠道转型，完成智慧柜员机系统等十多个新项目建设，生产集约化显著提高。落实网点分类打造，完成北京中路支行旗舰店、江塘纳卡轻型网点的改造。加快自助设备提质增效，新增自助银行17个、自助设备65台，自助设备交易增长量系统第一，台均手续费收入系统第三。

5月6日，建行西藏区分行在拉萨分行综合楼举办小微企业产品推荐会

完成全辖136台智慧柜员机的布放运营，柜面替代效果快速显现，交易规模快速提升，网点生产力得到释放。

年内，建行西藏分行完成“新一代”3期上线推广工作。完成拉萨交警罚没款代收等多个系统优化建设，有力支持业务发展和综合管理能力提升。初步建立分行数据队伍，自主开发完成84个报表，助推精准营销客户、助推公私联动，大数据挖掘运用能力持续提升。

5月4日，建行西藏区分行专职贷款审批人、项目评估人员与经营主责任人、客户经理共同前往西藏华泰龙矿业开发有限公司实地研讨授信方案

【风险内控】 年内，建行西藏分行加强信贷风险全流程管理，增强放款中心贷中风险控制作用，基本实现客户与业务类型的全覆盖。持续做好常态化风险监测预警和处置，加强业务运行各环节的风险控制。加大不良资产处置力度，全额回收4笔历史不良贷款，全年现金回收8351.20万元，计划完成率139%，已核销呆账资产回收计划完成率163%，资产质量稳步提升。

年内，建行西藏分行内控评价持续保持二类行且排名不断提升。完成内控体系建设三年工作任务，流程控制措施不断优化；“同级管理、条线管理”的合规机制进一步完善。审计发现问题整改率98.6%，审计后续责任认定及追究工作从14%提高到68%。开展“一加强、两遏制”专项回头看活动、“声誉风险管理加强年”活动和印章、保密、财务会计、安全生产大检查，有效管控各类风险。反洗钱工作质量持续提高，连续三年在监管机构同业评价中名列前茅。

【党建工作】 年内，建行西藏分行持续强化基层党建。开展“两学一做”学习教育，各级领导干部深入基层调研，查找解决实际问题，带头讲党课，以学促做、学做结合。完善党建工作机制，严格落实基层党建重点任务，制定实施基层党组织党建工作考核方案，压实“一岗双责”。完成分行机关党委和各二级分行各支部换届改选工作，增设6个党支部，建设4个党员之家示范点，党的基层组织得到增强。各级党组织广泛开展征文、演讲、“结对子”等特色主题活动，促进党的建设与业务发展有机融合。

【廉洁建设】 年内，建行西藏分行党风廉政建设常抓不懈。加强纪检监察队伍建设，二级分行设置纪委、监察部。强化监督执纪问责，制定并落实“两个责任”考核实施细则，加强下辖机构巡视、巡察，保持反腐败高压态势。严格执行中央“八项规定”和总行党委十项要求，开展党风廉政专题教育，经常性推送廉政提醒，常抓作风建设不懈怠。

加强班子队伍建设。注重选拔立场坚定、有基层工作经历的干部，全年共提拔使用中层干部55人次，平级调整30人次；突出抓好班子一把手的任用工作，共提任一把手9名，其中交流任用6名。加强干部日常监督管理，认真落实领导人员个人事项报告、离任经济责任审计、任前谈话和诫勉谈话制度。加强后备人才队伍管理，开展“213人才工程”推荐选拔工作，选拔44人次进入人才库。打通并拓宽经办岗位员工晋升通道，建立职务与职级并行制度，营业网点晋升职等11人，经办岗位职务晋升72人，转制中长期定向招聘员工26人。

文化引导汇聚正能量。推进“十小文明”和企业文化示范点创建，积极践行社会主义核心价值观。认真开展强基惠民扶贫驻村工作，累计投入精准扶贫资金180余万元，落实扶贫项目4个。工会、团委深入落实关爱员工措施，开展“温暖工程走基层”活动，走访慰问困难党员、员工14人次；组织开展丰富多彩的群团活动，营造和谐氛围。

（雷　勇）

中国工商银行西藏分行

【概况】 中国工商银行西藏自治区分行是中国工商银行股份有限公司所属一级分行，注册地址为西藏自治区拉萨市金珠中路31号，现分行本部内设综合管理部、公司金融业务部、机构金融业务部、银行卡业务部、业务保障部和风险管理部等6个部室；全辖4个分支机构，分别为分行营业部、色拉路支行、经开区支行和林芝支行。

截至年底，各项贷款余额226亿元，其中公司贷款171亿元；全部存款余额66.4亿元，余额存贷比高达339.8%。

【信贷投放】 年内，工商西藏分行准确把握国家信贷政策和中央给予自治区特殊的优惠财税金融政策，贯彻“资金不出藏”的监管要求，积极向总行争取信贷资源，持续加大信贷投放力度。2016年，投放本外币各类贷款融资282亿元，本外币各项贷款余额225.6亿元。同期全部存款（含同业）余额66.4亿元，余额存贷比高达339.8%，向总行借用资金160亿元，用于向自治区重点项目和重点企业提供金融支持。同时积极向总行争取资金认购自治区政府债2.6亿元，占发债总额的16.5%，拓宽服务自治区经济社会发展的渠道。

【普惠金融】 年内，工行拉萨经济开发区支行于2016年5月9日正式对外营业，营业网点增至4个，全行运行ATM和自助终端存量分别达到37台和20台。扎实推进营业网点智能化改造，每个营业网点增配自助终端类设备，实现存取款、转账汇款、查询和借记卡发卡等业务的自助办理，提升金融服务水平。开展“金融消费者权益日”“金融知识进万家”和“金融知识普及月”等活动，对“银行卡诈骗、电话欠费陷阱、网银转账陷阱”等电信诈骗现象进行提示，提升社会公众的金融安全意识。辖属分行营业部、色拉路支行荣获自治区第四批“良好银行机构”荣誉称号，色拉路支行被授予“全国五一劳动奖状”。

【重大活动】 2月27日，工行西藏分行党委书记、行长王学勇出席“西藏共青团首届青年农牧民创业大赛青年创新创业创优成果展”开幕式，并参观展览。2016年9月19日，自治区党委副书记、区政府主席洛桑江村，自治区党委副书记、政法委书记、区政府常务副主席邓小刚考察西藏自治区金融网络安全宣传活动展台，工行西藏分行王学勇行长陪同。

（吴振京　王　楠）

中国邮政储蓄银行拉萨市支行

【概况】 截至年底，中国邮政储蓄银行拉萨市支行储蓄存款日均余额达到26.27亿元，增长1.78亿元；储蓄存款余额达到26.17亿元，增长1.4亿元，完成年度计划47.81%。发放各类贷款3.62亿元，净增1.1亿元，增幅为46.19%。信贷资产质量继续保持良好，消费贷款逾期率和不良率分别为0.58%、0.12%，两项指标均低于全国平均水平。VIP客户数达到1.2万人，全市绿卡结存卡户32.9万户，销售各类理财8.3亿元，拓展特约商户397户，新增POSS机具499台。电子银行结存客户9.4万户，电子银行交易替代率达89.30%，手机银行7万户，新建离行式自助银行7处。

【VIP客户服务】 年内，中国邮政储蓄银行拉萨市支行依托总行平台，引入白金级、钻石级客户道路救援，健康医疗服务等项目，初步搭建VIP客户服务体系基础，结合各阶段储蓄业务活动、刷卡活动，将VIP客户非金融增值服务进行延伸。截至年底，VIP客户维护走访、高端客户沙龙、展销会等活动的开展，对VIP客户的挖掘、维护起到较好的促进作用。

【校园一卡通项目】 年内，中国邮政储蓄银行拉萨市支行在拉萨那曲高级中学试点的校园一卡通项目正式启动，标志着拉萨市支行IC卡行业应用方面得到重要突破。一卡通平台逐步完善。

【网点转型】 年内，中国邮政

储蓄银行拉萨市支行深入推进网点转型项目，通过多次开展培训、网点现场辅导、网点持续性检查跟进、引入神秘人检查服务等工作，继续推动网点转型建设。各网点在软件服务方面得到明显的改善，神秘人检查分数有很大的提高。网点转型项目得到持续开展。

【多渠道创收】 中国邮政储蓄银行拉萨市支行推进绿卡通华西卡发卡工作，全面提升网点吸储能力；优化西藏电力缴费功能，系统改造于4月在全区上线，5月与国网电力、区邮政公司三方通过电视会议形式进行全区启动仪式，缴费项目开始运行，丰富和扩大银行卡产品功能；加强信用卡分期平台建设，拉萨市支行完成与苏宁电器、宝隆祥珠宝商行、飞扬健身俱乐部、悦自然美容会所等信用卡分期平台的建设工作。通过产品功能的不断完善，提升中间业务创收能力。

【营销活动】 年内，中国邮政储蓄银行拉萨市支行积极开展营销活动，增加客户依赖度。针对信用卡、银行卡，策划专门的刷卡营销活动及分期优惠活动，提升客户黏性，促进发卡及用卡。为拓展信用卡业务市场，拉萨市支行积极探索新的营销模式，通过进件渠道的增加提升信用卡市场占有率。大力开展储蓄业务营销活动。在拉萨市相继开展跨年储蓄资产提升活动、中秋VIP客户走访维护活动、储蓄业务抽奖活动，助推储蓄业务发展。

【业务培训】 年内，中国邮政储蓄银行拉萨市支行加大业务培训力度，提升人员执业水准。加强小额、消费新老信贷员培训工作，开展移动展业业务培训工作并指导信贷人员顺利完成业务上线测试工作，确保总行移动展业业务全面按时上线。邀请兄弟分行专家，对拉萨市支行小额、消费、个商等信贷员开展相应业务的理论及实践培训。选派产品经理及客户经理积极参加总行培训，提升自身业务水准，促进业务快速发展。

【品牌建设】 中国邮政储蓄银行拉萨市支行加大宣传营销力度，提升品牌知名度。优化产品宣传方案，全方位多渠道强化业务宣传。为把握国家政策和市场机遇，推进消费信贷转型升级，树立拉萨市支行消费金融品牌，全面跟进拉萨市消费信贷业务旺季发展工作，拉萨市支行专门制定拉萨市“消费信贷业务发展方案”及相应的产品宣传方案。方案整合自有、外部、现场及第三方平台等宣传渠道资源，全方位多渠道地宣传拉萨市支行消费信贷业务。

【风险管控】 年内，中国邮政储蓄银行拉萨市支行加强风险管控，促进业务健康发展。扎实开展小额贷款“顶冒名”回头看、存量零售信贷业务专项检查、信贷员“十条禁令”执行情况暗访、消费贷款用途检查以及联合审计部对林芝市支行专项检查等业务检查活动，及时发现业务发展中存在的问题，并要求相关市支行对发现的问题进行整改，有效地防范信贷风险，确保业务持续健康发展。

（单兴乐）

西藏银行

【概况】 2016年，西藏银行内设部门15个，营业机构9个，全行员工424人，其中本科及以上学历人员371人，占比87.5%。硕士研究生及以上学历64人，占比15%。全行员工平均年龄32岁。

【业务发展】 截至年底，全行资产达到485.32亿元，实现各项经营收入21.25亿元，实现税后净利润8.54亿元，资产收益率2.05%，净资产收益率16.26%。各项存款余额416.96亿元，各项贷款余额262.1亿元。

【经济建设】 年内，西藏银行切实用足用活中央赋予西藏的特殊优惠金融政策，发挥地方法人银行机制灵活、决策链短的优势，积极贯彻落实区党委、政府宏观调控政策和重大决策部署，在支持重大项目建设方面，重点支持拉日铁路、拉林高等级公路、拉萨暖气工程等一大批涉及交通能源和社会公益的项目。在服务中小微企业和“三农”发展方面，出台一系列管理办法，成立小微信贷中心，建立符合西藏实际的小微企业信贷流程和分级审批授权体系，实行快审、快批、快放款政策，实现银监会提出的“三个不低于”目标。推进住房、消费、汽车等个人贷款业务。

【内控管理】 年内，西藏银行强化全员风险意识，加强内控建设，梳理规章制度，充实人员配置，发挥“1+7”风险专业委员会的组织、决策作用，各司其职、各尽其责，严格执行经营机构向部门条线、部门条线向专委会汇报工作制度，加强检查监督和发现问题整改，加大责任追究，积极开展“以工代培”、跟岗学习等工作，加大培训力度，提高员工综合素质、能力水平。加强信用风险防范，严格评级授信和贷前调查，提高贷款审查效率和水平，加强贷后管理，强化监测和现场检查，严控不良发生，全行不良贷款率控制在计划之内。推行“三加强、一查找”“风险监察名单”管理，规范五级分类管理，积极开展信用风险排查，掌握信贷资产质量状况，揭露风险点，做好典型案例分析，在西藏银行业金融机构风险排查和防范处置专题工作会议上作了经验交流发言。加强流动性风险计量监测，开展压力测试。建立资金拆入管理平台，加强资产负债比例及头寸管理，调整优化资产负债结构。重点加强会计运营管理，开展案件防控、员工行为排查，加强对新设机构的检查监督，发挥内审及监察部门的监督作用，积极配合监管部门对发现问题整改和纠正工作。强化资本约束，推行经济资本管理，注重监管指标执行和监管评级升级。2016年，监管指标持续向好，总体符合监管要求，盈利性指标、信用风险类指标大幅优于监管及同业，资本监管指标、流动性指标基本符合监管标准，同比大幅改善。

【党建工作】 年内，西藏银行制定《2016年西藏银行党委理论中心组学习计划》，组织14次集中学习。重点学习中共十八届三中、四中、五中、六中全会精神，习近平总书记系列重要讲话精神和治国理政新理念新思想新战略；学习习近平总书记在中央第六次西藏工作座谈会上的讲话精神、习近平总书记在全国国有企业党的建设工作会议上的讲话精神；学习自治区党委书记吴英杰在自治区第九次党代会上的讲话精神。西藏银行党委主要领导作了题为《充分发挥党的领导核心，扎实开展“两学一做”学习教育，为西藏银行改革创新发展提供坚强政治保证》的党课报告，全行领导干部自上而下逐级开展讲党课活动，一级做给一级看、一级带着一级干，将“两学一做”学习教育活动逐步推向深入。全行现设17个党组织，其中，总行党委1个，机关党委1个，基层党委3个（日喀则、林芝、昌都分行党委；那曲分行党委正在按程序审批），机关党支部12个；全行现有党员220人，占全行员工总数的51.9%，严格落实党风廉洁建设党委主体责任和纪委监督责任，逐级签订党风廉洁建设目标责任书，一级抓一级、层层抓落实。

【企业文化】 年内，西藏银行通过开展形式多样的集体活动和民族团结教育，统一思想认识，各民族员工之间主动加深了解、加强团结、相互学习、相互关心，形成心往一处想、劲往一处使的良好局面。2016年，在建党95周年之际，行党委对全行的优秀共产党员、党务工作者、先进党组织进行表彰，鼓励员工争先进、当表率。

【维稳工作】 年内，西藏银行认真贯彻落实“三大节日”、三月份维稳月、“萨嘎达瓦节”、雪顿节、藏博会、区九届党代会等重大节日会议期间的维稳值班制度，确保全年零案件事故；认真落实区市两级综治办工作要求，在拉萨市社会综合治理考核中被评为综治先进单位；开展警民防抢、防爆、防自焚实战演练，得到公安部门的肯定。

【社会责任】 年内，西藏银行落实自治区就业政策，吸纳本地300余人就业。履行纳税义务，累计缴纳税金5亿元。践行普惠金融理念，继续实施各类优惠政策，让利社会大众。捐款20万元支持精准扶贫、精准脱贫事业。积极开展定点扶贫、“4321”结对帮扶和“百企帮百村”工作，支持贫困户脱贫致富；捐款10万元慰问为自治区交通运输事业做出贡献的原格尔木运输总公司及工业公司的遗孀老人们；日喀则分行向盲童学校捐款22400元，向定点扶贫乡捐款捐物18000元，向家庭生活困难员工捐款11100元。通过西藏银行业新闻发布会的宣传，在电视、网络媒体上极大地提高西藏银行的社会知名度和影响力。

【驻村工作】 年内，西藏银行驻村工作队着力抓好宣传教育工作，全年共召开10余次宣传会，发放宣传资料1200余份，使牧民群众了解党的支农惠民政策；深入群众开展调查，走访全村156户619名群众，详细登记每户的基本情况。了解村“两委”班子工作开展情况及政务、财务公开和为民办实事等相关内容；着力维护稳定，召开重点时期维稳防控布置会，安排部署维稳综治工作。加强巡逻，确保在维稳期间不出现任何问题；加强发展党员和培养入党积极分子的工作，培养9名党员、5名入党积极分子和19名团员；开展为民办实事活动，行领导带队慰问村民，送去价值4万元的慰问物资和5.2万元贫困户慰问金；配合村委干部全面开展精准扶贫工作，开展对52户、193位贫困户的精准扶贫信息录入工作、就业岗位分配工作和2016年异地扶贫搬迁划地等工作。

（张　林）

国家开发银行西藏分行

【概况】 截至年底，国家开发银行西藏分行本外币贷款余额突破200亿元，达到202.69亿元，增长55.31%，增幅高于全区平均水平12个百分点；本息回收率100%，累计本息回收率100%，不良贷款率为“零”；资产质量稳步提升，正常类资产占比91.11%。

【党建工作】 6月，国家开发银行西藏分行新一届党委及时召开务虚会进行专题研究讨论，统一思想，提出“1458”战略，即确定：一个目标就是“争先进位，担当主力”；四项任务就是“抓党建、带队伍、夯基础、促发展”；五个优势就是“规划先行、银政合作、融资融智、差异化政策、综合金融服务”；八条措施就是业务开展坚持“四重四优”（重点领域、重点地区、重大工程、重大客户和优秀企业、优质项目、优良收益、优良信用结构）。2016年，西藏分行重点支持西藏公路、铁路、航空、能源、水利等重大基础设施建设，及棚户区改造、脱贫攻坚、助学贷款等民生领域和薄弱环节，积极发挥开发性金融引领撬动作用。

【银政企合作】 7月，国家开发银行行长郑之杰到西藏调研，与自治区主要领导召开高层联席会，见签自治区政府与国家开发银行《“十三五”全面深化开发性金融合作备忘录》。分行多次向自治区主要领导汇报开行深化改革“三步走”战略成果，为西藏供给侧结构性改革出谋划策，多次赴自治区发改委、财政厅、各地（市）等，及华能、华电、西藏航空积极宣介开发性金融理论实践和总行差异化金融政策，开发储备一批重大项目。分行党委结合西藏实际，提出开发性金融服务西藏供给侧结构性改革的主要任务：发挥开发性金融规划先行优势，以规划换投资；创新PPP、政府购买服务等融资模式，不增加政府债务负担；让利于藏，最大限度地降低西藏融资成本；延长贷款期限，以时间换空间；发挥综合金融服务优势，全力支持西藏经济发展。

【规划先行】 年内，国家开发银行西藏分行主动参与自治区“十三五”规划及自治区“十三五”金融业务发展规划的编制，支持《环喜马拉雅国际经济合作带规划课题研究》《西藏面向南亚开放的重要通道建设规划》编制，及时跟踪和衔接自治

7月28日，国家开发银行总行行长郑之杰出席西藏分行与自治区政府座谈会暨备忘录签约仪式

区“十三五”规划项目和各地市项目，为分行可持续发展建立中长期项目储备和开发储备机制。2016年，规划考核综合评价为93.2分，创分行最好成绩。

【业务工作】 年内，国家开发银行西藏分行按照西藏自治区“十三五”时期脱贫攻坚指挥部要求，发放易地扶贫搬迁贷款1.75亿元，专项用于拉萨市易地扶贫搬迁改造项目；推动拉萨市环城路、拉萨市小康安居工程承诺贷款20亿元；发放拉萨市尼木县藏鸡项目0.82亿元，为分行第一笔援藏资金搭桥贷款，开创“龙头企业+基础设施”的产业扶贫模式；向拉萨市政府建言献策，推动小康安居工程、拉萨河综合治理等10个重要领域融资方案获得政府常务会议审议通过，为开展工作奠定基础。

【风险管理】 年内，国家开发银行西藏分行解决客户信用级别等困扰分行长远发展的基础性问题。加强与内外部监管部门汇报沟通，出台《西藏分行配合内部审计和外部监管检查工作规程》，明确合规发展基本要求和底线要求。开展“两个加强、两个遏制”回头看自查、贷款风险排查、监管统计现场检查。开创反洗钱工作新局面，在人行2016年度考核中重回A类行，并获得西藏辖区“年度进步奖”。

【同业合作】 年内，国家开发银行西藏分行与中行、建行、浦发等银行签订《全面业务合作协议》，创新业务协同和金融工作机制，通过牵头组建或参与银团等方式支持自治区政府投资项目、苏洼龙水电站、拉萨环城路、华泰龙等项目建设，与同业建立友好合作关系。

【营运保障】 年内，国家开发银行西藏分行持续提升办公管理的规范化、精细化水平，为分行高效运营提供有力保障，并做好开行文化宣贯；将法律审查作为合规管理最后一道防线，为业务发展、风险管控、合规经营等提供有力保障，授权管理、法律审查、普法工作取得积极成效；细化分行预算管理，加强利润、成本的核算考核，继续强化财务分析、管理会计对降本增效、合规开支、经营管理等的决策支持作用；强化资金精细化管理，做好日常头寸申报资金上划、周月资金需求预测等管理工作；加强集中采购、固定资产、公务用车等日常管理，在办公用品、宣传品领用等方面不断提升工作精细化程度；强化群团工作，组织趣味运动会、垄上行、健身徒步等活动，构建具有西藏分行特色的和谐企业文化；选派业务骨干赴阿里加吾村开展驻村工作，发展加吾村民族手工业加工厂，助力39户111人精准脱贫，申请总行向雄巴乡群众文体广场建设捐赠资金50万元。

（李　涛　谢小琴）

7月30日，国家开发银行总行郑之杰行长在区党委副书记、自治区常务副主席丁业现陪同下调研西藏水电项目

保险

中国人保财险西藏分公司

【概况】 2016年，中国人民财产保险股份有限公司西藏自治区分公司切实践行“做人民满意的保险公司”服务宗旨，坚决执行中央保险优惠费率政策，承担和履行国有企业社会责任。所辖分支机构由1个增加到遍布全区7个地（市）38个分支机构、21个“三农”保险服务站，从业人员1362人；开办险种由企业财产险

12月24日，国家开发银行西藏分行举办2016年健步走活动暨趣味运动

单一险种发展到包括保障和改善民生的农险、大病医疗补充保险等482个险种。承担各类保险责任54481.69亿，累计直接赔款逾37亿，为服务经济社会发展和保障国计民生提供全方位、高质量的保险保障。

【经营情况】 2016年，中国人民财产保险股份有限公司西藏自治区分公司全年共实现保费收入126，534.75万元，增长21.41%；2016年承担风险金额93398917.11万元，增长49.55%，为全区经济社会发展提供坚实的保险保障。

【"商车费改"工作】 年内，中国人民财产保险股份有限公司西藏自治区分公司开展"商车费改"前期准备工作，2016年5月13日通过系统上线。通过"i保养及i保养+"项目、"出单激励办法""4S产能管理"等关键举措提高车险增量市场的发展能力。通过"O2O"项目、"车险营销管理系统""差异化管理""次新车"管理等关键举措强化车险存量业务的获取能力。构建"西藏分公司车险市场信息观测网络"，实施差异化的承保政策和费用政策，增强应对商车改革的竞争能力。坚持构建强有力的适时监督、即时纠错制度和约束机制，加强日常工作的过程管理，严格过程检查并践行首问责任，确保着力提升各项工作的落实效果。

【实施"营改增"工作】 2016年4月，系统上下陆续组织各种培训会议10余次，全面深入分析"营改增"对公司及行业市场拓展、客户服务、商业模式、合规运营等方面的深远影响，详细讲解增值税发票的使用管理、手续费计税与缴纳、费用报销方面的知识要点。经过对各项工作的周密安排、认真部署，完成税控设备的安装设置，税金配置，打印测试，增值税专、普票申领等多项准备工作，2016年5月1日，开出第一张增值税专用发票，完成全区增值税系统的全面切换，取得"营改增"试点工作的阶段性胜利。

【理赔团队建设】 年内，中国人民财产保险股份有限公司西藏自治区分公司加快理赔移动化信息建设，推进"理赔监督评价权"落地实施，提升线上理赔服务能力和线下理赔服务效能，全面提高理赔效率，缩短理赔周期。加强物损和伤人案件专业管理，优化理赔岗位人

8月25日，人保财险西藏分公司和中国邮政集团西藏分公司战略合作协议签字仪式在拉萨举行

员结构，规范理赔流程，提升理赔运营管理和服务能力。强化反欺诈工作，建立内外部联动机制，加强案件稽查，严控案件真实性。通过构筑高品质的柜面客户服务平台、及时有效的客户投诉处理平台，建立完善的服务质量管理体系和差异化服务体系，研究制定基于客户分级分类的差异化服务实施方案等，改善客户服务体验，持续提升公司客户服务质量、水平和效率。

【涉农保险】 年内，中国人民财产保险股份有限公司西藏自治区分公司开发生猪养殖保险、曲水县净土特色产业种植业和养殖业保险、青饲玉米种植业、藜米种植业保险、苗木种植保险等新险种，为曲水县特色养殖业和特色农作物、经济作物生产提供风险保障，促进净土健康产业有序发展，为农牧业增效、农牧民增收做出了贡献。持续推进“三农”保险服务站（点）建设工作，加快构建西藏“三农保险基层服务体系”，发挥基层网点机构优势，提升政策性农险业务落地服务的质量。年内，已有21个网点投入使用，在建网点10个。

【社会医疗保险】 年内，中国人民财产保险股份有限公司西藏自治区分公司开办城镇职工大额商业补充医疗保险、城镇居民和农牧民大额补充医疗保险、城镇职工大病补充医疗保险。年内，西藏自治区已建立比较完善的商业性补充医疗保险制度，惠及全区所有农牧民和城镇居民、城镇职工。“十二五”期间累计赔款近1.6亿元。与2015年同期相比，2016年案件数增加468件，赔付金额增加1301.38万元，扩大补充医疗的保障范围，推动全区医疗保险工作。

（赵 娟）

中国人寿保险股份有限公司西藏自治区分公司

【概况】 截至年底，中国人寿保险股份有限公司西藏自治区分公司实现总保费3.97亿，增长37.63%。其中，长险首年标准保费、新单保费、首年期交保费、10年期及以上首年期交保费、短期险保费等指标增长率分别为28.12%、48.87%、62.64%、58.71%、35.18%。

【理赔服务】 2016年，中国人寿保险股份有限公司西藏自治区分公司共处理理赔案件2896起，总赔付4184.18万元，处理件数增长2.88%，赔付金额增长22.72%。其中，孕产妇案件1973件，增长49.7%，理赔金额2326.8万元，增长31.67%。

【社会责任】 年内，中国人寿保险股份有限公司西藏自治区分公司继续认真实施孕产妇保险、军人保险、城镇职工大额补充医疗保险等政策性保险业务。中国人寿慈善基金会向日喀则白朗县捐赠100万元，用于灾后重建。积极参与社会公益事业，捐赠10万元用于资助贫困环卫工人及支持全区扶贫工作的开展；捐赠15万元用于三个驻村点开展惠民项目。

【党建工作】 年内，中国人寿保险股份有限公司西藏自治区分公司认真开展“两学一做”学习教育活动。全年，开展“两学一做”学习教育会议6次、知识竞赛2次、“党委班子讲党课”4次、专题党课1次，撰写心得体会14篇、相关简报16期。全面清查补缴党费，共补缴党费25.8万元。

【廉洁建设】 年内，中国人寿

2016年度曲水县净土健康产业及涉农保险赔付会

保险股份有限公司西藏自治区分公司开展“看问题、明责任、堵漏洞、严管理”主题讨论整改活动，以制度流程教育和问题整改为重点，牢牢抓住问题整改、流程梳理、建章立制、考核评价等关键环节，逐步建立起用制度管事、按规则做事、以指标评事的制度体系，从而创造健康的发展环境。转变和提升干部员工的风险防范意识，合规操作意识。

（首汉强）

中国平安财产保险股份有限公司西藏分公司

【概况】 2016年，平安保险西藏分公司保费收入30024万元，增长71.2%，共缴纳各项税款2188.82万元，代扣代缴税款2270.31万元，增长74.80%、26.92%。理赔案件14974件，赔款支出13492万元。

【机构建设】 2016年，平安保险西藏分公司合计人力209人，增长23.7%，拉萨合计人力137人。已设立了5家中心支公司，网点覆盖林芝、山南、日喀则、那曲、昌都，正在筹建阿里中心支公司，机构布局覆盖全区。

【社会责任】 年内，平安保险西藏分公司在经营发展的同时，参与各项社会公益活动和爱心善举行动，由平安投资105万元在西藏参与修建三所希望小学，并持续推动希望小学助学金活动。6月，为践行公司企业社会责任，平安保险西藏分公司和青基会共同发起了“放飞梦想、让爱启航”支教行动，为孩子们捐赠150套运动服共计15000元善款，组织优秀老师前往日喀则龙马乡希望小学开展绘画、手工、英语、体育支教活动，17位支教员工通过艺术类的互动课程释放孩子天性，展现最纯的童真与美好，得到当地教育系统、学校老师和孩子们极大的肯定，扩大贫困学生们的校外知识体系，培养健康、积极、快乐的人生价值观。

平安保险西藏分公司积极参与驻村工作建设，严格按照《日喀则地区深入开展创先争优强基础惠民生活动第四年度工作要点》要求，结合当地实际，通过走村入户，深入细致调查了解两个驻村点的基本情况，加强村委会工作职责，以“办好实事、解决难事、改善民生、扶贫帮困”为己任，每年为驻村点申请资金，连续五年申请资金679万元，分别用于解决村民自来水饮用、农田灌溉、娱乐场地、土路改建工程等项目，解决和改善村民生活品质，赢得村民信任，工作队也连续被评为日喀则市先进驻村工作队。

（曾佳俊）

8月，中国人寿西藏自治区分公司和山南市政府签订战略合作

证券

银河证券

【概况】 中国银河证券股份有限公司拉萨朝阳路证券营业部成立于2014年5月6日，是中国银河证券股份有限公司在藏设立的第一家营业部。营业部秉承“忠诚、包容、创新、卓越”的企业精神和“客户至上、员工为本”的经营理念，坚持“创造价值、增长财富”的企业使命，倾力打造“一流服务、最佳投行”，实现股东长期利益和公司价值的最大化，促进、支持国民经济和证券市场的发展。

【证券投资服务】 年内，银河证券拉萨朝阳路营业部为个人和机构客户提供证券经纪服务，包括根据客户委托代理买卖挂牌交易的股票、基金、债券、信托计划、银行理财产品、期货和金融衍生品等金融产品。营业部依托员工丰富的经纪业务从业经验和对市场及产品的深刻理解，根据经纪业务客户风险承受能力和财富管理的需要为其提供专业、优质及差异化的服务，并通过资源整合及协同营销，为客户提供高水准的财富管理服务、专业的个性化投资理财解决方案和风险管理工具。

【创新金融业务】 年内，银河证券作为行业领先的业务创新券商，能够在重要的新业务领域及时取得业务资格，融资融券、PB业务、IB业务、港股通业务、股权质押、债券质押、股票期权等创新业务发展迅速，在新业务上的先发优势和创新能力使营业部能够把握客户需求，在投融资解决方案、个性化财富管理产品和风险管理工具等方面为客户提供多层次的增值服务，实现从单一经纪服务提升至综合理财规划和投融资解决方案的“全能型”服务。

（黄　欣）

东方财富证券

【概况】 西藏东方财富证券拉萨北京中路证券营业部（简称东方财富证券拉萨营业部）成立于2001年1月19日，是西藏唯一一家A类营业部。营业部秉承“同已待人，信则天下”的核心理念，以“源于西藏，服务西藏”的经营宗旨，提供专业、高校、前瞻性的金融服务，做好西藏投资者的投资理财工作，拓宽西藏企业的投融资渠道。

【机构建设】 年内，东方财富证券西藏辖区合计人力73人，增长5.4%。拉萨合计人力54人，增长3.7%。已建立10家营业部，其中6部分布在拉萨各黄金地段，其余网点覆盖林芝、日喀则、山南、昌都都基本完善了全区服务网络。

【金融机构业务】 年内，东方财富证券拉萨营业部致力于西藏上市公司、拟上市公司、中小企业等机构提供全方位综合金融服务，包括债券融资、股权融资、财务顾问、新三板、股权质押等投资银行服务和资产管理业务、通道业务等服务。

【融资融券业务】 年内，东方财富证券拉萨营业部开展融资融券业务，为有融资和融券需求的投资者提供融资融券账户开立、业务指导投资策略等支持和服务。

【社会责任】 年内，东方财富证券拉萨营业部为响应国家扶贫攻坚战略，东方财富证券拉萨营业部积极开展驻村（那曲地区嘉黎县）活动。资助曲水县，嘉黎县多名在校贫困生。并与区内各中小企业合作进行融资，为西藏经济发展贡献绵薄之力。

（嘎　玛　扎西旦达）

中投证券

【概况】 中国中投证券有限责任公司拉萨林廓西路营业部成立于2011年8月8日，内设交易部、电脑部、创新业务部、财富管理部。营业部以“规范运作，勤勉务实，强调风险意识，提倡勇于创新，积极奉献社会”为理念。在业务发展和文化探索中，形成具有自身特点的思想和行为规范。总公司中国中投证券有限责任公司（简称“中国中投证券”）是一家在深圳注册成立的全国性综合类证券公司，由中央汇金投资有限责任公司全资控股，注册资本金50亿元人民币。

【金融服务—“委外”】 年内，中国中投证券有限责任公司拉萨林廓西路营业部实施引进“委外”资产业务，与日喀则珠峰投资合作规模达到2亿，随着业务规模的成熟与推广，业务规模也在继续快速增加。

【综合服务】 年内，中国中投证券有限责任公司拉萨林廓西路营业部开展“网上营业厅”快速便利的方式为客户提供投资资讯，覆盖内容广泛，为公司客户提供全方位的自助平台。包括委托、查询、修改密码、个人资料及个人相关信息，是一个集金融电子平台、资讯、交易等服务一体化’的综合服务平台。

【专业服务提高品质】 年内，中国中投证券有限责任公司拉萨林廓西路营业部打造“以服务为本，以专业精神和卓越服务，提升客户价值，打造综合性金融平台”。

（谢　丹）

科技·气象

科技

【概况】 年内，全市共拥有高新技术企业17家，自治区级科技型中小企业37家，科技进步贡献率达到43.6%，农牧业科技贡献率达到49.6%，科普率达到91%，为全市经济社会发展提供有力的科技支撑。

【项目工作】 年内，全市共争取实施科技项目47个，投入科技资金3528万元，其中，市财政资金1500万元，通过项目的实施和结题，加快科技成果转化和应用，促进拉萨市工业、农业、民族手工业的发展，促进产业结构调整。

【食用菌产业】 年内，市科技局积极与自治区内外科研单位合作，在食（药）用菌野生菌种分离驯化、种植基地培育、液体菌种研发等方面开展大量的基础性研究工作，成功将褐色双孢菇、白肉灵芝两种西藏食（药）用菌人工种植成果在拉萨转化，西藏野生羊肚菌人工驯化、西藏黄蘑菇半人工驯化工作取得阶段性成果。

10月27日，拉萨市科技局组织专家开展“服务园区、服务企业”系列活动

【“两创示范”工作】 年内，市科技局制定出台《拉萨市专利申请资助与奖励办法（暂行）》等10项科技政策，启动首批市级科技型中小企业认定工作，开展拉萨市第八次科学技术奖的评审，截至年底，全市专利授权量达到178件，深入园区就高新技术企业和科技型企业认定的条件、专利知识、科技政策等方面开展宣传培训，鼓励企业加大科研投入，积极申报科技计划项目。

【科技服务】 年内，拉萨市建成净土健康产业科技服务中心（科技众创空间）、柳梧高新区N次元众创空间，均被自治区科技厅认定为自治区级众创空间示范（培育）基地，建立院士、专家和基层科研工作站6个，在曲水才纳农业科技示范园建成了全自治区第一家科技服务超市。

【科协工作】 年内，在全市中小学中开展拉萨市第一届青少年科技创新大赛，举办以“创新创业驱动力，拉萨经济新活力”为主

11月15日，拉萨市科技局综合科工作人员到西藏藏药股份有限公司考察螃蟹甲人工栽培技术成果转化与应用项目

题的学术年会，以项目为抓手，多方整合资金支持科普活动站、社区主题科普馆、科普走廊等科普场所的建设，为完成2020年自治区公众科学素养达到5%的目标奠定坚实的基础。

【科技创新】 年内，市科技局针对全市科技管理工作实际需要，推行科技项目“以奖代补”政策，加大全市科技管理工作的政策性和科学性，积极探索科技服务新方式，与云使至臻、知之等科技服务公司的合作试点，将科技众创空间部分运营管理、科技咨询服务、知识产权培训与代理等工作，通过购买第三方服务形式交于科技服务公司，提高科技服务的专业性，为科技体制机制改革进行有益探索与尝试。

【科技援藏】 年内，市科技局通过援藏省市科技（科协）系统支持，实施北京专家拉萨行、中学科技馆、校园科学探索中心等项目，缓解全市科技项目资金的不足。组织召开第一届京藏转移大会，8个科研单位与拉萨市8家企业签订合作协议，北京中关村成果转移转化基地落户拉萨市，为京藏两地技术转移、企业合作搭建新的平台，促进京藏区域间的科技交流与合作。

（王东红）

气象

【概况】 2016年，拉萨市各地年平均气温在3.1℃—9.4℃之间，与历年平均值相比当雄偏高1℃，其余各地正常；年降水总量在305—620.5毫米之间，与历年同期值相比各地均正常；年日照时数在2585—2960小时之间。冬季（2015年12月—2016年2月）各地平均气温在-6.1℃—1.7℃之间，各地均偏高1℃；降水量在0.0—7.3毫米之间，尼木偏少1倍，拉萨偏少8成，当雄偏少6成，墨竹工卡正常。春季（3—5月）各地平均气温在3.2℃—10.1℃之间，拉萨和尼木偏高1℃，其余各地正常；降水量在45.3—103.1毫米之间，拉萨偏多1.4倍，尼木和墨竹偏多5成，当雄正常。夏季（6—8月）各地平均气温在11.2℃—16.1℃之间，各地均正常；降水量在207.5—384毫米之间，各地均正常。秋季（9—11月）各地平均气温在3.6℃—9.6℃之间，当雄和墨竹偏高1℃，其余各地正常；降水量在52.2—130.2毫米之间，各地均正常。

【主要气候事件】 1月9—10日，拉萨市各地出现明显的降温天气。市区及周边各县的最低气温下降幅度达到5℃以上，其中西部尼木县的降温幅度最大，达到9.7℃。受冷暖空气共同影响，6月14—16日拉萨市大部分地方出现中雨，个别地方大雨。其中15日拉萨降水量为26.4毫米，墨竹工卡为23毫米。

【主要气象灾害】 6月22日21点15分，堆龙马乡常木村2组发生小型泥石流灾害，冲毁农田，无人员伤亡。2016年6月23日，因强降水导致河水上涨，使当雄县宁中乡麦灵村4组至堆灵村5组拉曲河防洪工程部分河堤出现倒塌，破坏草场并且造成道路交通安全隐患。2016年7月11日17点30分，尼木县帕古乡发生泥石流，造成道路冲毁，交通中断。

【开展人工影响天气作业】 4月14日，市人影办邀请自治区人影中心专家到达孜县塔杰乡，林周

5月4日，自治区人大常委会副主任李文汉一行执法检查组到市气象局检查《西藏自治区气象条例》和《西藏自治区气候资源条例》贯彻落实情况

县江热夏乡、春堆乡巴扎村、甘曲镇、松盘乡松盘村和阿朗乡嘎列村，开展新建的六个标准化作业点选址工作。7月18—24日，拉萨市人影办根据自治区气象局的要求到日喀则市开展大规模人工消雨作业。9月8日，拉萨市气象局就人工消雨相关工作准备情况向分管市长进行汇报，并同市农牧局联合下发《关于做好藏博会期间人工消雨工作的通知》，要求各县区要高度重视藏博会期间气象保障服务工作，要做好人影作业设备检修和保养工作，严格遵守人影作业的操作流程和空域申请制度，及时反馈人影作业开展情况，确保藏博会期间顺利开展人工消雨作业。10月10—21日，拉萨市人影办和军械厂专家对拉萨市六县汛期期间的高炮作业点进行人影安全大检查和作业装备维护保养。年内，针对人影弹药管理过程中发现的一些安全隐患问题，拉萨市人影办积极地向区人影中心反映，并在区人影中心的支持下为拉萨市人影办管辖的六县配备大型人影保险柜，陆续完成配发及安装。年内，完成2016年度人影培训和年检工作，检查排查拉萨市所有人影高炮作业点人影炮弹、炮具存放安全防范情况，回收所有问题炮弹。进行人工影响天气作业320次。全面完成拉萨市32个作业点人影高炮自动作业信息采集器，有效提高作业信息采集工作效率，使管理部门第一时间获取作业一线的实时信息。

【防灾减灾】 年内，全市地面、辐射、酸雨、农气、高空业务运行稳定，数据传输率达到上级部门的要求；开展业务大检查和安全生产大检查活动，严格落实自动气象站的巡查、维护，确保全市范围内的自动气象站的正常运行确保安全生产和业务工作稳定运行。完成了拉萨市所有自动观测站的动态管理信息系统项目建设的录入和标签制作。按照上级业务部门的要求，开展拉萨高空气象加密观测，6月1日13点15分，顺利施放第一个气球。完成拉萨河畔旅游与生态自动气象站建设工作，为政府决策提供科学的依据。12月，拉萨市尼木县气象局完成全区首个局站分段模式的转变和模块化台站建设任务，并率先实现有人值守站通过GPRS备份传输的模式。年内全市降水偏多，气温正常，雨季开始与往年相比较都提前（拉萨提前23天、尼木提前31天、墨竹提前29天、当雄提前8天），无大范围、大强度的灾害性天气事件。拉萨市气象局紧密围绕地方经济发展需要，制定2016年拉萨市决策气象服务方案、周年气象服务方案，根据中国气象局、自治区气象局召开的汛期气象服务动员电视电话会议和西藏自治区防汛抗救灾工作电视电话会议精神，开展汛前业务大检查，部署主汛期的气象服务各项工作。完成“2016·中国西藏发展论坛”“墨竹工卡直贡大法会”“2016拉萨雪顿节”“中秋节”“第三届中国西藏旅游文化国际博览会”“拉萨市西环线仁和立交桥段燃气管线改迁”等重要节日和重大活动的预报服务，气象服务工作成效显著。在加快推进气象现代化工作的同时，完成拉萨国际新机场两个自动气象站的建设任务，现已开始观测采集数据。按《国务院关于优化建设工程防雷许可决定》的要求，不再受理房屋建筑工程和市政基础设施工程防雷装置设计审核、竣工验收许可申请。

【为农服务】 7月18日，拉萨市气象局打造的《农业气象预报》节目正式搬上电视荧屏，为拉萨市县和广大农村提供更加便捷、直观的农业气象预报服务，填补西藏没有农业气象电视节目的空白。开展与涉农部门的合作，通过拉萨市农牧局的支持，完成曲水县、堆龙德庆区、达孜县、林周无气象主管机构县的三农方案编制、培训及实地调研工作，并召开2016年“三农”服务专项建设工作安排部署会议。年内，制作发布各类春耕春播服务产品31期，其中《春耕春播气象服务专报》11期。制作完成农用天气预报影视节目13期，定期农业气象情报40期。

【研发项目】 年内，市气象局发表拉萨大气成分与城市小气候关联性初探》（自然科学）、《关于推进拉萨农经网业务发展的思考》（科技与创新）、《大洋非线性编辑系统技术在农业气象节目中的应用探析》（科技与创新）、《浅谈利用中文AEcs4遮罩在气象影视编辑中的使用技巧》（科技风）、《浅析气象水电解制氢设备在青藏高原安全使用》（西藏科技）、《尼木县泥石流灾害与强降水条件分析》（西藏科技）、《西藏强降温时空分布特征与天气概念模型》（西藏科技）、《一次森林灭火人工增雪个例分析》（西藏科技）、《西藏地区降水时空分布特征》（西藏科技）、《西藏地区温度时空分布特征》（安徽农业科技）、《青海高原东部强雷暴天气特征分析》（西藏科技）、《1981—2014年西藏各时次气温的变化趋势分析》（地理学报）、《拉萨地区紫外线指数计算方法研究》技术论文在全区气象科技论文交流会上进行交流。年内，《研究氢管路冬季防冻措施》项目在西藏自治区气象局立项，《拉萨泥石流、滑坡地质灾害区划及强降水条件研究》项目在西藏自治区气象局立项，《拉萨市精细化预报与乡镇预报综合平台》项目在西藏自治区气象局立项。

（多典洛珠　鲁　川　次仁多吉　桑单平措　崔文峰）

7月，自治区防汛抗救灾工作视频会议召开

教育

【概况】 截至年底，全市有各级各类学校273所，在校生共125022人。其中，普通高等学校1所，在校生3104人；中职学校2所，在校生7339人；普通高中4所，完全中学2所，在校生10921人；初中15所，在校生21633人；完全小学70所，在校生54321人；幼儿园141所，在园幼儿15659人；特殊教育学校1所，在校生206人。社会力量办学：彩泉特殊福利小学在校生29人；民办幼儿园36所，在园幼儿11810人。

2016年，全市高中阶段毛入学率达到90%。初中毛入学率达到103.11%、巩固率达到98.76%。小学适龄儿童毛入学率达到99.95%、巩固率达到99.71%。全市城镇学前三年幼儿毛入园率达到96.5%，农牧区学前两年幼儿毛入园率达到90%。青壮年文盲率控制在1%以内。

全市各级各类学校共有教职工10451人，专任教师共计8173人。其中，教育部门办学校教职工9571人，专任教师7808人；民办学校教职工共880人，专任教师365人。全市高中、初中、小学专任教师学历合格率分别为99.82%、100%、99.90%。

全市学校校舍面积为1437119.37平方米。其中，幼儿园为167926.44平方米；小学为638874.64平方米；中学为619165.3平方米；特校为11153平方米。

全市各类性质学校图书共册2126515册。其中，幼儿园208912册，小学990550册，中学920603册，特校6450册。

固定资产（不含幼儿园、特殊教育学校）为276330.74万元。其中小学为167117.48万元，中学为109213.26万元。计算机（不含幼儿园、特殊教育学校）共15494台，其中小学9320台，中学6174台。

加快教育城二期建设步伐，总投资25亿元，占地面积512.7亩的拉萨师专专升本迁建一期项目编制科研方案；投资3亿元，占地面积260.3亩的白定学校（12年一贯制）设计方案正在编制中，并着手与市城投公司对接全过程代建事宜；投资2亿元，规划占地面积151亩的城关区第九中学项目，已完成选址申请，着手与市城投公司对接全过程代建事宜。全年完工幼儿园建设项目29所，“入园难”问题得到缓解。大力实施信息带教战略，完成24所学校的西藏自治区基础教育信息化试点工程项目建设；建设57套交互式电子白板。多媒体教学（投影、电子白板、一体机）“班班通”学校已达83所。新建5间计算机网络教室，新增学生计算机250台，所有学校均建有计算机网络教室，学生机达7579台。

【党建工作】 2016年，全市教育系统以“党建”为根本、“教改”为主线、“均衡”为核心、“质量”为中心、“队伍”为关键、“安全”为重点，全方位推动教育工作；重视体育工作，助推拉萨市经济社会发展。

按照“围绕中心抓党建，抓好党建促发展”的思路，通过整顿软弱涣散组织、召开党建工作交流大会、举办业务骨干业务专项培训、编印党建工作指导手册、派驻党建工作指导员等多种方式，加强党建党务培训，提高基层党建工作水平。完成局机关支委会改选，成立市教研所党支部，配齐配强学校支部书记和机关党支部班子，并完成对基层党组织书记、党务骨干90余人次的业务培训，软弱涣散基层党组织转化工作有效推进。

【职业教育】 2016年，拉萨市教育局针对市一职基础设施简陋、房屋危旧、建筑及学校设计与职业学校办学不相匹配且无扩展空间等突出问题，经过多次调研，市委常委会研究决定迁址新建市一职，《关于拉萨市第一中等职业技术学校迁址新建项目的请示》已上报市政府、区教育厅。深化校企合作。两所职校与拉萨绿宝园林艺术有限公司、西藏金哈达药业有限公司、曲水县西藏净土健康河谷特色种植产业基地等近100家企业合作，为学生搭建实训就业平台，推进“工学结合、订单培养”人才培养模式，1000多名学生到企业进行实训实习，二职与多家企业达成订单班合作培养协议。二职792名毕业生全部实现就业，一职585名毕业生已就业312人。

【惠民工作】 年内，市教育局打造招生考试“阳光工程”，严肃考风考纪，全年服务考生22097人次。全面落实教育惠民政策，做好“三包”政策从幼儿园到高中全覆盖工作，根据《西藏自治区财政厅西藏自治区教育厅关于调整自治区学前补助、中小学“三包”及城镇困难家庭子女助学金标准的通知》文件规定，全年共落实“三包”经费29370.88万元，受惠学生达101730人；落实营养改善计划经费3479.14万元，受惠学生达57454人。完善非义务教育阶段学生资助管理体系，经反复讨论修改，完成起草《拉萨贫困家庭大学生资助实施办法（送审稿）》；全市各级财政拨付教育资助资金1830.3445万元，受助学生达3974人；争取国家和自治区教育厅奖励奖助资金112.2万元，奖助学生425人。流入地公办学校全面就近接收外来务工人员子女入学就读，全市共解决了7000余名流动人口子女就学，确保流动人口随迁子女100%入学；解决自治区福利院253名适龄儿童就学。重视加强特殊教育，顺利完成特校搬迁，加快推进特校标准化建设，将特殊教育向学前教育和职业教育两头延伸，努力满足不同类型残疾人的教育需求。

【维稳工作】 年内，市教育局调整充实拉萨市教育局（体育局）维稳安全工作领导小组，与各县（区）教育局、市直各学校、局辖民办学校及局机关各科室签订《拉萨市教育系统2016年度维稳综治和安全卫生目标管理责任书》《拉萨市教育系统2016年3月份维稳工作目标管理责任书》等，明确职责、落实到人，全面做好教育系统维稳安全工作。全年共召开30次维稳专门会议，传达学习区、市维稳会议、文件精神，安排部署维稳安全工作，进一步明确24小时值带班、“一日两报”等维稳工作要求；“色拉崩坚”宗教活动、全国两会、藏历新年、三月重要时期以及清明节、“五一”劳动节、“萨嘎达瓦”宗教活动、雪顿节、藏博会等重要节点期间，拉萨市教育局与学校在重点沿线设立维稳督查点，严格实行维稳工作责任追究制和“一岗双责”要求，完善维稳工作蹲点包校、督查通报制度，先后80余次对学校维稳安全工作进行细致全面的督查。开展矛盾纠纷排查化解工作，化解内部矛盾2起，信访案件5起，做到把矛盾化解在源头，避免越级上访事件发生。

（尼玛卓玛）

基础教育

【德育工作】 年内，市教育局始终坚持立德树人，积极培育和践行新时期社会主义核心价值观，将社会主义核心价值体系融入教育全过程，把爱国主义教育、民族团结教育作为事关拉萨市发展稳定大局的重大政治任务，贯穿于学校工作的各方面。推动党的民族政策进教材、进课堂、进头脑，使“三个离不开”“四个认同”思想入脑入心。以爱国主义、民族团结教育为主线，举办“诵中华经典·做有德之人”演讲比赛，开展“感恩祖国·圆梦北京”为主题的夏令营活动，新建乡村少年宫11所，增强德育工作的针对性和实效性。组织实施德育教育地方教材专项行动，编写《中小学法制读本》，并发放至各中小学校。加强校外辅导员、法制副校长队伍建设，拓展德育内容，抓住课堂教学、课外活动、社会实践等关键环节，切实加强思想道德建设教育、法制教育。拉萨市教育系统在创建全国“民族团结示范市”工作中分别荣获3个集体和3个个人先进荣誉称号。

【师资队伍】 2016年，全市共新分教师478人，其中定向生11人、免费师范生24人、第一批公开招录344人、人才引进生92人、志愿者期满留藏7人；完成60名跨地区拟调入拉萨市教师的业务能力测试。努力营造尊师重教良好氛围，在第32个教师节表彰大会上，表彰180名优秀教师和13个优秀教师团队，奖励资金达1100万元。妥善解决82名教师工龄的追加问题。按照每月2000元的标准，向全市教育系统临时工发放工资3393.6万元；向农牧区教师发放交通生活补贴304.7万元。出台《农牧区教师支持计划（2016—2020年）》，将政策向农牧区倾斜，逐步形成“越往基层，越是艰苦，待遇越好”的工作格局。

【教育科研】 年内，市教育局按照“以强带弱、城乡互动、资源共享、互帮互助、均衡发展”的原则，制定《2016年拉萨市教育局助推农牧区小学教育教研员蹲校视导方案》《教研员蹲校视导手册》，截至年底，共计听课609节，评课指导609节，检查学生作业12000本，帮助教师设计教案35份，解读《课标》13次。完成《拉萨市义务教育阶段2015年教学质量检测分析报告》《2016年拉萨市中考质量分析报告》，助推全市教育教学质量提升。举行全市首届普通高中教师说课大赛；组织参加全区第二届初中教师教学大赛，拉萨市7名参赛教师荣获一等奖、5名参赛教师荣获二等奖、拉萨市教育局荣获优秀组织奖；组织开展2016年全国中小学实验教学说课大赛拉萨赛区选拔赛，拉萨市3名参赛教师荣获一等奖、9名参赛教师分别荣获二等奖和三等奖，代表西藏自治区参加总决赛。

【教学质量】 3月，市教育局制定总体方案1个，子方案6个；成立助推农牧区小学教育教学质量提升活动领导小组及“六大工程”各工程推进工作领导小组，局主要领导亲自挂帅，全体局领导、机关各科室全员参与，确保组织领导及人员到位；召开工作部署会7次、协调会6次、推进会1次，及时部署工作、沟通交流情况、研究推进措施。活动开展以来，“六大工程”各小组按照既定部署，加强沟通，统筹推进，打造“重心下移、力量下沉、资源共享、优势互补”的工作亮点，形成党委政府关心教学质量、学校发展聚焦教学质量、城市农村助推教学质量、广大教师狠抓教学质量的生动局面，局领导蹲点指导、专家督学、名优校长教师送教下乡在拉萨市农牧区小学成为一道亮丽风景线，受到基层学校的积极响应和热烈欢迎。通过实施“局领导联县”“教研员蹲校”“信息带教”“名师送教”“城乡结对”和“专家督学”六大工程，使大多数农牧区小学教学管理不够规范、教师业务能力不高、课堂教学水平低下、教学质量始终在低位徘徊等一系列问题得到初步有效解决，为实现教育更高质量、更有效率、更加公平、更可持续发展和全面建成小康社会发挥了强有力的支撑作用。年内，整体成绩与上年相比有所提高，文班2016年卷面总平均分为446.79分，比上年提高11.21分；从及格率来看，藏文班提高2.5个百分点，汉文班提高2.3个百分点。

【体育事业】 年内，市教育局发展全面健身运动，贯彻落实全民健身条例，从全市六县两区抽调20余名人员成立体育产业专项调查工作组，对全市体育产业核心指标数据进行统计，形成较为完善的体育产业核心基础数据库，为科学制定中长期体育产业发展规划提供全面系统可靠的参考依据。选派工作人员参加全国2016健身方法手段专项培训班，重点学习群众体育工作的发展历程、存在的问题和面临的挑战。组织参加为期6天的全区2016年第一期国家一级社会体育指导员培训活动，不断提高拉萨市社会体育指导员的教学水平、指导水平和组织水平。圆满完成涉美体育外事交流活动。举办全市第三届“体彩杯”职工足球联赛，积极营造人人爱足球、全民爱健身的良好氛围。抓好学校体育，提升学生身体素质。组队参加全区“高中组”校园足球联赛，拉萨市代表队荣获冠军；举办全市校园足球联赛；组队参加2016年西藏第二届高原耐力项目夏季训练营活动，拉萨市重点少年业余体校参赛学生中，四年级学生旦增格列以7分15秒77的成绩荣获男子中长跑2000米二等奖，四年级学生卓吉以7分55秒21的成绩荣获女子中长跑2000米三等奖。发展竞技体育，培养体育后备人才。协同组织参加全区足球教练员、裁判员培训，提高拉萨市足球教练员和裁判员的执教、执裁水平。组队参加全区足球锦标赛，拉萨市代表队荣获季军。

（尼玛卓玛）

拉萨师范高等专科学校

【党建工作】 年内，拉萨师范高等专科学校制定《中共拉萨师范高等专科学校委员会2016年工作要点》和《中共拉萨师范高等专科学校委员会2016年党委理论中心组学习计划》，选好配强班子，举办第34、35期业余党校，培训学员650人，合格人数达432人，2016年共发展教师党员9人、学生党员71人。推进“两学一做”学习教育，共组织召开校党委中心组学习会（扩大）15次；选派县级干部参加市委集中学习研讨会66人次、参加市委“每月一课”活动20人次；组织100名教师、选派6名支部书记参加国家教育学院举办的“两学一做”网络培训班，选派退休党支部书记1名参加老干部局组织的学习培训班。坚持不懈，扎实开展驻村工作，共有100多名干部与37户贫困户结对认亲，指定责任人、制作联系卡，11月8日，组织17名干部代表进村入户。落实责任，加强党风廉政建设和反腐败工作。与各部门、各总支签订《2016年党风廉政建设责任书》和《2016年党建责任书》，各党总支与各党支部相应签订责任书，层层实行责任制，层层落实责任、推进责任。坚决贯彻执行中央关于改进作风、密切联系群众的“八项规定”、自治区党委“约法十章”“九项规定”和拉萨市委“八项要求”及《拉萨师专加强机关作风效能建设的十二项要求》《拉萨师专党员干部教师“九不准”》。

校训

【校园文化建设】 年内，拉萨师范高等专科学校始终坚持马克思主义在意识形态领域的指导地位，将校园文化建设同核心价值观的培育、“中国梦”主题教育相结合。构筑每一名学生的“中国梦”。通过征文、演讲比赛、研讨会、座谈会等形式，把“中国梦”送到每位学生的心里，以“中国梦”引领“我的梦”。以核心价值观引领校园文化和舆论导向。积极开展“未来十佳园丁大赛”“辩论大赛”“光盘行动”“五四文艺会演”等活动，既丰富学生的业余生活，也陶冶情操。建立校团委微信公众平台，引导学生正确使用网络新媒体；实施校园网络实名制，加强校园信息安全；组织20个校级社团，开展爱心扶困，缅怀革命先烈等活动。举办丰富多彩的校园文化活动，丰富学生校园文化生活。先后举办“洁净校园、美丽师专”“学雷锋”“保护水资源、倡导绿色健康”“文明班级、文明宿舍”评选等活动。

【教育教学】 年内，拉萨师范高等专科学校出台拉萨师专《教师教育教学工作规范》《教学差错教学事故认定及处理办法》《调课停课补课管理规定》，加强日常教学、期初教学、期中教学、期末教学各环节的教学检查，规范调、停、补课程序。同时，在每个班级设立学生教学信息员，及时向学校教务处反馈教师到岗、上课情况。统一思想认识，构建“一二三四五”教学管理运行机制。明确工作重点，加强专业建设、学科建设。全面实施《拉萨师专深化教学改革、提高教学质量的若干意见》，推进教育教学改革，加强特色专业、教学团队建设。发挥传帮带作用，推动青年教师快速成长。改革实习见习制度，全面提升学生实践能力水平。另外，学校按照《拉萨师专师范生职业技能培养活动方案》要求，全面推行普通话等级证书、字体等级证书、计算机等级证书考核发放制度，提升学生的综合素质和能力。实现教务办公自动化，有效提升工作效能。

【师资队伍建设】 年内，拉萨师范高等专科学校选派20人到对口支援高校进修学习。聘任2015年评审通过的1名正教授、10名副教授、5名讲师。配合市委组织部，开展3位副县级和1位正县级干部的测评考察工作，该4名人员已被提拔使用，并在各自的岗位上工作。另外，通过公招考试，录用6位管理岗人员，在一定程度上缓解有些部门人手少、工作量大的矛盾。制定并上报人才引进计划，共21人。

【科研教育】 年内，拉萨师范高等专科学校组织开展《个案研究方法》《行动研究方法》《实验研究方法》《调查问卷设计》《试卷分析方法》《学生学业评价》等为主题的系列科研讲座。每月编发《科研信息》，传播学术动态。举办科研讲座和学术沙

校园风景

龙，促进教师间的学习和交流。编印《教师科研指导手册》，帮助教师掌握科研政策，明确学术规范，传播科研方法。立项全国教育科学“十二五”规划2015年度单位资助项目1项，申报自治区高校青年教师创新支持计划项目推荐项7项，立项校级课题7项。承办自治区2016年科技周启动仪式，完成科技部“2016年科技活动周送科技进边远少数民族地区任务”项目。拓展渠道，推进继续教育工作。成功申报国培计划（2016）——中西部培训团队置换脱产项目2个，送教下乡项目6个，共647人的国培任务。同时，向教育厅申报20人的区培项目，向日喀则市教体局申报100人的拉萨国培培训任务。完成2016年“国培计划——送教下乡小学语文和小学数学”100人的培训，2016年“国培计划——小学藏文教师置换脱产研修班”77人的培训，2016“国培计划——幼儿园教师置换脱产研修班”100人的培训，2016“国培计划——拉萨市小学数学教师技能提升培训及中学物理化学教师技能提高培训班”70人的培训。

【“外力助校”战略】 年内，拉萨师范高等专科学校落实《新一轮高校对口支援拉萨师专协议》。采取“请进来、走出去”的方式，密切同东北师范大学、苏州大学、首都师范大学、南京师范大学四所对口支援高校联系，落实实验室建设、教材研发、图书资料添置、课题研究、硕博研究生培养、援藏教师选派等协议内容。深化合作，稳步推进与丹麦哥本哈根大学学院的对外交流。选派15人，分3批次，赴丹麦哥本哈根大学，积极开展数学、英语形成性研究。

（陈吉佳）

拉萨市第一中等职业技术学校

【概况】 2016年，拉萨市第一中等职业技术学校有教职工178人，其中正式教职工124人（校领导7

人，“双师型”教师34人），外聘教师25人，临时工29人。校区内现有农林类综合实验室1间，产品质量检验检测实训室1间，工程机械模拟操作室和农机维修实训室各1间，专业课教室28间，微机室6间，语音教室3间，多功能厅1间，学生公寓134间，教工及学生餐厅各1间，专业课教学班34个，全日制寄宿学生1371人。

【党建工作】 年内，拉萨市第一中等职业技术学校党委严格落实党风廉政建设责任制，稳步推进惩防体系建设，扎实开展“两学一做”学习教育，较好地完成党风廉政建设各项任务。出台《中共拉萨市第一中等职业技术学校委员会2016年校党委工作要点》，明确校党委、三个党支部、各处（室）及三个教学部的党风廉政建设工作的目标任务。按照市委组织部发来的《关于报送落实基层党建重点任务进展情况的通知》要求，校党委高度重视、狠抓落实，根据基层党建七项重点任务督查整改要求，开展自查工作，认真落实校党委党风廉政建设的主体责任，深入推进学校党风廉政建设和反腐败工作，为拉萨一职和谐发展提供坚强的政治保证和纪律保障。

【师资队伍建设】 年内，拉萨市第一中等职业技术学校通过人才引进、公开招录等方式从各大本科院校优秀毕业生中引进24名专业人才，其中研究生一名。根据拉萨市劳动就业局要求由实训处牵头组织学校28名教师，参加为期两天的职业技能鉴定师培训，经过培训和考核，17名老师被聘为职业鉴定师，通过率达74%。全年共组织80余名教师参加了区内外的各级各类培训，整体素质师资力量有显著提高。

【专业建设】 年内，拉萨市第一中等职业技术学校开设果蔬花卉生产技术、产品质量监督检验、汽车运用与维修、畜牧兽医、种子生产与经营、现代农艺技术、工程机械使用与维修、畜牧3+2、公路养护与管理等专业。各年级专业技能课比例显著提高，专业师资配置明显优化。

【招生就业】 年内，拉萨市第一中等职业技术学校积极争取教育主管部门统筹安排，建立普教和职教均衡发展的招生体制，新生报到注册446人，其中包括40名“3+2”畜牧兽医专业和7名1年学制园林绿化专业建档立卡贫困学生。通过就业指导、推荐，组织学生参加招聘会、按照毕业生专业特长主动对接用人单位，鼓励学生自主择业、自主创业，2016年毕业生235人，共有104名毕业生实现就业，自主就业学生30人（主要集中在唐卡、绘画舞蹈等专业），参加对口高职学生共有183人，被高职院校录取人数为82人，参加普通高考学生153人，其中考上大学5人（主要在计算机、舞蹈、绘画等专业），2016年毕业生就业率达81.2%，其中月工资高于4000元以上的学生超过50人，实现良好就业率达20%以上。

【职业技能培训】 年内，拉萨市第一中等职业技术学校共计培训人数为258人次。完成国家级星火项目农牧民种养殖创业带头人培训200人次，拉萨市教育系统两后生种养殖技能培训8人次，完成拉萨市科技特派员种养殖培训50人次。

【校企合作】 年内，拉萨市第一中等职业技术学校与阿云电子商务有限公司、西藏罗占民族手工艺业有限公司、丰田汽车4S店、西藏蓝雪工贸有限公司、娃哈哈食品有限公司等10个企业进行校企合作，提高学校学生的工作实践能力，为企业注入新鲜血液，达到共赢。

【学生资格证】 年内，学校安排2014级工程机械专业学生参加操作考证，43人参加考试，其中40名学生通过考试，考证通过率为91%。

【学校迁建工作】 年内，市委、市政府高度重视拉萨市职业技术教育的发展，经研究决定将学校整体迁址新建至拉萨市曲水县才纳乡，东临机场高速、西临拉萨河，新校区规划面积1212.07亩，校区建设实行总体规划，分步实施。项目总投资10.5亿元（分两期），一期项目总投资5.1亿元。

（童庆文）

拉萨市第二中等职业技术学校

【概况】 拉萨市第二中等职业学校创建于2013年9月，是一所全日制综合性中等职业技术学校。校园占地375亩，建筑面积12.4万平方米，总投资6.85亿元，规划学生规模6000人。拥有综合教学楼、图书办公楼、实训楼、学术报告厅、活动中心、学生宿舍、400米标准运动场等完备的基础设施，建有木工木雕、藏药制药、唐卡绘画、酒店服务、缝纫等8个现代化实训车间和8个实训室，设有护理、烹饪、民族音乐与舞蹈、计算机平面设计等27个专业。现有教职工361人（其中高级职称13人、中级职称70人），在校生5190人，招生1986人，毕业792名学生全部就业。

拉萨市第二中等职业学校以“修德强能、爱国成才”为校训，秉承“以质量求生存、以创新求发展、以特色创品牌”的办学理念，围绕“学文化、学技能、转观念、接地气、找市场、促就业”的办学思路，采取“校企合作、订单培养、校里有厂、厂里有校、项目拉动”的办学模式，实施中等学历教育和职业技能培训。

拉萨市第二中等职业学校与西藏大学联合办学，开办舞蹈、乐器“5+2”对口高职大专班。与广东理工学院、广西北海艺术设计学院、南京金陵中等专业学校三所对口援建院校建立友好学校关系，开展“1+1+1”学生交流合作办学成效显著。大力推行“校企合作、工学结合、顶岗实习”的人才培养模式，与达氏集团、卓玛医院等90家企事业单位建立校企合作关系。开展“短平快”农牧民技能培训，年内累计培训2680人次。组队参加全国第五届中小学学生艺术展演活动，其中《贡布箭歌》荣获艺术表演类中学甲组二等奖，学校荣获优秀组织奖；组团赴江苏参加2016年中国职业技能大赛，组织学生参加“挑战杯—彩虹人生”全国职业学校创新创效创业大赛并荣获一等奖。

4月25日，拉萨市第二中等职业技术学校与南京金陵中专签订结对共建协议

【基层党建】 年内，拉萨市第二中等职业学校与教职工签订《廉洁从政廉洁从教责任书》，开展党风廉政建设暨大约谈、大提醒活动及“三联三进一交友”活动，认真开展“两学一做”专题教育活动，召开建党95周年庆祝大会，组织参观拉萨市廉政警示教育基地，举行庆祝第32个教师节演讲比赛暨表彰大会，完成迎接拉萨市创建全国民族团结进步示范市考核验收，自查整改落实基层党建重点七项任务，加强师德师风教育。年底，组成第六批工作队入驻墨竹工卡县日多乡拉龙村。

【学校管理】 年内，拉萨市第二中等职业学校召开第二届教代会，江苏理工学院组织举办拉萨二职中层干部管理水平提升高级研修班，成立教育教学督导委员会，成功申报并推进国家级第二批数字化校园示范学校建设，拉萨二职公众微信进入试运行阶段。

【师资队伍建设】 年内，江苏选派知名专家朱照红担任分管教育副校长；选派119名教师赴广东理工学院、广西北海艺术设计学院、南京金陵中专、江苏泰州技师学院等院校参加专业技能培训，60人获得国家职业资格证书；113名教师参加市人社局组织的国家职业技能鉴定考评员培训。

【对外交流合作】 年内，拉萨市第二中等职业学校成功接待国家教育部、区、市党委、政府、人大、政协等相关部门考察调研指导工作43次。开展“1+1+1”合作办学，选派150名学生赴广东理工学院、广西北海艺术设计学院、南京金陵中职三所院校进行为期一年的交流学习。深圳中诺思科技股份有限公司无偿捐助价值67.2万元的物流软件设备；天津天堰科技股份有限公司邀请2名教师参加天津国际医学模拟大会，2名教师均获美国医学学会颁发的全球通用急救证书和国家一类学分证书。

【科研能力】 年内，拉萨市第二中等职业学校修订完善各专业人才培养方案，推进专业教学标准落地，成功申报4项西藏教育科学“十三五”规划课题；征集并上报微课作品、全区中小学论文大赛作品43件；成立教学部校本教材开发团队，积极组织编写校本教材。

【平安校园】 年内，拉萨市第二中等职业学校深入推进“平安校园”示范点创建工作，落实“一岗双责”安全责任制，建立安全防范体系，完善各类应急处置机制。强化学生的安全教育，定期排查在人员密集场所的安全隐患。开展传染病防控工作，进行防溺水、校园欺凌治理工作，严防安全事故发生。

【专业建设】 年内，拉萨市第二中等职业学校建立专业设置动态调控机制，暂停部分专业招生，不断优化专业结构，增强专业与产业的吻合度，建立文化艺术、旅游服务、土木水利、财经商贸、公共管理、医药卫生、加工制造、信息技术、资源环境等九大专业群，初步构建现代职业教育专业体系。

【校企合作】 年内，拉萨市第二中等职业学校深入进行市场调研，与拉萨城投、金哈达药业、西藏文化产业公司、和美布达拉等企业签订合作协议，校企合作单位增至90家，与45家企业建立稳定的人才培养基地，成功为学生搭建实训就业平台，建立稳定的校外实训基地。年内，选派1320名学生到校外实习。

【职业技能培训】 年内，拉萨市第二中等职业学校共承接各级各类培训7期，包括拉萨市村（居）“两委班子”学历提升培训、拉萨市旅游局旅游从业人员培训、拉萨市村（居）纪检监督员综合业务培训、拉萨市非西藏籍公务员任前岗位培训、拉萨市“精准扶贫”建档立卡人员转移就业培训等，共计培训2730人次。

【校园文化】 3月2日，拉萨市第二中等职业学校开展以“贯彻中职德育大纲、践行中职学生公约”为主题的开学第一课。3月7日，蔡公堂乡驻校民警、法制辅导员普布应邀为全体学生做法制讲座。3月16日，拉萨市公安局禁毒支队民警在辖区派出所副所长王路军的陪同下，开展禁毒宣传和法制讲座。3月25日开始，通过悬挂横幅、利用校内TCL电子显示屏等在全校进行爱国卫生月广泛宣传。3月28日，举行百万农奴解放纪念日升国旗仪式、国旗下讲话以及文艺演出活动。3月30日，组织100名志愿者前往拉萨河边开展“保护母亲河，我们在行动”清理白色垃圾活动。4月15日，拉萨市2016年春风行动专场招聘会暨精准扶贫转移就业促进会在拉萨二职举行。4月8—16日，选派文化艺术教学部15名学生赴青岛参加教育部主办的全国

9月9日，拉萨市第二中等职业技术学校举行庆祝第32个教师节演讲比赛暨表彰大会

第五届中小学生艺术展演活动并荣获佳绩。4月20日，各教学部召开消防知识专题会议，进行消防安全知识宣讲。4月22日，组织全校师生开展消防疏散演练活动。5月3日，举行首届校园足球赛开幕式。5月4日，团校委组织新团员入团宣誓仪式。5月5日，举行“诵中华经典·做有德之人”活动。5月8号，信息技术教学部以“挥洒友谊激情、凝聚团结力量”为主题开展一场趣味运动会。5月12日，旅游教学部开展专业建设技能展示活动。5月12日，开展学生应急疏散演练活动。5月13日，文化艺术教学部举行了职业教育宣传周活动文艺会演。5月19日，由李林副校长带队一行8人赴扬州参加2016全国职业技能大赛中（高）职组烹饪技能比赛。6月2日，邀请法制辅导员、蔡公堂乡派出所驻校民警普布开展“反校园欺凌”学法守法知识讲座活动。6月20—24日，各教学部利用班会、晚自习组织师生观看了特种设备宣传教育片。7月15日，举行2013级学生毕业典礼暨2016年春季散学典礼。8月18日，陈渠汇副校长带队一行4人参加了2016年“挑战杯——彩虹人生”全国职业学校创新创效创业大赛，学生作品“西藏娜柔民族服饰”荣获一等奖。8月26日，拉萨市城关区食品药品监督管理局工作人员对食品安全从业人员50人进行食品安全培训。8月21—31日，举行2016级新生军训活动。8月31日，举行2016级秋季开学典礼。9月9日，举行庆祝第32个教师节演讲比赛暨表彰大会。9月29日，组织50名学生参加了全国青少年禁毒知识竞赛网上答题活动。9月28—30日，成功举办了首届秋季运动会。10月8—9日，2016年拉萨市职业技能大赛在拉萨二职隆重举行。9月20—30日，医药卫生部两位专业老师在全校女生中开展一次全面的生理卫生健康知识讲座。11月8日，医药卫生教学部协同学校医务室前往蔡公堂乡养老院，开展老年健康护理教育并进行免费义诊活动。11月9日，第二届家长委员会成立大会召开。11月15日，全国“法治进校园”巡讲团4名老师讲授法制课。12月2日，开展以“宪法是国家根本法”为主题的宪法日活动。12月4日，举行第二届职业技能大赛开幕式。

（宾映祥　任萧媚）

体育

【概况】 年内，根据《拉萨市人民政府办公厅关于印发〈拉萨市体育局主要职责内设机构和人员编制规定〉的通知》文件精神，设立拉萨市体育局，为拉萨市人民政府工作部门。拉萨市体育局下设办公室和体育科2个行政科室，行政人员6人，其中局领导职数3名，内设机构科级领导职数2名。拉萨市体育局始终贯彻落实《“健康中国2030”规划纲要》，以满足人民群众不断增长的体育需求为出发点和落脚点，以增强人民体质、提高健康水平为根本目标，创新体育发展方式，完善公共体育服务体系，全面发展群众体育，择优发展竞技体育，加快发展体育产业，特色发展民族传统体育，合力推动市拉萨体育事业健康有序发展，为全面建成小康社会贡献力量。

【校园足球联赛】 1月19—21日，2016年西藏自治区“高中组”校园足球联赛在拉萨市群众文化体育中心举行。本次活动由西藏自治区教育厅主办，拉萨市

在市群众文体体育中心三楼会议室召开拉萨市体育局党风廉政建设专题部署会议

教育局（体育局）和拉萨市群众文化体育中心承办。拉萨市、那曲地区、山南地区、拉萨中学共有4个单位组队参加。通过三天的比赛，拉萨市代表队获得本次活动的冠军，同时，市代表队的2名学生分别获得本次活动的“最佳球员”和“最佳射手”称号。

【出租房搬迁工作】 为推动拉萨市人民体育场周边出租房的搬迁工作，按照拉萨市城关区人民法院的要求，1月27日，市教育局（体育局）组织体育科全体干部职工到市体育场周边出租房，协助法院将强制执行公告送达到仍未搬迁的110户租户手中。宣传相关法律知识，做好思想工作，教育租户在公告期限内主动搬迁。2月3日顺利完成。

【篮球联赛B级赛拉萨分区赛青少组海选赛】 根据自治区体育局关于《体育总局篮球中心关于征求承办2016年中国三对三篮球联赛意见的函》的批示精神，为加快推进《全民健身条例》，丰富拉萨市干部、群众、学生的业余文化生活，促进拉萨市篮球爱好者对三人篮球文化的相互交流，营造浓厚的民族团结氛围和良好的体育发展环境，实现增强人民体质、传递民族团结正能量和促进社会和谐稳定，3月10日—4月20日，体育科组织各学校开展中国三对三篮球联赛B级赛拉萨分区赛青少组海选赛。

【中招体育测试】 年内，市教育局（体育局）高度重视体育测试工作，专门成立拉萨市2016年普通中专（高中）招生考试体育测试工作领导小组，及时向所有参加体育测试的学校下发《拉萨市教育局（体育局）关于做好拉萨市2016年普通中专（高中）招生考试体育测试工作的通知》，明确告知体育测试的项目和时间。2016年体育测试工作于4月18日起全面开展，5月5日完成第一阶段的测试工作，5月9—14日完成第二阶段的统分工作，6月24日完成因病、因事未测学生的补测及登分、统分工作。

【2016健身专项培训班】 为提升拉萨市科学健身水平，增强对健身方法手段的认知理解，根据上级文件指示精神，5月3—7日，选派相关人员参加全国《2016年健身方法手段专项培训班》。本次培训由国家体育总局群众体育司主办，由北京体育大学承办。

【体育指导员培训班】 为培养自治区优秀社会体育指导员骨干力量，提升社会体育指导员教学、指导水平，推动全民健身事业发展，根据国家体育总局《社会体育指导员管理办法》，自治区体育局于2016年5月10—19日在拉萨市举办2016年全区第一期一级社会体育指导员培训班，拉萨市教育局（体育局）作为承办单位将积极协助区体育局联系培训场地和教练、学员的食宿等事宜，并组织拉萨市各级各类学校24名体育老师和社会体育指导员参训此次培训。

【涉美体育外事交流】 5月17—18日，2名美国女足前国脚到拉萨市开展体育文化交流活动。在市教育局（体育局）副局长龚晓堂的带领下，体育科积极配合相关部门，全程陪同区、市外办和区体育局领导，全面细致地开展与美国女足前国脚的体育外事交流、接待活动。

【足球教练员、裁判员培训班】 5月28日至6月1日，拉萨市2016年

12月23日，拉萨市首届足球邀请开幕式

足球教练员、裁判员培训班在自治区登山学校举办。本次培训班由自治区体育局主办，拉萨市教育局（体育局）承办。邀请北京体育大学足球教研室的四名教授及讲师，对拉萨市50名各所学校的体育老师进行理论与实践相结合培训。

【业余体校学生招生】 6月3日，体育科组织重点少年业余体校46名毕业学生参加自治区体校招生考试组专家的选拔测试工作。34名学生通过体能素质测试。经过文化课考试，26名学生通过选拔并允许进行体检。为增加拉萨市重点少年业余体校的生源，6月13—19日，体育科组派专人到各县（区）进行新生招生。通过目测、正式审核等环节，共录取新生30名。

【“未来之星”阳光体育大会】 为贯彻落实《中共中央国务院关于加强青少年体育增强青少年体质的意见》和十八届三中全会《中共中央关于全面深化改革若干重大问题的决定》强化课外体育锻炼、促进青少年身心健康和体魄强健的精神，继续推动全民健身和“全国亿万学生阳光体育运动”的深入开展，营造全社会关注青少年体育的氛围，经国家体育总局、教育部和共青团中央要求，由自治区体育局、教育厅、团区委主办，拉萨市教育局（体育局）承办的2016年全国青少年“未来之星”阳光体育大会西藏分会场活动暨“我爱足球”中国民间足球争霸赛西藏海选

12月23—30日，在市群众文化体育中心举办拉萨市首届足球邀请赛

赛、拉萨市校园足球联赛，2016年6月24日—7月4日在市群众文化体育中心及部分学校隆重举行，全市51所校园足球布点学校积极组织参赛。比赛共决出小学组、初中组的前六名，高中组的前四名成绩，在全市范围内形成较大影响。

【职工足球联赛】 9月23—30日，2016年拉萨市第三届“体彩杯”职工足球联赛在市群众文化体育中心举行。此次联赛由拉萨市人民政府主办，拉萨市教育局（体育局）承办，拉萨市共23家单位组队参加，近400余名运动员参赛。经过激烈的角逐，市公安局、当雄净土、城关区分别获得“2016年拉萨市第三届‘体彩杯’职工足球联赛”冠、亚、季军。

【篮球联赛】 11月11—24日，第三届拉萨篮球联赛在市群众文化体育中心举行。此次联赛由拉萨市人民政府主办，拉萨市教育局（体育局）承办，拉萨市各级党政机关、区市（中）直各部门、驻藏部队拉萨地区官兵、企事业单位、各人民团体等，共40支代表队参赛。经过14天的比赛，伊云阁清真茶餐厅、青海商会、城投公司分别获得“第三届拉萨篮球联赛”冠、亚、季军。

【首届足球邀请赛】 12月23—30日，拉萨市首届足球邀请赛在市群众文化体育中心举行。此次赛事由拉萨市政府主办，拉萨市体育局承办，拉萨市代表队、山南市代表队、昌都市代表队、林芝市代表队、那曲地区代表队、阿里地区代表队、拉萨交通产业集团代表队、拉萨业余足球联盟代表队8支参赛队。经过7天紧张、激烈、精彩的角逐，拉萨市代表队、拉萨业余足球联盟代表队和那曲地区代表队分别获得“拉萨市首届足球邀请赛”的冠、亚、季军。

（董运侠）

文化·广电·新闻出版

文化

【概况】年内，全市建成1个群艺馆、1个博物馆，8个县综合文化活动中心，66个乡镇综合文化站，400余个文化广场，228个农家书屋、231个寺庙书屋。全市公共文化设施开展免费开放活动2000余场，参与群众近60万人次，开展“百万农奴解放纪念日”“军民双拥共建共保”“激情广场”“雪顿节”“五下乡”“四进社区”“幸福拉萨规范舞”“民间艺术团交流会演”“歌手大赛”“民族团结月”一系列丰富多彩的群众文化文艺活动。

藏博会展品验收

【公共文化服务体系建设】年内，拉萨市开展赴山南、林芝国家公共文化服务体系示范区创建城市区域文化联动活动，在山南市贡嘎县、泽当雅砻剧场、扎囊县和林芝市巴宜区、米林县和工布江达县演出六场。墨竹—林周，曲水—尼木，达孜—当雄，城关—堆龙，开展文化联动交流活动。编辑出版全区首个公共文化季刊《拉萨公共文化》，第一、二、三期。

【公共文化项目建设】年内，全市投入300余万元用于基层文化设施建设，包括曲水县才纳乡文化站、墨竹工卡县唐加乡文化站、当雄县羊八井镇文化站；投资1.45亿元的市群众文化活动中心项目（新建市群艺馆、市歌舞团项目）已完成主体建设；投资3500万元的堆龙德庆区综合文化活动中心项目已竣工并投入使用，投资1200万元的城关区拉萨囊玛传习基地通过自治区批复；墨竹工卡县、尼木县、曲水县、当雄县、达孜县综合文化活动中心项目已列入“十三五”规划。

【乡镇文化站标准化建设】年内，在曲水县才纳乡综合文化站、墨竹工卡县唐加乡综合文化站、当雄县羊八井镇综合文化站、尼木县吞巴乡综合文化站开始试点工作。为全市66个乡镇文化站统一制作门牌，配置1—3个不等的室外宣传栏，配备桌椅、棋牌、电脑、书架等设施并在路口显著位置设置指示牌，免费配送各类藏文图书共166种7949册，总价值132930元。为城关区40家社区书屋配置60000册图书、400套书架，实现城关区社区书屋建设全覆盖。

【群众文化】 年内，拉萨市图书馆、博物馆、群艺馆和各级综合文化活动中心、乡镇综合文化站实现免费开放，为隆重纪念“5·18”世界博物馆日和“5·19”中国旅游日，5月17日，西藏牦牛博物馆开展一系列丰富多彩的活动，并邀请北京市、西藏自治区、拉萨市领导以及社会各界捐赠人员，得到各界的高度重视和大力支持，出席活动及参观人数达1000余人；同时，市群艺馆继续打造提升“幸福拉萨规范舞”，5月4日，起学跳活动在河坝林公园、罗布林卡开展。

【公益惠民服务】 市文化（文物）局组织全市文艺团体，学习领会习近平总书记文艺工作座谈会的重要讲话精神，调动广大文艺工作者为人民抒写、为人民放歌的工作热情。“三大节日”期间，全市七县一区文化队伍开展广场文化、节庆文化、社区文化等文艺惠民演出431场次，参演演员357人次，观众31万人次；完成了自治区、市两台“春节·藏历新年电视晚会”、自治区台“网络藏晚”排练录制工作及市政协茶话会演出任务；赴内蒙古参加全国曲艺展演任务；赴山南琼吉完成“吐蕃文化旅游节”演出任务；赴银川参加少数民族文艺展演“吉祥彩云”任务；“民族团结”晚会排演等任务。

【文化市场】 年内，市文化（文物）局开展日常检查230余次，出动执法检查人员630余人（次），执法车辆80余台（次），检查出版物经营场所950家（次），查缴非法出版物300余册（本）、非法音像制品2300余张（盘），删除网络有害信息5200余条，取缔非法铃声下载点3个，将3名无证非法下载违禁歌曲人员移送公安机关做处理，对不符合安全要求、违法违规经营的娱乐场所及时提出整改要求；与全市48家歌舞娱乐场所和283名演出人员签订《政治安全责任书》。

（德　央）

文物

【文物保护】 年内，市文化（文物）局完成色拉寺安消防及电气线路、排水配套保护工程（993.95万元），色拉寺梯庆康萨保护维修工程（1318万元），公堂寺保护维修工程（829.92万元），木如寺保护维修工程（1730万元）已完成工程量的80%，喜德寺维修工程及色拉寺、哲蚌寺和甘丹寺高压喷雾建设项目（1451.8万元）等重点文物单位保护工程。为墨竹工卡县、林周县、当雄县和尼木县补助文物安全设施建设经费约130多万元。开展文物点挂牌保护管理工作。为各县区补助51万元经费，开展660处文物点挂牌保护管理工作。第一次全国可移动文物普查工作，完成哲蚌寺、甘丹寺、楚布寺的重点殿堂可移动文物、信息采集、鉴定和上报工作。开展文化安全检查150余次，出动检查人员450余人（次），执法车辆70余台（次），检查文物保护单位550余（次），对20家不符合安全要求的文物保护单位提出整改意见。

【非物质文化遗产保护】 年内，市文化（文物）局指导全市各县

开展文物普查工作

区名录建设工作，完善拉萨市非物质文化遗产代表性项目76项，形成国家、区、市、县四级非物质文化遗产名录体系，截至年底，拉萨市非物质文化遗产代表性项目152项，代表性传承人181名。推进西藏非遗博物馆驻馆藏（展）品征集工作，已征集到拉萨市52个项目（国家级非物质文化遗产项目21个，自治区级非物质文化遗产项目31个），阿里、日喀则、昌都、林芝等地区101个项目。

（德　央）

广播·影视

【概况】 年内，拉萨市拥有广播电视台1座（含3个电视频道和1个广播调频），县级电视转播台5座、县级调频广播转播台6座、县级模拟有线电视网6个。拉萨广播电视台汉语综合频道、藏语综合频道和文化旅游频道、拉萨人民广播电台91.4兆赫兹，通过无线发射方式覆盖拉萨市区及达孜县、堆龙德庆区，通过拉萨市广播电视台新闻上下传系统覆盖拉萨市林周、当雄、尼木、墨竹、曲水五县县城，通过直播卫星方式使拉萨广播电视台藏语综合频道覆盖全市农牧区。藏语综合频道和文化旅游频道日播出时长18小时；汉语综合频道全天24小时播出；拉萨人民广播电台日播出节目时长17小时10分钟。拉萨有线电视模拟网络传输有线电视节目42套，模拟有线电视用户2000余户。全市拥有三星级城市数字电影院1座，农牧区数字电影接收管理平台1个，县电影管理站8个，流动电影放映队43个，农牧区电影放映点1024个（其中室内放映点98个、室外放映点926个），年均放映场次1万场以上。已安装完成农牧区、乡镇干部职工广播电视“户户通”和寺庙广播电视“舍舍通”直播卫星设备84054套。截至年底，拉萨市广播电视综合人口覆盖率分别达到98.15%和98.58%。

【服务民生】 年内，市广电局完成直播卫星清流机顶盒升级置换二代直播卫星接收机项目61134套设备的置换工作，置换后的直播卫星用户可以清晰收听收看到包括拉萨电视台藏语综合频道在内的53套电视节目及27套广播节目；实施中央广播电视无线数字化覆盖项目，对墨竹工卡县、林周县、达孜县、尼木县、曲水县、当雄县六县和25个乡镇无线数字发射系统进行改造升级；完成650户“户户通”新增用户设备安装调试工作。

【农村电影放映】 年内，市广电局完成农牧区公益放映任务10113场（次），观众70余万人（次）。

【县城数字影院建设】 年内，堆龙德庆区县城数字影院主体、装修、设备安装全部完工；曲水县县城数字影院主体建设完工，装修工程进入招标阶段；当雄县县城数字影院主体完成，已进入装修阶段；墨竹工卡县和达孜县县城数字影院已完成基础建设；尼木县县城和林周县县城数字影院主体、改造装修完成，已通过拉萨市广电局中期验收。

【拉萨广播电视台汉语综合频道自办节目】 年内，拉萨广播电视台汉语综合频道有《拉萨新闻》（时政新闻）、《晚间新闻》（社会新闻）、《高原零距离》（访谈类）、《格桑梅朵》（少儿类）、《警方热线》（法制类）、《天气预报》《生活第1线》（经济类）7档自办栏目。

【拉萨广播电视台藏语综合频道自办节目】 年内，拉萨广播电视台藏语综合频道有《拉萨新闻》《国际时讯》《相约》（纪实类、访谈类）、《吉曲的祝福》（资讯、点播类）、《法在身边》（法制类）、《金钥匙》（农牧类）、《奇趣大自然》7档自办栏目。

【拉萨广播电视台文化旅游频道自办节目】 拉萨广播电视台文化旅游频道有《一起去旅行吧》《爱尚拉萨》《寻味日光城》《文化旅游资讯》《天天影院》5档自办栏目。

【拉萨人民广播电台自办节目】 年内，拉萨人民广播电台有《幸福拉萨》《拉萨新闻》《天籁之音》《嘻哈客栈》《岗拉梅朵》《聚焦三农》《生活百科》《曲艺园地》《奇闻逸事》《相约西藏》《电影回顾》《故事会》12档藏语自办栏目，有《新闻快报》《都市导航》《乐在味中》《圣地音符》《你的故事我的歌》《岁月如歌》6档汉语自办栏目。

【电影“进学校”设备配置】 年内，拉萨市广电局争取到拉萨市公共文化项目资金56万元，为拉萨市七个县电影管理站及中心流动电影队解决八套拉萨市农牧区中学生流动放映设备。

【藏历新年电视文艺晚会录制】 1月9日，拉萨市2016年春节藏历火猴新年电视联欢会在拉萨市群众文化体育中心正式录制完成，此次联欢会共有33个节目，时长近4小时，演员共350余人。晚会在拉萨市广播电视台综合频道、文化旅游频道、藏语综合频道同步播出，并先后在中央电视台、中央人民广播电台、央广网络（中文、英文、印地文、尼泊尔文、德文、法文、意大利文、波兰文、捷克文）、中央电视台中文国际频道（亚洲版、美洲版、欧洲版）、北京卫视、康巴卫视和西藏卫视等区内外媒体播出。

【拉萨人民广播电台举办听友见面会】 年内，拉萨人民广播电台举办开播6周年听友见面会，与40多位热心听友进行一次零距离的接触，听友们认真填写拉萨人民广播电台问卷调查表。电台还设计网络版的问卷调查，借助微信公众平台“聆听拉萨”4000多微友的传播力，广泛征求社会各界人士对拉萨广播电台节目的意见建议。

【文化旅游频道改版升级】 年内，改版后将原有的《玩转拉萨》更名为《一起去旅行吧》，《食客准备着》更名为《寻味日光城》，增设《爱尚拉萨》等自办栏目。

【安全播出】 年内，拉萨市广播电视台3个频道和1个调频广播及转播电视中央7频道、49套卫星节目均实现安全接收与播出，全市广播电视安全播出达到“零”事故目标。

【跨年演唱会】 年内，由拉萨净土文化传媒有限公司主办，市文化局、拉萨市广播电视台协办的“你好，拉萨”2017年跨年演唱会在市群众文化体育中心上演。

（刘　毅）

拉萨晚报

【概况】 2016年，拉萨晚报社共设六个机构：办公室、总编室、汉文编辑部、藏文编辑部、记者部、广告部，以及一个下属单位：拉萨晚报印刷厂。拉萨晚报事业编制80人。

【工作开展情况】 年内，拉萨晚报社按照全市的宣传思想工作各项目标任务，围绕拉萨市委、市政府中心工作，结合报社实际，除做好常规性宣传报道外，开辟《学党章党规、学系列讲话，做合格党员》《精准扶贫、精准脱贫》《创先争优强基础 尽心竭力惠民生》《“学讲话、找差距、转作风、抓落实”——学习贯彻习近平总书记在新闻舆论工作座谈会精神》《巩固禁白工作成果》《新旧西藏对比》《打造平安拉萨构建和谐社会》《贯彻四个全面实施六大战略》等10余个栏目，为拉萨市社会经济长足发展和长治久安营造良好的舆论氛围。

【宣传十八届六中全会精神】 在中共十八届六中全会召开期间，拉萨晚报社按照上级要求，在一版配图及时刊登中共十八届六中全会会议公报、人民日报评论员文章；采用新华社稿件、图表在相关版面就会议精神进行深入解读和报道，为全市干部职工学习会议精神提供权威平台，充分发挥舆论引导作用。

【中国工农红军长征胜利80周年宣传报道】 10月21日，纪念中国工农红军长征胜利80周年大会在北京人民大会堂举行。中共中央总书记、国家主席、中央军委主席习近平出席大会并发表重要讲话。为纪念这一历史时刻，做好宣传报道弘扬长征精神，《拉萨晚报》在10月22日头版显著位置刊登纪念红军长征胜利80周年大会在京举行的重大新闻和人民日报评论员文章。

【核心价值观宣传】 年内，拉萨晚报社为加大“四个文明”宣传，加强文明交通、文明旅游、文明餐桌等宣传力度，报社制订详细宣传报道方案，并设立“志愿者在行动”“雷锋在身边”等栏目；为深化“我们的节日”主题活动宣传报道，设立春节、藏历新年、清明、端午节等栏目，报道市文明办举办的民俗活动志愿服务。此外，本报记者自采自编的关于节日的相关报道，引导人们继承和弘扬中华民族的优秀传统，营造民族团结、国家统一、社会和谐、家庭幸福的浓厚节日氛围，切实把几个重要的节日过成文化节、爱国节、仁爱节和传承节。

【公益广告刊登】 年内，拉萨晚报社根据中央文明办、区市文明办提供的公益广告素材，拉萨晚报在重要版面安排刊登，确保公益广告宣传常态化，塑造良好的社会氛围。

（朱　媛）

拉萨市人民政府门户网站

【概况】 2016年，拉萨市电子政务中心在市政府办公厅的正确领导下，坚持“一个核心，两个指导，三个保障”（以维护好政府门户网站为核心，指导子站建设和信息公开工作，做好视频会议保障、技术服务保障、机房安全保障），以推动日常工作正常运行为基础，将“两学一做”学习教育贯穿工作始终，以学习促工作，确保电子政务中心各项工作顺利进行。

【网站运行】 年内，拉萨市电子政务中心采取各种措施维护和保障网站安全运行，加强机房管理和值班巡视，及时更新发布各类政务信息，全年共发布各类信息8427条，其中工作动态类信息112条、视频信息365条，信息公开1107条。办理市民来信427件，信件答复率达94.8%以上。网站点击量达160万人次，日均点击量4400人次。拉萨市电子政务中心与网站安全维护商北京绿盟科技有限公司加强沟通，特别是在重要节假日期间，进行双人在岗值班。机房在实施数据基础架构虚拟化整合项目的基础上，对机房设备安全进行规范化管理。随着入驻市政府门户网站平台的网站数量增加和互联网安全局势的恶化，为提高机房网络安全防御能力，结合机房实际情况，对机房安全设备的更新和升级进行调研和情况上报。全年没有出现安全事件发生。

【政务公开】 年内，结合拉萨市信息公开工作实际，根据自治区电子政务中心要求，在全市范围内开展政务公开工作自查工作，对政府网站的可用性、信息更新情况、互动回应情况和服务实用情况进行摸底。及时起草并下发《拉萨市人民政府办公厅关于进一步加强政务公开工作的通知》，明确各县（区）各部门政务公开主要目标任务，规范各部门政务公开工作。

【会议保障】 年内，拉萨市电子政务中心严格按照“提前联调、全程保障、按期巡检”要求，做好视频会议技术服务保障工作及视频会议相关设备管理工作，确保各场视频会议和515常务会议室会议顺利进行。年内，共完成80场次视频会议保障工作，150场515常务会议室音频保障工作。

【技术保障】 年内，拉萨市电子政务中心快速反应，做好市政府大院各项网络设备维护工作，远程协助解决各部门网站问题。利用市政府门户网站QQ群众，对各县（区）、市直各部门有问必答，有求必应，及时解决各单位提出的问题。保障市政府大院网络服务实现全覆盖，并高质量完成各项技术保障服务工作。

【安全保密】 年内，根据市政府办公厅研究同意，由市电子政务中心负责全厅计算机安全保密管理工作。市电子政务中心配合市委机要局、市委数据中心做好全市涉密、非涉密协调办公系统的运维工作。对全厅所有计算机进行例行的资产管理检查，对登记管理数据按类别进行及时更新；对全厅所有计算机安全使用进行季度巡查并做好巡查纪录和报告；对即将运行的三套网络进行编号核对以及分类测试，以保障三套不同密级的网络达到保密要求。

（方长春）

藏语文及编译工作

【概况】 2016年，拉萨市藏语文工作委员会办公室（拉萨市编译局）编制18人，其中县级编制3人，科级编制8人；内设综合科、语言文字科、校审科、翻译科。全市藏语文工作按照《中华人民共和国民族区域自治法》《西藏自治区学习、使用和发展藏语文若干规定》和《拉萨市社会用字管理办法（试行）》《中共拉萨市委员会拉萨市人民政府关于进一步加强藏语文工作的意见》等要求，认真开展各项工作，推进拉萨市藏语文工作与经济增长协调发展，促进社会用字的规范性。

【规范藏语文社会用字】 年内，拉萨市藏语文工作委员会办公室（拉萨市编译局）召开专题会议总结2015年全市藏语文社会用字检查整改工作情况，安排部署下一步工作，全面开展拉萨市社会用字检查整改工作。主要采取日常巡查、突出检查、集中检查、联合检查等形式，在贡嘎机场、拉萨火车站、罗布林卡、布宫广场、哲蚌寺、色拉寺、八廓街重点区域和八大人行天桥交通安全提示牌和重点部位开展累计50多天的藏语文社会用字检查整改工作，检查单位和各种商户门牌、路标、广告牌、LED显示屏共计6万多处，存在问题的有600多处，即知即改的100多处，发放《拉萨市藏语文社会用字管理办法（试用）》3000多份，下发整改通知书500多份，存在问题的商户已在2016年“中国西藏藏博会”之前进行整改，规范程度达到98%。雪顿节期间，拉萨市藏语文工作委员会办公室作为雪顿节组委会成员单位，负责雪顿节期间的各项宣传材料和领导讲话的翻译工作。

2016年，拉萨市藏语文工作委员会办公室（拉萨市编译局）为充实完善拉萨市专业翻译人员职称评审委员会，召开职称评定会专题会议，对拉萨晚报、拉萨电视台等5名专职翻译人员进行职称评定，2名评为初级职称，3名评定为中级职称。

【文件材料翻译】 年内，拉萨市藏语文工作委员会办公室（拉萨市编译局）完成“两会”、雪顿节、藏博会等各种文字材料以及《拉萨市城区范围内农副产品批发商户搬迁公示》《公民防范恐怖袭击手册》《拉萨市宅基地确权登记发证工作宣传材料》《拉萨古村落保护条例》《拉萨市土地经营权和农村土地承包合同》《城市供水用水法》和《中国公民民族成分登记管理办法》等各种法律法规、规章制度、广告牌、主要街道路标、指示牌、公交站广告牌的翻译，以及道路交通等各种管理办法、制度、条例的翻译；市直各机关、企业及商户送来的各种社会用字公益广告翻译校审；拉萨市出租车整治工作相关材料翻译等，全年翻译量达到95万多字，比上年同期增长5%。市民服务中心“翻译服务窗口”坚持以“马上就办”为服务原则，全年为3000余名社会各界前来寻求翻译人员提供免费的翻译服务，截至年底，正在开展全市党政机关、企事业单位换章翻译工作。

【干部队伍建设】 年内，拉萨市藏语文工作委员会办公室（拉萨市编译局）先后选派20多名专业干部前往区内外参加各类培训的基础上，为贯彻落实中央民族工作会议精神，推动藏语言文字翻译事业科学发展，11月25日至12月2日举办全市藏汉双语翻译培训班，培训人数达72人。

（洛桑平措）

档案工作

【概况】 年内，拉萨市档案局（馆）贯彻落实中共十八届三中、四中、五中、六中全会和中央第六次西藏工作座谈会精神、习近平总书记系列重要讲话精神，学习贯彻区市第九次党代会精神，学习贯彻全国档案工作暨表彰先进会议、全区档案工作电视电话会议精神，紧紧围绕市委、市政府中心工作，服务大局，依法履职，开拓创新，档案业务及各项工作取得新成效。时任区党委常委、市委书记齐扎拉对全市档案工作作出批示：档案工作是党和国家工作中不可缺少的基础性工作，做好此项工作十分重要。“十二五”期间，全市各级档案部门始终牢记为党管档、为国守史的神圣职责，紧紧围绕档案事业科学发展主题，档案资源建设有效推进、安全保障能力持续增强、信息化水平不断提高，拉萨市档案局（馆）荣获“全国档案系统先进集体”。

【召开全市档案工作暨表彰会议】 年内，为全面总结“十二五”时期档案工作，安排部署“十三五”时期档案工作，经市委、市政府批准，全市档案工作暨表彰先进会议在市委六楼会议室召开。区党委办公厅巡视员、自治区档案局（馆）长洛桑南杰和原市委常委、秘书长，拉萨经开区党工委书记袁训旺出席会议并做重要讲话，市政府秘书长、市委政法委常务副书记和平志参加会议。市委办公厅调研员、市档案局（馆）长马荣清作全市档案工作报告。会议由市委常务副秘书长曹恩宏主持。会议对全市档案系统内10家档案工作先进集体、16名档案工作先进个人进行表彰。拉萨市（中、区）直单位（79家）、国有企业（12家）分管档案工作的负责人和档案员、市档案局（馆）干部职工、八县（区）分管档案工作的主要领导及档案馆工作人员共200余人参加会议。

拉萨市召开全市档案工作暨表彰先进会

【县级国家综合档案馆建设】 年内，根据区档案局关于“十二五”期间县级综合档案馆建设的总体部署，在完成林周县、曲水县档案馆建设项目的基础上，督促其余六县（区）加快县级综合档案馆建设。曲水县、林周县、达孜县、尼木县4个县已完成新馆建设；城关区、堆龙德庆区、当雄县在现有馆库的基础上，从档案库房面积、爱国主义教育基地等方面进行提升；墨竹工卡县综合档案馆完成开工建设，稳步推进县级国家综合档案馆建设。

【档案法制宣传】 年内，市档案局（馆）根据全自治区档案工作电视电话会议精神及自治区档案局的总体安排，开展“6·9”国际档案日主题宣传活动。市档案局联合区档案局深入堆龙德庆区岗德林村开展以“档案与民生”为主题的纪念“6·9”国际档案日专题宣传活动。通过设置咨询台，展出档案宣传展板、发放档案宣传资料、赠送专题纪念品等多种形式向基层干部群众宣传档案的特殊价值和作用，搭建档案与基层干群的桥梁。同时，组织群众参观西藏新旧对比图片展和“八看”“一算账”“一揭批”“四增强”感党恩主题教育展板，对群众进行感恩教育和反分裂教育。现场提供档案业务咨询200余人次，发放《走进档案》《档案知识手册》《西藏自治区实施〈中华人民共和国档案法〉办法》及家庭档案宣传单等藏汉双语档案宣传资料近千余册。

【档案业务监督检查】 年内，市档案局（馆）根据2016年全市档案工作计划，确保市直单位到期档案移交进馆工作顺利开展，市档案局（馆）组成工作组深入八县（区）、50余家市直单位分别从领导重视、基础设施建设、档案资源建设、档案移交进馆、档案信息化建设等方面采取实地查看、召开座谈会等方式对全市档案工作进行检查，并及时指出存在问题，确保全市档案工作规范化、科学化。

【档案移交进馆工作】 年内，市档案局（馆）根据国家档案局9号令《各级各类档案馆收集档案范围的规定》，开展档案移交工作。积极选派业务人员到30多家市直单位开展档案移交进馆指导工作，督促市直各单位对照进馆档案质量标准，认真开展查漏补缺工作。对档案整理规范、具备移交进馆标准的单位，移交进馆档案3029卷，34346件。为充实完善拉萨市百岁老人健康档案，积极和市民政局联系沟通，对全市健在的八一农场、柳梧新区及堆龙德庆区、达孜县等县（区）14位百岁老人健康档案，包括百岁老人照片、基本情况、健康体检表等顺利移交市档案馆，极大地丰富馆藏资源。

【重点项目建设】 年内，市档案局（馆）为积极推进重点建设项目档案的依法监管、规范管理和有效利用项目档案，由市档案局、市城建档案馆和市质检站组成的联合检查组对拉萨市环城路市政工程的南线、西线以及柳东大桥等三个项目点的工程档案进行检查指导，确保重点建设项目档案规范化。

【业务培训】 年内，市档案局（馆）继续坚持以会代训、现场指导等培训方式，强化对档案工作人员的业务培训工作。举办全市档案业务培训会。邀请区档案局业务专家进行授课，各县（区）、市（中、区）直部门和单位（含部门管理的副县级单位）、市属国有企业的档案工作人员130余人参加此次培训。开展创先争优强基础惠民生活动档案业务培训。为深入推进创先争优强基础惠民生活动档案规范化水平，联合市创先争优强基础惠民生活动领导小组办公室采取以

拉萨市档案局深入乡村开展档案普法宣传

会代训形式开展创先争优强基础惠民生活动档案业务培训。市创先争优强基础惠民生活动领导小组办公室各组全体成员、市委督导组副组长及全体成员、各县（区）分管党建工作的副书记、强基办主任和具体负责人、档案馆负责人共90余人参加培训。

【档案提供利用服务】 年内，市档案局（馆）通过接待查询，电话咨询、上门服务等多种形式提供查档服务，尽最大努力满足利用者需求。为区党委组织部、市委、市政府、市文化局等单位机构和社会各界人士提供档案参阅8954卷（次），接待档案利用者562人（次），为领导决策、经济建设、撰写名人传记、编史修志、调解矛盾纠纷、法制建设、举办大型活动、工作参考提供原始依据，深受档案利用者的好评。

（刘淑娟）

党史研究工作

【概况】 年内，市委党史研究紧紧围绕市委中心工作，牢记职责使命，强化责任担当，充分发挥党史工作以史鉴今、资政育人的重要作用，扎实推进资料征集、党史编写、宣传教育等工作，不断提高党史工作水平。

【资料汇编】 2016年9月，《中国共产党拉萨市第八次代表大会资料汇编》工作启动，2016年底《中国共产党拉萨市第八届委员会历次全体会议资料汇编》完成终稿审核工作。《资料汇编》共四本，约60万字，分别收录拉萨市第八次党代会和八届一次至八届十次全委会形成的所有文字资料。2016年10月，完成《中国共产党拉萨市第九次代表大会资料汇编》工作启动，2016年底完成终稿审核。《资料汇编》约25万字，主要收录拉萨市第九次党代会自预备阶段到大会召开期间形成的所有文字资料。

【《拉萨党史》内部出版发行】 年内，市委党史研究完成《拉萨党史》2016年第1期至第4期内部出版工作。

【《中国共产党拉萨简史》二次审改】 2016年5月，完成《拉萨简史》初稿编写工作。《拉萨简史》初稿约23万字，编纂时限为1951—2015年，共分8章，分别从和平解放西藏经营拉萨、拉萨的平叛斗争和民主改革、贯彻稳定发展方针巩固民主改革成果、社会主义改造与“文化大革命”、开创社会主义现代化建设新局面、西藏工作实现历史性的伟大转折、在科学发展轨道上推进跨越式发展和长治久安、“六大战略”在拉萨的实践等八个历史阶段，记述在中国共产党的领导下，拉萨“跨越千年”的巨大变化。

（姚雪梅 夏圣炫）

地方志工作

【概况】 年内，市方志办做好《拉萨年鉴（2016）》试点工作。4月，中指组在北京密云召开精品年鉴培训班；6月，《拉萨年鉴（2016）》初稿完成并报送中国地方志指导小组办公室；8月，在山东日照召开全国精品年鉴点评会；11月，中指组在福州召开精品年鉴专家指导会议，专家对全部参评的八部年鉴进行精心指导。拉萨市地方志办公室根据专家意见对《拉萨年鉴（2016）》进行修改完善，参加进一步评审。

【县志一轮修编情况】 年内，市方志办完成尼木、曲水、当雄三县第一轮修志工作。按照拉萨市与自治区签订的责任书，尼木、曲水、当雄三县第一轮修志工作必须于年内完成。按照任务要求，对各县第一轮修志工作加强指导、审核、督查督办。截至年底，《尼木县志》已经报送自治区验收；针对《曲水县志》报送藏学出版社以后就一直停滞不前的现状，经过多次督办，改由方志出版社出版发行，已经拿到书号并进入印刷，年内即可出版发行；《当雄县志》已通过自治区终审，报送藏学出版社进入总编阶段。

【全市第二轮修志工作】 年内，市方志办按照自治区确定的“两个全面完成”目标任务要求，拉萨市地方志办公室就第二轮修志工作采取措施，对各县区第二轮修志工作加强指导、审核、督查督办，各县区第二轮修志工作进展明显加快。截至年底，《堆龙德庆县志（2001—2010）》出版发行；《达孜县志（2001—

2010）》初稿完成并通过初审；《墨竹工卡县志（2001—2010）》《城关区志（2001—2010）》《当雄县志（2001—2010）》《林周县志（2001—2010）》初稿临近完成，其余各个县区的第二轮修志工作还处于资料征集阶段。

【专家队伍组建】 年内，市方志办为组建专家队伍，拉萨市地方志办公室与区市党校、区市团委、区市文联、藏大、自治区社科院、市委老干部局等单位进行多次协调联络，最终组建由王铁鹏、张恒彬、肖培新、侯望东、张玉虎等人组成的专家组。

【规范志鉴修编工作】 年内，市方志办根据拉萨市及各县（区）实际情况，限于自身力量薄弱，根据和平志秘书长关于“政府购买服务”的指示精神，推进志鉴修编工作的“政府购买、市场运作、社会参与”模式，推行政府购买社会服务，充分利用社会力量参与修志工作。社会化修志、市场化运作，全市第一轮、第二轮修志进程明显加快。先后与林海广告、文化传媒、方志传媒、福利印刷、鹏程广告、深港传媒等多家社会合作单位进行联系、经过筛选、甄别工作，通过竞标等方式，从中选择比较优秀的社会合作单位参与到拉萨市志鉴修编工作中。

年内，市方志办加强与中国地方志指导办公室的联系，就有关年鉴试点工作进行衔接，为年鉴试点工作奠定基础。做好与对口支援拉萨市地方志工作的北京市地方志办公室、江苏省地方志办公室以及非对口支援的河南省、安徽省、广东省、南京市等地方志办公室的联系沟通，积极争取各方面支持和帮助。接待到拉萨市学习考察的青海玉树州地方志、到拉萨市就有关事宜咨询交流的新疆军区地方志等有关人员4人次。

（朱文俊）

医疗援藏

【概况】 年内，在市委、市政府和市直有关部门的鼎力支持下，拉萨市医疗人才“组团式”援藏工作取得重大进展，得到中组部、国家卫计委和区市党委、政府的充分肯定。

【人才建设】 年内，为市人民医院新增90个编制，医院编制总量达到419人，将人事权限下放至医院，共自主引进招录和选调108人，医院人员紧张问题得到有效缓解。

【基础建设】 年内，市人民医院结合创三甲需求，完成投资1862.89万元的拉萨市人民医院信息化建设一期项目并投入运营；完成医院门诊楼病房改造、干部保健病房的搬迁、医院住院部第二病区改造等；投资300余万元建立儿童支气管镜诊治中心并投入使用；由北京援藏投资1500万元的拉萨市人民医院医疗专家楼项目已完成工程量的85%。

【设备采购】 年内，为市人民医院解决购置医疗设备经费4000万元，已落实1000万元，完成第一批、第二批设备的采购；解决东城医院设备采购资金2776.7万元，落实市人民医院高原病设备采购资金500万元，为学科建设和特色专科建设提供强有力的技术支撑。

【服务管理】 年内，市人民医院组团式援藏专家团队借鉴援派医院的先进管理经验和管理理念，优化医院工作流程，完善医院规章制度300余项。医院同首都儿科研究所成立自治区首个“先天性心脏病三级防治基地”和“高原研究站”，成立自治区首家“精准医学中心”，开展多项临床新项目，填补自治区和拉萨市9项业务空白，新设心血管、肾内、高原病专科已对外开放，服务能力显著提升。

【对口帮扶】 年内，召开三级医院对口帮扶县级医院动员部署会，北京、江苏对口助援单位与各县（区）医院签订对口帮扶协议书，37名援藏医疗队员全部到位并积极投身工作，完成县（区）医院发展规划，各项工作走在全区前列。

（益西曲珍）

医疗机构

【概况】 年内，拉萨市有医疗卫生机构502家，其中市级综合医院1家、妇幼保健院1家、市级疾病预防控制中心（卫生监督所）1家，县级卫生服务中心7家、县级疾病预防控制中心8家，乡镇卫生院53家，社区卫生服务中心9家，新建行政村卫生室189家，民营医院17家、社会诊所、门诊部、学校医务室等216家。

【拉萨市人民医院】 年内，拉萨市人民医院共有法定床位240张，实际开放床位257张，年门急诊量14万余人次，年收治住院病人8504余人。

【拉萨市妇幼保健院】 年内，拉萨市妇幼保健院市拉萨市属唯一集妇女儿童保健、临床、管理、培训、科研、信息统计、健康教育于一体的妇幼专科医院。医院建筑面积8589平方米，人员编制86人，床位编制60张。年内，收治住院病人1955人，床位使用率89%，周转率92%。

【民营医院】 年内，全市有民营医院17家，其中民营医院17家，分别是西藏卓玛医院、西藏神猴藏医院、拉萨康松藏医骨病专科医院、西藏阜康医院、西藏阜康妇产儿童分院、西藏阜康心脑血管分院、西藏阜康体检中心、拉萨现代妇产医院、拉萨阳光泌尿生殖医院、拉萨阳光妇产医院、拉萨恒大医院、拉萨广升医院、拉萨厚北医院、拉萨厚兰医院、雅博士口腔医院、拉萨维多利亚整形美容医院、西藏五洲医院。

（益西曲珍）

医药卫生体制改革

【概况】 年内，市卫生局继续坚持保基本、强基层、建机制的原则，突出重点领域和关键环节，增强改革创新力度，提高改革行动能力，推进医改政策落实，并取得阶段性成果。

【公立医院综合改革】 年内，拉萨被确定为国家第四批100个城市公立医院改革试点城市，市政府出台《拉萨市城市公立医院综合改革实施方案》，市人民医院为城市公立医院综合改革试点医院。县级医院以等级医院评审为抓手，全面加强县级医院人才、技术、重点专科为核心的能力建设，区域龙头带动作用不断强化，达孜等五县医院申报“二乙医院”，当雄等三县医院通过市级预审，堆龙德庆区人民医院通过二级乙等医院评审。

【分级诊疗制度建设】 年内，拉萨被确定为西藏自治区唯一国家分级诊疗试点城市。市政府出台《拉萨市分级诊疗工作实施意见》《拉萨市分级诊疗工作考核评价标准》，明确市、县、乡、村四级医疗机构分级诊疗疾病谱549种。率先在全区推行家庭医生签约服务，签约率达98%。探索实施县乡一体化服务模式。

【农牧区医疗制度】 年内，6县4区农牧区医疗制度人均筹资水平不低于30元，保持农牧区基本医疗制度100%覆盖，政府年人均补助标准提高到435元。继续巩固“先诊疗、后结算”成果，共3685名农牧民群众享受“先诊疗，后结算”优惠政策，金额达2030.24万元。

【国家基本药物制度】 年内，市卫生局继续保持各级医疗机构国家基本药物“零差率”销售全覆盖。兑现2015年国家基本药物制度药品零差率销售政府补贴资金1213.9万元，安排年内国家基本药物制度药品零差率销售政府补贴资金1839.49万元。市人民医院药品品种692种，其中基本药物320种，让利于群众514.6余万元。

【卫生基础建设项目】 年内，市卫生局实施拉萨自定中心医院一期、拉萨市食品安全风险监测能力建设、对口省市援建拉萨市儿童计划免疫预防接种门诊、2个县级藏医院、12个乡镇卫生院改扩建、6个乡镇卫生院周转房、市人民医院第二病区改造等34个项目，总投资15亿余元，医疗卫生基础设施条件得到改善。

【卫生人才队伍建设】 年内，市卫生局引进卫生专业技术人才137人；选派42名专技人员赴区内外挂职锻炼、参加业务培训；组织开展“万名医生支援农村”和“百名专家下基层”服务活动，为基层培养技术骨干和学科带头人；争取294名人员名额并安排参加住院医师规范化培训，其中军区总医院63人、区人民医院42名、华西医院180名、北京9名。

（益西曲珍）

公共卫生服务

【概况】 年内，各级疾控部门坚持“预防为主，健康管理”的理念，全面促进基本公共卫生服务均等化为目标，实现疾病预防控制和卫生监督工作全面、协调、可持续发展，并获得国家“十二五”时期地方病防治先进集体、自治区食品安全风险监测、免疫规划、传染病疫情网络直报等先进集体荣誉称号。

【传染病报告与处置】 年内，全市共报告法定传染病乙、丙类15种，无甲类传染病报告，甲乙类传染病发病率与上年同期相比下降1.22%。10月城关区等县（区）出现流行性腮腺炎疫情，市卫生部门联合教育部门通过疫情监测报告、流行病学调查、实施控制措施、开展强化免疫等措施，成功控制疫情的发展蔓延。

【基本公共卫生服务】 年内，全市居民健康体检340638人，体检率为99.64%；僧尼体检4638人，体检率为99.9%。管理2型糖尿病、高血压、重型精神病患者17021人，高血压患者规范管理率达46.8%，2型糖尿病患者规范管理率达11%，重型精神障碍患者管理率达100%。共开展健康教育服务主题宣传活动82次，进行健康巡讲806次。共开展饮用水卫生监督安全巡查95次，学校卫生巡查200次，公共场所卫生监督巡查600次，非法行医和采供血巡查10次。

【疾病预防控制】 年内，拉萨市加快推进计划免疫规范化门诊建设，全市常规疫苗接种率均达到99.66%以上；城关区顺利通过自治区慢病综合示范区建设考核；各项目点共完成心血管高危人群早期筛查、脑卒中高危人群筛查共12153人，儿童口腔疾病综合干预项目窝沟封闭560余人；在北京、江苏两省市40名专家的援助下，开展包虫病流行病学调查工作，共筛查8县（区）11009人，超额完成调查任务；邀请江苏省慢性病防控专家举办两期慢性病防控培训班，参加培训98人次。

【妇幼健康服务】 年内，农牧区孕产妇住院分娩补助标准由2015年的每人500元提高到每人1000元，为5776名孕产妇兑现442.28万元生活补助经费；全市住院分娩率达99.4%，其中高危孕产妇筛查率和住院分娩率均达到100%，孕产妇死亡率与上年同期相比下降了58.37%；共向农牧区孕前和孕早期育龄妇女免费发放叶酸6793盒，服用人数达4636人；继续开展妇女疾病普查普治工作，检查筛查率达99.68%。筛查0—18岁先心病86800人，筛查率99.78%，确诊先心病21人，完成手术11人，其余正在协调安排中；继续开展贫困地区儿童营养包免费发放，新生儿两病、听力、唇腭裂、先天性髋关节脱位筛查救治工作，全市婴儿死亡率与上年同期相比下降17.64%，新生儿死亡率与上年同期相比下降16.96%；妇幼工作成效显著。

【综合监督执法】 年内，梳理和编制权责清单，公开265项卫生计生职权，其中：行政许可12项、行政处罚186项、行政强制6项、行政征收1项、行政给付4项、行政检查21项、行政确认8项、行政奖励16项、行政裁决1项、其他类10项。对执法证过期、未经培训办理执法证、不具备执法资格、不在执法岗位工作的32名执法人员按规定进行清理，并根据2015年执法人员考核培训结果对23名执法人员进行执法证申办。开展医疗机构、传染病防治、计划生育技术服务、公共场所、生活饮用水、学校卫生等重点领域专项整治15次，监督检查公共场所2800户，量化率达97%以上。超额完成抽检生活饮用水水样766样，食品风险采样、公共场所服务用具监测完成率均达到100%；圆满完成拉萨市升学考试、雪顿节、藏博会、国庆等期间监督监测任务。

（益西曲珍）

优生优育

【概况】 年内，拉萨市继续落实“一孩、双女”户困难家庭扶助制度和西藏特殊子女家庭特别扶助制度，抓好国家免费孕前优生健康检查项目，加强对流动人口计划生育服务与管理工作，优生优育政策得到落实。

【健康教育】 年内，拉萨市深入开展“婚育新风”“优生优育”“幸福工程”和“两项扶助制度”知识宣传，免费发放宣传册、宣传品、常见药品和避孕药品。开展各类健康教育宣传和讲座80场次，健康教育覆盖率达80%以上。

【落实计划生育服务均等化】 年内，年内，市卫生局开展各类优生优育宣传服务活动18场，受益人次达121563人，累计为235人次提供流动人口免费孕（环）情检查服务。在流动人口聚居地以村（居）为单位共设立138个免费领取避孕药具和宣传资料点，设立54处避孕药具免费自助发放机，免费发放避孕药具覆盖面达到

96%以上，免费避孕药具获得率达98%以上。

（益西曲珍）

人民医院

【概况】2016年，拉萨市人民医院为国家三级乙等综合性医院。干部职工366人，藏族职工279人，占76.2%。专业技术人员326名，占89.1%，其中副高级职称13名，中级职称88名。医院占地面积100亩，医用建筑面积3.6万平方米，已开设普内科、心血管内科、普外科、骨科、妇产科、儿科、结核科、口腔科、眼科、耳鼻喉科、干部保健科、康复理疗科、麻醉科、ICU等临床科室和8个病区，开设有检验科、药剂科、放射科、特检科（含B超、心电图、脑电图、肺功能、胃镜）和病理科等医技科室，建成集综合管理、电子处方、电子病历、信息查询为一体的医院信息系统。法定床位240张，实际开放床位257张，年门急诊量12万人次，年收治住院病人7000余人。作为西藏大学附属拉萨医院，以教学促科研，以科研带动医疗技术不断发展。

【党风廉政建设】年内，市人民医院党委班子认真贯彻执行中央“八项规定”、自治区“约法十章”和“九项要求”以及市委“八项要求”，院党委与19个科室签订党风廉政建设责任书，明确党风廉政建设主体责任。全年未发生违法违规违纪案件。认真执行民主集中制，凡是重大决策、重大干部任免、重要项目安排和大额资金使用（“三重一大”事项）都经过医院领导班子集体讨论决定。积极落实惩防体系建设，努力构建廉政风险内控机制。推进医德医风建设，开展“九不准”专项治理工作，防止收受“红包”、回扣、过度检查治疗、乱收费等损害群众利益问题的发生。2016年，共接受锦旗29面，医务人员拒收红包4人次2600元。

【开展医疗人才“组团式”援藏和“创三甲”工作】年内，市人民医院将北京市医疗人才“组团式”援藏工作与“创三甲”工作有机结合。对第二批“组团式”援藏专家的专业结构进行调整，由第一批15名队员只有1名医院管理人员调整为第二批包括6名专业医院管理人员及9名临床医疗人员，将援藏专家全部纳入“创三甲”工作领导小组。“组团式”援藏专家在规范医疗行为、完善医院决策执行机制、更新管理理念、推进绩效考核改革、开展医院文化建设、制订学科建设规划、开展高难度手术以及人才培养等方面做大量富有成效的工作。国家卫计委和北京市卫计委组织专家对医院“创三甲”进行第二轮预评估，拉萨市人民医院各项指标合格率由44.22%提升至60.4%，良好率由6.1%提升至14.2%，优秀率由2.2%提升至3.3%，相比年初第一轮预评估结果，有大幅度提升。新建血透中心、重症医学科、心内重症监护室。

【社会治安综合治理】年内，市人民医院高度重视反分裂斗争和维稳工作，制定维稳工作机制和工作预案，强化人防、技防、物防措施。在重大节假日和重要日期间，提前安排部署安全保卫、值班巡逻等工作。医院总值班24小时值班，严格执行领导24小时带班制、总值班制和日报告、“零报告”制度，认真执行外来人员登记制度，确保医院社会局势的稳定和人员财产的安全。加强网格化建设，建立外来流动人口服务管理登记工作台账，采集外来流动人员信息率达100%，进行安全宣传教育和安全检查11次，宣传收益人次达400余人次。发放保安人员工资40.7万元，值班费、加班费8.8万元，投入资金44万元新增35个监控点，扩大监控覆盖范围。全院无影响社会稳定的重大事件、无治安刑事案件、无干部职工违法犯罪案件、无交通事故、无重大火灾消防事故、无被盗事件、无医疗安全纠纷案件、无失密泄密事件、无危害国家安全行为、无其他安全事故、无群体性上访事件。

【人事管理和人才引进】年内，市人民医院扎实推进人事制度改革，强化岗位聘用管理，完成全院人员定编定岗工作；按照“创三甲”工作部署，协调市编委增加人员编制90名，选调和引进一批专业技术人员，缓解全院人员紧缺局面；规范全院人事档案管理。完善干部职工人事信息，收集归档各类人事档案，完成全院职工人事信息和人事数据库的录入更新工作；完成拉萨市人才和智力援藏项目工作。迎接北京"组团式"援藏专家到院指导工作，组织业务骨干、管理干部40余人到北京进修学习和跟岗培训。

【推进党建促脱贫工作】 年内，市人民医院根据市委精准扶贫工作安排部署，成立精准扶贫工作领导小组，制订实施方案，紧密结合实际，充分发挥医院医疗服务行业优势，做好扶贫点精准帮扶工作。按照"县处级干部每人联系1个村、3户贫困户，科级干部每人联系2户贫困户，普通干部每人联系1户贫困户"原则，以支部为单位结对帮扶贫困户。按照一般党员500元、科级党员1000元、县级党员1500元的标准，捐款8.1万元，送到21户贫困户手中。

【医疗业务】 年内，市人民医院门急诊140791人次，增长23.7%；入院8241人次，增长3.2%；病床使用率103.8%，增加2.4%；病床周转次数34.2，上升1次；治愈率63.7%；平均住院天数10.9天，增长0.1天；手术2121台次，增长6.1%；麻醉2074台次，上升6.0%。B超检查32823人次，增长7.5%；心电图检查8731人次，增长23.9%；病理检查2563次，减少24.9%；放射影像学检查46815人次，增长23.2%；检验检查162107人次，增加16.3%；全院输血量124780毫升，减少35.3%；胃肠镜室检查4511人次，增加59.7%；理疗人次3478人次，减少8.5%。门急诊注射68710人次，增加1.5%；急诊留观人次137人次；健康体检1603人次。传染病网络直报225例，流感监测报告病例513例。全年无医疗事故和医疗纠纷。

【科研教学和人才培养】 年内，市人民医院外派自治区外进修33人次，参加区内外学术活动73人次，组织院内大型学术讲座26次计52学时1605人次参加。接收基层进修生及骨干医师培训21人次、实习生83人次。发表各级各类论文19篇，其中国家级论文7篇，省级论文12篇。

【支援基层卫生工作】 年内，市人民医院与各县（区）签订"危重病人绿色通道卡""孕产妇绿色通道卡"和"先诊疗后结算"协议，对危重病人和孕产妇、婴幼儿开设"绿色通道"，提供便捷医疗服务，受益患者689人次；派出7名优秀医务人员到拉萨市七县医院开展卫生支援工作。

【政府指令性任务和社会公益性活动】 年内，市人民医院承担拉萨市地级领导干部保健巡诊任务，投入保健经费25.53万元；担负自治区和拉萨市重大会议、重要活动和北京、江苏援藏考察团等医疗保健任务，共派出医护人员138人次，投入费用30万余元；承担各类义诊（含三下乡）活动派出医护人员73人次，义诊（受益）人数5807人次，发放价值8.85万元的药品。

【新业务开展】 年内，市人民医院建设自治区首家儿童支气管镜诊治中心，开展80余例儿童支气管镜下异物取出术；与首都儿科研究所附属儿童医院合作成立高原研究工作站；与北京安贞医院合作建设全区首家先天性心脏病三级防治基地；与北京药理学会合作成立全区首家精准医学中心；选派护士学习"经外周静脉置入中心静脉导管技术"（PICC），11月实施首例穿刺成功。

（蔡刚）

藏医药事业

【概况】 年内，继续继承和发展藏医药为重点，把提高群众健康水平和促进经济社会发展，作为藏医药工作的出发点和落脚点，加强藏医药服务网络建设，努力提升藏医药健康服务能力。

【藏医服务能力建设】 年内，城关区、墨竹工卡县、达孜县、当雄县等均已启动藏药卡嚓室，年内共配制23种藏药卡嚓药供各自辖区各基层医疗机构使用，具有显著疗效。各县（区）组织基层藏医人员开展上山采药、藏药识别和标本采集等活动，并举办藏医药材识别知识竞赛。加强基层藏医人员"能医能药"建设。

【藏医药技术人才培养】 年内，选派8名基层藏医专业技术人员参加三年的理论和实践学习的自治区住院医师规范化培训；安排30多名基层藏医临床骨干参加自治区藏医药管理局举办的各类藏医理论及实践短期培训；从各县（区）选派8名藏医业务骨干参加全区首届藏医“治未病”培训。

【藏医药“三进”活动】 年内，以藏医药文化科普讲座、培训、藏医药专家现场免费咨询、藏医药知识宣传片播放、宣传栏展示、藏医养生保健方法推广等百姓喜闻乐见的形式，深入社区、乡村、家庭，共开展健康讲座6次，其中接受义诊2500余人次，发放健康教育宣传单6000余份，张贴宣传画、宣传标语20余幅，出动专家20余人次，诊疗群众3200余人次等。

爱国卫生和创建国家卫生城市

【概况】 年内，拉萨市以开展全国第28个爱国卫生月活动为主线、巩固国家级卫生城市创建成果，着力推进爱国卫生各项重点任务落实，提高广大拉萨市民文明卫生素质和健康水平，促进新时期爱国卫生工作取得新发展。

【爱国卫生月活动】 4月18日，拉萨市爱国卫生运动委员会办公室组织16家成员单位在自治区邮政局门前开展以“清洁家园、灭蚊防病”为主题的第28个全国爱国卫生月暨拉萨市第7个“城市卫生清洁日”集中宣传活动。活动中发放“清洁家园、灭蚊防病”主题海报和《拉萨市爱国卫生管理条例》《拉萨市爱国卫生管理实施办法》《食品安全知识读本》及疫苗安全等宣传资料200余种，10000余份；活动现场悬挂“清洁家园、灭蚊防病”等主题相关内容横幅标语20余条。

【藏博会环境卫生整治活动】 年内，市卫生局为迎接第三届藏博会的顺利举办，成立医疗卫生环境综合整治专项工作领导小组。7月18日组织各县（区）卫生局、驻市各级医疗机构、疾控部门召开专题部署会议，就医疗卫生环境整治和爱国卫生环境整治工作做全面动员部署工作。

【秋季爱国卫生整治活动】 年内，市卫生局为做好秋季传染病防控工作，驻市各单位、各部门对单位内部及周围的环境进行全面清扫，对周围绿化带、背街小巷内的垃圾进行清理，清除单位周围外墙及周围市政设施上的小广告，确保全市卫生无遗漏、无死角，并通过电视等新闻媒体媒体加大对环境卫生整治活动宣传报道。

（益西曲珍）

健康扶贫

【帮扶因病致贫人员】 全市1239人（家庭成员4300人）因病致贫因病返贫人口信息100%录入大数据中心平台，依托拉萨市大数据中心平台建立管理数据库，实现健康扶贫精确到户、精准到人。

【建档立卡】 通过全面实行“农牧区医疗制度+农牧民大病商业保险+民政医疗救助+政府兜底”的医疗保障套餐，全市建档立卡贫困人口中1025人报销住院及门诊费用567余万元，除林周、尼木两县外，其余各县（区）已全部实现政府兜底，群众就医经济负担显著下降。

【大病统筹报销】 在自治区确定20种门诊特殊病种的基础上，结合拉萨实际已筛选出9个病种提请纳入农牧区医疗大病统筹报销范围。

（益西曲珍）

民 政

综述

【概况】2016年，拉萨市民政局总编制107名（其中：行政编制22名，机关事业编制5名，参公事业编制21名，事业编制59名），现实有人数101人。局机关内设7个科室，分别为政工人事科、办公室、优抚安置科、基层政权和社区建设科、社会救助科、救灾科、规划财务科；直属单位下设老龄办、中国拉萨SOS儿童村（副县级）、市救助管理站、市社会福利院、市儿童福利院（副县级）、市烈士陵园管理中心、市军休服务管理中心、市救灾物资储备中心、市居民家庭经济状况核对中心等9个局属单位。市民政局承担拉萨市困难群众救助、自然灾害救助、优抚安置、基层政权和社区建设、老龄事业发展、社会团体管理等涵盖民生、公共服务等多方面的职责。

【党建及党风廉洁建设】年内，市民政局召开党建专题会议4次，党风廉洁建设推进会4次、述责述廉会1次；层层签订《2016年党建工作目标责任书》和《党风廉政建设责任书》，做到目标任务层层分解落实。建立了谈心谈话和党风廉政建设工作台账制度。完成了党建7项重点任务，完成了5个支部换届和改选工作，新成立了成都退休党支部、军休干部党支部；建立和完善《三公经费管理制度》《财务管理制度》《三重一大事项决策制度》等9项制度；4个局属单位、12个科室完成风险点排查，初步确定单位（科室）廉政风险点32个，岗位廉政风险点95个，重点领域廉政风险防控机制建设工作成效得以初步显现。

【走访慰问】年内，市民政局共慰问驻市17个部队、4个执勤点和8个基层部队，组织召开驻成都及拉萨市军休人员“迎新春”座谈会。走访慰问优抚对象、低保户、因灾困难群众、特困老人计316人，11个福利机构及110名工作人员，三大寺庙僧尼低保对象，9个老年文艺队。为6000户困难家庭发放基本生活物资折合现金264万元。2016年“三大节日”共支出慰问经费851.78万元。

（孙 玲 王美蓉）

拉萨市召开“十二五”时期民政项目工作总结大会

社会救助

【城乡低保】 年内，拉萨市城乡低保保障标准分别为月人均704元和年人均2650元，分别高出全区平均水平64元和100元。2016年共为城镇低保8913户14457人发放低保金9081.6万元，为农村低保5527户20597人发放低保金6886.69万元。加大城乡低保核查力度，2016年共清退城镇低保527户872人，农村低保1878户6968人，确保动态管理下的“应保尽保、应退必退。”

【“五保”供养】 年内，市民政局集中收养孤儿644名，集中收养率达100%，保障标准为月人均1100元，高出全区平均水平100元。全年兑现全年孤儿保障金848.1万元；年内集中供养农村“五保”老人1066人，集中供养率达86%，意愿集中供养率达100%，供养标准为年人均5710元，高区全区平均水平970元，为1260名农村“五保”对象兑现全年供养金692.19万元。

【专项救助】 年内，市民政局出台《拉萨市城乡医疗救助及重特大疾病医疗救助实施细则》，最高救助标准由10万提高到25万元，特殊个案不设封顶线，切实解决城乡困难群众因病返贫、因病致贫现象的发生。全年累计救助困难群众3778人，落实医疗救助资金2094.04万元。完成残疾人“两项”补贴资金的分配和落实工作，补贴资金达1087.88万元。

【临时救助】 年内，市民政局落实临时救助资金400.69万元，完成394名低保家庭子女高校特困生一次性教育资助审核申报工作及174名低收入家庭三包学生和89户困难家庭租赁住房补贴审核、认定工作。完成89户困难家庭租赁住房补贴审核认定工作。

【精准扶贫】 年内，市民政局成立以保脱贫工作领导小组，开展精准扶贫工作，制定《拉萨市以保脱贫工作实施方案》和《拉萨市残疾人精准扶贫“以保脱贫”工作实施方案》，拉萨市纳入建档立卡农村低保对象15638人，其中有劳动力的有6192人，社会保障兜底建档立卡人数3988人。完成2016年“两线合一”资金3997.15万元的下拨和落实工作，确保托底对象真正意义上实现脱贫目标。

9月，拉萨市召开全市“双集中”机构管理运行工作会议

【流浪乞讨人员救助】 年内，全市共救助2211人次，自愿求助430人、“三无”人员1104人，云游僧尼27人，未成年人117人，提供返乡车票550张，支出救助经费近83万元。

【慈善工作】 年内，全市社会捐助衣物1532件、洗衣机30台，通过拉萨市捐助中心为困难群众和福利机构捐赠216件衣物和19台洗衣机；2016年5月，拉萨市慈善超市墨竹工卡县分店暨捐助中心投入使用，在拉萨乃至全区起到引领、带动、示范作用。

【留守儿童保护】 年内，市民政局制定出台《拉萨市农村留守儿童关爱保护工作实施意见》，召开拉萨市农村留守儿童关爱保护工作动员会，安排部署全年工作任务。

（吴洪军）

救灾救济

【防灾减灾】 年内，市民政局

拉萨市防灾减灾培训

下拨2015—2016年冬春农牧民自然灾害生活补助资金750万元，为4218户15978名受灾群众发放口粮81.765万公斤；下拨2016—2017年冬春受灾群众自然灾害生活补助资金100万元。投入18.8万元为77户因灾房屋倒损进行重建和维修；从中央彩票公益金总投资1350万元中支出42.84万元完成避难场所标识牌制作安装；为“6·23”江苏省盐城市龙卷风受灾区捐款200万元；全面完成354名灾害信息员基本信息录入工作，建立覆盖县、乡、村三级灾害信息员队伍。举办拉萨市首届防灾减灾救灾志愿者培训班；推荐选举综合减灾示范社区创建活动，城关区雪社区和白林社区被民政部评为2016年“全国综合减灾示范社区”

（巴桑卓嘎）

双拥优抚安置

【双拥创建】 7月29日，全国双拥表彰大会在北京（主会场）、拉萨（分会场）顺利召开，拉萨市荣获“全国双拥模范城”七连冠，堆龙德庆区荣获“全国双拥模范县”八连冠。

【拥军优属】 年内，由西藏军区负责的975名、拉萨大站负责的75名无军籍退休职工住房补贴已全部兑现；9月6日，拉萨烈士陵园被国家民政部批准为国家级烈士纪念设施单位。向市政府法制办递交《拉萨市拥军优属规定（审议稿）》，并经过市政府组织与会人员座谈交流提出三次修改意见和建议，2017年4月，完善后的《规定》已颁布实施。

【军地共建】 年内，各县（区）“五保”集中供养中心同驻县部队、拉萨市儿童福利院与拉萨警备区、市社会福利院与武警拉萨市支队举行结对共建签约、揭牌仪式。积极组织驻地部队开展军地共建活动。

【优抚安置】 年内，市民政局为33名伤残军人变更伤残证；为46名伤残人民警察变更了伤残证，其中新办伤残证12人。为国家机关工作人员牺牲、病故后要求办理遗属一次性抚恤金和子女抚养报告共45人，批复45人。完成2015年度符合安置条件的退役士兵29名的安置工作，安置率100%。发放2015年度全市自主就业退役士兵136人一次性经济补助和义务兵家庭优待金998.8万元。

2016年共建单位揭牌仪式

落实优抚对象伤残抚恤金994万元。完成全市征兵任务。接收军休干部18名，落实军休人员各项经费6148.7万元。

（仓　决）

福利事业

【老龄事业】 年内，市民政局成功组建拉萨市老年合唱团，完成拉萨市老年合唱团首次“七一”汇报演出，2016年10月到北京参加由老年福数字电视频道与国际合唱艺术研究会联合主办的“2016全国首届电视合唱大赛”总决赛，包揽七个奖项，同时受邀参加拉萨电视台2017年藏历火鸡电视联欢晚会，出台《拉萨市老龄办关于加快养老服务业创新发展的实施意见》；完成全市14名百岁老人健康档案完善工作并移交拉萨市档案局；完成全市经济困难失能老人和经济困难高龄老人的统计核查工作，为3051人兑现资金183.06万元，为全市80岁以上高龄老人健康补贴资金252.53万元；完成全市60周岁老年人统计工作。全市60周岁以上老年人数为57155人，80—89岁人数5691人，90—99岁人数820人，100岁以上人数为12人。

【社会化养老】 年内，市民政局积极探索实施“公办民营”养老服务模式。经2016年市政府第38次市长办公会研究同意，市社会福利院继续与西藏卓玛医院（西藏夕阳养老康复中心）签署合作协议，期限为5年，在全区首次全面推进“医、养、护、娱”结合的社会养老服务模式。截至年底，已入住有偿社会老人45人，预约10人。

（罗布旺堆　谢孝凯）

基层政权和社区建设

【社会组织】 年内，全市新增社会组织4家，注销社会组织3家，登记在册各类社会组织38家；完成社会组织“三证合一”换证工作，开展社会组织年检工作，参检率达100%，年检合格率达86%。

【指导基础换届】 起草《拉萨市社会组织党建工作指导员管理办法》（征求业务主管单位意见）。举办2016年社会组织党的建设知识专题培训。下派党建指导员指导社会组织党建工作，指导完成社会组织党组织换届工作。

（高小丽）

行政区划与地名管理

【行政区划】 年内，市民政局完成堆龙德庆区7个乡（镇）、城关区4个乡、尼木县1乡、曲水县1个乡的撤乡（镇）、设镇、设立街道办事处的资料审核、上报工作。完成8县（区）地名普查工作任务，并通过区普查办的验收。《关于达孜县撤县设区的请示》已上报国务院，国务院转办到国家民政部审核。

【地名管理】 全市地名普查共采集地名信息14120条，其中一致3432条、新增地名5275条、更名2325条、正字366条、正音638条、584条拟设地名标志，35个历史地名，经过汇总、整理、编制、成册，形成地名普查成果图表共2578册；对全市6条道路、街巷，重新设置地名标志牌32个。指导城关区完成尼威小区门牌和楼单元号调查统计、设置安装工作。完成新建17

11月2日，拉萨市民政局、拉萨市慈善总会携手创维集团召开“精准扶贫 家电惠民”新闻发布会暨捐赠仪式

条道路68个道路指示牌调查登记和厂家订制工作。

【行政区域界线管理】 年内，市民政局完成拉萨市第四轮县级行政区域界线第三阶段联合检查工作，形成32条边界线的联检和资料归档工作。

（高小丽）

社会事务管理

【婚姻登记】 年内，全市共办理结婚6131对、离婚1295对。

【殡葬管理】 年内，市民政局向自治区民政厅争取450万元，维修墨竹工卡县直孔梯寺天葬台附属基础设施建设项目，修建遗物焚烧处理场、遗属休息室和悼念厅等设施，已投入使用。藏热古墓地管理权限根据行政审批权限和属地管理工作要求，已移交城关区文广局实施保护管理。

（高小丽）

民政项目建设

【编制发展规划】 年内，市民政局编制完成《拉萨市“十三五”时期民政事业发展规划》，落实“十三五”时期民政事业规划投资重点项目46个，总投资3.6亿元；争取北京、江苏援藏资金3000万元，主要用于拉萨市救助管理站（未成年人保护中心）、拉萨市荣军院项目附属设施设备采购，项目建设及拉萨烈士陵园纪念馆的项目改造；完成拉萨市精神病人福利院项目选址工作。

9月30日，自治区、拉萨市两级领导开展烈士纪念日祭扫活动

【项目建设】 新建救助站、荣军院、拉萨市日间照料中心已完成前期工作并已开工建设，确保2017年投入使用；投资1577.21万元的拉萨市流浪未成年人救助保护中心及救助管理站维修改造项目、拉萨SOS儿童村室内活动中心项目和拉萨市老年护理院服务中心项目已完工并投入使用。墨竹工卡县直贡梯寺天葬台附属基础设施建设项目已完成并投入使用，发挥了良好的建成效益。林周县“五保”集中供养中心附属工程、林周县老年人服务中心建成完工。成功召开全市“十二五”时期民政项目工作总结大会。

（边　巴）

扶贫开发

【概况】 2016年，全市共录入国办系统脱贫人数4394户16776人，完成脱贫计划16110人的104%，城关区顺利通过自治区脱贫摘帽验收，实现脱贫攻坚“首战告捷”。农业综合开发工作方面，全年共投入资金6810万元，实施土地治理项目6个；完成国家农业综合开发县考核工作，继续保留林周县、墨竹工卡县等五个县（区）为国家农业综合开发县。

【产业发展】 年内，市扶贫（农发）办共投入资金9.46亿元，开工建设产业项目63个，完成项目建设36个，带动6780名建档立卡贫困户实现增收1780余万元。依托“四业工程”，整合资金2237.77万元，开展职业技能培训288期，完成培训15839人；举办各类招聘会18场，对接就业岗位6000余个，6630名建档立卡贫困对象实现就业脱贫。同时，通过让贫困户取得租金、酬金、股金、薪金的“四金”模式，实施项目197个，带动8286名贫困群众增收。

【易地搬迁】 年内，全市共启

动19个安置点及相关配套设施建设，落实资金5.5亿元，建成安置房2083套，正式入住建档立卡贫困户2083户、8054人，以迁脱贫各项工作走在全区前列。

【教育发展】 年内，市扶贫（农发）办严格落实教育“三包”经费及困难家庭子女助学政策，贫困生生活补助提高到自治区内每人每月500元，自治区外每人每月600元，实现贫困大学生学杂费、住宿费、交通费实报制和生活补贴全覆盖。全年，共投入资金5.585亿元，新建、改扩建31所城乡幼儿园和36所义务教育学校；落实教育“三包”经费及营养改善经费3.5亿元，受助学生96984人；向8499名贫困学生发放资助金4066万元；通过培训让547名“两后生”实现转移就业。

【生态补偿】 年内，市扶贫（农发）办落实草原生态保护补助奖励政策、公益林补偿和湿地生态效益补偿机制，鼓励有劳动力贫困户就近就地转为护林员、自然保护区管护员、环境保护监督员和草场监督员，共落实生态补助岗位23190个，兑现岗位工资7548.21万元。

【社会保障】 年内，市扶贫（农发）办推进精准扶贫精准脱贫和最低生活保障制度的有效衔接，完善农牧区基本生活保障、“五保”供养、医疗救助等社会保障体系，逐步提高社保标准，实现“两线合一”。全年清退城乡低保2405户7840人，确定社会兜底3988人，落实最低生活保障金及“两线合一”补助资金1.243亿元，社会保障在脱贫攻坚中的“兜底”功能进一步显现。

【社会救助】 年内，市扶贫（农发）办制定实施《拉萨市大病救助实施办法》，实现合作医疗、大病保险、民政救助“一站式”服务全覆盖，有效解决1239名因病致贫、因病返贫患者家庭的脱贫问题。实施“农牧区医疗制度+农牧民大病商业保险+民政医疗救助+政府兜底”医疗保障套餐，为1100名建档立卡贫困人口报销住院及门诊费用591.17万元。

10月，拉萨市召开“双百攻坚战”推进会议

【金融服务】 年内，扶贫贴息贷款余额达到6748.03万元，信贷资金到位19.82亿元。其中，易地扶贫搬迁信贷资金13.64亿元，扶贫产业项目信贷资金6.17亿元，金融资金杠杆作用发挥明显。

【对口帮扶】 年内，北京、江苏和中央企业援藏资金用于脱贫攻坚达1.841亿元，占全年援藏资金的36.1%；推动建立扶贫援藏机制1项、产业扶贫援藏9项、人才援藏1项，实施扶贫小康行动结对县（区）4个。扎实推进“百企帮百村”扶贫行动，43家企业与50个贫困村结对帮扶，实施项目54个，总投资1.177亿元，帮扶贫困人口2922人。认真开展定点扶贫和社会扶贫，组织动员104家市（中）直单位参与脱贫攻坚，为贫困群众办好事、办实事。创新实施“321”帮扶机制，即地级和县处级干部包3户、科级干部包2户、一般干部包1户；全市26052名干部与11237户贫困户开展结对帮扶，全年共落实帮扶资金（含捐款捐物折资）达366.52万元。

（王少明）

残疾人事业

【精准扶贫】 年内，市残联制定《拉萨市残疾人精准扶贫“以保脱贫”工作实施方案》，以区残联下达的2632名贫困残疾人数为基础，与各县区残联和扶贫办一同进行核查。结合“精准扶贫、精准脱贫”工作要求，根据残疾人的个体差异和不同需求提供帮扶，做到因户施策、因人施策，为残疾人提供多渠道、多方式、多角度的帮扶。开办“阿佳扶贫甜茶馆”，为夏萨苏社区解决8名困难群众的就业难问题，为社区居民增加月收入1500元。

【政府购买残疾人社会服务试点】 年内，市残联根据拉萨市人民政府办公厅印发《关于政府购买残疾人社会服务试点工作方案》的通知，成立拉萨市政府购买残疾人社会服务试点工作领导小组，全面铺开残疾人集中托养、残障儿童日间照料和残疾人居家无障碍改造3个试点项目，6月13日举行试点工作的启动仪式。年内，拉萨市残疾人托养服务中心入住残疾人集中托养服务对象16名；政府购买残障日间照料服务试点工作入托残障儿童23名；残疾人居家无障碍改造39户，按每户7000元的标准落实资金27.3万元。

【落实残疾人补贴】 年内，对截至2015年9月30日前办理二代残疾人证的拉萨市残疾人数据库中持证残疾人进行逐一核实，确定2016年申报残疾人两项补贴的一至四级残疾人数总为11215人，其中一至二级残疾人2634人；对农村贫困残疾人家庭危房改造信息进行逐一核实，确认全市危房改造人数为122户123人，按每户补助3500元的标准落实贫困残疾人家庭无障碍改造资金8.75万元；完成全市机动车燃油补贴信息统计和网上录入工作，按照每人每年380元标准落实555名残疾人燃油补贴21.09万元；更新康复补贴人员相关信息和数据，为全市707名0—16岁残障少儿按照每人每年2400元的标准落实补贴资金169.68万元；为全市105名重度肢体残、精神残重点关爱对象按照每人每年6000元的标准发放护理补贴63万元。

【残疾人康复服务】 年内，市残联以残疾人康复需求为导向，以实现“人人享有康复服务”为目标，投入资金4.5万元为53名符合条件的残疾人免费适配助听器；康复救助8万元为10名唇腭裂患儿免费实施唇腭裂修复手术；投入3万元为县（区）残疾人社区康复服务站配备康复服务训练器具约43件；投入10万元为社区康复服务站配备残疾人服务辅助器具用车5辆。

【扶持残疾人创业就业】 年内，市残联继续开展按比例安排残疾人就业及就业保障金征收工作，2016年，全市170家党政机关、企事业单位中，新增12名残疾人就业，42家达到安置比例，62家单位完成审核缴纳，共缴纳残疾人就业保障金5，148，778.56元。年内，从各县（区）民政（残联）报送的扶持残疾人创业就业项目中筛选出6个扩建和2个新建项目，投入扶持资金234.0655万元，新增87名残疾人就业。

【教育培训】 年内，市残联继续推动残疾人全纳教育工作，为8所全纳教育示范学校的14名指导教师开展“全纳教育指导教师基础性培训”和“全纳教育指导教师巩固性培训”，累计培训81人/次；开办“藏手语培训班”，累计培训1344人/次。

【维护残疾人合法权益】 年内，市残联将中央财政彩票公益金集中采购配置的第二批4辆残疾人流动服务车配发给堆龙德庆区、林周县、尼木县和当雄县，加之第一批配发给曲水和墨竹工卡县的2辆流动服务车，拉萨市六县二区中有6个县（区）残联拥有专门的基层残疾人流动服务车，完善和增强县级残联基本服务能力，实现残疾人基本服务入户，解决广大农村偏远地区残疾人服务难等问题；扎实开展残疾人矛盾纠纷“大排查、大调处、大化解”活动，全年接待残疾人来访16人/次，上门调解处理维权事件2件，转介外省户籍困难残疾人4名；截至年底，累计办理《残疾人证》12012本。

（罗雪梅）

综述

2016年，全市新增就业再就业人员16251人，完成全年目标任务的104.8%，开发就业岗位21377个，完成全年目标任务的314.4%。实现农牧区劳动力转移就业17.9万人次，完成全年目标任务的101.1%，实现转移收入61000万元，完成全年目标任务的105.2%。继续保持城镇零就业家庭动态清零，城镇登记失业率控制在2.2%以内。拉萨籍应届高校毕业生就业率达98%以上，有就业愿望困难家庭高校毕业生就业率达100%。社会保险参保人数达到48.8万人，养老、医疗、生育、工伤、失业五大保险分别为25.8万人、12.3万人、4.2万人、5万人、1.5万人。人才发展体制机制不断完善，人才服务体系进一步健全，干部队伍配置日趋合理。劳动关系调处达到3个100%：督促检查的企业职工劳动合同签订率达到100%，劳动人事争议案件结案率达到100%，劳动监察举报案件结案率达100%。

（邓　立）

人事人才

【机关事业单位年度考核】 年内，全市应参加考核的行政机关公务员（工作人员）11491人，实际参加考核11413人，其中优秀等次1653人，称职（合格）等次9415人，基本称职等次1人，不称职等次4人，未定等次341人。全市事业单位工作人员应参加考核13230人，实际参加考核13113人，其中优秀等次1315人，合格等次10665人，不合格等次12人，未定等次1121人。

【队伍建设】 2016年，全市各类人才总量达2.9万余人，其中住建、交通、水利、能源、信息、环境、卫生等行业和部门专业技术人才总量逐年增加，基本满足发展需要。通过公招选调、人才引进、招聘、对口挂职交流、双向培养、定向培养等多种方式集聚补充各级各类人才1200余人，其中为医疗卫生、教育等部门引进急需紧缺专业技术人才300人。2名专业技术人员获批自治区学术技术带头人。

【发展环境】 年内，市人社局为支持企业人才集聚，做好人才服务，根据《拉萨市引进人才优惠政策实施细则》要求，对2016年引进的300名各类急需紧缺专业人才，按照博士生8万、硕士5万、本科生2万元的标准一次性发放安家补助费，共兑现引进人才安家补助费716万元。

【基层人才调研】 年内，市人社局深入全市57个乡镇、街道开展基层人才结构调查研究工作，规范干部辞职、交流、调配等工作程序。选派30名基层乡镇公务员参加北京、江苏基层公务员初任培训。

【公务员考录笔试】 年内，市人社局按照自治区公务员局相关要求，顺利完成西藏自治区2016年高校毕业生第一、二批公开考录公务员、事业单位工作人员和专业技术人员笔试拉萨考区各项考务工作。

【公务员派遣】 年内，市人社局针对基层和偏远县人才缺乏实际，结合高校毕业生所学专业与农牧区基层需求，向艰苦边远地区派遣高校毕业生和部队生源毕业生1200余人。

【军转干部管理】 年内，拉萨市共接收自主择业军转干部621人，共管理自主择业军转干部4300余人，占全区军转干部总人数的50%。先后在区外建立成都、重庆、西安、昆明、拉萨、贵阳6个党支部，主要职能是开展自主择业军转干部的管理教育、党组织关系接转、党费收缴、组织支部生活、开展引导性就业（创业）培训、医保住院报账等。2016年，首次在拉萨、成都、重庆、西安等支部举办自主择业军转干部就业创业培训，培训人员120余人，对推进全区自主择业军转安置工作的创新与发展起到示范引领作用。全年，为自主择业军转干部出具相关证明976余份，为621余名自主择业军转干部发放工资卡，审查军转干部子女中（高）考工龄加分145余人次，维护自主择业军转干部子女平等享受在藏工龄加分的权益。向市财政申请专项资金，解决拉萨市3766名自主择业军转干部的冬季取暖费。

【事业单位人事管理】 年内，市人社局稳步推进事业单位岗位设置管理实施工作，审核批准事业单位岗位设置方案437家。

【专业技术人才队伍建设】 年内，市人社局通过初审、考察顺利完成职称评聘工作，共委托、推荐参加专业技术资格评审人员850人，其中，推荐高级人员273人，中级人员397人，初级人员180人。按照相关程序共确认281人中级专业技术任职资格，共聘任105人中级专业技术职务，报请市政府聘任24人高级专业技术职务。选派9名西藏特殊培养人选参见学习培训，2人获批自治区学术和技术带头人。

【专技人员培训考核】 年内，承担区直、市直和各县（区）5498人专业技术人员职称政治科目考试工作，组织实施2735人职称外语考务工作、1378人经济科目考务工作。

（邓　立）

劳动关系

【劳动者合法权益】 年内，市人社局完善和落实拉萨市建设领域农民工工资支付管理办法，确保全市农民工工资按时足额发放，在全市范围内实行民工工资保障卡制度。从源头上预防和治理建设等领域拖欠民工工资问题，变事后追讨为事前预防，被动治欠为主动防欠，确保工人工资发放及时，杜绝包工头恶意欠薪以及组织民工恶意讨薪的行为。

【劳动监察案件处理】 年内，全市共受理劳动监察案件192起，涉及1681人，为劳动者追回工资6809.5万元。督促39家企业缴纳民工工资保证金13165.46万元，督促缴纳工伤保险达167.17万元。

【处理劳动人事纠纷】 年内，全市共受理劳动争议案件138起，涉及人数184人，涉及金额834万元。经调解、裁决处理138起，为劳动者追回工资、生活费、工伤赔偿、补缴社会保险等308万元，按期结案率达到100%。

【专项检查】 年内，市人社局开展人力资源市场清理整顿、建筑工程项目联合大检查、农牧民工工资支付情况专项监察、用人单位遵守劳动用工和社会保险法律法规情况专项检查共142家次，检查各类企业、建筑工地223家次，涉及劳动者14562人。

【工伤案件处理】 年内，市人社局认定工伤271起，其中工伤248起，死亡14起，不予认定9起，受理工伤案件400起，法定时限内结案400起，结案率100%。

【工资审批】 年内，市人社局完成各县（区）、市直机关事业单位3925人次职务（职称）变动、各种固定、浮动等工资审批工作。

【工资定级】 年内，市人社局及时对新录用的333名乡镇公务员、公安部门公务员、部队招录的乡镇公务员、非西藏生源定向生、引进生、事业单位工作人员、教育系统新分配人员进行工资定级。

【工资薪酬调查】 年内，市人社局健全企业工资分配制度。以非公有制企业为重点，工资集体协商覆盖范围不断扩大，企业工资决定机制和正常增长机制不断健全。贯彻落实《西藏自治区深化国有企业负责人薪酬制度改革意见》，推进国企负责人收入分配公平、公正、合理。严格执行全区现行最低工资标准，开展最低工资标准执行情况专项检查。拉萨市月最低工资标准达到1400元，小时最低工资标准达到13元。

（邓　立）

就业

【高校毕业生就业】 年内，全市应届毕业生4043人，通过自治区考试招录（包括三支一扶、西部志愿者、大学生村干部等）、就业见习、公益性岗位、推荐企业就业、区外就业、市场就业和自主创业等方式，3558名高校毕业生实现就业，有就业愿望困难家庭高校毕业生就业率达100%。

【高校毕业生创业】 年内，市人社局以促进创业带动就业，继续落实《拉萨市扶持高校毕业生自主创业补贴实施办法》，为29名自主创业和区内外就业高校毕业生发放创业奖励资金和生活路费补贴17.74万元，向3名创业者发放贷款30万元，成功扶持70余名高校毕业生成功创业，带动500余人实现就业。

【政策宣传】 年内，市人社局组织区内外离校未就业高校毕业生参加每月15日举办的小型人力资源洽谈会，对七县一区离校未就业大学生和西藏大学、西藏职业技术学院等学院应届毕业生开展引导性培训，广泛宣传高校毕业生就业优惠政策。

【就业见习】 年内，市人社局推荐130名高校毕业生参加就业见习，发放见习生活补助108.04万元，落实区外就业高校毕业生生活和路费补贴9.98万元。

【区外就业服务】 年内，北京市、江苏省就业援藏工作成效明显，就业援藏定向回访机制全面建立，召开2016年北京就业援藏面向西藏籍高校毕业生专场招聘会，51家用人单位共提供277个岗位，20余名拉萨籍高校毕业生成功签约。协调江苏省人力资源社会保障厅在拉萨开展面向西藏籍高校毕业生定向公开招聘活动，提供事业单位和国有企业援藏岗位188个，14名拉萨籍高校毕业生成功签约。拉萨市高校毕业生走出去就业创业意识增强。

【服务就业】 年内，市人社局搭建企业用工和求职人员求职“桥梁”，做好求职登记、职业介绍、就业援助等就业服务工作。全市开发就业岗位21377个，开展职业介绍12280人次，介绍成功5510人。组织开展区市县及各类专项人力资源洽谈会27期，与企业2400余家，提供就业岗位27300余个，参与人数26100余人，达成就业意向7600余人。

【技能培训】 年内，全力推进拉萨市109个基层劳动就业社会保障公共服务平台建设，城乡就业、劳动关系、社会保险等人社业务成功延伸到乡镇一级，覆盖城乡的四级人社服务体系初步建立。认真开展职业技能培训，积极开展与企业、合作社联合的订单培训、“技能+创业”精品培训等新型技能培训模式，培训实用性和培训质量不断提高。全年开展各类职业技能培训163期，培训农牧民、城镇失业人员11259名，就业率达75%。

【技能鉴定】 年内，市人社局从技能鉴定规章制度建设、考评员队伍建设、题库建设、场所建设等几方面入手，着力完善和规范全市技能鉴定工作，积极建立科学化、标准化、现代化的技能鉴定服务体系，提升就业技能含金量。全年开展职业技能鉴定2897人。

【就业援助帮扶】 年内，市人社局组织开展“送温暖、送岗位、送信息、送政策、送培训”系列就业援助活动，着力解决就业困难人员、零就业家庭和农牧区富余劳动力的就业问题。开展春风行动，积极宣传各项就业优惠政策法规、农牧民工进城维权知识和岗位信息，现场发放《2016年春风行动企业用工岗位信息》《农民工进城就业指南》《就业再就业优惠政策汇编》《中华人民共和国就业促进法》《中华人民共和国劳动合同法》等宣传资料10000余份，提供就业岗位27300余个。

【公益性人员流动】 年内，市人

社局组织开展拉萨市首期公益性岗位转岗就业引导性培训，继续对各县（区）及市直各单位的公益性岗位人员进行培训。

（邓　立）

社会保险

【基本养老保险】 年内，城镇职工基本养老保险、城乡居民养老保险参保人数分别达到4.05万人、21.67万人，部分县（区）城乡居民参保率达100%。征缴养老保险费44553万元、2128万元，发放养老金20493万元、7241万元。

【医疗保险和生育保险】 年内，职工医疗保险参保5.6万人，征缴职工医疗保险基金37000万元，待遇支付22658人次，统筹基金总支出20400万元；城镇居民医疗保险参保6.7万人，征缴居民医疗保险基金3095万元，待遇支付26643人次，基金支付6582万元；职工生育保险参保4.2万人，征缴生育保险基金1979万元，待遇支付821人次，基金支出824万元。

【工伤保险】 年内，市人社局顺利推进机关事业单位工作人员参加工伤保险，完成工伤保险待遇支付权限下放工作。全年工伤保险参保5万人，征缴工伤保险3080万元，待遇支付2200万元。

【失业保险】 年内，失业保险参保达1.5万人，征缴失业保险金2967万元。

【社会保险政策】 年内，全市人力资源和社会保障系统开展政策宣传、基础养老金兑付、参保登记审核、基金征缴扩面等工作，2016年，全市企业退休职工基本养老金月人均水平达3296.30元，城乡居民基础养老金月人均达150元，城镇居民基本医疗保险政府补助标准提高到年人均440元。

（邓　立）

综述

2016年，拉萨市民宗局认真学习贯彻落实中共十八大，十八届三中、四中、五中、六中全会和中央第六次西藏工作座谈会、中央民族工作会议、全国宗教工作会议及区市第九次党代会精神、习近平总书记的系列重要讲话、习近平总书记关于治国理政的新理念、新思想、新战略，特别是“治国必治边、治边先稳藏”的重要战略思想，坚持依法治藏、富民兴藏、长期建藏、凝聚人心、夯实基础的原则，紧紧围绕市委“六大战略”部署，全面贯彻落实党的民族宗教方针政策，以更高的战略来引领、更高的定位来谋划、更高的标准来推进民族宗教工作，为推进拉萨市长足发展和长治久安做出应有的贡献。

（张大利）

民族工作

【人口状况】 拉萨市作为西藏自治区的首府城市，是一个以藏族为主的城市，全市总人口95万人，其中藏族人口占为87%，另有汉族、回族、门巴族、珞巴族、蒙古族等38个民族居住在这里。根据第六次人口普查相关数据，在全市8个县（区）中，常住人口中藏族人口比重，除城关区低于全市平均水平，为58.67%，堆龙德庆区85.68%；六县的藏族人口比重均比较高。其中，当雄县97.96%，尼木县97.4%、林周县97.24%、墨竹贡卡县96.96%、达孜县95.89%、曲水93.83%。在拉萨市全部流动人口中，藏族人口为3.57万人，占31.92%；汉族人口7.00万人，占62.53%；其他民族人口为0.62万人，占5.55%，因务工或经商而来的占70.03%。

【宣传教育】 年内，拉萨市民宗局充分利用“3·28”西藏百万农奴解放纪念日、民族团结宣传月、“9·17”拉萨市民族团结进步节等平台，积极创新民族团结宣传载体，开展民族团结宣传教育活动。为巩固和发展全市民族团结进步事业成果，筑牢拉萨市各族人民维护祖国统一、维护民族团结的思想根基，紧紧围绕“促进各民族交往交流交融，构筑各民族共有精神家园”这一主题，超前谋划、提前准备、主动作为，全市上下发放各类宣传资料38000余份、悬挂横幅标语110余条、开展知识讲座10余次、落实宣传报道300余条。

【培训学习】 年内，拉萨市民宗局认真开展“两学一做”学习教育活动，加强民宗干部队伍建设，建立干部队伍管理长效机制，推行量化考核、动态管理机制，加强干部八小时以外的管理。认真落实《党政领导干部选拔任用工作条例》相关规定，按照干部管理权限，根据工作需要和领导班子建设实际，提出启动干部选拔任用工作意见。创新考核方法，搭建择优平台，让能干者有位置，让想干者有机会；加大激励力度，让干事者有地位；疏通“下”的渠道，让无为者让出位置。截至年底，选派民宗干部30余人次参加上级有关部门组织的各类培训，增强民宗干部政治素养和业务能力；推进强基础惠民生工作，派驻尼木县卡如乡赤朗村驻村工作队紧密结合赤朗村实际，开展强基础惠民生各项工作。如：为赤朗村争取新建村级幼儿园的项目，并已纳入尼木县“十三五”规划中，为赤朗村五组（牧区组）争取新建信号塔基站4个，上报“短平快”产业发展项目2个，为赤朗村1、2组争取新建水泥路等工作。派驻尼木县卡如乡赤朗村驻村工作队投入资金30.5余万元，争取项目资金共计2400余万元，办实事、好事10余件。

【民族团结进步先进评选】 年内，拉萨市民宗局在全市开展民族团结进步模范集体、模范个人评选活动。“开展社区民族团结进步结亲互助活动”“开展群众性民族团结进步文化体育活动”“开展民族团结双语比赛”“开展民族团结模范典型人物进校园做宣讲活动”“开展评选民族团结模范科室、模范窗口、模范班级活动”“开展民族团结巾帼添彩行动”，共表彰市级民族团结模范集体65个、民族团结模范家庭10户、民族团结模范个人70名。

【民族团结进步示范市】 经国家民委督导组、自治区民宗委考核组严格把关，层层审核，2016年12月19日公布《国家民委关于命名拉萨市作为全国民族团结进步创建活动示范市的决定》，决定命名拉萨市为“全国民族团结进步创建活动示范市”。

【流动人口管理】 年内，市民宗局翻译《中国公民民族成分登记管理办法》，加强对少数民族流动人口调研，摸清全市少数民族流动人口情况。由市政法委、市民宗局牵头，率先在流动穆斯林群众比较集中的吉日街道河坝林社区居委会；流动人口较多的扎细街道扎细居委会；外来朝佛人口较集中的八廓街道鲁固社区居委会；外来务工人员较集中的当巴社区居委会作为少数民族流动人口服务与管理工作试点单位，以网格化管理方式先行开展少数民族流动人口服务管理试点工作。主要对吉日街道河坝林社区居委会、八廓街道鲁固社区居委会、扎细街道扎细居委会、当巴社区居委会少数民族流动人口进行规范化管理。

（张大利）

宗教工作

【利寺惠僧】 年内，拉萨市民宗局全面落实各项利寺惠僧政策，做到常抓、常议、常管，在全市寺庙中继续深入开展“六个一”活动、加快推进“9+5”工程、巩固提高“两保一低”工作成果、积极开展僧尼免费健康体检，实现各项利寺惠僧政策的全落实、全覆盖。申报寺庙136座，维修资金8.17亿元。截至年底，已获批19座重点宗教活动场所，落实资金达2585万元。

【朝觐工作】 年内，拉萨市民宗局按照自治区民宗委《关于西藏穆斯林朝觐名额分配的通知》精神，安排25名穆斯林信徒赴沙特朝觐。

【寺庙建设】 年内，拉萨市城关区功德林寺等20座重点宗教活动场所设施建设工程（不包括色拉寺、印经院）完成，总建筑面积9776平方米，工程概算总投资1922.94万元，其中，中央预算内投资968万元，自治区级财政配套投资954.94万元。截至年底，拉萨市宗教活动场所共有290座，其中寺庙162座；拉康84座；日追29座；嘎巴13座（其中有僧尼无场所2座）；旦康2座。全市僧尼总数为4625人。

【宗教节日】 年内、拉萨市民宗局积极组织、参加拉萨宗教团体组织的传召大法会、浴佛节等各种宗教活动。小传召：藏历每年二月下旬举行，为期10天。法会期间，拉萨三大寺僧侣在大昭寺参加辩经、选拔二等格西，规定规模小于传召大法会，故名小传召。浴佛节，又名佛诞节。每年的农历四月初八日。佛教徒将寺院打扫一新。殿堂佛像擦拭一净。寺庙幢幡宝盖遍布，香花灯饰及各色供品林立。香花丛中的几案上安放一个铜盆，盆中注满紫檀、郁金、龙脑、麝香、丁香等配制成的香汤，汤中立有释迦太子像。寺院主持率领全寺僧众礼赞诵经，随后持香跪拜、唱浴佛揭或念南无本师释迦牟尼佛，僧众和居士们一边念一边依次拿小勺舀汤浴佛，浴完佛后再用一点香汤浴自己，表示洗心革面、消除灾难。若参加的人多，则由僧人手持杨枝蘸浴过佛的净水为信众点浴。伊斯兰教的节日主要有“开斋节”和“古尔邦节”。“开斋节”在伊斯兰教历的10月1日，该教规定伊斯兰教历9月为斋日。按照伊斯兰教教义，斋月是伟大、喜庆、吉祥和尊贵的月份，因为安拉是在这个月降示《古兰经》的。在斋月里，每天东方刚开始发亮至日落期间，除患病者、旅行者、乳婴、孕妇、哺乳妇、产妇、月经期妇女及作战的士兵等，其他成年的穆斯林男女必须严格“把斋”不吃不喝、不吸烟不饮酒、不行房事等。直到太阳西沉，人们才进食。“古尔邦节”也叫“忠孝节”或“献牲节”，是穆斯林最盛大的节日，在伊斯兰教历每年12月10日举行。主要内容有：举行会礼和宰牲口。穆斯林教民聚集在大清真寺或公共场所，举行盛大的礼拜、仪式和庆祝活动；宰杀健康、五官端正的牲口，穆斯林家庭将宰后的肉分成三份，分别留作自用、施舍给穷人、招待客人。

（张大利）

外事·侨务

综述

2016年，拉萨市外事侨务工作贯彻落实中央、区、市关于外事侨务工作的基本路线、方针、政策，全面服务拉萨经济发展大局、服务拉萨社会局势稳定大局，外事侨务工作取得了新成绩。

（次仁旦珍）

外事接待

【概况】 年内，拉萨市接待和协助接待来自美国、英国、斯里兰卡、老挝、缅甸、西班牙、尼泊尔、印度、不丹等30个国家和地区的党宾、国宾、新闻记者30批374人次。

【丹麦驻华大使戴世阁到拉萨市参观访问】 4月8—12日，丹麦驻华大使戴世阁一行4人到拉萨市参观访问，戴世阁一行在拉萨市的主要活动有：参观大昭寺、纳木错、游览八廓街、前往拉萨经济技术开发区参观拉萨啤酒厂，并与拉萨啤酒厂高层管理人员进行座谈。

【美国前女足友好使者一行到拉萨市进行友好访问】 5月15—19日，美国前女足友好使者访藏团一行4人访藏，在藏停留5天。在藏期间，美国前女足友好使者一行参观大昭寺、布达拉宫、游览八廓街，并观看《文成公主》实景剧演出，同时到拉萨教师继续教育培训学校以及拉萨市文体中心举办“足球教练研习班”“女子足球示范训练课”活动。

【美国驻成都总领馆总领事谷立言一行到拉萨市访问】 5月21—25日，美国驻成都总领馆总领事谷立言一行12人，到拉萨市进行访问参观，区党委常委、市委书记齐扎拉会见并宴请。

【斯里兰卡总理新闻秘书到拉萨市进行访问】 5月24—27日，斯里兰卡总理新闻秘书萨曼·阿萨达希到拉萨市参观访问。其间，外宾参观色拉寺、八廓街、观看《文成公主》实景剧，区党委常委、市委书记齐扎拉会见并宴请

自治区党委副书记，拉萨市委书记齐扎拉会见斯里兰卡总理新闻秘书萨曼·阿萨达希提

萨曼·阿萨达希提秘书一行。

【吉尼斯世界纪录认证官员到拉萨市开展活动】 5月28—31日，吉尼斯世界纪录有限公司大中华区认证官员卢克先生（WHARTONCHARLESLUKE）进藏，对拉萨主场是世界最高海拔主场有关事宜进行评定认证。

【非洲国家记者团到藏采访】 7月7—12日，非洲国家记者团一行34人到藏采访，分别到拉萨市儿童福利院、拉萨市第二中等职业技术学校；《文成公主》大型实景剧；大昭寺、八廓街、拉萨市城市规划展览馆、智昭产业园区进行采访。

【海外专家考察团到拉萨市考察】 7月19—26日，海外专家咨询委员会考察团一行19人到拉萨考察交流，在拉萨期间，观看文成公主大型实景剧、参观大昭寺、游览八廓街，并到拉萨经济技术开发区西藏天佑德青稞酒业有限责任公司、西藏天地绿色饮品发展有限公司和西藏高原天然水有限公司进行考察。

【美参院“美中工作小组”助手团访问】 7月20—24日经国务院批准，美参院“美中工作小组”助手团一行11人到拉萨市访问，“美中工作小组”助手团一行在拉萨市的主要活动有：参观色拉寺、布达拉宫、大昭寺、游览八廓街，观看大型实景剧《文成公主》，参观城关区智昭现代农业产业园区，了解拉萨市现代农业发展取得的成就与发展。

美中工作小组助手团参观城关区第一小学

【不丹外交大臣一行访藏】 8月15—20日，不丹外交大臣丹曲·多吉一行9人到拉萨市考察交流，丹曲·多吉一行的主要活动有：参观大昭寺、小昭寺、西藏文化旅游创意园区、智昭产业园区以及观看文成公主大型实景剧。

【印度外交部东亚司一行5人到拉萨市考察交流】 8月16—23日，印度外交部东亚司司长罗国栋一行5人到拉萨市考察交流，罗国栋一行参观布达拉宫、大昭寺、游览八廓街。

【韩国广播公司《走遍世界》栏目组到拉萨市拍摄】 10月24—29日，韩国广播公司（KBS）《走遍世界》栏目组记者一行3人到拉萨采访拍摄，栏目组一行的主要活动有：参观智昭产业园区、色拉寺、拉萨经济技术开发区、拉萨啤酒厂、大昭寺并游览八廓街，其间还对各个参观点进行采访拍摄。

（次仁旦珍）

涉外管理与服务

【概况】 年内，市外事办根据自治区、市主要领导批示精神，拉萨市外事办公室认真贯彻执行《中华人民共和国境外非政府组织境内活动管理法》《西藏自治区接受境外非政府组织和个人捐赠援助项目管理暂行办法》和自治区人民政府下发的《关于境外非政府组织和个人在自治区开展援助和合作项目有关事宜规定的通知》和《关于在社会科学领域接受境外资助和开展合作项目管理规定的通知》文件要求，对拉萨市开展活动的境外非政府组织及外国专家进行依法依规管理和服务。

【开展项目境外非政府组织情况】 截至年底，在拉萨市开展项目活动的境外非政府组织共10

家，其中8家与自治区相关单位签署合作协议；2家与拉萨市相关部门签署了合作协议，分别为国际SOS儿童村、丹麦哥本哈根国际教育交流中心。年内，合作项目结束，办理续签项目合作协议的有2家，分别是德国吉森大学和西藏卫生能力建设项目（国际双边项目）。

（达瓦次仁）

因公出国（境）管理与服务

【概况】 年内，因公出国（境）人员累计17批75人。其中，省级干部1人次，地厅级干部4人次，县级干部19人次，科级及以下干部17人次，专业技术人员及其他人员34人次，出访国家及地区有丹麦、匈牙利、冰岛、尼泊尔、意大利、德国、墨西哥、美国、加拿大、以色列、日本、印度、捷克、爱沙尼亚、拉脱维亚等，出访任务包括考察调研、参观学习、文化交流、立法交流、商业洽谈、项目合作等，涵盖了文化、旅游、教育、法律、经济、宗教等领域。

【考察调研】 拉萨市布达拉旅游文化集团有限公司总经理扎西江村一行先后于2月23日至3月1日、5月7—15日、7月17—24日共3次赴尼泊尔就在加德满都收购酒店事宜进行考察调研及意向性谈判。

【拉萨市文化演出团到意大利、德国演出】 5月14—19日，拉萨市副市长吴亚松带队率市歌舞团一行26人参加感知中国—中国西部文化行活动，赴意大利、德国进行演出，充分展示拉萨市特色文化、艺术魅力。

【洽谈组建中尼工业合作园事宜】 年内，市外事办贯彻落实国务院《推动共建丝绸之路经济带和21世纪海上丝绸之路的愿景与行动》，推进拉萨市区与尼泊尔的交流合作，打通南亚大通道为推动“一带道”，9月2—6日，拉萨经开区一行4人赴尼泊尔洽谈组建中尼工业合作园事。

召开全市外事接待协调会

【拉萨市妇女代表团访问尼泊尔】 11月16—20日，拉萨副市长市次仁央宗率妇女团出访尼泊尔加德满都市，展示拉萨市妇女文化的发展成果。

（李蓓蓓）

领事工作

【概况】 年内，市外事办有序推进邻国领事各项工作，协助自治区外侨办、市公安局出入境管理支队按照有理、有力、有节的原则做好邻国领事工作。

【领馆服务】年内，市外事办受自治区外侨办委托，协调开展总领馆周边的照明路灯改造及门口禁止停车工作，协调市政府办公厅、市政市容、市财政局、交警支队等部门共同着手开展此项工作，多次联合市政市容和交警支队到领馆驻地与领馆官员、领馆警卫中队一同了解具体情况。

（次仁旦珍）

友城工作

【概况】 年内，拉萨市在友城工作方面主动作为，创造出访机会，对友城进行回访，加强与友城之间的友谊。

【第十一届中韩模范青少年互访活动】 10月20—25日，拉萨市10名中学生，由市教育局一位副局长、一位工作人员带队，参加“心连心”第十一届中韩模范青少年互访活动。此次活动在韩食宿行由中韩文化交流协会承担，共计约11万元。

【拉萨市回访以色列贝特谢梅什市】 11月8日到12日，计明南加副市长率友好代表团一行6人回访拉萨市友城以色列贝特谢梅什市，访问期间，友好代表团一行考察以色列现代农业发展情况、太阳能利用技术，与友城贝特谢梅什市政府进行座谈，到贝特谢梅什市一所小学进行考察交流。通过出访友城，加强两城之间的友好关系，为服务建设“健康拉萨、开放拉萨”及拉萨市相关工作提供新的思路。

（李蓓蓓）

侨务工作

【概况】 2016年，全面配合自治区外侨办，开展各项侨务工作，实现了侨务工作的新突破。

【开展侨务援藏工作】 年内，市外事办充分把握国务院侨办关于侨务援藏的有关指示精神，主动联系江苏省、北京市侨办就落实《国务院侨办关于开展侨务对口援藏工作的通知》进行沟通，结合拉萨市实际以及对口援助单位的实际情况，制定2016年侨务对口援藏项目计划以及五年项目规划，从侨务渠道助力拉萨市经济社会发展，截至年底，已争取到江苏省侨办援藏资金10万元。

侨爱工程送温暖医疗队到拉萨市开展活动

【侨务考察调研接待】 年内，市外事办根据自治区外侨办安排，拉萨市共接待侨务考察调研8批190人次，分别是：参加全国侨务援藏会议调研考察团、福建青年联合会代表团、非洲侨界精英人士代表团、国务院侨办海外专家咨询委员代表团、国侨办“侨爱工程——点亮藏区牧民新生活西藏项目”代表团、“侨爱工程—送温暖”代表团、江苏侨办美国书画艺术研究院姚家珍一行、江苏侨办美国侨界商务代表团一行。通过参观，展现拉萨市各项社会事业所取得的成就，宣传西藏是中国不可分割的一部分，起到正面的舆论引导作用。

（次仁旦珍）

区情县情

城关区

【概况】 城关区位于西藏自治区中部偏东南的雅鲁藏布江支流拉萨河下游段南北两岸，东与达孜县接壤，南与山南地区贡嘎县和扎囊县毗邻，西与堆龙德庆区紧靠，北与林周县相依。平均海拔3658米，辖区内的地形由拉萨复背斜和拉萨中酸性岩带控制，形成北西向与北东向的山谷组合类型和复合地貌格局，总的地势为南北高、中间低，中部是宽阔的拉萨河谷冲积平原。城区面积554平方千米，行政区域东西跨距28千米，南北跨距31千米。下辖4个乡、8个街道办事处、51个村（居）委会。

农村经济总收入8.0587亿元，农牧民人均可支配收入达15208元。2016年，农作物总播种面积14583亩，其中粮食播种面积为3472亩，产量达122.125万公斤；经济作物面积9479.1亩，饲草播种面积1631.9亩，粮、经、饲比例调整为24：65：11，进一步优化种植结构；农作物灾害损失控制在0.3%；蔬菜实际总面积为7010亩，年底产量预计达到5.74万吨。年末牲畜总存栏数达23752头（只、匹，含常驻户牲畜存栏），其中牦牛7779头，黄牛14217头，犏牛283头，绵山羊1271只，生猪202头；新生各类牲畜4417头（只），成活率达98.97%。

2016年，区属地区生产总值（GDP）91.99亿元，同比增长12.1%；实现公共财政收入8.91亿元，同比增长10%；实现区属全社会固定资产投资111.24亿元，同比增长26.1%；区属社会消费品零售总额达到79.53亿元，同比增长14.7%；区属工业增加值达到2.83亿元，同比增长23.6 %；农牧民人均可支配收入达到15208元，同比增长10.3%；城镇居民人均可支配收入达到28877.44元，同比增长10.6%；城镇登记失业率控制在2.2%以内。旅游人数达到1328.96万人次，实现收入101.62亿元，分别增长15.2%、18.6%。旅游景点（区）52处，其中AAAAA级2处，AAAA级2处，AAA级3处，AA级2处。

7月18日，自治区党委副书记、拉萨市委书记齐扎拉一行视察城关区净土产业。拉萨市委副书记，市长、城关区委书记果果陪同

生活在城区的汉族、回族、与藏族同胞和睦相处，为城关区

城关区净土亨通物流园揭牌仪式

及西藏的多元文化锦上添花。城关区境内有雄伟的布达拉宫、壮观的大昭寺、小昭寺，别致的罗布林卡、古老的八廓街、悠久的石窟石刻摩崖和碑刻，以及藏传佛教寺院建筑等众多的人文景观，城关区还以古朴典雅的传统藏戏、民间歌舞、五彩缤纷的民族服装、绚烂独特的民族风情、丰富多彩的民族节日等文化遗产闻名于世。

【党建工作】 年内，城关区深入学习习近平总书记系列重要讲话精神，开展“两学一做”学习教育，严格落实“准则”“条例”，干部队伍作风明显改善。深入开展“强党、固基、扶村”工作，党员干部教育培训6667人次，投资1000万元实施村（社区）集体经济发展项目，统筹安排2500万元加强村级组织活动场所标准化建设，“三个全覆盖”率基本达到100%。

【党风廉政建设】 年内，城关区政府在市委、市政府及城关区委的正确领导下，在区人大、区政协和社会各界的有效监督下，建立健全党风廉政制度建设，严格执行党风廉政的相关规定，坚持以制度管人、以制度用人，坚决杜绝制度腐败；注重把党风廉政教育与政治理论学习有机结合起来，抓好党风廉政建设责任制的紧迫感、责任感和使命感，夯实防腐拒腐政治理论文化素养，切实增强政治理论转化实践能力，科学有效地提升廉政勤政、监察管理、机关作风、班子建设、行政效能等方面建设水平，“一岗双责”意识进一步增强，干部作风明显转变，权力运行不断规范，经济发展环境不断优化，和谐社会建设稳步推进。

【区位优势】 城关区作为西藏首府城市的中心城区，在西藏对南亚开放、中印缅孟经济走廊建设中具有不可替代的区位优势，在吸引聚集人才、资本、技术、信息等高端要素，促进集约发展、融合发展、高效发展和共享发展方面具有其他县区无法比拟的天然优势。

【产业发展】 年内，净土健康产业发展动力强劲，实现销售额1.27亿元，让利群众3409万元。为186家驻市单位配送农副产品，设立便民蔬菜直销点81家，有效平抑市场物价。大昭圣泉年产量达4785吨，藏净泉于8月试投产。高标准奶牛养殖中心牛奶年产量达821吨。乳制品加工厂项目已完成总工程量的65%，基础建设、工艺投入、附属设备三个方面将得到全面提升，完成6个牛奶品牌的注册，为打造“高原奶都”做好了充分准备。申请5个品种地理标志证明商标。节能环保建材产业实现产值7000万元，利润1050万元。商砼混凝土产业实现年产值1.2亿元，利润2000万元。商贸服务业发展多元化，实现服务业收入2.2亿元，同比增长10%；实现贸易业收入897.5万元，同比增长8.5%。投资1300余万元，对亨通物流园区进行提升改造引进批发零售商户106家入住园区发展，成为全市规模最大、配套设施最齐全的大型综合批发市场。荣获全市净土健康产业发展先进单位荣誉称号。

【文化产业】 年内，城关区投资4500万元，实施小昭寺、公堂寺、木如寺等国家级和自治区级文物单位的修缮工作，成功申报5项国家级、7项自治区级非物质文化遗产保护项目和1处自治区级文化产业基地。成功举办首届桃花文化艺术节、树莓采摘节、“最美乡村·行走智昭”徒步大会和第二届油桃采摘节等活动。智昭产业园区被评为国家AAA级旅游景区，高效智能温室已成为市民休闲、采摘、观光的乐园。

【招商引资】 年内，城关区优化完善招商引资政策，全年招商引资落地项目32个，协议资金69.47亿元，实际到位资金25.74亿元，同比增长11%，完成全市目标任务111.9%。参加拉萨市雪顿节招商引资项目推介会暨集中签约仪式，签约项目6个，投资达26.62亿元。第三届藏博会签约项目2个，投资达4.7亿元。

【援藏工作】 年内，城关区顺利完成第七批和第八批援藏干部交接工作。2016年城关区援藏项目共计2个，分别是城关区金珠西路街道八一社区小康社区基础设施改造，项目计划总投资1550万元，其中援藏投资1200万元，本级配套350万元，建设内容主要包括社区内道路硬化、给排水、强弱电入地等相关附属工程，已开工建设；城关区第22幼儿园建设项目，项目计划总投资1714元，援藏投资1600万元，本级配套114万元，建设内容主要包括新建3376.78平方米的教学用房、围墙、大门及气电等相关附属工程，已开工建设。

【教育事业】 年内，城关区加快发展教育事业，本级财政对教育投入达2.29亿元。深化学前教育普惠化和义务教育均衡化发展，改善教育基础设施条件，实施教育项目16个，投资达3.09亿元。全面启动第二期“十百千”行动计划，顺利完成学生配餐中心规划选址，为提升教育教学质量打下坚实基础。

【公共卫生服务】 年内，城关区城镇居民和干部职工医疗报销1829.08万元，医疗报销比例达到80%以上。居民群众和寺庙僧尼免费健康体检率达99.8%，孕产妇住院分娩率达100%，连续七年孕产妇“零死亡”。夺底乡卫生院、公德林和热木其社区卫生服务中心建成投入使用。成立专业团队，全面推广“平衡针灸”疗法。荣获国家级健康促进县（区）和国家级妇幼健康优质服务示范区荣誉称号。

自治区人大常委会副主任嘎玛一行到城关区开展精准扶贫精准脱贫专题调研

【社会保障】 年内，城关区为低保户5644户9827人发放低保金6125.77万元。兑现五保户41人生活补贴42.39万元，双集中供养率达到100%。完成城镇新增就业2512人，农牧区劳动力转移就业6169人。社会参保人数达12.63万人次，参保率达到100%。投资5.1亿元新（续）建周转房、公租房等各类保障性住房2242套。

【城市管理服务】 年内，城关区顺利完成环城路项目城关区段和教育城二期等重大项目征地拆迁工作任务，涉及搬迁户693户，征地面积433.62万平方米，拆除主体建筑面积约2.45万平方米,兑现补偿资金15.58亿元。顺利完成铁器电焊市场、二手车市场、农贸批发市场搬迁工作。集中开展了旧家具市场、木材加工市场、布达拉宫周边环境、露天烧烤市场等专项整治工作。

【环境保护】 年内，城关区顺利完成拉鲁湿地管理局交接工作，加大对拉鲁湿地生态环境的保护力度,通过生态搬迁的方式，增加保护区面积0.44平方公里，核心

城关区举行庆祝中国共产党建党95周年表彰大会

区总面积达6.6平方公里。成功创建10个“自治区级生态乡（街道）”和19个“自治区级生态村（社区）”。投资近500万元，加快推进了夺底沟泥石流防护工程建设项目。投资576.53万元，实施农村饮水巩固提升项目。投资2058.98万元，实施3个农村道路工程建设项目。建立完善环境保护举报受理平台，受理环境举报24起，办结率100%，完善认定备案项目28个、淘汰关闭项目7个、整顿规范项目43个。加强水土保持项目建设，人工造林108.3亩，封山育林2800亩。补栽各类苗木品种达20余种，城市园林绿化成活率达到85%以上，绿化覆盖率达到38.7%。

【民族团结事业】 年内，城关区广泛开展民族团结宣传教育，以“9·17平安西藏宣传日暨民族团结进步节”活动为契机，深入开展和谐模范寺庙创建、民族团结创建宣传活动，和谐模范寺庙和爱国守法先进僧尼创建工作覆盖面达到100%，民族团结创建活动覆盖面达到100%。荣获全国民族团结示范区荣誉称号。

【社会综合治理】 年内，城关区强化风险意识，健全完善群防群治组织构架、工作模式及运行机制，整合形成23个维稳责任区域，按照“精力不分散、力度不减弱、责任不动摇、措施不弱化、思想不放松”的原则全方位、立体化开展各项维稳综治工作。严格落实信访“七化”工作机制，实行县级领导包案、党政“一把手”负责制，实现了信访案件“零搁置”，全年共受理群众来信来访来电320批次、610余人次，办结311件，办结率97.2%。全面落实安全生产党政同责、一岗双责，出动10743人次，检查各类场所6955家，查出各类安全隐患790处并全部整改完毕，现了重特大安全生产事故“零发生”，实现全年“三无、三不出、三稳定”。荣获全区综合治理、平安创建和双联户创建先进区荣誉称号。

【依法行政工作】 年内，城关区畅通民意反映渠道，及时解决群众诉求，全年“12345”热线共收到群众诉求914件，已办结914件，办结率达100%，满意率达到98%。建立完善政府权力清单、责任清单制度，梳理上报10类1078项工作职责，设立23个便民服务窗口，减少行政审批事项，优化办事流程，提高服务水平。公务用车使用和政府采购更加合理、规范、透明。严控“三公”经费支出，同比下降20%。

（贺增芹　谢　静）

堆龙德庆区

【概况】 堆龙德庆区地处北纬29°26′~30°39′，南北最大距离约63公里；东经90°27′~91°01′，东西最大距离约80公里；位于西藏自治区首府拉萨市西，是拉萨的“西大门”。东与拉萨市城关区、林周县接壤，南与曲水县、山南贡嘎县毗邻，西与尼木县相结，北与当雄县紧连，整个县域呈“S”状，平均海拔3680米，全区地势西北高、东南低，中间河谷宽阔。拉萨河从东部入境，折而向南出境，境内流程15公里。堆龙河从西北部经羊八井入境，呈西北—东南向切入，流至德庆后折而向南，过古荣后转西北—东南向流至东嘎汇入拉萨河，境内流程 70公里。县内大小河流蕴藏着大量的水产、水能资源，其中水能资源的理论蕴藏量达193万千瓦，可开发量达140万千瓦。区内气候温和，属高原温带气候，平均气温在4℃以上。距拉萨市10公里。下辖东嘎镇、乃琼镇、羊达乡、古荣乡、马乡、德庆乡共2个镇4个乡（其中柳梧乡由柳梧新区托管），有30个村民委员会和129个村民小组。地域面积2704平方公里，主要以农业为主，农业包括青稞、小麦、蚕豆、油菜籽等农作物，牧畜业包括饲养牦牛、山羊、绵羊为主。耕地面积5544.95公顷，粮食播种面积3364.47公顷，经济作物耕地面积1216.86公顷。森林覆盖率0.44%，森林面积1193公顷（以灌木为主）。国家级野生保护动物有白唇鹿、马麝、藏原羚、黑颈鹤、胡兀鹫等，已经探明的矿产资源有石灰石、红土、煤、铁、铅、锌等。主要旅游景点有以楚布寺为龙头的楚布沟风景区，拥有小气候的柳梧尼玛塘自然保护区“邱桑温泉”“雄巴拉曲”等景点。

2016年，全区地区生产总值完成26.28亿元，增长15.3%；一般公共财政收入达到6.26亿元，增长24.54%；一般公共财政支出167124万元，全社会固定资产投资达到76.76亿元，增长32.3%；工业增加值预计达到9.67亿元，增长-8.43%；社会消费品零售总额达到9.16亿元，增长9.57%；农村居民人均可支配收入达到12297元，同比增长10.3%。完成邮政业务总量71722件，完成电信业务总量2396万元。固定电话用户8790户，使用率100%；移动电话用户42003户，使用率100%；互联网用户33790户。接待旅游96.98万人次，实现旅游收入3397.57万元，同比增长35.66%。全年农村居民人均纯收入13056.28元，现金收入9195.55元。有寺庙、拉康、日追47所。

【党建工作】 2016年，全年召开区委理论中心组学习23次，召开区委常委会39次，研究解决重大事项180余件，修订完善了《常委会议事规则》等15项制度。召开政府常务会议30次，研究解决重大事项370项，制定完善《政府常务会议事规则》等6项工作制度，扎实开展“两学一做”学习教育，区政府党组开展集中学习23场次，各级党组织开展各类专题学习活动1600余场次。各级党组织书记就抓党建工作向上级党组织公开述职、公开评议的工作机制。扎实开展“强党、固基、扶村”工作，投入8044万元对26个行政村活动场所进行改扩建或新建，实现村级活动场所标准化建设全覆盖。制定了《村集体经济发展规划》，全面消除“空壳村”，实现行政村有稳定的集体经济全覆盖。试点开展了乃琼村、波玛村成立党委，桑木村、设兴村成立党总支工作。建成了严肃换届纪律警示教育主题展馆，圆满完成乡（镇）领导班子换届工作。实现各村第一书记由乡（镇）领导班子成员兼任，村民服务中心、寺管会干部统一选派，扎实开展第六批驻村工作队进驻工作，共选派了130名下沉干部、61名驻村干部和35名驻寺干部，实现基层干部派驻全覆盖。进一步提高村“两委”班子成员薪酬，严格农牧区党员发展工作，全年新发展农牧民党员170名、培养农牧民入党积极分子430名。推荐使用30名优秀干部走上县（处）级重要领导岗位。坚持好干部标准和民族地区好干部“三个特别”要求，从一线干部中新提拔乡（科）级干部

5月24日，自治区党委常务副书记吴英杰（右二）一行到堆龙德庆区党校调研

6月23日，堆龙德庆区委召开理论学习中心组“两学一做”学习教育集中学习研讨（扩大）会议

215人。制定了《党员教育培训计划》，全年开展各类培训684场次，培训党员8000余人次、其中培训农牧民党员3000余人次，实现党员干部培训全覆盖。制定了《“十三五”人才工作发展规划》，全年引进2名优秀内地乡（镇）长到本区担任领导。

【廉洁建设】 年内，堆龙德庆区履行党风廉洁建设和反腐败工作主体责任，坚持“一岗双责”，坚决贯彻执行中央“八项规定”、自治区党委“约法十章”“九项要求”以及拉萨市委“八项要求”，严格落实“说办就办、马上就办”的作风要求。积极完善政府预算体系，推进财政预决算公开，建立完善乡（镇）、部门财务监管机制，完成扶贫工作专项审计。严控“三公”经费支出，全年“三公”经费同比下降19.57%。大力推进简政放权，全面梳理权责清单，完善区、乡（镇）、村“一站式”政务服务体系，将窗口单位工作职能统筹吸纳。围绕涉及人民群众切身利益的重要事项健全政务公开制度，规范政务公开的内容、方式、程序，全面实行“阳光运作”。

【农牧业】 年内，堆龙德庆区完成5524.9876公顷永久性基本农田划定工作，投入10297.51万元，完成6个农业综合开发、土地治理、青稞高标准农田建设项目，发放支农惠农资金43182.37万元。保障和改善农田灌溉6.86万亩，落实测土配方示范田6.5万亩、标准化及高产创建示范田6.5万亩、二级种子田良种繁育基地0.515万亩、新品种展示示范田5.5万亩，主要农作物良种覆盖率达100%，实现粮食总产量2.3万吨。牲畜存栏11.35万头（只、匹），牲畜良种覆盖率达34.85%、牲畜出栏率达37.42%、新生仔畜存活率达97%、成年牲畜死亡率控制在1.1%以内。专业合作组织发展壮大到135家，注册资金1.31亿元，带动2943人实现增收。

堆龙德庆藏鸡。大约1000年前，西藏就已经饲养鸡。建国前，一般藏民多无食鸡食蛋习惯，养鸡目的主要是将公鸡用以司晨报晓，同时也用鸡用蛋作为贡品向上层缴纳。建国后，养鸡已成为藏族人民家庭副业之一。堆龙德庆藏鸡体型呈U字形，小巧匀称、紧凑，行动敏捷，翼羽和尾羽特别发达，善飞翔。堆龙德庆藏鸡头部清秀，少数有毛冠，母鸡稍多，公鸡冠大直立，冠齿4－6个，母鸡冠小，稍有扭曲；母鸡羽色复杂，主要有黄麻、黑麻，褐麻等杂色，少数白色，纯黑较少。公鸡羽毛颜色鲜艳，羽装色泽较一致。堆龙德庆藏鸡初生重为27.6—30.2克，6月龄公鸡平均体重1324克，成年公鸡平均体重1608克。成年公鸡半净膛为79.89—84.87%，母鸡为71.43—77.97%；全净膛公鸡为72.17—78.91%，母鸡为 68.25—70.34%。开产期240天，年产蛋40—100枚，平均蛋重为33.92克，蛋形指数1.26。堆龙德庆区以加快堆龙德庆藏鸡养殖产业发展为主线，以增加农民收入为目标，努力实现堆龙德庆藏鸡养殖产业化的健康发展。

堆龙德庆藏红花。藏语称之为卡奇鸽尔更，原产地于欧洲地中海沿岸，据传由丝绸之路传入中国，《本草纲目》将它列入药物之类，《增订伪药条辨》载“西藏红花，花丝长，色黄兼微红，性潮润，为红花种之极品”，自古以来，藏红花作为药物、香料和染料被广泛应用，我国藏区也广泛种植。堆龙德庆藏红花花冠大，橙、黄等色，花瓣倒卵形，叶阔卵形或狭卵形，两面除背面沿脉上有少许疏毛外均无毛;托叶线形，被毛。干的堆龙德庆藏红花为细丝状，暗红棕色，质轻盈，无光泽及油腻感。堆龙德庆藏红花性味甘平，能活血化瘀，散郁开结、安神开窍等。堆龙德庆藏红花每公斤价格已经突破万元，每亩收益也已超万元，随着堆龙德庆藏红花的应用范围的不断扩大，需求量也不断增加，经济效益也不断提高，前景极好，也带动了当地农民发家致富。

堆龙德庆黑青稞。堆龙德庆黑青稞，是西藏自治区堆龙德庆的特有农作物，是当地藏族人民的主要粮食，多分布在海拔3800—4500米的青藏高寒地区。青稞在青藏高原上种植约有3000多年的历史，从物质文化之中延伸到精神文化领域，在青藏高原上形成了内涵丰富、极富民族特色的青稞文化。堆龙德庆黑青稞籽粒长6—9mm，宽2—3mm，籽粒外皮呈紫色或紫黑色，形状为椭圆形或菱形，硬度较大，表面较为光滑。堆龙德庆黑青稞富含矿物质、维生素、天然叶绿素、抗氧化酶、黄酮等活性物质，还富含功能奇特的营养素-β-葡聚糖。堆龙德庆区政府将堆龙德庆黑青稞作为种植项目进行积极推进，不断扩大种植面积及引进技术进行深加工，2016年堆龙德庆区播种面积达56.38万亩，年产量达54万吨，实现产值4100余万元，直接带动农户5230余户。

【教育事业】 年内，堆龙德庆区投入本级财政收入的20%，支持教育事业发展。加强学籍管理，全面控辍保学，初中毛入学率、小学入学率及幼儿入园率分别达到109.5%、99.92%和95.37%。率先在自治区完成农牧区学前三年教育普及工作，学前教育意愿入学率达100%。顺利通过拉萨市素质教育评估验收。建立健全教师轮岗交流制度、小学结对交流制度。区第二中心幼儿园全面竣工并投入使用。全年下拨“三包”经费和学生营养改善专项资金2367.05万元，为732名高校学生兑现奖励资助金646.9万元。

【医疗卫生】 年内，堆龙德庆区投入资金2754万元，启动实施25个村级卫生室规范化改扩建、公共卫生应急服务中心建设、区疾控中心业务用房建设、医疗设备配置等工作。推行村级家庭医生签约式服务，藏医藏药诊疗技术得到广泛推广应用。区人民医院成功创建二级乙等医院，全面实现国家基本药物“零差率”销售，年人均医疗补助标准提高至435元，城乡居民、寺庙僧尼免费健康体检率分别达99.8%和100%。提升政府防大病、兜底线能力，大病统筹报销年封顶线由6万元提高至10万元，新增除20种门诊特殊病和22种重大疾病以外，农牧民群众因病致贫、因病返贫补偿政策，新增一次性医用材料补偿政策，受益2532人，兑现补偿资金2235万元。兑现计划生育家庭奖励扶助和特别扶助资金121.84万元。建立婴幼儿住院救治、孕产妇住院分娩绿色通道，费用全额报销，孕产妇死亡率和婴儿死亡率分别下降到零死亡和7.5‰。食药监管日常监督达630余次，下达限期整改通知书126份，全年未发生食药安全

7月28日，北京市委副书记、市长王安顺（前排左二）到堆龙德庆区调研。区党委常委、市委书记齐扎拉（前排左三），堆龙德庆区委书记陈献森，堆龙德庆区委副书记、区长格桑平措陪同调研

事故。

【文化事业】 年内，堆龙德庆区共有15个村镇被评为“拉萨市文明村镇”、11个区直单位被评为“拉萨市文明单位”。建成14个村级爱国主义教育基地，成功举办堆龙德庆区“首届藏戏文化艺术节暨藏戏大赛”“首届书法、绘画、摄影艺术作品展”等形式多样的文艺活动，开展基层慰问演出65场次，文化活动中心、新华书店全面竣工并投入使用，农家书屋、寺庙书屋等惠民工程实现全覆盖，初步形成区、乡（镇）、村公共文化服务网络。完成14926套“户户通”广播电视工程建设、605套“舍舍通”安装调试、826套广播电视安装调试、11008套农牧民群众清流机顶盒升级置换，广播电视综合人口覆盖率达99%。完成“堆龙德庆区非物质文化遗产数据平台”建设工作，投入57万余元抢救挖掘具有传统历史意义的民间文化瑰宝“猴年猴戏”，发放县（区）级非遗产业扶持资金65万元，申报并公布“罗萨梅朵”为市级传统技艺非遗项目、勉唐派绘画旦巴云丹为市级非遗传承人。实施雄巴拉曲山体7处摩崖造像搬迁工作，完成东嘎山摩崖造像、东嘎宗建筑遗址等文物遗产的安全防护工作，实施68个文物保护点登记造册和石碑标识建立工作，完成8处文物保护点的提级申报和楚布寺700余件可移动文物普查工作。

【社会保障】 年内，堆龙德庆区累计培训872人，开发就业再就业岗位668个，实现新增就业1727人，安置就业困难人员212人，农牧区劳动力转移就业2.71万人次，增收9000万元。城镇登记失业率控制在2.2%以内，实现有就业意愿的应届高校毕业生就业率达98%以上。参保人数达38087人、征缴基金2113.02万元。全年兑现城乡低保金、提标资金631.5万元，实施临时社会救助、医疗救助632.3万元。帮助865名农民工追讨工资1621.5万元，发放残疾人生活补贴356.52万元、高龄老人健康和老龄补贴94万元。本级财政投入250余万元，实现五保户意愿集中供养率达100%。完成64套公租房、184套乡镇干部职工周转房建设。

8月26日，国务院调研工作组一行到堆龙德庆区三县社会福利院考察调研。自治区人大常委会主任白玛赤林、自治区政府副主席多吉次珠陪同

【旅游业】 年内，堆龙德庆区投入资金448万元，完成邱桑温泉附属设施等重点项目建设，组建堆龙德庆区吉雄谷旅游文化发展有限公司，开发楚布沟等六大沟自然资源，扎实推动楚布沟、邱桑温泉、桑木藏年花等12项旅游资源商标注册工作。开展宇妥宁玛·云丹贡布出生地专家论证会、宇妥沟藏医药养生深度体验游、两届楚布沟自行车体验赛等旅游活动，编制完成《23座寺庙简志》、旅游品牌纪录片、“罗萨梅朵”宣传片，成功打造“上谷福地·药王故里”旅游文化产业知名品牌，荣获“拉萨市文化旅游产业先进单位”荣誉称号。2016年，接待旅游人数97.5万人，同比增长16.07%，旅游收入3430万元，同比增长27.04%。

【生态保护】 年内，堆龙德庆区审批环境影响评价185个，环评率和“三同时”执行率达100%，群众环境信访及投诉案件办结率达100%。28个行政村被评为“自治区级生态村”、5个乡（镇）被评为“自治区级生态乡（镇）”。完成19120.05亩西藏生态安全屏

10月6日，堆龙德庆区委副书记、区长杜江下基层到农牧民家中开展走访慰问活动

障防护林体系建设、825亩绿色长廊109国道提升工程、8400亩拉萨周边防护林项目、398.7亩重点区域公益林人工造林、新一轮909亩退耕还林工程及工业园区A区道路绿化工程。全面推行公益林保护、野生动物保护、护河护堤、草场监督制度，对14万平方米绿化带进行养护、提升，全区森林覆盖率、草地覆盖率分别达13.53%、60.44%，空气质量持续保持国家二级标准，拉萨河堆龙德庆段水质达到国家Ⅲ类标准，有力促进资源环境与经济社会协调发展。

【维护稳定】 年内，堆龙德庆区全面实行网格化管理、“双联户”模式，实现常住人口、流动居住人口全覆盖。联户增收成效逐步显现，群众参与社会治理的主动性、积极性明显增强。深化户籍制度改革，全面推行居住证制度，大力实施“口袋式+平台”工作模式，提高流动人口和出租房屋的登记率和人户一致率。强化交通安全管理，完成部分乡村道路防护设施建设，交通劝导员、村级流动人口管理员实现全覆盖。加强楚布寺消防安全管理，配齐消防队员和消防设备，强化消防培训，有力提升重点目标消防安全防护能力。

【援藏工作】 年内，堆龙德庆区做好援藏干部轮换，研究制定新一轮援藏工作计划。加强与朝阳区、海淀区的互访交流。全年落实援藏资金3200万元，实施了3个援藏项目。选派19名干部赴北京市朝阳区跟岗锻炼，聘请北京市西城区11名党政干部赴本区交流挂职，朝阳区选派5名医疗专家开展医疗援藏工作，并指导区医院开展创建二级乙等医院工作，组团式医疗援藏深入推进。

【特色产业】 年内，堆龙德庆区发展以紫青稞、藏药材、花卉、藏鸡为主的特色净土健康种养殖产业。建成古荣乡、马乡、德庆乡净土健康产业园、古荣乡5万只藏鸡养殖基地，完成“香雄美朵”生态旅游文化产业园6830亩花卉、香料、经济林种植工作。与西华大学签订研发合作协议，研发出青稞面包、麦片等“青色麦田”系列产品，推动净土健康产业持续发展。

（雷　凤）

达孜县

【概况】 达孜，藏语意为“虎峰”。达孜宗初建于1354年；1959年民主改革后，原达孜宗、德庆宗合并成立达孜县，隶属拉萨市。达孜县地处拉萨河两岸河谷平原地区，318国道贯穿而过，距离拉萨城区仅20公里，素有拉萨“东大门”之称，交通便利，战略位置十分重要。全县平均海拔4100米，河谷最低海拔3730米，年平均气温7.5℃，年平均日照3065小时，年平均降雨量450毫米。全县总面积1373平方公里，耕地面积6.85万亩。全县共辖5乡一镇，20个行政村，131个村民小组，总人口32291人。2016年，全县实现地区生产总值14.65亿元，同比增长11%；公共财政收入5.89亿元，增长37.3%；全社会固定资产投资28.62亿元，增长22.1%；社会消费品零售总额1.73亿元，增长12.9%；税收收入20.53亿元，增长100.04%；农村居民人均可支配收入10762元，增长10.3%。县域境内共有寺庙、日追拉康14座，其中始建于公元15世纪初、已有600多年历史的藏传佛教格鲁派六大寺之首的甘丹寺，其宗教、建筑、艺术等方面的成就在区内外享有盛誉，1961年被列为全国重点文物保护单位；始建于公元7世纪、至今已有1500多年历史的扎叶巴寺，其建筑风格独特，被誉为“隐修圣地”。

【党建工作】 2016年，全县整顿转化软弱涣散基层党组织5个，大力发展非公企业党支部，符合条件的28个农牧民专合组织党小组覆盖率达100%。“三个全覆盖”工程实施有力。村级组织活动场所、干部职工周转房和仓库建设进展顺利，基层组织凝聚力得到大幅提升。大力开展党校培训，实施“民族交往交流交融”工程，培训党员干部千余名。“两学一做”学习教育中，实现全体党员学习教育全覆盖，尤其做到了农牧民党员全覆盖。投入1900万元建设项目14个，助力20个行政村集体经济年收入均实现超过10万元的目标。县乡领导班子换届工作圆满完成。各级班子成员带头学习领会换届工作精神。将党的领导贯穿换届工作全过程，召开换届工作部署会20余次，层层签订严守换届纪律承诺书，严格执行换届工作程序，树立正确选人用人导向，严格执行铁的纪律，县乡领导班子候选人均全票当选，选出了忠诚干净担当的好干部、配出了结构优功能强的好班子。强基惠民工作扎实推进。精心选派人员，强化责任落实，不断将强基惠民活动、“强党固基扶村”工作引向深入，农牧民群众得实惠、受教育力度不断加大，维护稳定、增收发展的自觉性得到进一步巩固。深入开展“结对认亲”和“机关党员到村（居）报到”等活动，实现了县直机关党组织与村级党组织在活动阵地等资源上的共享。

【廉政建设】 2016年，由于人事变动，及时调整充实达孜县党风廉政建设工作领导小组和反腐败工作协调领导小组，县委常委会10余次研究、听取纪委工作，将县纪委参与的议事协调机构精简到11个，配齐三级纪检干部，将纪检监察系统办公经费增至45万元，大力改善了县纪委监察局办公条件。层层签订《党风廉政建设责任书》，按照党风廉政建设考评细则对各乡（镇）、各部门落实“两个责任”情况进行督促检查。强化学习宣传“一准则三条例”，浓厚了全县廉政文化建设的氛围。建立了乡（镇）、部门主要负责人向县委报告党风廉政建设的工作机制，推行乡（镇）、部门主要负责人向纪委全会述责述廉制度。全县范围内开展了廉政风险大排查和风险点防治管控行动，排查廉政风险点230个，制定整改措施180条，从源头上有效遏制了腐败问题的滋生和蔓延。进一步强化农村集体“三资”监管，狠抓与群众生产生活密切相关的行业和领域，重点解决损害群众利益的突出问题，2016年，县纪委共受理信访举报16件，其中立案审查6件，了结7件，正在初核和立案审查5件，给予党纪政纪处分5人次。

5月9日，自治区党委常务副书记吴英杰（前排左二），区党委常委、市委书记齐扎拉（前排左四）到达孜县邦堆乡考察指导工作

【农牧业】 年内，达孜县落实强农惠农政策资金1121.28万元，落实农作物播种面积 7.85万亩，实现粮食作物产量2420.03万公斤；年末牲畜总存栏8.74万头（只、匹），出栏总数3.266万头（只、匹），牛、羊、猪肉类产量0.38万吨，奶类产量0.71万吨，山羊绒产量1.08吨，禽肉产量80吨，

9月13日，自治区党委副书记、人大常委会主任白玛赤林（前排左一）带领自治区“中华环保世纪行——西藏行”调研组成员到达孜工业园区考察指导工作

禽蛋类产量154吨。累计发展农牧民专业合作社222家，注册资金达到1亿元。积极推进设施农业、奶牛、生猪、藏鸡等净土健康产业发展。农业产业园区已建成温室1102栋，种植各类果蔬60余种，平均每栋年产值5万—10万元。在突出主导特色的同时，积极拓展农业功能，投入3600万元（援藏资金）建设智能连栋温室，投资2500万元（援藏资金），新建高效保鲜冷藏室，投入1800万元（援藏资金）实施工厂化智能型育苗育种基地项目，投资1547.56万元实施休闲体验中心项目，同时，投入1294.34万元，并完成了温室提升改造、维修及园区围墙等附属设施的建设，园区配套设施逐步完善，功能不断健全。发掘和培育新型产业，投资63万元开展葡萄种植项目，投资70余万元的集观赏、食用于一体的菊花种植基地已初见规模，高品质“苦水玫瑰”项目初步完成，玫瑰种植规模达到200亩。建立一批具备一定规模的生产基地，投资1708.65万元（援藏资金）的唐嘎乡奶牛养殖示范基地项目完成建设并投入使用，总投资3000万元的唐嘎乡藏鸡养殖示范基地建设项目持续跟进，养殖规模将达到8万只/年，年产藏鸡蛋将达800万个，本地区优质型藏鸡供应能力全面提高，产品的市场竞争力不断提升。

【工业建设】 年内，达孜县完成工业总产值8.68亿元，同比增长10%，工业销售产值9.77亿元，同比增长15%，工业税收0.2亿元，同比增长16%。达孜工业园区品质不断提升，承载能力逐步凸显，累计投入6230万元全面推进工业园区5个基础设施项目建设工作，园区内创业路、檀山路全面竣工使用，2016年落地实体企业21家，引进招商引资项目480个（含注册型），累计入驻企业1053家（含注册型），其中实体型企业58家，培植龙头企业8家、规模以上企业11家，小微企业创业孵化基地已全面开工建设并同步开展入驻招商工作。

【教育事业】 年内，达孜县累计投入1.8亿元的中心小学，于2016年3月实现集中办学。投入3609.52万元实施县中学标准化建设。小考内地班上线15人，中考内地班上线6人，教学水平稳步提升。设立每年500万元的教育助学基金，为中职生、大专及本科生发放学费、路费、生活费426.88万元。为中小学、幼儿园学生购买50元/人的人身意外保险。扎实开展“组团式教育援藏”工作，累计实现教学交流45人次。教师月伙食补助提高至300元，中小学临时工月工资提高至2300元。

【医疗卫生】 年内，达孜县推进二级乙等综合医院创建工作和乡镇卫生院标准化建设工作，医院新设内儿科、外妇科两个病区，急诊科正式开放，营养餐配餐中心建成并投入使用，藏医科研制6种新咔嚓药，组团式医疗工作继续发挥“传帮带”作用。继续推行全民免费健康体检（体检率达99.2%），免费优生健康检查及出生缺陷一级干预项目分别完成250对、100对应检任务。制定出台《达孜县农牧区医疗管理补充办法》，扩大“先诊疗，后结算”的医疗服务范围。2016年，孕产妇住院分娩率为100%，死亡率为0。婴儿死亡率为14.2‰，下降3.9‰。村级医生家庭签约服务率为97.09%，重点人群签约率为100%。扎实开展食品安全专项整治工作，确保群众饮食用药安全，持续开展“四品一械”专项整治工作和日常食药监督管理工作，监督频率同比增加1倍，餐饮量化率同比增加30%，“两证合一”后持有效食品经营许可证达到100%。

【社会保障】 年内，达孜县制定出台《达孜县城乡居民医疗救助补充办法》，修订完善《达孜县城乡低保困难群众临时救助实施意见》，建立城乡低保对象“应保尽保、应退尽退”的动态管理机制，“两线”合一工作全面推进。新增就业864人，农牧区劳动力转移就业0.9万人次，登记失业率控制在2.2%以内。开展社会救助409人次，抢险救灾13次，发放城乡最低生活保障、五保供养、医疗救助、残疾人双向补贴等各类社会保障补助资金1050.2万元。投入622.25万元修缮五保老人供养中心，公开招聘18名贫困户为工勤人员，五保老人意愿集中供养率达到100%。达孜县社会福利院老人精神信仰寄托场所建成并投入使用，拉萨市老年人日间照料中心建设项目已正式开工建设。

【旅游业】 年内，达孜县共接待旅游人数54.79万元，同比增长19%;实现旅游收入2659.17万元，同比增长25%。上报8个农（牧）家乐扶持项目、9个民族手工业扶持项目、5个乡村旅游示范点基础设施项目，开展“厕所革命”,汇总上报28座旅游厕所。率先启动《达孜全域旅游发展规划（2016—2025年）》编制工作，布局旅游业态，构建特色线路。与央视摄制团队及中国高铁电视合作，推出“壮美西藏·净土达孜”冬游宣传片，金色池塘旅游开发项目、叶巴村村容村貌整治项目、白纳沟民俗生态旅游区等旅游重点项目总体规划设计工作有序开展。

【文化事业】 年内，达孜县新创建文明村镇（单位）6家。全面完成了“5515台直播卫星设备置换升级改造项目”，放映公益电影1540场次，深入基层一线宣讲党的大政方针及惠民利民政策和习近平总书记系列重要讲话精神，受益群众达2.5万人。新列县级非物质文化遗产项目3个，农家书屋作用发挥明显。全民健身活动蓬勃开展，参加第一届残疾人运动会并取得优异成绩。

【生态保护】 年内，达孜县牢固树立绿水青山就是金山银山的思想，以创建卫生县城为抓手，深入推进城乡环境综合治理，增设主城区沿街防护栏，有效整治占道经营、车辆乱停、垃圾堆放、“两违”建设等城市乱象和突出问题，垃圾转运站投入使用，为各乡（镇）、村、旅游景点配备垃圾装运车和拖拉机，新增环境监管员、保洁员184名，环保能力更加有力。通过开展专项执法检查和市场巡查，有效巩固“禁白”成果。实施完成1511.55亩的拉林高等级公路达孜段绿色通道建设任务，完成植树造林29462.215亩、封山育林1800亩，完成退耕还林1934.7亩、防沙治沙任务18000亩。有序开展拉萨河达孜段流域的环境污染综合治理和巴嘎雪、唐嘎湿地保护工作，新创建7个生态文明村、5个生态乡镇。

【维护稳定】 年内，达孜县投入综治维稳经费5807.8万元，全

12月17日，自治区党委副书记、拉萨市委书记齐扎拉（右三）到达孜县调研净土产业项目

面改善优化政法系统工作环境，完成公安局、检察院、法院、司法局业务大楼建设及其他4项维稳工程建设。总投入4300万元的“天网”工程，前期工作顺利完成。社会治理成效显著。认真落实属地管理原则，调整充实了各级领导包乡、包村、包寺的“三包”工作责任制。加强三月重要时期、萨嘎达瓦、雪顿节等重大时期的维稳管控工作，健全了预案处理机制，始终保持高压严打态势，果断处置突发事件。常态化开展矛盾纠纷排查、各级民兵训练和防自焚应急演练，提前介入信访案件，依法处置章多乡章多村3组集体上访事件，切实做到早发现、早处理，实现了“三无”工作目标。全年共排查化解矛盾纠纷36起，处理来信来访案件18件。群众安全感继续保持在95%以上。“双联户”工作稳步推进。进一步巩固扩大“幸福家园”微信平台运行成果，完善“综治信息网”基础信息，双联户“保稳定、促增收”的成效持续凸显。“七五”普法工作有序实施。进一步完善基层调解组织，继续开展“法律七进”活动，引导群众学法懂法，运用法律武器维护权益。全年，共印发法律法规宣传资料5万余份，群众法治建设满意度达100%。民族宗教团结和睦。2016年，创建民族团结进步示范点3个，其中德庆镇德庆村于2016年被评为“全国民族团结进步示范点”。提高驻寺干部中聘用干部的工资，不断巩固“9+5”工程成果，严格落实利寺惠僧政策，发放民族团结及和谐模范寺庙、爱国守法先进僧尼表彰资金36.7万元。

【项目建设】 年内，达孜县入库项目234个，总投资25.9亿元（国家、区市投资8.83亿元，援藏资金1.67亿元，县自筹4.89亿元，企业投资3.3亿元，银行贷款1.3亿元，其他资金0.46亿元）。其中，续建项目32个，总投资7.87亿元，新建项目202个，总投资18.03亿。2016年重点项目中：投资1.9亿元的达孜县精准扶贫易地搬迁项目，一期100户建设完成，搬迁户已经入住。投资5400万元的达孜县污水处理厂项目，已开工建设。投资2.8亿元的达孜县小康安居工程，已开工建设。总投资1.43亿元的达孜县基层政权——17个村综合服务中心建设项目，已开工建设。总投资3.4亿元的西藏运高新能源有限公司光伏发电一、二期建设已经完工且并网发电。投资3.3亿元的西藏运高新能源有限公司光伏发电三期建设，已经开工建设。

8月24日，拉萨市代市长果果（居中）考察S5拉泽快速通道建设工作

【招商引资】 年内，达孜县成功为21家企业争取各类扶助资金407万元，落实各类贷款8160万元。新落地企业4家，招商引资实际到位资金14.05亿元。重点培育了罗占、卓玛、优格仓、吞柏古民族手工艺驰名品牌，着重打造了天威英利、昊泰制氧等新能源产业引导品牌和华草堂、天圣医药、君联医疗等高原生物藏药优质品牌。新注册商标20多个，包括：“吉顺”青稞醋，“盛桃”芫根饮品，“赛牦岗”牦牛绒等。培植龙头企业8家，规模以上企业11家。

【援藏工作】 年内，江苏援建项目计划总投资1.43亿元，有6个项目开工建设（其中3个项目完工），年度实现投资5761万元。组织各类交流交往和推介招商活动23批次、132人次，组织智力培

8月9日，达孜县委书记张干走访慰问贫困户

训和援助活动4批次、200人次，签署产业项目合作协议6个、总投资2.3亿元（其中确定落地并启动建设项目3个、总投资0.6亿元）。

【特色产业】 年内，达孜县申报净土健康产业补贴24项，落实产业补贴资金405万元。投入500余万元完善农业产业园区基础配套设施，投入3600万元建成智能连栋温室。5个品种的葡萄嫁接苗入驻园区，开启葡萄酒酿造模式；菊花种植基地已初见规模；金银花种植面积已达1800余亩；“苦水玫瑰”项目初步建成，玫瑰有机食品和玫瑰系列高端化妆品逐步上市；西藏菜都农业科技有限公司在无公害蔬菜种植基地内培育的人参果、火龙果、樱桃、冬枣、桃子、珍珠葡萄等试种成功；投入2亿元的雪乡生态示范奶牛繁育基地已完成规划设计；投入3000万元唐嘎乡藏鸡养殖示范基地建设，截至年底，正在办理环评相关手续。

（秦　强）

林周县

【概况】 林周，藏语含义为天然形成的沃土，位于拉萨市东北，距离市区65公里。全县南北狭长，跨度达180公里。念青唐古拉山支脉一恰拉山横贯全境，将林周县分割为南北两大部分。北部属拉萨河上游及其源流区域，素有“三河一流”（热振河、达龙河、乌鲁龙河、拉萨河流域）的美称，平均海拔4200米，气候干燥，年平均气温2.9℃，以农牧业生产为主。南部地区属拉萨河支流澎波河流域，平均海拔3860米，谷地开阔，气候温和，雨水充沛，年平均气温5.8℃，是拉萨市的主要粮食生产基地。

全县辖9个乡1个镇，45个行政村，182个村民小组（自然村），15199户，总人口64507人。人口出生率13.73‰，自然增长率7.14‰。国土面积4512平方公里，主要以第一产业为主，农业包括小麦、油菜、青稞、土豆等不同种类36个新品种，畜牧业包括黄牛、牦牛、山羊、绵羊、马、猪、鸡、鸭等。耕地23万亩，农作物播种面积18万亩，比上年增加0.87万亩。森林覆盖率29.66%，林地面积14.7万公顷。国家级野生保护动物有黑颈鹤、白唇鹿、雪豹、马麝、白尾海雕、玉带海雕等，已探明矿产资源有铁、铅、锌、铜、金、石膏、重晶石、石煤、矿泉水等。

2016年，全县地区生产总值完成15.49亿元，比上年增长1.6%；其中，第一产业完成2.57亿元，同比增长6.5 %；第二产业完成3.58亿元，同比下降25.9 %；第三产业完成9.34亿元，同比增长9.8 %。全社会固定资产投资8.9亿元。完成邮政业务总量121万元，完成电信业务总量1700万元。固定电话用户1247户；移动电话用户40106户；互联网用户2621户。社会消费品零售总额完成1.7亿元。全年共接待游客13.48万人次，同比增长19.1%；实现旅游收入1671.3万元，同比增加20%。完成地方财政收入完成12931万元，比上年增长18.2%；地方财政支出100095万元 ，同比增长69.89%。年末城乡居民储蓄存款余额21246万元。全年农牧民人均可支配收入10095元，实现农牧区劳动力转移就业1.75万人，完成全年目标的100%。城镇登记失业率2.0%。截至年底，参加城镇失业保险1276人，参加基本养老保险36610人，其中60岁以上参加基本养老保险6773人，参保率为99.7%，共计发放养老金1261.14万元。全县共有农村低保户857户3213人；城镇低保988户1033人。有寺庙、拉康、日追38所。

【党建工作】 2016年，林周县着力提升党组织覆盖面，加大党组织组建力度，共建立单独党支部10个、挂靠党支部2个，党组织实际覆盖率为100%。着力夯实党建工作基层基础保障，抓好阵地建设，不断发展壮大村集体经济，全面提高干部待遇。着力抓好基层党建促脱贫攻坚，选优配强乡村领导班子，建立完善党员干部联系贫困户制度，充分发挥党组织战斗堡垒作用。着力全面落实从严治党责任，及时下发《林周县2016年党建工作要点》，进一步建立逐级述职、逐级考评、逐级负责的长效机制。对被确定为软弱涣散的16个党支部分类施治，对症整改。着力发挥好党组织政治功能，先后开展专题学习会100多场次，先后开展“八看、一算账、一揭批、四增强”等感党恩主题教育活动850场次，完善党务、村务公开制度115条。着力开展“两学一做”学习教育活动，各党支部开展讲党课180余次，全县开展集中学习研讨会6次，参加学习950余人次，交流发言29人次，集中学习研讨参学率86%以上，开展进村入户宣讲300余次。2016年，完成乡（镇）领导班子换届工作，完成县级领导班子换届工作。着力推进落实基层党建重点任务，完成集中排查党员组织关系工作，完成排查党代会代表和党员违纪违法未给予相应处理工作，完成检查基层党组织按期换届专项工作，完成检查党费收缴工作。2016年，全县共发展农牧民党员201名，发展非公企业党员2名，发展机关事业单位党员54名。

【廉洁建设】 年内，林周县扎实开展“两学一做”学习教育，强化作风监督检查，持续发力整治“四风”问题。全县共查处违反中央“八项规定”精神问题2起2人，通报批评8家单位；全县“三公”经费同比下降9.43%，公开政府信息1900余条，“12345”政府服务热线满意率达92.5%；按时完成自治区巡视巡察反馈问题整改。不断完善权力运行机制，严格执行《林周县政府投资建设项目管理办法（试行）》《林周县工程项目建设“十不准”》《林周县项目建设和惠民资金管理责任追究办法》等制度规定，组织全县83个企业（公司、个人）签订《企业助廉守法承诺书》，实施项目业主单位提醒谈话机制，政府投资项目招投标、国企国资、强基惠民等领域源头治理进一步加强。坚决把纪律挺在前面，坚持有案必查、有腐必反、有贪必肃。全年纪检机关给予党纪轻处分和组织调整6人、诫勉谈话和函询4人、党纪重处分1人，彰显了建设廉洁政府的坚定决心和鲜明态度。

10月7日，区党委常委、市委书记齐扎拉（左二）到林周县调研精准扶贫工作

【农牧业发展】 年内，林周县圆满完成农牧科技现场会。总投资6809.1万元实施农牧项目16个，播种农作物18万亩、比上年增加0.87万亩。累计实施高产创建、测土配方和良种繁育推广32.4万亩。粮油总产6961.9万公斤，粮食总产6800.08万公斤，比市级下达指标增产0.08万公斤，荣获“全区粮食生产先进县”荣誉称号，名列全区第二。试种小麦、油菜、青稞等不同种类36个新品种。牲畜存栏23.35万头（只、匹），牲畜良种覆盖率达41.2%，出栏8.6万余头（只、匹）；肉、奶、蛋产量分别0.78万吨、0.73万

吨、235.1吨。重大动物疫病疫情防治工作扎实推进，预计免疫注射各类动物23万头（只、匹）。农业机械化普及率不断提高，兑现农机购置补贴资金661万元，购买发放农机具2501台。稳步推进净土健康产业发展，全县种植饲草6.17万亩，生猪、半细毛羊、奶牛养殖初具规模。探索推进县净土产业投资开发有限公司市场化运营，实现净利润119万元。

【工业发展】 年内，林周县完成鹏博健康产业园区一期、二期征地2846.98亩，园区各项配套设施不断完善，完成工业大道，园区排水沟、路灯等附属工程，投入4000万元新建完成甘曲路市政工程、西环路工程和污水提升泵站，累计注册企业82家、落户实体企业5家，产生税收666.4万余元。完成招商引资实际到位资金6.22亿元，同比增长12.8%。总投资2.6亿元的藏电光伏二期项目正式签约，总投资16亿元的创科光伏项目积极推进。“两创示范”工作扎实有效。全县实现工业销售产值25946万元，实现工业增加值8716万元，实现工业投入57933万元，完成工业税收2130万元。

【旅游业】 年内，林周县旅游业发展有效推进，立足现有资源，启动热振景区、林周农场旧址和切玛温泉等旅游规划，全年共接待游客13.48万人，同比增长19.1%；乡村旅游接待4.6万人，同比增长30.3%，乡村旅游收入706万元，同比增加32.4%。

【项目建设】 2016年，林周县在建项目103个，完成投资7.1亿元，其中续建项目44个，完成投资2.87亿元；新建项目59个，完成投资4.23亿元。后续计划开工项目23个，总投资5.7亿元。强化项目稽查管理，严格执行基本建设项目程序，认真贯彻落实“五制”（法人责任制、招投标制、工程监理制、合同管理制、工程质量监督制），加强项目全程管理，严格控制项目建设规模，加快项目建设进度，确保项目建设质量。

召开中共林周县第九次党代会预备会议

【援藏工作】 年内，林周县总投资1.9亿余元实施江苏对口援藏项目13个，涉及城镇基础设施、村容村貌整治等6个方面。

【改革开放】 年内，林周县持续深化国有企业改革，完成净土公司管理层调整，城投公司组建物业管理、建筑两家子公司。重点领域改革不断深入，完成“两清单”编制工作，梳理权力和责任清单3446项；积极落实“营改增”政策，开通“营改增”税收绿色通道，对264户试点纳税人开展税费种认定更改、身份界定等工作；全面落实小微企业税收优惠政策，优化“事前、事中、事后”服务，提升小微企业发展后劲，享受小微企业减免税455户、受益面达100%，减免税款123.44万元；商事制度改革深入推进，积极落实“三证合一”“一照一码”“五证合一”“一照一码”，辖区内98%的企业和农民专业合作社完成“三证合一”“一照一码”换照工作，新增市场主体421户，新增注册资金14.93亿元。

【城乡建设】 年内，林周县棚户区改造全部完成，小康安居工程进展顺利；总投资1931.47万元的7个交通项目积极推进，农村公路总里程达1027.07公里，相比以往增加400.71公里。市政建设稳步实施，三级城镇体系逐步形成，城镇化率21.8%；总投资

5月16日，林周县特警大队“萨嘎达瓦”期间对县城进行维稳巡逻

1.17亿元的9个水利项目建设扎实推进，有效解决6248人的吃水难题，改善项目区1.45万亩耕地灌溉用水环境。传统村落保护规划编制通过审核。涉及松盘乡、强嘎乡和甘曲镇的9000亩土地开发全面完成。

【生态保护】 2015年全区环保考核反馈的突出问题得到全面有效解决，依法取缔非法采石采砂和预制砖场94家；2016年辖区内大气、集中式饮用水、断面水质等各项监测指标均达到或优于环境评价标准，拉萨河源头、周边湿地得到有效保护；成功创建4个自治区级生态村。林业绿化不断加强，完成拉萨周边造林和封山育林6539.4亩、防沙治沙1.18万亩，投入资金306.1万元实施城市绿化。

【教育事业】 年内，林周县县级财政全年投入资金2187.4万元，大力推进全县义务教育均衡发展，并以92.3分的成绩顺利通过国家级评估验收。严格落实“三包”政策，落实“三包”和营养改善经费2825.18万元。适龄儿童入学率达99%以上，中小学巩固率达100%。中小考再创佳绩，位居全市前列；中小学巩固率100%，青壮年文盲率控制在0.2%以内；总投资1349.1万元实施教育基础项目3个。

【医疗卫生】 年内，林周县卫生医疗服务能力得到加强，农牧区医疗保障覆盖面和筹资率均达到100%，累计报销医疗费用3853.43万元，免费体检6万余人次、体检率99.9%；扎实做好组团式医疗援藏承接工作，积极筹备创建“二级甲等”综合性公立医院，医药卫生体制改革工作稳步实施，疾病预防工作不断加强，全县医疗卫生服务水平得到长足发展。食药监管体系不断健全，城乡居民饮食用药安全得到积极保障。

【文化宣传】 2016年，县委理论中心组集中学习20次，参会人数达1200余人次，领导干部带头交流发言达50余人次。《拉萨晚报》全年刊登报道林周300余篇，《西藏日报》刊登15篇，“林周之窗”微信平台发布信息1000余条，林周政务网发布信息1771条。全年对林周县文化市场开展日常巡查44次，专项检查3次，共检查经营单位200余家次，出动检查人员600余人次，查处违规经营案件3起。黑颈鹤民间艺术团共演出文艺节目52场，观众约10万余人次，新华书店全年实现销售收入1.5万余元。完成投资50万元的5个乡镇文化站附属工程项目和投资35.51万元的江热夏乡综合文化站附属工程。全年广播电视直播接收设备新增1980户，更换9425户卫星接收解码器，农村电影放映和爱国主义影片放映共1300场次，观众人数达到16万人次。全县已建起10个乡（镇）电影放映室，14个村级电影放映室，3个学校爱国主义影片放映点。

【社会保障】 2016年，林周县“五项保险”参保人数达47051人，覆盖率达99%以上，征缴各类保险3636.5万元。保障民生积极稳妥，全年发放农村低保资金554.93万元、城镇低保资金654.66元。农牧区劳动力转移就业1.75万人，实现收入9000万元，城镇登记失业人员控制在2.2%以内；五保户集中供养全面有效，截至年底，已入住农村五保老人128人，集中供养率83%，意愿供养率达100%。入户低保核查全部完成，共核查清退296户1115人。防灾减灾、优抚救助、地名普查等

4月29日，林周县举行对口帮扶旅游产业开发资产交接仪式

工作扎实开展。

【和谐构建】 2016年，维稳常态机制建立健全，狠抓社会综合治理，不断完善社会治理体系，严格落实重要时期和重大节庆安全保卫管控措施，妥善做好12年一度的东孜山“猴年转山”民俗宗教活动安保服务管理工作，有力地拱卫了全市和谐稳定。“双联户”和县乡村三级矛盾纠纷体系发挥作用明显，共排查调解矛盾纠纷270件，帮扶困难家庭1283户。狠抓寺庙管理，不断促进各民族相互交流交往交融，全面落实利寺惠僧政策，寺庙各项设施得到极大改善，切实加强宗教事务管理，广泛深入开展法制宣传主题教育活动，深入推进和谐模范寺庙暨爱国守法先进僧尼创建表彰，评选表彰和谐模范寺庙20座、爱国守法先进僧尼988名。强基惠民活动继续推进。182名驻村工作队员扎根基层围绕“5+2”目标任务开展工作，申请争取自筹项目140个，总投资1037.27万元，投入资金349.59万元慰问群众、解决问题困难455件，惠及全县5万余名群众。加强安全生产，强化安全生产“红线”意识，严格开展安全生产整治监察等工作。

（冯　靖）

墨竹工卡县

【概况】 墨竹工卡县位于拉萨东部，地处西藏中部，距拉萨市区东约75公里处的318国道旁，东与林芝市工布江达县相邻，西靠拉萨市达孜、林周两县，北连那曲地区嘉黎县，南接山南市乃东县，交通区位优势较为明显。全县辖七乡一镇，40个行政村，全县总户数13179户、总人口54296人，其中农牧业户数11290户、农牧业人口48629人。县域面积5492平方公里，平均海拔4000米以上，属于高原温带半干旱气候，年平均降水量502毫米，无霜期为90天左右。全县耕地面积7.87万亩，草场面积达512余万亩，林地面积达308余万亩。自然资源极为丰富，有距今850多年的藏传佛教直孔噶举派主寺——直孔替寺与“世界第一热泉”德仲温泉，以及有财神湖之称的思金拉措等旅游资源；有金、银、铜、铁、铅、锌、锑等储藏量丰富的矿产资源；有虫草、雪莲花、贝母、龙胆花、红景天等几十种名贵藏药材资源；有墨竹玛曲、雪绒藏布、拉萨河等水利资源，具有很高的开发价值。

2016年，实现地区生产总值26.18亿元，同比增长14.2%（现价）；固定资产投资预计完成80.55亿元、同比增长7.5%；社会消费品零售总额实现3.3亿元、同比增长14.19%；农牧民人均可支配收入实现11395元、同比增长10.32%；公共财政收入实现3.27亿元、同比增长21.11%。

【党建工作】 年内，墨竹工卡县以全面推进实施“党建统县”战略为抓手，围绕中心、服务大局，以开展“两学一做”学习教育、县乡领导班子换届工作和抓党建促脱贫工作为契机，切实加强领导班子、干部队伍、基层党建、人才队伍和自身建设，不断推动全县组织工作，为全县的经济社会发展提供坚强的组织保证。开展“学习习近平总书记在庆祝中国共产党成立95周年上的讲话精神”等专题学习9次，参学干部585人次。县委“两学一做”协调小组办公室将专题学习讨论的内容和领导的研讨发言稿整理成册，发放1200余册供广大党员干部学习。严格落实“三会一课”制度，以支部为单位，大体按照一月一集中学习、一季度一专题研讨的进度，开展“党章党规”等专题学习研讨482次。全县各级党组织书记紧扣“两学一做”，联系本地区本部门本单位实际，联系党员干部思想、工作、生活和作风实际带头讲党课161次。

【廉洁建设】 年内，墨竹工卡县善于担当、敢于负责，把握政府工作规律性，不断提高创造性和预见性，推动发展中遇到的问题逐个解决、重点项目逐个落地。扎实推进民主政治建设，推进农村社区试点工作，开展全区第九届村“两委”换届选举，推进村务公开民主管理示范县创建工作。不断健全村民自治运行机制。建立容错纠错机制，完善鼓励激励机制，为敢于担当的干部担当，为敢于负责的干部负责。加大行政效能问责力度，整治不作为、慢作为、乱作为。严格执行廉洁从政各项规定，坚决把纪律和规矩挺在前面，认真贯彻落实“准则”和“条例”，继续抓好巡视反馈问题的整改落实工作。加强对重点领域、重点资金、重点项目的审计监督，加大对违纪违法行为的查处力度，始终保持惩治腐败的高压态势。巩固“两学一做”专题教育成果，不断增强“四个意识”，以良好形象赢得群众认可和拥护。

【农牧业发展】 年内，墨竹工卡县严守13.97万亩耕地红线，新建4.56万亩高产田，农作物总播种面积达到7.81万亩、同比增长2.46%，良种覆盖率达85.5%。农牧业总产值实现4.74亿元、同比增长11.27%，预计农林牧业增加值实现2.75亿元、同比增长8.7%。粮食总产量2.44万吨，全县牲畜存栏达17.03万头（只、匹），出栏率达34.2%。农牧民专合组织达到107家，年营业额0.79亿元，带动2962户农牧民实现增收。

【工业发展】 2016年，巨龙矿区建设取得重大突破，知不拉选厂已进入试车阶段，华泰龙二期顺利建成并投入试运行，“三大矿区”经济初具规模，规模以上工业企业6家，2家民爆生产企业取得生产许可证并正式投入生产。全年完成工业投入41.58亿元，实现工业销售产值21.1亿元，实现工业增加值10.54亿元，实现工业税收3.95亿元。

【旅游业】 年内，墨竹工卡县旅游基础设施建设取得重大突破，工卡镇塔巴村旅游富民工程等项目顺利完工。群觉古代兵器博物馆成功申报为我县首家4A级旅游景区。全县全年累计接待游客115.39万人次、同比增长15.27%，实现旅游收入2515.5万元、同比增长19.44%。

【项目建设】 年内，墨竹工卡县开复工项目累计达154个，其中完工项目105个，完成投资80.85亿元。853.55亩建设用地获得批准，出让7宗1026亩建设用地使用权。紧紧抓住藏博会、拉萨雪顿节等机遇，全力开展直孔唐卡等10余种特色产品推介，落实招商引资58.02亿元。规范建设项目监管，完成171个未批先建违法违规项目认定备案工作，对5家未取得许可擅自施工的单位依法给予行政处罚。

【援藏工作】 2016年，第7批、第8批援藏干部顺利完成工作交接，新一批援藏干部围绕“12345”援藏工作思路，扎实开展援藏工作。2016年，落实1‰以

9月21日，召开墨竹工卡县第十三届人民代表大会第一次会议

内援藏资金5060万元，争取1‰以外援藏资金1000万元，实施工卡镇塔巴村供水工程、纬一路向西延伸工程等援藏项目14个。总投资3000万元的墨竹工卡县净土健康产业园区研发基地等项目已完工。坚持“走出去、请进来”相结合的人才培养模式，2名江苏中西医结合医院主任医师到县医院开展技术援藏，5名技术人才赴南京培训提升，166名干部到南京开展岗位挂职。利用“互联网+”，县医院与南京市鼓楼区医院建立远程医疗平台，疑难杂症实现远程会诊。

【改革开放】 年内，建成总面积1165平方米的墨竹工卡县小微企业“双创”产品交易和会展服务平台，全县小微企业达到478家。保持本级财政2%用于科技创新，落实科技经费648万元。成功组建墨竹工卡县人力资源公司、墨竹工卡县天墨交通客运公司。大力实施“质量强县”战略，发展品牌经济，助推经济健康协调发展。

【城乡建设】 年内，墨竹工卡县编制完成《墨竹工卡县城控制性详细规划（2013—2020年）》，县城总面积达到5.29平方公里，常住人口城镇化率达到42.6%。投资2500万元实施墨竹工卡县人居环境整治项目，投资1400万元实施加尔多村、朗杰林村村容村貌整治工程。甲玛乡成为全区特色小城镇示范点，完成投资1.26亿元启动甲玛乡村容村貌整治、霍尔康庄园旅游传统村落风貌改造、孜孜荣村二期搬迁工程、甲玛乡水厂水源地等项目。规范河道采砂管理，严厉打击私采乱挖行为。

【生态保护】 年内，墨竹工卡县围绕“生态墨竹”建设目标，进一步加大生态环境保护力度。投入685.15万元开展周边及重点区域造林、生态安全屏障防沙治沙工程，造林绿化1.95万亩。本级筹资1699.32万元实施嘎则新区、章达村、斯布村绿化工程，栽植苗木2977株，打造绿色长廊。组建县、乡两级环卫队伍，县财政每年投入328.56万元工作经费，全面推行农村生活垃圾集中处理模式。进一步规范排污费征收程序，依法严肃查处环保违法违规行为，对4家单位共处罚金5.7万元。本级安排500万元生态专项资金，在全市率先完成生态县创建工作，荣获“自治区级生态县”称号。环境保护顺利通过自治区考核验收。

【教育事业】 年内，墨竹工卡县继续实施农牧民子女高等教育学杂费100%报销，2016年，累计为2012届至2016届1504名农牧民在校大学生报销学杂费、生活补助共计1025.19万元。深化教育教学改革，深入推进素质教育，中小学素质教育工作顺利通过拉萨市验收。投入3164万元，实施县中学改扩建等6个教育基础设施项目。深化控辍保学，巩固提高“两基”成果，适龄儿童入学率达99.84%，小学在校巩固率达99.86%，初中入学率达101. 8%，巩固率达99.57%。“三包”经费实现幼儿园至中小学全覆盖，全年落实2356.94万元。

【医疗卫生】 年内，墨竹工卡县投入1.02亿元用于医疗卫生事业发展，甲玛乡、扎雪乡卫生院标准化建设项目稳步推进，建立完善分级诊疗制度，继续实施“先诊疗、后结算”医疗制度。继续实施墨竹籍农牧民住院自付费用全额报销，2016年累计报销3813.5

4月14日，自治区党委书记陈全国（右四）到墨竹工卡县检查指导精准扶贫工作开展情况

万元，4036人次受益。村级卫生室和农牧区医疗制度覆盖率达100%，县乡村国家基本药物实现“零差率”销售，县乡卫生监督覆盖率、农牧区医疗管理筹资率均达100%，孕产妇住院分娩率达到99.7%。县医院成功创建为二级乙等医院并正式挂牌。食品药品安全监管进一步加强，安全形势稳定向好，监管体系不断健全。

【文化宣传】 年内，墨竹工卡县奋力推进“旅游强县”战略，以发展全域旅游为契机，加快产业结构调整，重点开发建设大思金拉措旅游项目，积极优化提升思金拉措、日多温泉、甲玛沟等一批景区和度假项目，计划举行旅游节庆活动，培育一批具有墨竹特色的旅游品牌。力争现有的2个AA级景区（思金拉措、德仲温泉）完成升A工作。通过重新组建旅游公司，发挥其招商引资功能，吸引更多的外来投资保障，促进我县旅游项目的建设和旅游产业发展。充分利用县乡村文化活动平台举办文艺活动，全年举办群众文艺演出活动不少于50场次，成立墨竹工卡县广播电视台，数字电影院对外开放，制作完成《魅力墨竹》文化宣传册，做好全国公共文化服务体系迎检工作。

【社会保障】 年内，墨竹工卡县统筹城乡的社会保障制度实现全覆盖，社保参保29911人。完成两线合一，城乡最低生活保障标准分别提高至年人均8280元和年人均3345元。城乡低保补助资金实现“一卡通”发放，1942.87万元低保金直接发放至个人账户。在区市五保供养经费每人每年4740元的基础上再增加5400元，五保供养经费年人均达到10140元，全年兑现五保供养经费共计284.596万元，其中县本级承担164.2万元，五保意愿集中供养率达到100%。实施农牧区60岁以上老人“幸福养老”补贴工程，发放补助资金1635.54万元。全民健康体检率达到100%。规范“三大民生”政策执行，查处违规冒领惠民资金行为，确保惠民政策真正造福于人民。

【和谐构建】 年内，墨竹工卡县以维护稳定为“第一责任”，筑牢维稳防线，实现长治久安。全年开展各类佛事活动，特别是在每12年一遇的直孔噶举派“猴年颇瓦大法会”期间，圆满完成服务管理工作，得到了区市党委、政府的高度肯定。认真开展区、市、县三级和谐模范寺庙暨爱国守法先进僧尼表彰活动，累计发放奖金234.6万元。牢固树立稳定压倒一切的全局意识，健全完善社会治安防控体系。加强重要时段、重大节日安全防范工作，全面实施平安创建、网格化管理和“先进双联户”创建活动，建成“县、乡、村”三级综治信息系统，荣获区市两级“双联户”先进集体、市级综治工作二等奖。深化矛盾纠纷排查化解，调处矛盾纠纷27起，调解涉诉涉访问题84件，涉及资金4200万元。依法办理6起涉及土地违法案件，一年来未发生1起越级上访案件，信访案件实现“零搁置”。牢固树立安全生产“红线意识”，推进安全生产专项检查常态化，整治道路交通、非煤矿山等13个领域安全隐患216处，全县未发生较大及以上安全生产事故。开通安全生产微信公众号和安全警示教育乡企通2个平台，普及社会面安全常识。扎实开展防汛抗旱应急工作，健全各类突发事件处置预

1月6日，自治区党委副书记、主席洛桑江村（左四）到墨竹工卡县调研

案，强化日常应急演练，处突能力显著提升。全力做好迎接国务院第三方评估考核小组考核准备工作。

（阿旺晋美）

曲水县

【概况】 曲水，藏语含义为流水的沟，居北纬29.2°—29.5°、东经90.4°—90.9°之间，地处雅鲁藏布江和拉萨河交会处，318国道横贯全境，是内地空港至拉萨的重要窗口和门户。曲水县总面积1624平方公里，耕地面积6.5万亩。曲水县最高海拔5774米，最低海拔3500米，县城海拔4272.84米。曲水县辖5乡1镇、17个行政村、133个村民小组。曲水县常住人口共有3.6万人，其中农业人口3.26万人。曲水县共有宗教场所25个，其中有僧尼的寺庙为14座。仍是一个典型的以农业为主，牧业为辅的农业县。

2016年，全县完成地区生产总值13.3亿元，同比增长13.3%；全社会固定资产投资完成37.56亿元，同比增长28.8%；地方财政本级一般预算收入2亿元，同比增长21.69%；社会消费品零售总额2.78亿元，同比增长11.6%；农牧民人均可支配收入11110元，同比增长16.57%。就业形式保持稳定，实现新增就业1914人,完成年度目标的168.63%，城镇登记失业率控制在2.2%以内。

【党建工作】 2016年，曲水县17个行政村，133个村民小组，农牧民党员总数2417人，2016发展党数75名，流动党员172名，困难党员123名。

17个村党支部划分为优秀、良好、一般和较差四个等次，其中各方面表现优秀的党支部4个，占总数的23.5%；良好的2个，占总数的11.7%；一般的4个，占总数的23.5%；较差的党支部7个，占总数的41%。

下沉干部管理方面。曲水县各乡镇在职干部共229名，实际在岗177名，借调人员52名，（其中，借调至自治区级单位2名；拉萨市单位11名；县直单位39名）。现有下沉干部共50名，占乡镇干部总数的28.2%，其中，村党支部第一书记16名（曲水村未任命第一书记），加油站派驻人员8名，其他下沉干部27名。各乡下沉干部比例是：聂当乡8名，占全乡总数的31.2%；南木乡7名，占全乡干部总数的18.4%；才纳乡9名，占全乡干部总数的23.7%；达嘎乡6名，占全乡干部总数的14.6%；茶巴拉乡11名，占全乡干部总数的28.9%，曲水镇12名，占全镇干部总数的27.2%。

集体经济积累方面。全县各村集体经济总额在500万元—1000万元的5个村（白堆村750万元、柏林村980万元、德吉村700万元、协荣村700万元、热堆村627万元）；100万元—500万元的8个村（曲水村348万元、茶巴朗307万元、才纳村295.7万元、其奴村164万元、南木村140.72万元、色麦村121万元、江村120万元、曲甫村100万元）；10万元—100万元4个村（茶巴拉88万元、达嘎村42万元、色达村20万元、色甫村10万元）。

【廉洁建设】 2016年，曲水县纪委全程参与到换届党委、人大、政府、政协、两院选举监督中，对不符合两代表一委员资格要求的候选人进行及时调整，未出现拉票贿选等违反换届纪律的问题和举报调整干部的情况。共调整干部99人，其中提任和进一步使

3月12日，区党委常委、市委书记齐扎拉到曲水县调研精准脱贫工作

11月，曲水县委副书记、县长格桑邓珠到牧区看望慰问农牧民群众

用县处级干部12人，提任科级干部47人，平职交流40人。调整纪委委员11人，其中纪委常委5人，强化“四风问题”的督导检查力度。“两节”、端午节、萨嘎达瓦宗教节、国庆等节庆期间，下发《关于节日期间深入贯彻中央“八项规定”精神弛而不息纠正“四风”的通知》等文件，对“节日病”进行专项检查督查，坚决防止“四风”问题反弹；加强违反中央“八项规定”督导检查。通过现场查看、不定时明察暗访等方式，对各乡（镇）、各单位公务用车管理情况及公款消费情况进行督查，2016年联合县政府办下发《关于曲水县公车管理使用的通知》，严明规范公车使用程序，明确公务车辆管理使用要求；开展“三资”监督管理工作。按照我县制定的《曲水县“三资”管理手册》规定，进一步规范“三资”的管理和使用，今年以来，对全乡5乡1镇三资管理专项检查达12次，各乡镇对三资管理专项学习12次；对“三公”经费使用情况开展检查；对各乡（镇）、县直各单位工作人员迟到早退、上班期间上网、到茶馆喝茶等情况进行专项检查，明确日常上班纪律要求。加强对全县各乡镇、各部门党风廉政建设责任制落实情况的督促检查。细化工作任务，明确责任单位和协调单位，突出责任重点，根据《曲水县贯彻落实〈建立健全惩治和预防腐败体系2013—2017年工作规划〉分工方案》和《曲水县委党风廉政建设责任制分工方案》，对各乡（镇）、县直各单位惩防体系任务落实情况和党风廉政建设工作开展情况开展专项检查。2016年，对公车管理、干部作风、工作纪律等内容开展检查督导500余单位（次），开展专项督查近150单位（次），对9名迟到早退人员进行谈话。

认真对照自治区纪委保留的议事协调机构，进一步对保留参与的议事协调机构进行了清理，保留或继续参与的议事机构12个，退出议事机构42个，在曲水县40余家县直单位中设立纪检员岗位，实现县、乡、村纪检干部全覆盖；严格实行经济责任审计，共对5个乡1个镇及16家县直单位进行了经济责任审计；协助做好市委第二轮巡察工作。

县级干部述职述廉36人，乡科级主要负责人述职述廉38人；结合年终考核，对下一级党委、县直机关等38个单位落实“两个责任”、狠抓“四风”问题进行实地督导。

【农牧业发展】 年内，曲水县机耕、机播、机收面积分别达到6.5万亩、6万亩和6万亩，农业机械率到达70%；共落实发放各项农业补贴1007.82万元；粮食产量2.55万吨，完成率达到100.79%，同比增加0.79%；油菜作物的种植面积为13675亩，总产量为0.20万吨；蔬菜总完成6.254万吨，完成率达到102.52%，同比增加3.17%。牲畜总出栏38775头，出栏率为44%。2016年共融资20多亿元，用于才纳现代农业示范区和万亩乡土苗木良种繁育基地建设。万亩黑青稞、万亩土豆、万亩饲草、万亩中藏药材基地建设已具规模。7类净土产品获得国家级有机农产品、产地认证书，成功创建为全国有机农业示范县。推进“一区四园六基地”建设，引进与净土健康产业相关企业30余家，生产出40余种净土健康产品，同比2015年增长1倍多。年产值超过10亿元，完成既定目标。

【工业发展】 2016年，曲水县完成工业增加值6.4亿元，同比增长20.7%；招商引资到位资金达13.1亿元，同比增长10.08%，完成年目标任务的100.77%；销售产值15.54亿元，同比增长23.8%；上缴税收1.01亿元，同比增长14.8%。加大对品牌建设和科技创新的扶持力度，西藏邦金美朵工贸有限公司荣获著名商标和拉萨市名牌产品名录；拉萨净土睿健生物产业发展有限公司部分产品通过美国、日本、欧盟有机认证；西藏高争民爆股份有限公司首次公开发行并在深圳证券交易所A股中小板上市。

【旅游业】 年内，曲水县依托区位优势，大力挖掘旅游潜力，抓好旅游资源开发。提升“秀色才纳”的品质，成功评为国家AAA级景区，年接待游客15万以上，实现产值1.3亿元；拉萨净土健康野生动物保护园、俊巴渔村民族特色旅游，茶巴拉乡桃花村旅游景区建设取得突破性进展。开展旅游市场秩序综合治理，推动全县旅游服务标准化建设。

【项目建设】 年内，曲水县开复工项目共273个，完工项目199个；总投资95.89亿元，完成投资36.78亿元，完成目标任务的103.05%；援藏项目10个，总投资3.2687 亿元。修订《曲水县政府投资项目管理办法》、制定项目建设流程图，形成“三挂”“六定”“5个一”项目管理机制。

【创新创业】 年内，曲水县响应国家“大众创业，万众创新”的号召，开展创业培训，培训合格率达到90%以上，创业成功率15%，已创业培训创业者，合格率100%，创业成功率65.38%。全年新增加个体工商户135户，注册资金1320万元。新增企业114家，注册资本9.1亿元。

【城乡建设】 年内，曲水县新建乡村公路67.39公里，农村客运顺利开通，实现全县乡镇通车率为100%，交通条件不断优化。完成电网改造工程，以及农村基础水利工程建设。完成396套乡镇周转房及配套设施、64套公租房建设及一期、二期棚户区配套基础设施建设。开工建设了小康安居工程126户，易地扶贫搬迁安置区684套住房。实施县城供水改造、县城污水处理厂、垃圾中转站等城区综合改造提升工程，开展318国道人居环境综合治理工作。

【生态保护】 年内，曲水县投资1.76亿元实施水利项目18个,有效改善水环境；继续实施国家生态安全屏障保护、“两江四河”、防沙治沙生态安全屏障等重点工程，投资7015.5万元实施重点造林项目5个、治沙项目2个，总面积达5万多亩；积极开展绿色生活活动、环境卫生综合整治，全县垃圾收集率、处理率达95%以上。

【脱贫攻坚】 年内，曲水县始终将脱贫攻坚工作放在首要位置，按照中央“六个精准”“五个一批”和自治区“八个到位”的要求，扎实推进“六项措施”。全年申报扶贫项目16个，总投资6883万元。研究制定《曲水县精准扶贫精准脱贫工作的实施意见》，成立县扶贫开发领导小组，下设脱贫攻坚指挥部，建立指挥部“联席会议”制度，形成“上下联动、部门协同”的“大扶贫”格局。实践了“654321”的扶贫脱贫新路子，建立健全“5321”帮扶监测机制和帮扶信息平台。1371户4792人建档立卡贫困人口已全面实现脱贫。“拉萨河畔·三有村”、才纳四季吉祥村两个扶贫移民安置区，成为

2月27日，曲水县春耕春播仪式

全区“以迁脱贫”的样板工程。

【教育事业】 年内，曲水县健全教育优先发展工作机制和保障体系，义务教育优质均衡发展、突出双语教育、注重校园文化建设。加大对教育领域的支持力度，全面改善了学校办学的硬件条件。全县在校生4605人，适龄儿童入学率达100%，在校生巩固率达100%，适龄少年入学率达98.87%，在校生巩固率达100%，基本普及学前幼儿教育。

【医疗卫生】 年内，曲水县始终把健康事业摆在突出位置。县级公立医院改革、“二级乙等”医院创建步伐明显加快。深化医疗人才“组团式”援藏，加快网络医院建设，建成县乡村三级全覆盖的远程会诊平台。启动“人口健康综合管理项目暨健康曲水建设项目”，出台《关于县乡医疗卫生服务一体化管理工作的指导意见》，在全国率先创新开展人口健康综合管理村例会制度并常规化、制度化。农牧区医疗制度覆盖率继续保持100%，农牧民群众健康档案建档率100%。

【社会保障】 2016年，县级公立医院改革、“二级乙等”医院创建步伐明显加快。深化医疗人才“组团式”援藏，加快网络医院建设，建成县乡村三级全覆盖的远程会诊平台。启动“人口健康综合管理项目暨健康曲水建设项目”，出台《关于县乡医疗卫生服务一体化管理工作的指导意见》，在全国率先创新开展人口健康综合管理村例会制度并常规化、制度化。农牧区医疗制度覆盖率继续保持100%，农牧民群众健康档案建档率100%。

参保人员54552人，征缴1970万元、发放500余万元。“五险”实现制度全覆盖；低保评定实行动态管理，实现应保尽保，各类保险参保率达到了100%，提高了群众生活保障水平。

【和谐构建】 年内，曲水县全面贯彻落实民族政策，推动民族团结进步。推进部署创建民族团结进步示范县“七进”工作，挂牌民族团结进步创建活动试点单位市级13家。全县开展以“民族团结进步之花在曲水盛开”为主题的民族进步宣传月活动。发放奖金9.2万元用于表彰模范集体和模范个人。

加强创新寺庙管理。积极引导宗教与社会主义社会相适应，完善寺庙基本公共服务，投入800万元完善寺庙基础设施，继续深化“六建”“六个一”“九+五”“一覆盖”“一个创建”“一个工程”“主题教育”等一系列工作，积极探索寺庙管理长效机制建设。发放奖金45.8万元用于表彰和谐寺庙、先进管委会、爱国守法先进僧尼、优秀驻寺干部、优秀宗教执事人员。

妥善化解矛盾纠纷。严格执行涉法涉诉信访依法终结制度及领导包案化解、分级受理办结制度。强化领导干部接访下访，认真受理群众来访事件并及时办结，全年没有出现一起越级上访事件，有力维护了全县发展稳定大局。

努力强化安全生产。集中开展食品安全、道路交通、工矿商贸和消防安全等专项整治，依法打击各种违法犯罪。进一步加大安全生产隐患排查治理力度，实现全年重大安全事故“零发生”。

（张　钰）

尼木县

【概况】 尼木县位于雅鲁藏布江

3月29日，曲水县农牧民住房所有权抵押贷款发放仪式

中游北岸，东与曲水县交界，南与仁布县紧连，西南与南木林县相依，西北与当雄县相接，东北与堆龙德庆县接壤。尼木县属高原温带半干旱季风气候区，四季分明，夏季雨水集中，辐射强，年日照时数2947.2小时，年无霜期100天左右，年降水量324.2毫米。县人民政府驻塔荣镇，平均海拔3800米以上，距拉萨市区147公里，下辖7个乡1个镇（塔荣镇、吞巴乡、普松乡、尼木乡、帕古乡、续迈乡、卡如乡、麻江乡），共32个行政村、127个自然小组，总人口36548人。其中农村人口30795人，人口出生率1.4%，自然增长率11‰。县域面积3275.8平方公里，主要以农业产业为主，农业包括青稞、小麦、豌豆、油菜、土豆等作物，畜牧业包括牦牛、绵羊、山羊等。耕地面积2786.67公顷，粮食播种面积2009.35公顷，经济作物耕地面积428.13公顷。森林覆盖率10.44%，林地面积35227.98公顷。矿产资源主要有铜、钼、泥炭等，野生动植物资源主要有豹子、岩羊、狗熊、猞猁、獐子等。主要旅游景点是吞巴景区，级别为国家级3A级景区。尼木县作为藏文字的发源地，文化氛围浓厚，民风淳朴，被誉为“尼木三绝”的吞巴藏香、雪拉藏纸和普松雕刻享誉区内外。2016年，完成生产总值6.69亿元，同比增长4.6%。其中，第一产业完成1.04亿元，同比增长5.7%；第二产业完成2.79亿元，同比增长-0.6%；第三产业完成2.86亿元，同比增长9.9%。全社会固定资产投资13.18亿元，完成邮政营业总额103.6万元，完成电信业务总量5267单，固定电话用户256户，使用率98%；移动电话用户4850户，使用率96%；互联网用户417户。社会消费品零售总额0.55亿元，同比增长13.4%。接待旅游74833人次，实现旅游收入3026.73万元，同比增长16%。地方财政收入11174万元，同比增长100.97%；地方财政支出78257万元。农牧民人均可支配收入10254元，同比增长10.3%，实现城镇就业再就业114人，城镇登记失业率控制在2.2%以内。截至年底，参加城镇失业保险800人，参加基本养老保险1993人，城镇职工参加基本养老保险1613人。参加新型农村合作医疗16243人，已领取养老保险待遇3529人。有寺庙、拉康、日追22所。

7月29日，区党委常委、市委书记齐扎拉（前排右二）到尼木县吞巴乡调研

【党建工作】 年内，尼木县召开全县基层党建工作部署会，聚焦基层党建面临的突出问题，从7个方面28项内容明确全县年度基层党建工作要点，与各党（工）委签订2016年基层党建工作责任书，开展全县党（工）委书记抓基层党建工作述职评议考核，并延伸到村级党组织，全县32名村党支部书记、28名第一书记向乡镇党委进行述职。不断发展壮大党员队伍，按照党员发展新“十六字”（控制总量、优化结构、提高质量、发挥作用）方针，发展党员185名，其中农牧民党员121名，占65.4%；女党员67名，占36.2%；30岁以下党员113名，占61.1%；初中及以上学历56名，占30.3%；举办入党积极分子培训班9期，培养入党积极分子350余名。按照“消除零元村、扶持薄弱村、壮大一般村”的思路，设立县级专项扶持资金480万元，32个村制定壮大村级集体经济实施项目42个，投入运营项目28个，增加村级集体经济146万余元，带动251名农牧民创收，11个集体经济“空壳”村

全部实现零突破。按照年内党员干部全部轮训一遍的目标，大力实施“领导干部能力素质提升”工程、“乡村党员干部文化素质提升”工程、精准扶贫培训和藏汉“双语”培训工程，先后安排15名县级干部到区外参加各类培训，14名乡镇党政负责人赴四川省委党校参加“抓党建、促脱贫”专题培训；分3批安排98名乡村干部、158名小学文化村干部参加拉萨市精准扶贫培训和文化素质提升培训，安排60名县乡干部在北京、成都培训；举办精准扶贫培训、新任职干部岗前培训等各类培训班29期，累计教育培训乡村党组织书记216人次，“双联户代表”631名，农牧民党员1900余名，科级干部283名，全县党员干部培训总数达到3752名，覆盖率达到100%。扎实开展“党员组织关系集中排查”和党费收缴工作专项检查，累计对93个党支部3156名党员组织关系和信息进行核实，整治党员组织关系接转不及时、组织活动开展不经常、党费收缴不规范、流动党员管理教育不严格等问题7项，共登记流动党员117名，经查找取得联系并已纳入党组织的党员2名，152名党员补交党费19891.69元。

10月22日，国务院扶贫开发领导小组赴藏督导组成员、全国总工会党组成员、组织部部长张茂华（右一）到塔荣镇尚日村督导检查

【廉洁建设】 年内，尼木县共开展党风廉洁建设专题学习20次，组织全体县级领导及各乡镇党委、部门党委（党组）书记系统全面深入学习党章、十八届中央纪委历次全会特别是习近平总书记系列重要讲话精神、八届区、市纪委历次全会精神，结合党的“两学一做”学习教育，加强监督检查，督促各单位抓好教育任务的贯彻落实，持续灌输廉洁知识。印发《尼木县纪委贯彻落实〈八届拉萨市纪委七次全会工作任务分解表〉的工作措施》，从6个方面53项内容对党风廉洁建设和反腐败工作进行任务分解，制定出具体的工作计划和措施，并明确牵头领导、责任部门、落实范围和完成时限要求。坚持每月播放1次《警示教育片》，组织各乡（镇）、县直各单位负责人参观拉萨市廉洁警示教育基地，充分利用短信平台每周定时发送廉洁信息，开通“尼木清风”微信公众平台并下发通知要求全县所有干部职工关注，编印下发《尼木县把握运用“四种形态”知识手册》200份，引导和督促干部树立高标准、守住底线。采取以考促学的办法组织开展党风廉洁知识测试，以《中国共产党章程》《中国共产党廉洁自律准则》《中国共产党处分条例》《中国共产党问责条例》《关于新形势下党内政治生活的若干准则》《中国共产党党内监督条例》等党内法规为测试内容，增强广大党员干部党员廉洁自律意识，牢固树立纪律“高压线”，筑牢“廉洁防火墙”。成立尼木县纪委深入贯彻中央“八项规定”精神、驰而不息纠正“四风”常态化监督检查小组，联合县督查室、县委组织部、政法委、统战部、民宗局及强基办成立了6个督导小组，采取明察与暗访相结合，实地检查相关资料等方式，坚持每周不少于2次的执纪监督检查，特别是在重要节点期间，坚持每天督查，整合监督力量，充分发挥村务监督委员会和村级纪检监督员作用，公布监督举报电话，鼓励引导群众举报问题线索，对违反自治区纪委“十个严禁”行为，坚决严肃处理，发现一起、严查一起，并在全县范围内点名道姓通报曝光。

【农牧业发展】 年内，尼木县耕地面积2786.67公顷，粮食播种面积2009.35公顷，经济作物耕地面积428.13公顷。经实际测定，2016年全县粮油总产为2873万斤，增产6.25万公斤；其中，粮食产量为1321.6公斤，增产1.4万公斤，比拉萨市下达指标增产1.6万公斤；青稞产量为1197.2万公斤，增产24.85万公斤，比拉萨市下达指标增产67.2万公斤；油菜产量为114.9万公斤，增产4.85万斤。全县牲畜存栏116515头（只、匹），新生仔畜14408头（只、匹），仔畜成活率98.5%，成畜出栏率1.5%，死亡率0.53%，实现猪牛羊肉产量27205公斤，禽蛋产量8.93吨，奶产量438927公斤。

【“四产业两园区”建设】 藏鸡产业：“尼木藏鸡”和“尼木藏鸡蛋”地理标识保护产品，通过国家工商总局初审。总投资2820万元的尼木藏鸡保种育种项目一期工程于2016年7月底全面竣工，养殖藏鸡1.2万只，其保种扩繁方式得到区内畜禽专家高度认可。总投资9647.06万元的二期工程待复工。藏香文化产业：投资400万元，集产品研发、生产、销售和旅游服务为一体的尼木藏香研发中心完成主体工程，于2016年10月完成设备采购。投资1900万元的非物质文化展示中心完成结构封顶。争取到北京援藏“十三五”规划外资金7991万元，建设藏香文化产业园，并完成用地测量、概念性规划、可行性研究报告编制。全年藏香产值达到5700万元。全域旅游产业：围绕“四菜一汤”全域旅游产业总体布局，加快推进吞巴特色小城镇建设、卡如沟域经济旅游开发、五米农业产业园建设、琼穆岗嘎旅游开发，续迈温泉。全年“一日游”游客达到74800人次，同比增长13%，旅游收入3026.73万元，同比增长16%，荣获全市2016年度“旅游文化产业先进县”称号。有机农业创建工作：制定《尼木县有机农业产业发展总体规划》，成立尼木县创建国家有机产品示范县领导小组。与北京同仁堂、杭州博可生物科技有限公司，就藏香开发、药材种植、有机农产品生产达成合作开发初步意向。与北京五洲恒通认证有限公司达成创建有机示范县协议，对藏鸡、藏香、青稞、藜麦、牦牛、土豆、油菜进行有机认证。“两园区”建设：争取北京援藏资金1500万元，启动尼木农业高新技术产业示范园区一期建设，示范带动全县农业向现代化方向发展；组建拉萨经开区尼木产业园开发有限公司，注册资本5000万元，规划占地1000亩，开发573亩，3月30日开工建设。总投资4.5亿元的瑞德兴阳40兆瓦光伏发电项目开工建设，总投资2.4亿元的西藏藏能20兆瓦光伏发电项目完工。

【生态文明建设】 年内，尼木县实施重点区域造林739.7亩、拉萨周边防护林工程5874.3亩（其中封山育林5600亩、造林274.3亩），完成生态安全屏障防沙治沙项目13333.4亩（其中人工育林种草3986.55亩、封育及林间补植9346.85亩），退耕还林65亩。

年内，尼木县投入748.28万元全面开展环境保护工作，大气环境质量达到一级标准，主要河流断面水质保持在国家Ⅲ类水质标准以上，县城集中式饮用水源地水质达到国家Ⅱ类水质标准以上。完成6个生态乡镇、24个村生态创建申报工作，并全部通过验收。投入216万元为七乡一镇购买8台压缩式垃圾车，新改扩建

6月15日，拉萨市经济技术开发区尼木产业园揭牌仪式

各类项目环评执行率达到100%，环评“三同时”制度执行率达到100%。

年内，尼木县完成水利投资10577.79万元，实施灌区工程2个、小农水重点县建设工程50个（其中包括县级投资116.16万元改建乌米开发区内4600余米水渠和部分排水工程）、安全饮水工程3处、中小河流治理工程10个（县级投入资金165万元修建防洪堤200米、排水沟755米），全年解决2100余人、1300余（头、只、匹）牲畜饮水问题；投资7806.27万元修建农村公路64.4公里，已修道路57.236公里，乡镇、行政村通畅率达100%；建成周转房272套、公租房48套，县城供暖三期项目建成运行。投入232.2万元，在318国道和县城主干道沿线安装单立柱广告牌10个。

【社会保障】 年内，尼木县为民办实事方面：在认真落实区、市民生政策的基础上，县财政投入资金4249.3万元，完成10件民生实事；教育事业方面：选派教师参加各类培训243人次。小学适龄儿童入学率达99.93%，初中适龄人口入学率达99.82%。对上大学的608名贫困农牧民子女，提供全额学费资助202.86万元；投入110.45万元对136名建档立卡贫困户大学生，提供全额学费资助41.33万元和生活补助69.12万元；落实“三包”、营养改善计划和学前教育补助1667.09万元；医疗卫生方面：落实卫生基础设施建设项目4个，投入资金2240万元。发放“一孩双女”困难家庭和“特别扶助”资金70.63万元，农牧区医疗制度参合率、综合覆盖率均达100%。2016年共补偿大病统筹基金1600人次1003.61万元（其中“先诊疗后结算”共852人次381.93万元）。开展食品安全检查789家次、专项检查268家次、联合检查1188家次，出动执法人员2438人次。全年，孕产妇零死亡，婴儿死亡率12.7‰，无重大疫情和食品、医疗安全事故发生；社保体系方面：建立健全就业服务体系，城镇登记失业率控制在2.2%以内；社会保险扩面不减，参保率持续稳定增长。五大保险参保人数22246人，征缴基金2145.17万元，报销、发放资金528万元。为60岁以上城乡居民3602人发放养老保险金665.04万元；为城乡低保对象991户3032人，落实低保金641.11万元；城乡医疗救助638人，兑现救助资金273.4万元；2016年县级财政列支专项集中供养生活补助270.671万元，发放五保供养资金93.07万元，为861名残疾人和残障儿童落实护理补贴和生活补贴35.8万元。完成全国第二次地名普查工作，核查、登记地名信息2312条。

10月9日，尼木县委书记杜国君主持召开全县产业扶贫项目推进会

【社会管理】 年内，尼木县共开展农牧民技能技术培训8期，共计705人，培训合格率达到90%以上，农牧民劳动力转移就业572人，其中市级投入60.5万元，本级财政投入24万元。完成县、乡、村三级综治信息平台建设，631名联户代表完成认证登记。开展安全隐患联防联控579次、整改隐患215次，开展治安巡逻959次，排查铁路安全隐患13处。投入207.38万元为寺庙、僧尼办实事181件；投入15.9万元对6座和谐模范寺庙、124名先进僧尼、8个先进寺管会、19名优秀驻寺干部进行表彰。2016年，共评选表彰16个民族团结模范集体和31名民族团结模范个人。2016年，共接待群众来信来访14批件29人次，办结14批件，办结率100%；上级转交办5批件7人次，办结5批件，结案率100%。年内，对非煤

7月28日，中央电视台外语频道到尼木县吞巴乡采访

矿山、危险化学品、道路交通、建筑施工、食品药品、烟花爆竹等行业领域共检查764次，消除整改安全隐患255处，全县共发生各类安全生产事故29起，未发生较大以上事故。

【政府建设】 年内，尼木县撰写《尼木政务信息》480余期，“三公”经费同比下降27%。不断完善县乡政务服务体系，县政务服务中心顺利搬迁至政府大楼办公，9个单位、19项便民服务集中进驻，累计办理行政审批事项400余件，按时办结率95%以上。“12345有事找政府”服务热线运行良好，接听群众来电16件，办结率、满意率均达100%。2016年，办理人大建议84件、政协提案23件，办复率100%，满意率90%以上。全面推进“放管服”改革，成立“权责清单”改革专项工作领导小组，制定《政府工作部门推行权力和责任清单制度工作实施方案》，对全县21个政府工作部门和4个参公事业单位1154项权责事项进行清理，对自治区明确的57类责任事项、72种追责情形进行梳理，理顺部门权责关系。

（孙　轲）

当雄县

【概况】 当雄县属拉萨市纯牧业县，位于西藏自治区中部，藏南与藏北的交界地带，拉萨市北部，距拉萨市170公里。县域国土面积1.23万平方公里，平均海拔4300米。地理坐标为北纬29°31′—31°04′，东经90°45′—91°31′。北部与班戈县、那曲县接壤，南与林周县、堆龙德庆县交界，东部一隅与那曲嘉黎县相连，西南与尼木县毗邻，青藏公路（国道109线）由东向西横贯全境。东北至西南硕长，长185公里，西北至东南狭窄，宽约65公里，其中最窄处约34公里。2016年，全县下辖6个乡2个镇、28个村（居）委会，172个村民小组，全县总人口52351人。在职干部职工1800人，退休干部职工272人，全县共有党组织支部130个，党员4354人，其中牧民党员3328人。现有中学1所，在校生2111人，教职员工148人；小学9所，在校生5259人，教职员工331人；幼儿园13所，在园幼儿1046人，教职工11人；有牧家书屋28个、寺庙书屋22个、文化站8所（含县文化活动中心）、文艺演出团体1个；县中心医院1所，医务人员61人，乡镇卫生院7所、医务人员64名；防疫站1所，专职人员12人；五保户96人；享受城镇最低生活保障388户、689人，享受农村最低生活保障1475户、4778人。全县共有各类宗教场所24个，其中有僧无场所2个，嘎巴点13个，旦康2个,大型寺庙4座，小型寺庙3座,僧尼221人。实现地区生产总值12.86亿元，增长16.4%；公共财政预算收入完成2亿元,下降29.07%；全社会固定资产投资完成24.81亿元，增长26.7%；规模以上工业增加值完成2.07亿元，增长28.6%；社会消费品零售总额完成1.48亿元，增长13.8%；农牧民人均纯收入达到11445.08元，增长12.4%；城镇登记失业率控制在2%以内。全年共接待游客79.1万人次，增长20.4%；实现旅游收入7368万元，增长15.6%；旅游业带动相关产业实现收入2.6亿元，增长8.3%。全年招商引资合同引进项目19个，协议资金176.33亿元，实际到位资金14.9亿元，增长35.2%。全县牲畜存栏473705头（只、匹），其中，牦牛256049头，羊158857只，山羊54751只，马4048匹。仔畜出

9月9日，拉萨市副市长、当雄县委书记张正在《天缘·纳木错》开机仪式上致辞词

生118694头（只、匹），成活率97.7%，肉产量10457.35吨，奶产量27261.5吨。

【党建工作】 年内，当雄县召开县委理论中心组学习会议28次，参学党员干部1600余人次，不断加强党员领导干部思想政治建设。同时，结合庆祝建党95周年纪念活动，我县选树表彰了11个先进基层党组织，20名优秀共产党员，10名优秀党务工作者。截至年底，全县13个软弱涣散党组织全部晋位升级，提升基层党组织建设水平。结合县乡换届工作，当雄县新提拔使用干部49名，进一步使用15名，平职调整20名，将10名长期在乡镇基层工作的乡镇领导班子调整到县直部门工作，从县直部门下派干部13名，乡镇之间交流干部17名，提拔使用“三类人员”9名。根据市委下发的对全市村（居）干部基本报酬和业绩考核奖励部署进行调整的通知，制定《关于对村（居）干部基本报酬和业绩考核奖励补助进行调整的通知》，提高村（居）干部报酬，其中，村（居）党支部书记和村（居）民委员会主任每人每年4万元，村（居）党支部副书记和村（居）民委员会副主任每年每人3.2万元，村（居）“两委”委员每人每年2.4万元，极大提升村（居）干部干事创业的积极性。全县村级组织活动场所规范化建设项目总投资6978.94万元，将新（重）建组织活动场所13个，改（扩）建组织活动场所15个。全县28个村（居）活动场所按照统一规划设计、分批实施建设的原则，16个村（居）的村级活动场所正在新建或改扩建当中，其余12个村（居）的村级活动场所待明年开工建设。全县各级基层党组织每周集中召开脱贫攻坚会议的覆盖率达100%，党员参会率达98%以上。

【廉洁建设】 年内，当雄县充分发挥县党风廉政建设和预防反腐败警示教育基地优势。累计组织党员干部参观学习30余次，人员3200余人（次）。投入专项资金10万余元，建设廉政文化长廊，已制作廉政警句宣传画册80余幅，均已“上墙”，实现机关廉政文化长廊建设全覆盖。积极宣传“办公电脑廉政屏保”，全县所有办公电脑均设置廉政屏保，时刻教育提醒党员干部职工牢记自身职责，牢固树立“打铁还需自身硬”的意识。为建设团结美丽健康幸福新当雄提供了有力保障。强化“两个责任”落实。编印《党风廉政建设党委主体责任和纪委监督责任清单》120余份，县级领导干部人手1份，乡镇党委、乡镇纪委、县直部门各一份，倒逼“两个责任”落实，始终将责任牢牢扛在肩上，紧紧握在手中。

【农牧业】 年内，当雄县投资2164.5万元，新建3个乡（镇）兽防所、3个兽用加工坊、3个防抗灾物资储备库和龙仁乡曲登羊阁村牦牛养殖小区项目，实施人工种草8000亩，畜牧业综合生产能力持续增强，基础地位更加稳固。截至年底,当雄县八个乡（镇）已完成注射工作，注射牲畜共计585788头（只），其中牦牛283584头、黄牛7536头、绵羊211726只、山羊82942只。通过全县动物防疫人员的共同努力，当雄县2016年秋季动物防疫注射工作已全面完成，取得阶段性胜利。

【教育事业】 年内，当雄县投资4814.75万元，实施县中学、县中心幼儿园改扩建项目，新建县完小、纳木湖乡小学澡堂以及村级幼儿园4所。投资581.8万元，对全县1010名大学生进行资助。全县小学适龄儿童入学率、巩固率分别达到99.68%、99.16%；初中入学率、巩固率分别达到98.7%、98.53%；教育“三包”经费和营养改善落实率达到100%。

【医疗卫生】 年内，当雄县大病统筹住院2579人次，报销金额2158.74万元。全民免费健康体检率达99.62%，婴幼儿死亡率控制在12.4‰以内，国家免费孕前优生健康检查率达100%。

【文化事业】 年内，当雄县投资46万元，对广播电视转播台的天馈系统及UPS电源系统进行整体改造，全县广播电视综合覆盖率分别达到98.5%和99.4%。投资10万元，从内地购置一台1千瓦电视发射机。县民间艺术团荣获拉萨市文艺调演比赛活动歌舞类二等奖。

【社会保障】 年内，当雄县为3.67万人次发放养老保险金629.5万元，为5496人发放低保资金996.2万元，全县76名五保老人正式入住三县社会福利院，意愿集中供养率达到100%。

【旅游业】 2016年，纳木错景区共接待游客64万人次，旅游门票收入6798万元。5月28日，当雄县举办“相约纳木湖畔·寻觅虫草之旅”活动。为积极响应精准帮扶贫工作，借着“相约纳木湖畔·寻觅虫草之旅”活动的平台，旅游局从贫困户中选出76名牧民群众为此次的活动担任向导员，并给予每人向导费200元。10月29日，由公安局负责临时组建联合执法小队，从公安局、旅游局、文化执法大队、工商局、文广局、食药局、交通局、民政局、民宗局、纳木湖乡、羊八井镇、宁中乡、公塘乡、当曲卡镇、乌玛塘乡各抽调一名工作人员共计14人，在重点旅游观光点（羊八井镇景点、念青唐古拉景点、纳木错扎西半岛、拉根山观景台、藏北八塔）等进行不定期巡逻，集中开展旅游联合执法，确保各景点秩序井然，并形成长效机制。

【生态保护】 年内，当雄县加强生态环境建设，投资323.87万元，实施109国道县城段、政府大院和旅游沿线绿化、美化、亮化工程。投资1398.57万元，实施纳木湖乡清洁能源推广试点工程及道路景观生态修复工程，稳步推进自治区级生态乡（镇）创建工作，城乡环境质量持续好转。

【维护稳定】 年内，当雄县投入资金3000余万元，有序推进“羊年转湖”民俗宗教活动服务保障工作。全年转湖、转岛人员共计60.35万人，各保障单位开展武装巡逻349次、综合执法249次、消防安全隐患大排查161次、食品卫生安全大检查55次、排查化解矛盾纠纷13起，实现了“零人员伤亡、零案（事）件、零暴恐事件、零负面印象”的目标；建立健全“1+X”维稳工作体系，积极整合拉萨市网络数据中心资源，完善全县综治信息平台建设，全面推进法治当雄、平安当雄、和谐当雄建设进程，确保西藏和平解放60周年、自治区成立50周年大庆期间社会和谐稳定。投资282.67万元，落实全县792名护路队员的出勤补贴，全年共出动护路联防队员24.63万人次，巡线里程达18.6万公里，确保青藏铁路当雄段的安全畅通。

10月21日，当雄县委副书记、县长其美次仁重阳节到敬老院看望老人

【项目建设】 年内，当雄县全县开复工项目89个，总投资8.51亿元。其中，新建项目72个，完成实际投资5.83亿元，复工项目17个，实际完成投资0.87亿元，建设任务和投资计划如期完成。

【援藏工作】 年内，当雄县落实援藏资金567万元，实施郭尼村五组桥梁和羊八井镇至当曲卡镇沿线4座桥梁建设，不断改善群众出行环境。

【特色产业】 年内，当雄县净土健康产业投入注册资金8000万元成立当雄县净土健康产业投资开发有限公司，全面介入畜牧业、旅游业、水资源和新能源的开发，加快优质稀缺资源国有化进程。投入资金2107万元，新建净土农畜产品农贸交易市场和温室大棚5座，实施人工种草1.2万亩，引进种公牛172头，不断夯实畜牧业发展基础。诚信推出有“身份证”的牦牛肉，着力解决市场供需矛盾、回应群众期盼、壮大净土产业、促进草畜平衡，共销售牦牛1574头、27.5万公斤，实现收入1928万元。水资源和新能源产业快速发展，引进6个光伏、地热以及水产业支撑项目，天然饮用水区域品牌逐步建立，新能源产业发展势头强劲。旅游产业投资64万元，选送14名群众前往西北民族大学进行为期半年的导游培训，邀请旅游卫视拍摄“当雄旅游”宣传片。投入185万元，完成“互联网+纳木错”智慧景区建设，旅游综合服务能力不断提升，龙头地位更加凸显。全年，共接待游客79.1万人次，增长20.4%；实现旅游收入7368万元，增长15.6%；旅游业带动相关产业实现收入2.6亿元，增长8.3%。

（央金卓嘎）

7月1日，当雄县净土公司生态园正式开业

2016年拉萨市受地厅级以上表彰的先进集体

表5

获奖单位	获奖名称	表彰时间	授予单位
市委组织部	全国老干部工作先进集体	2016年	中组部、人力资源社会保障部
国家开发银行西藏分行	六五普法先进单位	2016年	中宣部
老龄办	全国老年法律维权先进集体	2016年	全国老龄办、最高人民法院、最高人民检察院、公安部、民政部、司法部
拉萨市中级人民法院	全国法院党建工作先进集体	2016年	最高人民法院
城关区人民法院	全国法院先进集体	2016年	最高人民法院
拉萨市检察院	全国检察机关基层检察院建设组织奖	2016年	最高人民检察院
拉萨市检察院未检办	对未成年人检察工作做出突出贡献的集体	2016年	最高人民检察院
拉萨市交通产业集团有限公司16路队	全国工人先锋号	2016年	中华全国总工会
团市委	第十一届中国青年志愿者优秀组织奖	2016年	共青团中央、中国青年志愿者协会
拉萨市公安局监所管理支队妇委会	全国三八红旗集体	2016年	中华全国妇女联合会
拉萨市公安局监管支队妇委会	全国三八红旗集体	2016年	中华全国妇女联合会
拉萨市看守所	2015年一级看守所	2016年	公安部
当巴派出所	创建寺庙管理警务工作新机制	2016年	公安部
拉萨市公安局经侦支队	2016年全国卷烟打假工作成绩突出集体	2016年	公安部
拉萨市法律援助中心	第五届全国法律援助工作先进集体	2016年	司法部
拉萨市法律援助中心	1+1中国法律援助志愿者行动2015年度先进单位	2016年	司法部

续表5

获奖单位	获奖名称	表彰时间	授予单位
拉萨市人社局	全国人力资源和社会保障系统2014—2016年度优质服务窗口	2016年	人力资源社会保障部
拉萨市农技推广总站	西藏粮油高产创建技术集成与示范推广农业技术推广成果奖二等奖	2016年	农业部
柳梧新区达东村	中国美丽休闲乡村	2016年	农业部
拉萨市个私协	全国个私协会系统先进单位	2016年	国家工商总局
柳梧工商分局	全国先进窗口单位	2016年	国家工商总局
柳梧新区达东村	中国乡村旅游创客示范基地	2016年	国家旅游局
拉萨市看守所	2015年公安监管专项工作成绩突出单位	2016年	公安部监所管理局
拉萨市人社局	自主择业军队转业干部教育培训网络课堂工作中表现突出	2016年	国务院军转办
拉萨市	全国双拥模范城“七连冠”	2016年	全国双拥办
111便民警务支队	妇女儿童工作先进集体	2017年	全国妇联总工会
建行冲吉路支行	全国金融五一巾帼标兵岗和全国金融五一巾帼标兵	2017年	中国金融总工会
拉萨市公安局国保支队	2015年全国“扫黄打非”先进集体	2016年	全国“扫黄打非”工作小组
柳梧新区达东村	2016中国最美村镇生态奖	2016年	中国最美村镇评选活动组委会
建行林廓北路支行	中国银行业协会“千佳网点”称号	2016年	中国银行业协会
拉萨市科协	2016年全国科普日活动优秀组织单位	2016年	中国科协
拉萨市科协	2016年全国科普日活动特色活动优秀单位	2016年	中国科协
拉萨市工商局	2016年中国国际商标节贡献奖	2016年	中华商标协会
拉萨市歌舞团	《远嫁》《扎年弹唱》《喇嘛玛尼》荣获节目优秀奖	2016年	国家曲协
拉萨市妇联	全国“最佳志愿服务组织”奖	2016年	全国宣传推选志愿服务“四个100”先进典型活动组委会
拉萨市文明办	2016全国社区网络春晚“特别贡献奖”	2016年	中国社区网、全国社区网络春晚组委会
拉萨市文明办	2016年全国未成年人网络春晚“优秀组织奖”	2016年	中国文明网、中国未成年人网
拉萨市第二中等职业技术学校	荣获全国第五届中小学学生艺术展演活动优秀组织奖	2016年	全国第五届中小学学生艺术展演活动竞赛组委会
拉萨市纪委	自治区创先争优强基础惠民生活动先进驻村（居）工作队	2016年	自治区党委、自治区政府

续表5

获奖单位	获奖名称	表彰时间	授予单位
拉萨市强基础惠民生活动领导小组办公室	自治区创先争优强基础惠民生活动第五批先进单位	2016年	自治区党委、自治区政府
拉萨市检察院	自治区创先争优强基础惠民生活动优秀组织单位	2016年	自治区党委、自治区政府
拉萨市妇联	自治区先进驻村工作队	2016年	自治区党委、自治区政府
拉萨市审计局	创先争优强基础惠民生活动先进单位	2016年	自治区党委、自治区政府
拉萨市城乡规划局	2016年西藏自治区民族团结进步模范集体	2016年	自治区党委、自治区政府
拉萨市城乡规划局	自治区创先争优强基础惠民生活动先进驻村（居）工作队	2016年	自治区党委、自治区政府
拉萨市农牧局	自治区创先争优强基础惠民活动先进驻村（居）工作队员	2016年	自治区党委、自治区政府
拉萨市交通产业集团有限公司	2016年西藏自治区民族团结进步模范集体	2016年	自治区党委、自治区政府
西藏自治区拉萨市柳梧新区达东村驻村工作队	西藏自治区先进驻村工作队	2016年	自治区党委、自治区政府
拉萨市旅游局驻夺底乡维巴村驻村工作队（第五批）	区创先争优强基础惠民生活动先进集体	2016年	自治区党委、自治区政府
拉萨市旅游局	区创先争优强基础惠民生活动优秀组织单位	2016年	自治区党委、自治区政府
中国人寿保险股份有限公司西藏自治区分公司	自治区创先争优强基础惠民生活动优秀组织单位	2016年	自治区党委、自治区政府
国家开发银行西藏分行	自治区创先争优强基础惠民生活动2016年优秀组织单位	2016年	自治区党委、自治区政府
拉萨市广播电视台	2016年西藏自治区民族团结进步模范集体	2016年	自治区党委、自治区政府
拉萨市广播电影电视局	自治区创先争优强基础惠民生活动先进驻村（居）工作队	2016年	自治区党委、自治区政府
拉萨市人社局	全区“先进双联户”创建活动先进乡镇（街道）	2016年	自治区党委、自治区政府
拉萨市公安局国保支队	全区基层优秀党组织	2016年	自治区党委
墨竹工卡县公安局党委	先进基层党组织	2016年	自治区党委
拉萨市中级人民法院	拉萨中院受自治区党委副书记齐扎拉书面批示表扬	2016年	自治区党委
拉萨市公安局监所支队	民族团结进步模范集体	2016年	自治区政府
拉萨晚报社	西藏自治区创先争优强基础惠民生活动优秀组织单位	2016年	自治区政府
拉萨晚报社	2015-2016年度全区新闻宣传工作先进集体	2017年	自治区党委宣传部
市委统战部	2016年度全区统战理论政策研究优秀成果“优秀组织单位”	2017年	自治区党委统战部

续表5

获奖单位	获奖名称	表彰时间	授予单位
堆龙德庆区人民法院	受自治区党委副书记、政法委书记邓小刚书面表扬	2016年	自治区党委政法委
拉萨市中级人民法院	全区法院信息工作先进集体	2016年	自治区高级人民法院
拉萨市中级人民法院	全区法院民商事审判工作先进集体（民一庭）	2016年	自治区高级人民法院
拉萨市中级人民法院	全区法院民商事审判工作先进集体（民二庭）	2016年	自治区高级人民法院
拉萨市中级人民法院	全区法院党建工作先进集体	2016年	自治区高级人民法院
城关区人民法院	全区法院民事审判工作先进集体	2016年	自治区高级人民法院
堆龙德庆区人民法院	全区法院民事审判工作先进集体	2016年	自治区高级人民法院
堆龙德庆区人民法院	2015年度全区优秀法院	2016年	自治区高级人民法院
堆龙德庆区人民法院	受自治区高院院长索达书面批示表扬	2016年	自治区高级人民法院
拉萨市检察院	2016年度全区检察机关先进集体	2017年	自治区人民检察院
拉萨市检察院预防处	预防职务犯罪年度报告评比“三等奖”	2016年	自治区人民检察院
拉萨市气象局	县级综合业务技能竞赛团体第二名、计算机综合处理和技术装备保障单项团体第一名	2016年	自治区总工会、自治区人社厅、自治区气象局
拉萨市教育局	全区职工业余篮球赛男子组亚军	2016年	自治区总工会
市城投公司	西藏五一劳动奖状	2017年	自治区总工会
市城投公司	模范职工之家	2017年	自治区总工会
团市委	全区第五届“成才杯”大学生创业大赛 优秀组织单位奖	2016年	共青团西藏自治区委员会、自治区科技厅、自治区教育厅、自治区人社厅
拉萨市看守所	青少年维权岗	2016年	共青团西藏自治区委员会
城关区人民法院	青少年维权岗	2016年	共青团西藏自治区委员会
团市委	西藏共青团首届青年农牧民创新创业大赛优秀组织奖	2016年	共青团西藏自治区委员会
拉萨市妇联	西藏自治区“巾帼心向党”暨第三届“格桑花”杯（广场舞）优秀组织奖	2016年	自治区妇联、自治区体育局
拉萨市妇联	2015年度全区妇联系统目标考核一等奖	2016年	自治区妇联
八廓南街便民警务站	西藏自治区文明便民警务站	2017年	自治区精神文明建设指导委员会、自治区公安厅
110便民警务支队	2016年度学雷锋志愿服务先进典型“最佳志愿服务组织”	2017年	自治区精神文明建设指导委员会

续表5

获奖单位	获奖名称	表彰时间	授予单位
拉萨市工商联	“送文艺下基层”活动被评为“最佳志愿服务项目”	2016年	自治区精神文明建设指导委员会
拉萨市教育局	全区先进基层党组织	2016年	自治区直工委
小昭寺广场警务站	自治区文明警务站	2017年	自治区公安厅、文明办
拉萨市公安局	2015年全区公安政治工作考核第一名	2016年	自治区公安厅
拉萨市公安局办公室	2015年度全区公安机关信息工作先进集体	2016年	自治区公安厅
城关区公安局	全区公安机关执法示范单位	2016年	自治区公安厅
公德林派出所	全区公安机关执法示范单位	2016年	自治区公安厅
两岛派出所	全区公安机关执法示范单位	2016年	自治区公安厅
当雄县公安局刑警大队	全区公安机关执法示范单位	2016年	自治区公安厅
拉萨市公安局特警支队	全区公安机关“四项建设”警务实战化建设示范单位	2016年	自治区公安厅
拉萨市公安局禁毒支队	2016年度“高原扫毒”先进集体	2017年	自治区公安厅
拉萨市第二中等职业技术学校	2016年西藏自治区民族团结学校	2017年	自治区教育厅、自治区民族宗教事务委员会
拉萨市教育局	全区教研工作先进单位	2016年	自治区教育厅
拉萨市文化（文物）局	2016年度信息工作先进集体	2016年	自治区文化厅
拉萨市文化（文物）局	2016年度“互联网”上网服务行业转型升级先进转型单位	2016年	自治区文化厅
中国人寿保险股份有限公司西藏自治区分公司	“十二五”期间西藏自治区国防动员建设优秀企业	2016年	自治区国防动员委员会
拉萨市国税局货物和劳务税科	全区营改增推行工作先进集体一等奖	2016年	自治区国税局
拉萨市工商局	2015年度全区工商系统民族团结进步模范集体	2016年	自治区工商局
拉萨市工商局	拉萨市工商局获得全区工商系统2015年目标管理考核“第二名”	2016年	自治区工商局
拉萨市统计局、国家统计局拉萨调查队	全区统计报表综合评比一等奖	2016年	自治区统计局、国家统计局西藏调查队总队
拉萨市统计局、国家统计局拉萨调查队	全区统计调查工作先进集体	2017年	自治区统计局、国家统计局西藏调查队总队
拉萨市广播电影电视局	“西新工程”决算先进集体	2016年	自治区新闻出版广电局
拉萨晚报社	首届全国报刊编校技能大赛西藏赛区初赛三等奖	2016年	自治区新闻出版广电局
拉萨市代表团	全区足球锦标赛“第三名”	2016年	自治区体育局

续表5

获奖单位	获奖名称	表彰时间	授予单位
拉萨市妇联巾帼志愿服务队	拉萨市巾帼志愿服务队“西藏自治区最佳志愿服务组织”奖	2016年	自治区文明办
拉萨市教育局	全区精神文明建设优秀组织奖	2016年	自治区文明办
拉萨市疾控中心	食品安全风险监测工作先进集体	2016年	自治区疾控中心
武警拉萨市森林大队	基层建设先进大队	2016年	武警西藏森林总队
武警拉萨市森林大队	基层建设先进中队	2016年	武警西藏森林总队
武警拉萨市森林大队	先进基层党组织	2016年	武警西藏森林总队
拉萨市疾控中心	全区传染病疫情网络直报先进集体	2016年	自治区疾控中心
拉萨市工商联	第三届“东方少年中国梦”新创意中小学生作文大赛优秀组织奖	2016年	北京市文联、北京市作家协会
拉萨市文明办	拉萨市2015年度深化全国文明城市创建工作先进单位	2016年	市委、市政府
市委统战部	2016年度拉萨市目标绩效争先进位考核市直单位党群类“争先一等奖”	2017年	市委、市政府
市委统战部	2016年度社会治安综合治理工作“先进集体”	2017年	市委、市政府
市委统战部	拉萨市创先争优强基础惠民生“优秀组织单位”	2016年	市委、市政府
中共拉萨市直属机关工作委员会	拉萨市2015年度深化全国文明城市创建工作先进单位	2016年	市委、市政府
拉萨市信访局	2016年度社会治安综合治理工作先进集体	2017年	市委、市政府
拉萨市信访局	2016年度全市信访工作先进集体	2017年	市委、市政府
拉萨市信访局	2016年度全市民族团结进步模范集体	2016年	市委、市政府
拉萨市信访局	2016年度全市安全生产工作先进集体	2017年	市委、市政府
拉萨市信访局	2016年度全市环境保护工作先进集体	2017年	市委、市政府
拉萨市公安局	2015年度社会治安综合治理工作先进集体	2016年	市委、市政府
拉萨市公安局指挥中心	2016年度民族团结进步模范集体	2016年	市委、市政府
拉萨市公安局特警支队	自治区创先争优强基础惠民生活动第五批市级优秀组织	2016年	市委、市政府
八廓北街便民警务站	2016年度民族团结进步模范集体	2016年	市委、市政府
拉萨市公安局机关第五批驻村工作队	先进工作队	2016年	市委、市政府
拉萨市公安局网络安全保卫支队	2018年度民族团结进步模范集体	2016年	市委、市政府

续表5

获奖单位	获奖名称	表彰时间	授予单位
拉萨市公安局治安管理支队	2019年度民族团结进步模范集体	2016年	市委、市政府
拉萨市公安局网络安全保卫支队	拉萨市2016年度民族团结进步模范集体	2016年	市委、市政府
拉萨市检察院	2016年度社会治安综合治理工作	2017年	市委、市政府
拉萨市检察院	2016年度拉萨市目标绩效争先进位考核市直单位社会治理类争先二等奖	2017年	市委、市政府
拉萨市中级人民法院	第五批市级创先争优优秀组织	2016年	市委、市政府
拉萨市司法局	2016年度全市维稳综治工作先进集体	2016年	市委、市政府
拉萨市司法局	2016年市直机关党建工作先进单位	2016年	市委、市政府
拉萨市阳光公证处	拉萨市民族团结进步模范先进集体	2016年	市委、市政府
团市委	2015年度拉萨市目标绩效考核争先进位考核市直单位党群类 争先一等奖	2016年	市委、市政府
团市委	拉萨市2016年度民族团结进步模范集体	2016年	市委、市政府
团市委	拉萨市2015年度深化全国文明城市创建工作先进单位	2016年	市委、市政府
团市委	第三届拉萨篮球联赛第八名	2016年	市委、市政府
拉萨市妇联	2015年度信访工作先进集体	2016年	市委、市政府
拉萨市工商联	拉萨市净土健康产业先进单位	2016年	市委、市政府
拉萨市财政局	2016 年度全市信访工作先进集体	2017年	市委、市政府
拉萨市财政局	拉萨市国资国企改革发展工作先进单位	2017年	市委、市政府
拉萨市财政局	拉萨市文化旅游产业发展先进单位	2016年	市委、市政府
拉萨市财政局	脱贫攻坚先进行业扶贫单位	2016年	市委、市政府
拉萨市财政局	2016年全市目标绩效争先进位先进单位（经济社会发展类）	2017年	市委、市政府
拉萨市工商局	2015年度全市信访工作先进集体	2016年	市委、市政府
拉萨市工商局	第三届拉萨篮球联赛“道德风尚奖”	2016年	市委、市政府
拉萨市工商局	拉萨市2015年度深化全国文明城市创建工作先进单位	2016年	市委、市政府
拉萨市质监局	拉萨市2015年度深化全国文明城市创建工作先进单位	2016年	市委、市政府
拉萨市质监局	拉萨市净土健康产业、先进单位	2016年	市委、市政府

续表5

获奖单位	获奖名称	表彰时间	授予单位
拉萨市质监局	全市档案系统先进单位	2016年	市委、市政府
拉萨市食品药品监督管理局	拉萨市创先争优强基础惠民生活动先进驻村（居）工作队	2016年	市委、市政府
拉萨市食品药品监督管理局	拉萨市深化全国文明城市创建工作先进单位	2016年	市委、市政府
拉萨市食品药品监督管理局	拉萨市创先争优强基础惠民生活动优秀组织单位	2016年	市委、市政府
拉萨市统计局、国家统计局拉萨调查队	市创先争优强基础惠民生活动优秀组织奖	2016年	市委、市政府
拉萨市统计局、国家统计局拉萨调查队	全市争先进位考核优秀奖	2017年	市委、市政府
拉萨市统计局、国家统计局拉萨调查队	全市国资国企改革工作先进单位	2016年	市委、市政府
拉萨市城乡规划局	2015年度信访工作先进集体	2016年	市委、市政府
拉萨市城乡规划局	第三届拉萨篮球联赛优秀组织奖	2016年	市委、市政府
拉萨市城乡规划局	2016年度拉萨市目标绩效争先进位考核市直单位经济社会发展类进位奖	2017年	市委、市政府
拉萨市市政市容管理委员会（拉萨市城市管理综合执法局）	2016年度社会治安综合治理工作先进单位	2017年	市委、市政府
布达拉宫广场管理处	民族团结进步模范集体	2016年	市委、市政府
拉萨市农牧局	拉萨市创先争优强基础惠民活动优秀组织单位	2016年	市委、市政府
拉萨市农牧局	2015年社会治安综合管理治理工作先进集体	2016年	市委、市政府
拉萨市农牧局	拉萨市净土健康产业先进单位	2016年	市委、市政府
拉萨市农牧局	2016年度脱贫攻坚先进行业扶贫单位	2016年	市委、市政府
拉萨布达拉旅游文化集团有限公司	拉萨市2016年度民族团结进步模范集体	2016年	市委、市政府
拉萨布达拉旅游文化集团有限公司	拉萨市文化旅游产业先进单位	2016年	市委、市政府
拉萨布达拉旅游文化集团有限公司	拉萨市文化旅游产业先进单位	2016年	市委、市政府
拉萨布达拉旅游文化集团有限公司	拉萨市国有企业党建工作先进集体	2017年	市委、市政府
拉萨布达拉旅游文化集团有限公司	拉萨市国有企业党建工作先进集体	2017年	市委、市政府
拉萨暖心燃气热力有限责任公司	拉萨市2016年度民族团结进步模范集体	2016年	市委、市政府

续表5

获奖单位	获奖名称	表彰时间	授予单位
拉萨暖心燃气热力有限责任公司	2016年度社会治安综合治理工作先进集体	2017年	市委、市政府
拉萨市交通产业集团有限公司	全市脱贫攻坚工作先进企业	2016年	市委、市政府
拉萨市交通产业集团有限公司	拉萨市文化旅游产业先进单位	2016年	市委、市政府
拉萨经开区综治办	2016年度社会治安综合治理工作三等奖	2017年	市委、市政府
拉萨经济技术开发区	拉萨市2016年度目标绩效争先进位考核进位一等奖	2016年	市委、市政府
柳梧新区管委会	拉萨市人才改革管理试验区	2016年	市委、市政府
柳梧新区管委会	2016年度拉萨市目标绩效争先进位考核进位二等奖	2017年	市委、市政府
拉萨市柳梧新区达东村	2016年度脱贫攻坚成效先进村	2016年	市委、市政府
拉萨市交通运输局	拉萨市社会治安综合治理先进集体	2017年	市委、市政府
拉萨市交通运输局	拉萨市目标绩效争先进位考核先进集体	2016年	市委、市政府
拉萨市交通运输局	拉萨市信访工作先进集体	2017年	市委、市政府
拉萨市交通运输局	拉萨市安全生产先进集体	2017年	市委、市政府
拉萨市交通运输局	拉萨市国资国企改革发展先进集体	2017年	市委、市政府
中国电信集团公司拉萨公司	2016年度“社会治安综合治理工作先进集体”	2017年	市委、市政府
尼木县气象局	尼木县气象局荣获尼木县2016年度目标绩效考核经济社会发展贡献奖	2016年	市委、市政府
拉萨市第二中等职业技术学校招生就业处	优秀团队	2016年	市委、市政府
拉萨北京实验中学2016届高考备考研究室	优秀团队	2016年	市委、市政府
拉萨江苏实验中学2016届高三年级组“尖刀连”	优秀团队	2016年	市委、市政府
城关区纳金小学数学组	优秀团队	2016年	市委、市政府
堆龙德庆区乃琼镇中心小学教研组	优秀团队	2016年	市委、市政府
达孜县中学教务教研团队	优秀团队	2016年	市委、市政府
曲水县达嘎乡小学藏语文教研组	优秀团队	2016年	市委、市政府
墨竹工卡县教育局教研室	优秀团队	2016年	市委、市政府
尼木县中学教研室	优秀团队	2016年	市委、市政府

续表5

获奖单位	获奖名称	表彰时间	授予单位
林周县教育局教研室	优秀团队	2016年	市委、市政府
拉萨市文化（文物）局	拉萨市2016年度民族团结进步模范集体	2016年	市委、市政府
拉萨市广播电影电视局	拉萨市2015年度深化全国文明城市创建工作先进单位	2016年	市委、市政府
拉萨市藏语委办	2016年全市综治工作先进集体	2016年	市委、市政府
拉萨市档案局（馆）	全市自治区创先争优强基础惠民生活动第五批市级先进驻村（居）工作队	2016年	市委、市政府
拉萨市卫生局	社会治安综合治理工作先进集体	2016年	市委、市政府
拉萨市人民医院	2016年度社会治安综合治理工作先进集体	2017年	市委、市政府
拉萨市救助管理站	全市民族团结进步模范集体	2016年	市委、市政府
拉萨市人社局	2015年度拉萨市目标绩效争先进位考核市直单位经济社会发展类争先二等奖	2016年	市委、市政府
拉萨市人社局	2015年度信访工作先进集体	2016年	市委、市政府
拉萨市人社局	拉萨市创先争优强基础惠民生活动优秀组织单位	2016年	市委、市政府
拉萨市人社局	第三届拉萨篮球联赛第七名	2016年	市委、市政府
拉萨市人社局	2015年度全市信息工作先进集体	2016年	市委、市政府
拉萨市人社局	2015年度社会治安综合治理工作先进集体	2016年	市委、市政府
拉萨市人社局	自治区创先争优强基础惠民生活动先进驻村（居）工作队	2016年	市委、市政府
拉萨市人社局	2016年度拉萨市目标绩效争先进位考核市直单位经济社会发展类争先二等奖	2017年	市委、市政府
拉萨市人社局	2016年度信访工作先进集体	2017年	市委、市政府
拉萨市环境保护局	2016年度拉萨市目标绩效争先进位	2017年	市委、市政府
拉萨市环境保护局	2016年度社会治安综合治理工作先进集体	2017年	市委、市政府
拉萨市环境保护局	2016年度全市招商引资工作先进集体	2017年	市委、市政府
拉萨市环境保护局	2016年度信访工作先进集体	2017年	市委、市政府
尼木县政府	“2016年度拉萨市目标绩效考核争先进位县（区）进位三等奖”	2017年	市委、市政府
尼木县政府	拉萨市2016年度民族团结进步模范集体	2016年	市委、市政府
拉萨市公安局国保支队	市优秀基层党组织	2016年	市委

续表5

获奖单位	获奖名称	表彰时间	授予单位
墨竹工卡县公安局党委	先进基层党组织	2016年	市委
当巴派出所	全市先进基层党组织	2016年	市委
拉萨市公安局特警支队特战大队党支部	先进基层党组织	2017年	市委
拉萨市司法局	2016年度拉萨市目标绩效争先进位考核市直单位社会治理类争先一等奖	2016年	市委
拉萨市发展和改革委员会	2016年民族团结进步模范集体	2016年	市委
拉萨市国税局	优秀驻村工作组织奖	2016年	市委
拉萨市国税局纳木错村工作队	2016年度扶贫攻坚先进集体	2016年	市委
拉萨市国税局	拉萨市2015年度深化全国文明城市创建工作先进单位	2016年	市委
拉萨市工商局	拉萨市净土健康产业发展先进单位	2016年	市委
拉萨市个体私营经济协会党委	全市先进基层党组织	2016年	市委
拉萨市工商局	2015年度全市信息工作先进集体	2016年	市委
拉萨暖心燃气热力有限责任公司	全市先进基层党组织	2016年	市委
拉萨市交通产业集团有限公司	全市先进基层党组织	2016年	市委
拉萨市教育局	全市先进基层党组织	2016年	市委
拉萨暖心燃气热力有限责任公司	第三届“体彩杯”职工足球联赛精神文明奖	2016年	市委、市政府、市教育局
拉萨市公安局	2015年拉萨市环境保护先进集体	2016年	市政府
拉萨市发展和改革委员会	2015年度全市工业和信息化工作先进部门	2016年	市政府
拉萨市发展和改革委员会	2015年度拉萨市创建全国质量强市示范城市推进工作先进单位	2016年	市政府
拉萨市发展和改革委员会	2015年度安全生产领域集体奖	2016年	市政府
拉萨市发改委办公室	2015年度全市政府系统办公室工作先进集体	2016年	市政府
拉萨市财政局	2016年度全市统计调查工作先进集体	2017年	市政府
拉萨市财政局	2016年度全市环境保护工作先进集体	2017年	市政府
拉萨市财政局	2016年全市藏语文工作先进集体	2017年	市政府
拉萨市财政局	2016年度人社工作先进市直单位	2017年	市政府

续表5

获奖单位	获奖名称	表彰时间	授予单位
拉萨市工商局	全市政务服务工作先进窗口单位	2016年	市政府
拉萨市质监局	2016年度全市安全生产、先进单位	2017年	市政府
拉萨市质监局	全市创建国家质量强市示范城市先进单位	2016年	市政府
拉萨市质监局	全市安全生产先进单位	2016年	市政府
拉萨市质监局	全市消防先进单位	2016年	市政府
拉萨市城乡规划局	2015年度全市招商引资先进集体	2016年	市政府
拉萨市城乡规划局	2015年拉萨市政务服务工作先进窗口单位	2016年	市政府
拉萨市城乡规划局	2016年度全市招商引资工作先进集体	2017年	市政府
拉萨市市政市容管理委员会（拉萨市城市管理综合执法局）	安全生产先进单位	2016年	市政府
拉萨市市政市容管理委员会（拉萨市城市管理综合执法局）	全市环境保护工作先进集体	2016年	市政府
市城投公司	拉萨市2016年度民族团结进步模范集体	2016年	市政府
市城投公司	2016年度信访工作先进集体	2017年	市政府
市城投公司	2016年度脱贫攻坚工作先进企业	2016年	市政府
市城投公司	拉萨市国有企业经营业绩目标考核一等奖	2017年	市政府
拉萨布达拉旅游文化集团有限公司	2016年度全市招商引资工作先进集体	2017年	市政府
拉萨置地投资开发有限公司	拉萨市国有企业经营业绩目标考核先进单位三等奖	2016年	市政府
拉萨暖心燃气热力有限责任公司	2016年度全市安全生产先进单位	2017年	市政府
拉萨市交通产业集团有限公司	2016年全市安全生产先进单位	2017年	市政府
拉萨经开区经发局	2016年度招商引资工作目标考核一等奖	2017年	市政府
堆龙德庆区工业园区管委会	2015年度先进工业园区二等奖	2016年	市政府
拉萨市文化（文物）局	拉萨市2016年度消防安全工作先进集体	2016年	市政府

说明：由于各单位资料提供不全，可能有遗漏

2016年拉萨市受地厅级以上表彰的先进个人

表6

姓名	性别	民族	工作单位	获奖名称	表彰时间	授予单位
黄前敏	女	藏	市科技局	全国科普工作先进工作者	2016年	中宣部、科技部、中国科协
贡　嘎	男	藏	市中级人民法院	全国模范法官	2016年	最高人民法院
多　吉	男	藏	堆龙德庆区人民法院	全国法院系统第二十七届学术讨论会优秀奖	2016年	最高人民法院
尼玛玉珍	女	藏	尼木县人民法院	2016年全国法院藏汉双语法官培训班优秀学员	2016年	最高人民法院
次仁卓嘎	女	藏	市中级人民法院	2016年全国两会新闻舆论引导先进个人	2016年	最高人民法院
德　吉	女	藏	市检察院	全国检察机关优秀抗诉案件	2016年	最高人民检察院
普布仓觉	女	藏	市检察院	未成年人检察工作做出突出贡献个人	2016年	最高人民检察院
关亚博	男	汉	团市委	第十一届青年志愿者优秀个人	2016年	共青团中央、中国青年志愿者协会
扎西多吉	男	藏	拉萨市第二中等职业技术学校	2016年全国中学中职学校团委书记职业技能大赛“三等奖”	2016年	共青团中央
晋美朗杰	男	藏	经侦支队	2015年度全国知识产权系统和公安机关知识产权执法工作成绩突出个人	2016年	公安部、国家知识产权局
贡嘎坚参	男	藏	治安管理支队	2015年全国缉枪治爆专项行动成绩突出个人	2016年	公安部
伍江河	男	汉	经侦支队	打击整治假币违法犯罪专项行动成绩突出个人	2017年	公安部
阿旺次仁	男	藏	经侦支队	“猎狐行动”表现突出个人	2017年	公安部
张春光	男	汉	经侦支队	知识产权执法工作成绩突出个人	2017年	公安部
达瓦次仁	男	藏	经侦支队	2016年全国卷烟打假工作成绩突出个人	2016年	公安部
次　培	男	藏	拉萨市司法局	全国普法模范	2016年	司法部
法地玛	女	藏	拉萨市司法局	全国法律援助工作先进个人	2016年	司法部
次仁琼达	男	藏	拉萨市农技推广总站	西藏粮油高产创建技术集成与示范推广农业技术推广成果奖二等奖	2016年	农业部
平措次仁	男	藏	拉萨市群艺馆	全国文化馆榜样人物	2016年	文化部
达娃琼达	女	藏	拉萨市工商局	全国工商窗口先进个人	2016年	国家工商总局
杜晓辉	男	汉	拉萨市气象局	2016年全区汛期气象服务先进个人	2016年	国家气象局
普　琼	男	藏	监所管理支队	2015年公安监管专项工作成绩突出个人	2016年	公安部监所管理局

续表6

姓名	性别	民族	工作单位	获奖名称	表彰时间	授予单位
洛桑次仁	男	藏	特警支队警犬技术大队	优秀学员	2017年	公安部昆明警犬基地
洛桑次仁	男	藏	特警支队警犬技术大队	警犬宣传先进个人	2017年	公安部昆明警犬基地
谭荣站	男	汉	特警支队警犬技术大队	优秀学员	2017年	公安部昆明警犬基地
永　春	女	藏	拉萨市妇联	全国妇儿工委工作先进个人	2016年	全国妇儿工委办
德　吉	女	藏	市卫生局	全国计生协会先进个人	2016年	国家计生协
洛桑曲珍	女	藏	国家开发银行西藏分行	最受欢迎的法治人物	2016年	全国普及法律常识办公室、中国法学会、中央国家机关工委宣传部
黄　艳	女	汉	建行西藏区分行林廓北路支行	全国金融优秀共青团员称号	2016年	中国建设银行股份有限公司
张　霞	女	汉	建行西藏区分行林廓北路支行	中国银行业文明规范服务明星大堂经理	2016年	中国建设银行股份有限公司
卢沁瑶	女	汉	建行西藏区分行财务会计部	全国金融五一劳动奖章	2016年	中国金融总工会
央　宗	女	藏	建行西藏区分行营运管理部	全国金融五一劳动奖	2016年	中国金融总工会
李有志	男	汉	建行西藏区分行办公室	2016年全国金融系统思想政治工作和企业文化建设调研成果优秀奖	2016年	中国金融思想政治工作研究会
李晓宁	女	汉	建行西藏区分行办公室	2016年全国金融系统思想政治工作和企业文化建设调研成果优秀奖	2016年	中国金融思想政治工作研究会
扎西拉旺	男	藏	拉萨市市政养护处	全国市政协会先进个人	2016年	全国市政协会
边巴罗布	男	藏	市广播电视台	社教类一等奖	2016年	中广联少数民族节目工作委员会藏语广播电视优秀节目评析会
德吉白珍	女	藏	市广播电视台	社教类一等奖	2016年	中广联少数民族节目工作委员会藏语广播电视优秀节目评析会
德吉央宗	女	藏	市广播电视台	社教类一等奖	2016年	中广联少数民族节目工作委员会藏语广播电视优秀节目评析会
巴桑卓玛	女	藏	市广播电视台	社教类一等奖	2016年	中广联少数民族节目工作委员会藏语广播电视优秀节目评析会
边　多	男	藏	市广播电视台	电视文艺专题类一等奖	2016年	中广联少数民族节目工作委员会藏语广播电视优秀节目评析会
白玛扎西	男	藏	市广播电视台	电视文艺专题类一等奖	2016年	中广联少数民族节目工作委员会藏语广播电视优秀节目评析会

续表6

姓名	性别	民族	工作单位	获奖名称	表彰时间	授予单位
次　珍	女	藏	市广播电视台	电视文艺专题类一等奖	2016年	中广联少数民族节目工作委员会藏语广播电视优秀节目评析会
索朗德吉	女	藏	市广播电视台	电视文艺专题类一等奖	2016年	中广联少数民族节目工作委员会藏语广播电视优秀节目评析会
丹增晋美	男	藏	市广播电视台	优秀栏目类一等奖	2016年	中广联少数民族节目工作委员会藏语广播电视优秀节目评析会
色　珍	女	藏	市广播电视台	优秀栏目类一等奖	2016年	中广联少数民族节目工作委员会藏语广播电视优秀节目评析会
格　旺	男	藏	市广播电视台	优秀栏目类一等奖	2016年	中广联少数民族节目工作委员会藏语广播电视优秀节目评析会
洛桑扎巴	男	藏	市广播电视台	社教类二等奖	2016年	中广联少数民族节目工作委员会藏语广播电视优秀节目评析会
仁　增	男	藏	市广播电视台	社教类二等奖	2016年	中广联少数民族节目工作委员会藏语广播电视优秀节目评析会
晋　美	男	藏	市广播电视台	社教类二等奖	2016年	中广联少数民族节目工作委员会藏语广播电视优秀节目评析会
华旦尖措	男	藏	市广播电视台	社教类二等奖	2016年	中广联少数民族节目工作委员会藏语广播电视优秀节目评析会
次仁多吉	女	藏	市广播电视台	电视译制类二等奖	2016年	中广联少数民族节目工作委员会藏语广播电视优秀节目评析会
高绒罗布	男	藏	市广播电视台	电视译制类二等奖	2016年	中广联少数民族节目工作委员会藏语广播电视优秀节目评析会
白玛扎西	男	藏	市广播电视台	电视译制类二等奖	2016年	中广联少数民族节目工作委员会藏语广播电视优秀节目评析会
旦真多吉	女	藏	市广播电视台	电视译制类二等奖	2016年	中广联少数民族节目工作委员会藏语广播电视优秀节目评析会
扎西措姆	女	藏	市广播电视台	社教对象类节目二等奖	2016年	中广联少数民族节目工作委员会藏语广播电视优秀节目评析会
次仁德吉	女	藏	市广播电视台	社教对象类节目二等奖	2016年	中广联少数民族节目工作委员会藏语广播电视优秀节目评析会
平措卓嘎	女	藏	市广播电视台	社教对象类节目二等奖	2016年	中广联少数民族节目工作委员会藏语广播电视优秀节目评析会

续表6

姓名	性别	民族	工作单位	获奖名称	表彰时间	授予单位
拉毛卓玛	女	藏	市广播电视台	社教对象类节目二等奖	2016年	中广联少数民族节目工作委员会藏语广播电视优秀节目评析会
仁　增	男	藏	市广播电视台	个人播音主持类二等奖	2016年	中广联少数民族节目工作委员会藏语广播电视优秀节目评析会
吉　美	男	藏	市广播电视台	电视译制类节目三等奖	2016年	中广联少数民族节目工作委员会藏语广播电视优秀节目评析会
旦增罗布	男	藏	市广播电视台	电视译制类节目三等奖	2016年	中广联少数民族节目工作委员会藏语广播电视优秀节目评析会
益　西	男	藏	市广播电视台	电视译制类节目三等奖	2016年	中广联少数民族节目工作委员会藏语广播电视优秀节目评析会
边巴罗布	男	藏	市广播电视台	电视译制类节目三等奖	2016年	中广联少数民族节目工作委员会藏语广播电视优秀节目评析会
冀　罡	男	汉	市委宣传部	2016年全区强基惠民驻村工作先进个人	2016年	自治区党委、自治区政府
刘期彬	男	汉	市创先争优强基础惠民生活动领导小组办公室	自治区创先争优强基础惠民生活动第五批先进工作者	2016年	自治区党委、自治区政府
柳福平	男	汉	市创先争优强基础惠民生活动领导小组办公室	自治区创先争优强基础惠民生活动第五批先进工作者	2016年	自治区党委、自治区政府
杜颖胜	男	汉	市创先争优强基础惠民生活动领导小组办公室	自治区创先争优强基础惠民生活动第五批先进工作者	2016年	自治区党委、自治区政府
洛桑玉珍	女	藏	市创先争优强基础惠民生活动领导小组办公室	自治区创先争优强基础惠民生活动第五批先进工作者	2016年	自治区党委、自治区政府
旦巴次仁	男	藏	市创先争优强基础惠民生活动领导小组办公室	自治区创先争优强基础惠民生活动第五批先进工作者	2016年	自治区党委、自治区政府
次珠多吉	男	藏	市委统战部	自治区优秀宗教干部	2016年	自治区党委、自治区政府
格　单	男	藏	市电视台便民警务站	驻村先进个人	2016年	自治区党委、自治区政府
巴　桑	男	藏	当巴派出所	自治区优秀驻寺干部	2016年	自治区党委、自治区政府
边巴次仁	男	藏	当巴派出所	自治区优秀驻寺干部	2016年	自治区党委、自治区政府
次　穷	男	藏	当巴派出所	自治区优秀驻寺干部	2016年	自治区党委、自治区政府
穷　达	男	藏	大昭寺派出所	优秀驻寺民警	2016年	自治区党委、自治区政府

续表6

姓名	性别	民族	工作单位	获奖名称	表彰时间	授予单位
次仁德吉	女	藏	曲水县人民法院	先进驻村工作队员	2016年	自治区党委、自治区政府
祝永平	男	汉	拉萨市司法局	自治区创先争优强基础惠民生活动先进驻村工作队员	2016年	自治区党委、自治区政府
边　巴	男	藏	拉萨市工商联	西藏自治区创先争优强基惠民活动第六批驻村（居）工作优秀工作队员	2016年	自治区党委、自治区政府
南杰旺扎	男	藏	市文联	创先争优强基础惠民生活动先进驻村工作队员	2016年	自治区党委、自治区政府
杨　英	女	藏	市安监局	自治区驻村工作先进个人	2016年	自治区党委、自治区政府
尼玛普芝	女	藏	市食品药品监督管理局	民族团结进步模范个人	2016年	自治区党委、自治区政府
顿珠次仁	男	藏	市食品药品监督管理局	先进驻村（居）工作队员	2016年	自治区党委、自治区政府
张　亮	男	藏	市统计局、调查队	先进驻村（居）工作队员	2016年	自治区党委、自治区政府
罗布卓嘎	女	藏	拉萨市农牧局	自治区创先争优强基础惠民活动先进驻村（居）工作队员	2016年	自治区党委、自治区政府
索朗扎西	男	藏	市扶贫（农发）办	先进驻村（居）工作队员	2016年	自治区党委、自治区政府
刘　英	男	汉	拉萨市八一农场	全区创先争优强基惠民活动自治区级先进驻村工作队员	2016年	自治区党委、自治区政府
罗　布	男	藏	拉萨经济开发区党政办	自治区创先争优强基础惠民生活动先进驻村（居）工作队员	2016年	自治区党委、自治区政府
旦增赤列	男	藏	柳梧乡人民政府	西藏自治区先进驻村工作队员	2016年	自治区党委、自治区政府
德庆拉姆	女	藏	柳梧乡人民政府	西藏自治区先进驻村工作队员	2016年	自治区党委、自治区政府
滕永洋	男	汉	柳梧新区管委会	西藏自治区优秀第一书记	2016年	自治区党委、自治区政府
次旦次珍	女	藏	柳梧新区管委会	西藏自治区强基惠民优秀工作者	2017年	自治区党委、自治区政府
琼　吉	女	藏	拉萨市旅游局	区创先争优强基础惠民生活动 先进个人	2016年	自治区党委、自治区政府
杜　刚	男	汉	国家开发银行西藏分行	2016年度优秀驻村工作队员	2016年	自治区党委、自治区政府
罗　芳	女	汉	拉萨师范高等专科学校	自治区强基惠民先进工作者	2016年	自治区党委、自治区政府
强巴平措	男	藏	市电影发行放映培训中心	自治区创先争优强基础惠民生活动行进驻村（居）工作队队员	2016年	自治区党委、自治区政府
琼次仁	男	藏	拉萨市档案局	自治区创先争优强基础惠民生活动先进驻村（居）工作队员	2016年	自治区党委、自治区政府
柳福平	男	汉	市民政局	全区创先争优先进个人	2016年	自治区党委、自治区政府
次仁央宗	女	藏	市人社局人才科	自治区创先争优强基础惠民生活动先进驻村（居）工作队员	2016年	自治区党委、自治区政府

续表6

姓名	性别	民族	工作单位	获奖名称	表彰时间	授予单位
嘎　旺	男	藏	市检察院	优秀党务工作者	2016年	自治区党委
陈明彦	男	汉	市人社局办公室	全区优秀村党支部第一书记	2016年	自治区党委
达娃加措	男	藏	市检察院	驻村工作先进个人	2016年	自治区政府
布　穷	男	藏	市检察院	自治区优秀工作队队员	2016年	自治区政府
索朗次旦	男	藏	拉萨市畜牧兽医总站	西藏自治区优秀共产党员	2016年	自治区政府
边巴次仁	男	藏	拉萨市第二中等职业技术学校	西藏自治区优秀教师荣誉称号	2016年	自治区政府
张　洋	男	汉	市发改委	自治区级优秀个人	2016年	自治区强基办
索朗次旦	男	藏	拉萨市畜牧兽医总站	西藏自治区优秀驻村工作队员	2016年	自治区强基办
贡嘎扎西	男	藏	吉日二巷便民警务站	三等功	2016年	自治区党委组织部、自治区人社厅、自治区公务员局
卓海燕	女	汉	市人社局专技科	公务员考核三等功	2016年	自治区党委组织部、自治区人社厅
夏平志	男	汉	市人社局高校中心	公务员考核三等功	2016年	自治区党委组织部、自治区人社厅
文　丽	女	汉	团市委	第六批优秀驻村工作队队员	2016年	自治区党委组织部
阿　布	男	回	市文化市场综合执法支队	2016年度全区文化执法先进个人	2017年	自治区党委宣传部
冀　罡	男	汉	市委宣传部	2016年度全区国防教育工作先进个人	2017年	自治区党委宣传部
徐三巧	女	汉	市委宣传部	2016年度全区新旧西藏对比工作先进个人	2017年	自治区党委宣传部
蒽青华	女	藏	拉萨晚报社	2015—2016年度全区新闻宣传工作先进个人	2017年	自治区党委宣传部
卓玛拉姆	女	藏	拉萨晚报社	2015—2016年度全区新闻宣传工作新闻作品消息类三等奖	2017年	自治区党委宣传部
蒽青华	女	藏	拉萨晚报社	2015—2016年度全区新闻宣传工作新闻作品消息类三等奖	2017年	自治区党委宣传部
冯继红	女	汉	拉萨晚报社	2015—2016年度全区新闻宣传工作新闻作品专题专栏三等奖	2017年	自治区党委宣传部
孙靖宇	男	汉	拉萨晚报社	2015—2016年度全区新闻宣传工作新闻作品专题专栏三等奖	2017年	自治区党委宣传部
孙靖宇	男	汉	拉萨晚报社	2015—2016年度全区新闻宣传工作新闻作品版面类二等奖	2017年	自治区党委宣传部
冯继红	女	汉	拉萨晚报社	2015—2016年度全区新闻宣传工作新闻作品版面类二等奖	2017年	自治区党委宣传部
巴桑次仁	男	藏	拉萨晚报社	2015—2016年度全区藏语宣传工作先进个人	2017年	自治区党委宣传部

续表6

姓名	性别	民族	工作单位	获奖名称	表彰时间	授予单位
次仁央吉	女	藏	市委统战部	全区统战系统优秀信息员	2017年	自治区党委统战部
尼　玛	男	藏	章多派出所	2016年度西藏自治区优秀驻寺干部	2016年	自治区党委统战部
胡欣宁	男	汉	市中级人民法院	个人二等功	2016年	自治区高级人民法院
苏加棠	男	汉	市中级人民法院	全区法院民商事审判工作个人三等功	2016年	自治区高级人民法院
旦增平措	男	藏	市中级人民法院	全区法院信息化建设先进个人	2016年	自治区高级人民法院
索朗卓嘎	女	藏	市中级人民法院	全区法院民商事审判工作办案能手	2016年	自治区高级人民法院
杨东平	女	汉	市中级人民法院	全区法院民商事审判工作办案能手	2016年	自治区高级人民法院
李　静	女	汉	市中级人民法院	全区法院民商事审判工作办案能手	2016年	自治区高级人民法院
旦增洛曲	男	藏	市中级人民法院	全区法院信息工作先进个人	2016年	自治区高级人民法院
白央啦	女	藏	城关区人民法院	全区法院民事审判工作个人三等功	2016年	自治区高级人民法院
索朗德吉	女	藏	城关区人民法院	全区法院民事审判工作办案能手	2016年	自治区高级人民法院
西绕措姆	女	藏	城关区人民法院	全区法院民事审判工作办案能手	2016年	自治区高级人民法院
仁丹旺姆	女	藏	城关区人民法院	2015年度全区法院办案标兵	2016年	自治区高级人民法院
扎西罗布	男	藏	城关区人民法院	全区法院党建工作先进个人	2016年	自治区高级人民法院
晓　央	女	藏	堆龙德庆区人民法院	全区法院党建工作先进个人	2016年	自治区高级人民法院
段文涛	男	汉	堆龙德庆区人民法院	全区法院民事审判工作办案能手	2016年	自治区高级人民法院
桑　吉	女	藏	堆龙德庆区人民法院	全区优秀法官	2016年	自治区高级人民法院
刘兴富	男	汉	堆龙德庆区人民法院	全区法院涉诉信访先进个人	2016年	自治区高级人民法院
何海贝	女	汉	林周县人民法院	全区法院民事审判工作办案能手	2016年	自治区高级人民法院
邵宇飞	男	汉	林周县人民法院	全区法院信息工作先进个人	2016年	自治区高级人民法院
德　吉	女	藏	曲水县人民法院	全区法院党建工作先进个人	2016年	自治区高级人民法院
白　杨	男	汉	曲水县人民法院	全区法院民事审判工作办案能手	2016年	自治区高级人民法院
杨　阳	男	藏	曲水县人民法院	被自治区高法进行通报表扬	2016年	自治区高级人民法院
罗　珍	女	藏	墨竹工卡县人民法院	全区法院民事审判工作个人三等功	2016年	自治区高级人民法院
达　珍	女	藏	当雄县人民法院	全区法院民事审判工作办案能手	2016年	自治区高级人民法院

续表6

姓名	性别	民族	工作单位	获奖名称	表彰时间	授予单位
洛桑卓嘎	女	藏	尼木县人民法院	全区法院民事审判工作办案能手	2016年	自治区高级人民法院
尼玛琼达	女	藏	市检察院	第四届全区侦监业务比赛“业务能手”	2016年	自治区人民检察院
赵　静	女	汉	拉萨市气象局	县级综合业务技能竞赛个人全能第一名、预报服务和计算机综合处理单项第一名、技术装备保障单项第二名	2016年	自治区总工会、自治区人力资源和社会保障厅、西藏自治区气象局
洛　桑	男	藏	尼木县气象局	县级综合业务技能竞赛个人全能第三名、技术装备保障单项第三名	2016年	自治区总工会、自治区人力资源和社会保障厅、自治区气象局
张　洋	男	汉	市发改委	自治区级优秀个人	2016年	自治区强基办
索朗次旦	男	藏	拉萨市畜牧兽医总站	西藏自治区优秀驻村工作队员	2016年	自治区强基办
仇怡群	男	汉	拉萨市看守所	先进个人	2016年	自治区公安厅
德吉拉	女	藏	禁毒支队	2016年度“高原扫毒”专项行动先进个人	2017年	自治区公安厅
达瓦彭措	男	藏	禁毒支队	2016年度“高原扫毒”专项行动先进个人	2017年	自治区公安厅
罗旦次仁	男	藏	禁毒支队	2016年度“高原扫毒”专项行动先进个人	2017年	自治区公安厅
古晓晨	女	汉	交警支队	优秀学员	2016年	自治区公安厅
多吉次仁	男	藏	政治部	优秀演职人员	2016年	自治区公安厅
扎西泽翁	男	藏	政治部	优秀演职人员	2016年	自治区公安厅
胡秀英	女	汉	刑警支队	2015年度全区公安机关信息工作先进个人	2016年	自治区公安厅
旦增格桑	男	藏	刑警支队	三等功	2016年	自治区公安厅
扎西旺扎	男	藏	刑警支队	嘉奖	2016年	自治区公安厅
曾继诗	男	汉	刑警支队	优秀学员	2016年	自治区公安厅
刘　晨	男	汉	刑警支队	优秀学员	2016年	自治区公安厅
宋　挺	男	汉	特警支队	优秀教官	2016年	自治区公安厅
秦财拉	男	藏	网安支队	优秀学员	2016年	自治区公安厅
旦增达瓦	男	汉	曲水县公安局	优秀学员	2016年	自治区公安厅
杨学刚	男	汉	110便民警务支队	优秀教官	2016年	自治区公安厅
吕笑千	男	汉	110便民警务支队	2011—2015全国法制宣传教育先进个人	2016年	自治区公安厅

续表6

姓名	性别	民族	工作单位	获奖名称	表彰时间	授予单位
索朗次仁	男	藏	恰彩岗便民警务站	三等功	2016年	自治区公安厅
张 韬	女	汉	指挥中心	“128”勤务先进个人	2016年	自治区公安厅
李 波	男	汉	特警支队政工科	优秀学员	2016年	自治区公安厅
洛桑次仁	男	藏	特警支队警犬技术大队	“128”先进个人	2017年	自治区公安厅
杨辑昆	男	汉	特警支队排爆安检大队	“128”先进个人	2017年	自治区公安厅
平 措	男	藏	交警支队特勤巡逻大队	西藏自治区“128”安保工作先进个人	2017年	自治区公安厅
胡花芳	女	汉	交警支队女子大队	西藏自治区“128”安保工作先进个人	2017年	自治区公安厅
大米玛次仁	男	藏	拉萨市司法局	全区社区矫正安全隐患排查整治工作先进个人	2016年	自治区司法厅
吴明建	男	汉	佛学院派出所	三等功	2016年	自治区人社厅
廖唯朴	男	汉	市发改委	荣获“十二五”期间全面解决无电人口用电问题工作先进个人奖	2016年	自治区农牧厅
秦 奕	女	汉	拉萨市文化（文物）局	第三届藏博会先进个人	2016年	自治区文化厅
陈国明	男	汉	市统计局、调查队	全区统计调查系统先进个人	2017年	自治区统计局、国家统计局西藏调查总队
达瓦普尺	女	藏	市统计局、调查队	全区统计调查系统先进个人	2017年	自治区统计局、国家统计局西藏调查总队
益西泽仁	男	藏	市统计局、调查队	全区统计调查系统先进个人	2017年	自治区统计局、国家统计局西藏调查总队
刘 胜	男	汉	市统计局、调查队	全区统计调查系统先进个人	2017年	自治区统计局、国家统计局西藏调查总队
罗布次仁	男	藏	城中工商分局	“全区工商系统”2015年度先进个人	2016年	自治区工商局
央秋卓玛	女	藏	林周县工商局	“全区工商系统”2015年度先进个人	2016年	自治区工商局
鲁世军	男	藏	拉萨市工商局	“全区工商系统”2015年度先进个人	2016年	自治区工商局
格桑次仁	男	藏	尼木县工商局	“全区工商系统”2015年度先进个人	2016年	自治区工商局
德吉卓嘎	女	藏	城东工商分局	“全区工商系统”2015年度先进个人	2016年	自治区工商局
扎西吉	女	藏	墨竹县工商局	“全区工商系统”2015年度先进个人	2016年	自治区工商局
索朗德吉	女	藏	堆龙区工商局	“全区工商系统”2015年度先进个人	2016年	自治区工商局
赤 加	男	藏	达孜县工商局	“全区工商系统”2015年度先进个人	2016年	自治区工商局
米 玛	女	藏	城中工商分局	“全区工商系统”2015年度先进个人	2016年	自治区工商局

续表6

姓名	性别	民族	工作单位	获奖名称	表彰时间	授予单位
米玛次仁	男	藏	当雄县工商局	“全区工商系统”2015年度先进个人	2016年	自治区工商局
红　瑛	女	藏	城东工商分局	2015年度全区工商系统民族团结进步模范个人	2016年	自治区工商局
米　玛	女	藏	城中工商分局	2015年度全区工商系统民族团结进步模范个人	2016年	自治区工商局
尼玛次仁	男	藏	特警支队特战一大队	优秀学员	2016年	自治区公安厅政治部
朗　加	男	藏	拉萨市公交运营有限公司	中国好司机	2016年	自治区公安厅交通管理局
席　敏	男	藏	拉萨市公交运营有限公司	中国好司机	2016年	自治区公安厅交通管理局
罗雪明	男	汉	拉萨市质监局	全区质监系统2016年度优秀公务员	2016年	中共西藏自治区质量技术监督局委员会
贡布次仁	男	藏	拉萨市质监局	全区质监系统2016年度优秀公务员	2016年	中共西藏自治区质量技术监督局委员会
刘淑琴	女	汉	拉萨市质监局	全区质监系统2016年度优秀公务员	2016年	中共西藏自治区质量技术监督局委员会
历巴桑	男	藏	拉萨市质监局	全区质监系统2016年度优秀公务员	2016年	中共西藏自治区质量技术监督局委员会
旺秋卓玛	女	藏	拉萨市质监局	全区质监系统2016年度先进工作者	2016年	中共西藏自治区质量技术监督局委员会
巴桑罗布	男	藏	教育城警务站	优秀公务员	2017年	自治区公务员局
黄嘉懿	男	汉	特警支队办公室	优秀公务员	2016年	自治区公务员局
朱　彬	女	汉	特警支队办公室	优秀公务员	2016年	自治区公务员局
莫莎莎	女	汉	特警支队办公室	优秀公务员	2016年	自治区公务员局
次仁央宗	女	藏	特警支队纪检监察室	优秀公务员	2016年	自治区公务员局
索朗旺堆	男	藏	特警支队总务科	优秀公务员	2016年	自治区公务员局
适　猛	男	汉	特警支队总务科	优秀公务员	2016年	自治区公务员局
益西曲珍	女	藏	特警支队总务科	优秀公务员	2016年	自治区公务员局
赵　彪	男	汉	特警支队总务科	优秀公务员	2016年	自治区公务员局
向艳艳	女	汉	特警支队政工科	优秀公务员	2016年	自治区公务员局
饶东海	男	汉	特警支队政工科	优秀公务员	2016年	自治区公务员局
吕晓淋	女	汉	特警支队轮训大队	优秀公务员	2016年	自治区公务员局
宋　挺	男	汉	特警支队轮训大队	优秀公务员	2016年	自治区公务员局

续表6

姓名	性别	民族	工作单位	获奖名称	表彰时间	授予单位
洛桑次仁	男	藏	特警支队警犬技术大队	优秀公务员	2017年	自治区公务员局
谭荣站	男	汉	特警支队警犬技术大队	优秀公务员	2016年	自治区公务员局
南国钰	女	藏	特警支队排爆安检大队	优秀公务员	2016年	自治区公务员局
陈艳霞	女	汉	特警支队排爆安检大队	优秀公务员	2016年	自治区公务员局
次仁德吉	女	藏	特警支队排爆安检大队	优秀公务员	2016年	自治区公务员局
德吉卓玛	女	藏	特警支队排爆安检大队	优秀公务员	2016年	自治区公务员局
杨辑昆	男	汉	特警支队排爆安检大队	优秀公务员	2016年	自治区公务员局
白琛宇	男	汉	特警支队排爆安检大队	优秀公务员	2016年	自治区公务员局
余　豪	男	汉	特警支队排爆安检大队	优秀公务员	2016年	自治区公务员局
李显坪	男	侗	特警支队排爆安检大队	优秀公务员	2016年	自治区公务员局
益西卓嘎	女	藏	特警支队排爆安检大队	优秀公务员	2016年	自治区公务员局
秦　俊	男	汉	特警支队排爆安检大队	优秀公务员	2016年	自治区公务员局
李仁刚	男	汉	特警支队特战二大队	优秀公务员	2016年	自治区公务员局
曾学文	男	汉	特警支队特战二大队	优秀公务员	2016年	自治区公务员局
周俊发	男	汉	特警支队特战二大队	优秀公务员	2016年	自治区公务员局
宋金瑞	男	汉	特警支队特战二大队	优秀公务员	2016年	自治区公务员局
徐　梁	男	汉	特警支队特勤一大队	优秀公务员	2016年	自治区公务员局
官正飞	男	汉	特警支队特勤一大队	优秀公务员	2016年	自治区公务员局
杨泽志	男	汉	特警支队特勤一大队	优秀公务员	2016年	自治区公务员局
刘　锺	男	汉	特警支队特勤一大队	优秀公务员	2016年	自治区公务员局
陈　泽	男	汉	特警支队特勤二大队	优秀公务员	2016年	自治区公务员局
惠晓刚	男	汉	特警支队特勤二大队	优秀公务员	2016年	自治区公务员局
赵　松	男	汉	特警支队特勤二大队	优秀公务员	2016年	自治区公务员局
何　磊	男	汉	特警支队特勤二大队	优秀公务员	2016年	自治区公务员局
张进波	男	男	特警支队特勤三大队	优秀公务员	2016年	自治区公务员局

续表6

姓名	性别	民族	工作单位	获奖名称	表彰时间	授予单位
夏韶威	男	男	特警支队特勤三大队	优秀公务员	2016年	自治区公务员局
达瓦桑珠	男	藏	特警支队特勤三大队	优秀公务员	2016年	自治区公务员局
张　波	男	男	特警支队特勤三大队	优秀公务员	2016年	自治区公务员局
姚禹明	男	汉	特警支队特勤四大队	优秀公务员	2016年	自治区公务员局
刘中文	男	苗	特警支队特勤四大队	优秀公务员	2016年	自治区公务员局
直万里	男	汉	特警支队特勤四大队	优秀公务员	2016年	自治区公务员局
邹雨露	男	汉	特警支队特勤四大队	优秀公务员	2016年	自治区公务员局
甘自刚	男	汉	特警支队特勤五大队	优秀公务员	2016年	自治区公务员局
张　铖	男	汉	特警支队特勤五大队	优秀公务员	2016年	自治区公务员局
李　彬	男	蒙古	特警支队特勤五大队	优秀公务员	2016年	自治区公务员局
蔡守庆	男	汉	特警支队特勤五大队	优秀公务员	2016年	自治区公务员局
张　智	男	汉	特警支队特勤五大队	优秀公务员	2016年	自治区公务员局
张庭军	男	汉	特警支队特勤五大队	优秀公务员	2016年	自治区公务员局
吴　翔	男	汉	特警支队特勤六大队	优秀公务员	2016年	自治区公务员局
马　琳	女	汉	特警支队特勤六大队	优秀公务员	2016年	自治区公务员局
袁　丹	男	汉	特警支队特勤六大队	优秀公务员	2016年	自治区公务员局
张小飞	男	汉	特警支队特勤六大队	优秀公务员	2016年	自治区公务员局
陈德巍	男	汉	特警支队特勤六大队	优秀公务员	2016年	自治区公务员局
李　佳	女	汉	特警支队特勤六大队	优秀公务员	2016年	自治区公务员局
淳杨梅	女	汉	特警支队特勤六大队	优秀公务员	2016年	自治区公务员局
边巴卓玛	女	藏	特警支队特勤六大队	优秀公务员	2016年	自治区公务员局
措　顿	女	藏	特警支队特勤六大队	优秀公务员	2016年	自治区公务员局
旦增卓玛	女	藏	特警支队特勤六大队	优秀公务员	2016年	自治区公务员局
央　吉	女	藏	特警支队特勤六大队	优秀公务员	2016年	自治区公务员局
大普珍	女	藏	特警支队特勤六大队	优秀公务员	2016年	自治区公务员局

续表6

姓名	性别	民族	工作单位	获奖名称	表彰时间	授予单位
冯秋月	女	汉	特警支队特勤六大队	优秀公务员	2016年	自治区公务员局
陈　洪	男	汉	特警支队特勤六大队	优秀公务员	2016年	自治区公务员局
张　帅	男	汉	特警支队特勤六大队	优秀公务员	2016年	自治区公务员局
李国君	男	汉	特警支队特勤六大队	优秀公务员	2016年	自治区公务员局
龙　莉	女	汉	特警支队特勤七大队	优秀公务员	2016年	自治区公务员局
胡　超	男	汉	特警支队特勤七大队	优秀公务员	2016年	自治区公务员局
次　白	女	藏	特警支队特勤七大队	优秀公务员	2016年	自治区公务员局
普布德吉	女	藏	特警支队特勤七大队	优秀公务员	2016年	自治区公务员局
孙贵越	男	汉	特警支队特勤七大队	优秀公务员	2016年	自治区公务员局
李瑞林	男	汉	特警支队特勤七大队	优秀公务员	2016年	自治区公务员局
普布仓决	女	藏	特警支队特勤七大队	优秀公务员	2016年	自治区公务员局
斯朗永措	女	藏	特警支队特勤七大队	优秀公务员	2016年	自治区公务员局
达瓦曲珍	女	藏	特警支队特勤七大队	优秀公务员	2016年	自治区公务员局
李　华	男	汉	特警支队特勤七大队	优秀公务员	2016年	自治区公务员局
刘　飞	男	汉	特警支队特勤七大队	优秀公务员	2016年	自治区公务员局
夏　莉	女	汉	特警支队特勤七大队	优秀公务员	2016年	自治区公务员局
徐志强	男	汉	特警支队特勤七大队	优秀公务员	2016年	自治区公务员局
谢乐华	男	汉	特警支队特勤七大队	优秀公务员	2016年	自治区公务员局
郭　鑫	男	汉	特警支队特勤七大队	优秀公务员	2016年	自治区公务员局
崔林波	男	汉	特警支队特勤八大队	优秀公务员	2016年	自治区公务员局
陈洪博	男	汉	特警支队特勤八大队	优秀公务员	2016年	自治区公务员局
李　晋	男	汉	特警支队特勤八大队	优秀公务员	2016年	自治区公务员局
范得建	男	汉	特警支队特勤八大队	优秀公务员	2016年	自治区公务员局
田亚亚	男	汉	特警支队特勤九大队	优秀公务员	2016年	自治区公务员局
陈芝宝	男	土	特警支队特勤九大队	优秀公务员	2016年	自治区公务员局

续表6

姓名	性别	民族	工作单位	获奖名称	表彰时间	授予单位
彭晓玲	男	汉	特警支队特勤九大队	优秀公务员	2016年	自治区公务员局
沈志伟	男	汉	特警支队特勤九大队	优秀公务员	2016年	自治区公务员局
贡嘎	男	藏	特警支队特勤九大队	优秀公务员	2016年	自治区公务员局
伍勇	男	汉	特警支队特勤十大队	优秀公务员	2016年	自治区公务员局
姚龙	男	汉	特警支队特勤十大队	优秀公务员	2016年	自治区公务员局
吴并横	男	汉	特警支队特勤十大队	优秀公务员	2016年	自治区公务员局
向建国	男	汉	特警支队特勤十大队	优秀公务员	2016年	自治区公务员局
达珍	女	藏	拉萨市农牧局	公务员三等功	2016年	自治区公务员局
岗珍	女	藏	拉萨经济开发区财政局	2016度年自治区先进公务员	2016年	自治区公务员局
纪蓉	女	汉	拉萨市档案局	全区档案信息先进个人	2016年	自治区档案局
永红	女	藏	墨竹工卡县气象局	获得2016年度全区重大气象服务先进个人	2016年	自治区气象局
边巴罗布	男	藏	武警拉萨市森林大队	2013—2016年度全区森林防火工作先进个人	2016年	自治区森林防火指挥部、自治区林业厅
边巴罗布	男	藏	武警拉萨市森林大队	优秀党务工作者	2016年	自治区森林指挥部
边巴罗布	男	藏	武警拉萨市森林大队	2016年度优秀党务工作者	2016年	武警西藏森林总队
边巴罗布	男	藏	武警拉萨市森林大队	三等功	2016年	武警西藏森林总队
孔鑫	男	汉	武警拉萨市森林大队	三等功	2016年	武警西藏森林总队
吴东森	男	汉	武警拉萨市森林大队	三等功	2016年	武警西藏森林总队
毕占国	男	汉	武警拉萨市森林大队	先进大队正营职大队长	2016年	武警西藏森林总队
格桑罗布	男	藏	铁路治安管理支队	2016年度自治区护路先进个人	2017年	自治区护路办
罗湘月	女	汉	建行西藏区分行江塘纳卡支行	全国金融系统银行证券保险综合业务技能银行类零售业务优秀奖	2016年	西藏金融总工会
王丽双	女	汉	建行柳梧支行	全国金融系统银行证券保险综合业务技能银行类零售业务优秀奖	2016年	西藏金融总工会
杜聪明	男	汉	建行日喀则分行	全国金融系统银行证券保险综合业务技能竞赛 荣获银行类手工技能项目优秀奖	2016年	西藏金融总工会
于柳依	女	汉	建行林芝分行	全国金融系统技能竞赛优秀奖	2016年	西藏金融总工会
冯俊涛	男	汉	市发改委	《补齐短板建设美丽家园幸福拉萨》文章被采纳	2016年	新西藏报刊

续表6

姓名	性别	民族	工作单位	获奖名称	表彰时间	授予单位
旦增杰布	男	藏	市文化市场综合执法支队	2016年度创建全国文明城市先进个人	2016年	市委、市政府
吴　波	男	汉	市文明办	拉萨市2016年度深化全国文明城市创建工作先进个人	2016年	市委、市政府
张春花	女	汉	市文明办	拉萨市2016年度深化全国文明城市创建工作先进个人	2016年	市委、市政府
刘　源	男	汉	市文明办	拉萨市2016年度深化全国文明城市创建工作先进个人	2016年	市委、市政府
拉巴卓玛	女	藏	市委宣传部	2016年全市精神文明建设先进个人	2016年	市委、市政府
单增郎杰	男	藏	市委统战部	拉萨市优秀宗教干部	2016年	市委、市政府
土旦格桑	男	藏	市委统战部	第五批驻村工作队优秀队员	2016年	市委、市政府
巴桑多吉	男	藏	市委统战部	拉萨市精神文明先进个人	2016年	市委、市政府
曾小周	男	汉族	中共拉萨市直属机关工作委员会	2015年度信访工作先进个人	2016年	市委、市政府
葛同荣	男	汉族	中共拉萨市直属机关工作委员会	2015年度综治工作先进个人	2016年	市委、市政府
王小龙	男	汉	市人大常委会法制委员会	2015年度全市信访工作先进个人	2016年	市委、市政府
达娃卓玛	女	藏	市人大常委会办公厅机要室	2015年度全市档案工作先进个人	2016年	市委、市政府
次　挪	男	藏	市人大常委会办公厅后勤服务中心	2016年度民族团结进步模范个人	2016年	市委、市政府
达娃德吉	女	藏	拉萨市信访局	2016年度全市信访工作先进个人	2017年	市委、市政府
米玛扎西	男	藏	拉萨市信访局	2016年度全市信访工作先进个人	2017年	市委、市政府
阳　琳	男	汉	拉萨市信访局	2016年度全市信访工作先进个人	2017年	市委、市政府
米玛潘多	女	藏	拉萨市信访局	2016年度全市信访工作先进个人	2017年	市委、市政府
尼　珍	女	藏	拉萨市信访局	2016年度全市信访工作先进个人	2017年	市委、市政府
郑培利	男	汉	拉萨市信访局	2016年度全市信访工作先进个人	2017年	市委、市政府
赵　涛	男	藏	拉萨市公安局	2015年度优秀正县级领导干部	2016年	市委、市政府
牟晓卿	男	汉	监所管理支队	2015年度社会治安综合治理工作先进个人	2016年	市委、市政府
杨　涛	男	汉	治安管理支队	2015年度社会治安综合治理工作先进个人	2016年	市委、市政府
顿珠卓玛	女	藏	治安管理支队	2016年度民族团结进步模范个人	2016年	市委、市政府
黄江龙	男	汉	禁毒支队	2015年度社会治安综合治理工作先进个人	2016年	市委、市政府

续表6

姓名	性别	民族	工作单位	获奖名称	表彰时间	授予单位
索朗顿珠	男	藏	经侦支队	2015年度社会治安综合治理工作先进个人	2016年	市委、市政府
格桑罗布	男	藏	铁路治安管理支队	2015年度社会治安综合治理工作先进个人	2016年	市委、市政府
李红燕	女	汉	宗角禄康便民警务站	2015年度社会治安综合治理工作先进个人	2016年	市委、市政府
巴桑次仁	男	藏	110便民警务支队	2016年度民族团结进步模范个人	2016年	市委、市政府
嘎赤	男	藏	国保支队	治安综合治理先进个人	2016年	市委、市政府
嘎赤	男	藏	国保支队	2016年度宗教工作优秀干部	2016年	市委、市政府
巴桑旺扎	男	藏	当巴派出所	拉萨市优秀驻寺干部	2016年	市委、市政府
次旺	男	藏	章多派出所	2016年度优秀驻寺干部	2016年	市委、市政府
栗丹	男	汉	警务保障支队	2015年纳木错羊年转湖民俗宗教活动服务管理工作先进个人	2016年	市委、市政府
嘎旺	男	藏	市检察院	深化全国文明城市创建工作先进个人	2016年	市委、市政府
次啦	女	藏	城关区人民法院	民族团结进步模范家庭	2016年	市委、市政府
白杨	男	汉	曲水县人民法院	服务管理工作先进个人	2016年	市委、市政府
何斌	男	汉	市中级人民法院	先进驻村工作队队员	2016年	市委、市政府
索朗加措	男	藏	拉萨市司法局	拉萨市创先争优强基础惠民生活动先进驻村工作队员	2016年	市委、市政府
米玛次仁（小）	男	藏	拉萨市司法局	2016年度全市社会治安综合治理工作先进个人	2017年	市委、市政府
拉加东主	男	藏	拉萨市司法局	2016年度全市信访工作先进个人	2017年	市委、市政府
关亚博	男	汉	团市委	2015年度拉萨市深化全国文明城市创建工作先进个人	2016年	市委、市政府
董强金	男	汉族	拉萨市妇联	2015年度全市综合治理先进个人	2016年	市委、市政府
毛丽娟	女	汉族	拉萨市妇联	2015年度深化全国文明城市创建工作先进个人	2016年	市委、市政府
张正鹏	男	汉	拉萨市工商联	深化全国文明城市创建先进个人	2016年	市委、市政府
宋成奇	女	汉	拉萨市工商联	拉萨市招商引资先进个人	2016年	市委、市政府
旦巴旺久	男	藏	市文联	创先争优强基础惠民生活动先进驻村工作队员	2016年	市委、市政府
杨力	男	汉	北京市财政局	北京市第七批优秀援藏干部人才	2016年	市委、市政府
杨金兰	女	回	拉萨市财政局	脱贫攻坚先进行业扶贫单位先进个人	2016年	市委、市政府

续表6

姓名	性别	民族	工作单位	获奖名称	表彰时间	授予单位
巴桑罗布	男	藏	拉萨市财政局	脱贫攻坚系统先进个人	2016年	市委、市政府
田　甜	女	汉	市审计局	拉萨市创先争优强基础惠民生活动先进个人	2016年	市委、市政府
张兄英	女	汉	拉萨市工商局	全市先进驻村工作队队员	2016年	市委、市政府
丹增曲珍	女	藏	城东工商分局	2015年度深化全国文明城市创建工作先进个人	2016年	市委、市政府
格桑卓嘎	女	藏	市安监局	全市综治工作先进个人	2016年	市委、市政府
蔡卫旗	男	回	市安监局	全市优秀党务工作者	2016年	市委、市政府
蔡卫旗	男	回	市安监局	全市国资国企改革先进个人	2016年	市委、市政府
次仁尼玛	男	藏	市安监局	全市安全生产先进个人	2016年	市委、市政府
尼玛次仁	男	藏	市安监局	全市环境保护先进个人	2016年	市委、市政府
李金凤	女	汉	市安监局	全市安全生产先进个人	2016年	市委、市政府
王莉荣	女	汉	市统计局、调查队	全市信息工作先进个人	2016年	市委、市政府
张　亮	男	汉	市统计局、调查队	拉萨市蝉联“全国文明城市”工作先进个人	2016年	市委、市政府
次仁旺拉	男	藏	市统计局、调查队	先进驻村（居）工作队员	2016年	市委、市政府
米玛伦珠	男	藏	市统计局、调查队	先进驻村（居）工作队员	2016年	市委、市政府
陈国明	男	汉	市统计局、调查队	全市综治先进个人	2017年	市委、市政府
蒲坚钢	男	藏	市城乡规划局	评为2015年度社会治安综合治理工作先进个人	2016年	市委、市政府
彭华容	女	汉	市城乡规划局	评为全市优秀共产党员 优秀党务工作者 优秀村（居）党组织第一书记和先进集体基层党组织的决定	2016年	市委、市政府
央　吉	女	藏	拉萨经济开发区党政办	2016年度拉萨市民族团结先进个人	2016年	市委、市政府
旦增罗布	男	藏	拉萨经济开发区财政局	2016年度拉萨市民族团结先进个人	2016年	市委、市政府
钟代慧	女	汉	拉萨经济开发区经发局	2016年拉萨市民族团结先进个人	2016年	市委、市政府
潘　多	女	藏	拉萨市气象局	获得2016年度民族团结进步模范个人	2016年	市委、市政府
强巴班旦	男	藏	拉萨师范高等专科学校	优秀教师	2016年	市委、市政府
毕冬梅	女	汉	拉萨市北京中学	优秀教师	2016年	市委、市政府
路　华	男	汉	拉萨北京实验中学	优秀教师	2016年	市委、市政府

续表6

姓名	性别	民族	工作单位	获奖名称	表彰时间	授予单位
次仁旺堆	男	藏	拉萨江苏实验中学	优秀教师	2016年	市委、市政府
冯兴娟	女	汉	拉萨市实验小学	优秀教师	2016年	市委、市政府
巴　珍	女	藏	堆龙德庆区中学	优秀教师	2016年	市委、市政府
尼玛巴桑	女	藏	达孜县中心小学	优秀教师	2016年	市委、市政府
扎西巴珠	男	藏	林周县中学	优秀教师	2016年	市委、市政府
仓　决	女	藏	尼木县中心小学	优秀教师	2016年	市委、市政府
巴　桑	男	藏	当雄县宁中乡第二中心小学	优秀教师	2016年	市委、市政府
高　军	男	汉	拉萨师范高等专科学校	拉萨市综合治理先进个人	2016年	市委、市政府
强巴班旦	男	藏	拉萨师范高等专科学校	拉萨市优秀教师金奖	2016年	市委、市政府
焦兴青	女	汉	拉萨师范高等专科学校	拉萨市优秀教师银奖	2016年	市委、市政府
司志华	男	汉	拉萨师范高等专科学校	拉萨市优秀教师铜奖	2016年	市委、市政府
普　片	女	藏	拉萨市第二中等职业技术学校	拉萨市第32个教师节表彰大会荣获“优秀教师”银奖	2016年	市委、市政府
拉巴次仁	男	汉族	拉萨市第二中等职业技术学校	拉萨市第32个教师节表彰大会荣获“优秀教师”银奖	2016年	市委、市政府
欧　珠	男	藏	拉萨市第二中等职业技术学校	拉萨市第32个教师节表彰大会荣获“优秀教师”铜奖	2016年	市委、市政府
王文辉	男	汉	拉萨市文化（文物）局	2016年度宗教工作优秀干部	2016年	市委、市政府
孙　磊	男	汉	市广电局	2015年度社会治安综合治理工作先进个人	2016年	市委、市政府
孙　磊	男	汉	市广电局	2015年度深化全国文明城市创建先进个人	2016年	市委、市政府
达瓦次仁	男	藏	拉萨市藏语委办	拉萨市创先争优强基础惠民生活动先进驻村工作队员	2016年	市委、市政府
蔡　刚	男	汉	拉萨市人民医院	2015年度深化全国文明城市创建工作先进个人	2016年	市委、市政府
邓　立	男	汉	市人社局办公室	第三届拉萨篮球联赛优秀运动员	2016年	市委、市政府
卓海燕	女	汉	市人社局专技科	全市信访先进个人	2016年	市委、市政府
田福全	男	汉	市人社局就业促进科	拉萨市脱贫攻坚先进个人	2016年	市委、市政府
王玉鹏	男	汉	市政府法制办	2016年拉萨市创先争优第五批先进驻村工作队队员	2016年	市委、市政府
法德玛	女	回	拉萨市信访局	2016年度优秀党务工作者	2016年	市委

续表6

姓名	性别	民族	工作单位	获奖名称	表彰时间	授予单位
阳 琳	男	汉	拉萨市信访局	2016年度优秀党员	2016年	市委
白玛卓玛	女	藏	交警支队执法监督大队	全市优秀共产党员	2016年	市委
嘎 旺	男	藏	市检察院	优秀党务工作者	2016年	市委
卓嘎拉姆	女	藏	市检察院	民族团结先进个人	2016年	市委
伍 丹	女	汉	拉萨市司法局	2015年度全市信息工作先进个人	2016年	市委
达 娃	女	藏	市发改委	2015年度优秀正县级领导干部	2016年	市委
严俊峰	男	汉	市发改委	2015年度优秀个人	2016年	市委
刘长江	男	汉	市发改委	2015年度社会治安综合治理先进个人	2016年	市委
多布丹	男	藏	市国税局第五批驻村工作队	2016年度扶贫攻坚先进个人	2016年	市委
德吉卓嘎	女	藏	市国税局机关办	拉萨市2015年度深化全国文明城市创建工作先进个人	2016年	市委
加 措	男	藏	城西工商分局	全市优秀党务工作者	2016年	市委
央 珍	女	门巴	市城乡规划局	2016年度社会治安综合治理铁路护路联防工作先进县（区）先进集体和先进个人	2017年	市委
邓 立	男	汉	市人社局办公室	信息报送先进个人	2016年	市委
洛桑多吉	男	藏	市政府法制办	2016年拉萨市国资国企改革发展工作先进个人	2017年	市委
边巴卓玛	女	藏	治安管理支队	2015年度招商引资工作先进个人	2016年	市政府
娄 伟	男	汉	经侦支队	招商引资先进个人	2017年	市政府
黄金龙	男	汉	车管所	2015年拉萨市环境保护先进个人	2016年	市政府
加 措	男	藏	大昭寺派出所	优秀驻寺民警	2016年	市政府
旺 姆	女	藏	仓姑寺派出所	先进个人	2016年	市政府
孙 静	女	汉	市中级人民法院	社会治安综合治理工作先进个人	2016年	市政府
欧阳建川	男	汉	市中级人民法院	民族团结进步模范家庭	2016年	市政府
付 一	男	汉	拉萨市司法局	2016年度拉萨市文明城市创建活动先进个人	2016年	市政府
薛秀灵	女	汉	团市委	全市档案工作先进个人	2016年	市政府
祁焕朝	男	蒙古	市发改委	荣获2015年度招商引资个人贡献奖	2016年	市政府

续表6

姓名	性别	民族	工作单位	获奖名称	表彰时间	授予单位
孔　宁	男	汉	拉萨市财政局	2016年度安全生产工作先进个人	2017年	市政府
达娃琼达	女	藏	拉萨市工商局	全市工业和信息化工作先进个人	2016年	市政府
南措姐	女	藏	拉萨市工商局	2015年度安全生产先进个人	2016年	市政府
达　瓦	男	藏	拉萨市工商局	2015年度全市旅游工作先进个人	2016年	市政府
冀建兵	男	汉	拉萨市市政市容管理委员会	全市食品药品安全工作先进个人	2016年	市政府
杨　刚	男	汉	拉萨市市政市容管理委员会	全市食品药品安全工作先进个人	2016年	市政府
周召能	男	汉	拉萨市市政市容管理委员会	创城先进个人	2016年	市政府
王学峰	男	汉	拉萨市市政市容管理委员会	2016年度全市政府系统办公室工作先进个人	2017年	市政府
索朗次旦	男	藏	拉萨市畜牧兽医总站	西藏自治区优秀共产党员	2016年	市政府
闫桓功	男	汉	拉萨置地投资开发有限公司	拉萨市国资国企改革发展工作先进个人	2016年	市政府
易　娜	女	汉	拉萨经济开发区经发局	2016年度拉萨市招商引资先进个人	2017年	市政府
张　赶	男	汉	市人社局办公室	全市人社系统先进工作者	2016年	市政府
旦增曲珍	女	藏	市人社局办公室	办公室系统先进个人	2016年	市政府
卓海燕	女	汉	市人社局专技科	全市人社系统先进工作者	2016年	市政府
夏平志	男	汉	市人社局高校中心	全市人社系统先进工作者	2016年	市政府
洛桑次仁	男	藏	市人社局工伤中心	2016年度全市人社系统先进工作者	2017年	市政府
史长申	男	汉	市人社局就业局	2016年度基层平台建设先进个人	2017年	市政府
党培治	男	汉	市人社局人才科	2016年度全市人社系统先进工作者	2017年	市政府

说明：由于各单位资料提供不全，可能有遗漏

党政机构

党政机构名称及负责人

中共拉萨市委员会

书　记　齐扎拉
副书记　张延清（6月免）
　　　　龙志刚（6月免）
　　　　马新明（援藏，7月免）
　　　　达　娃
　　　　果　果
　　　　肖志刚（援藏，10月任）
　　　　陈　军
常　委　肖光富
　　　　斯朗尼玛（4月免）
　　　　袁训旺（10月免）
　　　　洪家志（援藏，7月免）
　　　　王念东（10月任）
　　　　占　堆
　　　　彭祎涛
　　　　严应骏（1月任，10月免）
　　　　陈文强（4月任，10月免）
　　　　暴　剑（10月任）
　　　　马　军
　　　　庄红翔（10月任）
　　　　吴亚松（10月任）
　　　　阿努次仁（10月任）

市委办公厅

秘书长　袁训旺（11月免）
　　　　庄红翔（11月任）
常务副秘书长
　　　　张　慧（2月免）
　　　　曹恩宏（3月任）
副秘书长　孙占生（援藏，8月任）
　　　　余凤萍
　　　　扎西平措
　　　　徐永生（援藏，8月任）
　　　　绕　登
　　　　钟传彬（6月免）
　　　　孙德康（援藏，8月免）
　　　　任映绮
　　　　刘期彬（6月任）
　　　　土　登（6月任）

市人大常委会党组

书　记　达　娃（藏族，11月任）
副书记　达　瓦（藏族，11月任）
　　　　央金卓嘎（女，藏族，11月任）
　　　　平措朗杰（藏族，11月任）
　　　　觉　根（藏族，11月任）

许 广 林（11月任）
成 员 欧阳莉萍（女，11月任）
张 慧（11月任）
康娜美朵（女，藏族，11月任）
杨 林（11月任）

市人大常委会

主 任 达 娃（藏族，11月任）
副主任 计明南加（藏族，11月任）
达 瓦（藏族）
觉 根（藏族）
欧阳莉萍（女，2月任）
张 慧（2月任）
念 扎（藏族，11月任）
康娜美朵（女，藏族，11月任）
杨 林（11月任）
秘书长 张 慧（2月任）
副秘书长 张 志 文
白 珍（女，藏族）
王 刚（7月任）

市人大机关党组

书 记 张 慧（11月任）
副书记 张 志 文（11月任）
成 员 白 珍（女，藏族，11月任）
王 刚（11月任）
刘 睿 萍（女，藏族，11月任）
拉巴次仁（藏族，11月任）
德 吉（女，藏族，11月任）

法制委员会

主任委员 刘 睿 萍（女，藏族）
副主任委员 边巴扎西（藏族）
王 小 龙（7月任）

财经委员会

主任委员 德 吉（女，藏族，3月任）
副主任委员 普 穷（藏族，10月任）

教科文卫委员会

主任委员 拉巴次仁（藏族，2月任）
副主任委员 土旦格桑（藏族，7月任）
侯 凌（女）

市人民政府党组

书 记 果 果（藏族，11月任）
副书记 胡 洪（援藏）
王 念 东
占 堆（藏族）
暴 剑（援藏）
成 员 廖 波
朱 建 红（援藏）
林 生（藏族）
崔 晓 峰（挂职）
方 桂 林（援藏）
王 国 臣（援藏）
赵 涛（藏族）
扎西白珍（女，藏族）
张 正
陆 从 福
郑 卫 国

市人民政府

市 长 果 果（藏族，11月任）
常务副市长 胡 洪（援藏）
王 念 东
占 堆（藏族）
暴 剑（援藏）
副 市 长 廖 波
朱 建 红（援藏）
林 生（藏族）
崔 晓 峰（挂职）
方 桂 林（援藏）
王 国 臣（援藏）
赵 涛（藏族）
扎西白珍（女，藏族）
贡扎曲旺（藏族）
张 正
陆 从 福
郑 卫 国

市人民政府办公厅党组

书 记 和 平 志（藏族，3月任）
成 员 张 长 祥
米玛次仁（藏族）
罗 桑（藏族）
卢 炜 升（女）
马 恩 兵（援藏）
刘 小 斌

廖子美（布依族）
廖卫华（挂职）
杨年华（挂职）
韩　勇（援藏）
洛桑曲珍（女，挂职）
张治军（挂职）

市人民政府办公厅

秘书长　和平志（藏族，3月任）
副秘书长　张长祥
米玛次仁（藏族）
罗　桑（藏族）
卢炜升（女）
马恩兵（援藏）
刘小斌
廖子美（布依族）
廖卫华（挂职）
杨年华（挂职）
韩　勇（援藏）
洛桑曲珍（女，挂职）
张治军（挂职）

“12345”政府服务热线办

市政府副秘书长
刘小斌
市政府督查室主任
龙天海
市政府督查室副主任
李　易

市人民政府驻北京联络处

主　任　张星亮

市人民政府驻成都办事处

书　记　任道波
主　任　任　加

政协第十届拉萨市委员会党组

书　记　诸伟敏
副书记　次仁平措（藏族）
成　员　刘惠兴（回族）
刘全保
江　嘎（藏族）
顿珠多吉（藏族）
张　勤

政协第十届拉萨市委员会

主　席　诸伟敏
副主席　亚　古（回族）
次仁平措（藏族）
刘惠兴（回族）
刘全保
江　嘎（藏族）
张　勤
顿珠多吉（藏族）
张　勤
秘书长　张　勤

政协第十一届拉萨市委员会党组

书　记　袁训旺
副书记　次仁平措（藏族）
江　嘎（藏族）
顿珠多吉（藏族）
张　勤
成　员　孙宝祥（藏族）
拉巴顿珠（藏族）
岳国红（藏族）
朱梅品
刘　亮

政协第十一届拉萨市委员会

主　席　袁训旺
副主席　亚　古（回族）
江　嘎（回族）
张　勤
孙宝祥（藏族）
拉　巴（藏族）
拉巴顿珠（藏族）
岳国红（藏族）
朱梅品
秘书长　张　勤

政协拉萨市委员会办公厅党组

书　记　张　勤
成　员　肖强伟
张　强
格桑罗布（藏族）

政协第十届拉萨市委员会办公厅

秘书长　张　勤

副秘书长 肖强伟
张　强
格桑罗布（藏族）
调研员 达　瓦（藏族）
副调研员 胡光华

政协拉萨市委员会机关党组

书记 张　勤
副书记 肖强伟
成员 张　强
格桑罗布（藏族）
巴　次（藏族）
旺　杰（藏族）
达瓦次仁（藏族）

政协第十一届拉萨市委员会办公厅

秘书长 张　勤
副秘书长 肖强伟
张　强
格桑罗布（藏族）
调研员 肖强伟
尼玛次仁（藏族）
扎西次珍（藏族）
罗布顿珠（藏族）

政协第十届拉萨市委员会提案委员会

主任 巴　次（藏族）
副主任 尼玛次仁（藏族）

政协第十一届拉萨市委员会提案委员会

主任 巴　次（藏族）
副主任 罗布顿珠（藏族）
王瑞鹏

政协第十届拉萨市委员会经济资源环境社会教科文卫委员会

主任 旺　杰（藏族）
副主任 格　珍（藏族）

政协第十一届拉萨市委员会经济资源环境社会教科文卫委员会

主任 旺　杰（藏族）
副主任 格　珍（藏族）
旦巴达杰（藏族）

政协第十届拉萨市委员会文史民族宗教法制委员会

主任 达瓦次仁（藏族）
副主任 扎西次珍（藏族）
达瓦多吉（藏族）

政协第十一届拉萨市委员会文史民族宗教法制委员会

主任 达瓦次仁（藏族）
副主任 扎西次珍（藏族）
达瓦多吉（藏族）

市警备区

司令员 韩志宏
政委 肖光富

市纪律监察委员会

书记 彭祎涛
副书记 赵大勇
顿珠多吉（藏族）
拉巴次仁（藏族）
龙惠华（女，8月退休）
苏新勇（藏族，6月任）
张　斌（援藏，7月任）
常委 旺　堆（藏族，1月退休）
普布国庆（藏族）
李荣锋（6月任）
黄晓艳（9月任）
格桑多吉（藏族，9月任）
顾宝林（援藏，9月任）
旦增塔杰（藏族，11月任）
调研员 王　玉（女，9月退休）
黄文红（女，藏族，8月退休）
刘永芳（女，9月任）
格桑巴珠（藏族，10月免）
仁增卓玛（藏族，9月免）
巴　琼（藏族，9月免）
索朗次仁（藏族，10月任）
李　涛（藏族，9月任）
谢永杰（9月任）
尼玛潘多（藏族，10月任）

市监察局

局长 赵大勇
副局长 旺　堆（藏族，1月退休）
苏新勇（藏族）
普布国庆（藏族）

李荣锋（6月任）

市委巡察办公室

主　任　仁增卓玛（藏族，9月任）
副主任　才华道吉（藏族，9月任）
　　　　杨东升（9月任）

市委巡察组

一组组长　平措旺堆（藏族，9月任）
二组组长　巴　琼（藏族，9月任）
三组组长　索　朗（藏族，9月任）

市中级人民法院党组

书　记　郝　涛
副书记　江安次仁（藏族，6月任）
成　员　蒋建平
　　　　拉巴旺堆（藏族）
　　　　陈　杰
　　　　尚永业（6月任）
　　　　王东军（8月任）
　　　　德　吉（女，藏族，6月任）
　　　　旦增努布（藏族）
　　　　赵　军
　　　　巴　桑（藏族，12月任）

市中级人民法院

院　　长　郝　涛
副院长　江安次仁（藏族，6月任）
　　　　蒋建平
　　　　拉巴旺堆（藏族）
　　　　陈　杰
　　　　王东军（8月任）
　　　　德　吉（女，藏族，6月任）
　　　　旦增努布（藏族）
调研员　尚永业（6月任）
纪检组长　赵　军
政治部主任　巴　桑（藏族，12月任）
审判委员会专职委员
　　　　刘　林（6月任）
副调研员　旦巴次仁（藏族）

市人民检察院党组

书　记　田建设
副书记　塔　青（藏族）
　　　　次仁多吉（藏族）
成　员　张桂彤（援藏，7月任）
　　　　李　卫
　　　　德吉卓嘎（女，藏族，3月任）
　　　　李　华（3月任）
　　　　晓　红（藏族）

市人民检察院

检察长　田建设
常务副检察长
　　　　塔　青（藏族）
副检察长　次仁多吉（藏族）
　　　　张桂彤（7月任，援藏）
　　　　晓　红
政治部主任　李　卫
正县级检察员
　　　　德吉卓嘎（女，藏族，3月任）
　　　　李　华（3月任）
检委会专职委员
　　　　扎　西（藏族，3月任）
副调研员　次旺欧珠（藏族）
　　　　王建英
　　　　张　军
　　　　肖华平
　　　　杨立峰（3月免）
　　　　刘玉梅（女，3月免）
　　　　强巴阿旺（藏族，3月免）
　　　　于春玲（女，6月任）
　　　　洛桑次仁（6月任）

市委组织部

部　　长　陈　军
常务副部长　达　瓦
副部长　张义泉（9月退休）
副部长、老干部局局长
　　　　央　金
副部长、编办主任
　　　　袁国军
副部长　李连华（援藏，7月免）
　　　　张允永（援藏，7月免）

周倍佳（援藏，7月任）
方友刚（援藏，7月任）
副部长、编办副主任
李艳红
副部长 杨栋章（6月任）
部务委员 彭丽华（9月任）
部务委员、编办副主任
成银生（援藏，9月任）
调研员 沈鹏里（6月任）
老干局副局长
丁琼英
普布旺堆
老干局副调研员
拉乌次仁（10月任）

市委宣传部

部长 吴亚松（藏族，11月任）
常务副部长
范跃平（6月任）
副部长 张碧芳（女）
李文华（援藏）
许佃兵（援藏）
调研员 杨双旺
副调研员 格桑卓玛（女，藏族）

拉萨市互联网信息办公室

主任 杨双旺
副主任 李章辉

拉萨市文化市场综合执法支队

支队长 张晓柱（6月任）

市委对外宣传办公室（拉萨市人民政府新闻办公室）

主任 拉珍（女，藏族）

拉萨市精神文明建设办公室

主任 张碧芳（女）
副主任 格桑卓玛（女，藏族）

市委统战部

部长 达娃（11月免）
阿努次仁（11月任）
常务副部长
许兴成（3月退休）
拉穷次仁（4月任）
副部长 公保太（12月免）
市委统战部副部长、宗教办主任
沈宗志（10月任）
副部长 邹守忠（10月免）
巴桑德吉（11月任）
调研员 邹守忠（10月任）
市宗教办副主任
沈宗志（10月免）
副调研员、办公室主任
巴桑德吉（11月免）

市委政法委

书记 马军（11月任）
常务副书记
和平志
副书记 付银昌（10月）
马骏（援藏）
万劲松（8月，援藏）
副书记、维稳办主任
田献琴（6月）
副书记 李晓强（3月）
市综治办副主任
扎西多吉
维稳办副主任
曾四红

市直属机关工作委员会

书记 袁训旺（10月免）
庄红翔（11月任）
副书记 格桑措姆
方凯
副调研员 葛同荣（10月任）

市委党校党委

书记 许广林
成员 杨洪荣
德庆央吉
顾国爱（援藏）
江多

次仁扎西

市委党校

校　长　陈　军

副校长、副院长

杨洪荣

副校长　德庆央吉

顾国爱（援藏）

江　多

次仁扎西

市行政学院

院　长　洪家志

副院长　杨洪荣

拉萨市档案局（馆）

市委办公厅调研员、市档案局（馆）长

马荣清（女，回族）

市档案局（馆）副局（馆）长

桑荣瑞

刘淑娟（女）

市总工会党组

书　记　余　刚

成　员　措　姆（女，藏族）

市总工会

主　席　平措朗杰

副主席　措　姆（女，藏族）

副调研员　洛桑占堆

拉巴卓嘎（女，藏族）

共青团拉萨市委员会

书　记　洛　色（6月免）

任映绮（10月任）

副书记　慈旦德吉（女，藏族）

普　旦（藏族，10月任）

市妇联党组

书　记　赵金花（女）

副书记　向巴彩喜（女，藏族）

成　员　和继香（女，纳西族）

市妇联

主　席　向巴彩喜（女，藏族）

副主席　赵金花（女）

和继香（女，纳西族）

副调研员　达　珍（女，藏族）

洛桑玉珍（女，藏族）

市工商联党组

书　记　格西哈姆（女，藏族）

副书记　公保太（藏族）

成　员　杜凤斌

陈小兵

朱　军（援藏）

车向宇（援藏）

次仁顿珠（藏族）

市工商联

主　席　公保太（藏族）

副主席　格西哈姆（女，藏族）

杜凤斌

陈小兵

朱　军（援藏）

车向宇（援藏）

次仁顿珠（藏族）

拉萨师范高等专科学校党委

书　记　范春文

副书记　黄晓曦

江　白（藏）

委　员　拉巴旺堆（藏）

舒宗荣

张其飞

拉萨师范高等专科学校

校　长　黄晓曦

常务副校长　江　白（藏）

副校长　拉巴旺堆（藏）

舒宗荣

张其飞

纪委书记　尼玛潘多（藏）

西藏空港新区管委会党委

书　记　龚一枫

副书记　崔建勇

委　员　达瓦次仁

达瓦次仁

西藏空港新区管委会

副主任 龚一枫

主任、公安分局局长

崔建勇

调研员 达瓦次仁

副主任、甲竹林镇党委书记

达瓦次仁

公安分局 泽旺旦增

事业发展中心主任、经济发展局局长

丁　强

副调研员 谭世兴

副调研员、甲竹林镇镇长

廖立国

中共拉萨经济技术开发区工作委员会

书　记 袁训旺

副书记 刘汝鹏（2月任）

洛桑赤列

委　员 孙占生（援藏，7月任）

倪　夙（援藏）

华建男（援藏，7月免）

赵　亚（6月任）

魏建军（6月任）

徐礼华（援藏，7月任）

洛　色（6月任，11月免）

黄辅龙（11月任）

拉萨经济技术开发区管理委员会

主　任 刘汝鹏

副主任 洛桑赤列

孙占生（援藏，7月任）

倪　夙（援藏）

华建男（援藏，7月免）

赵　亚（6月任）

魏建军（6月任）

洛　色（6月任，11月免）

徐礼华（援藏，7月任）

主任助理 邓颖翔（12月任）

旦增洛桑（挂职）

党政办公室

主　任 赵　亚（3月任6月免）

黄辅龙（10月任）

副主任 谢永杰（11月免）

西若伟色（2月任）

规划建设局

局　长 戴凤霞（女11月任）

副局长 余　洋（11月任）

经济发展局

局　长 王旭光（6月任）

副局长 裴贻刚（8月任）

副调研员 曾凡水（11月任）

财政局

局　长 格　桑

副局长 陈小英（女藏）

拉萨经济技术开发区投资发展有限公司

副总经理 普布扎西（11月任）

中共拉萨市柳梧新区管委会党工委

书　记 陆从福

副书记 洛　色（藏族）

委　员 王万新

平措次仁（藏族）

夏隽莹

唐　兴（藏族）

王　珲

次仁达吉（藏族）

朱胜军

巴桑扎登（藏族）

拉萨市柳梧新区管委会

主　任 洛　色（藏族）

副主任 夏隽莹

唐　兴（藏族）

王　珲

次仁达吉（藏族）

朱胜军

拉萨高新区筹备组

组　长 王万新

副组长 周　晋

西藏文化创意园区管理委员会党工委

书　记　朱梅品
副书记　洛桑尼玛（藏族）

西藏文化创意园区管理委员会

主　　任　洛桑尼玛（藏族）
副主任　朱梅品
　　　　次仁拉姆（藏族）
　　　　王希梁
主任助理　唐嘉宏

达孜工业园区管委会

主　　任　王斌忠
副主任　李　军（7月免）
　　　　蒋云峰（援藏，7月任）
　　　　邓　爽
办公室主任　覃雨菲

堆龙德庆区工业园区管委会

主　任　王保峰
副主任　德　吉（女，藏族）
　　　　顿珠拉久（藏族）

曲水雅江工业园区管委会

主　任　李常建

市发展和改革委员会党组

书　记　达　娃（女，藏族）
副书记　刘汝鹏
成　员　武保林
　　　　德吉卓嘎（女，藏族）
　　　　李泓君（援藏）
　　　　王良良（7月任，援藏）
　　　　侯成君（12月免）
　　　　李英春

市发展和改革委员会

主　任　刘汝鹏
副主任　达　娃
　　　　武保林
　　　　德吉卓嘎
　　　　王良良（8月任，援藏）
　　　　李泓君　（援藏）
　　　　侯成君
　　　　李英春

市粮食局

副局长　边巴卓玛（女，藏族）

市政府法制办党组

书　记　邱秀兰（女，10月任）
副书记　韩新强（6月任）
成　员　洛桑多吉（藏族）

市政府法制办

主　任　韩新强（11月任）
副主任　邱秀兰（女）
　　　　洛桑多吉（藏族）

八廓古城管委会党工委

书　记　多　吉（藏族）
副书记　闫卫东（8月免）
　　　　阿　贵（藏族，10月任）

八廓古城管委会

主　　任　闫卫东（8月免）
　　　　　阿　贵（藏族，10月任）
副主任　施裕忠（8月免）
　　　　曹鹏程
　　　　拉巴次仁（藏族）
　　　　黄方勇（6月任）
　　　　索　朗（藏族）
副调研员　益西班旦

市统计局党组

书　记　仓　琼（女，藏族）
副书记　蔡　岷
成　员　黄树春
　　　　次仁措吉（女，藏族，9月任）
　　　　郝思军（8月任）
　　　　张秀兰（女，藏族）

市统计局

局　长　蔡　岷
副局长　仓　琼（女，藏族）
调研员、副局长

黄 树 春（7月任）
调研员 次仁措吉（女，藏族，7月任）
副局长 郝 思 军（8月任）
张 秀 兰（女，藏族）

国家统计局拉萨调查队

队 长 蔡 岷
调 研 员 次仁旺拉（藏族）
副 队 长 陈 建 琼（女）
纪检组长 高 原 红（藏族）

市工信局（国资委）党组

书 记 江 嘎
范 红 英（11月任）
副书记 陈 建 平

市工信局（国资委）

局 长 范 红 英（6月任）
陈 建 平（11月任）
何 黎
副局长 成 建 华
张 文 龙
德 吉
杜 春 梅

市教育局党委

书 记 康娜美朵（女，藏族）
副书记 中 楚 成（藏族）
委 员 普布卓嘎（女，藏族）
王 斌
向 宗（女，藏族）
郝 峰（援藏，6月免）
姬 云 鹏（援藏，6月免）
缪 榕 楠（援藏，7月任）
杜 建 峰（援藏，7月任）

市教育局

局 长 中 楚 成（藏族）
副 局 长 康娜美朵（女，藏族）
调 研 员 普布卓嘎（女，藏族）
副 局 长 郝 峰（援藏，6月免）
姬 云 鹏（援藏，6月免）
王 斌
向 宗（女，藏族）
缪 榕 楠（援藏，7月任）
杜 建 峰（援藏，7月任）
副调研员 陈 立
毛 雅 丽（女）
刘 咸 春（藏族）
罗桑平措（藏族）
杨 西 军（女）
宋 子 恒

市体育局党组

书 记 钟 传 彬
成 员 王 宁
熊 劲（女）

市体育局

局 长 钟 传 彬
副局长 王 宁
熊 劲（女）

市科技局党组

书 记 旺 林（藏族）
副书记 黄 前 敏（女，藏族）
成 员 徐 立 军（第七批博士服务团成员）
扎西平措（藏族）
李 信 群（女）
李 文 军（援藏）

市科技局

局 长 黄 前 敏（女，藏族）
副 局 长 徐 立 军（第七批博士服务团）
扎西平措（藏族）
李 信 群（女）
李 文 军（援藏）
王 建（援藏，7月任）
副调研员 霍 勇
巴桑次仁（藏族）

市民宗局党组

书 记 刘 惠 兴（6月退休）
拉巴顿珠（11月任）

副书记 孙 宝 祥（11月免）
　　　达　 瓦（11月任）
成 员 达　 瓦（11月免）
　　　次仁昌菊

市民宗局

局 长 孙 宝 祥（11月免）
　　　达　 瓦（11月任）
副局长 刘 惠 兴（6月退休）
　　　达　 瓦（11月免）
　　　次仁昌菊
副调研员 米　 玛（10月任）
　　　陈　 虹

市公安局党委

书 记 次仁旺堆（藏族，3月免）
　　　马　 军（2月任）
副书记 陈 文 强（3月免）
　　　普　 次（藏族）
　　　马　 军（2月免）
　　　赵　 涛（2月任）

市公安局党委

局 长 陈 文 强（3月免）
　　　赵　 涛（2月任）
常务副局长
　　　马　 军（2月免）
副局长 普　 次（藏族）
　　　邓　 俊
　　　高 新 军
　　　田 献 琴（女，7月免）
　　　拉　 珠（藏族）
　　　代 利 刚
　　　尼玛次仁（藏族）
　　　李　 斌（6月免）
　　　单 德 军（援藏，8月任）
　　　扎西平措（藏族，6月任）
　　　任 卫 东（6月任）
　　　付 银 昌（6月任，11月免）
　　　次旺晋美（藏族，11月任）

市公安消防支队

支队长 扎西多吉（藏族）
政 委 程 学 高

武警拉萨市支队

支队长 马 德 生
政治委员 罗 德 礼（7月免）
　　　陆　 健（7月任）
副支队长 罗 雪 松
　　　许 建 平（4月免）
　　　胡 建 清（4月任）
副政委 米玛次仁
　　　康 红 彬

武警拉萨市森林支队

政治教导员 边巴罗布（藏族）
大队长 毕 占 国

市民政局党组

书 记 何　 镛（9月任）
副书记 白玛玉珍
成 员 拉姆卓玛
　　　苏 建 设
　　　卫 智 军（9月任）
　　　柳 福 平（4月任）
　　　宋 传 强（援藏，8月任）
　　　琼　 吉（6月任）

市民政局

局 长 白玛玉珍
副局长 何　 镛
　　　苏 建 设
　　　卫 智 军（11月任）
　　　柳 福 平（4月任）
　　　宋 传 强（援藏，8月任）
中国拉萨SOS儿童村村长
　　　琼　 吉（7月任）
副调研员、市残联理事长
　　　格桑平措
副调研员 宋 焕 玉
　　　肖 卫 荣（7月任）

市司法局党组

书　记　次　培（藏族，10月任）
副书记　赵铁岭（10月任）
成　员　达　娃（藏族）
小边巴次仁（藏族，10月任）
康　静（女，援藏，8月任）
大边巴次仁（藏族）

市司法局

局　长　赵铁岭（11月任）
副局长　次　培（藏族，11月任）
康　静（女，援藏，8月任）
大边巴次仁（藏族）
副调研员　王　晓（女）

市阳光公证处

达　娃（藏族）
巴　桑（藏族，4月任）
阿旺拉姆（女，藏族）

市财政局党组

书　记　旦增曲扎
副书记　扎西白珍（女，藏族）
成　员　任玉萍（女）
邢　卫（援藏）
王　罡（援藏）
列　桑（藏族）
王　君（女）

市财政局

局　长　扎西白珍（女，藏族）
副局长　旦增曲扎
任玉萍（女）
邢　卫（援藏）
王　罡（援藏）
列　桑（藏族）
王　君（女）
副调研员　尼玛桑珠（藏族）
牛小芳（女）
尼玛拉姆（女，藏族）
陈　薇（女）

市国土局党组

书　记　强巴江才（12月免）
索朗慈仁（12月任）
副书记　索朗慈仁（12月免）
卢炜升（12月任）

市国土局

局　长　索朗慈仁（12月免）
卢炜升（12月任）
副局长　索朗慈仁（12月任）
强巴江才（12月免）
朱万江
徐安海
监察支队支队长
张　林
副调研员　巴桑卓玛（8月退休）

市城乡规划局党组

书　记　李　嵘（女，藏族，1月任）
副书记　米玛次仁（藏族，1月任）
成　员　刘　洋（援藏，7月任）
秦新光（援藏，7月任）
贾志杰（7月任）

市城乡规划局

局　长　米玛次仁（藏族，1月任）
副局长　李　嵘（女，藏族，1月任）
刘　洋（援藏，7月任）
贾志杰（7月任）
总规划师　秦新光（援藏，7月任）
副调研员　罗俊峰（10月任）

市人力资源和社会保障局（公务员局）党组

书　记　彭丽华（女，藏族）
副书记　张义泉（8月免）
马百胜（11月任）
成　员　马百胜（11月免）
果　刚（援藏，8月免）
仁乃旺堆（藏族）
黄绍丽（援藏，8月任）
贺　剑（7月任）
贺能晟

市人力资源和社会保障局（公务员局）

局　长　张义泉（8月免）

马 百 胜（11月任）
副 局 长　彭 丽 华（女，藏族）
马 百 胜（3月免）
果　　刚（援藏，8月免）
仁乃旺堆（藏族）
黄 绍 丽（援藏，8月任）
贺　　剑（7月任）
贺 能 晟
调 研 员　马 百 胜（3月任，11月免）
副调研员　李 春 儒（8月免）
德　　央（女，藏族，9月免）
罗 桂 芳（女，藏族）
王 一 民（7月免）
边巴次仁（藏族，8月任）
费 彦 红（女，11月任）

市住房和城乡建设局党组

书　　记　宋 留 柱
副书记　刘 英 俊
成　　员　齐 超 辉
赖 俊 峰
高 建 红（11月任）
次仁卓嘎（女，藏族，11月任）

市住房和城乡建设局

局　　长　刘 英 俊
副 局 长　宋 留 柱
齐 超 辉
赖 俊 峰
高 建 红（11月任）
次仁卓嘎（女，藏族，11月任）
副调研员　刘 小 平
扎西卓嘎
赵 德 勤

市交通运输局党组

书　　记　杨　　林（11月免）
副书记　扎西平措（10月任）
成　　员　丁 志 群（援藏，7月免）
杜 志 强
侯 文 峰（6月任）
范　　健（援藏，8月任）

市交通运输局

局　　长　贡扎曲旺（11月免）
扎西平措（11月任）
副局长　丁 志 群（援藏，7月免）
熊　　晨（11月免）
杜 志 强
侯 文 峰（6月任）
范　　健（援藏，8月任）

市水利局党组

书　　记　韩 云 栓（6月免）
拉巴顿珠（藏族，6月任，11月免）
强巴江才（藏族，11月任）
副书记　欧阳莉萍（3月免）
韩 云 栓（6月任）
成　　员　觉　　旦（藏族）
王　　建（援藏，7月免）
周 根 富（7月任）
腾 宝 亭
霍 晓 露（11月任）

市水利局

局　　长　欧阳莉萍（女，2月免）
韩 云 栓（6月任）
副 局 长　觉　　旦（藏族，11月免）
腾 宝 亭
周 根 富（7月任）
调 研 员　霍 晓 露
觉　　旦（11月任）
副调研员　罗布次仁

市农牧局党组

书　　记　其美旺姆（女，藏族）
副书记　刘 俊 博（12月退休）
崔 勇 刚（1月任）
成　　员　洛桑索朗（10月任）
白玛德吉（女，藏族）
吴 宏 亚（援藏，7月免）

吴 新 华（援藏，8月任）
支 建 辉
宋 四 海（8月免）
左 春 伟（援藏）
普 片 多（女，藏族）

市农牧局

局　长　崔 勇 刚（11月任）
副局长　其美旺姆（女，藏族）
副局长、调研员
崔 勇 刚（3月任）
洛桑索朗（11月任）
副局长　白玛德吉（女，藏族）
吴 宏 亚（援藏，7月免）
吴 新 华（援藏，8月任）
支 建 辉
宋 四 海（8月免）
左 春 伟（援藏）
普 片 多（女，藏族）
副县以上非领导职务
晋　美
樊 亚 刚
旺　杰（7月任）

市商务局党组

书　记　旺　杰（藏族，2月退休）
杨珺（白族，10月任）
副书记　范 红 英（女，6月免）
成　员　何 怀 东（援藏，7月免）
谢 玉 梅（女）
濮 方 正（援藏，7月任）

市商务局

局　长　范 红 英（女，6月免）
贡扎曲旺（藏族，6月任，10月免）
副局长　杨　珺（白族，7月任，10月免）
何 怀 东（援藏，7月免）
谢 玉 梅（女）
濮 方 正（援藏，7月任）
副调研员　索朗顿珠（藏族，7月任）
达瓦旦增（藏族，6月退休）

市文化（文物）局党组

书　记　白 玉 福
副书记　多吉次仁（藏族）
平措旺堆（藏族，6月免）
成　员　格桑顿珠（藏族，6月免）
元旦次仁（藏族，10月任）
赵 有 鹏（6月任）
卫　东（6月任）

市文化（文物）局

局　长　多吉次仁（藏族）
副局长　白 玉 福
平措旺堆（藏族，6月免）
格桑顿珠（藏族，6月免）
赵 有 鹏（6月任）
卫　东（6月任）
李　国（援藏，7月免）
姜 明 君（援藏，7月任）
调研员　元旦次仁（藏族，10月任）
副调研员　劲 永 春（藏族）

拉萨市卫生局党组

书　记　冯 毓 强（男，汉族）
副书记　扎西德吉（女，藏族）
成　员　刘　静（女，援藏）
尹 美 玲（女）
叶 晓 梅（女）

拉萨市卫生局

局　长　扎西德吉（女，藏族）
副局长　冯 毓 强
刘　静（女，援藏）
尹 美 玲（女）
叶 晓 梅（女）
武　鸣（援藏）

市审计局党组

书　记　史　勇（8月免）
赵 文 生（藏族，10月任）
副书记　次　旦（藏族，9月免）
彭　多（女，藏族，11月任）
成　员　彭　多（女，藏族，11月免）

格桑平措（藏族）
黄益强（援藏，7月免）

市审计局

局　长　次　旦（藏族，9月免）
彭　多（女，藏族，11月任）
副局长　史　勇（8月免）
赵文生（藏族，10月任）
彭　多（女，藏族，11月免）
格桑平措（藏族）
黄益强（援藏，7月免）
经济责任审计处处长
曲　松（藏族）
副调研员　黄兴奎（6月任）
罗素彬（女，6月任）

市外事办党组

书　记　杨如军
副书记　高春林
成　员　朱亚林

市外事办

主　任　高春林
副主任　杨如军
朱亚林

市广电局党组

书　记　索　群（女，藏族）
副书记　王　巍（6月任）
成　员　德吉卓嘎（10月任）
格桑顿珠（6月任）
乐中树（8月任，援藏）

市广电局

局　长　王　巍（11月任）
副局长　索　群（女，藏族）
格桑顿珠（6月任）
乐中树（8月任，援藏）
调研员　德吉卓嘎（6月任）
副调研员　格桑尼玛

拉萨晚报社

总编辑　王　巍（6月免）
蔡新平（7月任）
副总编辑　格桑多吉（藏族）
马可尼
仲　曦（援藏，7月免）
傅　力（援藏，7月免）
余仲侃（援藏，7月任）
李　进（援藏，7月任）
冯继红（女）
扎西平措（藏族）

市工商局党组

书　记　姜有胜
副书记　扎西旺堆
成　员　王万新（援藏，7月免）
李达明（9月退休）
吴　巍（援藏，7月任）
党军奎

市工商局

局　长　扎西旺堆
副局长　姜有胜
王万新（援藏，7月免）
调研员　李达明（9月退休）
副局长　吴　巍（援藏，7月任）
党军奎
巴　桑（4月任）
副调研员　扎西朗杰
晋　美
张兄英（女）
达瓦布知（女）

市林业绿化局党组

书　记　占　堆（藏族）
副书记　樊锋旭（3月免）
次　达（藏族）（3月任）
陈卫中（7月免）
王学东（7月任）
成　员　贺桂芹（10月任）
陈　礼（8月任）
曹桂荣（5月退休）
旦增次仁（藏族，6月到）

市林业绿化局
局　长　次　达（藏族，3月任）
副局长　占　堆（藏族）
王学东
旦增次仁（藏族）
贺桂芹
陈　礼

市旅游发展委员会党组
副书记　陈常军（10月任）
成　员　马　健
扎西顿珠（藏族）
倪　蓉（6月任）

市旅游发展委员会
局　长　陈常军（10月任）
副局长　马　健（援藏，7月任）
扎西顿珠（藏族，3月任）
倪　蓉（6月任）

市环境保护局党组
书　记　洛　桑（藏族）
赵世东（10月任）
副书记　赵世东（6月任，10月免）
格桑巴珠（藏族，10月任）

市环境保护局
局　长　格桑巴珠（藏族，10月任）
副局长　德吉央宗（女，藏族）
谢志宽（援藏，7月免）
王军敏（援藏，7月免）
贺桂芹（女，10月免）
严　刚（援藏，8月任）
王宣同（援藏，8月任）
唐丽琼（女，6月任）

市质量技术监督局党组
书　记　次仁卓嘎（女，藏族）
成　员　罗雪明（援藏，7月任）
西　绕（藏族）
次　珍（女，藏族）
邓文胜（5月任）

市质量技术监督局
局　长　次仁卓嘎（女，藏族）
副局长　罗雪明（援藏，7月任）
西　绕（藏族）
次　珍（女，藏族）
邓文胜（5月任）
副调研员　翟喜玲（女）
索　红（女，藏族，5月任）

市安全生产监督管理局党组
书　记　达娃次仁（藏族，4月任）
副书记　孙文斌
成　员　何虎啸（援藏）
蔡卫旗（回族）
陈小兵（援藏，7月任）
杨　英（藏族）
胡思义（7月任）

市安全生产监督管理局
局　长　孙文斌
副局长　达娃次仁（藏族，4月任）
何虎啸（援藏）
蔡卫旗（回族）
陈小兵（7月任）
杨　英（藏族）
胡思义（7月任）
副调研员　唐　艳

市信访局党组
书　记　达　娃（藏族，6月任）
副书记　杜国君（7月免）
罗　桑（藏族，7月任）
成　员　法德玛（回族，女，9月任）
李秀莲（女）
普布卓玛（女，藏族）

市信访局
局　长　杜国君（7月免）
罗　桑（藏族，7月任）
副局长　达　娃（藏族，6月任）
李秀莲（女）
普布卓玛（藏族，女）

调 研 员　法 德 玛（回族，女）
副调研员　强　　巴（藏族，8月任）
　　　　　何　　杰（8月任）

市市政市容管理委员会（市城市管理综合执法局）党组
书　记　杨 革 峰
副书记　索朗江村（藏族）
成　员　李 春 梅（女，10月任）
　　　　央金卓嘎（女，藏族，6月任）
　　　　李 二 兵
　　　　曹 永 忠（援藏，7月任）

市市政市容管理委员会（市城市管理综合执法局）
主　　任　索朗江村（藏族）
副 主 任　杨 革 峰
　　　　　央金卓嘎（女，藏族，6月任）
　　　　　李 二 兵
　　　　　曹 永 忠（援藏，7月任）
调 研 员　李 春 梅（女）
副调研员　石 大 庆（藏族）
　　　　　龚 小 丽（女，7月任）

市自来水公司党支部
书　记　吴　　辉（汉族）
副书记　普　　布（藏族）

市自来水公司
总经理　普　　布（藏族）
副经理　强　　巴（藏族）
　　　　李 春 红（汉族）

市扶贫（农发）办党组
书　　记　普布顿珠（藏族）

市扶贫（农发）办
主　　任　李 海 云（6月任）
　　　　　拉巴顿珠（藏族，6月免）
副 主 任　李 海 云（6月免）
　　　　　张 晓 林
　　　　　次仁德吉（女，藏族）
　　　　　徐 丙 奇（援藏，7月任）
　　　　　王 双 成（9月任）
　　　　　庞　　飞（援藏，7月免）
调 研 员　李 海 云（6月免）
副调研员　米　　玛（女，藏族）
　　　　　杨　　君（女）

拉萨市藏语委办（编译局）党组
书　记　索朗次仁（4月9日任）
副书记　乡　　琼（10月13日任）
成　员　米玛旺堆
　　　　普　　布

拉萨市藏语委办（编译局）
主任、局长　乡　　琼（10月任）
副主任、副局长
　　　　　　索朗次仁（4月任）
　　　　　　米玛旺堆
　　　　　　普　　布
副 调 研 员　德吉卓玛

市地震局
局　长　边巴卓玛（女，藏族）

市市民服务中心党组
书　记　岳 国 红（藏族）
副书记　苗 永 霞
成　员　米玛次仁（藏族，7月任）

拉萨市市民服务中心
副 主 任　岳 国 红（藏族）
　　　　　苗 永 霞
　　　　　米玛次仁（藏族）
副调研员　明　　玛（藏族，6月任）

布达拉宫广场管理处党支部
书　　　记　王　　奋（7月免）
　　　　　　朱 本 新（7月任）
副 书 记　普　　布（11月免）
专职副书记　吴　　冰
组 织 委 员　冯 晋 瑾
宣 传 委 员　向巴索朗
纪 检 委 员　旺　　拉
支 部 委 员　旦增旺加

布达拉宫广场管理处

处　长　普　布（11月免）
副处长　王　奋（7月免）
　　　　朱本新（7月任）

市八一农场党委

书　记　达瓦顿珠（藏族）
委　员　王正勇（6月任）
　　　　多布杰（藏族，12月退休）
　　　　明　玛（藏族，6月免）
　　　　刘　英（12月任）

市八一农场

场　长　王正勇（6月任）
副场长　达瓦顿珠（藏族）
　　　　多布杰（藏族）（12月退休）
　　　　明　玛（藏族）（6月免）
　　　　刘　英（12月任）

市人民防空办公室党组

书　记　普　琼
副书记　宣利民
成　员　昌　拉（4月任）

市人民防空办公室

主　任　宣利民
副主任　普　琼
　　　　昌　拉（4月任）
副调研员　降　央
　　　　葛宏柱（11月任）

市食药局党组

书　记　尼玛普芝（女，藏族）
副书记　申豫东
成　员　刘　明
　　　　张执明

市食药局

局　长　申豫东
副局长　尼玛普芝（女，藏族）
　　　　刘　明
　　　　张执明

副调研员　卓　拥（女，藏族）
　　　　罗　静

市残联

理事长　央金卓嘎（女，藏族，8月免）
　　　　拉姆卓玛（女，藏族，10月任）

市文联

主　席　李　铭
副主席　次　拥（女，藏族，12月免）

市城市建设投资经营有限公司党委

书　记　多吉旺久（藏族）
副书记　格桑央宗（女，藏族）
　　　　尼　珍（女，藏族）
委　员　周承杰
　　　　姚圣龙
　　　　强　久（藏族）
　　　　方　民
　　　　索朗达瓦（藏族）
　　　　边　久（藏族）
　　　　师海燕（女，挂职）
　　　　扎西云丹（藏族，挂职）

市城市建设投资经营有限公司

董事长　多吉旺久（藏族）
副总经理　格桑央宗（女，藏族）
纪委书记　尼　珍（女，藏族）
副总经理　周承杰
　　　　姚圣龙
　　　　强　久（藏族）
　　　　方　民
　　　　索朗达瓦（藏族）
　　　　边　久（藏族）
　　　　师海燕（女，挂职）
　　　　扎西云丹（藏族，挂职）

拉萨市石油公司

总经理　普玉塔（藏族）
书　记　刘蕴书
副总经理　张亚雄（3月免）

陆　城
任自刚
段麒虎（3月任）

拉萨布达拉旅游文化集团有限公司党委

书　记　达瓦平措（藏族）
副书记　扎西江村（藏族）
委　员　张玉龙（援藏，7月任）
胡　玺
邓增罗布（藏族）
德吉卓玛（藏族）

拉萨布达拉旅游文化集团有限公司

董事长　达瓦平措（藏族）
总经理　扎西江村（藏族）
副总经理　张玉龙（援藏，7月任）
胡　玺
邓增罗布（藏族）
德吉卓玛（藏族）
旺　扎（藏族）

拉萨置地投资开发有限公司

总经理　索朗多吉（藏族，7月免）
副总经理　王吉祥
闫桓功
赵建中
普布卓嘎（女，藏族）
史伯强（援藏，7月任）

拉萨市交通产业集团有限公司

董事长　曹志明
总经理　泽　兵（藏族）
纪检书记　马怡琼
副总经理　苟明平
倪　诚
丹　旺（藏族）
夏建军
姜　勇
熊　晨
徐春林
工会主席　达　瓦（藏族）

拉萨市净土产业投资开发有限公司

董事长　张进才（1月任）
总经理　姚俊亮（1月任）
副总经理　达瓦顿珠（藏族）
德　央（藏族，9月任）
纪伟师（藏族）
姜　伟
张英楠（援藏，8月任）
刘罗山（6月任）
马永青
次旦多吉（藏族）
王正勇（6月任）

拉萨市暖心燃气热力有限责任公司党委

书　记　劳明伟（7月免）
尼　玛（藏族，11月任）
副书记　尼　玛（藏族，11月免）
纪委书记　达娃央金（女，藏族，9月任）
委　员　谭　忠（援藏，8月任）
泽　永（女，藏族）
次仁罗布（藏族）
王一民（苗族，10月任）

拉萨市暖心燃气热力有限责任公司

董事长　劳明伟（7月免）
尼　玛（藏族，12月任）
总经理　尼　玛（藏族，12月免）
纪委书记　达娃央金（女，藏族，9月任）
副总经理　王佩广（援藏，12月免）
谭　忠（援藏，8月任）
泽　永（女，藏族）
次仁罗布（藏族）
王一民（苗族，10月任）

市国税局党组

书　记　珠　加（1月免）
副书记　孙清明
成　员　扎西旺堆
栾铁栓（8月免）
次仁曲珍
曹　云（8月任）
谭志雄（9月免）

扎西次仁
杨 建 龙（1月任）
刘　　奎

市国税局

局　　长　孙 清 明
副 局 长　珠　　加（1月免）
扎西旺堆
栾 铁 栓（8月免）
次仁曲珍
曹　　云（8月任）
谭 志 雄（9月免）
纪检组长　扎西次仁
副 局 长　杨 建 龙（1月任）
总经济师　刘　　奎

市气象局党组

书　　记　王　　伟
副 书 记　陈 友 珍（女，藏族）
纪检组长　次仁白玛（女，藏族，10月任）
成　　员　扎西达瓦（藏族，10月任）
胡　　军（女、藏族）
张 志 刚（援藏）

市气象局

局　　长　陈 友 珍（女，藏族）
副 局 长　胡　　军（女，藏族）
扎西达瓦（藏族）
卓 连 根（援藏，8月免）
张 志 刚（援藏，8月任）
副调研员　格烈曲扎（藏族）
尼玛次仁（藏族）

市人民医院党委

书　记　曲　　达（藏族）
副书记　于 亚 滨（女，援藏）
委　员　扎西加措（藏族，9月离岗休养）
拜 有 庆（回族）
刘 文 清
尼　　玛（女，藏族）
邓 明 卓（援藏）
马　　淑（女，援藏）
梁 金 鑫（援藏）
张 莉 莉（女，援藏）
田　　昕（援藏）

拉萨市人民医院

院　长　于 亚 滨（女，援藏）
副院长　曲　　达（藏族）
扎西加措（藏族，9月离岗休养）
拜 有 庆（回族）
刘 文 清
尼　　玛（女，藏族）
邓 明 卓（援藏）

中国邮政集团公司拉萨市分公司党委

书　记　易 水 源（10月免）
陈 可 新（10月任）
成　员　普布扎西（藏族）
刘 众 清
雍 东 海

中国邮政集团公司拉萨市分公司

总 经 理　易 水 源（10月免）
陈 可 新（10月任）
副总经理　普布扎西（藏族）
刘 众 清

中国电信拉萨分公司

党委书记　丁 建 涛
纪委书记　兰　　利
总 经 理　土登穷穷（藏族）

中国移动拉萨分公司党委

书　　记　罗松群培（藏族）
委　　员　卞 利 辉
纪委书记　李 军 胜
委　　员　蒋　　勇
张 爽 红

中国移动拉萨分公司

总 经 理　罗松群培（藏族）
副总经理　卞 利 辉

李军胜
蒋　勇
张爽红

中国联通拉萨分公司

总经理　陆春雷
副总经理　赵克林（女）
　　刘喻拉

市第一中等职业技术学校党委

书　记　詹晓圣
委　员　穷　达
　　刘大军
　　王艳四
　　次仁多吉
　　次仁扎西
　　杨忠泽
　　罗布次仁

市第一中等职业技术学校

校　长　穷　达
副校长　刘大军
　　王艳四
　　次仁多吉
　　次仁扎西
　　杨忠泽
　　罗布次仁

市第二中等职业技术学校党委

书　记　朗　加（藏族）
副书记　耿进利
委　员　朱照红（援藏）
　　乡　琼（藏族）
　　李　林（女，藏族）
　　陈渠汇

市第二中等职业技术学校

校　长　耿进利
副校长　朱照红（援藏）
　　乡　琼（藏族）
　　李　林（女，藏族）
　　陈渠汇

中国人民银行拉萨中心支行党委

书　记　郭振海
委　员　张　伟
　　李隆仕
　　赵正英
　　洛桑占堆
　　朱进忠
　　李玉福

中国人民银行拉萨中心支行

行　长　郭振海
副行长　张　伟
　　李隆仕
纪委书记　赵正英
副行长　洛桑占堆
工会主任　朱进忠
副行长　李玉福

中国建设银行股份有限公司西藏自治区分行党委

书　记　韩文贞（12月免）
副书记　查克健（12月主持工作）
委　员　次仁顿珠
　　王曼村
　　武青勇

中国建设银行股份有限公司西藏自治区分行

行　长　韩文贞（12月免）
副行长　查克健（12月主持工作）
纪委书记　次仁顿珠
副行长　王曼村
　　武青勇
总审计师　白　杨
资深专员　罗文章（4月免）
　　严仕成（4月免）
资深客户经理
　　刘晓兰

中国工商银行股份有限公司西藏自治区分行党委

书　记　王学勇
副书记　格桑曲珍（藏族）
委　员　刘永斌
　　谢　嘉
　　余志伟

林　　进
刘　　军

中国工商银行股份有限公司西藏自治区分行

行　长　王学勇
副行长　格桑曲珍（藏族）
　　　　刘永斌
　　　　谢　　嘉
　　　　余志伟
　　　　林　　进
　　　　刘　　军

中国邮政储蓄银行拉萨市支行

行　长　董军勇（10月任）
副行长　黎　　源（9月免）
　　　　吴　　敏（9月免）
　　　　旦增欧珠（9月免）

国家开发银行西藏分行党委

书　记　胡广华
委　员　侯长军
　　　　崔晓峰
　　　　李　　懋
　　　　李志军
　　　　娄文剑
　　　　包全永

国家开发银行西藏分行

行　长　胡广华
副行长　侯长军
　　　　崔晓峰
　　　　李　　懋
副行长、纪委书记
　　　　李志军
副行长、工会主席
　　　　娄文剑
副行长　包全永

中国人民财产保险股份有限公司西藏分公司党委

书　记　杜洪河
委　员　泽旺仁青
　　　　赵　　彬
　　　　扎西仁青

中国人民财产保险股份有限公司西藏分公司

总经理　杜洪河
副总经理　泽旺仁青
　　　　赵　　彬
　　　　扎西仁青

中国人寿保险股份有限公司西藏自治区分公司党委

书　记　马　　宏
委　员　王晓青
　　　　赵德鹏
　　　　贺仰安

中国人寿保险股份有限公司西藏自治区分公司

总经理　马　　宏
纪委书记　王晓青
副总经理　赵德鹏
　　　　贺仰安

中国银河证券股份有限公司西藏分公司兼拉萨朝阳路证券营业部

负责人　李泽啸

中国中投证券有限责任公司拉萨林廓西路营业部

负责人　顿　　珠

城关区

书　　记　果　　果（藏族）
区　　长　刘　　亮
人大常委会主任
　　　　马永青（藏族，9月免）
　　　　尼玛云旦（藏族，9月任）
政协主席　索朗次仁（藏族）

堆龙德庆区

书　　记　陈献森（7月免）
　　　　格桑平措（藏族，8月任）
区　　长　格桑平措（藏族，8月免）
　　　　杜　　江（8月任）

人大常委会主任

达瓦次仁（藏族，10月免）

杨 世 军（10月任）

政协主席　郭 志 锋（7月退休）

洛桑强巴（藏族，6月任）

达孜县

书　　记　徐 申 锋（援藏，7月免）

张　　干（7月任）

人大常委会主任

达　　娃（藏族，7月免）

米　　玛（女，藏族，7月任）

县　　长　春　　新（藏族）

政协主席　米　　玛（女，藏族，7月免）

赵 彩 娥（女，7月任）

林周县

书　　记　赵　　涛（2月免）

次仁顿珠（藏族，2月任）

县　　长　次仁顿珠（藏族，2月免）

高　　军（2月任）

人大常委会主任

格旦次仁（藏族）

政协主席　格桑次仁（藏族）

墨竹工卡县

书　　记　严 应 骏（7月免）

劳 明 伟（8月任）

县　　长　旦增尼玛（藏族）

人大常委会主任

张 尚 福

政协主席　索朗桑布（藏族）

曲水县

书　　记　彭 飞 跃

县　　长　格桑邓珠（藏族）

人大常委会主任

平　　措（藏族）

政协主席　邹 玉 明

尼木县

县委书记　范 永 红（援藏，7月免）

杜 国 君（8月任）

县　　长　普　　琼（藏族）

人大常委会主任

洛桑赤列（藏族，1月免）

尼玛次仁（藏族，6月任）

政协主席　赵 志 强

当雄县

县委书记　张　　正

县　　长　其美次仁（藏族）

人大常委会主任

康 加 贵（藏族）

政协主席　次仁桑玻（藏族）

统 计 公 报

拉萨市2016年国民经济和社会发展统计公报

拉萨市统计局

国家统计局拉萨调查队

（2017年4月29日）

2016年，是“十三五”开局之年，面对复杂多变的经济形势，在自治区党委政府和市委市政府的坚强领导下，在北京、江苏两省的大力援助下，全市全面贯彻落实党的十八大和十八届四中、五中、六中全会、中央第六次西藏工作座谈会、区市党委八届九次全委会精神和区市经济工作会议部署，紧紧围绕“四个全面”战略布局，坚持稳中求快的工作总基调，坚持新发展理念，全力推进“六大战略”，经济社会持续快速健康发展，实现了“十三五”良好开局。

一、综　合

区划及面积：截至2016年年底，全市共有48个乡，9个镇，8个街道办；43个居民委员会，224个村民委员会。全市行政区划面积为2.95万平方公里。

人口：年末户籍人口为53.78万人，比去年末增加0.75万人。全年出生人口9796人，出生率为18.3‰；死亡人口3076人，死亡率为5.7‰;全市常住人口为66.55万人，增长3.0%。

经济增长：2016年全市实现地区生产总值（GDP）424.95亿元，比上年增长10.0%。其中：第一产业增加值15.12亿元，增长5.2%；第二产业增加值162.80亿元，增长10.8%；第三产业增加值247.04亿元，增长9.7%。第一产业增加值占地区生产总值的比重为3.6%，第二产业增加值比重为38.3%，第三产业增加值比重为58.1%。全年人均国内生产总值64803元，比上年增长6.8%。

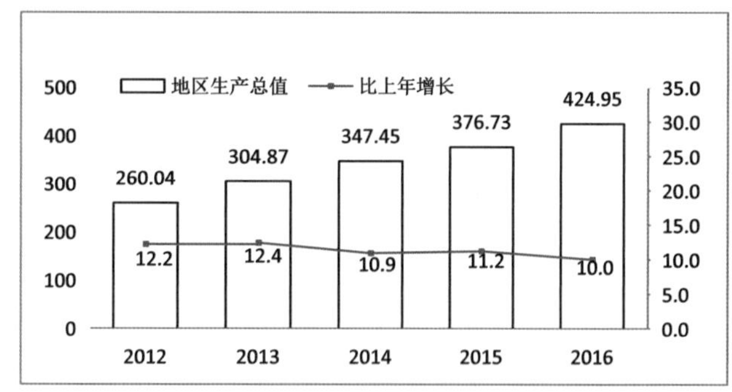

图1　2012—2016年地区生产总值及增长速度

产业结构：2016年三次产业比重依次为3.6:38.3:58.1，分别拉动经济增长0.3、4.0个和5.7个百分点。与上年相比，第一产业比重降低0.1个百分点，第二产业比重提高0.9个百分点，第三产业比重下降0.8个百分点。

价格：2016年居民消费价格总指数（CPI）比上年上涨2.6%，其中食品价格上涨4.9%。

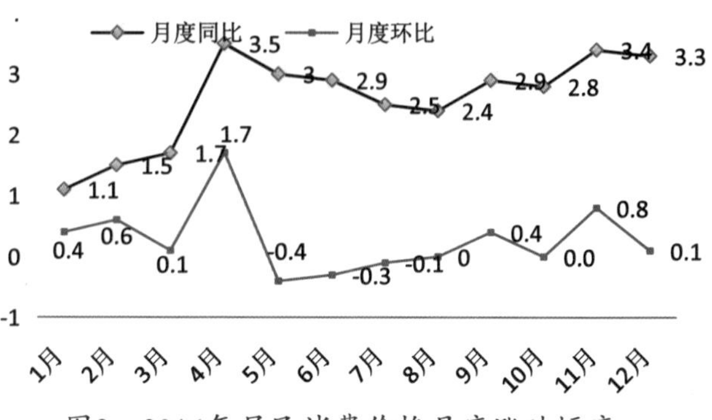

图2　2016年居民消费价格月度涨跌幅度

2016年居民消费价格总指数涨幅

表7

指标	比2015年上涨（+）下降（-）（%）
居民消费价格总指数	+2.6
食品烟酒	+4.9
其中：粮食	+6.7
鲜菜	+10.9
畜肉	+1.6
水产品	-1.1
蛋	+2.9
鲜果	+7.9
衣着	+4.4
居住	+1.2
生活用品及服务	+1.5
交通和通信	-0.6
教育文化和娱乐	+0.2
医疗保健	+3.9
其他用品和服务	+3.1

就业：2016年末城镇登记失业率控制在2.2%以内。

民营经济：2016年年末工商部门登记的市属私营企业达12717户，增长67.8%；注册资本为1799.87亿元，增长93.0%；工商部门登记的市属个体户为50495户，比上年增长14.7%，注册资本为43.22亿元，增长29.8%。

二、农牧业和净土健康产业

净土健康产业：2016年，“拉萨净土”区域公用品牌17类商标成功注册；设立首个“净土健康产业院士工作站”；北京、南京等6个产业交流中心建成投用；天然饮用水、奶业等产业不断壮大。

农牧业：2016年全市农林牧渔业总产值25.72亿元，按可比价计算，比上年增长6.67%。其中：农业产值10.96亿元，增长4.2%；林业产值0.41亿元，增长17.0%；牧业产值14.21亿元，增长8.4%；渔业产值0.02亿元，增长5.8%；农林牧渔服务业产值0.13亿元，增长6.4%。

农作物种植面积：全年农作物总播种面积4.23万公顷，比上年增加 0.18万公顷。粮食种植面积2.88万公顷，比上年增加0.18万公顷。其中：青稞种植面积1.9万公顷，比上年增加0.09万公顷，小麦种植面积0.9万公顷，比上年增加0.04万公顷。油菜种植面积0.36万公顷，比上年减少0.06万公顷；蔬菜种植面积0.45万公顷,比上年增加0.01万公顷。

畜禽及水产品产量：年末牲畜存栏总头数132.13万头（只、匹），其中，大牲畜存栏80.04万头，猪存栏3.57万头。肉类产量4.13万吨，增长11.0%；禽蛋产量747.67吨，增长1.8%；奶产量6.64万吨，增长4.9%；水产品产量597.51吨，增长9.1%。

2016年主要农畜产品产量

表8

产品名称	产量（万吨）	比2015年增长（%）
粮食	18.27	+0.3
其中：青稞	11.79	+1.8
小麦	6.35	-3.0
油菜籽	0.98	-13.5
蔬菜	26.17	+1.4
肉类	4.13	11.0
其中：牛羊肉	3.75	+8.3
奶类	6.64	+4.9
其中：牛奶	6.5	+5.0

农机及化肥施用量：2016年末全市拥有农业机

械总动力125.86万千瓦，比上年增长0.4%；全年农用化肥施用量1.61万吨，比上年下降11.4%。

三、工业和建筑业

工业：2016年全部工业增加值52.86亿元，比上年增长11.5%。规模以上工业增加值45.2亿元，增长10.0%，其中，市属规模以上工业增加值26.34亿元，增长15.5%。

2016年末，全市共有规模以上工业企业72家，新增10家，比上年增长9.1%；全年规模以上工业产品销售率为93%，比上年下降1.6个百分点。其中：国有工业企业产品销售率为83.7%，非国有工业企业产品销售率为95.6%。

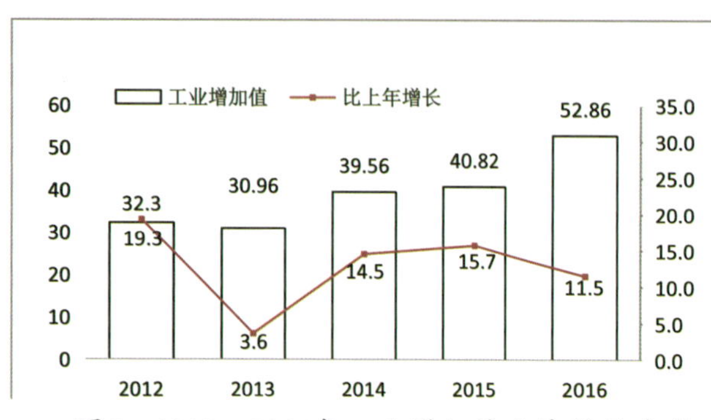

图3 2012—2016年工业增加值及其增长速度

2016年规模以上工业增加值分类情况

表9

指标	增加值（亿元）	比2015年增长（%）
规模以上工业企业	45.2	+10.0
其中：国有企业	13.14	+8.8
集体企业	0.16	+8.1
股份制企业	29.19	+10.7
外商及港澳台商投资企业	2.71	-8.9
其他经济类型企业		
其中：轻工业	18.35	+11.0
重工业	26.85	+9.3
其中：私营企业	3.8	-10.1

2016年规模以上工业企业主要产品产量

表10

产品名称	单位	产量	比2015年增长（%）
水泥	万吨	29.38	+9.2
中成药	吨	157.2	-19.9
发电量	万千瓦小时	40345.3	-7.3
啤酒	千升	136299.9	+3.8
自来水	万吨	13131.4	-0.4
瓶装饮用水	吨	535379.2	+120.2

建筑业：2016年全市建筑业增加值完成109.94亿元，比上年增长10.5%。

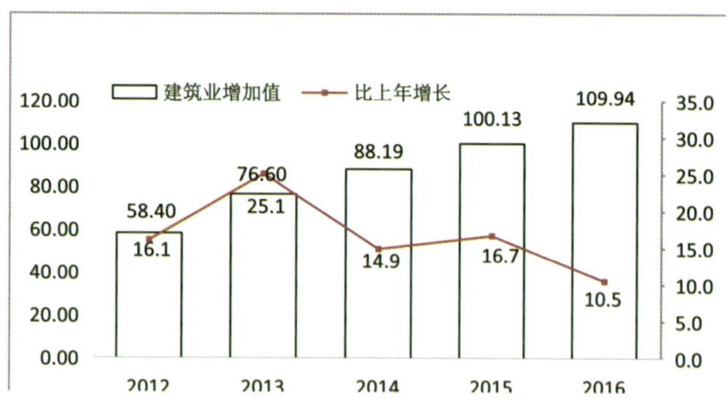

图4 2012—2016年建筑业增加值及其增长速度

四、固定资产投资

固定资产投资：2016年全社会固定资产投资582.27亿元，比上年增长6.6%。市属固定资产投资548.39亿元，增长19.1%，占全社会投资的94.2%。

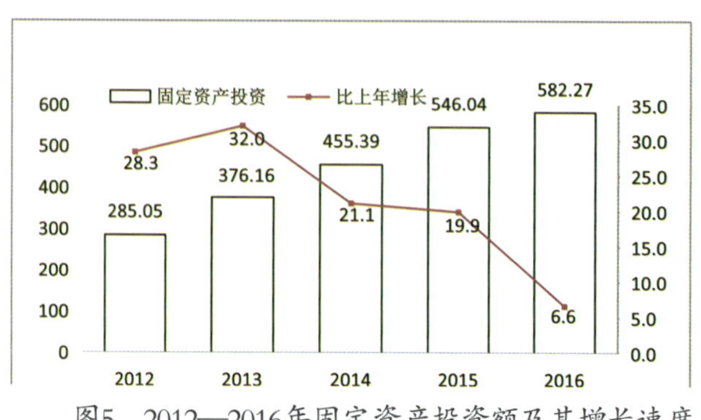

图5 2012—2016年固定资产投资额及其增长速度

固定资产投资中：国有及国有控股投资完成416.39亿元，比上年增长35.7%；民间投资完成165.88亿元，比上年下降30.7%。

第一产业投资完成33.88亿元，下降4.0%；第二产业投资完成114.09亿元，下降1.9%；第三产业投资完成434.30亿元，增长10.1%。三次产业投资的比重依次为5.8%、19.6%和74.6%。

房地产开发：2016年末，全市房地产企业有33家，比上年减少1家。全年房地产开发投资44.54亿元，比上年下降3.4%。房地产开发房屋施工面积317.74万平方米，比上年下降11.3%；全年房屋竣工面积31.53万平方米，商品房销售面积61.51万平方米。

2016年全社会固定资产投资额

表11

指标	投资额（亿元）	比2015年增长（%）
全社会固定资产投资	582.27	6.6
农、林、牧、渔业	33.88	–4.0
采矿业	44.44	–36.1
制造业	27.43	+12.7
电力、燃气及水的生产和供应业	38.21	+75.4
建筑业	4.02	+496.6
批发和零售业	8.39	–24.1
交通运输、仓储和邮政业	155.26	+13.5
住宿和餐饮业	5.70	+42.9
信息传输、计算机服务和软件业	7.33	+416.4
金融业	1.66	–96.3
房地产业	72.19	–1.5
租赁和商务服务业	7.93	+530.7
科学研究和技术服务	4.84	+63.2
水利、环境和公共设施管理业	89.62	+79.1

续表11

指标	投资额（亿元）	比2015年增长（%）
居民服务、修理和其他服务业	2.94	–69.6
教育	12.85	+33.9
卫生和社会工作	4.59	+13.8
文化、体育和娱乐业	13.81	+21.5
公共管理、社会保障和社会组织	47.19	+38.3

五、国内贸易

全社会消费品零售：2016年末，全市共有限额以上企业（单位）99 家，增加9家，比上年增长10%；全年完成社会消费品零售总额229.67亿元，比上年增长11.6%。其中：限额以上企业（单位）零售额为66.64亿元，增长3.2%，占全市社会消费品零售总额的29%。分城乡：城镇社会消费品零售额为 200.7亿元，增长12%，乡村社会消费品零售额为28.97亿元，增长9.1%，分行业：商品零售额为200.08亿元，增长11%；餐饮收入为29.59亿元，增长16%。

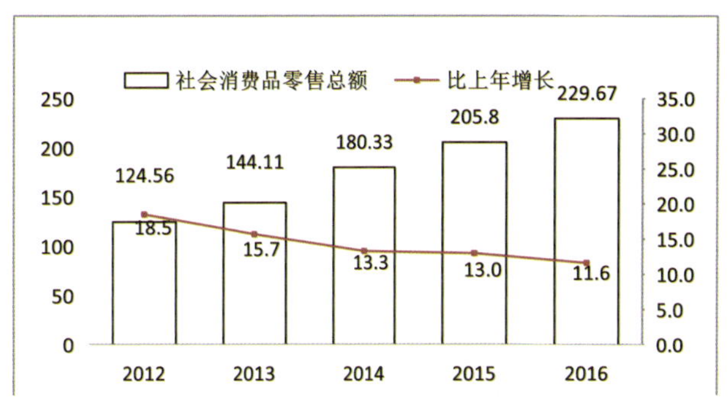

图6　2012—2016年社会消费品及其增长速度

六、对外经济

进出口贸易：2016年全市外贸进出口总额为41.21亿元，比上年下降0.2%。其中：出口28.3亿元，下降9.7%，进口12.91亿元，增长29.7%。

招商引资：2016年，实际落实项目326个，项目总投资718.88亿元，实际到位资金268.5亿元，比上年增长10.0%。

七、交通、邮电和旅游

交通运输：2016年末，全市公路线路里程5524公里；建成农村道路4643.90公里。公交运营线路网长度667.2公里，年客运量为 8208万人次。

2016年铁路、公路运输量与周转量

表12

指标	单位	2016年	比2015年增长（%）
货物运输量		850.4	–17.4
铁路	万吨	54.4	+35.3
公路	万吨	793.2	–19.9
货物周转量		843240.83	–15.7
铁路	万吨公里	461713	+96.1
公路	万吨公里	381527.83	–22.6
旅客运输量		838.2	–17.5
铁路	万人次	181.2	+33.6
公路	万人次	323	–63.3
旅客周转量		277439.3	–45.0
铁路	万人公里	160352.3	+22.4
公路	万人公里	117087	–68.6

注：铁路运输为西藏地区口径

邮电：全年完成邮电业务总量331254万元，比上年增长12.7%，其中邮政业务总量8698万元，增长21.5%，电信业务总量322556万元，增长12.4%。年末固定及移动电话用户总数达到118.31万户，其中：移动电话用户96.45万户，新增加0.56万户。

旅游：2016年，接待国内外游客1366.64万人次，比上年增长15.9%。其中：入境游客14.21万人次，增长20.2%，国内游客1352.43万人次，增长15.9%。全年旅游总收入186.49亿元，比上年增长20.4%；旅游外汇收入7632.28万美元，增长20.2%。

八、财政和金融

财政：年末全市完成公共财政预算收入70.79亿元，比上年增长13.4%，其中：税收收入58.23亿元，增长12.5%。增值税收入31.13亿元，增长156.23%，营业税收入6.17亿元，下降68.3%，企业所得税收入1.81亿元，下降74.8%，个人所得税收入10.28亿元，增长63.2%。

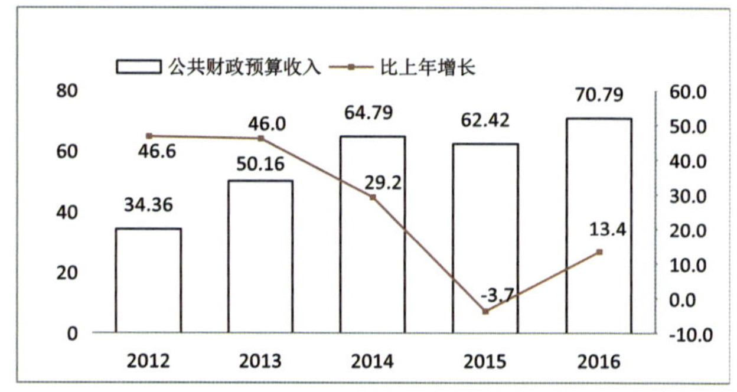

图7　2012—2016年公共财政预算收入及其增长速度

全年执行公共财政预算支出248.28亿元，比上年增长23.9%。农业、教育、科技等各项重点支出以及事关民生的支出得到较好保障，其中农林水事务支出23.80亿元，增长31.3%；教育支出33.83亿元，增长13.3%；社会保障和就业支出13.03亿元，增长9.6%；医疗卫生支出8.28亿元，增长12.4%；城乡社区事务支出45.86亿元，增长32.0%。

金融：年末全市金融机构本外币各项存款余额2574.16亿元，比年初增长20.8%；本外币各项贷款余额2014.38亿元，比年初增66.5长%。人民币各项存款余额2566.10亿元，比年初增长20.9%;人民币各项贷款余额2011.51亿元，比年初增长66.9%。

九、电力使用

电力供应：2016年全市共使用电力24.07亿千瓦时，增长11.8%，其中：全行业用电21.13亿千瓦

时，增长10.5%，城乡居民生活用电2.94亿千瓦时，增长22.0%。

十、城市建设

基础设施建设：2016年，基础设施不断完善，环线路、污水处理厂二期、拉萨高新区市政配套等一系列基础性项目建设完成，并投入使用。

年末市区供水管道总长度为780.48公里，比上年增加19.02公路，增长2.3%；全年自来水公司总供水13181万立方米，其中：生产运营用水1366万立方米，公共服务用水2756万立方米，家庭居民用水3610万立方米，其他用水1294万立方米，免费用水136万立方米。

十一、教育、文化、卫生

教育：2016年末，共有高等院校6所（其中高职院校1所），中等职业学校3所，普通中学22所，小学71所，幼儿园178所，特殊学校1所。

2016年各类学校学生数（2016—2017学年）

表13　　单位：人

指　标	招生	在校生	毕业生
研究生	387	931	229
普通高等教育	10206	36397	8766
中等职业教育	2754	7195	1439
普通高中	4474	13529	5455
初中	7473	21633	6856
普通小学	10405	54350	7663
特殊教育		206	
学前教育		28200	

全市小学学龄儿童纯入学率达99.95%，毛入学率达108.47%，巩固率达99.7%；初中生毛入学率达103.11%，巩固率保持在99.5%。

文化：2016年末,全市共有专业艺术表演团体12个，博物馆1个。全市广播综合人口覆盖率为98.15%，电视综合人口覆盖率为98.58%。

卫生：2016年末全市共有卫生机构495个（含村卫生室），医疗床位3702张。每千人拥有医疗床位5.6张。各类卫生技术人员5086人，其中：执业（助理）医师2362人。每千人拥有卫生技术人员7.6人。

十二、环境保护和安全生产

环境监测：2016年拉萨市空气优良天数为313天，全年空气优良率达 %，全年PM2.5的平均浓度为28ug/，空气质量优良率排名全国前列。集中式饮用水水源地水质符合《地下水质质量标准》（GB/T14848-1993）中III类或优于III类标准；全市国控断面水质符合《地表水环境质量标准》（GB3838-2002）表1中III类水标准限值。

安全生产：2016年亿元GDP生产安全事故死亡人数为0.18人。全年各类安全生产事故213起，死亡75人，分别比上年上升5.5 %和5.6%，其中，道路交通事故166起，死亡64人，分别比上年上升12.9%和3.2%；工矿商贸事故8起，死亡8人。

十三、人民生活和社会保障

人民生活：2016年，城镇居民人均可支配收入29383元，比上年增长9.2%，农牧民人均可支配收入11448元，比上年增长10.3%。城镇居民与农牧民收入比为2.57:1。

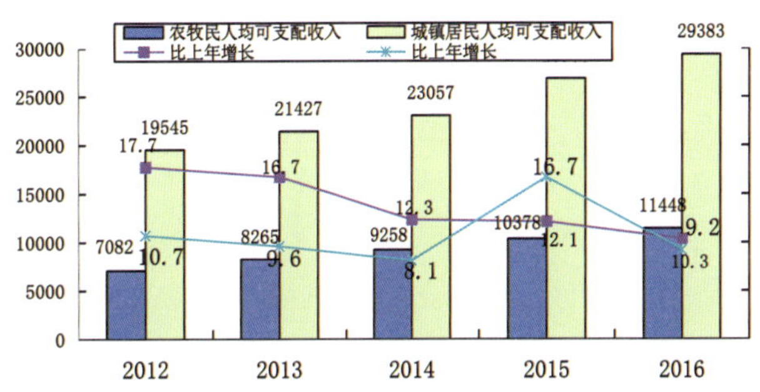

图8　2012—2016年城乡居民收入对比图

社会保障：市属年末参加城乡居民基本养老保险人数21.67万人，增加0.65万人；参加职工基本养老保险人数4.06万人，增加0.46万人；参加居民基本医疗保险人数6.78万人，增加0.28万人。参加失业保险人数1.5万人，增加0.02万人。参加工伤保险人数5万人，增加0.07万人，参加生育保险人数4.23万人，增加0.28万人。城市居民最低生活保障人数为1.45万人，农村居民最低生活保障人数为2.06万人。全市农村救济供养人数为1249人，其中，集中供养人数为1050人。城乡医疗救助人数为13221人。

注：

1.本公报数据为初步统计数据。

2.地区生产总值及各产业（行业）增加值指标绝对数按现价计算，增长速度按可比价格计算。

3.对外贸易、交通、邮电、旅游、财政、金融、保险、文化、卫生、教育、社会保障等方面的数据均由相关职能部门提供。

4.规模以上工业企业是指年主营业务收入2000万元及以上的全部法人工业企业；限额以上批发企业是指年销售额在2000万元及以上的企业，零售企业是指年销售额在500万元及以上的企业；住宿餐饮企业是指年营业额在200万元及以上的企业。

政府规范性文件

拉萨市养犬规定

第一章 总则

第一条 为了规范养犬行为，保障公民健康和人身安全，维护市容环境卫生和社会公共秩序，根据《城市市容和环境卫生管理条例》等有关规定，结合本市实际，制定本规定。

第二条 本规定适用于本市行政区域。

第三条 本市养犬管理实行政府部门监管、养犬人自律、基层组织参与、社会公众监督相结合的原则。

第四条 市公安机关是本市养犬管理的行政主管部门，负责组织实施本规定。县（区）公安机关负责本辖区内养犬管理工作。

市、县（区）农牧行政管理部门负责犬只的检疫免疫工作，对犬只狂犬病疫情进行监测并负责流浪犬收养中心的日常免疫、检疫和防疫工作。

市、县（区）工商行政管理部门负责犬只经营活动的登记注册和监管。

市、县（区）卫生行政主管部门负责人患狂犬病疫情的监测和防治工作。

市市政市容行政主管部门负责流浪犬只运送和收养中心的日常管理工作。

市、县（区）城市管理综合执法部门负责查处因饲养、经营犬只而影响市容环境卫生和街面流动无照售犬行为。

市财政行政主管部门负责全市犬只收养管理经费保障工作。

乡（镇）人民政府和街道办事处应当协助有关部门做好养犬管理工作。

村（居）民委员会负责本村（居）养犬自治管理工作。

第五条 市公安、农牧、卫生等行政主管部门和新闻媒体应当通过多种形式，加强养犬公德教育，开展依法文明养犬和预防狂犬病的宣传。

第六条 鼓励相关行业协会、社会团体、志愿者组织参与养犬管理活动。

第七条 鼓励公民举报违法养犬和不文明养犬行为。受理举报的部门应当及时查处，并将查处结果告知举报人。

第八条 在养犬管理工作中有显著成绩或者突出贡献的单位和个人，由县（区）人民政府予以表彰、奖励。

第二章 养犬登记和养犬行为规范

第九条 本市实行养犬登记、年检制度。未经登记和年检，任何单位和个人不得养犬。

养犬人应当向住所所在地公安派出机构申请养犬登记。犬只死亡或者失踪的，养犬人应当到登记机关办理注销手续。

第十条 布达拉宫广场、宇拓路、大昭寺广场、罗布林卡广场等路段禁止遛犬。本市行政区域内的医院、学校教学区、学生宿舍区内禁止养犬（医学研究、教学除外）。

市人民政府可以在重大节假日或者举办大型活动期间划定禁止遛犬范围。

第十一条 个人养犬，应当具备下列条件：

（一）有合法身份证明。

（二）具备完全民事行为能力。

（三）有固定住所且具有犬只圈养条件。

（四）住所在禁止养犬区域以外。

第十二条 养犬人应当遵守下列规定：

（一）对饲养犬死亡、丢失或者随单位（个人）居住地发生改变的，养犬人应当自上述情况发生之日起10日内到犬只登记机关办理变更或者注销手续。养犬人将饲养犬转让、赠予他人的，应当自转证、赠予日起10日内到犬只登记机关办理变更手续。未按照规定办理变更手续的，由公安机关按流浪犬处理。

（二）养犬人应当在《拉萨市养犬登记证》期满前30日内，携带犬只、《拉萨市养犬登记证》、犬牌和动物健康免疫证到犬只登记机关进行年检。

（三）不得携犬进入公共场所（导盲犬、警侦犬除外）。

（四）不得携犬乘坐除小型出租汽车以外的公共交通工具；携犬乘坐小型出租汽车时，应当征得驾驶员同意，并为犬只佩戴嘴套，或者将犬只装入犬袋、犬笼，或者怀抱（导盲犬除外）。

（五）携带犬只乘坐电梯的，应当避开乘坐电梯的高峰时间，并为犬只佩戴嘴套，或者将犬只装入犬袋、犬笼。

（六）携犬出户时，应当佩戴犬束、犬链并由成年人牵领，避让老年人、残疾人、孕妇和儿童（导盲犬除外）。

（七）烈性犬、大型犬应当拴养或者圈养，不得出户遛犬；因登记、年检、免疫、诊疗等出户的，应当将犬只装入犬笼或者为犬只佩戴嘴套、束犬链，由成年人牵领。

（八）携带犬只出户时，对犬只在户外排泄的粪便，携犬人应当立即清除。

（九）养犬不得干扰他人正常生活；犬吠影响他人休息时，养犬人应当采取有效措施予以制止。

（十）定期为犬只注射预防狂犬病疫苗。

（十　一）不得虐待、遗弃饲养的犬只。

（十　二）犬只死亡的，养犬人应当将犬尸送交市流浪犬收养中心进行无害化处理。

第十三条　申请养犬登记的，应当提供下列材料：

（一）养犬人身份证件。

（二）村（居）民委员会出具的具有固定居所的证明。

（三）动物卫生监督机构出具的动物健康检疫免疫证。

（四）符合本规定第十一条规定条件的相关证明。

第十四条　任何单位或者个人发现人或者犬只、其他动物患狂犬病或者疑似狂犬病的，应当在24小时内向所在县（区）人民政府及其卫生防疫、农牧行政主管部门报告。县（区）人民政府及其卫生防疫、农牧行政主管部门接到疫情报告后，应当在24小时内赴现场确诊核实，并采取控制措施。

第十五条　本市对饲养的犬只实施狂犬病强制免疫。犬只出生满三个月的，养犬人应当按照本规定，将饲养的犬只送至农牧行政主管部门认定的动物诊疗机构接受狂犬病免疫接种，植入电子标识。

市、县（区）农牧行政主管部门应当按照合理布局、方便接种的原则设置狂犬病免疫点。经农牧行政主管部门认定的动物诊疗机构可以开展狂犬病免疫接种工作，并应当在其经营场所的显著位置悬挂农牧行政主管部门的认定标识。

农牧行政主管部门认定的动物诊疗机构为犬只进行狂犬病免疫接种后，应当向养犬人发放动物健康免疫证。

第三章　犬只的收养、认养和寄养

第十六条　本市设立犬只收养中心，市公安机关、市市政市容行政主管部门负责流浪犬、走失犬、无证犬等犬只的收养、认养和寄养等管理工作。

第十七条　犬只收养中心职责：

（一）对犬只进行隔离，待检疫、防疫后，根据健康状况分别进行圈养。

（二）对检疫有病的犬只，进行隔离治疗；对治疗无效、自然死亡的按照相关规定进行无害化处理。

（三）对收容的犬只建立档案。

（四）定期对收养场所进行清扫、消毒，定时定量喂养犬只。

第十八条　任何单位和个人在公共场所发现流浪犬，应当及时向公安部门报告。放弃饲养犬只的应当主动送往收养中心或者通知收养中心，由收养中心负责收养。

任何组织和个人不得随意遗弃饲养的犬只，捕捉和运输流浪犬过程中，对流浪犬应当给予人道主义关怀。

第十九条　相关行业协会、动物保护组织等社会团体经市公安机关认可，可以开展犬只的收养工作，收养的犬只不得用于经营活动。公安机关可以通过购买服务等形式予以支持，并履行监督职责。

第二十条　单位和个人可以到收养中心认养犬只。认养犬只的，认养人应当到收养中心办理认养手续。

认养的犬只应道在收养中心饲养，认养人不得将认养犬只带离收养中心。

第二十一条　收养中心可以根据实际情况开展犬只寄养服务。寄养犬只的，寄养人应当到收养中心办理寄养手续。

第四章　养犬自治管理

第二十二条　村（居）民委员会应当依法做好本村（居）养犬的自治管理工作，履行下列职责：

（一）协助公安机关做好养犬登记监督工作。

（二）协助动物卫生监督机构做好犬只防疫监督工作。

（三）组织本村（居）村（居）民依法制定养犬公约，并监督实施。

（四）接受村（居）对违法养犬行为的举报、投诉，并及时向有关部门报告。

（五）调解因养犬引起的纠纷。

（六）开展依法文明养犬宣传教育，引导、督促养犬人遵守养犬行为规范。

第二十三条　公安机关、农牧行政主管部门应当主动加强与村（居）民委员会和业主委员会的联系，对养犬自治管理工作进行指导。

第二十四条　业主委员会应当将养犬自治管理事项，纳入物业管理规约。

物业管理企业根据物业管理规约和物业服务合同，有权对居住区违法养犬行为进行劝阻、举报、投诉，协助村（居）民委员会做好养犬自治管理工作。

第二十五条　社区居民委员会、村民委员会、业主委员会可以根据居住区实际状况，划定本居住区禁止犬只进入的公共区域，养犬人不得携带犬只进入。

第五章　犬只的经营

第二十六条　从事犬只养殖、销售、举办犬展览，开办动物诊疗机构或者从事其他犬只经营活动的，应当征得县（区）农牧行政主管部门的同意，由县（区）农牧行政主管部门将相关情况向市政市容行政主管部门通报。

从事动物诊疗的人员应当具有兽医资格，并经过执业登记注册。

第二十七条　养殖、销售犬类的单位和个人，必须遵守下列规定：

（一）到市、县（区）工商行政管理部门申领营业执照。

（二）对养殖的犬只进行健康检疫和狂犬病的预防接种，经检验检疫、预防接种后，由动物卫生监督机构出具动物健康检疫合格证明和免疫证。

（三）销售犬只应当有动物健康检疫合格证明和免疫证。

（四）在指定地点进行养殖和销售；严禁沿街流动销售；严禁利用交通工具在划定停车位的地点销售；不得将养殖、销售的犬只带出饲养场地或者销售场地遛犬。

（五）具备冲洗、消毒和污水、污物无害化处理等设施。　第二十八条申请开办犬类医疗机构的，应当具备下列条件：

（一）从业人员应当具有规定的学历和临床经验，兽医应当取得兽医职业资格证书。

（二）具有与其医疗业务相适应当的场所和设施。

（三）有健全的兽医卫生管理、疫情报告制度。

第二十九条　狂犬病疫苗必须使用国家批准定点生产的产品。卫生防疫机构统一供应人用疫苗，农牧行政主管部门统一供应兽用疫苗，动物诊疗机构不得经营狂犬病疫苗。

第三十条　饲养犬只的单位或者个人，应当按期带犬只到农牧行政主管部门、检疫机构进行免疫、检疫。犬只应当拴（圈）养，不得进出公共场所；因交易、治病等需外出的，养犬人应当携带免疫证、养犬登记证和排泄物盛装器具同行，不得影响公共场所卫生和他人安全，并接受所经地监督管理人员查验。

第三十一条　被狂犬或者疑似患狂犬病的动物咬伤的公民，应当及时到卫生防疫机构诊治，注射人用狂犬病疫苗。

第六章 法律责任

第三十二条 违反本规定第九条 规定，养犬人不按规定办理养犬登记、年检的，由公安机关责令养犬人限期办理，在规定期限内拒不履行的，对养犬人可以处2000元以下罚款，对养犬人拒不办理养犬登记、年检的犬只按照流浪犬进行养。

第三十三条 违反本规定第十二条第（十二）项规定的，由公安机关对养犬人处500元以上2000元以下罚款。养犬人三年内不得申请办理《拉萨市养犬登记证》。

违反本规定第十二条其他规定的，由公安机关予以警告，并可对个人处50元以上200元以下罚款，对单位处200元以上1000元以下罚款；情节严重的，没收其犬，吊销养犬登记证。

第三十四条 违反本规定第十五条 规定，对犬龄满三个月的犬只未进行狂犬病免疫接种的，由农牧行政主管部门责令改正，给予警告；拒不改正的，由动物卫生监督机构代作处理，所需处理费用由违法行为人承担，可以处1000元以下罚款。

第三十五条 犬只销售的单位、个人未按规定办理动物健康免疫证和检疫合格证明的，由农牧行政部门责令限期改正，并对个人处2000元以下罚款，对单位10000元以下罚款。

第三十六条 擅自选址开办犬只养殖场、犬只销售市场的，由工商行政主管部门责令其停产停业，并对个人处200元以上2000元以下罚款，对单位处1000元以上20000元以下罚款。

第三十七条 街面无照流动售犬的，由城市管理综合执法部门根据相关规定查处。

第三十八条 负有养犬管理职责的行政主管部门及其工作人员，应当实行执法责任制，依照法定程序积极履行管理职责，文明执法。

具有养犬管理职责的行政主管部门工作人员，有下列行为之一的，由其所在单位或者上级主管部门给予批评教育责令改正；情节严重的，给予行政处分：

（一）对符合本规定条件的养犬人不予办理养犬登记、年检或者故意拖延的。

（二）对执法检查中发现的问题或者接到的举报，不依法处理或者相互推诿的。

（三）其他滥用职权、玩忽职守、徇私舞弊行为的。

第三十九条 当事人对行政机关作出的行政处罚决定不服的，可以依法申请行政复议或者提起行政诉讼。

第七章 附则

第四十条 市公安机关、市农牧行政主管部门可以根据本规定制定相应技术规范。

第四十一条 本规定自2016年5月1日起施行。2007年8月22日拉萨市人民政府第16号令发布的《拉萨市城镇养犬规定》同时废止。

拉萨市社会活动安全检查办法

第一条 为了规范本市社会活动的安全检查工作，维护公共安全和公共秩序，保护参加社会活动组织和个人的合法权益，根据《中华人民共和国治安管理处罚法》《大型群众性活动安全管理条例》等有关法律、法规，结合本市实际，制定本办法。

第二条 在本市行政区域内经公安机关许可的社会活动的安全检查及其管理，适用本办法。

本办法所称安全检查，是指为预防和制止危害公共安全事件的发生，对社会活动的相关场地、设施及进入社会活动场所的人员、车辆和物品实施的专业性检查。专业性检查是指通过手工检查、仪器检查、使用警犬检查、要求被检查人展示有关物品等方式的检查。

本办法所称社会活动，是指活动主办方向社会公众举办的文艺演出、体育比赛、展览展销、招聘会、宗教活动等参与人数较多的各类群众性活动。

第三条 经公安机关安全许可的社会活动，应当由主办方按照本办法组织实施安全检查。

市公安机关安全检查专业部门负责社会活动的安全检查和管理工作。

第四条 未经公安机关同意，任何旅游景点、娱乐场等经营性场所不得私自架设安全检查设施及配备安全检查人员。确需开展安全检查工作的，应当向公安机关申请，经同意后方可实施安全检查工作。

第五条 市公安机关安全检查专业部门负责对社会活动主办方组织实施的安全检查进行监督管理，履行下列职责：

（一）根据社会活动场所、规模、内容等实际情况，制定安全检查操作规范；

（二）设有安全检查设施的活动区域，指派工作人员对安全检查进行现场指导和监督；

（三）及时发现安全检查中的违法犯罪行为，处置安全检查突发事件。

第六条 社会活动主办方申请社会活动安全检查时，应当向公安机关安全检查专业部门提交安全检查方案和活动的其他相关材料。

第七条 社会活动安全检查工作方案包括下列内容：

（一）活动时间、地点、内容和组织方式。

（二）安全检查工作人员的数量、任务分配和识别标志。

（三）活动场所消防安全措施。

（四）活动场所可容纳人员数量以及预计参加人数。

（五）治安缓冲区域的划定及其标识。

（六）车辆停放以及疏导措施。

（七）现场秩序维护以及人员疏导措施。

（八）突发事件处置预案。

第八条 社会活动安全检查人员应当经公安机关安全检查专业部门进行培训；培训合格后，由公安机关发放合格证书，方可从事安全检查工作。

第九条 社会活动主办方应当遵守下列规定：

（一）社会活动主办方对携带物品有限制性要求的，应当在申请社会活动安全许可时向公安机关安全检查专业部门备案，在售（发）票时向社会公告，并在入场票证上注明。

（二）未向公安机关备案并向社会公告的物品，社会活动主办方和安全检查人员不得限制受检查人携带。

（三）社会活动主办方已经向公安机关备案并公告限制携带的物品，不得在社会活动场所内销售。

（四）社会活动主办方应当安排专人负责活动的验证工作。

第十条 社会活动主办方组织实施安全检查应当遵守下列规定：

（一）按照安全检查规定制定安全检查方案和突发事件处置预案。

（二）社会活动主办方应当在活动开展前48小时内，将活动禁（限）带物品和有无免检等情况上报公安机关。

（三）配备专业的安全检查人员。

（四）配备安全有效的安全检查仪器和设备。

（五）划定安全检查通道和区域，设置相应标识，对安全检查区域实行封闭管理。

（六）为乘坐轮椅、安装假肢或者体内植入医疗器械等有特殊情况的人员，设置专门的安全检查通道和场所。

（七）接受公安机关现场工作人员的指导、检查和监督。

（八）对活动区域进行场地安全检查前，应当按照公安机关要求提前对现场清场，待专业安全检查人员到场后进行安全检查。

（九）社会活动主办方应当在安全检查前1小时将活动场地布置完毕，并在现场安排1名负责人，协助安全检查人员对活动现场进行安全检查。

（十）活动中所使用的具有安全隐患的道具、设施等，应当统一集中进行安全检查，并由专人负责管理。

（十 一）对于安全检查中查出的具有安全隐患的物品，非活动必须物品应当主动配合安全检查部门进行转移处理；活动的必须物品，由专人进行统一管理。

第十一条社会活动主办方符合本办法第十条 规定的，可以自行实施安全检查；不符合规定的，应当聘请具有相应资质的单位实施安全检查。

社会活动主办方聘请具有相应资质的单位实施安全检查的，应当与其签订安全检查服务合同，明确双方的安全责任，并报市公安机关安全检查专业部门备案。

第十二条 社会活动场所提供者应当根据安全检查方案，提供必要的安全检查场所和通道，在安全检查区域按规定设置图像信息采集系统并保存图像资料。

第十三条 社会活动主办方应当就近设置物品寄存处，方便参加社会活动的人员临时寄存物品。

第十四条 安全检查人员实施安全检查时，应当遵守下列规定：

（一）遵守安全检查各项工作制度和操作程序。

（二）按照规定着装，佩戴工作证件。

（三）文明礼貌，尊重受检查人。

（四）不得损坏受检查人携带的合法物品。

（五）发现受检查人携带限制携带的物品的，告知受检查人将物品寄存、丢弃或者自行处置。

（六）发现禁止携带物品或者可疑物品以及涉嫌违法犯罪行为，立即向现场指挥员或者监管民警报告。

第十五条 参加社会活动的人员应当遵守下列规定：

（一）自觉接受、配合安全检查，不得扰乱安全检查秩序。

（二）在安全线以外排队等候，依次接受安全检查。

（三）经检查发现可疑物品的，自行取出接受检查。

（四）车辆接受安全检查时应当熄火，驾驶员和乘车人应当下车接受安全检查。

（五）人员和车辆离开活动场所后再次进入时，应当重新接受安全检查。

第十六条 受检查人拒绝接受安全检查或者坚持携带限制物品入场的，安全检查人员有权拒绝其进入社会活动场所。

第十七条 社会活动主办方或者社会活动场所管理者违反本办法致使发生重大伤亡事故或者造成其他严重后果构成犯罪的，依法追究刑事责任；尚不构成犯罪的，对安全责任人和其他直接责任人员依法给予行政处分。

第十八条 参加社会活动的人员违反本办法第十五条 规定的，由公安机关安全检查专业部门给予批评教育；有扰乱公共秩序、妨害公共安全行为的，公安机关应当依法将其带离现场，并按照《中华人民共和国治安管理处罚法》依法给予处罚；涉嫌犯罪的，移交司法机关处理。

第十九条 国家机关工作人员和直接负责的主管人员在履行社会活动安全检查职责过程中，有滥用职权、玩忽职守、徇私舞弊行为的，依法给予行政处分；涉嫌犯罪的，移交司法机关处理。

第二十条 本办法自2016年6月1日起施行。

拉萨市藏传佛教事务工作管理办法

第一章 总则

第一条 为贯彻落实国家宗教工作基本方针，依法规范宗教事务，积极引导藏传佛教与社会主义社会相适应，坚持藏传佛教独立自主自办、不受境外势力支配，按照保护合法，制止非法，抵御渗透、遏制极端的宗教工作要旨，根据《中华人民共和国文物保护法》《宗教事务办法》《藏传佛教寺庙管理办法》等有关规定，结合本市实际，制定本办法。

第二条 本办法适用于本市行政区域内藏传佛教事务活动。

第三条 藏传佛教事务管理服务工作适用以下原则：

（一）贯彻落实党的宗教工作基本方针和国家管理宗教事务的法律法规。

（二）坚持保护合法，制止非法，抵御渗透、遏制极端、打击犯罪的工作要旨，划清正常宗教活动与利用宗教从事分裂破坏活动的界限；坚持依法依规管理宗教事务，坚决反对一切利用宗教分裂破坏民族团结。

（三）依法保护活动场所和信教群众的合法权益，保护正常的宗教活动。

（四）尊重和保护宗教信仰自由，团结藏传佛教爱国人士，鼓励和支持藏传佛教界弘扬爱国爱教、团结进步、服务社会的优良传统。

（五）坚持行政主管部门依法管理与藏传佛教活动场所民主管理相结合。

（六）坚持“保护为主、抢救第一、合理利用”的文物工作方针，切实加强对宗教场所文物的保护和管理。

第四条 藏传佛教活动场所内一切宗教事务应当在宪法和法律法规允许范围内进行。

第五条 任何组织和个人不得利用宗教危害国家安全、公共安全；不得利用宗教干预国家行政、司法、教育、文物保护等制度；不得利用宗教从事妨碍社会秩序、工作秩序和生活秩序的活动。

第二章 管理

第六条 市、县（区）人民政府民族宗教事务主管部门（下称民宗部门）负责本辖区内藏传佛教事务，有关职能部门依照法律法规规章和本办法对藏传佛教事务进行指导和监督管理。

第七条 根据藏传佛教活动场所规模设立管理委员会（专职特派员），管理委员会为市、县（区）人民政府派出机构，对藏传佛教事务实施管理。

藏传佛教活动场所管理委员会由派驻人员、爱国爱教教职人员组成，派驻人员由市、县（区）人民政府委派，进入管理委员会的教职人员以委任或者民主选举形式产生。教职人员的委任由县级以上人民政府民宗部门负责。

第八条 藏传佛教教职人员实行定编定员管理制度，坚持统一招收、统一标准、统一认证、总量控制原则。教职人员定员补充计划由市级以上人民政府民宗部门批准。

第九条 藏传佛教活动场所管理委员会（专职特派员）履行下列职责：

（一）贯彻执行法律法规规章和民族宗教政策，依法指导、监督管理藏传佛教各项事务。

（二）协调落实藏传佛教活动场所基本公共服务以及教职人员的社会保障。

（三）制定并组织实施藏传佛教活动场所的治安、消防、文化遗产保护、卫生防疫、环境卫生、学习、请销假等管理制度。

（四）依法对藏传佛教活动场所财务进行管理，执行国家财务、会计、税收、审计制度，并定期向僧尼公布。

（五）管理本场所教职人员和工作人员，开展爱国主义与社会主义宣传、“五认同”和社会主义核心价值观宣传、法制宣传、民族宗教政策教育和民族团结宣传教育。

（六）民主推荐、选举、任免宗教执事人员。

（七）开展和谐模范寺庙和爱国守法先进僧尼创建评选活动。

（八）市、县（区）人民政府安排的其他职责。

第十条　藏传佛教教职人员享有以下权利：

（一）依法从事宗教活动和教务活动。

（二）参加藏传佛教事务民主管理。

（三）参加社会保障，参加社会公益活动。

（四）从事藏传佛教典籍整理、文化研究与交流，弘扬藏传佛教中有利于社会和谐、时代进步以及健康文明的内容，对藏传佛教教义教规作出符合时代进步要求的阐释。

（五）法律法规赋予的其他权利。

第十一条　藏传佛教教职人员应当遵守下列规定：

（一）遵守国家法律法规，执行国家宗教政策。

（二）自觉维护社会主义法制、维护祖国统一、维护民族团结、维护社会稳定，坚决反对分裂。

（三）不得利用出版物、互联网、物联网、手机等介质制作、传播危害国家安全、破坏国家统一、破坏社会稳定、破坏民族团结的信息和视听作品。

（四）履行公民义务，服务信教群众。

（五）遵守管理制度、遵守寺规戒律。

第十二条　藏传佛教执事人员实行民主选举制度，由教职人员民主推荐、选举，经宗教活动场所管理委员会报县（区）或者市民宗部门备案。

藏传佛教执事人员实行任期制，每届任期三年，可以连任。

第十三条　藏传佛教经师评定和聘任工作按照西藏自治区藏传佛教活动场所经师资格评定和聘任规定执行。

第十四条　藏传佛教教职人员的吸收，按照宗教信仰自由政策，任何宗教团体、组织和个人不得强迫公民入寺，不得吸收未成年人（转世灵童除外）入寺。

第十五条　藏传佛教活动场所邀请境内宗教团体、宗教人士来访、讲经，应当按照下列规定报县级以上民宗部门备案：

（一）传统的大型宗教活动应当报自治区人民政府批准；藏传佛教教职人员跨地区举行宗教活动，应当报自治区民宗部门备案；其他宗教活动按照属地管理原则，应当报市、县（区）民宗部门备案。

（二）邀请其他省（区、市）宗教执事人员在拉萨市行政区域内从事宗教活动，应当报自治区民宗部门备案。

（三）藏传佛教事务坚持独立自主自办原则，未经允许不得邀请境外宗教团体（人士）来访，不受境外组织和个人支配。

第十六条　藏传佛教活动场所之间、教派与教派之间不论成员多少、规模多大、有无隶属关系，一律平等。

第十七条　藏传佛教活动场所修建宗教建筑物和宗教造像、佛塔等构筑物的，由该活动场所管理委员会向县级以上民宗部门提出申请，民宗部门征求文物等部门意见后按规定进行核批。

藏传佛教活动场所和教职人员未经批准不得在宗教场所内建筑新的建（构）筑物和新建宗教造像。严禁在非宗教活动场所乱建或者放置宗教造像。

第十八条　藏传佛教活佛转世工作按照宗教仪轨和历史定制，坚持境内寻访、政府批准原则，由市佛教协会和本活动场所管理委员会依据自治区相关规定开展活佛转世事务。

藏传佛教活动场所管理委员会应当加强对政府认定活佛的培养、教育、管理工作，经认定的活佛应当遵守宗教活动场所管理制度。

活佛在其他宗教活动场所或者宗教院校学习期间，应当以普通学员身份遵守规章制度，不得进行受戒、灌顶、讲经等宗教活动。

第十九条　藏传佛教活动场所举办大型或者具有一定规模的宗教活动，应当严格按照西藏自治区大型宗教活动管理规定履行申报程序，并遵守下列规定：

（一）坚持属地管理、分级负责和“谁主管、谁负责”原则。

（二）向主管单位提交拟举办宗教活动申请书、实施方案、安保工作方案、应急处置预案、风险评估报告。

（三）符合宗教仪轨和宗教传统习惯。

（四）严禁举办无传统惯例的各类宗教活动；历史上曾经举办，现已自然中断或者取缔的宗教活动不得恢复。

（五）不得增加新的活动内容。

第二十条　藏传佛教活动场所的土地、森林属国家所有，其他财产属社会所有，由所在地县级以上人民政府委托藏传佛教活动场所管理委员会实施管理，任何人不得将活动场所财物据为己有。

藏传佛教活动场所使用的房屋和土地，应当向县级以上地方人民政府不动产登记部门申请登记。

藏传佛教活动场所内的不可移动文物、可移动文物应当向县级以上文物行政主管部门申请登记备案，不得转让、买卖。

第二十一条　藏传佛教活动场所应当建立财务收支定期公示制度。重大财务收支由活动场所经管理委员会集体研究决定。

第二十二条　在藏传佛教活动场内进行建设、修缮的，应当按照国家法律法规，严格执行审批程序，未经批准不得新建、改建、扩建活动场所。

第二十三条　藏传佛教活动场所进行经营性活动，应当坚持以寺养寺、依法经营，并遵守下列规定：

（一）不得从事与宗教教旨不相符的经营活动，自觉接受政府职能部门的指导、监督、检查；

（二）教职人员不得以个人名义经营活动场所集体资产；

（三）执行规定的财务、会计、工商、税收管理制度。

藏传佛教教职人员在该活动场所内经销非文物性质的宗教用品、宗教工艺品和宗教出版物，应当在工商、文化、新闻出版等部门办理经营许可证，所获收益为该活动场所集体所有。

第二十四条　藏传佛教活动场所出售旅游门票，门票价格应当按照国家和自治区有关规定，报物价部门核准，并遵守下列规定：

（一）旅游门票不得印刷与宗教活动有关的内容。

（二）从旅游门票等收入中提留一定的资金，用于该活动场所的维修、文物保护、旅游设施改善和周边环境整治。

（三）从旅游门票等收入中提留的资金由该活动场所财务机构统一管理。

第二十五条　藏传佛教活动场所应当按照国家有关规定接受境内外组织和个人的捐赠，所获捐赠只宜用于与该活动场所宗旨相符的活动。接受境外捐赠的，应当向市、县（区）民宗部门登记备案。

第二十六条　本市社会流动从事民间宗教活动人员应当按照《拉萨市社会流动从事民间宗教活动人员暂行管理办法》的相关规定，开展民间宗教活动。

未取得《拉萨市民间宗教活动服务证》的人员不得从事任何民间宗教活动。

外来的社会流动从事民间宗教活动人员按照《西藏自治区流动人口服务管理条例》相关条款，予以管理。

第三章　服务

第二十七条　市、县（区）、乡（镇）人民政府应当把解决藏传佛教活动场所的道路、通电、通水和通讯等问题纳入当地基础设施建设规划；把报刊、广播、电影、电视进寺纳入当地宣传文化建设规划；把属于文物保护范畴的藏传活动场所及实物纳入当地文物保护规划；落实僧尼社会保障制度。

第二十八条　市、县（区）相关职能部门及乡（镇）人民政府应当履行下列服务职责：

（一）统筹安排寺庙公共基础设施建设，实现寺庙通路、水、电、广播电视，有食堂、澡堂、温室、电影、报纸、书屋，改善藏传佛教活动场所公共服务条件。

（二）组织藏传佛教教职人员参加养老保险、医疗保险、人身意外伤害保险等社会保险，每年组织教职人员免费体检。

（三）将符合社会救助条件的藏传佛教教职人员纳入救助范围。

（四）加强对藏传佛教活动场所内部资料和公开出版发行的出版物、音像制品的监督管理。

（五）把藏传佛教活动场所治安工作纳入目标责任范围，实施目标管理；加强流动人员管理，做好教职人员的户籍和出入境管理工作；加强藏传佛教活动场所消防安全监督、检查。

（六）落实教育与宗教相分离的原则，依法清理并取缔藏传佛教活动场所非法办学活动。

（七）把藏传佛教活动场所纳入普法范围，开展经常性的法制宣传教育工作。

（八）支持和帮助藏传佛教活动场所做好文物古

籍和非物质文化遗产挖掘定级、传承保护等工作。

第四章 教育

第二十九条 市、县（区）相关职能部门及乡（镇）人民政府应当积极开展法制宣传教育、爱国主义教育、形势政策教育、民族团结教育，增强藏传佛教教职人对伟大祖国的认同、对中华民族的认同、对中华文化的认同、对中国共产党的认同、对中国特色社会主义道路的认同，提高藏传佛教教职人员学法、尊法、知法、守法、用法意识。

第三十条 藏传佛教活动场所管理委员会应当建立健全僧尼学习教育制度，每年三月份为法制宣传教育月，每周四为法制宣传教育日。

第三十一条 拉萨市佛学教育机构按照有关规定培养培训遵规守法、爱国爱教的僧尼队伍。

第三十二条 藏传佛教活动场所管理委员会应当教育引导担任社会职务的藏传佛教教职人员积极建言献策，发挥宗教界人士在经济社会发展中的积极作用。

第五章 责任

第三十三条 藏传佛教活动场所教职人员违反本办法第十一条 规定，因个人行为对管理秩序造成严重影响的，由县级以上民宗部门责令改正并追究当事人的责任；有犯罪嫌疑的，移交司法机关处理。

第三十四条 藏传佛教活动场所教职人员未经市级以上民宗部门批准擅自前往区外学经，一律视为自动退寺，取消寺籍。

第三十五条 藏传佛教活动场所强迫公民特别是未成年人入寺为僧尼，由宗教活动场所管理委员会责令改正；情节严重的，由县级以上民宗部门追究当事人责任。

第三十六条 藏传佛教活动场所未经批准擅自接受境外捐赠，按照《西藏自治区接受境外非政府组织、个人捐赠援助项目管理办法》处理。

第三十七条 藏传佛教活动场所未经批准擅自对宗教活动场所内建筑物进行建设、改建、维修，情节严重的，由相关部门依法追究宗教活动场所管理委员会或者当事人责任。

第三十八条 藏传佛教活动场所未按相关规定将所获收益纳入财务管理、未定期公布收支、重大财务收支未经集体研究，造成经济损失的，依法追究相关人员责任。

第三十九条 当事人对依据本办法作出的处理不服的，可以提出申诉或者依法申请行政复议、提出行政诉讼。

第六章 附则

第四十条 本办法自2016年10月1日起实施。

拉萨市建设项目代建管理办法（试行）

第一条　为了建立政府投资项目投资责任约束机制，实现项目建设和使用的建管分离，降低投资成本，提高建设管理水平和投资效益，根据《国务院关于投资体制改革的决定》和自治区有关规定，制定本办法。

第二条　推行建设项目代建制按照“先行先试，稳步推进”的原则进行。

第三条　本规定所称代建制，是指政府非经营性投资项目通过招标或委托等方式，选择专业化的项目管理单位（以下简称代建单位），负责项目的实施，严格控制项目投资、质量、安全和工期，项目竣工验收后交付使用的制度。

代建期间代建单位按照合同约定代行项目建设的投资主体职责。行政主管部门对实行代建制的建设项目的审批程序不变。

第四条　在本市行政区域内，项目法人单位不具备组建项目法人条件（即本单位具有工程管理人员、有资质的技术力量等）或总投资额1000万元以上的政府投资非经营性项目，全部实行代建制，其他项目参照执行。

政府投资非经营性项目包括：

（一）党政机关、人大政协机关、检察审判机关、各民主党派机关以及工会、共青团、妇联、残联等人民团体的办公用房、业务用房、培训教育中心及其他相关设施建设项目。

（二）教育、文化、卫生、广电、计生、体育、科研、民政及社会福利等社会事业设施建设项目。

（三）监狱、劳教所、戒毒所、看守所、治安拘留所和收容教育所等政法设施建设项目。

（四）环境保护设施建设项目。

（五）城市基础设施、市政公用工程、交通水利设施等项目。

第五条　财政部门对代建制项目的财务活动实施监督管理；发改、住建等行业主管部门对代建项目工程建设活动进行监督管理；审计、监察部门按照各自职责配合做好相关工作。

第六条　实行代建制的项目，可以采用全过程代建和阶段性代建两种方式。全过程代建的，在项目建议书批复后由代建单位实施代建；阶段性代建的，在项目初步设计完成后由代建单位实施代建。

第七条　实行代建制的项目，代建单位应当对项目的勘察、设计、监理、施工和主要材料、设备采购依法进行招标。代建单位不得擅自将代建项目转让给其他单位代建。

第八条　项目法人单位的主要职责：

（一）参与或组织编制项目建议书、可行性研究报告、项目初步设计和项目施工图设计并报批，提出项目的性质、选址、功能、规模、标准、工期、质量。在项目建议书或可行性研究报告中提出对代建单位的资质和经验要求。

（二）负责建设资金的筹措。

（三）协助代建单位办理与项目相关的审批手续。

（四）委托代建单位办理或负责办理项目规划、土地、节能、环评、稳评、安评、招标、施工许可、质量监督、交工验收、竣工验收和产权产籍登记等法定建设手续。

（五）监督工程建设进展情况。

（六）参与工程竣工验收。

第九条　项目代建单位的主要职责。

（一）组织项目相关设计编制、报批工作。全过程代建的，组织编报项目可行性研究报告、项目初步设计文件和项目施工图设计；阶段性代建的，组织编报项目施工图设计。

（二）受项目法人单位委托办理项目规划、土地、节能、环评、稳评、安评、招标、施工许可、质量监督、交工验收、竣工验收和产权产籍登记等法定建设手续。依法承担建设单位的质量责任和安全生产责任。

（三）作为招标人委托招标代理机构招标选择项目勘察、设计、监理、施工单位和主要设备、材料供应商。

（四）负责项目实施过程中各项合同的洽谈与签订工作，对所签订的合同实行全过程管理。

（五）按项目进度编报年度投资计划，定期向投资主管部门报送项目进展情况，向财政部门报送建设资金使用情况，向项目法人单位报送工程进度、工程质量和施工安全情况，向人力资源主管部门报送民工保证金情况等。

（六）向财政部门报送建设资金支出预算、决算和建设资金拨付等报告。

（七）整理、汇编和移交工程建设档案。

（八）按批准的资产价值办理资产交付手续。

（九）按照代建合同的约定在建设期间行使项目建设单位的其他职责。

第十条　项目代建单位应当具备以下条件：

（一）具有独立的企业法人资格。

（二）具有与从事项目建设管理相匹配的组织机构、管理能力、专业技术人员和管理人员。

第十一条　项目代建单位或者与代建单位有上下隶属关系的法人不得承担代建项目的勘察、设计或施工。

第十二条　项目法人单位提出项目需求，编报项目建议书，明确拟采用的代建方式，投资主管部门审批项目建议书，会同有关部门审查、确定代建方式。全过程代建的，项目建议书中应确定项目代建单位。阶段性代建的，项目可行性研究报告中应确定项目代建单位。

第十三条　由项目代建单位或项目法人单位组织编报项目可行性研究报告，投资主管部门审批项目可行性研究报告。全过程代建的，由项目代建单位根据项目代建初步合同组织编报。阶段性代建的，由项目法人单位根据项目建议书批复组织编报。

第十四条　由项目代建单位或项目法人单位根据批复的项目可行性研究报告组织编报项目初步设计和概算，投资主管部门审批项目初步设计和概算，项目代建费纳入初步设计概算。全过程代建的，由项目代建单位组织编报。阶段性代建的，由项目法人单位组织编报。

第十五条　全过程代建的，先签订项目代建初步合同，在项目初步设计和概算批复后签订项目代建合同。阶段性代建的，按照项目初步设计和概算批复直接签订项目代建合同。

代建合同内容包括项目建设规模、内容、标准、质量、工期、投资等控制要求，明确项目实施的招标方案和双方的责任、权利、义务、奖惩、合同争议解决方式等法律关系，并对代建管理费用做出具体约定。

第十六条　代建管理费计入项目建设成本，取代原建设单位管理费。计费原则应根据代建内容、代建责任和市场化代建特点，合理确定取费基数和费率标准。实行阶段性代建的项目，代建管理费原则上按前期工作阶段占30%，建设实施阶段占70%分割，具体分割比例和费用在代建合同中约定。

第十七条　代建项目分部、分项工程和整个工程完工后，项目代建单位必须按照国家有关法律、法规的规定和代建合同的约定分别进行交工和竣工验收并依法办理相关手续。

第十八条　自竣工验收通过之日起三个月内，项目代建单位向项目法人单位办理建设档案、竣工资料、资产等移交手续，将项目的管理和使用权交给项目法人单位。

第十九条　项目代建单位应严格执行国家、自治区和市有关建设项目的财务会计制度，设立代建项目专项资金账户，专款专用，严格建设资金管理。

第二十条　根据项目代建单位报送的建设工程和材料、设备招标结果，项目建设资金拨付给项目代建单位或直接拨付给勘察、设计、施工、监理单位和材料、设备供应商。

第二十一条　拨付建设启动资金及签订各项工程合同的保证金应符合国家、自治区和市有关建设项目的财务会计制度。

第二十二条　项目代建单位应当按批准的建设规模、建设内容、建设标准组织实施。对于决算节余或超支的建设资金按以下规定处理：

（一）决算投资比代建合同约定的项目投资有节余，从项目结余资金中提取不超过30%的资金奖励给代建单位，其余结余资金按国家、自治区、拉萨市财政政策处理。

（二）决算投资超出代建合同约定项目投资的超支资金由项目代建单位自行承担。经投资主管部门和财政部门认可的、因不可抗力造成的节余或超支除外。

第二十三条　项目代建单位未经批准擅自调整建设规模、建设内容、建设标准，擅自进行重大设计变更，致使代建项目达不到设计要求的，或者项目代建单位管理不善致使工程质量达不到合同要求的，其项目竣工决算结余资金全额上缴财政，超支资金全部由项目代建单位承担，同时对项目代建单位处以扣减20%的代建费。为达到设计要求或工程质量要求而采取补救措施所发生的工程费用，由代建单位承担。

第二十四条　项目代建单位不能按照代建合同约定工期交付代建项目的，每延迟一天按项目代建合同约定扣减代建费用，因不可抗力的原因造成的延误除外。

第二十五条　在政府有关部门对代建项目进行的稽查、审计、监督检查中发现项目代建单位存在违纪违法行为的，限制该项目代建单位参与政府投资项目的代建资格。

第二十六条　受政府部门委托参与对代建项目、代建单位进行咨询、评审的中介机构，应客观公正提出评审意见，对评审意见严重失实并造成重大损失的，投资主管部门将视情况给予通报批评或限制其承担政府投资项目，并依法追究其法人和责任人的责任。

第二十七条　有关奖惩的具体事项，应按照有关法律法规和建设项目管理的有关规定在项目代建合同中约定。

第二十八条　国家工作人员在代建项目管理工作中玩忽职守、滥用职权、徇私舞弊，构成犯罪的，依法追究刑事责任；尚不构成犯罪的，依据有关规定给予行政处分。

第二十九条　本规定自2016年11月1日起施行。

说　明

一、本索引采用主题分析法编制。索引范围包括篇目、类目、部(门)目、条目等。
二、本索引按主题词首字汉语拼音音序(同音按音调)排列,若首字拼音相同则按第二字音序排列,以此类推。
三、索引款目后的数字表示内容所在的页码,数字后的拉丁字母(a、b)表示栏别(从左至右)。
四、篇目、类目、部(门)目用黑体字。

D

E

F

G

H

J

K

L

M

N

P

Q

T

V

W

X

Y

Z

后 记

根据中指组关于中国年鉴精品工程试点工作的整体部署，根据市委、市政府统一安排，3月初，市政府办公厅印发了《关于编纂〈拉萨年鉴（2017）〉的通知》，《拉萨年鉴（2017）》编纂工作由此正式启动。依据通知精神，各单位立即行动起来，安排专人负责编写年鉴资料。经过拉萨市地方志办公室的全力督办和催稿，4月底，各单位编纂稿件基本完成。

5月初，通过拉萨市地方志办公室全体工作人员的编辑、修改，整理并形成《拉萨年鉴（2017）》初稿，经拉萨市地方志编纂委员会有关领导、拉萨市人民政府办公厅副调研员张玉虎等审核。根据中国地方志指导小组的要求，《拉萨年鉴（2017）》初稿随即报送中国地方志指导小组办公室、北京市地方志办公室，征求相关专家的意见。中国地方志指导小组办公室及有关专家、北京市地方志办公室及有关专家从体例结构、内容文字等方面进行了认真的审读和修改。

根据中国地方志指导小组办公室。北京市地方志办公室反馈的意见，我们专门聘请了肖培新等专家，对《拉萨年鉴（2017）》进行了多轮修改完善，使《拉萨年鉴（2017）》日渐完善、日臻成熟。9月份，我们将修改完善后的《拉萨年鉴（2017）》正式报送中国地方志指导小组办公室、北京市地方志办公室等。

11月中旬，中国地方志指导小组办公室及有关专家对《拉萨年鉴（2017）》进行了评审，并将意见反馈。我们根据专家们的意见和建议进行了归纳整理，并充分吸纳专家们的宝贵意见和建议，进行了认真细致的修改，并报送方志出版社。

本年鉴编辑出版工作得到了中国地方志指导小组及办公室、北京市地方志办公室等单位以及有关专家的鼎力支持，在此，我们表示衷心感谢！

由于编纂水平有限，再加上编辑人员少，粗疏、缺漏或错误在所难免，欢迎各级领导和广大读者批评指正。

拉萨市地方志办公室
2017年12月29日